Digitale Identitäten und Nachweise

Jürgen Anke · Michael Kubach · Jan Sürmeli
Hrsg.

Digitale Identitäten und Nachweise

Lösungsansätze für vertrauenswürdige Interaktionen zwischen Menschen, Unternehmen und Verwaltung

Hrsg.
Jürgen Anke
Fakultät Informatik/Mathematik
HTW Dresden
Dresden, Deutschland

Michael Kubach
Fraunhofer IAO
Stuttgart, Deutschland

Jan Sürmeli
FZI Forschungszentrum Informatik
Berlin, Deutschland

ISBN 978-3-658-47707-3   ISBN 978-3-658-47708-0 (eBook)
https://doi.org/10.1007/978-3-658-47708-0

Die Deutsche Nationalbibliothek verzeichnet diese Publikation in der Deutschen Nationalbibliografie; detaillierte bibliografische Daten sind im Internet über https://portal.dnb.de abrufbar.

Dieses Werk wurde gefördert durch Bundesministerium für Wirtschaft und Klimaschutz (01MN21001A) und HTW Dresden

© Der/die Herausgeber bzw. der/die Autor(en) 2025

Dieses Buch ist eine Open-Access-Publikation.
Open Access Dieses Buch wird unter der Creative Commons Namensnennung 4.0 International Lizenz (http://creativecommons.org/licenses/by/4.0/deed.de) veröffentlicht, welche die Nutzung, Vervielfältigung, Bearbeitung, Verbreitung und Wiedergabe in jeglichem Medium und Format erlaubt, sofern Sie den/die ursprünglichen Autor*in(nen) und die Quelle ordnungsgemäß nennen, einen Link zur Creative Commons Lizenz beifügen und angeben, ob Änderungen vorgenommen wurden.
Die in diesem Buch enthaltenen Bilder und sonstiges Drittmaterial unterliegen ebenfalls der genannten Creative Commons Lizenz, sofern sich aus der Abbildungslegende nichts anderes ergibt. Sofern das betreffende Material nicht unter der genannten Creative Commons Lizenz steht und die betreffende Handlung nicht nach gesetzlichen Vorschriften erlaubt ist, ist für die oben aufgeführten Weiterverwendungen des Materials die Einwilligung des/der betreffenden Rechteinhaber*in einzuholen.
Die Wiedergabe von allgemein beschreibenden Bezeichnungen, Marken, Unternehmensnamen etc. in diesem Werk bedeutet nicht, dass diese frei durch jede Person benutzt werden dürfen. Die Berechtigung zur Benutzung unterliegt, auch ohne gesonderten Hinweis hierzu, den Regeln des Markenrechts. Die Rechte des/der jeweiligen Zeicheninhaber*in sind zu beachten.
Der Verlag, die Autor*innen und die Herausgeber*innen gehen davon aus, dass die Angaben und Informationen in diesem Werk zum Zeitpunkt der Veröffentlichung vollständig und korrekt sind. Weder der Verlag noch die Autor*innen oder die Herausgeber*innen übernehmen, ausdrücklich oder implizit, Gewähr für den Inhalt des Werkes, etwaige Fehler oder Äußerungen. Der Verlag bleibt im Hinblick auf geografische Zuordnungen und Gebietsbezeichnungen in veröffentlichten Karten und Institutionsadressen neutral.

Planung/Lektorat: Petra Steinmueller
Springer Vieweg ist ein Imprint der eingetragenen Gesellschaft Springer Fachmedien Wiesbaden GmbH und ist ein Teil von Springer Nature.
Die Anschrift der Gesellschaft ist: Abraham-Lincoln-Str. 46, 65189 Wiesbaden, Germany

Wenn Sie dieses Produkt entsorgen, geben Sie das Papier bitte zum Recycling.

Geleitwort

Digitale Identitäten sind das Rückgrat unserer digitalen Welt. Das Identitätsmanagement, die Verwaltung eigener digitaler Identitäten, ist zu einem Bestandteil des Alltags aller Menschen geworden, die am digitalen Leben teilhaben wollen. Erst recht ist das Identitätsmanagement eine besondere Priorität für Organisationen, die eine Vielfalt an digitalen Diensten organisieren und anbieten. Aber auch auf staatlicher und überstaatlicher Ebene ist Identitätsmanagement zur politischen Priorität: die Bereitstellung sicherer Identifizierung für digitales Handeln, digitaler Reisedokumente oder auch staatlicher Nachweise beschäftigt nahezu alle Politikfelder.

Kaum ein gesamtgesellschaftliches Thema der fortschreitenden digitalen Transformation ist gleichzeitig so persönlich und so gesellschaftlich, hat sektorübergreifende und internationale Relevanz. Und kaum ein anderes Thema der digitalen Transformation ist gleichzeitig so komplex – im Verständnis und in seiner Ausgestaltung. Einzelne Menschen und ihren digitalen Identitäten finden sich wieder in einem Spannungsfeld aus konkreten Nutzenerwartungen, handfesten wirtschaftlichen Interessen großer Plattformanbieter, regulatorischen Anforderungen und fortschreitenden Cyberattacken.

Wer Verantwortung für die Ausgestaltung von Identitätssystemen trägt, muss all diese Aspekte berücksichtigen – von Nutzenaspekten über wirtschaftliche und juristische Rahmenbedingungen bis zur technischen Ausgestaltung und angemessener IT-Sicherheit. All diese Aspekte finden sich in diesem Sammelband.

Basierend auf den Erkenntnissen und Erfahrungen aus den Projekten des Förderprogramms „Sichere Digitale Identitäten" der Bundesregierung haben zahlreiche Expertinnen und Experten Beiträge beigesteuert, die modernes Identitätsmanagement von allen Seiten beleuchten. Technische und ökonomische Grundlagen, rechtliche Rahmenbedingungen und zahlreiche Fallbeispiele finden sich ebenso wieder wie Hilfsmittel zur organisatorischen und technischen Gestaltung von Identitätsmanagement-Systemen. Damit liefert der Band umfassende Anregungen, Informationen und Hilfestellungen für alle Verantwortlichen im Bereich digitaler Identitäten.

Das Förderprogramm „Sichere Digitale Identitäten" hat hierfür eine herausragende Grundlage gelegt. In vier Konsortien mit insgesamt 135 beteiligten Unternehmen und öffentlichen Einrichtungen wurden fast 150 verschiedene Use Cases für digitale Identitäten untersucht, implementiert und erprobt. Neben Erkenntnissen über die besonderen Bedingungen der Anwendungsbereiche – von Schule über Gesundheitswesen bis zu Bauprojekten – wurden auch vielfältige querschnittliche Erfahrungen gewonnen, ausgewertet und zusammengetragen.

Diese querschnittliche Sicht hat für das Thema der digitalen Identitäten eine besondere Relevanz. Denn eines der Wesensmerkmale der digitalen Transformation ist das Zusammenwachsen unterschiedlicher Anwendungswelten zu plattformbasierten ganzheitlichen Lösungen. Schon heute stellen kommerzielle Anbieter digitaler Plattformen einheitliche Identitäten bereit, viele Staaten weltweit bieten übergreifende Identitätsmanagement-Systeme an. Mit der einheitlichen europäischen digitalen Identität in Form der geplanten European Digital Identity Wallet (EUDIW) werden die EU-Mitgliedsstaaten eine elektronische Brieftasche einführen, die digitale Identitäten und Nachweise unterschiedlicher Herkunft und für beliebige Zwecke nutzbar macht.

Wer Verantwortung für Identitätsmanagement trägt, wird diese Entwicklungen in die eigene Strategie einbauen müssen. Dieser Sammelband ist hierbei eine entscheidende Hilfe.

Berlin, Deutschland   Martin Schallbruch

Klappentext

Dieser Sammelband umfasst zentrale Erkenntnisse und Ergebnisse des Forschungsprogramms „Schaufenster Sichere Digitale Identitäten" und liefert damit allen Interessierten aus Wirtschaft und öffentlichem Sektor wertvolle Grundlagen für ein skalierbares und zukunftsorientiertes Identitätsmanagement. Im Zentrum stehen selbstbestimmte Identitäten (SSI), welche Nutzenden die Verwaltung ihrer digitalen Nachweise in Wallets erlaubt und ihnen damit die Hoheit über ihre digitale Identität zurückgibt. Das SSI-Konzept ist ebenfalls Kernbestandteil der im Jahr 2024 verabschiedeten europäischen eIDAS-Verordnung („eIDAS 2"), wodurch seine Bedeutung in den nächsten Jahren deutlich steigen wird.

Anhand zahlreicher praxisnaher Anwendungsbeispiele, sowohl aus dem öffentlichen Sektor als auch aus der Privatwirtschaft zeigt der Band, wie sichere digitale Identitäten erfolgreich implementiert und genutzt werden können. Dabei werden aktuelle technologische Entwicklungen und innovative Lösungsansätze detailliert vorgestellt, die eine nutzerfreundliche und gleichzeitig sichere Nutzung ermöglichen. Darüber hinaus bietet das Buch fundierte methodische Ansätze zur Gestaltung von Identitätslösungen, juristische Einordnungen der relevanten rechtlichen Rahmenbedingungen sowie wertvolle Einsichten in die Potenziale, die sich durch den Aufbau übergreifender digitaler Ökosysteme ergeben. Dieses Werk ist unverzichtbar für alle, die sichere digitale Identitäten in ihrer Organisation zukunftssicher gestalten und implementieren möchten.

Vorwort der Herausgeber

Einkaufen, Bankgeschäfte, Verwaltung, Mobilität – wo auch immer rechtlich geregelte Dinge durchgeführt werden, muss die Berechtigung der Beteiligten – und damit in der Regel auch ihre Identität – festgestellt werden. Dass dies bei digitalen Interaktionen eine große Herausforderung ist, erleben wir alle beim Umgang mit Passwörtern, Authenticator-Apps, Registriervorgängen und biometrischen Freigaben von Zahlungen. Die Privatwirtschaft hat sich mit diversen Techniken beholfen, um ihre Risiken zu senken und rechtssichere Geschäfte digital abzuwickeln. Verfahren wie VideoIdent sind jedoch teuer und umständlich in der Verwendung. Die geringe Verbreitung und Akzeptanz von staatlichen digitalen Instrumenten wie der DE-Mail oder der Online-Ausweisfunktion des Personalausweises bremste die öffentliche Verwaltung deutlich in ihrer digitalen Transformation.

Vor diesem Hintergrund sollte das vom Bundesministerium für Wirtschaft und Klimaschutz geförderte Forschungs- und Entwicklungsprogramm „Schaufenster Sichere digitale Identitäten" Technologien und Lösungen für digitale Identitäten entwickeln, die sowohl in der Privatwirtschaft als auch in der öffentlichen Verwaltung eingesetzt werden können. Damit sollte die Nutzungshäufigkeit solcher Systeme erhöht und die Akzeptanz verbessert werden. Die schließlich ausgewählten vier Schaufensterprojekte ID-Ideal, IDunion, ONCE und SDIKA, flankiert von der Begleitforschung SiDiFo, untersuchten zwischen 2021 und 2024 diverse Anwendungsfälle in verschiedenen Regionen Deutschlands. Auch wenn dabei unterschiedliche technische Ansätze verfolgt wurden, einte doch alle die gleiche Zielstellung: Wie können Menschen und Organisationen ihre Identität und andere Eigenschaften im digitalen Raum einfach und komfortabel sowie zugleich privatsphärenfreundlich und sicher nachweisen? Noch während des Wettbewerbs kristallisierte sich das Konzept der selbstbestimmten Identität als zukunftsträchtig heraus: Menschen können damit ihre digitale Identität in Form maschinell prüfbarer Nachweise in einer digitalen Brieftasche (Wallet) verwalten. Damit können sie selbst entscheiden, wann welche Daten mit wem geteilt werden sollen.

Um die Praxistauglichkeit dieses Ansatzes zu überprüfen, implementierten und evaluierten die Schaufensterprojekte zahlreiche Use Cases im praktischen Umfeld. Dabei entstanden umfassende Erfahrungen und Erkenntnisse, die der vorliegende Sammelband dokumentiert. Wir wollen damit der interessierten Fachöffentlichkeit, Wirtschaft, Wissenschaft, Politik, Verwaltung, und Zivilgesellschaft einen umfassenden Stand des Themas vermitteln.

Die insgesamt 30 Beiträge dieses Bandes wurden von Autorinnen und Autoren aller Schaufensterprojekte sowie der Begleitforschung, mit praktischem und wissenschaftlichem Hintergrund, verfasst. Sie sind thematisch in folgende Themenkomplexe strukturiert, die sich als Buchteile in diesem Band wiederfinden:

I. Grundlagen digitaler Identitäten und Nachweise,
II. Fallbeispiele, Lösungsansätze und Erfahrungen aus der Praxis,
III. Technische Umsetzung und Architekturen,
IV. Methoden und Gestaltungsansätze,
V. Perspektiven und Potenziale digitaler Identitäten und Nachweise.

Wie sich zeigt, bewegen sich Lösungen für digitale Identitäten in einem Spannungsfeld zwischen technischen Möglichkeiten, fachlichen und regulatorischen Anforderungen sowie hoher Nutzerfreundlichkeit. Seit Beginn der Schaufensterprojekte hat sich auf allen dieser Felder viel bewegt: Auf rechtlicher Seite wurde im Mai 2024 die Novellierung der europäischen Verordnung für elektronische Identitäten und Vertrauensdienste (eIDAS) verabschiedet. Sie sieht die Einführung einer digitalen Brieftasche (European Digital Identity Wallet, kurz: EUDI-Wallet) für alle Bürgerinnen und Bürger durch den jeweiligen Mitgliedsstaat vor. Neben der darin zu speichernden Basisidentität (Personal Identification Data, kurz: PID) werden diverse digitale Nachweise (Electronic Attribute Attestations) damit in die Hände der Bürgerinnen und Bürger gelegt.

Auch auf dem wichtigen Feld der Standardisierung wurden während der Laufzeit der Schaufensterprojekte bedeutende Fortschritte erzielt, die den wachsenden Reifegrad der Technologie bestätigen. Hier sind etwa die W3C Recommendations zu Digitalen Nachweisen (Verifiable Credentials Data Model) und zu Dezentralen Identifikatoren (Decentralized Identifiers, kurz: DIDs) zu nennen. Darüber hinaus haben sich zahlreiche Organisationen und Initiativen herausgebildet, welche die Entwicklung digitaler Wallets international und unternehmensübergreifend vorantreiben. Hier ist etwa die Open Wallet Foundation unter dem Dach der Linux Foundation hervorzuheben, die sowohl von großen IT-Unternehmen, als auch unabhängigen Forschungs- und Industrieorganisationen getragen wird.

Die neue eIDAS-Verordnung diente für viele als Wachmacher. Sie definiert zwar ein technisch-regulatorisches Rahmenwerk, beschreibt jedoch nicht, wie Prozesse in Verwaltung und Privatwirtschaft mit den neuen technischen Mitteln verbessert werden können. Dies erfordert ein umfassendes Anwendungswissen, wie es im Schaufensterprogramm entstanden ist und zukünftig weiter zu erproben und auszubauen gilt.

Die in diesem Band dokumentierten Anwendungsfälle können hier als Starthilfe dienen und sollen dazu ermutigen, sich den Herausforderungen der Umsetzung zu stellen. Wir bedanken uns sehr herzlich bei den vielen fleißigen Autorinnen und Autoren, die ihre

Vorwort der Herausgeber XI

Projektergebnisse aufbereitet und uns bei der Begutachtung unterstützt haben. Ohne sie wäre dieser Sammelband nicht zustande gekommen!

Auch nach Abschluss des Schaufensterprogramms bleibt viel zu tun. Zum einen gilt es, die Reife der in den Forschungs- und Entwicklungsprojekten geschaffenen Lösungen zu erhöhen, in reale Umgebungen einzubetten und an die Menschen zu tragen. Zum anderen zeigen die vielseitigen Aktivitäten auf nationaler, europäischer und auch globaler Ebene, dass wir erst am Anfang einer deutlich größeren Entwicklung stehen. Einer Entwicklung, die die Schaufensterprogramm-Community bereits mitprägte und dies auch in Zukunft tun möchte. Verschiedene Formate und Foren, wie die Trustnet Community, die Digital Society Conference und die Konferenzreihe authenticon bieten interessante Gelegenheiten für den Austausch und die Zusammenarbeit über die Projektdauer hinaus. Seien Sie herzlich eingeladen, an dieser spannenden Entwicklung mitzuwirken!

Dresden, Deutschland	Jürgen Anke
Stuttgart, Deutschland	Michael Kubach
Berlin, Deutschland	Jan Sürmeli

Förderhinweis

Diese Forschungs- und Entwicklungsprojekte wurden durch das Bundesministerium für Wirtschaft und Klimaschutz (BMWK) im Programm „Sichere digitale Identitäten" gefördert und vom Deutschen Zentrum für Luft- und Raumfahrt (DLR) als Projektträger betreut. Die Verantwortung für den Inhalt dieser Veröffentlichung liegt bei den Autorinnen und Autoren.

Projektname	Förderkennzeichen
ID-Ideal	01MN21001*
IDunion	01MN21002*
ONCE	01MN21003*
SDIKA	01MN21004*
Begleitforschung	MM00086B

Gefördert durch:

aufgrund eines Beschlusses
des Deutschen Bundestages

Inhaltsverzeichnis

Teil I   Grundlagen Digitaler Identitäten und Nachweise

1. **Grundlagen, Entwicklungslinien und Perspektiven Digitaler Identitäten und Nachweise** 3
   Jürgen Anke, Daniel Richter und Martin Seiffert

2. **Digitale Identitäten im Rechtsverkehr: Rechtliche Rahmenbedingungen und Entwicklungen** 31
   Gunnar Hempel, Jonas Hammer und Maxie Janin Ender

3. **Deutschlands eID-System: Hürden und Handlungsempfehlungen** 45
   Lilly Schmidt und Isabel Skierka-Canton

4. **Digitale Unternehmensidentitäten: Herausforderungen, Lösungen und Handlungsempfehlungen** 61
   Konstantin Schaarschmidt

5. **Matching-by-Information: Semantische Interoperabilität als Voraussetzung für offene Ökosysteme** 75
   Judith Junker, Jan Sürmeli und Sergen Yilmaz

6. **Ökonomisch tragfähige Identitätsökosysteme: Wertschöpfung und Marktstrategien** 91
   Michael Kubach

7. **Digitale Transformation aus Sicht der Verwaltung: Erkenntnisse aus Leipzig und Dresden** 105
   Marianna Rovner und Stefan Handke

Teil II   Fallbeispiele, Lösungsansätze und Erfahrungen aus der Praxis

8. **KommPass: Eine kommunale Identität für Bürgerinnen und Bürger** 125
   Robert Schröder, Matthias Fuhrland und André Röder

9   Use Cases und Wertbeiträge von selbstbestimmten Identitäten
    in Verwaltungs- und Beteiligungsprozessen 139
    Claudia Schindler, Jan Hauptmann, Elizabeth Orta, Lukas Schroll, Robert
    Schröder und Frank Sonne

10 Digitale Nachweise in der Formalen Bildung: Strukturen,
    ID-Management und Case-Study Schülerausweis 155
    Benjamin Burde, Christoph Graf und Christopher Ritter

11 Erfahrungen aus einem Piloten zum digitalen Bedürftigkeitsnachweis
    für den Tafelzugang 173
    Kordula Kiefer-Kempf und Sebastian Weidenbach

12 Digitale Identitäten im Gesundheitswesen am Beispiel von
    Patientenakte und Knochenmarkspenderregister 191
    Christina Erler, Gergely Biri, Tobias Stein und Meryem Bouras

13 Sichere Digitale Identitäten als Baustein digitaler Planungs- und
    Genehmigungsverfahren 209
    Marco Brunzel, Judith Fauth, Margrit Seckelmann und Marc Stauch

14 Rechtskonforme Zugangskontrolle im analogen Raum am Beispiel
    einer Baustelle 221
    Kordula Kiefer-Kempf und Christopher Hempel

15 Feingranulare und digitale CO_2-Herkunftsnachweise für Strom 237
    Marc-Fabian Körner, Felix Paetzold, Tobias Ströher und Jens Strüker

Teil III   Technische Umsetzungen und Architekturen

16 Von Identifikatoren zu Wallets: Die Zukunft digitaler
    Organisationsidentitäten 253
    Ricardo Bochnia

17 RessortID: Eine Identitätslösung zur Abbildung
    von Organisationsstrukturen am Beispiel von Kommunen 269
    André Röder, Robert Schröder, Matthias Fuhrland und André May

18 Schwerkraft im digitalen Raum: Der Beitrag von Hardware
    Security Modules zu digitalen Identitäten 287
    André Röder und Tobias Ehrlich

19 TRAIN: Eine DNS-basierte Vertrauensmanagement-Infrastruktur
    für domänenübergreifende Identitäts-Ökosysteme 307
    Michael Kubach und Isaac Henderson Johnson Jeyakumar

20 Föderiertes Management digitaler Identitäten und Eigenschaften
    mit dem SDI-X-Adapter 321
    Torben Brumm, Lukas Bugaj, Björn-Oliver Hartmann und Richard Wacker

21	Vergleich von DIDcomm und OpenID4VC für die Automatisierung vertrauenswürdiger Prozesse. . . . . André Röder und Tobias Ehrlich	337

Teil IV Methoden und Gestaltungsansätze

22	Digitalisierung von Verwaltungsprozessen mit Self-Sovereign Identities: Das Agile Integration Framework. . . . . Claudia Schindler und Stefan Hennig	357
23	Credential Governance: Eine Schablone zur Erstellung von Regelwerken für digitale Nachweise . . . . Daniel Richter, Jonas Hammer, Christopher Praas und Jürgen Anke	375
24	Benutzbare Sicherheit und Benutzbarer Datenschutz von Wallets: Anforderungen und Bewertungsmethodik. . . . . Max Sauer, Nikolai Lenski, Sarah Ebert, Anna-Magdalena Krauß und Simon Pfeifer	393
25	Gestaltung nutzerfreundlicher Interaktionen für behördliche Antragsprozesse mit Wallet: Ein Service Blueprint-Ansatz. . . . . Sarah Ebert, Sandra Kostic, Anna-Magdalena Krauß, Max Sauer und Rachelle A. Sellung	411
26	Entwicklung neuer Standards für Interoperabilität im europäischen Identitätsökosystem: Beiträge aus dem Schaufensterprogramm Sichere digitale Identitäten . . . . Franziska Granc, Rolf Peters und Arno Fiedler	429

Teil V Perspektiven und Potenziale digitaler Identitäten und Nachweise

27	Verifiable Credentials und Strafrecht: Eine Betrachtung aus Sicht der Urkundendelikte . . . . Antonio Scaduto und Aline Vugrincic	447
28	Die Rolle überprüfbarer digitaler Nachweise für die gesellschaftliche Entwicklung. . . . . Benjamin Burde und Jan Sürmeli	463
29	Die Verwaltung der Zukunft . . . . Matthias Fuhrland, Jan Hauptmann und Robert Schröder	475
30	Das Trustnet: Die nächste Evolutionsstufe des Internets . . . . Matthias Fuhrland und Jürgen Anke	493

Glossare 515

Literatur. 545

Über die Herausgeber

Jürgen Anke ist Professor für Softwaretechnologie und Informationssysteme an der HTW Dresden und leitet dort die Arbeitsgruppe „Digitale Dienstleistungssysteme". Er promovierte an der Technischen Universität Dresden in Informatik über Architekturen verteilter Systeme und habilitierte an der Universität Leipzig im Fach Wirtschaftsinformatik mit einer Arbeit zu Smart Service Innovationen. Die Schwerpunkte seiner Forschung liegen auf Prozessen, Methoden und Modellen für digitale Dienstleistungsinnovationen sowie den Einsatz digitaler Identitäten für vertrauenswürdige digitale Interaktionen. Jürgen Anke leitete das vom BMWK geförderte Schaufensterprojekt „ID-Ideal", in dem Anwendungen für sichere digitale Identitäten und Nachweise in Sachsen entwickelt und evaluiert wurden. Vor seiner Berufung an die HTW Dresden arbeitete er mehr als zehn Jahre als Gründer, Berater und Forscher in der IT-Branche, u.a. bei SAP und T-Systems.

Michael Kubach forscht seit 2013 am Fraunhofer IAO im Team Identity Management zu Themen rund um Identitäten, Vertrauen und Sicherheit in digitalen Ökosystemen, wobei er eine sozioökonomische, nutzendenorientierte Perspektive einnimmt. An der Georg-August-Universität Göttingen promovierte er zuvor in Wirtschaftswissenschaften. Er arbeitet bzw. arbeitete in mehreren europäischen und nationalen Forschungsprojekten wie den EU-geförderten Projekten ESSIF-TRAIN, LIGHTest und FutureID sowie in nationalen Projekten wie ONCE, ENTOURAGE und SkIDentity. Darüber hinaus berät er internationale Unternehmen und NGOs zu Identitäts- und Vertrauensinfrastrukturen. An der Alice Salomon Hochschule und der HWR Berlin lehrt er Digital Transformation and Social Justice.

Jan Sürmeli forscht seit 2017 zu Themen rund um Vertrauen, Souveränität und Privatheit in der vernetzten Welt. Seine aktuellen Schwerpunkte sind sichere digitale Identitäten und Datentreuhandmodelle. Nach seiner Promotion in der Informatik an der Humboldt-Universität zu Berlin im Bereich der Modellierung und Analyse verteilter Systeme war Jan Sürmeli ab 2015 als Post-Doc an der Humboldt-Universität zu Berlin und später auch an der TU Berlin tätig und arbeitete zeitweise als Berater. Am FZI Forschungszentrum Informatik leitete er von 2021–2023 die Abteilung Strategische und interdisziplinäre Projekte im Forschungsbereich Innovation, Strategie, Transfer. Seit 2023 ist er Senior Expert Digital Identity and Trust im Forschungsbereich Software Engineering. Er war wissenschaftlicher Koordinator des BMWK-geförderten Schaufensterprojekts „Schaufenster Sichere digitale Identitäten Karlsruhe" (SDIKA).

Teil I

Grundlagen Digitaler Identitäten und Nachweise

Der erste Buchteil stellt die aktuelle Situation und bisherige Entwicklungen auf dem Gebiet digitaler Identitäten und Nachweise dar. Dazu gehören rechtliche, technische, ökonomische und organisatorische Rahmenbedingungen, deren Verständnis für den Einsatz digitaler Identitäten relevant sind.

Dazu führt der erste Beitrag grundlegende Begriffe und Konzepte digitaler Identitäten und Nachweise ein, um somit eine gemeinsame Grundlage für alle Lesenden zu schaffen und die Herausforderungen digitaler Identitätssysteme zu beleuchten. Sowohl die für den Umgang mit digitalen Identitäten eingesetzten Systems als auch ihre Rechtswirkung sind Gegenstand diverser Gesetze. Der zweite Beitrag stellt die wesentlichen gesetzlichen Grundlagen vor und berücksichtigt dabei insbesondere die novellierte eIDAS-Verordnung.

Für die praktische Umsetzung sind konkrete Systeme und Dienste relevant. Diese müssen nicht nur technisch sicher und rechtskonform sein, sondern auch genügend Nachfrage erzeugen, dass die Dienstanbieter kostendeckend arbeiten können. Wie der dritte Beitrag zeigt, ist die dafür notwendige einfache Benutzbarkeit und Verbreitung bei möglichst vielen Akzeptanzstellen für das deutsche eID-System eine zentrale Herausforderung. Ähnliche Fragestellungen ergeben sich für Unternehmensidentitäten, die im vierten Beitrag im Kontext von Registern diskutiert werden.

Damit vom Nutzenden verwaltete digitale Identitäten bei möglichst vielen Akzeptanzstellen eingesetzt werden können, ist neben der technischen Interoperabilität für die Kommunikation auch die korrekte maschinelle Interpretation der präsentierten Daten erforderlich. Die im fünften Beitrag semantische Interoperabilität stellt daher eine wichtige Voraussetzung für offene Identitätsökosysteme dar. Damit solche Ökosysteme nachhaltig bestehen können, müssen die beteiligten Akteure ausreichend ökonomischen Wert schöpfen. Welche Rollen in einem solchen Ökosystem bestehen, welche Werte entstehen und welche Zahlungsbereitschaft die jeweiligen Akteure haben, beschreibt der sechste Beitrag.

Nicht zuletzt ist mit dem Einsatz digitaler Identitäten eine Transformation von Prozessen und Verantwortlichkeiten in Organisationen verbunden. Dies betrifft insbesondere die Kommunen, deren Leistungen digital zugänglich gemacht werden sollen. Der letzte Beitrag in diesem Buchteil untersucht die Einstellung von Verwaltungsmitarbeitenden in den Großstädten Dresden und Leipzig im Hinblick auf die digitale Transformation.

Grundlagen, Entwicklungslinien und Perspektiven Digitaler Identitäten und Nachweise

Jürgen Anke, Daniel Richter und Martin Seiffert

Zusammenfassung

Die digitale Transformation überführt Geschäfts- und Verwaltungsabläufe in den digitalen Raum. Zu deren sicherer und rechtskonformer Durchführung ist es oft notwendig, sich von den notwendigen Eigenschaften der Beteiligten zu überzeugen. Dafür werden digitale Identitäten eingesetzt, die Personen und andere Entitäten mittels Sammlungen von Attributen repräsentieren. Allerdings führt die große Vielfalt von Verfahren und Methoden für das Identitätsmanagement zu hoher Komplexität und Kosten. Als ein vielversprechender Ansatz zur Überwindung dieser Hürden erscheint das Paradigma der selbstbestimmten Identität. Es soll eine durchgängige sichere Identifizierung und Authentifizierung von Personen, Organisationen und Objekten ermöglichen. Dafür werden digitale Nachweise über beliebige Sachverhalte von Herausgebern in einer kryptografisch gesicherten Form bereitgestellt. Der vorliegende Beitrag gibt einen Überblick zum aktuellen Stand digitaler Identitäten, den ihnen zugrunde liegenden Verfahren sowie den damit verbundenen praktischen Problemen. Darauf aufbauend werden laufende Aktivitäten zur Entwicklung einheitlich nutzbarer digitaler Nachweise gegeben, die eine Grundlage für künftige digitale Ökosysteme bilden. Die Rolle verschiedener Akteure, einschließlich Identitätsanbieter und Akzeptanzstellen, wird

---

J. Anke (✉) · D. Richter
HTW Dresden, Arbeitsgruppe Digitale Dienstleistungssysteme, Dresden, Deutschland
E-Mail: juergen.anke@htw-dresden.de; daniel.richter@htw-dresden.de

M. Seiffert
Fraunhofer-Institut für Angewandte und Integrierte Sicherheit AISEC, Berlin, Deutschland
E-Mail: martin.seiffert@aisec.fraunhofer.de

© Der/die Autor(en) 2025
J. Anke et al. (Hrsg.), *Digitale Identitäten und Nachweise*,
https://doi.org/10.1007/978-3-658-47708-0_1

detailliert betrachtet, ebenso wie die Notwendigkeit eines rechtlichen und organisatorischen Rahmens zur Unterstützung dieser Prozesse. Um den gesellschaftlichen Nutzen digitaler Identitätssysteme zu maximieren, ist weitere interdisziplinäre Forschung erforderlich, die auch Fragen der digitalen Ethik, User Experience, Datenschutz, Governance und Geschäftsmodellen umfasst.

Schlüsselwörter

Identitätsmanagement · Selbstbestimmte Identitäten · Verifiable Credentials · Governance · Nutzerakzeptanz · Interoperabilität · Vertrauen

1   Einführung

Social Media, Videokonferenzen, Onlinebanking, digitale Verwaltung oder Onlinespiele – in verschiedenen Kontexten müssen Systeme feststellen können, wer die jeweilige Person ist und welche Rechte für sie eingeräumt werden sollen. Dies ist eine große Herausforderung, da die dem Internet zugrunde liegenden Protokolle zwar eine Identifizierung von Rechnern erlauben, jedoch nicht die Identifizierung von Personen, Organisationen oder Objekten, die den Rechner benutzen. Mit anderen Worten: „The Internet was built without a way to know who and what you are connecting to." (Cameron, 2005, S. 1). Um dieses Problem zu lösen, werden Personen und andere Entitäten mit Hilfe von Attributen beschrieben, die als digitale Identitäten dienen.

In der Praxis verwenden Menschen zahlreiche digitale Identitäten, die für unterschiedliche Zwecke eingesetzt werden. Diese Vielfalt ist nicht nur verschiedenen technischen Ansätzen und den damit verbundenen Kosten geschuldet, sondern auch auf unterschiedliche Anforderungen an die Belastbarkeit und den Umfang der festzustellenden Eigenschaften zurückzuführen. So erfordern gesetzliche Vorschriften für die Eröffnung eines Bankkontos oder Verwaltungsvorgänge die Feststellung der legalen Identität, die durch hoheitliche Dokumente bescheinigt wird. Zudem setzen Anbieter verschiedene Mechanismen ein, um die mit digitalen Interaktionen verbundenen Risiken zu begrenzen. Die bisherigen Ansätze für das Identitätsmanagement führen zu einer großen Anzahl von Identitäten, die jeweils nur sehr begrenzt einsetzbar sind und unterschiedliche Qualität besitzen (Skierka, 2020). Dies führt zu hoher Komplexität, Kosten und Risiken in Wirtschaft und Verwaltung.

So besteht zwar ein großer Bedarf nach digitalisierten Verwaltungsleistungen, allerdings ist die Nutzung der dafür verwendeten Identifikationsverfahren oft umständlich. Zum Beispiel wird die staatliche elektronische Identität des Personalausweises (eID) laut einer aktuellen Studie von nur von 22 % der Befragten tatsächlich eingesetzt (Initiative D21 e.V. & TU München, 2024). Der eGovernment-Monitor beziffert die Differenz zwischen der Nachfrage einer Leistung und deren digitaler Nutzung („Nutzungslücke") über alle betrachteten Leistungen in Deutschland mit 31 % (Initiative D21 e.V. & TU München,

2024). Die geringe Zugänglichkeit digitaler Verwaltungsleistungen verhindert so die Erschließung der mit Digitalisierung einhergehenden Effizienzpotenziale und sorgt für unnötige Wartezeiten.

Im Gegensatz zur Verwaltung wird in der Wirtschaft reger Gebrauch von digitalen Identitäten gemacht, insbesondere im E-Commerce. Der bei Onlinehändlern angestrebte hohe Komfort führt jedoch oft zu unzureichenden Schutzmaßnahmen wie dem Verzicht auf Zweifaktor-Authentifizierung oder dem Verlust von Privatsphäre durch zentrale Datenhaltung. So können Händler nicht erkennen, ob die behauptete Identität tatsächlich vom rechtmäßigen Besitzer verwendet wird. Mit gestohlenen Identitätsdaten können unberechtigte Dritte Verträge abschließen, Waren bestellen und Prämienpunkte einlösen (Verbraucherzentrale, 2021). Dadurch entstehen jährlich rund 1,4 Mrd. € Schaden (Kolf, 2021). Weitere Schäden drohen durch die zunehmende Zahl von schwer zu erkennenden „Fakeshops", die keine oder falsche Produkte liefern (Akinci, 2023).

Die Entwicklungen in Wirtschaft und Verwaltung zeigen, dass sich die Mechanismen für die Herstellung von Vertrauen in der digitalen und physischen Welt unterscheiden. Während im Internet mit großem Aufwand und vielfältigen Methoden die erforderlichen Eigenschaften von Akteuren geprüft werden, nutzt man in physischen Interaktionen häufig Urkunden, Ausweise und andere Dokumente. Um diesen Mechanismus digital nutzen zu können, muss die Herausgeberschaft der in diesen Dokumenten enthaltenen Daten überprüfbar sein. Weiterhin müssen die derart bereitgestellten Nachweise die gleiche rechtliche Wirkung besitzen, wie ihre physischen Pendants.

Der derzeit diskutierte Ansatz „Self-Sovereign Identity" (SSI) bzw. selbstbestimmte Identität könnte hierfür eine Lösung darstellen. SSI basiert auf dem Konzept der nutzerzentrierten dezentralen Identität (Allen, 2016). Dabei werden digital signierte Nachweise in einer digitalen Brieftasche (Wallet) unter der Kontrolle der Nutzenden verwaltet und auf Anfrage über einen direkten, verschlüsselten Kanal an Dritte bereitgestellt. Während Privatpersonen von SSI durch höheren Komfort und besseren Schutz der Privatsphäre profitieren, erlaubt dieser Ansatz Dienstanbietern vertrauenswürdige Informationen automatisiert zu empfangen, zu prüfen sowie eigene Nachweise auszustellen (Preukschat & Reed, 2021).

Dieser Beitrag soll einen Überblick über den aktuellen Stand und die Perspektiven auf dem Gebiet der digitalen Identitäten geben. Dazu wird nach der Definition wesentlicher Begriffe auf die Grundmodelle des Identitätsmanagements eingegangen. Dabei wird insbesondere das Paradigma der selbstbestimmten Identität herausgestellt, welches die Etablierung des Nachweisaustauschs als Mechanismus für den Aufbau von Vertrauen im digitalen Raum ermöglicht. Um eine praktische Nutzbarkeit von digitalen Nachweisen zu erreichen, müssen rechtliche Rahmenbedingungen für den Umgang und die Anerkennung digitaler Nachweise geschaffen werden. Perspektivisch können so digitale Ökosysteme entstehen, die durch interoperable Nachweise für Anbieter einfacher zu etablieren und für Nutzende leichter zugänglich sind. Zur Realisierung dieser Potenziale ist noch Entwicklungsarbeit zu leisten, die derzeit in diversen Projekten und Initiativen adressiert werden. Zudem ergeben sich auf dem Gebiet der digitalen Identitäten zahlreiche Forschungsthemen für die Wirtschaftsinformatik, deren Übersicht diesen Beitrag abrundet.

2 Grundbegriffe im Umgang mit digitalen Identitäten

2.1 Definition und Aufbau

Der Zweck von digitalen Identitäten ist die Repräsentation von **Entitäten in einer bestimmten Domäne**, wie zum Beispiel im Gesundheitswesen (Krankenkasse), im Finanzsektor (Bank), im Bildungswesen (Universität), im eCommerce (Online-Shop) oder in anderen Organisationen. Entitäten sind alle Gegenstände, die den Regeln dieser Domäne unterliegen bzw. für deren Funktionieren relevant sind. In diesem Beitrag werden primär Personen als Entitäten betrachtet, jedoch umfassen Entitäten ebenfalls Organisationen und Objekte. Gemäß ISO/IEC 24760-1 ist eine Identität eine Menge von Attributen, die eine bestimmte Entität beschreiben (Pohlmann, 2022, S. 170 f.).

Mithilfe eines **Identifikators** lässt sich eine digitale Identität von anderen gleichartigen Datensätzen im selben Gültigkeitsbereich eindeutig unterscheiden. Solche Identifikatoren können einzelne Attribute sein, zum Beispiel Kunden-, Pass- oder Matrikelnummern, oder sich aus einer Menge von Attributen zusammensetzen wie zum Beispiel aus Namen, Vorname, Geburtstag und Geburtsort für die (fast[1]) eindeutige Unterscheidung von Personen weltweit. Eine Entität kann abhängig von der Domäne und den dadurch erforderlichen Attributen auch mehrere digitale Identitäten besitzen. Entitäten können digitale Identitäten in Form von **Identitäts- und Berechtigungsnachweisen** (Abb. 1.1) für Ihre Zwecke einsetzen. In vielen Bereichen hat sich der englische Begriff **Credential** als Bezeichnung für solche Nachweise durchgesetzt.

Um sicherzustellen, dass lediglich berechtigte Nutzerinnen und Nutzer eine digitale Identität einsetzen, können digitale Identitäten über ein **Authentifizierungsmittel** an die zugeordnete Entität gebunden werden. Authentifizierungsmittel ermöglichen dies durch ein oder mehrere Authentifizierungsfaktoren wie z. B. geheime Schlüssel in Smartcards (z. B. Bankkarte, Personalausweis), Zugangsdaten wie PINs, Passwörter oder Einmalpasswörter (z. B. Authenticator-App), Fingerabdruck- oder Gesichtserkennung oder Zertifikate (z. B. für die elektronische Steuererklärung ELSTER). Authentifizierungsmittel können zusammen mit einer digitalen Identität erzeugt und ausgegeben werden (z. B. Kundenkarte) oder bei der Erzeugung einer digitalen Identität an ein bereits bestehendes Authentifizierungsmittel (z. B. Smartphone) gebunden werden. Authentifizierungsmittel können eigene Attribute besitzen, z. B. ein Ausgabedatum oder eine Gültigkeitsdauer.

---

[1] abhängig von der Genauigkeit der Angabe des Geburtsortes und des Geburtsdatums kann es zu Verwechslungen kommen.

1 Grundlagen, Entwicklungslinien und Perspektiven Digitaler Identitäten und …

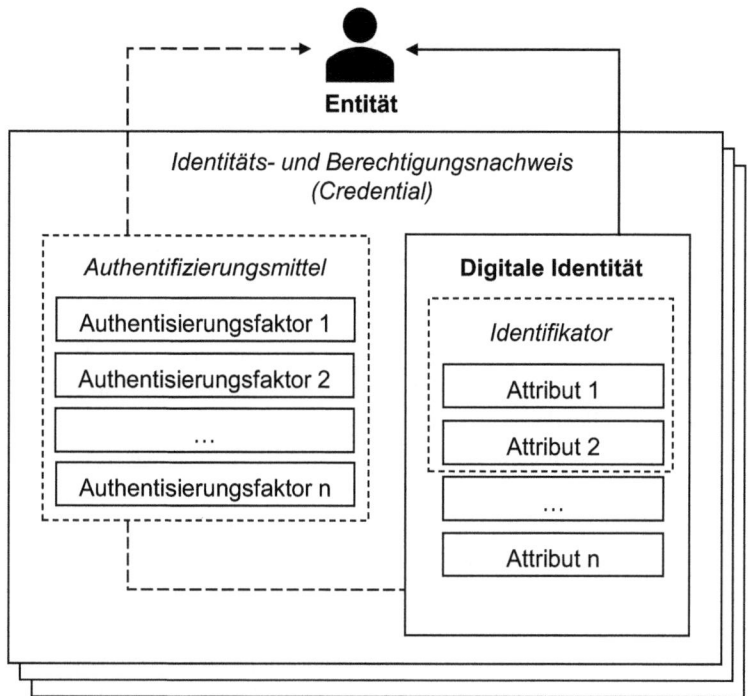

Abb. 1.1 Aufbau von digitalen Identitäts- und Berechtigungsnachweisen

2.2 Erzeugung digitaler Identitäten

Die Erzeugung digitaler Identitäten ist ein Vorgang, der ausgewählte Merkmale einer Entität in eine digitale Repräsentation überführt. Wenn eine Person im Rahmen einer Registrierung die benötigten Angaben selbst erklärt, entsteht zunächst eine ***ungeprüfte Identität***. Sie erlaubt die Wiedererkennung der Person, z. B. um deren Inhalte und Einstellungen korrekt zuordnen zu können. Ungeprüfte Identitäten sind für Anwendungen wie die Nutzung von sozialen Netzwerken (z. B. Twitter, Instagram) oder Kollaborationstools (z. B. Miro, GitHub) ausreichend oder im Sinne des Datenschutzes sogar erwünscht (UC Berkeley, 2019).

Für viele gesetzlich regulierte Anwendungen muss die digitale Identität eine Verbindung zur legalen Identität besitzen. Dazu wird bei der Erzeugung der digitalen Identität mittels **Identifizierungsverfahren** eine überprüfbare Zuordnung zur realen Person hergestellt um eine **geprüfte Identität** zu erzeugen. Beispiele für solche Verfahren sind Post-Ident, VideoIdent sowie das Ausweisen mit Hilfe der Online-Ausweisfunktion des Personalausweises (Pohlmann, 2022, S. 174 ff.). Sie stellen sicher, dass die in der Identität angegebenen Attribute mit den Merkmalen der realen Entität übereinstimmen. Dafür wird die legale Identität durch hoheitliche Dokumente sowie persönliche Identifikation festgestellt. Zusätzlich können Attribute, wenn notwendig, mit vertrauenswürdigen Registern, wie z. B. Personenstandsregister oder Personalausweisregister, abgeglichen werden. Der Zugriff auf solche Register ist in der Regel jedoch den zuständigen Behörden vorbehalten. Standardisierte Identifizierungsverfahren werden häufig durch spezialisierte Dienstleister erbracht, die eine dafür erforderliche Zertifizierung besitzen und somit von Dritten als vertrauenswürdige Quelle eingestuft werden können.

Der Vorgang der **Identifizierung** selbst bezeichnet den Prozess der Erkennung einer Entität in einer bestimmten Domäne in Abgrenzung zu anderen Entitäten (ISO/IEC, 2022, S. 8). Welche Attribute dafür benötigt werden hängt vom Identifikator ab, der in der Domäne verwendet wird. Um zum Beispiel eine natürliche Person in der Europäischen Union (EU) eindeutig zu erkennen, haben sich die Mitgliedsstaaten auf einen Mindestdatensatz von derzeitigem Familiennamen und Vornamen, dem Geburtsdatum und einer eindeutigen Kennung des ausstellenden Mitgliedstaats geeinigt (Europäische Kommission, 2015a/1501). Für das Erkennen eines Nutzers für den Login in einen E-Mail-Account genügt bereits die E-Mail-Adresse. Je nach geplantem Einsatzgebiet einer digitalen Identität sind zusätzliche Daten zur Charakterisierung relevant. Dazu gehören neben E-Mail-Adressen z. B. Telefonnummern, Postanschriften sowie Zahlungsdaten. Solche Angaben können verifiziert werden, indem z. B. ein „Aktivierungscode" per Post, E-Mail oder SMS an die jeweilige Adresse versendet wird. Der Empfänger beweist durch die Eingabe des übermittelten Codes, dass er Eigentümer der angegebenen Geräte, Postfächer bzw. Konten ist (Pohlmann, 2022, S. 171). Damit wird auch dem Missbrauch von Daten Dritter zum Anlegen von Nutzerkonten vorgebeugt. Weiterführende Attribute zur Charakterisierung wie Angaben zu Qualifikationen, Versicherungen, Mitgliedschaften, Befugnisse und Vollmachten werden in der Regel über gescannte Dokumente, Urkunden oder Ausweise übermittelt und manuell geprüft. Dies ist nicht nur aufwändig, sondern macht Fälschungen und Manipulationen der Nachweisdokumente schwer erkennbar.

2.3 Authentifizierung

Der Vorgang der **Authentifizierung** bezeichnet den Prozess der Überprüfung der Identität, der im Erfolgsfall zu einer authentifizierten Identität für eine Entität führt (ISO/IEC, 2022, S. 9). Dabei können zwei Dinge überprüft werden: Die Integrität und Authentizität der präsentierten Identitätsattribute und die Bindung der Identität an die zugeordnete Entität. Die Überprüfung der **Authentizität der Attribute** ermöglicht es sicherzustellen, dass die Identitätsattribute von einem bestimmten Aussteller in die Identität eingebracht wurden. Zum Beispiel kann gewährleistet werden, dass Informationen über einen akademischen Abschluss von einer bestimmten Universität ausgestellt wurden, oder dass Attribute über das Alter einer Person aus dem Personalausweis ausgelesen wurden. Mit der **Integrität der Attribute** wird geprüft, dass diese seit der Ausstellung nicht manipuliert wurden.

Die Bindung der Identität an die zugeordnete Entität erfolgt durch Überprüfung von Authentifizierungsmitteln zusammen mit der präsentierten Identität. Um die Bindung zwischen digitaler Identität und ihrer zugeordneten Entität herzustellen, werden als Authentifizierungsmittel verschiedene **Authentifizierungsfaktoren** verwendet. Für die Bindung an Personen lassen sich diese in die Kategorien *Wissen* (geheimes Wissen der Entität, z. B. Passwort, PIN), *Besitz* (der Entität zugeordnetes Gerät, z. B. Mobiltelefon, Token, privater Schlüssel oder Smartcard) oder *Inhärenz* (physische Merkmale der Entität, z. B. Fingerabdrücke) einordnen (Pohlmann, 2022, S. 173 f.).

Je nach gewünschtem Komfort, Sicherheitsbedürfnis und gesetzlichen Regelungen besteht das Authentifizierungsmittel in konkreten Anwendungen aus mehreren Authentifizierungsfaktoren – idealerweise aus verschiedenen Kategorien. Diese Zweifaktor- bzw. Multifaktor-Authentifizierung (2FA/MFA) soll den Missbrauch von Identitäten durch Dritte („Impersonation") reduzieren, der beispielsweise durch den Diebstahl von einzelnen Authentisierungsfaktoren wie Passwörtern möglich wird (Pohlmann, 2022, S. 216). So erfordert die eID-Funktion des Personalausweises den physischen Personalausweis als Token (Besitz) sowie eine PIN (Wissen). Allerdings hat diese zusätzliche Sicherheit den Preis einer komplexeren Interaktion, die potenziell das Nutzungserlebnis beeinträchtigt und zudem einen höheren Umsetzungsaufwand beim Anbieter des Dienstes verursacht (Kostic et al., 2016; Sinell & Beckmann, 2022).

Digitale Identitäts- und Berechtigungsnachweise können in unterschiedlichen Varianten Identifikatoren und Authentifizierungsmittel einsetzen (Abb. 1.2). In der Domäne E-Mail-Konto kann sich ein solcher Nachweis zum Beispiel aus der E-Mail-Adresse als Identifikator und einem Passwort als Authentifizierungsfaktor zusammensetzen. Ein Bildungsnachweis könnte ganz ohne Authentifizierungsmittel auskommen, da dieser in erster Linie die Ausbildung einer bestimmten Person nachweist jedoch nicht zur Identifizierung der Person gedacht ist. Ebenso könnte ein Konzert-Ticket ohne Identifikator für eine Person auskommen und ausschließlich durch Besitz an den Besucher gebunden werden. Der Besitz des Tickets könnte den potenziellen Musikgeschmack der besitzenden Person beschreiben. Optional sind weitere Attribute möglich. Für eine besonders sichere Authentifizierung der Person sind neben Wissensfaktoren in der Regel in Hardware gesicherte kryptografische Schlüssel als Besitzfaktoren vorgesehen. Ein Beispiel dafür ist die Online-Ausweisfunktion des deutschen Personalausweises.

2.4 Vertrauensniveaus

In konkreten Interaktionen ist es entscheidend, dass die Anforderungen des Empfängers an Umfang und Qualität der Daten sowie Stärke der Authentifizierung erfüllt werden. Dies wird durch **Vertrauensniveaus** beschrieben. Sie geben an, in welchem Maß sich eine vertrauende Partei („relying party") auf die bereitgestellten Daten verlassen kann. Die vertrauende Partei erhält somit Informationen über die Sicherheit, dass die Person, die eine bestimmte Identität behauptet, tatsächlich die Person ist, der diese Identität zugewiesen wurde und kann das für ihre Dienste notwendige Vertrauensniveau einfordern.

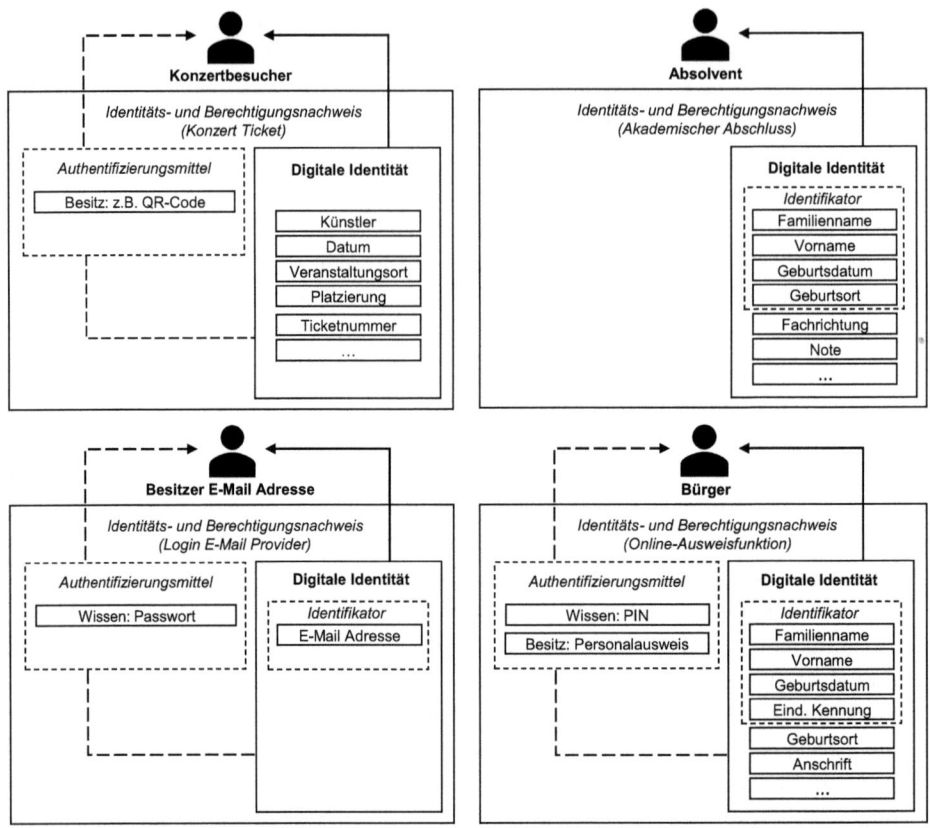

Abb. 1.2 Beispiele für Identitäts- und Berechtigungsnachweise mit unterschiedlichen Ausprägungen von Identifikator und Authentifizierungsmittel

Vertrauensniveaus spielen eine besonders wichtige Rolle in eID-Ökosystemen, in denen eine große Anzahl unterschiedlicher Identifizierungssysteme zusammen mit einer großen Anzahl unterschiedlicher digitaler Diensteanbieter genutzt werden soll. In einem solchen eID-Ökosystem ist es für Diensteanbieter von Vorteil, wenn sie sich auf das für ihre Dienste angeforderte Vertrauensniveau einer präsentierten Identität verlassen können und nicht jedes Identifizierungssystem separat hinsichtlich der notwendigen Sicherheit überprüfen müssen. Die Basis für die Anwendung von Vertrauensniveaus ist ein Rahmenwerk oder auch engl. **Trust Framework** in dem die Anforderungen an verschiedene Vertrauensniveaus und deren Überprüfung beschrieben werden.

Eine Möglichkeit der Einstufung von Identifizierungssystemen in Vertrauensniveaus wird im internationalen Standard ISO/IEC 29115 für ein **Rahmenwerk für Vertrauen in die Authentifizierung** von Entitäten (ISO/IEC, 2013) beschrieben. Der Standard unterscheidet vier aufeinander aufbauende Vertrauensniveaus (LoA):

- LoA1 (Low):	Wenig oder kein Vertrauen in die behauptete oder beanspruchte Identität
- LoA2 (Medium):	Ein gewisses Vertrauen in die behauptete oder beanspruchte Identität
- LoA3 (High):	Hohes Vertrauen in die behauptete oder beanspruchte Identität
- LoA4 (Very high):	Sehr hohes Vertrauen in die behauptete oder beanspruchte Identität

Unter Berücksichtigung einschlägiger Bedrohungen für Identifizierungs- und Authentifizierungssysteme benennt der Standard unterschiedliche Maßnahmen um das Vertrauen in die behauptete Identität je Vertrauensniveau sicherzustellen. Dabei werden Bedrohungen für die Registrierung, Verwaltung und Authentifizierung von digitalen Identitäten sowie das Management eines Identifizierungssystems selbst berücksichtigt.

3 Grundmodelle des Identitätsmanagements

3.1 Isolierte und föderierte Identitäten

Die Verwaltung digitaler Identitäten lässt sich in die drei Grundmodelle isoliert, föderiert und selbstbestimmt einteilen (Ehrlich et al., 2021). Sie unterscheiden sich vor allem hinsichtlich des Speicherorts, des Gültigkeitsbereichs, dem Schutz der Privatsphäre sowie der Verfügungsmacht über die Daten durch die Nutzenden (Abb. 1.3).

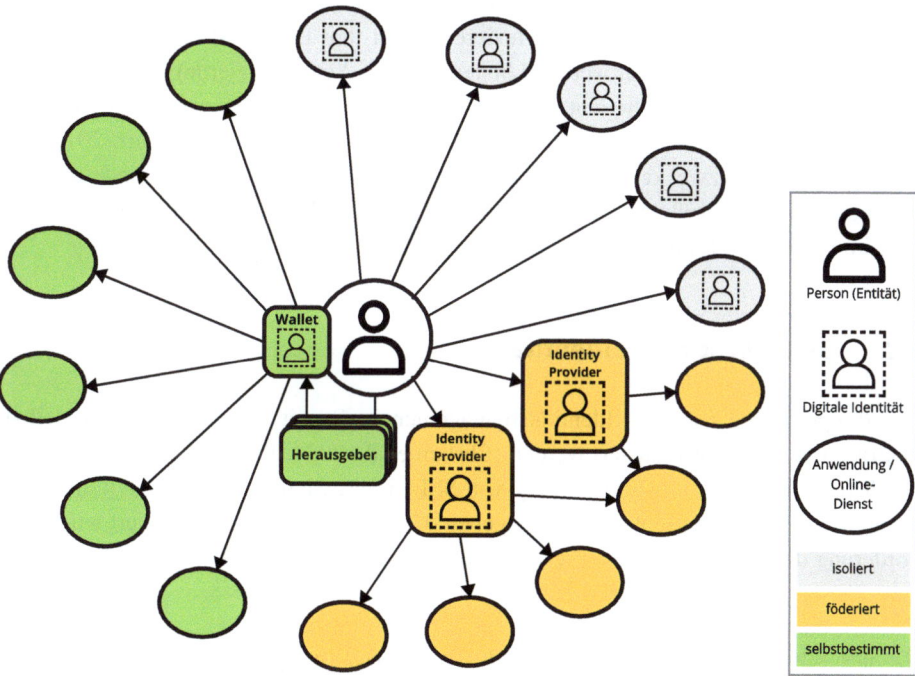

Abb. 1.3 Grundmodelle des Identitätsmanagements

Beim **isolierten Identitätsmanagement** legen neue Nutzende bei einem Dienst eine digitale Identität in Form eines *Nutzerkontos* an. Dieser Prozess wird als Registrierung bezeichnet und kann im einfachsten Fall mit der Angabe einer Emailadresse als Identifikator sowie der Festlegung eines Passworts zur Authentifizierung erfolgen. Weitere Attribute wie Name, Adresse und Telefonnummer können ebenfalls erfasst und bei Bedarf verifiziert werden. Nach der Registrierung können Nutzende den Dienst verwenden, indem sie sich bei diesem unter Verwendung ihres Passworts authentifizieren. Nutzerkonten im isolierten Modell sind nur für den jeweiligen Dienst einsetzbar. Daher führt dieser Ansatz zu einer schnell steigenden Anzahl von digitalen Identitäten. Diese sind für den Nutzenden aufwändig zu verwalten, da nicht nur eine große Anzahl von Passwörtern sicher verwahrt werden müssen, sondern auch die Daten in den Nutzerkonten an vielen Stellen im Internet verteilt sind. Zudem ist oft unbekannt, wie gut der Dienst seine Daten schützt. Immer wieder schaffen es Cyberkriminelle, Kundendaten von Unternehmen zu erbeuten.[2]

Einen anderen Ansatz verfolgt das **föderierte Identitätsmanagement**. Dabei übernimmt ein *Identity Provider* (IdP) die Aufgabe, Nutzende zu registrieren, zu identifizieren und zu authentifizieren. Ein Dienst, der diese Funktionen von einem IdP verwendet, wird in diesem Kontext als *Relying Party* bezeichnet. Alle Dienste, die den gleichen IdP benutzen, bilden die namensgebende Föderation. Dieser Ansatz kommt u. a. in Unternehmen als *Single-Sign On (SSO)* zum Einsatz, damit alle Mitarbeitenden nach einmaliger Authentifizierung die ihnen zugewiesenen internen Anwendungen nutzen können. Privatpersonen wird dieser Mechanismus im Internet als *Social Login* von Internetkonzernen wie Google, Microsoft, Apple, Facebook und Twitter bereitgestellt. Andere Onlinedienste können diese IdPs integrieren. Sie reduzieren damit ihre Einstiegshürde, da bereits angelegte Identitäten verwendet werden können. Bei der Authentifizierung mittels einer föderierten Identität werden die Nutzenden zum IdP umgeleitet. Dies erzeugt bei den IdPs ein umfassendes digitales Abbild über deren Verhalten (Cyphers & Gebhart, 2019), die teilweise für Werbezwecke verwendet werden. Zudem begeben sich Nutzende und Onlineanbieter in eine große Abhängigkeit zum IdP, der die Nutzungsbedingungen diktieren oder im Extremfall Teilnehmende sperren kann.

3.2 Selbstbestimmte Identitäten

Ein dezentral organisiertes Identitätsmanagement soll mit dem Modell der **selbstbestimmten Identität** realisiert werden (Ehrlich et al., 2021; Preukschat & Reed, 2021). Die Motivation hinter der Entwicklung von SSI war es, Menschen die Hoheit und Kontrolle über ihre Identitätsdaten zurückzugeben (Cameron, 2005). Konkretisiert wird diese Forderung durch 10 Prinzipien, die 2016 von Christopher Allen in seinem Beitrag „The

---

[2] Ob man selbst davon betroffen ist, lässt sich zum Beispiel mit dem Identity Leak Checker des Hasso-Plattner-Instituts überprüfen: https://sec.hpi.de/ilc/.

Path to Self-Sovereign Identity" formuliert wurden (Allen, 2016). Demnach sollen Identitätsdaten möglichst langlebig, breit einsetzbar und übertragbar sein. Die Bereitstellung von Daten an Dritte soll im minimalen Umfang und nur nach Zustimmung der Nutzenden erfolgen (Cucko et al., 2022). Folgende Bestandteile bilden typischerweise SSI-basiertes Identitätssysteme (Mühle et al., 2018; Preukschat & Reed, 2021, S. 21 ff.):

- *Decentralized Identifier (DID)* identifizieren eine Entität und verweisen u. a. auf einen öffentlichen Schlüssel zur Durchführung kryptografischer Vorgänge,
- *Verifiable Credentials (VC)* dienen als signierte Datenstrukturen zur strukturierten Beschreibung von Aussagen über ein Subjekt („Claims"),
- *Wallets* sind benutzerverwaltete Speicher für Schlüssel, Verbindungen, Verifiable Credentials und andere sensible Daten,
- *Agents* sind Softwarekomponenten zum Aufbau von Beziehungen sowie dem Austausch von Daten mit anderen Akteuren unter Nutzung von Wallets sowie
- *vertrauenswürdige Register* sind gemeinsam genutzte Speicher für öffentliche DIDs, Schemata sowie Widerrufe.

Das Modell der selbstbestimmten Identität arbeitet nicht mit Nutzerkonten. Stattdessen werden direkte Verbindungen zwischen Interaktionspartnern aufgebaut. Die Grundlage dafür ist asymmetrische Kryptografie, die Paare aus privatem und öffentlichem Schlüssel einsetzt. Der private Schlüssel wird in der Wallet gespeichert, während der öffentliche Schlüssel über die Auflösung der DID durch Kommunikationspartner ermittelt werden kann. So lassen sich sowohl die Schutzziele Vertraulichkeit (durch Verschlüsselung der Daten mit dem öffentlichen Schlüssel des Empfängers) als auch Authentizität und Zurechenbarkeit (durch Signieren von Daten mit dem privaten Schlüssel des Versenders) erreichen. Die Kommunikation zwischen Partnern findet über direkte, Peer-to-Peer Verbindungen statt (Mühle et al., 2018; Preukschat & Reed, 2021). Dies erfolgt über den Austausch von öffentlichen Schlüsseln der beiden Partner, die sich über dezentrale Identifikatoren (DIDs) adressieren. Damit hat keine der beiden Parteien die alleinige Kontrolle über die Verbindung.

Nach Aufbau der Verbindung werden Verifiable Credentials ausgetauscht, die von verschiedenen Herausgebern stammen können. Nutzende speichern und verwalten diese Nachweise eigenständig in einer Wallet, die in der Regel als Smartphone-App umgesetzt ist. Wenn sie im Rahmen einer Interaktion Eigenschaften nachweisen sollen, können sie eine Verbindung zum Agent der Akzeptanzstelle aufbauen, z. B. durch Scannen eines QR-Codes. Die Akzeptanzstelle stellt anschließend eine Anfrage nach den benötigten Daten, die in der Wallet angezeigt wird. Die Nutzenden entscheiden selbst, ob sie diese Daten freigeben möchten. Durch Mechanismen zur selektiven Freigabe von Attributen sowie Beweisen ohne Offenlegung der Daten („Zero-Knowledge Proof") kann eine Datenminimierung erreicht und damit der Datenschutz verbessert werden. Die Akzeptanzstelle kann die erhaltenen Daten automatisch auf Gültigkeit, Unverfälschtheit sowie Herkunft prüfen, ohne dass sie den Herausgeber kontaktieren muss (Sedlmeir et al., 2021). Dafür kann mittels der Verifiable Data Registry eine DID zu einem DID-Dokument aufgelöst werden, in dem u. a. der öffentliche Schlüssel des Herausgebers sowie ggf. Verweise auf ein Widerrufsregister abgelegt sind (Abb. 1.4).

SSI strebt gegenüber den anderen beiden Modellen zahlreiche Verbesserungen an. So werden Identifikation, Authentifikation und Bereitstellung von Nachweisen in einem standardisierten Mechanismus ermöglicht, der sowohl für digitale Dienste im Internet als auch für digital unterstützte Interaktionen in der physischen Welt einsetzbar ist. Verifiable Credentials besitzen eine sehr hohe Flexibilität hinsichtlich der Struktur der ausgetauschten Daten, sodass nahezu jedes bisher auf Papier bestehende Dokument in einem digitalen Nachweis repräsentiert werden kann. Damit können nicht nur Personen, sondern auch Organisationen und Gegenstände mit ihren Eigenschaften repräsentiert werden. Die datensparsame Weitergabe von Informationen an Dritte unter expliziter Freigabe verbessert zudem den Datenschutz und erfüllt damit eine zentrale Forderung von Nutzenden (eco – Verband der Internetwirtschaft e.V./TechConsult GmbH, 2022). Nicht zuletzt erlaubt die automatisierbare Prüfung der erhaltenen Dokumente bei Akzeptanzstellen einen bisher kaum erreichbaren Automatisierungsgrad und damit verbundene Effizienzgewinne (Jürgenssen et al., 2022; Laatikainen et al., 2021a). So kann der Nachweisaustausch als Vertrauensmechanismus digital abgebildet werden. Dieser wird aufgrund seiner zentralen Bedeutung nachfolgend detailliert beschrieben.

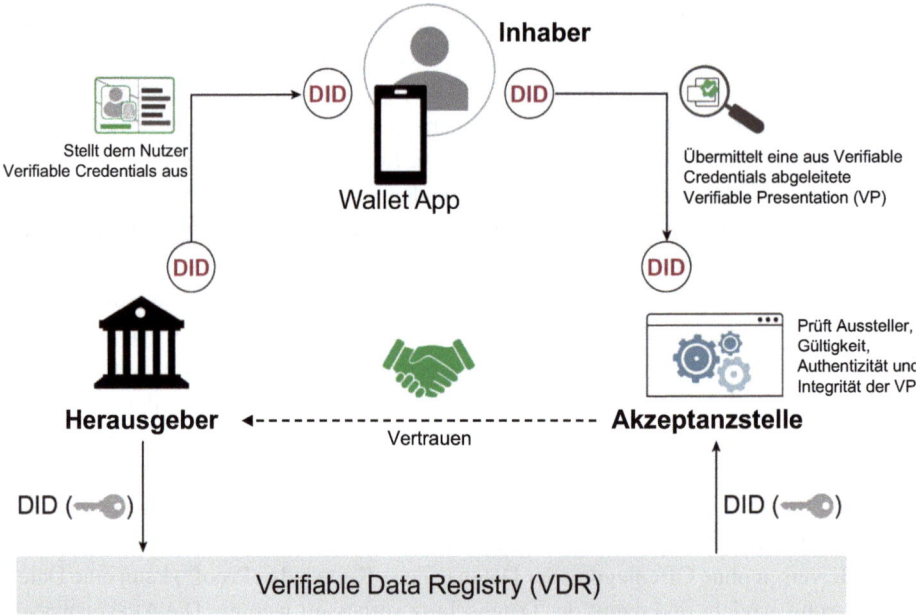

Abb. 1.4 Vereinfachte Architektur von Self-Sovereign Identity. (Modifiziert nach Pohlmann, 2022, S. 649)

4 Einsatz digitaler Identitäten zur Schaffung von Vertrauen

4.1 Digitaler Nachweisaustausch

Vertrauen in ein Gegenüber gründet auf Überzeugungen über dieses (McKnight & Chervany, 1996). Dazu gehören Kompetenz, Wohlwollen und Integrität im Falle von Personen (McKnight et al., 2002) oder Funktionalität, Verlässlichkeit und Nützlichkeit im Falle von technischen Systemen (Lankton et al., 2015). Um zu diesen Überzeugungen zu gelangen, ist es notwendig, dieses Gegenüber beispielsweise anhand des Auftretens oder vergangener Erfahrungen einzuschätzen (Sztompka, 2003, S. 70). In digitalen Interaktionen ist die Bildung von Vertrauen somit erschwert, da solche häufig unmittelbaren Einschätzungen nicht ohne weiteres durchgeführt werden können (Beldad et al., 2010). Darüber hinaus lässt sich ein Großteil der Charakteristiken von Personen nicht wie biometrische Merkmale in diesen selbst finden, sondern existiert lediglich „auf dem Papier". Der *Nachweis* solcher sozialen Fakten lässt sich in der Regel nur mithilfe von Dokumenten führen, welche von vertrauenswürdigen Herausgebern ausgestellt werden (Smith et al., 2020). Daher ist im digitalen Raum der Austausch von Nachweisen als Mechanismus zum Aufbau von Vertrauen von besonderer Bedeutung.

Dieser Mechanismus lässt sich wie folgt beschreiben: Eine vertrauenswürdige Stelle dokumentiert bestimmte Aussagen in Form eines Nachweises eines bestimmten Typs und gibt diesen anschließend an den jeweiligen Inhaber aus. Der Inhaber kann die Korrektheit seiner Angaben mithilfe des Nachweises bei einer dritten Stelle bescheinigen. Diese Akzeptanzstelle muss ihr Vertrauen somit nicht in die Glaubwürdigkeit der potenziell großen Anzahl an Nachweisinhabern setzen, sondern lediglich in die des zugehörigen Herausgebers. Nachweise erlauben es daher, die Vertrauenswürdigkeit von Herausgebern bezüglich der im Nachweis getroffenen Sachverhalte auf die Inhaber zu übertragen (Milliman & Fugate, 1988). Das so entstehende Vertrauen wiederum begünstigt Interaktionen unter Unsicherheit und hat damit einen koordinierenden Effekt (Kautonen, 2006).

SSI bedient sich dieses Mechanismus' für die Bereitstellung vertrauenswürdiger Informationen in Form von Verifiable Credentials (Preukschat & Reed, 2021, S. 132 f.). Um die Eigenschaften von Entitäten zu überprüfen, können Verifiable Credentials durch Akzeptanzstellen hinsichtlich verschiedener formaler Aspekte geprüft werden, die sich an den Zielen der Informationssicherheit orientieren (Petrlic et al., 2022, S. 10; Preukschat & Reed, 2021, S. 23):

- *Integrität:* Nachweise dürfen nicht verfälscht bzw. manipuliert worden sein
- *Gültigkeit:* Nachweise dürfen nicht widerrufen oder abgelaufen sein
- *Authentizität:* der Herausgeber des Nachweises muss korrekt sein
- *Verbindlichkeit:* der Nachweis ist auf den Inhaber ausgestellt bzw. darf von ihm eingesetzt werden

Nach der formalen Prüfung muss der Nachweis inhaltlich verarbeitet werden. Durch standardisierte Datenformate wird die Abfrage von Informationen ermöglicht, die sonst nur mit geringer Qualität (z. B. als Selbstauskunft) oder hohem Aufwand (z. B. als Scan) digital bereitgestellt werden konnten. Dies wird durch **Schemata** auf Basis standardisierter Vokabulare erreicht. Sie beschreiben die in einem Nachweis vorhandenen Aussagen als Menge von Attributen mit Namen, Datentyp sowie ggf. Wertebereich. Nachweisdokumente sind Instanzen dieser Schemata und enthalten Referenzen auf die Schemadefinition. Die vereinbarten Schemata bilden die „gemeinsame Sprache" der Beteiligten. Analog zu Schemata für die öffentliche Verwaltung (XÖV)[3] oder Geschäftsnachrichten (UN/EDIFACT)[4] wird so die semantische Interoperabilität im Nachweisaustausch erreicht.

4.2 Rechtsrahmen und Governance als Basis für Vertrauensentscheidungen

Die Bereitstellung von Nachweisen geht über eine bloße Informationsübertragung hinaus: Die in Nachweisen dokumentierten Aussagen vermitteln auch den Status ihrer Inhaber innerhalb eines bestimmten Rechtsrahmens. Da dieser Status nicht in der Person selbst zu verorten ist, sondern ein soziales Phänomen darstellt (Searle, 2006), ermöglicht häufig erst der Einsatz von Nachweisen deren Inhabern die Ausübung bestimmter Rechte (Smith et al., 2020). Der erwähnte Rechtsrahmen stützt sich dabei nicht nur auf Gesetzesnormen, sondern wird darüber hinaus durch organisationsspezifische Regelungen und private Präferenzen geformt (van Kersbergen & van Waarden, 2004). Neben den im vorhergehenden Abschnitt genannten Überzeugungen, stellt auch die Verlässlichkeit dieses Rechtsrahmens eine wichtige Grundlage für die Bildung von Vertrauen dar (McKnight et al., 2002).

Beispielsweise bestimmt ein Carsharing-Anbieter selbst, welche Kriterien zur Feststellung der Bonität seiner Kundschaft zugrunde liegen sollen, welche Nachweise hierfür akzeptabel sind und welche Personen damit zur Anmietung von Fahrzeugen berechtigt sind (Richter & Anke, 2024). Auf der anderen Seite ist der Anbieter aufgrund gesetzlicher Regelungen verpflichtet, Informationen über die Gültigkeit der Fahrerlaubnis seiner Kundinnen und Kunden anzufordern. Diesen wiederum obliegt es zu entscheiden, welchen Dienstleistern sie diese Informationen bereitstellen möchten. Es ergibt sich also eine abgeleitete Vertrauensentscheidung bezogen auf die Handhabung der bereitgestellten Nachweise (Povey, 1999). Auch diese könnte durch die Präsentation von Nachweisen zur Untermauerung der Datenschutzpraktiken des Unternehmens unterstützt werden (Luo, 2002). Der Nachweisaustausch ermöglicht es daher, Unsicherheiten beider Akteure auszuräumen und wechselseitiges Vertrauen aufzubauen.

Anhand dieses Beispiels lässt sich erkennen, dass die Wirkung von Nachweisen – zum Aufbau von Vertrauen und zur Gewährung bestimmter Rechte – sowohl mit deren

---

[3] https://www.xrepository.de/
[4] https://unece.org/trade/uncefact/introducing-unedifact

inhaltlichen Gestaltung als auch mit den Regeln im Umgang mit diesen zusammenhängt (Richter et al., 2023a). Um Nachweise erfolgreich zum Vertrauensaufbau in digitalen Interaktionen zu verwenden, ist neben einem bewussten Einsatz von Methoden des Vertrauensmanagements auch eine transparente, elektronisch dokumentierte **Governance** zur Handhabung von Nachweisen nötig. Die Governance von Nachweisdokumenten ist bislang weder durch die Praxis noch durch die Wissenschaft ausreichend detailliert beschrieben worden (Laatikainen et al., 2021b). Dies lässt sich damit begründen, dass Nachweise selbst – obgleich sie in einer Vielzahl von Typen und Formaten vorkommen – unzureichend als eigenständiges Phänomen erforscht worden sind (z. B. Smith et al., 2020).

Als einen ersten Schritt in Richtung einer standardisierten Governance des Nachweisaustauschs werden, in Anlehnung an die Konzepte prozeduraler Data Governance (Abraham et al., 2019), die Rollen der an diesem Mechanismus beteiligten Akteure und deren Aufgaben beschrieben (Richter et al., 2023b). Dabei kann ein Akteur auch mehrere Rollen wahrnehmen (Abb. 1.5).

- Ein **Kontrollorgan** erarbeitet und veröffentlicht ein Rahmenwerk mit Regeln zur Handhabung von Nachweisen eines bestimmten Typs. Diese Regeln beschreiben mindestens die Ausstellung und Verifizierung der Nachweise und legen einen primären Anwendungszweck für Nachweise des zu regelnden Typs fest, auf den sich das Rahmenwerk bezieht (Davie et al., 2019).
- Als **Subjekt** wird diejenige Entität bezeichnet, auf welche sich die Inhalte eines Nachweises beziehen. Dies kann ein Gegenstand, eine natürliche oder juristische Person sein. Häufig – aber nicht immer – ist eine Entität sowohl Subjekt, als auch Inhaber.
- Der **Inhaber** verwahrt Nachweise nach der Ausstellung in seinem persönlichen Verfügungsbereich und kann diesen zur Überprüfung vorweisen (Smith et al., 2020). Mittels Transfers kann ein Nachweis einem Dritten übertragen werden, welcher damit zum neuen Inhaber wird.

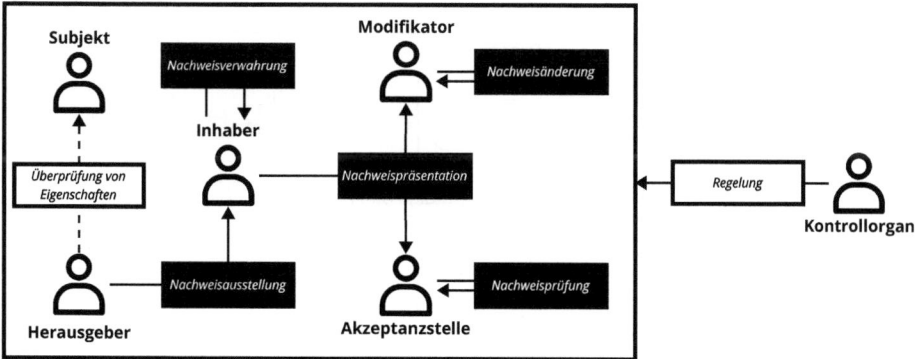

Abb. 1.5 Nachweisoperationen und beteiligte Rollen

- Ein durch die Governance berechtigter **Herausgeber** prüft die Eigenschaften des Subjekts und belegt diese durch die Ausstellung eines Nachweises (Mühle et al., 2018).
- Eine **Akzeptanzstelle** verlangt zum Aufbau von Vertrauen und zur Gewährung bestimmter Rechte von Inhabern Nachweise bestimmter Herausgeber (Liu et al., 2020b).
- Ein **Modifikator** ist in der Lage, die Inhalte und den Status eines Nachweises zu verändern, d. h. ihn zu entziehen oder zu entwerten.

4.3 Entstehung digitaler Ökosysteme durch interoperable Nachweise

Das Zusammenspiel von Technologie und Governance wird im *Trust over IP Framework* der gleichnamigen Stiftung systematisiert (Huitema et al., 2021). Dieses Framework beschreibt auf vier Ebenen ein Modell zur Schaffung von Vertrauen im Internet. Der Nachweisaustausch ist auf Ebene 3 angesiedelt und setzt auf die technischen Grundlagen von Kommunikation zwischen Agents und Wallets auf. Dabei wird deutlich, dass es auf jeder Ebene geeigneter Regelwerke bedarf, die den Technologieeinsatz nachvollziehbar und damit vertrauenswürdig machen (Abb. 1.6).

Wie erläutert, unterliegen Nachweise jeweils einer eigenen Governance. Diese bildet durch die Definition von zulässigen Akteuren sowie Regeln zu Art, Umfang und Handha-

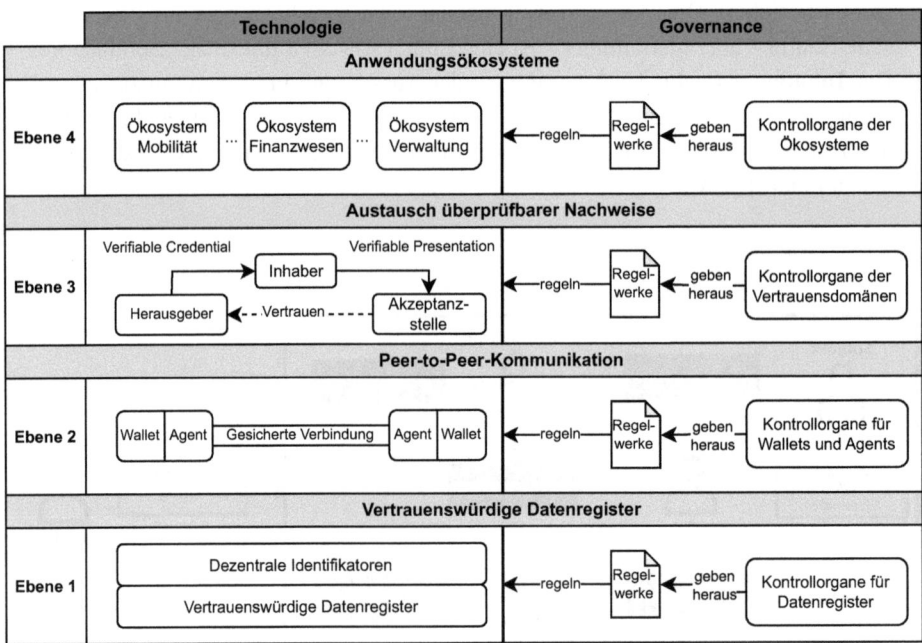

Abb. 1.6 Das „Trust over IP"-Modell als Rahmenwerk für digitales Vertrauen. (Modifiziert nach Huitema et al., 2021)

bung von Daten und Nachweisen eine **Vertrauensdomäne**. Akteure werden durch ihre Rolle als Herausgeber, Inhaber, Akzeptanzstelle und Modifikator von Nachweisen Teil verschiedener Vertrauensdomänen. Durch die Verschränkung von Vertrauensdomänen entstehen **Ökosysteme**, in denen digitale und digital-unterstützte Dienstleistungen erbracht werden.

In konkreten Anwendungen werden oft verschiedene Nachweise benötigt, um den gewünschten Geschäfts- oder Verwaltungsprozess durchzuführen. So erfordert beispielsweise Carsharing (Ökosystem Mobilität) den Führerschein (Ökosystem Verwaltung) und einen Bonitätsnachweis (Ökosystem Finanzwesen), um den Status „Kunde" zu erteilen (Richter & Anke, 2024). Dieser Status-Nachweis wird vom Carsharing-Anbieter selbst ausgestellt und eventuell um einen Nachweis über eine Haftpflichtversicherung ergänzt. Für die Buchung der Fahrzeuge können Kunden und Kundinnen ggf. Ermäßigungen geltend machen, z. B. durch Coupons, die von Partnerorganisationen ausgegeben werden. Nicht zuletzt ist für Elektrofahrzeuge auch die Berechtigung zur Nutzung von Ladesäulen durch Ladekarten des entsprechenden Betreibers erforderlich (Ökosystem Energiewirtschaft).

Die technische, semantische und rechtliche Standardisierung von Nachweisen macht sie interoperabel, d. h. in verschiedenen Kontexten unter Verwendung einer einheitlichen Infrastruktur einsetzbar. Dies verbessert die Zugänglichkeit der Dienste für Nutzende und reduziert Kosten sowie Komplexität für Dienstanbieter. Da diese Interoperabilität derzeit fehlt, sind Akzeptanzstellen gezwungen, verschiedene Formate, Protokolle und Systeme zu unterstützen, um die benötigen Nachweise digital zu verarbeiten. Dies zieht sehr hohe Kosten nach sich, weshalb derzeit oft auf papier-basierte Nachweise ausgewichen wird. In der Standardisierung des digitalen Nachweisaustauschs durch selbstbestimmte Identitäten steckt daher ein enormes Potenzial.

Der Bildung digitaler Ökosysteme stehen noch diverse Herausforderungen gegenüber, die von Laatikainen, Kolehmainen und Abrahamsson (2021a) systematisiert wurden: Sie nennen unter anderem ungenügende Reife der Technologie, unklare Skalierbarkeit, mangelhafte Nutzbarkeit, fehlende Standardisierung, unzureichende Entwicklung der Governance sowie fehlende Interoperabilität mit bestehenden Systemen. Zudem werden rechtliche und regulatorische Unsicherheit, unklare Geschäftsmodelle sowie hohe Kosten für die Anpassung von Systemen und Prozessen als Hürden aufgeführt.

5 Digitale Identitäten in Europa

Mit der Digitalen Agenda 2020 (Europäische Kommission, 2010) hat die Europäische Union die grundlegende Rolle der Informations- und Kommunikationstechnologie für den europäischen Binnenmarkt anerkannt. Für die Entfaltung des Potenzials dieser Technologie nennt die Agenda sieben Hindernisse. Darunter ein fragmentierter digitalen Binnenmarkt als auch einen Mangel an Interoperabilität. Diese Erkenntnis erstreckte sich auch auf die Rolle öffentlicher Onlinedienste der staatlichen Behörden. In der Folge hat sich die

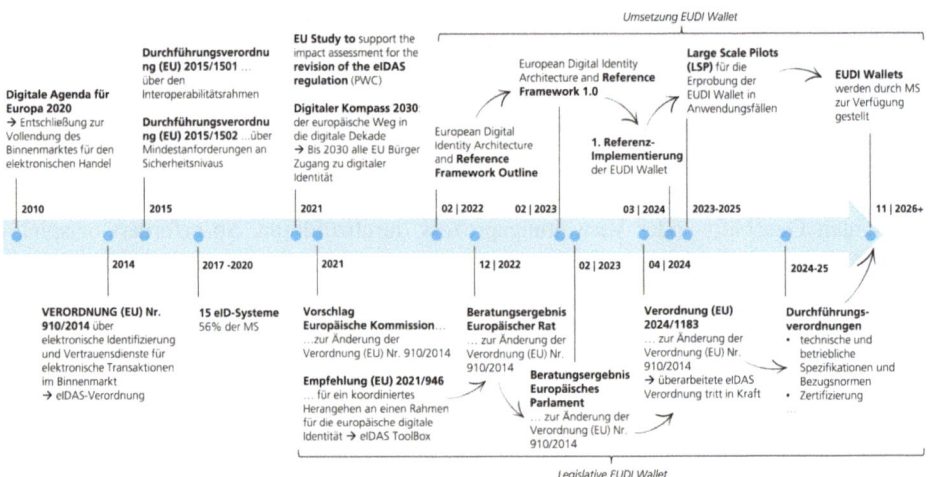

Abb. 1.7 Entwicklung digitaler Identitäten in Europa im Rahmen der eIDAS Verordnung

EU entschlossen, die gegenseitige Anerkennung der elektronischen Identitäten durch in allen Mitgliedstaaten verfügbaren Online-Authentifizierungsdiensten sicherzustellen (Abb. 1.7).

5.1 eIDAS-Verordnung

Für die Umsetzung dieser Zielstellung wurde 2014 die eIDAS Verordnung (Europäisches Parlament, 2014) über elektronische Identifizierung und Vertrauensdienste für elektronische Transaktionen im Binnenmarkt in Kraft gesetzt. Ein zentraler Baustein der Verordnung ist die Notifizierung staatlich anerkannter elektronischer Identifizierungssysteme auf verschiedenen Sicherheitsniveaus. Im Rahmen der Notifizierung gibt der notifizierende Mitgliedstaat das Sicherheitsniveau des notifizierten eID-Systems bekannt. Notifizierte eID-Systeme erlangen somit die rechtssichere Anerkennung in allen Mitgliedsstaaten der EU für öffentliche Diensteanbieter.

Die eIDAS-Verordnung definiert für eID-Systeme drei verschiede Sicherheitsniveaus: normal, substanziell und hoch analog den Vertrauensniveaus LoA2, LoA3 und LoA4 der ISO/IEC 29115. Die Mindestanforderungen an diese Vertrauensniveaus werden in der Durchführungsverordnung 2015/1502 beschrieben (Europäische Kommission, 2015b/1502). Eine weitere Verordnung, die Durchführungsverordnung 2015/1501 beschreibt die Anforderungen an die Schnittstelle zwischen dem eID-System eines Mitgliedstaats und dem eID-System eines anderen Mitgliedstaats in Form von einem Netzwerk aus eIDAS-Knoten (Europäische Kommission, 2015a/1501). Dazu gehört auch die Definition des Mindestsatzes von Personenidentifizierungsdaten, die eine natürliche oder juristische Person eindeutig repräsentieren und somit den Identifikator europäischer Identifizierungssysteme bilden.

Neben der Anerkennung staatlich notifizierter eID-Systeme definiert die eIDAS-Verordnung qualifizierte Vertrauensdienste, z. B. für elektronische Signaturen und Siegel, elektronische Zeitstempel, Zustellung elektronischer Einschreiben und Zertifikate für die Authentifizierung von Webseiten und regelt ebenso deren verpflichtende rechtliche Anerkennung in Europa.

Deutschland notifizierte 2017 mit der Online-Ausweisfunktion des Personalausweises und des elektronischen Aufenthaltstitels das erste eID-System. Bis zum Jahr 2020 haben 15 von 28 Mitgliedstaaten mindestens ein eID-System notifiziert oder in den Prozess der Notifizierung eingebracht (ENISA, 2020). Nur ein kleiner Teil der öffentlichen Onlinedienste, die im Inland der Mitgliedsstaaten zugänglich sind, können zu diesem Zeitpunkt auch grenzübergreifend über das Netzwerk aus eIDAS-Knoten erreicht werden.

5.2 EUDI-Wallet

Dies spiegelt sich auch in der Zielsetzung der EU für die folgenden zehn Jahre wider. Mit der Agenda Digitaler Kompass 2030 setzt die EU sich erneut das Ziel der Einführung einer vertrauenswürdigen, von den Nutzern kontrollierten Identität, die es jedem Bürger ermöglicht, seine Online-Interaktionen und Online-Präsenz zu kontrollieren. Bis zum Jahr 2030 sollen mindestens 80 % der EU-Bürger eine eID-Lösung tatsächlich nutzen. Um das zu erreichen, legt die europäische Kommission einen Vorschlag zur Überarbeitung der eIDAS-Verordnung vor (Europäische Kommission, 2021).

Während sich die erste Verordnung auf die Identifizierung von natürlichen und juristischen Personen im öffentlichen Sektor beschränkt nimmt die überarbeitete Verordnung nun auch die Attestierung weiterer Identitätsattribute und deren grenzüberschreitende Anerkennung auch im privatwirtschaftlichen Sektor in den Blick. Dafür fordert der Entwurf von jedem Mitgliedsstaat die Bereitstellung einer digitalen EUDI-Wallet, welche dem Nutzer die Verwaltung seiner elektronischen Identität als auch weiterer elektronischer Nachweise wie z. B. Abschlusszeugnisse, Berufsqualifikationen, Führerscheine usw. ermöglicht.

Um mit dem neuen eIDAS-Rahmen nun auch tatsächlich alle EU-Bürger zu erreichen, ist das Bereitstellen einer EU-Brieftasche durch jeden Mitgliedsstaat nicht mehr optional, sondern verpflichtend.

Nach Beratung des Vorschlags für die überarbeitete eIDAS-Verordnung durch den Europäische Rat und das Europäische Parlament ist die geänderte eIDAS-Verordnung (Europäisches Parlament, 2024) im April 2024 in Kraft getreten. Bis Ende November 2024 werden Durchführungsverordnungen zu den für die EUDI-Wallet geltenden Standards und zur Zertifizierung einer Wallet veröffentlicht. Die Bereitstellungspflicht der Mitgliedsstaaten beginnt 24 Monate nach dem Inkrafttreten dieser Umsetzungsakte, Ende 2026.

Die Umsetzung der EUDI-Wallet in Europa wird durch die Dokumentation einer Referenzarchitektur (eIDAS Expert Group, 2024) durch Experten der Mitgliedsstaaten und die Implementierung eines Prototyps für eine EUDI-Wallet[5] begleitet. Darüber hinaus wird der Einsatz von elektronischen Identitäten und Nachweisen in mehreren europäischen Pilotprojekten, sogenannten Large Scale Pilots (LSPs),[6] erprobt an denen staatliche und private Organisationen von 26 Mitgliedsstaaten beteiligt sind.

6 Themenfelder für Forschung und Entwicklung

Es wird deutlich, dass die Etablierung von zukunftsweisenden Identitätssystemen eine sehr herausfordernde Aufgabe ist. Die notwendigen Forschungs- und Entwicklungsaktivitäten können dabei in vier zentrale Perspektiven systematisiert werden (Abb. 1.8). Jede Perspektive enthält weitere Themenfelder, zu denen im vorliegenden Band bereits zahlreiche Beiträge geleistet werden.

Aus Sicht von **Organisationen** stellt sich primär die Frage, unter welchen Bedingungen sich die Nutzung digitaler Nachweise lohnt und wie bestehende Systeme dafür angepasst werden können. Gleichzeitig eröffnen sich Chancen für neue Geschäftsmodelle. Konkrete Themenfelder für diese Perspektive sind:

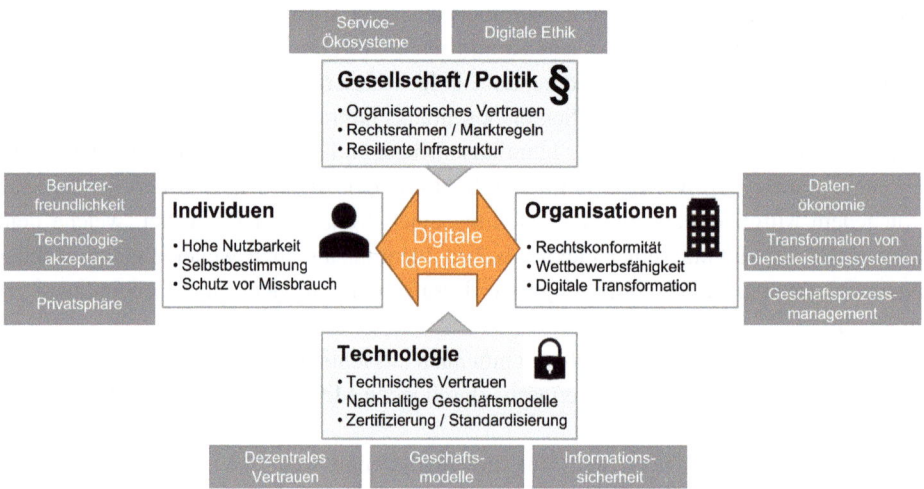

Abb. 1.8 Perspektiven und Forschungsfelder der Wirtschaftsinformatik im Kontext digitaler Identitäten

---

[5] https://github.com/eu-digital-identity-wallet/.github/blob/main/profile/reference-implementation.md
[6] https://ec.europa.eu/digital-building-blocks/sites/display/EUDIGITALIDENTITYWALLET/The+many+use+cases+of+the+EU+Digital+Identity+Wallet

- *Datenökonomie:* Der standardisierte Austausch digitaler Nachweise schafft Innovationspotenziale für neue Wertschöpfung in der Datenökonomie (Kölbel et al., 2022), z. B. Echtheitsnachweise für Produkte oder plattform-übergreifendes Reputationsmanagement (Hesse & Teubner, 2020).
- *Transformation von Dienstleistungssystemen:* Dienstleistungen in Wirtschaft und Verwaltung müssen angepasst werden, um von den Vorteilen digitaler Nachweise zu profitieren. Für diese Transformation sind Methoden und Werkzeuge erforderlich (Bochnia et al., 2024). Grundlage für deren Entwicklung ist die systematische Erarbeitung von Anwendungswissen aus dem Einsatz von SSI in verschiedenen Domänen (Feulner et al., 2022; Richter & Anke, 2021). Auch die Bewertung von Auswirkungen dieser Veränderungen im Hinblick auf Ziele der Betroffenen ist bislang kaum systematisch untersucht (Jürgenssen et al., 2022).
- *Geschäftsprozess-Management:* Die Koordination der Leistungserbringung durch mehrere Akteure wird mit Hilfe von Geschäftsprozessen beschrieben, die sich ebenfalls durch den Einsatz digitaler Nachweise verändern. Hier wären u. a. Aspekte geeigneter Werkzeuge und Modellierungssprachen sowie die Rolle von Vertrauen und Unsicherheit in Prozessen zu betrachten (Müller et al., 2020).

Für **Individuen** ist es wichtig, gut nutzbare Technik zu erhalten, die den einfachen und nachvollziehbaren Umgang mit digitalen Identitäten erlaubt und vor dem Missbrauch der eigenen Daten schützt. Zudem sollen digitale Nachweise aber auch dazu dienen, die Vertrauenswürdigkeit von Dritten festzustellen, z. B. um Fake Shops zu erkennen. Daraus ergeben sich folgende Themenfelder:

- *Usability:* Der Umgang mit digitalen Identitäten in einer Wallet ist für die meisten Menschen noch sehr ungewohnt. Daher müssen solche Systeme mit einer hohen Benutzerfreundlichkeit gestaltet werden, die bislang noch nicht ausreichend gegeben ist (Sartor et al., 2022; Ebert et al., 2024). Zudem sind Sicherheitskonzepte erforderlich, die vor unbedachtem Übermitteln von Daten an Dritte ohne klar erkennbare Notwendigkeit und Zweck warnen (Ebert et al., 2023). Mechanismen der *Usable Security* bzw. *Usable Privacy* können dabei unterstützen, derartige Risiken besser zu erkennen (Kostic & Poikela, 2022).
- *Technologieakzeptanz:* Die von digitalen Identitäten gewünschten Effekte treten nur dann ein, wenn die damit verbundene Technik auch eingesetzt wird. Dafür sind Fragen des Mehrwerts, einfachen Nutzbarkeit und Nutzungsabsicht relevant, die in Technologieakzeptanzmodellen systematisiert werden (Guggenberger et al., 2022).
- *Schutz der Privatsphäre:* Aus Sicht der Nutzenden ist die Offenlegung ihrer Identität und die damit verbundene Bereitstellung von Daten oft nicht gewünscht. Die Sammlung und Auswertung von personenbezogenen Daten von großen Unternehmen für die eigene Wertschöpfung, z. B. im zielgerichteten Marketing wird von vielen Menschen skeptisch gesehen (Beduschi, 2021; Kostic, 2024; Kostic & Poikela, 2023).

Der Einsatz digitaler Identitäten findet in einem Rechtsrahmen statt, der von **Gesellschaft und Politik** ausgehandelt wird. Dabei sind Ziele wie der Schutz des Individuums, Sicherstellung gesellschaftlicher Teilhabe,[7] wettbewerbsfähige Wirtschaft sowie eine effiziente Verwaltung relevant. Durch die Rahmenbedingungen wird festgelegt, welche Akteure unter welchen Bedingungen wie mit digitalen Identitäten umgehen dürfen. Dies kann u. a. in folgenden Themenfeldern untersucht werden:

- *Service-Ökosysteme:* Sowohl an der Entwicklung als auch an der Leistungserbringung von Dienstleistungen im Zusammenhang mit digitalen Identitäten sind zahlreiche Akteure beteiligt. Service-Ökosysteme erlauben die Analyse solcher Strukturen und die Gestaltung einer geeigneten Governance (Laatikainen et al., 2021a).
- *Digitale Ethik:* Beim Entwurf von Identitätssystemen sind nicht nur menschzentrierte Prinzipien zu formulieren, sondern auch die Technik zu verwenden, die deren Erfüllung bestmöglich erreichen lässt (Ishmaev, 2020). Dies umfasst z. B. die Berücksichtigung von technischen Fähigkeiten und Möglichkeiten aller Nutzenden. Damit wird eine wichtige Voraussetzung für die Akzeptanz solcher Systeme geschaffen. Grundlage dafür ist eine entsprechende Orientierung an geeigneten Werten, die wiederum Ausdruck einer bestimmten Weltanschauung sind (Whitley & Schoemaker, 2022).

Die Entwicklung von **Technologie** sollte schließlich daran ausgerichtet werden, die Ziele aller Interessensgruppen bestmöglich zu erreichen. Dabei ist auch sichere und ökonomisch nachhaltige Betrieb von interoperablen Infrastrukturen zu berücksichtigen, was Gegenstand folgender Themenfelder ist:

- *Dezentrales Vertrauen:* Eine Herausforderung im Umgang mit dezentralen Identitäten ist die Schaffung von technischem Vertrauen und dessen Verbindung mit geeigneten Regelwerken (Governance). Es gilt zu klären, mit welchen technischen Mitteln Akzeptanzstellen die Vertrauenswürdigkeit von Herausgebern prüfen können. Dafür wurden bereits Blockchains (Yang Liu et al., 2020a), Trustlists oder der Domain Name Service (Jeyakumar et al., 2022) vorgeschlagen.
- *Geschäftsmodelle:* Dienste und Komponenten für den Umgang mit digitalen Identitäten umfassen Identity Provider, Wallet-Anbieter, Betreiber von Registern sowie Dienste für das Ausstellen von elektronischen Signaturen, Siegeln und Bestätigung von Attributen. Sie müssen für Anwendungen in Wirtschaft und Verwaltung attraktiv sein und gleichermaßen sicher bereitgestellt werden. Dafür sind nachhaltige Betriebskonzepte und Geschäftsmodelle erforderlich (Kubach & Sellung, 2021).
- *Informationssicherheit:* Unterschiedliche Identitäts- und Berechtigungsnachweise haben unterschiedliche Anforderungen an Informationssicherheit und Privatheit und

---

[7] Siehe dazu auch die Europäische Erklärung zu digitalen Rechten und Prinzipien: https://digital-strategy.ec.europa.eu/en/library/european-declaration-digital-rights-and-principles.

somit an die Kryptografie der unterliegenden Technologie (Richter et al., 2023c). Diese Anforderungen müssen in einer Sicherheitsarchitektur eines eID-Ökosystems gut verstanden und zusammen mit anderen Anforderungen wie z. B. der Usability oder der Ökonomie ausbalanciert werden.

7 Fazit

Der Umgang mit digitalen Identitäten ein komplexes Thema, das weit über technische Fragestellungen hinausgeht. Zum einen ist für die Schaffung von Vertrauen zwischen Akteuren neben der eingesetzten Technik auch ein organisatorischer und rechtlicher Rahmen erforderlich. Zum anderen beeinflusst der Umgang mit digitalen Identitäten Interaktionen zwischen Akteuren in allen gesellschaftlichen Bereichen. Für die Akzeptanz und Verbreitung solcher Lösungen ist die Diskussion um Anwendungen und der daraus entstehende Nutzen, aber auch die Gefahren und Risiken für die Gesellschaft insgesamt mindestens genauso wichtig.

Für eine nachhaltige digitale Transformation müssen Systeme für digitale Identitäten so gestaltet werden, dass sie den gesellschaftlichen Nutzen maximieren. Um den vielfältigen Fragestellungen gerecht zu werden, ist ein interdisziplinärer Ansatz erforderlich. Wichtige Beiträge dazu können die (Wirtschafts-)Informatik, aber auch Politik- und Verwaltungswissenschaften, Soziologie sowie Rechts-, Arbeits- und Kognitionswissenschaft leisten. Nicht zuletzt geht mit dem Einsatz von digitalen Identitäten auch die Frage von Werten einher, die diese Entwicklung leiten müssen. Diese leitenden Werte zu definieren und die Entwicklung daran auszurichten, ist Gegenstand der digitalen Ethik.

Zusammenfassend lässt sich feststellen, dass die Verwendung von digitalen Identitätssystemen nach dem Paradigma der selbstbestimmten Identität die Chance zu einer grundsätzlichen Transformation für die standardisierte Etablierung vertrauenswürdiger digitaler Interaktionen eröffnet. Gleichzeitig kann die Privatsphäre aller Beteiligten damit besser geschützt werden. Die große Herausforderung besteht dabei darin, die Bedarfe verschiedener Anspruchsgruppen zu ermitteln und bestmöglich auszubalancieren. Alle Beteiligten sind aufgefordert, an diesem Prozess konstruktiv und verantwortungsvoll mitzuwirken, um den größtmöglichen gesellschaftlichen Nutzen aus künftigen digitalen Identitätssystemen zu ziehen.

Literatur

Abraham, R., Schneider, J., & Vom Brocke, J. (2019). Data governance: A conceptual framework, structured review, and research agenda. *International Journal of Information Management, 49*, 424–438. https://doi.org/10.1016/j.ijinfomgt.2019.07.008

Akinci, N. (2023, Januar 10). Digital einkaufen: Fake-Shops erkennen und Schäden vermeiden. *heise Online.* https://www.heise.de/hintergrund/Digital-einkaufen-Fake-Shops-erkennen-und-Schaeden-vermeiden-7450348.html. Zugegriffen am 25.10.2024.

Allen, C. (2016). *The path to self-sovereign identity*. http://www.lifewithalacrity.com/2016/04/the-path-to-self-soverereign-identity.html. Zugegriffen am 25.10.2024.

Beduschi, A. (2021). Rethinking digital identity for post-COVID-19 societies: Data privacy and human rights considerations. *Data & Policy, 3*. https://doi.org/10.1017/dap.2021.15

Beldad, A., de Jong, M., & Steehouder, M. (2010). How shall I trust the faceless and the intangible? A literature review on the antecedents of online trust. *Computers in Human Behavior, 26*(5), 857–869. https://doi.org/10.1016/j.chb.2010.03.013

Bochnia, R., Richter, D., & Anke, J. (2024). Self-sovereign identity for organizations: Requirements for enterprise software. *IEEE Access, 12*, 7637–7660. https://doi.org/10.1109/ACCESS.2023.3349095

Cameron, K. (2005). *The laws of identity*. https://www.identityblog.com/stories/2005/05/13/TheLawsOfIdentity.pdf. Zugegriffen am 25.10.2024.

Cucko, S., Becirovic, S., Kamisalic, A., Mrdovic, S., & Turkanovic, M. (2022). Towards the Classification of Self-Sovereign Identity Properties. *IEEE Access, 10*, 88306–88329. https://doi.org/10.1109/ACCESS.2022.3199414

Cyphers, B., & Gebhart, G. (2019). *Behind the one-way mirror: A deep dive into the technology of corporate surveillance*. https://www.eff.org/wp/behind-the-one-way-mirror. Zugegriffen am 25.10.2024.

Davie, M., Gisolfi, D., Hardman, D., Jordan, J., O'Donnell, D., Reed, D., & van Deventer, O. (2019). *The trust over IP stack.*. The Linux Foundation. https://github.com/hyperledger/aries-rfcs/tree/master/concepts/0289-toip-stack. Zugegriffen am 25.10.2024.

Ebert, S., Krauß, A.-M. & Anke, J. (2023). *Towards informed choices: A decision model for adaptive warnings in self-sovereign identity*. In Mensch und Computer.

Ebert, S., Krauß, A.-M., Biedermann, B., Jürgenssen, O., & Anke, J. (2024). Nutzungsqualität im Fokus: Ergebnisse einer Fokusgruppe zur Wahrnehmung der Nutzungsqualität einer SSI-Anwendung mit Dongle. https://doi.org/10.18420/RVI2024-06

eco – Verband der Internetwirtschaft e.V. / TechConsult GmbH (Hrsg.). (2022). *Security & digitale Identitäten in einer digitalisierten Welt*.

Ehrlich, T., Richter, D., Meisel, M., & Anke, J. (2021). Self-Sovereign Identity als Grundlage für universell einsetzbare digitale Identitäten. *HMD Praxis der Wirtschaftsinformatik*. Vorab-Onlinepublikation. https://doi.org/10.1365/s40702-021-00711-5

Europäische Kommission. (2010). Mitteilung der Kommission an das Europäische Parlament, den rat, den Europäischen Wirtschafts- und Sozialausschuss und den ausschuss der regionen: Eine Digitale Agenda für Europa. https://eur-lex.europa.eu/legal-content/DE/TXT/?uri=CELEX:52010DC0245. Zugegriffen am 25.10.2024.

Europäisches Parlament, Europäischer Rat. (2014). Verordnung (EU) Nr. 910/2014 des Europäischen Parlaments und des Rates vom 23. Juli 2014 über elektronische Identifizierung und Vertrauensdienste für elektronische Transaktionen im Binnenmarkt und zur Aufhebung der Richtlinie 1999/93/EG. https://eur-lex.europa.eu/legal-content/DE/TXT/?uri=CELEX:32014R0910. Zugegriffen am 25.10.2024.

Europäische Kommission. (2015a). Durchführungsverordnung (EU) 2015/1501 der Kommission vom 8. September 2015 über den Interoperabilitätsrahmen gemäß Artikel 12 Absatz 8 der Verordnung (EU) Nr. 910/2014 des Europäischen Parlaments und des Rates über elektronische Identifizierung und Vertrauensdienste für elektronische Transaktionen im Binnenmarkt. https://eur-lex.europa.eu/legal-content/DE/TXT/?uri=CELEX%3A32015R1501. Zugegriffen am 25.10.2024.

Europäische Kommission. (2015b). Durchführungsverordnung (EU) 2015/1502 der Kommission vom 8. September 2015 zur Festlegung von Mindestanforderungen an technische Spezifikationen und Verfahren für Sicherheitsniveaus elektronischer Identifizierungsmittel gemäß Artikel 8 Absatz 3 der Verordnung (EU) Nr. 910/2014 des Europäischen Parlaments und des Rates über elektronische Identifizierung und Vertrauensdienste für elektronische Transaktionen im Binnenmarkt. https://eur-lex.europa.eu/legal-content/DE/ALL/?uri=CELEX%3A32015R1502. Zugegriffen am 25.10.2024.

ENISA. (2020). eIDAS compliant eID Solutions: Security Considerations and the Role of ENISA. https://www.enisa.europa.eu/publications/eidas-compliant-eid-solutions. Zugegriffen am 25.10.2024.

Europäische Kommission. (2021). MITTEILUNG DER KOMMISSION AN DAS EUROPÄISCHE PARLAMENT, DEN RAT, DEN EUROPÄISCHEN WIRTSCHAFTS- UND SOZIALAUSSCHUSS UND DEN AUSSCHUSS DER REGIONEN: Digitaler Kompass 2030: der europäische Weg in die digitale Dekade. https://eur-lex.europa.eu/legal-content/de/TXT/?uri=CELEX:52021DC0118. Zugegriffen am 25.10.2024.

Europäisches Parlament, Europäischer Rat. (2024). Verordnung (EU) 2024/1183 des Europäischen Parlaments und des Rates vom 11. April 2024 zur Änderung der Verordnung (EU) Nr. 910/2014 im Hinblick auf die Schaffung des europäischen Rahmens für eine digitale Identität. https://eur-lex.europa.eu/legal-content/de/TXT/?uri=CELEX%3A32024R1183. Zugegriffen am 25.10.2024.

eIDAS Expert Group. (2024). European digital identity wallet architecture and reference framework. https://github.com/eu-digital-identity-wallet/eudi-doc-architecture-and-reference-framework/blob/main/docs/arf.md. Zugegriffen am 25.10.2024.

Feulner, S., Sedlmeir, J., Schlatt, V., & Urbach, N. (2022). Exploring the use of self-sovereign identity for event ticketing systems. *Electronic Markets, 32*(3), 1759–1777. https://doi.org/10.1007/s12525-022-00573-9

Guggenberger, T., Neubauer, L., Stramm, J., & Völter, F. (2022). Accept me as I am or see me go: A qualitative analysis of user acceptance of self-sovereign identity applications. In T. Bui (Vorsitz), *Hawaii International Conference on System Sciences (HICSS)*.

Hesse, M., & Teubner, T. (2020). Takeaway Trust: A market data perspective on reputation portability in electronic commerce. In T. Bui (Hrsg.), *Proceedings of the annual Hawaii International Conference on System Sciences, Proceedings of the 53rd Hawaii International Conference on System Sciences*. Hawaii International Conference on System Sciences.

Huitema, C., Bachenheimer, D., O'Donnell, D., Reed, D., Fleenor, J., Young, K., Hand, K., Kneiss, K., Jordan, J., Bendixsen, L., Subrahmanyam, P. A., Mukhopadhyay, S., Perry, S., Syntez, V., Malhotra, V. & Chu, W. (2021). *Introduction to trust over IP: Version 2.0*. Trust Over IP Foundation. https://trustoverip.org/wp-content/uploads/Introduction-to-ToIP-V2.0-2021-11-17.pdf. Zugegriffen am 25.10.2024.

Initiative D21 e.V. & TU München. (Hrsg.). (2024). *eGovernment MONITOR 2024: Nutzung und Akzeptanz digitaler Verwaltungsleistungen aus Sicht der Bürger*innen. Die deutschen Bundesländer, Deutschland, Österreich und die Schweiz im Vergleich.*. https://initiatived21.de/uploads/03_Studien-Publikationen/eGovernment-MONITOR/2024/egovernment_monitor_24.pdf. Zugegriffen am 25.10.2024.

Ishmaev, G. (2020). Sovereignty, privacy, and ethics in blockchain-based identity management systems. *Ethics and Information Technology,* 1–14. https://doi.org/10.1007/s10676-020-09563-x

ISO/IEC. (2013). Information technology – Security techniques – Entity authentication assurance framework (ISO/IEC 29115:2013).

ISO/IEC. (2022). IT-Sicherheit und Datenschutz – Rahmenwerk für Identitätsmanagement – Teil 1: Terminologie und Konzept (ISO/IEC 24760-1:2022).

Jeyakumar, I. H. J., Chadwick, D. W., & Kubach, M. (2022). A novel approach to establish trust in verifiable credential issuers in Self-sovereign identity ecosystems using TRAIN. In H. Roßnagel, C. H. Schunck, & S. Mödersheim (Hrsg.), *Open Identity Summit 2022* (S. 27–38). Gesellschaft für Informatik e.V. https://doi.org/10.18420/OID2022_02

Jürgenssen, O., Richter, D., & Anke, J. (2022). Selbstbestimmte digitale Identitäten in der Smart City: Potenziale und Grenzen. In *Gemeinschaften in Neuen Medien: Digitalität und Diversität*. TUDpress -Verlag der Wissenschaften.

Kautonen, T. (2006). Trust as a governance mechanism in inter-firm relations – conceptual considerations. *Evolutionary and Institutional Economics Review, 3*(1), 89–108. https://doi.org/10.14441/eier.3.89

Kölbel, T., Härdtner, M.-C., & Weinhardt, C. (2022). Enterprise Business Models Leveraging Self-Sovereign Identity: Towards a User-Empowering Me2X Economy. In T. Bui (Vorsitz), *Hawaii International Conference on System Sciences (HICSS)*.

Kolf, F. (2021, August 18). Onlinebetrug zerstört das Vertrauen zwischen Händler und Kunden. *Handelsblatt*. https://www.handelsblatt.com/unternehmen/handel-konsumgueter/e-commerce-jeder-vierte-wird-opfer-von-internetkriminalitaet-doch-viele-onlinehaendler-ignorieren-das-problem/27525176.html. Zugegriffen am 25.10.2024.

Kostic, S. (2024). Who is the better operator of an identity wallet prioritised by the user?-A quantitative survey between state and company. In *Extended Abstracts of the CHI Conference on Human Factors in Computing Systems* (pp. 1–7).

Kostic, S., Heinemann, A. & Margraf, M. (2016). Usability-Untersuchung eines Papierprototypen für eine mobile Online-Ausweisfunktion des Personalausweises. In H. C. Mayr & M. Pinzger (Hrsg.), *GI-Edition: Proceedings: Bd. 259. Informatik 2016: Tagung vom 26.-30. September 2016 in Klagenfurt* (S. 519–527). Gesellschaft für Informatik e.V.

Kostic, S. & Poikela, M. (2022). Do users want to use digital identities? a study of a concept of an identity wallet. In *Eighteenth Symposium on Usable Privacy and Security (SOUPS 2022)*. USENIX Association, Boston, MA (pp. 195–211).

Kostic, S. & Poikela, M. (2023). The state or private enterprise? – The shift in users' preference for the provider of an identitywallet. In *Nineteenth Symposium on Usable Privacy and Security, SOUPS* (pp. 6–8).

Kubach, M. & Sellung, R. (2021). On the market for self-sovereign identity: Structure and stakeholders. In A. Roßnagel, C. H. Schunck & S. Mödersheim (Vorsitz), *Open Identity Summit*. Symposium im Rahmen der Tagung von Gesellschaft für Informatik, Bonn.

Laatikainen, G., Kolehmainen, T., & Abrahamsson, P. (2021a). Self-sovereign identity ecosystems: Benefits and challenges. In *12th Scandinavian Conference on Information Systems: Living in a digital world?*. Association for Information Systems. https://aisel.aisnet.org/scis2021/10/. Zugegriffen am 25.10.2024.

Laatikainen, G., Kolehmainen, T., Li, M., Hautala, M., & Kettunen, A. (2021b). Towards a trustful digital world: exploring self-sovereign identity ecosystems. In *Twenty-fifth Pacific Asia Conference on Information Systems*. Association for Information Systems.

Lankton, N., McKnight, D. H., & Tripp, J. (2015). Technology, Humanness, and Trust: Rethinking Trust in Technology. *Journal of the Association for Information Systems, 16*(10), 880–918. https://doi.org/10.17705/1jais.00411

Liu, Y., He, D., Obaidat, M. S., Kumar, N., Khan, M. K., & Raymond Choo, K.-K. (2020a). Blockchain-based identity management systems: A review. *Journal of Network and Computer Applications, 166*, 102731. https://doi.org/10.1016/j.jnca.2020.102731

Liu, Y., Lu, Q., Paik, H.-Y., Xu, X., Chen, S., & Zhu, L. (2020b). Design Pattern as a Service for Blockchain-Based Self-Sovereign Identity. *IEEE Software, 37*(5), 30–36. https://doi.org/10.1109/MS.2020.2992783

Luo, X. (2002). Trust production and privacy concerns on the Internet. *Industrial Marketing Management, 31*(2), 111–118. https://doi.org/10.1016/S0019-8501(01)00182-1

McKnight, D. H., & Chervany, N. L. (1996). *The Meanings of Trust (MISRC 9604)*. University of Minnesota MIS Research Center.

McKnight, D. H., Choudhury, V., & Kacmar, C. (2002). Developing and validating trust measures for e-commerce: An integrative typology. *Information Systems Research, 13*(3), 334–359. https://doi.org/10.1287/isre.13.3.334.81

Milliman, R. E., & Fugate, D. L. (1988). Using trust-transference as a persuasion technique: An empirical field investigation. *The Journal of Personal Selling and Sales Management, 8*(2), 1–7. https://www.jstor.org/stable/20832449

Mühle, A., Grüner, A., Gayvoronskaya, T., & Meinel, C. (2018). A survey on essential components of a self-sovereign identity. *Computer Science Review, 30*, 80–86. https://www.researchgate.net/publication/326459642_A_Survey_on_Essential_Components_of_a_Self-Sovereign_Identity

Müller, M., Garzon, S. R., Rosemann, M., & Kupper, A. (2020). Towards trust-aware collaborative business processes: An approach to identify uncertainty. *IEEE Internet Computing, 24*(6), 17–25. https://doi.org/10.1109/MIC.2020.3023180

Petrlic, R., Sorge, C., & Ziebarth, W. (Hrsg.). (2022). *Datenschutz*. Springer Fachmedien. https://doi.org/10.1007/978-3-658-39097-6

Pohlmann, N. (2022). *Cyber-Sicherheit: Das Lehrbuch für Konzepte, Prinzipien, Mechanismen, Architekturen und Eigenschaften von Cyber-Sicherheitssystemen in der Digitalisierung* (2. Aufl.). Springer Vieweg. https://doi.org/10.1007/978-3-658-36243-0

Povey, D. (1999). Developing electronic trust policies using a risk management model. In G. Goos, J. Hartmanis, J. van Leeuwen, & R. Baumgart (Hrsg.), *Lecture notes in computer science. Secure Networking – CQRE [Secure] '99* (Bd. 1740, S. 1–16). Springer. https://doi.org/10.1007/3-540-46701-7_1

Preukschat, A. & Reed, D. (2021). *Self sovereign identity: Decentralized digital identity and verifiable credentials.*

Richter, D., & Anke, J. (2021). Exploring potential impacts of self-sovereign identity on smart service systems. *Business Information Systems*, 105–116. https://doi.org/10.52825/bis.v1i.68

Richter, D. & Anke, J. (2024). Getting to know your customer: Onboarding in an urban mobility ecosystem. In: *19th International Conference on Wirtschaftsinformatik, Würzburg, Germany.*

Richter, D., Krauß, A.-M., Ebert, S., & Handke, S. (2023a). On the search for trust: Self-sovereign identity and the public sector. In G. Auth & T. Pidun (Hrsg.), *6. Fachtagung Rechts- und Verwaltungsinformatik (RVI 2023)* (S. 42–54) Gesellschaft für Informatik e.V. https://doi.org/10.18420/RVI2023-024

Richter, D., Praas, C. R., & Anke, J. (2023b). Beyond paper and plastic: A meta-model for credential use and governance. In: *European Conference on Information Systems*. Symposium im Rahmen der Tagung von Association for Information Systems, Kristiansand, Norway. https://aisel.aisnet.org/ecis2023_rp/371/. Zugegriffen am 25.10.2024.

Richter, M., Bertram, M., Seidensticker, J. & Margraf, M. (2023c). Cryptographic requirements of verifiable credentials for digital identification documents. In *IEEE 47th Annual Computers, Software, and Applications Conference (COMPSAC)*, pp. 1663–1668. https://doi.org/10.1109/COMPSAC57700.2023.00257 .

Sartor, S., Sedlmeir, J., Rieger, A., & Roth, T. (2022). Love at first sight? A user experience study of self-sovereign identity wallets. *ECIS 2022 Research Papers*. https://aisel.aisnet.org/ecis2022_rp/46. Zugegriffen am 25.10.2024.

Searle, J. R. (2006). Social ontology: Some basic principles. *Anthropological Theory, 6*(1), 12–29.

Sedlmeir, J., Smethurst, R., Rieger, A., & Fridgen, G. (2021). Digital identities and verifiable credentials. *Business & Information Systems Engineering, 63*, 603–613. https://doi.org/10.1007/s12599-021-00722-y

Sinell, A. & Beckmann, M. (2022). *Digitale Identitäten: der Online-Ausweisfunktion zum Durchbruch verhelfen*. DigitalService GmbH des Bundes. https://digitalservice.bund.de/blog/projekt-digitale-identitaeten. Zugegriffen am 25.10.2024.

Skierka, I. (2020). Digitale Identitäten. In T. Klenk, F. Nullmeier, & G. Wewer (Hrsg.), *Handbuch Digitalisierung in Staat und Verwaltung* (S. 1–12). Springer Fachmedien. https://doi.org/10.1007/978-3-658-23669-4_66-1

Smith, B., Loddo, O. G., & Lorini, G. (2020). On credentials. *Journal of Social Ontology, 6*(1), 47–67. https://doi.org/10.1515/jso-2019-0034

Sztompka, P. (2003). *Trust: A sociological theory.* Cambridge University Press (CUP).

UC Berkeley (Hrsg.). (2019). *Pseudonymous identity – privacy patterns.* https://privacypatterns.org/patterns/Pseudonymous-identity. Zugegriffen am 25.10.2024.

van Kersbergen, K., & van Waarden, F. (2004). 'Governance' as a bridge between disciplines: Cross-disciplinary inspiration regarding shifts in governance and problems of governability, accountability and legitimacy. *European Journal of Political Research, 43*, 143–171.

Verbraucherzentrale. (2021). *Welche Folgen Identitätsdiebstahl im Internet haben kann | Verbraucherzentrale.de.* https://www.verbraucherzentrale.de/wissen/digitale-welt/datenschutz/welche-folgen-identitaetsdiebstahl-im-internet-haben-kann-17750. Zugegriffen am 25.10.2024.

Whitley, E. A., & Schoemaker, E. (2022). On the sociopolitical configurations of digital identity principles. *Data & Policy, 4.* https://doi.org/10.1017/dap.2022.30

Open Access Dieses Kapitel wird unter der Creative Commons Namensnennung 4.0 International Lizenz (http://creativecommons.org/licenses/by/4.0/deed.de) veröffentlicht, welche die Nutzung, Vervielfältigung, Bearbeitung, Verbreitung und Wiedergabe in jeglichem Medium und Format erlaubt, sofern Sie den/die ursprünglichen Autor(en) und die Quelle ordnungsgemäß nennen, einen Link zur Creative Commons Lizenz beifügen und angeben, ob Änderungen vorgenommen wurden.

Die in diesem Kapitel enthaltenen Bilder und sonstiges Drittmaterial unterliegen ebenfalls der genannten Creative Commons Lizenz, sofern sich aus der Abbildungslegende nichts anderes ergibt. Sofern das betreffende Material nicht unter der genannten Creative Commons Lizenz steht und die betreffende Handlung nicht nach gesetzlichen Vorschriften erlaubt ist, ist für die oben aufgeführten Weiterverwendungen des Materials die Einwilligung des jeweiligen Rechteinhabers einzuholen.

2. Digitale Identitäten im Rechtsverkehr: Rechtliche Rahmenbedingungen und Entwicklungen

Gunnar Hempel, Jonas Hammer und Maxie Janin Ender

Zusammenfassung

Der Beitrag untersucht die rechtlichen Aspekte Digitaler Identitäten, die für die Funktionsfähigkeit und Verlässlichkeit des Rechtsverkehrs zunehmend an Bedeutung gewinnen. Digitale Identitäten ermöglichen die Identifizierung und Authentifizierung von natürlichen und juristischen Personen in digitalen Umgebungen und sind entscheidend für die Vermeidung von Rechtsverletzungen und Haftungsrisiken. Im Fokus des Beitrags stehen die novellierte eIDAS-Verordnung, die Erstellung und Verwaltung digitaler Nachweise sowie die Digitalisierung in der Verwaltung.

Schlüsselwörter

Digitale Identitäten · eIDAS-Verordnung · Digitaler Nachweise · Digitalisierung · Öffentliche Verwaltung

---

G. Hempel (✉)
HTW Dresden, Dresden, Deutschland
E-Mail: gunnar.hempel@htw-dresden.de

J. Hammer
esatus AG, Langen, Deutschland
E-Mail: j.hammer@esatus.com

M. J. Ender
Landeshauptstadt Dresden, Dresden, Deutschland
E-Mail: MEnder@dresden.de

© Der/die Autor(en) 2025
J. Anke et al. (Hrsg.), *Digitale Identitäten und Nachweise*,
https://doi.org/10.1007/978-3-658-47708-0_2

1 Einleitung

Zu den vielfältigen legitimen Zwecken der Identifizierung und Authentifizierung einer Person zählt allgemein die Bedeutung für die Funktionsfähigkeit und Verlässlichkeit des Rechtsverkehrs. Die Identifizierung kann nicht nur bei oder nach einem rechtserheblichen Vorfall erforderlich sein, sondern wirkt auch vorsorglich, um bewusste oder unabsichtliche Fehlleistungen so weit wie möglich zu vermeiden, Rechtsverletzungen vorzubeugen und Haftungsrisiken einzudämmen. Digitale Identitäten sind das Mittel zur Identifizierung und Authentifizierung in digitalen Umgebungen und über (digitale) Fernkommunikationsmittel.

Die Digitale Identität ist eine Repräsentation einer Person in der digitalen Informationstechnologie.[1] Sie wird in Prozesse eingebettet und im Geschäftsalltag verwendet, wodurch ihr eine rechtliche Funktion und Geltung zukommt, die mehr und mehr an Bedeutung gewinnt. Soll ein Rechtsgeschäft z. B. im digitalen Raum abgeschlossen werden, ist es in einer Vielzahl der Fälle[2] im Interesse mindestens einer beteiligten Partei, den Geschäftspartner zu identifizieren. Die zivilrechtlichen Vorschriften lassen ein rechtswirksames Handeln auf diesem Wege bis auf Ausnahmen zu. Rechtswirksames Handeln im Behördenverkehr richtet sich nach den einschlägigen Verfahrensvorschriften und ist unter den dortigen Bedingungen möglich. Bereits seit der Jahrtausendwende wird durch EU-Sekundärrecht und durch nationale Gesetzgebung in Deutschland[3] ein übergreifender Rechtsrahmen für die Identifizierung durch die elektronische Form entwickelt.

Während der Laufzeit der Schaufensterprojekte wurden parallel zahlreiche Anpassungen auf europäischer Ebene und auch im nationalen Verwaltungsrecht angekündigt, lange Zeit diskutiert und auch teilweise beschlossen. In diesem Beitrag wird zunächst anhand der Novellierung der eIDAS Verordnung (Verordnung (EU) 2024/1183) dargestellt, welche Perspektiven, Anforderungen und Potenziale sich für (sichere) Digitale Identitäten auf europarechtlicher Ebene ergeben. Anschließend wird eine Zusammenstellung zahlreicher gesetzlicher Neuerungen und Initiativen zum Einsatz von sicheren Digitalen Identitäten skizziert, die indes auf der Ebene des nationalen Verwaltungsrechts entstanden sind, um die allgemeine Digitalisierung der Verwaltung anzuschieben.

Bereits bei der Entwicklung der Schaufensterprojekte zeichneten sich zahlreiche rechtliche Fragestellungen im Hinblick auf Digitale Identitäten und die Umsetzung ausgewählter Anwendungsszenarien ab. In Abschn. 3 werden (exemplarisch) einige dieser Fragestellungen aufgegriffen und bewertet.

---

[1] Weiterführend hierzu *Hornung*, Die digitale Identität, 2005, S. 29 f.
[2] Nicht betroffen sind z. B. Bargeschäfte des täglichen Lebens.
[3] Signaturgesetz v. 16.5.2001; Signaturverordnung v. 16.11.2001.

2 eIDAS-Verordnung

Die Verordnung (EU) No. 910/2014 über elektronische Identifizierung und Vertrauensdienste für elektronische Transaktionen im Binnenmarkt, allgemein bekannt unter dem Namen eIDAS-Verordnung (eIDAS-VO), ist am 01. Juli 2016 vollständig in Kraft getreten.[4] Der Name setzt sich zusammen aus dem Themenbereich der **el**ektronischen **Id**entität (eID) und den **A**ssurance **S**ervices (engl. Vertrauensdienste). Seit 2021 wurde die Verordnung unter dem Arbeitstitel eIDAS 2.0 umfassend überarbeitet und erweitert. Mit der Novellierung in 2024 (Verordnung (EU) 2024/1183)[5] wurde die Verordnung um weitere Vertrauensdienste und die Nutzung bzw. Ausgabe einer unionsweit harmonisierten ID-Wallet ergänzt, die durch die Mitgliedstaaten bereitzustellen ist.

Die eIDAS-VO regelt die Harmonisierung der elektronischen Identifizierung und Vertrauensdienste im EU-Binnenmarkt. Als Verordnung gelten ihre Regelungen unmittelbar und erfordern keine Umsetzungen in nationales Recht. Nationale Gesetze, wie das Vertrauensdienstegesetz (VDG) und die Verordnung zu Vertrauensdiensten (VDV), präzisieren spezifische Punkte und ersetzen frühere Regelungen, wie das Signaturgesetz. Ziel der eIDAS-VO ist es, das ordnungsgemäßen Funktionieren des Binnenmarkts und die Gewährleistung eines angemessenen Sicherheitsniveaus bei unionsweit genutzten elektronischen Identifizierungsmitteln und Vertrauensdiensten zu ermöglichen und einheitliche rechtliche sowie technische Standards zu schaffen. Sie bildet die Rechtsgrundlage für die rechtssichere elektronische Identifizierung, Ausstellung von Nachweisen und die Erbringung von Vertrauensdiensten in der EU.

Die Novellierung der eIDAS-VO in 2024 wurde von vielen Stakeholdern mit Spannung erwartet, da ihr Potenzial in den späten 2010er-Jahren nicht ausgeschöpft wurde. Der Hauptgrund war das Fehlen von Anwendungsfällen und die unzureichende Öffnung für die Privatwirtschaft. Zudem hat der Digitalisierungsschub durch die Corona-Lockdowns in den 2020er-Jahren das Bedürfnis nach digitalisierten Verwaltungsprozessen verdeutlicht.[6] Die novellierte eIDAS-VO bietet der Verwaltung die Möglichkeit, rechtssichere digitale Prozesse umzusetzen. Durch künftige Durchführungsverordnungen und Verpflichtungen zur Akzeptanz neuer Dienste wird sowohl Klarheit geschaffen als auch eine Investitionsgrundlage gelegt. Dies ermöglicht der Verwaltung, Fördergelder für die Digitalisierung ihrer Prozesse zu nutzen.

---

[4] Zu beachten ist, dass einige Artikel bereits seit dem 17. September 2014 gelten und andere erst ab dem Datum der entsprechenden Durchführungsverordnung. Vergleiche hierzu den Art. 52 Abs. 1 und 2 eIDAS-VO. Hinsichtlich sämtlicher Vertrauensdienste und der vollständigen Etablierung der eID gilt ein späteres Anwendungsdatum.

[5] VERORDNUNG (EU) 2024/1183 DES EUROPÄISCHEN PARLAMENTS UND DES RATES vom 11. April 2024 zur Änderung der Verordnung (EU) Nr. 910/2014 im Hinblick auf die Schaffung des europäischen Rahmens für eine digitale Identität.

[6] https://www.taylorwessing.com/en/insights-and-events/insights/2024/03/radar-eidas-the-european-digital-identity-framework-regulation-heads-to-enactment.

Im Hinblick auf *Vertrauensdienste* werden durch die eIDAS-VO die zentralen rechtlichen Anforderungen definiert, um auf diesem Wege einen einheitlichen europäischen Rahmen zu schaffen. Ein Vertrauensdienst nach Art. 3 Nr. 16 eIDAS-VO ist ein elektronischer Dienst, der in der Regel gegen Entgelt von einem *Vertrauensdiensteanbieter*, Art. 3 Nr. 19 eIDAS-VO, erbracht wird und aus irgendeiner der in Art. 3 Nr. 16 lit. a) – n) eIDAS-VO aufgelisteten Tätigkeiten besteht. Dies sind beispielsweise: Ausstellung und Überprüfung von elektronischen Signaturen, Siegeln, Zeitstempeln, Dienste für die Zustellung elektronischer Einschreiben oder die Zurverfügungstellung von Zertifikaten für die Webseite-Authentifizierung.

Die eIDAS-VO legt fest, dass nationale eID-Systeme auf bestimmte *Vertrauensniveaus* (Levels of Assurance) notifiziert und gegenseitig von den Mitgliedstaaten anerkannt werden, gemäß Art. 7, 8 eIDAS-VO. Die Notifizierung durch einen Mitgliedstaat erfolgt nach den Vorgaben in Art. 9 eIDAS-VO. Die Identifizierungssysteme werden dabei in feste Sicherheitsniveaus klassifiziert. Die Wahl des Identifizierungsmittels hängt vom geforderten Vertrauensniveau des jeweiligen Dienstes ab, wobei eine Abwägung zwischen Sicherheit und potenziellem Schadensumfang erfolgt. Das Vertrauensniveau *niedrig* gemäß Art. 8 Abs. 2 lit. a) eIDAS-VO bietet nur begrenztes Vertrauen, etwa bei Benutzername-Passwort-Verfahren. Das Niveau *substanziell* nach Art. 8 Abs. 2 lit. b) eIDAS-VO umfasst u. a. Softwarezertifikate oder 2-Faktor-Authentifizierung. Das höchste Vertrauensniveau *hoch* gemäß Art. 8 Abs. 2 lit. c) eIDAS-VO erfordert zusätzliche Sicherheitsmerkmale, beispielsweise wird beim elektronischen Personalausweis auf einen Hardware-Token abgestellt. Eine Übersicht über notifizierte Systeme bietet das Personalausweisportal des BMI.(Bundesministerium des Innern und für Heimat (BMI), o. J.) Die Europäische Kommission hat im Wege der Durchführungsverordnung (EU) 2015/1502 genauere Vorgaben hinsichtlich der Spezifikationen und Verfahren bestimmt. Eine Bewertung erfolgt anhand der Kriterien „Anmeldung", „Verwaltung der elektronischen Identifizierungsmittel", „Authentifizierung" sowie „Management und Organisation". Gemäß Art. 1 Abs. 3 der Durchführungsverordnung müssen die jeweils höheren Sicherheitsniveaus gleichermaßen die Elemente der niedrigeren Sicherheitsniveaus erfüllen. Weitere Details ergeben sich aus einschlägigen technischen Richtlinien des BSI. Hier ist insbesondere die TR-03147 zu nennen.[7]

Im Rahmen der Novellierung wird gemäß § 3 Nr. 47 mit der *Authentischen Quelle* ein neuer Ansatz für Vertrauensdienste etabliert. Eine Authentische Quelle ist ein Datenspeicher (oder ein System), der unter der Verantwortung einer öffentlichen Stelle oder privaten Einrichtung betrieben wird, *Attribute* zu einer natürlichen oder juristischen Person oder zu einem Objekt enthält und bereitstellt und als eine primäre Quelle für diese Informationen gilt oder im Einklang mit Unionsrecht oder nationalem Recht, einschließlich der Verwaltungspraxis, als authentisch anerkannt wird. Ein Attribut ist nach Art 3 Nr. 43 eIDAS-VO ein Merkmal, eine Qualität, ein Recht oder die Erlaubnis einer natürlichen oder

---

[7] https://www.bsi.bund.de/SharedDocs/Downloads/DE/BSI/Publikationen/TechnischeRichtlinien/TR03147/TR03147.pdf?__blob=publicationFile&v=3.

juristischen Person oder eines Objekts. Mithin können Vertrauensdienste, die Zugriff auf Authentischen Quellen haben bzw. diese administrieren, entsprechende Nachweise als (elektronische) *Attributsbescheinigungen* herausgeben.[8] Öffentlichen und private Organisationen wie z. B. Hochschulen oder sonstige registerführenden Stellen können als Vertrauensdiensteanbieter auftreten und registergestützte Attributsbescheinigungen herausgeben, sofern das jeweilige System bzw. Datenspeicher als eine primäre Quelle für diese Informationen gilt oder im Einklang mit Unionsrecht oder nationalem Recht, einschließlich der Verwaltungspraxis, als authentisch anerkannt wird. Gemäß Art. 45f Abs. 6 eIDAS-VO hat die Kommission im Wege von Durchführungsrechtsakten entsprechende Spezifikationen und Verfahren für diese Art der Attributsbescheinigungen bis zum 21. November 2024 festzulegen.

Ein weitere neues Kernelement der Novellierung ist die Herausgabe einer *elektronischen European Digital Identity Wallet* (EUDI-Wallet oder auch *europäische Brieftasche*) nach Art. 3 Nr. 42 eIDAS-VO, innerhalb derer die digitalen Nachweise gespeichert werden können. Durch die Etablierung einer Wallet sollen die *Nutzer*, also gemäß Art. 3 Nr. 5a eIDAS-VO natürliche oder juristische Personen die Vertrauensdienste oder elektronische Identifizierungsmittel verwenden, die Möglichkeit erhalten, ihre Digitale Identität und identitätsbezogene Nachweise in der Wallet zu speichern, zu verwalten und anfragenden Parteien zu präsentieren. Dabei behalten sie jederzeit die Kontrolle darüber, wann sie welche Daten mit wem teilen. Damit werden zahlreiche datenschutzrechtliche Grundsätze nach Art.5 Abs. 1 der Datenschutzgrundverordnung (DSGVO) gewahrt, wie beispielsweise die Erhöhung der Transparenz, Umsetzung der Datenminimierung und Nutzerkontrolle. Pro Mitgliedstaat muss gemäß Art. 5 a ff eIDAS-VO mindestens eine EUDI-Wallet von Mitgliedstaaten zertifiziert herausgegeben und jedem Bürger und jeder Bürgerin kostenlos zur Verfügung gestellt werden. Nach Art. 5 f Abs. 1 eIDAS-VO müssen die öffentlichen Stellen der Mitgliedstaaten und gemäß Art. 5 f Abs. 2, 3 eIDAS-VO in zahlreichen Fällen auch private Dienstanbieter die Identifizierung und Authentisierung mit der EUDI-Wallet akzeptieren und die Integration in ihre Prozesse ermöglichen. Mithin können sich Bürger und Bürgerinnen gegenüber der Verwaltung digital authentifizieren und Verwaltungsprozesse sicher, digital und grenzüberschreitend ermöglicht werden.

Die eIDAS-VO regelt verschiedene Arten von elektronischen Attributsbescheinigungen, welche sich nach den unterschiedlichen Anforderungen und in ihrer Wirkung differenzieren. Je nach Anwendungsfall können Attributsbescheinigungen von einem qualifizierten Vertrauensdiensteanbieter oder von einem nicht-qualifizierten Vertrauensdiensteanbieter bezogen werden. Diese werden durch entsprechende Konformitätsbewertungsstellen und Aufsichtsbehörden kontrolliert. Durch diese Differenzierung werden auch an die Nachweise unterschiedliche Anforderungen gestellt, je nachdem ob diese ein besonderes Vertrauensniveau erfordern oder nicht. Beispielhaft lassen sich Zulassungen zu bestimmten Berufen, offizielle Bescheinigungen oder Auszüge aus offiziellen staatlichen Registerstellen anführen.

---

[8] Weiterführend zu elektronischen Attributsbescheinigung siehe Abschnitt 9 eIDAS-VO, Art. 45 b ff.

Hervorzuheben ist, dass nach Art. 45b Abs. 3 eIDAS-VO qualifizierte elektronische Attributsbescheinigungen, die von oder im Namen einer für eine authentische Quelle zuständigen öffentlichen Stelle ausgestellt werden, die gleiche Rechtswirkung wie eine papierbasierte Bescheinigung haben. Gleichermaßen sind Attributsbescheinigungen, die von für eine authentische Quelle zuständigen öffentlichen Stelle in einem Mitgliedstaat ausgestellt wurde, in allen übrigen Mitgliedstaaten anzuerkennen. Damit sollen eine europäische Harmonisierung ermöglicht und Marktbarrieren des europäischen Binnenmarkts abgebaut werden.

3   Nationales Verwaltungsrecht

Die Digitalisierung der öffentlichen Verwaltung ist eine bedeutende Aufgabe für die kommenden Jahre. Hierbei gilt es bisherige „analoge" Abläufe dahingehend zu transformieren, dass die Bürger und Bürgerinnen auch sicher und nutzerfreundlich über digitale Kanäle mit der Verwaltung kommunizieren können. Mithin ist auch ein Ersatz der papiergebundenen Kommunikation erforderlich. Zentrale Fragen dieses Transformationsprozesses betreffen die sichere Identifizierung und Authentifizierung der an der Kommunikation beteiligten Parteien und die Authentizität der Kommunikationsinhalte.

Trotz verschiedener Initiativen auf Bundes- als auch auf Landesebene ist in zahlreichen Gesetzen und Vorschriften der öffentlichen Verwaltung die Schriftform (weiterhin) angeordnet. Für die Abgabe einer wirksamen Willenserklärung muss diese mittels Schriftzeichen auf einem Substrat (beispielsweise Papier) auf Dauer fixiert sein, wodurch der medienbruchfreie Ausbau digitaler Verwaltungsverfahren erschwert wird. Bis 2013 stand zum Ersatz der Schriftform in Verwaltungsverfahren nur die qualifizierte elektronische Signatur zur Verfügung. (Bundesministerium des Innern und für Heimat (BMI), 2016) Hierbei scheiterte es jedoch an der flächendeckenden Verbreitung der Lösung. Folglich entschied sich der Gesetzgeber von der ausschließlichen Fokussierung auf die qualifizierte elektronische Signatur abzurücken. Mit dem Gesetz zur Förderung der elektronischen Verwaltung (E-Government-Gesetz – EGovG) wurde erstmals ein einheitlicher Rechtsrahmen für die medienbruchfreie elektronische Kommunikation von Bürgern und Bürgerinnen mit der Verwaltung geschaffen. § 2 EGovG verpflichtet alle Behörden einen Zugang für die Übermittlung von elektronischen Dokumenten zu eröffnen. Unter Einbeziehung bestehender Regelungen in § 3a Abs. 2 VwVfG, § 36a SGB I und § 87a AO wurden mit dem EGovG zudem weitere Möglichkeiten für den elektronischen Schriftformersatz verankert. (Schulz, 2019, Rn. 1–4)

Neben der qualifizierten elektronischen Signatur (§ 3a Abs. 2 VwVfG) kann die Schriftform gemäß Abs. 3 Nr. 1 VwVfG auch durch die unmittelbare Abgabe der Erklärung in einem elektronischen Formular, welches durch die Behörde bereitgestellt wird, ersetzt werden. Die Bereitstellung kann mittels eines Eingabegerätes (Terminals) oder über öffentlich zugängliche Netze erfolgen. Letzteres erfordert allerdings einen elektronischen Identitätsnachweis nach § 18 PAuswG, § 12 eID-Karte-Gesetz oder § 78 Abs. 5 AufenthG. Durch die

Bereitstellung seitens der Behörde soll sichergestellt werden, dass der Inhalt des übermittelten elektronischen Formulars unverändert bei der Behörde eintrifft und etwaige Manipulationen ausgeschlossen werden (BT-Drs. 17/11473, 49, 2012). Eine weitere Möglichkeit des Schriftformersatzes enthält § 3a Abs. 3 Nr. 2d VwVfG durch die Versandart nach § 5 Abs. 5 DeMailG. Die De-Mail als elektronisches Pendant zur herkömmlichen Briefpost wurde jedoch kaum genutzt und kostete den Bund zwischen 2011 bis 2020 mindestens 6,5 Mio. €. (Bundesrechnungshof, 2021, S. 1) Markus Richter, Staatssekretär im BMI, teilte folglich über die Plattform X (ehemals Twitter) mit: „Am 31.8.2024 endet in der Verwaltung De-Mail, endlich!!! […]". (Richter [@cio_bund] Richter, 2024)

Mit der fortschreitenden Digitalisierung steigt der Bedarf an zusätzlichen Möglichkeiten für den elektronischen Ersatz der Schriftform in Verwaltungsverfahren. Folglich wurden zum 01.01.2024 mit dem fünften Gesetz zur Änderung verwaltungsverfahrensrechtlicher Vorschriften sowie zur Änderung des Sechsten Buches Sozialgesetzbuch (5. VwVfÄndG) weitere Ersatzmöglichkeiten hinzugefügt. Gemäß § 3a Abs. 3 Nr. 2 a-c VwVfG werden für schriftformbedürftige Erklärungen gegenüber der Behörde nunmehr elektronische Postfächer zugelassen. Die Neuerung ermöglicht es Rechtsanwälten, Bürgern und Bürgerinnen und juristischen Personen sowie Organisationen des öffentlichen Rechts, jeweils über ihr besonderes elektronisches Anwaltspostfach (beA), elektronisches Bürgerpostfach (eBO) bzw. besonderes elektronisches Behördenpostfach (beBPo), rechtsgültig elektronisch mit der Verwaltung zu kommunizieren. Zudem steht im Zuge des 5. VwVfÄndG für Behörden nach Abs. 3 Nr. 3a VwVfG das qualifizierte elektronische Siegel als zusätzliche Möglichkeit zu der bereits geregelten elektronischen Signatur für elektronische Verwaltungsakte oder sonstige elektronische Dokumente zur Verfügung.

Während der Bundesgesetzgeber in § 2 EGovG lediglich die Zugangseröffnungspflichten der Behörden festlegt, enthalten mehrere Landesgesetze weitergehende Regelungen zur Zugangseröffnung. Das EGovG legt zwar Mindeststandards für die Verwaltungen der Länder und Kommunen fest, jedoch sind die bundesgesetzlichen Regelungen nicht ausreichend, um einen flächendeckenden Ausbau der elektronischen Verwaltung sicherzustellen. Zudem gilt angesichts der Unzulässigkeit der Aufgabenübertragung durch Bundesrecht an die Gemeinden und Gemeindeverbände die Verpflichtung in § 3 EGovG nur unter dem Vorbehalt einer Anordnung nach Landesrecht.

Dementsprechend trat am 09.08.2014 das Sächsische E-Government-Gesetz (SächsEGovG) als erstes Landesgesetz in Kraft. Durch das Gesetz soll im Freistaat Sachsen ein Rechtsrahmen für eine elektronisch arbeitende Verwaltung geschaffen werden. (Sächsisches Staatsministerium des Innern (SMI), Abteilung 6, 2015, S. 5) In Bayern wurden beispielsweise 2015 mit dem „Bayernportal"[9] neue Rahmenbedingungen für Verwaltungsportale geschaffen, welche Dienstleistungen von Staat und Kommunen zentral bündelt, die seitens der Bürger und Bürgerinnen durch ein digitales Bürgerkonto (BayernID) genutzt werden können. (Landesamt für Digitalisierung, Breitband und Vermessung, 19.11.2015)

---

[9] https://www.bayernportal.de/.

Auf das Erfordernis einer flächendeckenden Bereitstellung digitaler Verwaltungsdienstleistungen über digitale Portale reagierte auch der Bundesgesetzgeber im Jahr 2017. In Art. 91 c Abs. 5 Grundgesetz (GG) wurde durch die Neuordnung der Bund-Länder-Finanzbeziehungen eine ausschließliche Bundeskompetenz für die Errichtung eines ressortübergreifenden Portalverbunds geschaffen. Basierend auf diesem neuen verfassungsrechtlichen Rahmen wurde gleichzeitig das neue Gesetz zur Verbesserung des Onlinezugangs zu Verwaltungsleistungen (Onlinezugangsgesetz - OZG) verabschiedet. (Denkhaus et al., 2019b) Ziel des Gesetzes ist es, den Bürgern und Bürgerinnen einen einfachen und sicheren elektronischen Zugang zur Behörde zu ermöglichen. Bund und Länder werden nach § 1a Abs. 1 OZG verpflichtet eigene, Verwaltungsportale auf- und auszubauen, sich zu einem Portalverbund zusammenzuschließen sowie im Portalverbund Nutzerkonten einzurichten. (Denkhaus et al., 2019a) Das Nutzerkonto gemäß § 3 Abs. 1 OZG dient der einheitlichen Identifizierung der Bürger und Bürgerinnen. Eine Auflistung der zulässigen Identifizierungsmittel wurde im Gesetz nicht vorgenommen, stattdessen erfolgt nach § 8 Abs. 1 S. 1 OZG ein Verweis auf die Vertrauensniveaus der eIDAS-VO. Welches Vertrauensniveau letztlich erforderlich ist, muss anhand des konkreten Anwendungsfalls geprüft werden. Da es keine einheitliche Regelung gibt, obliegt die Festlegung des Vertrauensniveaus derzeit der zuständigen Behörde, die für das jeweilige Verwaltungsverfahren zuständig ist. (IT-Planungsrat, 18.12.2023, S. 9) Innerhalb von fünf Jahren, zum Stichtag 31.12.2022, sollten alle Behörden von Bund und Ländern gemäß § 1 Abs. 1 OZG ihre Verwaltungsleistungen elektronisch über Verwaltungsportale bereitstellen. Zur Umsetzung der Vorschrift wurde im Auftrag des BMI der ‚OZG-Umsetzungskatalog' durch die INIT AG erstellt, um zu prüfen, welche Verwaltungsleistungen in Deutschland existieren. Im Jahr 2018 konnten dadurch 575 umzusetzende OZG-Leistungen identifiziert werden. Zur Einhaltung des ehrgeizigen Zeitplans des OZG haben Bund und Länder neue Kooperationsmodelle etabliert. Aus der interföderalen Zusammenarbeit entstand das „Einer für alle"-Prinzip (EfA), bei dem ein Land eine Online-Lösung für eine Verwaltungsleistung entwickelt und betreibt, um diese anschließend den anderen Ländern zur Nachnutzung bereitzustellen. Gemäß dem Jahresbericht aus 2022 des Nationalen Normenkontrollrats konnten bis Ende 2022 jedoch nur 33 Verwaltungsleistungen in Deutschland flächendeckend über die Verwaltungsportale online genutzt werden. Dies resultiert aus strukturellen Herausforderungen, wie etwa komplexen Koordinierungsstrukturen oder fehlender Standardisierung innerhalb der Zusammenarbeit der einzelnen Ebenen. (Nationaler Normenkontrollrat (NKR), 2022, S. 5)

Im Januar 2023 legte das BMI folglich einen Referentenentwurf[10] für ein neues OZG (OZG 2.0) vor, welches künftig keine Fristvorgaben mehr enthalten soll. (Bundesministe-

---

[10] Weiterführend dazu: BMI, Referentenentwurf des BMI: Entwurf eines Gesetzes zur Änderung des Onlinezugangsgesetzes so-wie weiterer Vorschriften (OZG-Änderungsgesetz – OZG-ÄndG), Januar 2023, unter: Digitale Verwaltung - Startseite - Referentenentwurf des BMI: Entwurf eines Gesetzes zur Änderung des Onlinezugangsgesetzes so-wie weiterer Vorschriften (OZG-Änderungsgesetz – OZG-ÄndG) (digitale-verwaltung.de).

rium des Innern und für Heimat (BMI), 2023b) Im Zuge des Entwurfs zum OZG-Änderungsgesetzes (OZGÄndG) wurde die BundID (zukünftig DeutschlandID[11]) als zentrales digitales Nutzerkonto festgelegt, um die einzelnen Nutzerkonten der Länder abzulösen. Hierfür wirbt das BMI mit dem Slogan „Wohnzimmer statt Wartezimmer – gemütlich von der Couch aus Anträge einreichen statt Schlange stehen im Bürgeramt!". (BMI, 31.08.2022) Durch eine Übergangsregelung gemäß § 12 OZGÄndG soll sichergestellt werden, dass die einzelnen Nutzerkonten der Länder weiterhin genutzt werden können, bis der technische und organisatorische Wechsel zur DeutschlandID realisierbar ist. Die Registrierung und Anmeldung erfolgt für das Vertrauensniveau „hoch" über den Online-Ausweis oder der EU-Identität. Das Vertrauensniveau „substanziell" wird hingegen durch das Elsterzertifikat ermöglicht. Als Basisregistrierung steht zudem die Anmeldung per Benutzername und Passwort als „niedriges" Vertrauensniveau zur Verfügung. Die BundID bzw. DeutschlandID dient nicht nur zur Identifikation bei Online-Anträgen, sondern auch für den rechtssicheren Empfang von Bescheiden und Nachrichten über ein eigenes Postfach. Auf freiwilliger Basis können die Nutzer ihre Identitätsdaten speichern und für digitale Verwaltungsleistungen freigeben. So können elektronische Formulare automatisch und fehlerfrei ausfüllt werden. (Bundesministerium des Innern und für Heimat (BMI), 2023a)

Zukünftig könnte die DeutschlandID als „Brückentechnologie" (Link & Drengwitz, 2024) für die Nutzung der EUDI-Wallet dienen, indem diese um zwei technische Komponenten, eine Prüfkomponente und eine Ausstellungskomponente, erweitert wird. Dadurch könnten individuelle Integrationsaufwände seitens der Behörden entfallen und Prozesse schneller und effizienter durchgeführt werden. Das bereits bestehende Postfach könnte perspektivisch für den Empfang und die Ausstellung von Nachweisen in der EUDI-Wallet verwendet werden.

4 Fragestellungen aus den Schaufensterprojekten

4.1 Datenschutz im Rahmen digitaler Nachweise

Bei Digitalen Identitäten ist es immanent, dass auch personenbezogene Daten verarbeitet werden und datenschutzrechtliche Vorschriften zu berücksichtigen sind. Bereits im Vorfeld der Schaufensterprojekte standen Fragen des Datenschutzes im Mittelpunkt. Der elektronische Identitätsnachweis erfolgt in der Regel durch die Verarbeitung personenbezogener Daten im Sinne des Art. 4 Nr. 1, 2 DSGVO über eine (natürliche) Person, weshalb datenschutzrechtliche Vorschriften zu beachten sind. Vor diesem Hintergrund wurde der Wahrung des Datenschutzes besondere Aufmerksamkeit zugeteilt.

---

[11] Weiterführend dazu: BMI, OZG-Änderungsgesetz: Paket für die digitale Verwaltung, Juni 2024, unter: Digitale Verwaltung - Das OZG-Änderungsgesetz (digitale-verwaltung.de).

Rechtliche Fragestellungen ergeben sich hierbei insbesondere bezüglich der Legitimierung der Datenverarbeitung, bei der Umsetzung der Betroffenenrechte wie beispielsweise die Auskunftserteilung, der Anspruch auf Berichtigung oder Löschung, sowie Vorgaben zu technischen und organisatorischen Maßnahmen zum Schutz der personenbezogenen Daten.

Im Sinne des Grundrechts auf informationelle Selbstbestimmung nach Art. 2 Abs. 1 i. V. m. Art. 1 Abs. 1 GG soll es grundsätzlich jeder betroffenen Person möglich sein, selbst über die Verarbeitung ihrer personenbezogenen Daten zu bestimmen. Die DSGVO, das Bundesdatenschutzgesetz und die für die Verwaltung der Länder geltenden jeweiligen Datenschutzgesetze schaffen einen rechtlichen Rahmen für die Verarbeitung personenbezogener Daten.[12] Die DSGVO schreibt in Art. 5 Abs. 1 die Grundsätze der Verarbeitung personenbezogener Daten vor. Die Verarbeitung hat u. a. auf rechtmäßige Art und Weise, nach Treu und Glauben und für die betroffene Person in einer nachvollziehbaren Weise zu erfolgen und erfordert immer eine Rechtsgrundlage nach Art. 6 Abs. 1 Abs. 1 DSGVO. Die Verarbeitung ist gemäß Art. 5 Abs. 1 DSGVO an festgelegte, eindeutige und legitime Zwecke gebunden, sie ist auf das notwendige Maß und die notwendige Dauer zu beschränken und bedarf angemessener Sicherheitsvorkehrungen, um die Integrität und Vertraulichkeit zu gewähren.

Die Frage der nach einer einschlägigen Rechtsgrundlage beantwortet das „ob" der Verarbeitung, also ob eine Verarbeitung zulässig ist. Hier sind nur wenige Unterschiede zwischen Digitalen Identitäten und „analogen Identitäten" auszumachen. Die Frage des „wie" der Verarbeitung zielt hingegen stärker auf den jeweiligen Anwendungsfall. Durch die Technologie werden „neue" Anwendungsszenarien und Interaktionen möglich, welche datenschutzrechtliche Besonderheiten vermitteln. Zu denken ist hierbei insbesondere an angemessene technisch-organisatorische Maßnahmen zum Schutz der Daten. Je höher die zu erwartende Eintrittswahrscheinlichkeit oder das Ausmaß eines Datenschutzvorfalls ist, desto höhere Anforderungen sind an die Schutzmaßnahmen zu stellen. Insbesondere wenn beispielsweise biometrischen Daten verarbeitet werden sollen (oder anderen besonderen Kategorien personenbezogener Daten nach Art. 9 DSGVO) sowie besonders umfangreiche oder tiefgreifende Datenverarbeitungen beabsichtigt sind, können Gefahren entstehen, die besondere technische oder organisatorische Schutzvorkehrungen erfordern. So verankert sogar Art. 45h Abs. 1 eIDAS-VO zusätzlich ein Verbot zur Datenkombinierung und ein Gebot der Datentrennung Art. 45h Abs. 2 eIDAS-VO für Vertrauensdienste bei der Erbringung von Diensten für elektronische Attributsbescheinigungen.

Generell liegt bei Digitalen Identitäten ein besonderes Augenmerk auf der Transparenz der Verarbeitung. Nur wenn die betroffene Person das „Wie" der Verarbeitung erfassen und einschätzen kann, werden sich Digitale Identitäten in den Anwendungen durchsetzen. Daher ist es essenziell, der betroffenen Person vorab und in geeigneter Weise Informationen über die beabsichtigte Verarbeitung zu vermitteln. Die Etablierung der EUDI-Wallet stellt hierbei ein interessantes Mittel im Sinne der Transparenz und selbstbestimmten Datenverarbeitung dar. Im Sinne des von Self-Sovereign Identity-Ansatzes und passender

---

[12] U.U. auch kirchenrechtliche Datenschutzvorschriften.

Technologie, können betroffene Personen ihre Daten sicher in einer digitalen Wallet verwalten und bei Bedarf vorlegen, ohne mehr Daten als notwendig preiszugeben. Dies stellt einen wichtigen Schritt in Richtung einer modernen, serviceorientierten und datenschutzkonformen Verwaltung dar.

4.2 Blockchain – Spannungsverhältnis zum Datenschutz

Die vorangestellte Thematik und Problematik der Umsetzung der datenschutzrechtlichen Grundsätze spiegelt sich insbesondere auch unter Gesichtspunkten der Nutzung einer Blockchain im Kontext von Identitätsdaten wider. Dies betrifft insbesondere die Frage der Löschung auf Verlangen der Betroffenen Person. Eine Umsetzung des Rechts auf Löschung und Berichtigung ist nach dem aktuellen technischen Stand nicht möglich. Zwar ist es möglich mit einer neuen Transaktion in der Blockchain eine vorausgegangene Transaktion zu korrigieren, dies ändert allerdings nicht die konkrete betroffene Transaktion.

Zu beachten ist, dass die Diskussion der datenschutzrechtlichen Thematik gleichermaßen für Blockchain und Distributed Ledger gelten, da die Blockchain eine spezifische Art eines Distributed Ledgers (DLT) darstellt. Im Rahmen der eIDAS-VO erfolgt die Bezeichnung als elektronische Journale. Auch wenn der Wortlaut etwas verfehlt wird, bedeutet diese rechtliche Verankerung einen weiteren Meilenstein für den Einsatz der Technologie.

4.3 EU-Verordnungen

Neben der eIDAS-VO spielen auf EU-Ebene eine Reihe von weiteren Verordnungen eine wichtige Rolle bei der Umsetzung von rechtssicheren digitalen Nachweisen, insbesondere im Hinblick auf die Informationssicherheit. Insgesamt handelt es sich um ein hochdynamisches Rechtsfeld, das insbesondere seine Dynamik durch eine Vielzahl aktueller Anpassungen und die Schwierigkeit der Regelung auf nationaler Ebene erfährt.

Einen wichtigen Baustein auf dem Weg der sicheren Digitalisierung bildet die NIS-2-Richtlinie. Diese muss gemäß Art. 41 Abs. 1 NIS-2-RL noch in diesem Jahr durch die Mitgliedstaaten in nationales Recht umgesetzt werden. In Deutschland erfolgt eine Umsetzung über das NIS-2-Umsetzungs- und Cybersicherheitsstärkungsgesetz[13] statt. Dieser Umstand wird vor allem eine Vielzahl an Unternehmen vor Herausforderungen stellen, da mit dieser Richtlinie die Cybersicherheit durch den erweiterten Anwenderkreis der Richtlinie für eine große Anzahl an Unternehmen zur Pflicht wird. Gemäß Art. 1 Abs. 1 der NIS-RL sollen öffentliche und private Stellen verpflichtet werden um so „ein hohes gemeinsames Cybersicherheitsniveau" sicherzustellen und „um so das Funktionieren des Binnenmarkts zu verbessern". Dies betrifft insbesondere auch Sektoren mit hoher *Kritikalität*, die in Anhang I der Richtlinie aufgelistet werden. Gemäß Ziffer 8 des An-

---

[13] Bundesministerium des Innern und für Heimat 07.05.2024.

hangs werden davon zukünftig auch Vertrauensdienste betroffen sein werden. Nach Art. 42 der NIS2-RL soll der Art. 19 der eIDAS-VO gestrichen werden. Dieser Artikel betrifft die Definition von Sicherheitsanforderungen für die qualifizierten Vertrauensanbieter. Zukünftig wird dann das BSI-Gesetz für die Vertrauensdienste gleichermaßen gelten. (Bundesministerium des Innern und für Heimat, 07.05.2024, S. 188) Dies betrifft jedoch nicht den neuen Art. 19a eIDAS-VO, der die Anforderungen an nicht-qualifizierte Vertrauensdienstanbieter regeln wird. Qualifizierte Vertrauensdienste werden gemäß § 28 Abs. 1 Nr. 2 BSIG-E unter die besonders wichtigen Einrichtungen subsumiert, wohingegen gemäß § 28 Abs. 2 Nr. 1 BISG-E nicht-qualifizierte Vertrauensdienste unter die wichtigen Einrichtungen subsumiert werden. Für beide Einrichtungsarten sind die Risikomanagementmaßnahmen des § 30 BSIG-E umzusetzen.

Gemäß Art. 21 Abs. 5 NIS2-RL wird die Kommission für die betroffenen Dienste weitere Durchführungsrechtsake zur Festlegung der technischen und methodischen Anforderungen an die in Art. 21 Abs. 2 genannten Maßnahmen erlassen. Gemäß § 30 Abs. 3 BSIG-E sind diese Durchführungsrechtsakte vorrangig zu beachten. Eine Öffnungsklausel besteht in § 30 Abs. 5 BSIG-E, wonach das BMI weiterführende Rechtsverordnungen festlegen kann. Eine Befreiung von Anforderungen des BSI-Gesetzes bei gleichwertigen Verpflichtungen nach § 37 BSIG-E ist für Vertrauensdiensteanbieter nach § 37 Abs. 4 BSIG-E nicht möglich.

5   Fazit

Die weitläufigen Digitalisierungsbestrebungen mit Wirkungen in fast allen Lebensbereichen erfordern Mittel und Werkzeuge, um die Funktionsfähigkeit und Verlässlichkeit des Rechtsverkehrs auch in einem digitalen Umfeld zu gewähren. Digitale Identitäten sind eine Schlüsselkomponente für diese Funktionsfähigkeit, indem sie die sichere Identifizierung und Authentifizierung von natürlichen und juristischen Personen ermöglichen. Die novellierte eIDAS-VO eröffnet den EU-Rahmen für sichere Digitale Identitäten, deren Einsatz und auch für darauf basierende Geschäftsmodelle. Diese Potenziale zu vertiefen, ist deshalb Gegenstand weiterer interdisziplinärer Bestrebungen.

Literatur

BT-Drs. 17/11473, 49 (2012, November 14). BT-Drs. 17/11473, 49. Drucksache. https://dserver.bundestag.de/btd/17/114/1711473.pdf. Zugegriffen am 26.09.2024.

Bundesministerium des Innern und für Heimat. (2024, Mai 07). Entwurf eines Gesetzes zur Umsetzung der NIS-2-Richtlinie und zur Regelung wesentlicher Grundzüge des Informationssicherheitsmanagements in der Bundesverwaltung. NIS-2-Umsetzungs- und Cybersicherheitsstärkungsgesetz. https://www.bmi.bund.de/SharedDocs/gesetzgebungsverfahren/DE/Downloads/referentenentwuerfe/CI1/NIS-2-RefE.pdf;jsessionid=4568BD61A05EEEC488C1E8E14A72537C.live891?__blob=publicationFile&v=5. Zugegriffen am 07.06.2024

Bundesministerium des Innern und für Heimat (BMI). (o.J.) Die eIDAS-Verordnung und ihre Bedeutung für die eID-Funktion. Referat DV I 5. https://www.personalausweisportal.de/Webs/PA/DE/verwaltung/eIDAS-verordnung-der-EU/eidas-verordnung-der-eu-node.html. Zugegriffen am 26.09.2024.

Bundesministerium des Innern und für Heimat (BMI). (2016). Bericht der Bundesregierung zur Verzichtbarkeit der Anordnungen der Schriftform und des persönlichen Erscheinens im Verwaltungsrecht des Bundes. Hg. v. BMI. https://www.bmi.bund.de/SharedDocs/downloads/DE/veroeffentlichungen/2016/bericht-schriftformerfordernisse.pdf?__blob=publicationFile&v=2

Bundesministerium des Innern und für Heimat (BMI). (2022, August 30). Wohnzimmer statt Wartezimmer: Die BundID stellt sich im neuen Video vor. In dem kurzen Erklärvideo erhalten Bürger Einblicke in die Funktionen, Anwendung und Vorteile der BundID. Das Ziel: informieren und animieren! https://www.digitale-verwaltung.de/SharedDocs/kurzmeldungen/Webs/DV/DE/2022/08_neues_video_bund-id.html. Zugegriffen am 26.09.2024.

Bundesministerium des Innern und für Heimat (BMI) (Hrsg.). (2023a). BundID. Basisdienst für digitale Leistungen. https://www.digitale-verwaltung.de/Webs/DV/DE/digitale-identitaeten/bundid/bundid-node.html. Zugegriffen am 28.08.2024.

Bundesministerium des Innern und für Heimat (BMI) (Hrsg.). (2023b). Entwurf eines Gesetzes zur Änderung des Onlinezugangsgesetzes so-wie weiterer Vorschriften (OZG-Änderungsgesetz – OZG-ÄndG). https://www.digitale-verwaltung.de/SharedDocs/downloads/Webs/DV/DE/ozg-2-0-referentenentwurf-ozgaendg.html. Zugegriffen am 06.06.2024.

Bundesrechnungshof (Hrsg.). (2021). Berichte. De-Mail: Elektronisches Pendant zur Briefpost kostete 6,5 Mio. Euro und wird kaum genutzt(Kapitel 0602 Titel 532 38). https://www.bundesrechnungshof.de/SharedDocs/Downloads/DE/Berichte/2021/de-mail-kaum-genutzt-volltext.pdf?__blob=publicationFile&v=1. Zugegriffen am 23.05.2024.

Denkhaus, W., Richter, E., Bostelmann, L. (2019a). OZG § 1 Portalverbund für digitale Verwaltungsleistungen. In Wolfgang Denkhaus, Eike Richter, & Lars Bostelmann (Hrsg.), *E-Government-Gesetz Onlinezugangsgesetz. Mit E-Government-Gesetzen der Länder und den Bezügen zum Verwaltungsverfahrenrecht: Kommentar* (Stand: 2019, 1. Aufl.). C.H. Beck (Beck-Online Bücher), Rn. 1–8.

Denkhaus, W., Richter, E., Bostelmann, L. (2019b). Vom E-Governmentgesetz zum Onlinezugangsgesetz. In Wolfgang Denkhaus, Eike Richter, & Lars Bostelmann (Hrsg.), *E-Government-Gesetz Onlinezugangsgesetz. Mit E-Government-Gesetzen der Länder und den Bezügen zum Verwaltungsverfahrenrecht: Kommentar* (Stand: 2019, 1. Aufl.). C.H. Beck (Beck-Online Bücher), Rn. 34–41.

IT-Planungsrat. (2023, Dezember 18). Empfehlungen für die Zuordnung von Vertrauensniveaus in der Kommunikation zwischen Verwaltung und Bürgern. Handreichung. Version 5.00. https://www.it-planungsrat.de/fileadmin/it-planungsrat/aktuelles_pressemitteilungen/Handreichung_Vertrauensniveaus_v5.0.pdf. Zugegriffen am 26.09.2024.

Landesamt für Digitalisierung, Breitband und Vermessung. (2015, November 19). BayernPortal geht online. https://www.ldbv.bayern.de/aktuell/archiv/1312.html. Zugegriffen am 26.09.2024.

Link, T., Drengwitz, A. (2024, April 08). Die BundID als Brückentechnologie. In *eGovernment*. https://www.egovernment.de/die-bundid-als-brueckentechnologie-a-065b0426e8d24ffec59d276e17c2b671/. Zugegriffen am 26.09.2024.

Nationaler Normenkontrollrat (NKR). (2022). *Jahresbericht 2022 – Bürokratieabbau in der Zeitenwende*. Bürger, Wirtschaft und Verwaltung jetzt entlasten. https://www.normenkontrollrat.bund.de/Webs/NKR/SharedDocs/Downloads/DE/Jahresberichte/2022-jahresbericht.pdf?__blob=publicationFile&v=6

Richter, M. (2024). Am 31.8.2024 endet in der Verwaltung De-Mail, endlich!!! https://x.com/cio_bund/status/1666105082310451201?s=20. Zugegriffen am 23.05.2024

Sächsisches Staatsministerium des Innern (SMI), Abteilung 6 (Hrsg.). (2015). SächsEGovG. Handlungsleitfaden zur Umsetzung in kommunalen Behörden. Version 1.0. Sächsisches Staatsministerium des Innern (SMI). https://www.egovernment.sachsen.de/download/CMS/2015.02.06_HLF_kommunal_v1.0_mit_Foto_bf_final_Korr2.pdf. Zugegriffen am 23.05.2024

Schulz, S. E. (2019). VwVfG § 3a Elektronische Kommunikation. In Thomas Mann, Christoph Sennekamp, & Michael Uechtritz (Hrsg.), *Verwaltungsverfahrensgesetz* (Stand: 2019., 2. Aufl.). NomosKommentar, Rn. 1–4.

Open Access Dieses Kapitel wird unter der Creative Commons Namensnennung 4.0 International Lizenz (http://creativecommons.org/licenses/by/4.0/deed.de) veröffentlicht, welche die Nutzung, Vervielfältigung, Bearbeitung, Verbreitung und Wiedergabe in jeglichem Medium und Format erlaubt, sofern Sie den/die ursprünglichen Autor(en) und die Quelle ordnungsgemäß nennen, einen Link zur Creative Commons Lizenz beifügen und angeben, ob Änderungen vorgenommen wurden.

Die in diesem Kapitel enthaltenen Bilder und sonstiges Drittmaterial unterliegen ebenfalls der genannten Creative Commons Lizenz, sofern sich aus der Abbildungslegende nichts anderes ergibt. Sofern das betreffende Material nicht unter der genannten Creative Commons Lizenz steht und die betreffende Handlung nicht nach gesetzlichen Vorschriften erlaubt ist, ist für die oben aufgeführten Weiterverwendungen des Materials die Einwilligung des jeweiligen Rechteinhabers einzuholen.

Deutschlands eID-System: Hürden und Handlungsempfehlungen

Lilly Schmidt und Isabel Skierka-Canton

Zusammenfassung

Das vorliegende Kapitel beschäftigt sich mit der geringen Verbreitung der elektronischen Identität (eID) in Deutschland und den Gründen, warum potenzielle Diensteanbieter und Identifizierungsdiensteanbieter bisher vor der Integration der eID zurückschrecken. Das Kapitel arbeitet heraus, dass regulatorische Differenzen in den verschiedenen Sektoren und auf EU-Ebene, ein mangelndes Bewusstsein für den Nutzen der eID sowie eine fehlende politisch-strategische Ausrichtung den Zuwachs an Interessenparteien behindern. Zudem wird auf die hohen Kosten der Integration eingegangen, die sowohl auf finanzielle als auch zeitliche Aufwände auswirken. Der Staat spielt eine entscheidende Rolle im Aufbau eines erfolgreichen eID-Ökosystems, da er als Ausgeber der hoheitlichen Identitäten eine Richtungsweisende Position einnimmt. Der bisherige Fokus deutscher Projekte zur Steigerung der eID-Verbreitung auf hoheitliche Identitäten übergeht die Betrachtung vieler Anwendungsmöglichkeiten, die auch auf niedrigeren Vertrauensniveaus ablaufen sowie die Integration elektronischer Nachweise. Das Ziel des Kapitels ist es, das Bewusstsein über bestehende Hürden zu schärfen und konkrete Handlungsempfehlungen zu formulieren. Dabei sollen auch Handlungsanstöße für den Staat und Elemente der eID-Infrastruktur geboten werden, um den Zuwachs an Interessenparteien zu fördern und die Integration der eID voranzutreiben.

L. Schmidt (✉)
Nortal AG, Berlin, Deutschland
E-Mail: Lilly.Schmidt@nortal.com

I. Skierka-Canton
ESMT, Berlin, Deutschland
E-Mail: isabel@skierka-canton.de

© Der/die Autor(en) 2025
J. Anke et al. (Hrsg.), *Digitale Identitäten und Nachweise*,
https://doi.org/10.1007/978-3-658-47708-0_3

Schlüsselwörter

Elektronische Identität in Deutschland · Regulatorische Herausforderungen · eID-Integration · eID-Infrastruktur · eID-Verbreitung

1　Einleitung

Eine sichere und einfach nutzbare digitale Identität ist eine Säule digitalisierter Gesellschaften. Beispiele aus Ländern in Nordeuropa, wie Dänemark, Schweden, Estland, oder auch Singapur zeigen, dass die erfolgreiche Digitalisierung von Staat und Wirtschaft auf einer sektorübergreifenden und breit genutzten Lösung für digitale Identitäten aufbaut. Sie ermöglicht vertrauenswürdige digitale Transaktionen zwischen BürgerInnen, Unternehmen und dem Staat, sei es zur Abwicklung von E-Government Prozessen, zur Unternehmensgründung, Inanspruchnahme von Gesundheits- und Sozialleistungen, oder die Nutzung von Bildungsangeboten.

In Deutschland bietet die eID des deutschen Personalausweises eine nationale Lösung zur sicheren Identifizierung für Bürger:innen. Diese nationale Lösung wird allerdings nicht von vielen Anbietern genutzt – daher ist die Anwendbarkeit stark begrenzt. So bietet sie zu wenigen Anwendungen Zugang und wird von nur 22 % der Bürger:innen genutzt (Initiative D21, 2024). An einheitlichen, sektorübergreifenden und breit einsetzbaren digitalen Identitätslösungen mangelt es bisher in Deutschland (Schallbruch et al., 2020). Zusätzlich erlauben bestehende Lösungen für digitale Identitäten in Deutschland, insbesondere die eID, derzeit noch nicht die Integration digitaler Nachweise über beispielsweise eine Fahrerlaubnis, ein Impfzertifikat, eine Vereinsmitgliedschaft oder ein Ticket für den öffentlichen Nahverkehr. Die Möglichkeit der Erbringung digitaler Nachweise befürworten laut einer Umfrage aus dem Herbst 2023 93 % der Deutschen (PricewaterhouseCoopers, 2023). Datensicherheit und Selbstbestimmung über die Datenverwendung sind aus Sicht von mehr als 93 % der Befragten in der Umfrage aus dem Herbst 2023 dabei Voraussetzung für die Nutzung solcher Anwendungen (PricewaterhouseCoopers, 2023).

Dieses Kapitel geht der Frage nach, welche Barrieren der erfolgreichen Verbreitung der deutschen eID im Wege stehen und welche Handlungsoptionen sich für deren Bewältigung ergeben. Es soll somit einen Beitrag zur Diskussion der Neuausrichtung des deutschen eID-Systems im Rahmen nationaler und europäischer Entwicklungen leisten, wie der digitalpolitischen Vorhaben der Regierungskoalition und der Aktualisierung des eIDAS-Rechtsrahmens. Die Analyse stützt primär auf die Recherchearbeiten in 2022 & 2023 der Begleitforschung des Schaufensterprogramms Sichere Digitale Identitäten sowie auf verschiedene Datenquellen, darunter wissenschaftliche und praktische Studien zu digitalen Identitäten in Deutschland und Europa (Arkwright Consulting AG, 2022; Echikson, 2020, Iniative D21 2023 & 2024), rechtliche und politische Dokumente, Standards und technische Richtlinien sowie 12 Experteninterviews, die im Jahr 2022 und 2023 durchgeführt wurden (siehe Annex).

Der folgende Abschnitt erklärt das deutsche eID-Management System und den technologischen Identifizierungsprozess mittels Online-Ausweisfunktion. Im dritten Abschnitt stellt das Papier die identifizierten Barrieren für Diensteanbieter und Identifizierungsdiensteanbieter vor, gefolgt von Handlungsempfehlungen im vierten Abschnitt. Teil fünf zieht Schlussfolgerungen aus den erforschten Daten und setzt sich kritisch mit den Ergebnissen auseinander.

2 Die eID-Infrastruktur in Deutschland

2.1 eID-Management System in Deutschland (Personalausweis)

Den Kern des deutschen Identitätssystems bildet die Online-Ausweisfunktion des Personalausweises. Genau betrachtet umfasst das eID-System den rechtskonformen Identitätsnachweis mittels der eID des neuen Personalausweises (nPA) gemäß §18 Abs.2 PAuswG, des elektronischen Aufenthaltstitels (eAT) gemäß §78 Abs.5 AufenthG und der für Unionsbürger:innen vorgesehenen eID-Karte gemäß §12 eIDKG.[1] Diese werden als physische Dokumente mit integrierten Smartcards-Chips ausgegeben. Den kontaktlosen Chip des nPA können Nutzer:innen mittlerweile nicht mehr nur mittels eines speziellen Kartenlesegeräts, sondern auch mit einem NFC-fähigen Smartphone oder Tablet und der AusweisApp, sowohl auf AndroidOS als auch iOS, auslesen. In Kombination mit der AusweisApp können sich Nutzer:innen mit der eID-Funktion des nPA authentifizieren. Im Zuge der Identifizierung werden die Identitätsdaten über eine eID-Server-Infrastruktur an die Akzeptanzstelle übermittelt. Die Authentifizierung erfolgt im Einklang mit den unterschiedlichen eIDAS-Vertrauensniveaus (niedrig, substanziell, hoch). Die Online-Ausweisfunktion des nPA wurde speziell für das höchste Vertrauensniveau gemäß eIDAS entwickelt, um eine besonders sichere Identifizierung zu ermöglichen. Natürlich können damit auch Akzeptanzstellen bedient werden, die einen geringeren Bedarf an Vertrauen haben. Es ist jedoch wichtig zu betonen, dass dies nicht bedeutet, dass die Online-Ausweisfunktion separate oder spezialisierte Funktionalitäten für geringere Vertrauensniveaus unterstützt. Sie bleibt in ihrer Konzeption und Funktionalität auf das hohe Vertrauensniveau ausgerichtet. Darüber hinaus ermöglich die „Ausweis App" die Authentisierung gegenüber der Akzeptanzstelle mit einem Pseudonym und die Freigabe einzelner Identitätsattribute gegenüber der Akzeptanzstelle.

---

[1] Im Folgenden fokussieren wir uns auf den nPA als Kern des nationalen eIDMS

2.2 Akteure der deutschen eID-Infrastruktur

Im eID-Management System in Deutschland übernehmen diverse Akteure verschiedene Rollen. Zum einen gibt es die Vergabestelle für Berechtigungszertifikate (VfB), welche im Bundesverwaltungsamt (BVA) verortet ist. Diese stellt Berechtigungszertifikatsbescheide für potenzielle Diensteanbieter aus. Zum anderen gibt es das Bundesamt für Sicherheit in der Informationstechnik (BSI), welches Zertifikate für Diensteanbieter, Identifizierungsdiensteanbieter sowie eID-Service-Anbieter ausstellt nach der BSI Technischen Richtlinie (TR)-03128-2. Die deutsche „Country Verifying Certificate Authority" (CVCA) und die deutsche „Country Signing Certificate Authority" (CSCA) und der Sperrdienst sind auch im BSI verortet. Außerdem gibt es die Berechtigungszertifikatsanbieter (BerCA), die technische Berechtigungszertifikate ausgeben, welche für den erfolgreichen Dienstbetrieb nötig sind.

Neben den oben genannten Akteuren gibt es Diensteanbieter, Identifizierungsdiensteanbieter und eID-Service-Anbieter, die Schnittstellen zu dieser Infrastruktur aufbauen, um die eID-Funktion anbieten zu können. Aus Sicht der Geschäftsinteressen und Rolle der eID-Funktion gibt es jeweils große Unterschiede, die hier kurz weiter vertieft werden. Eine klare Unterscheidung dieser Akteure ist sehr wertvoll, um den aktuellen Zustand des eID-Ökosystems zu verstehen. Für Leser, die das deutsche eID-System nicht kennen, könnte es jedoch schwierig sein, den Unterschieden zu folgen, insbesondere da die Rolle des eID-Service-Anbieters im Folgenden nicht näher erläutert wird.

Um dies zu klären, wird jede Rolle im Zusammenhang mit der technischen Komponente des eID-Servers definiert:

- **Diensteanbieter** integrieren und betreiben einen eID-Server für ihren Dienst selbst.
- **eID-Service-Anbieter** betreiben eID-Server für andere Dienste in einer mandantenfähigen Architektur.
- **Identifizierungsdiensteanbieter** übernehmen einzelfallbezogene Identifizierungsdienstleistungen für andere Dienste vollständig und bieten die Identitätsdaten zum Beispiel über eine von der Online-Ausweisfunktion unabhängige Schnittstelle wie OpenID Connect an.

Dienstanbieter aus der öffentlichen Verwaltung integrieren die eID-Funktion, um hoheitliche Daten auf höchstem Sicherheitsniveau verwalten zu können. Hierzu verpflichtet das Onlinezugangsgesetz (OZG) und verfolgt damit kein direktes Geschäftsinteresse. Diensteanbieter aus der privaten Wirtschaft sehen die eID-Funktion primär als ein (besonders sicheres) Identifizierungsmittel zur Verwaltung von Kund:innenendaten bzw. Arbeitnehmer:innen Daten bzw. für einen geeigneten Weg die eigenen Dienste anzubieten. Der hohe Grad an Sicherheit stellt hierbei eine Kernsäule des Geschäftsinteresses dar (Interview 6, 7, 9–12). Identifizierungsdiensteanbieter auf der anderen Seite stellen die Gruppe mit dem Größten Geschäftsinteresse dar, durch das Anbieten der eID-Funktion als Kerngeschäft des jeweiligen Unternehmens.

Diensteanbieter sowie Identifizierungsdiensteanbieter müssen, bevor sie die eID-Funktion integrieren und somit Nutzer:innen anbieten können, eine Reihe von Anforderungen erfüllen. Diensteanbieter müssen bei der staatlichen Vergabestelle für Berechtigungszertifikate (VfB) im Bundesverwaltungsamt ein Berechtigungszertifikat beantragen und den Dienst DSGVO- und eIDAS-konform gestalten (BMI, 2024a). Falls sie selbst einen eID-Server betreiben, ist eine BSI-Zertifizierung erforderlich. Die spezifischen Prozesse beschreibt Abschn. 3.1.

3 Herausforderungen des deutschen eID-Ökosystems

Auf Grundlage der Beschreibung der eID-Infrastruktur in Teil 2 widmet sich dieser Teil den Herausforderungen des deutschen eID-Systems. Wie eingangs erwähnt, hat sich die Onlineausweisfunktion (sowie andere Lösungen) bisher nicht in der Breite als nationale eID-Lösung durchsetzen können. Sie leidet unter einer mangelnden Nutzung auf Nutzer:innen-Seite sowie fehlenden Anwendungen.

Mangelnde Nutzung: Statistiken der Kurzstudie zu eID-Ökosystemen der Begleitforschung Sichere Digitale Identitäten zeigen, dass erfolgreiche nationale eID-Lösungen, beispielsweise in Belgien und Dänemark, von mehr als 80 % der Bevölkerung genutzt werden (Bartz et al., 2023). Für Deutschlands nPA betrug diese zuletzt 0,6 Transaktionen pro Kopf pro Jahr bei einem Gesamt-Transaktionsvolumen von circa 4,8 Mio. Transaktionen pro Jahr (ca. 400.000 Transaktionen pro Monat von August 2021-August 2022) (Initiative D21, 2022). Dem D21 eGovernment Monitor 2024 nach stagniert der Anteil der Personen, der die Online-Ausweisfunktion bereits genutzt haben, bei nur 22 %. Nur 50 % der Befragten haben in 2023 ihre Online-Ausweisfunktion aktiviert (Initiative D21, 2023). Ein Grund sei laut eGovernment Monitor die mangelnde Kenntnis der Funktion und ihrer Anwendungsmöglichkeiten.

Insgesamt lässt sich feststellen, dass die eID des Personalausweises wenig genutzt wird, obwohl die Transaktionen im Jahr 2023 stark anstiegen und sich im Vergleich zum Beginn des Jahres von ca. 700.000 auf ca. 1,4 Mio. Transaktionen pro Monat (März 2024) verdoppelten (Dashboard Digitale Verwaltung, 2024). Laut dem BMI hängt der Anstieg mit der zunehmenden Digitalisierung von Verwaltungsleistungen auf kommunaler Ebene sowie dem zunehmenden Einsatz der eID durch Krankenkassen zusammen (Wölbert, 2022).

Fehlende Anwendungen: Insgesamt haben im Jahr 2024 253 Diensteanbieter die Berechtigung, die Onlineausweisfunktion des nPA in ihre Dienste einzubinden (BMI, 2024b). Davon sind 117 Dienste einzelner Kommunen oder Länder, welche nur wenigen Bürger:innen zugänglich sind. Insgesamt sind nur 54 Dienste mit dem nPA bundesweit nutzbar und sind 82 Dienste privatwirtschaftlicher Anbieter. Die Gründe für diese Situation in Deutschland sind vielfältig. Auf Grundlage der Auswertung verschiedener Datenquellen, einschließlich qualitativer Interviews, haben wir sechs Barrien für Diensteanbieter und Identifizierungsdiensteanbieter zur Integration der eID-Funktion identifiziert, welche die folgenden Unterabschnitte beleuchten.

3.1 Aufwand der Integration der eID-Funktion

Der organisatorische und finanzielle Aufwand der Integration der eID-Funktion nehmen Diensteanbieter oft als größte Hürde wahr. Um die eID integrieren und damit Nutzer:innen die Onlineausweisfunktion als Identifizierungsmittel anbieten zu können, gibt es unterschiedliche Optionen:

1. Der Diensteanbieter beantragt ein Berechtigungszertifikat bei der Vergabestelle für Berechtigungszertifikate (im Bundesverwaltungsamt verortet) und betreibt selbst einen eID-Server.
2. Der Diensteanbieter, beantragt ein Berechtigungszertifikat bei der Vergabestelle für Berechtigungszertifikate (im Bundesverwaltungsamt verortet) und beauftragt einen eID-Service Anbieter der dem Diensteanbieter die Funktionen eines eID-Server als Service bereitstellt. Typischerweise unterstützt der eID-Service Anbieter den Diensteanbieter bei der Beschaffung und Verwaltung der benötigten Berechtigungszertifikate.
3. Der Diensteanbieter beauftragt einen Identifizierungsdiensteanbieter mit der Identifizierung der eigenen Kunden mittels der eID-Funktion. Identifizierungsdiensteanbieter übernehmen dazu alle Aufgaben der Einbindung in das eID-System. Unternehmen und Behörden, die einen solchen Identifizierungsdiensteanbieter nutzen, benötigen kein eigenes Berechtigungszertifikat. Anstelle einer Integration der eID-Funktion muss der Diensteanbieter in diesem Fall eine Anbindung an die Systeme des Identifizierungsdiensteanbieter implementieren über die dann die Identitätsinformationen vom Identifizierungsdiensteanbieter bereitgestellt werden.

3.1.1 Finanzieller und zeitlicher Aufwand für die Integration der eID-Funktion

Die Integration der eID-Funktion bringt für Diensteanbieter und Identifizierungsdiensteanbieter sowohl finanzielle als auch zeitliche Herausforderungen mit sich. Es gibt drei Hauptoptionen: Betrieb eines eigenen eID-Servers, Nutzung eines eID-Service-Anbieters oder eines Identifizierungsdiensteanbieters.

Für den Betrieb eines eigenen eID-Servers fallen einmalige Kosten von etwa 102 € für das Berechtigungszertifikat sowie jährliche Kosten von ca. 2500 € für das Zertifikat bei der D-Trust GmbH an (Sietmann, 2011). Die Nutzung eines eID-Service-Anbieters kann diese Kosten reduzieren, ersetzt sie jedoch durch variable Gebühren pro Identifizierung, die zwischen 0,5 und 4 € liegen.

Ein erheblicher Kostenpunkt ist auch die Zertifizierung eines Informationssicherheitsmanagementsystems (ISMS), mit initialen Kosten von ca. 25.000 € und jährlichen Folgekosten von etwa 12.000 €. Der Zeitaufwand für die Implementierung eines eigenen eID-Servers kann zwischen 12 und 21 Monaten liegen. Für die Integration in interne Systeme wie CRM oder IAM können die Kosten je nach erforderlichen Anpassungen erheblich variieren. Da es keine pauschalen Angaben zu den Gesamtkosten gibt, können keine exakten Schätzungen gemacht werden.

Identifizierungsdiensteanbieter, die einen eigenen eID-Server betreiben, haben ähnliche Kosten wie Diensteanbieter, jedoch fallen ihre Zertifizierungskosten bei D-Trust höher aus. Alternativ können sie einen eID-Service-Anbieter nutzen, um einige Kosten zu umgehen, aber auch hier sind genaue Kosten schwer zu bestimmen, da sie von individuellen Faktoren abhängen.

3.2 Beschränktes Angebot von eID-Infrastruktur-Betreibern für Diensteanbieter und Identifizierungsdiensteanbieter

Der Wettbewerb unter Anbietern von eID-Infrastruktur-Diensten ist beschränkt, der Markt konzentriert. Es existieren nur ein Anbieter von Berechtigungszertifikaten (D-Trust angesiedelt an der Bundesdruckerei), drei eID-Server-Anbietern, die Dritten zur Verfügung gestellt werden (betrieben von der adesso SE, der MTG AG und der Governikus GmbH)[2] und eine primär empfohlene Lösung für die eID-Client-Software (AusweisApp). Die Gründe für diese Konzentration sind vielfältig und nicht Gegenstand dieser Analyse. Insgesamt sind die ökonomischen Eintrittsbarrieren in diesen Markt für kleinere Dienstleister für eID-Identifizierungsvorgänge zu hoch, um alternative Lösungen anzubieten.[3]

Festzuhalten bleibt, dass Diensteanbietern und Identifizierungsdiensteanbietern nur wenige eID-Service-Angebote zur Auswahl stehen und sie von der Bepreisung derer Angebote abhängig sind. Die Einrichtung eigener eID-Server und damit verbundene Identifizierungslösungen lohnt sich für die meisten Diensteanbieter auf Grund von zu hohen zeitlichen als auch finanziellen Aufwänden (siehe Abschn. 3.1) nicht.

3.3 Beschränkte Funktionalität und mangelnde Benutzerfreundlichkeit der eID

Die eID-Funktion des deutschen Personalausweises weist trotz hoher IT-Sicherheitsstandards erhebliche Herausforderungen hinsichtlich Benutzerfreundlichkeit und Funktionalität auf. Früher war ihre Nutzung aufgrund der erforderlichen Technologien, wie speziellen Kartenlesegeräten und separater Software, umständlich. Zwar kann die eID-Funktion mittlerweile über die NFC-Schnittstelle mobiler Geräte genutzt werden, jedoch bleibt die Bedienung komplex, insbesondere bei der Nutzung der AusweisApp für Online-Verfahren der öffentlichen Verwaltung, was als große Hürde betrachtet wird (Parycek et al., 2022).

Ein bedeutendes Problem ist die hohe Abbruchrate beim Online-Ausweisverfahren, die zwischen 44 % und 47 % liegt, oft bedingt durch vergessene PINs. Seit 2017 wird die

---

[2] Die offizielle Liste der eID-Server Betreiber ist hier zu finden: https://www.personalausweisportal.de/Webs/PA/DE/wirtschaft/technik/eID-server/eid-server-node.html. Zugegriffen am 28.05.2024

[3] Daten aus Interviews 3-9

eID-Funktion standardmäßig aktiviert, aber das Setzen und Merken der PIN stellt eine Hürde dar. Die Möglichkeit, die PIN kostenfrei zurückzusetzen, wurde Ende 2023 eingestellt, wobei an einer kostenpflichtigen Alternativlösung gearbeitet wird (Lenz, 2022).

Die EU und die Bundesregierung haben diese Probleme erkannt und fördern im Rahmen von eIDAS-Novellierungen sowie Projekten wie „Sichere Digitale Identitäten" die Entwicklung benutzerfreundlicherer digitaler Identifikationsmethoden.

3.4 Fragmentierte regulatorische Anforderungen an digitale Identitäten

Die Fragmentierung der regulatorischen Anforderungen an digitale Identitäten auf nationaler (Föderal- sowie Bundes-)wie europäischer Ebene verursacht rechtliche, organisatorische und finanzielle Herausforderungen für Identitätslösungen und deren Governance. Der Einsatz einer einheitlichen Lösung ist damit schwer möglich und kostenintensiv. Je nach regulatorischem Sektor (bspw. Banken- oder Telekom-Sektor) existieren unterschiedliche Interpretationen darüber, wie die Erhebung von Identitätsdaten erfolgen soll und welche Anforderungen sich an den Nachweis einzelner Attribute stellen. Selbst der Personalausweis kann die unterschiedlichen Anforderungen nicht sektorübergreifend erfüllen. Beispielsweise sind die Anforderungen an die Sicherheit und Authentifizierung im Finanzsektor weitaus strenger als in anderen Bereichen wie dem Zugang zu Online-Dienstleistungen, was dazu führt, dass der Personalausweis allein nicht ausreicht, um den hohen Sicherheitsstandards bei Banktransaktionen gerecht zu werden, während er für weniger kritische Anwendungen möglicherweise überdimensioniert ist.

Aus den fragmentierten rechtlichen Anforderungen resultiert der Einsatz unterschiedlicher Lösungen für verschiedene Dienstleistungen. Diese sind oft nicht interoperabel ausgestaltet und für Diensteanbieter kostenintensiv. Neben der eID, welche auch im Verwaltungskontext nicht flächendeckend zum Einsatz kommt, bestehen Lösungen wie ELSTER für den Login beim Finanzamt oder bei Nutzerkonten, sowie eine zusätzliche digitale Identität für das Gesundheitswesen, deren technische Ausgestaltung Ende 2023 an den Markt gegangen ist.[4]

Auch die europäische Regulierung ist fragmentiert, wobei die am 11. April 2024 verabschiedete Novelle der eIDAS-VO den EU-Rechts- und Standardisierungsrahmen vereinheitlichen soll. Die aktuell gültige eIDAS-VO schafft zwar ein Rahmenwerk für die EU-weite gegenseitige Anerkennung von elektronischen Identitätssystemen und elektronischen Vertrauensdiensten. Jedoch ist die Anerkennung nur durch die Mitgliedsstaaten notifizierten eID-Systemen vorbehalten. Außerdem gelten die eIDAS-Standards für die Sicherheit und Interoperabilität von Identitätssystemen für

---

[4] Gemäß dem Digitale-Versorgung-und-Pflege-Modernisierungs-Gesetz (DVPMG) müssen Krankenkassen Versicherten bis zum 1. Januar 2023 auf Verlangen eine digitale Identität, ergänzend zur elektronischen Gesundheitskarte, ausstellen.

sowohl Identitäten im öffentlichen Sektor und für den Privatsektor, wobei die semantische Abstimmung noch nicht final geklärt ist.

3.5 Rechtliche und technische Unsicherheit hinsichtlich zukünftiger eIDAS 2.0 – Standards

Die Ankündigung der eIDAS Novellierung brachte einige Unklarheiten hinsichtlich der Weiterentwicklung von Standards und anderen Anforderungen der ID-Angebote in der EU mit sich. Die Veröffentlichung der eIDAS Toolbox Standards verschob sich bis Mai 2024 stetig nach hinten und erhöhte damit die Unsicherheit für Diensteanbieter und Identifizierungsdiensteanbieter. Seitdem eIDAS 2.0 im Mai 2024 in Kraft getreten ist, konnten einige Unklarheiten aufgelöst werden. Da zum jetzigen Zeitpunkt die sogenannten Durchführungsrechtsakte ausstehen, bleiben jedoch noch einige Punkte offen. Im Zentrum steht u. a. die Frage, ob Relying Parties im öffentlichen und privaten Sektor eine oder mehrere EUDI Wallets (EUDIW) akzeptieren werden müssen und wie genau diese technisch ausgestaltet werden. Bis Stand August 2024 wurde sich noch auf kein Ausstellungs-Schema geeinigt: eine staatl. EUDIW oder mehrere zertifizierte EUDIW. Die EUDIW soll auf nationalen Bestandssystemen aufsetzen, Details sind jedoch noch offen.

Es bleibt abzuwarten, ob sie damit den Marktanforderungen gerecht werden. Auch die im Mai 2024 veröffentlichte Version des Architectual Reference Framework (ARF 1.4) für die EUDIW bietet keine Planungssicherheit hinsichtlich technischer Standards und der Umsetzung rechtlicher Vorgaben für „Issuers", „Relying Parties" und Endnutzer:innen. Es ist anzunehmen, dass dieses Framework in den kommenden Monaten weiterentwickelt und konkretisiert wird. Für Relying Parties, wie beispielsweise Kommunen, stellt sich nun die Frage, in welche Lösung sie ihre begrenzten Ressourcen investieren sollen. Sollte man auf die EUDIW warten oder andere, bereits verfügbare Lösungen für digitale Nachweise implementieren?

Sowohl vom öffentlichen als auch dem privaten Sektor wird hier ein Flexibilitätsgrad eingefordert, welchen sich nur wenige leisten können. Nicht jedes Unternehmen kann Monate mit der Entwicklung der eigenen Technologie warten, bis die eIDAS-Toolbox Standards veröffentlicht sind. Bisher ist der Abstimmungsprozess technischer Standards nicht transparent. Wie Rebekka Weiß in einer Stellungnahme anmerkt, wurden Industrie- und Wirtschaftsexperten bislang nicht ausreichend in die Entwicklung der eIDAS Standards eingebunden: „Die Anforderungen an die Zertifizierung sollten einheitlich, realistisch und praxisnah von der EU vorgegeben werden" (Weiß, 2022).

3.6 Mangelnde Vermarktung

Seit der Einführung des neuen Personalausweises in 2010 wurde keine groß angelegte Marketing-Kampagne in Deutschland durchgeführt. Dies hat dazu geführt, dass das

Bewusstsein über die Vorhandenen Funktionalitäten des nPA bis heute nicht in der Masse der Bürger:innen Deutschlands angekommen ist.

Außerdem stehen im Punkt Vermarktung sowohl Diensteanbieter als auch Identifizierungsdiensteanbieter vor der Herausforderung eines negativen Netzwerkeffektes. Mangelnde populäre Use Cases hindern potenzielle Service-Anbieter daran, sich mit der Thematik zu befassen. Demnach potenziert sich der Nutzen eines Dienstes mit der zunehmenden Nutzer:innenzahl. Je größer die Nutzer:innenzahl, desto interessanter wird die Plattform für Anwendungen. Eine zunehmende Anzahl von Anwendungen wiederum erhöht die Attraktivität für Nutzer:innen. Ohne eine Steigerung des Bewusstseins über Potenziale der eID-Funktion mittels einer Marketingkampagne wird sich in diesem Spannungsfeld nichts in die richtige Richtung bewegen.

4   Handlungsbedarf und Empfehlungen

Aus den oben benannten Herausforderungen ergibt sich Handlungsbedarf auf folgenden Ebenen:

4.1   Schaffung eines übergreifenden Governance-Modells und einer Strategie für digitale Identitäten und digitale Nachweise

Der Staat ein übergreifendes Governance-Modell mit einer klaren Strategie für den Aufbau eines Ökosystems digitaler Identitäten schaffen, welches privatwirtschaftliche wie öffentliche Akteure einbindet. Dabei sollten die Rollen des Staats sowie aller weiteren Teilnehmer – wie Identitätsanbieter, identifizierte Personen, Technologieanbieter, Anwendungspartner, Regulierer – klar definiert sein. Digital gesicherte Nachweise („Verified Credentials") und Wallets müssen neben digitalen Identitäten zentrale Bausteine der Strategie sein.

Die Strategie für digitale Identitäten sollte folgende Aspekten umfassen: a) eine klare Vision für ein Ökosystem digitaler Identitäten in Deutschland unter Berücksichtigung des europäischen Kontextes, b) eine Analyse des Umfelds und Wettbewerbsumfelds in Deutschland und EU sowie sich daraus ergebene Chancen und Risiken, c) eine Analyse der Stärken und Schwächen des deutschen eID-Systems, d) sich daraus ergebende strategische Herausforderungen, f) Maßnahmen zur Bewältigung der Herausforderungen, g) Umsetzungsplan mit Zeiträumen und Verantwortlichkeiten und h) eine ständige Evaluation der Ziele, Herausforderungen und Maßnahmen.

Insbesondere sind auch Fragen der Vertrauensinfrastrukturen und -modelle für die Governance digitaler Identitäten zu klären. Dabei sollten unterschiedliche nationale und europäische Initiativen in enger Abstimmung miteinander interoperabel weiterentwickelt werden.

Bei Betrachtung der Frage des Vertrauenssollte auch eine Erweiterung der Anwendungsfälle auf verschiedenen Vertrauensniveaus (VN) betrachtet werden, um das Spektrum der Nutzungsmöglichkeiten elektronischer Identitäten zu erweitern. Eine Möglichkeit hierbei ist es, die eID nur für VN „hoch" zu nutzen (wie für den Bankensektor und Telekommunikation) und bei anderen Anwendungsfällen, die das VN „substantiell" erreichen, vereinfachte Integrationswege zu nutzen (BSI, 2024).

4.2 Optimierung des eID-Integrationsprozesses

Zur Optimierung des eID-Integrationsprozesses können Bundesregierung, der Anbieter von Berechtigungszertifikaten und Identifizierungsdiensteanbietern verschiedene Maßnahmen zur Subventionierung von Kosten und Verringerung des organisatorischen und technischen Aufwandes einleiten.

Wie diese Analyse verdeutlicht hat, sind die finanziellen und organisatorischen Kosten für den Anschluss an die eID-Infrastruktur für viele Diensteanbieter sehr hoch und insbesondere für KMU kaum tragbar. In Folge bieten nur wenige Diensteanbieter die eID-Funktion für Kund:innen an, was wiederum einen negativen Netzwerkeffekt verstärkt.

Um die Anzahl von Anwendungen mit eID-Funktion zu erhöhen, sollte der Staat finanzielle Anreize für den Anschluss an die eID-Infrastruktur schaffen. Optionen reichen hier von einer vollständigen „eID-Plug-in"-Lösung[5] hin zu einer Subventionierung von Teilen der Infrastruktur. Mit einer „eID-Plug-in" könnte der Staat Gewinne aus dem Betrieb der eID so umverteilen, dass er die eID-Lösung als eine sehr kostengünstige und leicht integrierbare eID-as-a-service-Leistung für Diensteanbieter zur Verfügung stellt. Selbst wenn der Staat nicht die komplette eID-as-a-service-Leistung übernähme, könnte er Teile der eID-Infrastruktur subventionieren und somit Kosten für den Anschluss an die eID-Infrastruktur senken. Um ein erstes finanzielle Hindernis zu überwinden, könnte die Regierung Berechtigungszertifikate subventionieren. Der Staat könnte somit die Zahlungen für die Zertifikate an die Bundesdruckerei übernehmen. Das würde die Kosten für Diensteanbieter subventionieren. Darüber hinaus wäre auch eine Subventionierung der Kosten der Integration der eID-Funktion für Identifizierungsdiensteanbieter und Diensteanbieter möglich. Dienstleister, die eID-as-a-Service als Integrationsfunktion anbieten, könnten somit wettbewerbsfähiger werden. Eine andere Möglichkeit wäre es, die Kosten zur Anbindung an die eID-Infrastruktur an den Unternehmensumsatz der jeweiligen Interessenpartei zu koppeln.

---

[5] Eine softwarebasierte Erweiterung, die es ermöglicht, die eID-Funktion des Personalausweises in bestehende IT-Systeme und Anwendungen zu integrieren, um eine nahtlose Authentifizierung und Identifizierung von Nutzern zu gewährleisten

4.3 Vereinheitlichung des regulatorischen Rahmenwerks

Die Bundesregierung hat rechtliche Grundlagen für die Vereinfachung einer Nutzung und Implementierung abgeleiteter mobiler Identitäten geschaffen. Regulatorische Silos bleiben jedoch bisher erhalten. Für den Erfolg des Ökosystems digitaler Identitäten wird eine Konsolidierung und Vereinheitlichung der sektoralen Regulierung für digitale Identitäten notwendig sein. Zudem wird die europäische Regulierung eine maßgebliche Auswirkung auf die Entstehung eines europäischen Ökosystems und dessen rechtliche und technische Standards haben, zu welchem deutsche Lösungen interoperabel sein müssen. Der Staat sollte sich weiterhin aktiv dafür einsetzen, dass europäische und deutsche Lösungen rechtlich und technisch so einheitlich, interoperabel und leicht integrierbar wie möglich gestaltet werden.

4.4 Erhöhung der Transparenz im Bereich der Marktregulierung

Insbesondere hinsichtlich der vom Staat getriebenen Weiterentwicklungen des nPA sollte der Staat von Anfang an alle Stakeholder einbinden und darüber informieren, ob und wie die weiterentwickelte eID-Lösung integriert werden kann. Am Beispiel Smart-eID ist dieser Vorgang bisher am deutlichsten zu erkennen. Auch wenn auf dem Markt nutzerfreundliche Lösungen zum Angebot elektronischer Identitäten existieren, legt das Smart-eID Gesetz fest, dass nur die AusweisApp zum Angebot einer mobilen Identität genutzt werden darf. Was der Staat und der Anbieter der AusweisApp als logischen Schritt für den Datenschutz wahrnehmen, verstehen andere Anbieter von Identifizierungslösungen als Markteinschränkung. Ein anderes Beispiel ist der Konsultationsprozess zur EUDIW des BMI. Auch wenn hierbei viel Wert auf Inklusivität der verschiedenen Stakeholder geachtet wird, werden bisher nicht alle Möglichkeiten genutzt, um alle bisher laufenden Initiativen proaktiv im Entwicklungsprozess einzubinden. Mehr Transparenz der Planung, Entscheidungen und Begründungen sowie die Einbindung aller relevanten Akteure in diesen Prozessen, ist eine wichtige Voraussetzung für bessere Planungssicherheit für Identifizierungsdiensteanbieter und Diensteanbieter.

4.5 Ausweitung des Spektrums von Anwendungsfällen

Die Weiterentwicklung des eID-Systems innerhalb der einschlägigen Regierungsinitiativen konzentriert sich derzeit hauptsächlich auf Anwendungsfälle in der öffentlichen Verwaltung und anderen hochregulierten Bereichen. Dabei darf jedoch nicht übersehen werden, dass ein Großteil der Identifizierungs-, Authentifizierungs- und Autorisierungsprozesse im Rahmen privatwirtschaftlicher Angebote stattfindet. Diese umfassen beispielsweise Online-Vertragsabschlüsse zum Kauf von Dienstleistungen oder Produkten sowie niedrigschwellig regulierte Angebote im öffentlichen Sektor, wie die Nutzung von kommunalen Einrichtungen wie Bibliotheken oder Sportangeboten. Es ist wichtig zu betonen, dass viele dieser niedrigschwelligen Anwendungen keine eID-Identifizierung erfordern. Daher muss sich das Ökosystem für digitale Identitäten dahingehend öffnen, dass es auch Lösungen für weniger sicherheitskritische Anwendungsfälle unterstützt.

Dieser Öffnungsprozess findet bereits statt, insbesondere im Rahmen der „Large Scale Pilots" (LSPs) und der Zielsetzungen der EUDIW. Die EUDIW strebt an, eine umfassende und interoperable Identitätslösung zu schaffen, die nicht nur für hochregulierte Bereiche, sondern auch für allgemeine, niedrigschwellige Anwendungen geeignet ist. Dabei spielen das Qualified Electronic Attestation of Attributes (QEAA) und das Electronic Attestation of Attributes (EAA) eine zentrale Rolle, indem sie die Möglichkeit bieten, Identitätsattribute sicher und nutzerfreundlich zu verwalten und zu verwenden, ohne dass in jedem Fall eine eID-Authentifizierung des nPA erforderlich ist.

Das Management digitaler Identitäten von Organisationen und Dingen wird in der vernetzten Wirtschaft zunehmend wichtiger. Daher sollte der Aufbau eines Ökosystems digitaler Identitäten darauf abzielen, ein breites Spektrum an Anwendungen und Akteuren einzubeziehen. Identitätslösungen müssen über die eID des nPA hinausgehen und flexibel genug sein, um den unterschiedlichen Anforderungen der verschiedenen Anwendungsfälle gerecht zu werden.

4.6   Bessere Kommunikation und Marketing für die die eID-Lösung

Aufgrund der mangelnden Vermarktung der eID -Lösung in der Vergangenheit besteht sowohl in der breiten Bevölkerung als auch unter Stakeholdern wie Diensteanbietern und Identifizierungsdiensteanbietern eine Wissenslücke hinsichtlich der eID-Funktion, deren Anwendung und deren Möglichkeiten. Es ist auch diese Wissenslücke, die zu einer geringeren Akzeptanz der eID beiträgt. Der Staat sollte daher eine breite Kommunikations- und Marketingkampagne für die eID sowie die kommende EUDIW initiieren. Dazu gehören attraktive Anwendungsfälle, die einen „Nerv" in der Gesellschaft treffen. Die Corona-Warn-App beispielsweise konnte aufgrund der hohen Bedeutung der Anwendung während der Covid-19-Pandemie und der breiten Marketingkampagne in kurzer Zeit bis Dezember 2022 fast 50 Mio. Downloads erreichen (Statista, 2023). Eine Kopplung mit der eID-Funktion hätte auch deren Nutzung gesteigert. In Österreich verhalf die Kopplung des Covid-Impfzertifikats „Grüner Pass" mit der dortigen „eID" (der Handy-Signatur, seit Ende 2022 übergegangen in die ID-Austria) einem Durchbruch bei deren Nutzungszahlen (Bundesministerium für Arbeit und Wirtschaft, 2022; ORF, 2021).

5   Schlussfolgerungen

Das Kapitel zeigt, welche Barrieren bei der erfolgreichen Verbreitung der deutschen eID bestehen. Dabei spielt vor allem die Integration der eID-Funktion in das eigene System von Diensteanbietern und Identifizierungsdiensteanbietern eine zentrale Rolle. Daneben stellen finanzielle als auch organisatorische Aufwände Hindernisse für eine erfolgreichen Verbreitung der eID dar. Schließlich ist der Markt für eID-Infrastruktur-Dienste mit wenigen Anbietern von Berechtigungszertifikaten, eID-Servern und Anbietern von einer eID-Client-Software konzentriert und bietet wenig Wettbewerb.

Im Rahmen der tatsächlichen Nutzung entsprechender Lösungen bestehen Herausforderungen hinsichtlich der Nutzerfreundlichkeit und der bislang hohen Abbruchrate, mit meist dem vergessenen PIN. Diese könnten sich als erfolgskritisch für die erfolgreiche Verbreitung der eID erweisen.

Im Bereich der Regulatorik ist festzustellen, dass die regulatorischen Anforderungen an digitale Identitäten auf nationaler und europäischer Ebene fragmentiert sind. Diese führen zu rechtlichen, organisatorischen und finanziellen Herausforderungen für Identitätslösungen und deren Governance. Dies erschwert die sektorübergreifende Einbindung von Diensteanbietern und Identifizierungsdiensteanbietern. Eine Folge davon ist, dass unterschiedliche Lösungen für verschiedene Dienstleistungen eingesetzt werden müssen: was der Interoperabilität, entgegensteht und auch einen signifikanten Einfluss auf die Kosten hat. Die eIDAS Novellierung birgt hierbei die Chance für eine Harmonisierung der Regulierung in Europa und Deutschland.

Aufgrund von Intransparenz im Abstimmungsprozess technischer Standards wird die Unsicherheit für Diensteanbieter und Identifizierungsdiensteanbieter auf Ebene der EU hinsichtlich der eIDAS Novellierung und der Veröffentlichung der eIDAS Toolbox Standards, zusätzlich erhöht. Auch die in 2024 veröffentlichte Version 1.4 des „Architectual Reference Framework" für die EUDI-Wallet lässt viele Fragen offen. Die nach und nach veröffentlichten Durchführungsrechtsakte könnten bei diesen Unklarheiten helfen, brauchen jedoch ihre Zeit bis zur finalen Veröffentlichung. Der mangelnde Einsatz von Marketingkampagnen führt dazu, dass das Bewusstsein und die Kenntnis über das Vorhandensein oder gar die Funktionen des elektronischen Personalausweises bei einem Großteil der BürgerInnen Deutschlands noch wenig ausgeprägt ist.

Zur Minderung dieser Barrieren sollte der Staat ein übergreifendes Governance-Modell für digitale Identitäten schaffen und dabei alle relevanten Teilnehmer einbinden sowie klare Rollen definieren. Das GovLab kann hierbei als Chance dienen, ein solches Governance-Modell zu schaffen. Die hohen Kosten für den Anschluss an die eID-Infrastruktur sollten durch staatliche Anreize wie eine subventionierte eID-as-a-Service-Lösung oder Berechtigungszertifikate geschaffen werden, um die Kosten zu senken und Diensteanbieter sowie Identifizierungsdiensteanbieter wettbewerbsfähiger zu machen. Die Integration der EUDIW könnte hierbei einen signifikanten Wettbewerbsvorteil bringen.

Es besteht ein Bedarf an einer Konsolidierung und Vereinheitlichung der sektoralen Regulierung, um ein erfolgreiches Ökosystem digitaler Identitäten zu ermöglichen, das mit europäischen Standards interoperabel ist. Der Staat sollte sich weiterhin aktiv dafür einsetzen, dass europäische und deutsche Lösungen so einheitlich, interoperabel und leicht integrierbar wie möglich gestaltet werden.

Die staatliche Weiterentwicklung des eID-Systems konzentriert sich derzeit hauptsächlich auf die öffentliche Verwaltung und andere hochregulierte Bereiche auf Vertrauensniveau „hoch", während die meisten Identifizierungsprozesse im Rahmen privatwirtschaftlicher oder niedrigschwellig regulierter Angebote erfolgen. Der Staat sollte hierbei die Anwendungsmöglichkeiten von Use-Cases, die auch auf einem niedrigerem Vertrauensniveau, als der eID laufen, erweitern und eine Gesamtnutzerreise, die alle Bereiche des Lebens abdeckt, interoperabel integrieren. Außerdem ist eine breite Kommunikations- und Marketingkampagne, einschließlich attraktiver Anwendungsfälle, notwendig, um das Bewusstsein und die Nutzung der eID zu steigern.

Anhang

Anonymisierte Liste der Interviews

Code	Institution	Datum des Interviews
1 + 2	Vergabestelle für Berechtigungszertifikate	04.05.2022 & 03.06.2022
3 + 4	Identifizierungsdiensteanbieter	22.04.2022 & 07.09.2022
5	Experte für digitale Identitäten und eIDAS	31.05.2022
6	eID Diensteanbieter	31.05.2022
7	eID Diensteanbieter	04.05.2022
8	eID-Experte aus der Use-Case Umsetzung	21.07.2022
9	eID Diensteanbieter	08.09.2022
10	eID Diensteanbieter	16.1.2023
11	eID Diensteanbieter	24.1.2023
12	eID Diensteanbieter	09.02.2023

Literatur

Arkwright Consulting AG. (2022). Digital identities in Europe: Analysis, implications, and outlook of the development of national obstacles to interpretation and implementation. https://assets.website-files.com/61509dd26eb1ae688f25b0d8/62b59f24387174848f6657ec_ARKWRIGHT-REPORT-EIDs-IN-EUROPE-062022.pdf. Zugegriffen am 06.10.2022.

Bartz, K., Böhmecke-Schwafert, M., Gyszas-Nedeß, A., Siede, A., & Rittler, A.-M. (2023). Kurzstudie eID-Ökosystem und Infrastruktur: Verschiedene Modelle hinsichtlich Staatsregulierung und Marktökonomie – Regelung der Rollen verschiedener Akteure und Bereitstellung von Basisinfrastruktur.

Bundesministerium des Innern. (2024a). Berechtigungszertifikate. https://www.personalausweisportal.de/Webs/PA/DE/wirtschaft/technik/berechtigungszertifikate/berechtigungszertifikate-node.html. Zugegriffen am 27.05.2025.

Bundesministerium des Innern. (2024b). Erteilte Berechtigungszertifikate. https://www.bmi.bund.de/SharedDocs/artikel/Webs/PA/DE/informationsmaterial/erteilte-berechtigungszertifikate/erteilte_Berechtigungszertifikate.html. Zugegriffen am 28.05.2024.

Bundesministerium für Arbeit und Wirtschaft. (2022, März 14). Schramböck: Dreimillionste Handy-Signatur ausgestellt. Pressemitteilung. https://www.bmaw.gv.at/Presse/Archiv/Pressemeldungen-BMDW/2022/M%C3%A4rz-2022/3-Millionen-Handy-Signaturen.html. Zugegriffen am 28.05.2025.

Bundesamt für Sicherheit und Informationstechnik. (2024). Elektronische Identifizierung. https://www.bsi.bund.de/DE/Themen/Oeffentliche-Verwaltung/eIDAS-Verordnung/Elektronische-Identifizierung/elektronische-identifizierung.html. Zugegriffen am 28.05.2024.

Dashboard Digitale Verwaltung. (2024). https://dashboard.digitale-verwaltung.de/. Zugegriffen am 28.05.2024.

Echikson, W. (2020). Europe's digital verification opportunity. https://www.ceps.eu/wp-content/uploads/2020/06/TFR_Europe-Digital-Identification-Opportunity.pdf. Zugegriffen am 06.10.2022.

Initiative D21. (2022). E-Government Monitor. https://initiatived21.de/uploads/03_Studien-Publikationen/eGovernment-MONITOR/2022/egovernment_monitor_22.pdf. Zugegriffen am 28.05.2024.

Initiative D21. (2023). E-Government Monitor. https://initiatived21.de/uploads/03_Studien-Publikationen/eGovernment-MONITOR/2023/egovernment_monitor_23.pdf. Zugegriffen am 28.05.2024.

Initiative D21. (2024). E-Government Monitor. https://initiatived21.de/uploads/03_Studien-Publikationen/eGovernment-MONITOR/2024/egovernment_monitor_24.pdf. Zugegriffen am 28.05.2024.

Lenz, J. (2022). Blogpost zum Stand digitale Identitäten. LinkedIn. https://www.linkedin.com/posts/joerglenz_digitaleidentit%C3%A4t-digitaleidentit%C3%A4ten-activity-6968469787504996352-hHXH/?utm_source=li_share&utm_content=public_post&utm_medium=g_mb_web&utm_campaign=copy. Zugegriffen am 23.05.2024.

Parycek, P., et al. (2022, Juli 04). Stellungnahme – Digitale Identitäten, S.4. Deutscher Bundestag, Ausschuss für Digitales: Anhörung über Digitale Identitäten. https://www.bundestag.de/resource/blob/902144/218654a68c61fdb639c383f2fcb8fe70/Parycek-data.pdf. Zugegriffen am 25.05.2024.

PricewaterhouseCoopers. (2023). Bedarf an digitalen Identitätsnachweisen steigt. https://www.pwc.de/de/finanzdienstleistungen/studie-digitale-identitaetsnachweise.html. Zugegriffen am 28.05.2024.

ORF, wien.ORF.at. (2021, Oktober 20). Handysignaturen sprunghaft gestiegen. https://wien.orf.at/stories/3126268/. Zugegriffen am 28.05.2024.

Schallbruch, M., Strüve, T., & Skierka, I. (2020). Konferenz Digitale Identitäten 2020. Digital Society Institute, ESMT Berlin. https://esmt.berlin/faculty-research/sites/faculty/files/2020-05/DSI_IPR_Konferenz%20Digitale%20Identit%C3%A4ten%202020004.pdf. Zugegriffen am 30.09.2022.

Sietmann, R. (2011). ,eID-Akzeptanz bleibt hinter den Erwartungen zurück'. *Heise Online*. https://www.heise.de/newsticker/meldung/eID-Akzeptanz-bleibt-hinter-den-Erwartungen-zurueck-1171645.html. Zugegriffen am 24.05.2024.

Statista. (2023). Anzahl der Downloads der Corona-Warn-App über den Apple App Store und den Google Play Store (kumuliert) in Deutschland von Juni 2020 bis April 2023. https://de.statista.com/statistik/daten/studie/1125951/umfrage/downloads-der-corona-warn-app/. Zugegriffen am 30.05.2024.

Weiß, R. (2022). Stellungnahme zur Bundestagsanhörung „Personalausweis sichere Lösung für digitale Identifizierung" am 04.06.2022.

Wölbert, C. (2022). Vielgeschmähter E-Perso wird immer häufiger genutzt. https://www.heise.de/news/Vielgeschmaehter-E-Perso-wird-immer-haeufiger-genutzt-7334009.html. Zugegriffen am 15.01.2023.

Open Access Dieses Kapitel wird unter der Creative Commons Namensnennung 4.0 International Lizenz (http://creativecommons.org/licenses/by/4.0/deed.de) veröffentlicht, welche die Nutzung, Vervielfältigung, Bearbeitung, Verbreitung und Wiedergabe in jeglichem Medium und Format erlaubt, sofern Sie den/die ursprünglichen Autor(en) und die Quelle ordnungsgemäß nennen, einen Link zur Creative Commons Lizenz beifügen und angeben, ob Änderungen vorgenommen wurden.

Die in diesem Kapitel enthaltenen Bilder und sonstiges Drittmaterial unterliegen ebenfalls der genannten Creative Commons Lizenz, sofern sich aus der Abbildungslegende nichts anderes ergibt. Sofern das betreffende Material nicht unter der genannten Creative Commons Lizenz steht und die betreffende Handlung nicht nach gesetzlichen Vorschriften erlaubt ist, ist für die oben aufgeführten Weiterverwendungen des Materials die Einwilligung des jeweiligen Rechteinhabers einzuholen.

Digitale Unternehmensidentitäten: Herausforderungen, Lösungen und Handlungsempfehlungen

Konstantin Schaarschmidt

Zusammenfassung

Die Kurzstudie beleuchtet die zentrale Bedeutung sicherer digitaler Unternehmensidentitäten für die Digitalisierung von Wirtschaft und Verwaltung in Deutschland und Europa. Sie beginnt mit einer Analyse der Herausforderungen bei der digitalen Identifizierung von Unternehmen und analysiert die Registerlandschaft in Deutschland. Im Anschluss werden nationale und europäische Registerstrukturen sowie internationale Ansätze zur Implementierung digitaler Lösungen untersucht. Die Studie diskutiert zudem Frontend-Lösungen wie das digitale Unternehmenskonto und europäische Initiativen wie das EU-Company Law Package und die EUDI-Wallet. Abschließend werden Handlungsempfehlungen zur Verbesserung der digitalen Identitäten von Unternehmen und zur Effizienzsteigerung in Verwaltung und Wirtschaft formuliert.

Schlüsselwörter

Organisationsidentitäten · Registerlandschaft · Registermodernisierung · Verwaltungsdigitalisierung · Unternehmenskonto · Digitale Nachweise für Unternehmen · EUDI-Wallet · EU-Unternehmensbescheinigung

K. Schaarschmidt (✉)
ESMT, Berlin, Deutschland
E-Mail: Konstantin.Schaarschmidt@esmt.org

© Der/die Autor(en) 2025
J. Anke et al. (Hrsg.), *Digitale Identitäten und Nachweise*,
https://doi.org/10.1007/978-3-658-47708-0_4

1 Einleitung

Die sichere und effiziente digitale Identifizierung von Unternehmen ist ein zentraler Baustein der Digitalisierung in Wirtschaft und Verwaltung. Eine robuste Lösung für Unternehmensidentitäten ermöglicht vertrauenswürdige digitale Transaktionen und fördert effiziente Verwaltungsprozesse. In Deutschland sind Unternehmensdaten derzeit in über 120 Einzelregistern gespeichert und nicht synchronisiert, was zu veralteten Daten und erheblichen Verwaltungsaufwänden führt. Digitale Unternehmensidentitäten können eine eindeutige Identifizierung sicherstellen und stellen eine vielversprechende Möglichkeit zur Synchronisation von Unternehmensdaten dar, doch eine umfassende und einheitliche Unternehmensidentität fehlt in Deutschland bislang.

Dieses Kapitel untersucht den aktuellen Stand und die Entwicklungen der digitalen Unternehmensidentität in Deutschland und Europa. Es analysiert nationale und internationale Ansätze zur Schaffung eines modernen Ökosystems. Der folgende Abschnitt bietet einen Überblick über die bestehenden Register und deren Rolle als Grundlage oder „Backend" für digitale Unternehmensidentitäten. Danach steht das „Frontend" im Fokus, also digitale Portale und Nutzerkonten, über die Unternehmen einen Zugang zu digitalen Angeboten der Verwaltung erhalten.

Abschließend werden Handlungsempfehlungen erarbeitet, die zeigen, wie durch eine erfolgreiche Integration und Synchronisation von Unternehmensdaten die Schaffung einer sicheren und effizienten digitalen Identitätslösung für Unternehmen in Deutschland gelingen kann.

2 Die Registerlandschaft als Grundlage digitaler Unternehmensidentitäten

Als „Backend" digitaler Lösungen für Unternehmensidentitäten dienen Unternehmensbezogene Register als eindeutige Identifikatoren. In Deutschland stehen dabei insbesondere die öffentlichen Register mit Unternehmensbezug im Fokus. Diese sind öffentlich einsehbar und dienen als Identifikator für die betreffenden Unternehmen. Außerdem werfen wir einen Blick auf das Unternehmensbasisdatenregister, das derzeit vom Statistischen Bundesamt aufgebaut wird. Darüber hinaus behandeln wir auch europäische und internationale Lösungsansätze.

2.1 Nationale Ebene

2.1.1 Das Handelsregister, Genossenschaftsregister und Partnerschaftsregister als Quellregister für Unternehmensdaten

Das Handelsregister, das Genossenschaftsregister und das Partnerschaftsregister spielen in Deutschland eine zentrale Rolle als zuverlässige Quellen für unternehmensbezogene

Informationen. Die Eintragungen in den öffentlichen Registern dienen dem Schutz des guten Glaubens im Rechtsverkehr.

Um diese Funktion sicherzustellen, wird Eintragungen (und Löschungen) in öffentlichen Registern in §15 HGB ein rechtlicher Wert zugeschrieben. Juristisch spricht man in diesem Zusammenhang von der „Publizität" der Registereinträge. Geschützt wird das Vertrauen auf die Richtigkeit der im Register offengelegten Rechtsverhältnisse (Preuß, 2024). Dies bedeutet, dass Unternehmen sich vor Gericht grundsätzlich nicht darauf berufen können, eine (nicht) im Register eingetragene Tatsache sei tatsächlich anders.

Das Handelsregister ist in der Praxis das bedeutendste Register, da es Informationen über Rechtsverhältnisse von Kaufleuten und Handelsgewerben[1] bereitstellt. Das Partnerschaftsregister richtet sich an Angehörige freier Berufe zur Dokumentation ihrer Berufsgesellschaften, während das Genossenschaftsregister Genossenschaften und ihre Rechtsverhältnisse erfasst. Beide Register operieren unter ähnlichen gesetzlichen Rahmenbedingungen wie das Handelsregister, einschließlich der Publizitätsprinzipien, welche die Verlässlichkeit und Richtigkeit der eingetragenen Informationen garantieren.[2] Die jeweilige Registernummer dient dabei als eindeutiger und rechtssicherer Identifikator für die Unternehmen.

2.1.2 Das Unternehmensregister

Das Unternehmensregister nach §8b HGB ist ein „Metaregister", welches selbst keine Eintragungen verwaltet, sondern der Zusammenführung und Weiterleitung der Informationen unabhängig bestehender Register dient. Es beruht aus dem *„Gesetz über elektronische Handelsregister und Genossenschaftsregister"* aus dem Jahr 2006. Das Unternehmensregister dient als zentrale Plattform für die Speicherung rechtlich relevanter Unternehmensdaten und gewährt so Zugriff auf das elektronische Handels-, Genossenschafts- und Partnerschaftsregister (Bundesanzeiger Verlag, o. J.-c) (siehe Abschn. 2 zu öffentlichen Registern). Das Register dient der Vernetzung von Registereintragungen und sorgt für die Vereinheitlichung der Unternehmensinformationen (Krafka, 2021a). Seine Eintragungen spielen rechtlich jedoch nur eine untergeordnete Rolle, da es lediglich abgeleitete Informationen aus anderen Registern beinhaltet.

2.1.3 Das Unternehmensbasisdatenregister als Knotenpunkt der Registermodernisierung

Das Unternehmensbasisdatenregister (kurz: Basisregister) ist ein Verzeichnis zur Erfassung und Zentralisierung der Grunddaten aller in Deutschland tätigen Unternehmen.[3] Es

---

[1] Seit der Modernisierung des Personengesellschaftsrechts zum 01.01.2024 können auch Gesellschaften bürgerlichen Rechts eingetragen werden.
[2] Gemäß §5 II in Verbindung mit §15 HGB sind die für das Handelsregister geltenden Publizitätsvorschriften entsprechend auf das Partnerschaftsregister und nach §29 GenG auf das Genossenschaftsregister anzuwenden, vgl. (Fandrich, 2012; Jähne, 2024)
[3] Alle wirtschaftlich tätigen natürlichen und juristischen Personen sowie einzelne Vereine werden durch das Register erfasst, sofern sie in mindestens einem Verwaltungsregister geführt werden, vgl. §1 UBRegG

befindet sich derzeit (Stand 2024) noch im Aufbau (Statistisches Bundesamt, o. J.) und dient künftig verwaltungsintern als Knotenpunkt für die Registerverknüpfung. Anders als beim Unternehmensregister können private Beteiligte zwar keine direkte Einsicht in das Register nehmen,[4] gleichwohl wird das Basisregister im Rahmen der Registermodernisierung in der Zukunft eine zentrale Rolle einnehmen. Das Basisregister dient als „goldene Quelle" und Knotenpunkt für die Registerverknüpfung. Dabei soll es die bestehenden öffentlichen Register keinesfalls ablösen, sondern vielmehr zu einer Verbesserung der Qualität und des Umfangs des dort abrufbaren Datenbestands führen, indem neue Informationen sofort an alle angebundenen Register übermittelt und synchronisiert werden. Als Identifikator für die betroffenen Unternehmen wird die bundeseinheitliche Wirtschaftsnummer dienen. Alle wirtschaftlich tätigen natürlichen und juristischen Personen sowie einzelne Vereine werden durch das Register erfasst, sofern sie in mindestens einem Verwaltungsregister geführt werden (§1 *UBRegG*). Durch die Synchronisation der Registerdaten werden Unternehmen zudem von der Pflicht unnötiger Mehrfachnennungen entlastet („Once-Only"-Prinzip). Geplant ist, dass durch die Verwendung eines übergreifenden Identifikators redundante Datenanforderungen in verschiedenen Behörden entfallen, was zu einer signifikanten Vereinfachung und Beschleunigung von Verwaltungsprozessen führt. So kann die Verwaltungseffizienz mit der Implementierung des Basisregisters langfristig verbessert werden (Simmons & Simmons, 2021; Statistisches Bundesamt, 2021).

Bei einer Anhörung im Wirtschaftsausschuss im November 2023 diskutierten Sachverständige die Möglichkeit, das Unternehmensbasisdatenregister zu öffnen und weiter zu vernetzen. Sie betonten die Bedeutung der Anbindung weiterer Register, um die Effizienz und den Nutzen des Basisregisters zu steigern. Die Fachleute forderten mehr Geschwindigkeit in der Umsetzung und plädierten dafür, das Register auch außerhalb der Verwaltung nutzbar zu machen, um Transparenz und Zugänglichkeit zu verbessern (Deutscher Bundestag, 2023).

2.1.4 Zusammenfassung und Ausblick Registerlandschaft und Identifikatoren auf nationaler Ebene

In Deutschland stellen die öffentlichen Register eindeutige Identifikatoren für alle zugelassenen Unternehmensformen bereit. Trotzdem gestaltet sich die Identifizierung von Unternehmen in der Praxis oft umständlich. Der Umgang mit dem Handelsregister gilt gemeinhin als kompliziert und sperrig, zudem sind die Registerblätter ohne betriebswirtschaftliches oder juristisches Vorwissen kaum verständlich lesbar. Außerdem gibt es noch keinen (einzigen) übergreifenden Identifikator, der umfassend genutzt wird. Jedes Register verwendet eine eigene Registernummer. Dadurch ist die deutsche Register- und ID-Landschaft weithin fragmentiert. Mit dem Unternehmensbasisdatenregister steht jedoch ein vielversprechendes Projekt in den Startlöchern, welches diesen Problemen durch die Synchronisierung der Register untereinander und die Etablierung einer einheitlichen

---

[4] §5 UBRegG enthält eine abschließende Liste mit allen Zugriffsberechtigten Stellen.

Wirtschaftsnummer als Identifikator begegnen möchte. Eine am 14. Juni 2024 verabschiedete Änderung des Onlinezugangsgesetzes (OZG) zielt darauf ab, einen gesetzlichen Anspruch auf elektronischen Zugang zu Verwaltungsdienstleistungen des Bundes zu etablieren. Darüber hinaus soll auch die Digitalisierung in Deutschland vereinheitlicht werden, insbesondere durch bundesweit technische Vorgaben, verbindliche Standards und einheitliche Schnittstellen, die vom Bund vorgegeben werden (Bundesministerium des Inneren und für Heimat, 2024).

Aktuell bietet die deutsche Registerlandschaft ein funktionsfähiges Fundament. Den Marktanforderungen an eine moderne, digitale Unternehmensidentität wird sie jedoch noch nicht gerecht.

2.2 Die Registerlandschaft auf europäischer und internationaler Ebene

Aufgrund der divergierenden nationalen Identitäts-Ökosysteme treten im internationalen Kontext immer wieder Probleme bei der Identifizierung von Geschäftsbeteiligten auf. Dies betrifft sowohl die Identifizierung und Authentifizierung von Unternehmen gegenüber anderen Unternehmen als auch gegenüber Verwaltungsbehörden oder Verbrauchenden. Im Folgenden gehen wir daher auf europäische und auf internationale Initiativen ein.

2.2.1 Die Europäische Registervernetzung

Zur Erleichterung des grenzüberschreitenden Zugangs zu Unternehmensdaten in Europa führten die EU-Mitgliedstaaten 2012 ein System zur Registervernetzung ein (Müther, 2024). Da immer mehr Unternehmen in der Union über Ländergrenzen hinweg expandieren und deswegen auch bei Verschmelzungen Unternehmen aus mehreren Mitgliedstaaten beteiligt sind, benötigen registerführende Stellen einen länderübergreifenden Zugriff auf Unternehmensdaten.

Das System der Registervernetzung besteht gem. Art. 22 der Gesellschaftsrechtsrichtlinie aus den Registern der Mitgliedstaaten, der zentralen Europäischen Plattform und dem Europäischen Justiz-Portal. Dieses System fasst die Kommission in der entsprechenden Durchführungs-Verordnung[5] unter dem Begriff „Business Registers Interconnection System" (BRIS) zusammen (Krafka, 2021b).

Mit dem System der Registervernetzung wird kein zentrales Register auf EU-Ebene geschaffen, sondern nur der Zugriff auf Unternehmensdaten in den nationalen Registern ermöglicht.

---

[5]Vgl. dazu: (*DURCHFÜHRUNGSVERORDNUNG (EU) 2015/884 zur Festlegung technischer Spezifikationen und Verfahren für das System der Registervernetzung gemäß Richtlinie 2009/101/EG*, 2015)

Ziel des Systems ist es, einen Mindestsatz von Unternehmensdaten kostenlos und in allen Amtssprachen über das Europäische Justizportal (Europäische Union, o. J.) abrufbar zu machen. Das Europäische Justizportal ist für jeden abrufbar und dient somit als Zugangspunkt zu Unternehmensinformationen für Personen, Unternehmen und Behörden oder andere Organisationen. Damit die Informationen über das Europäische Justizportal abrufbar sind, müssen die Mitgliedstaaten im Vorfeld Informationen aus den nationalen Registern an die zentrale europäische Plattform übermitteln. Eine Verknüpfung der nationalen Register mit der zentralen Europäischen Plattform besteht seit 2017.[6]

Innerhalb des Systems der Registerverknüpfung werden Unternehmen durch eine einheitliche Kennung (EUID) identifiziert.[7] Die EUID dient als verwaltungsinterne IT-Nummer lediglich dem Zweck des Informationsaustauschs zwischen den Registern der Mitgliedstaaten über die zentrale europäische Plattform, ist aber auch über das Justizportal einsehbar.[8] Darüber hinaus kommt ihr im Rechtsverkehr keine Bedeutung zu, denn dort bleibt die inländische Registrierungsnummer (z. B. Handelsregisternummer) maßgeblich.

2.2.2 Das European Business Register

Das European Business Register (EBR) ist ein Netzwerk von europäischen Registern, das Unternehmensinformation auf Grundlage der offiziellen Datenquellen der Mitgliedsstaaten des Registerverbunds bereitstellt. (Bundesanzeiger Verlag, o. J.-a) Das EBR wird **von der „European Business Registry Association" (EBRA), einer internationalen Non-Profit-Organisation betrieben. Das Register besteht seit 1992; mittlerweile beteiligen sich 44 Staaten an der Kooperation.** (The European Business Registry Association, o. J.)

Der Zugang zum EBR erfolgt, wie auch beim Unternehmensregister selbst in Deutschland, über die Webseite des Bundesanzeiger Verlages, wo nutzende die Daten als PDF abrufen können. (Bundesanzeiger Verlag, o. J.-a) Im Gegensatz zum BRIS handelt es sich beim EBR allerdings nicht um eine offizielle Informationsquelle.

2.2.3 Die Global Legal Entity Identifier Foundation (GLEIF)

Die Global Legal Entity Identifier Stiftung verfolgt die Aufgabe, eine weltweite, öffentlich und kostenlos zugängliche Datenbank aufzubauen. Als Identifikator dient die Kennung für Rechtsträger, auch bekannt als LEI, (Legal Entity Identifier) der auf der ISO-Norm 17442 basiert und eindeutige Identifikation der Rechtsträger, die an Finanztransaktionen beteiligt sind, ermöglicht (GLEIF, o. J.) (Böwing-Schmalenbrock, 2023). Beim öffentlich zugänglichen LEI-Datenbestand handelt es sich um ein globales Verzeichnis zur Erfassung von

---

[6] Siehe dazu: RL 2019/1151 ErwG 7. Die Richtlinie 2019/1151 ist eine Änderungsrichtlinie der RL/2017/1132 im Hinblick auf den Einsatz digitaler Werkzeuge und Verfahren im Gesellschaftsrecht.

[7] In Deutschland setzt sich die Kennziffer aus dem Ländercode (DE), der Unternehmensregisternummer und der Handelsregisternummer zusammen. Siehe dazu: Durchführungsverordnung (EU) 2015/884, Anhang Nr. 8.

[8] Vgl. dazu ErwG 30 RL 2019/1151 m.w.A.

wirtschaftlichen Einheiten mit dem Ziel, eine bessere Datenqualität zu erreichen und die Transparenz am Finanzmarkt zu erhöhen. Die Verordnung über Märkte und Finanzinstrumente verpflichtet in Art. 26 alle an Finanzgeschäften beteiligten Rechtspersonen zur Identifizierung mit der LEI-Nummer. In Deutschland wird die Kennung durch den Bundesanzeiger Verlag als zertifizierte Vergabestelle (kostenpflichtig) verliehen. (Bundesanzeiger Verlag, o. J.-b)

2.2.4 Zusammenfassung der Registerlandschaft und IDs auf internationaler Ebene

Um den Problemen der oftmals schwierigen Identifikation von Unternehmen bei grenzüberschreitenden Geschäftsbeziehungen oder Verwaltungsleistungen zu begegnen haben die internationalen Beteiligten verschiedene Lösungsansätze initiiert, um die Identifizierung von Unternehmen zu vereinfachen und eine höhere Markttransparenz zu erreichen. Diese Vielzahl an Angeboten sorgt wiederum für ein fragmentiertes Gesamtbild, bei dem es schwerfällt, den Überblick zu behalten. Es empfiehlt sich, in einem nächsten Entwicklungsschritt auf eine umfassende Synchronisation der Informationsbestände hinzuwirken. So kann es schlussendlich gelingen, einen übergreifenden, interoperablen Identifikator zu etablieren, über den sich Unternehmen gegenüber Geschäftsbeteiligten und der Verwaltung sicher ausweisen können und alle wichtigen Informationen ihrer Vertragsparteien einfach und sicher abrufen können.

3 Frontend-Lösungen für digitale Unternehmensidentitäten

Als „Frontend" der Unternehmensidentität bezeichnen wir in dieser Studie die Systeme, Werkzeuge und Portale, mit denen endnutzende tatsächlich in Berührung kommen und deren Dienste sie nutzen. In Deutschland wird derzeit mit dem einheitlichen Unternehmenskonto ein Portal aufgebaut, welches Unternehmen einen umfassenden digitalen Zugang zu Verwaltungsleistungen bereitstellen soll.

Auch der EU-Gesetzgeber ist in diesem Bereich vermehrt tätig geworden. Neben der Single-Digital-Gateway-Verordnung und dem EU-Company-Law-Package stehen auch die Lösungen der eIDAS-Verordnung und ihrer geplanten Novellierung sowie das EU Company Certificate im Fokus dieses Kapitels.

3.1 Das Unternehmenskonto auf Basis von ELSTER

Zukünftig dient in Deutschland das Unternehmenskonto im Portalverbund (vgl. § 1 II OZG) den Unternehmen als digitale Identität für den Kontakt mit Behörden der öffentlichen Verwaltung. Das Konto ermöglicht einen einfachen Zugang zu Behörden und eine sichere Identifizierung für Verwaltungsleistungen. Die Rechtsgrundlage für eine Datenübermittlung vom Unternehmensbasisdatenregister an das Unternehmenskonto ist mit §5 Abs. 1 Nr. 10 UBRegG bereits geschaffen.

3.1.1 Die Entwicklung des Unternehmenskontos

Der Begriff des *„Unternehmenskontos"* findet sich als solcher nicht im OZG wieder. Das OZG sieht zweierlei Nutzerkonten für Verwaltungsportale vor; das *„Bürgerkonto"* und das *„Organisationskonto"* (vgl. §2 V OZG). Das BMI hatte bereits ein Organisationskonto entwickelt, welches nun jedoch eingestellt wurde (Bundesministerium des Innern und für Heimat, 2021). Grund hierfür ist die im Juni 2020 gestartete Entwicklung eines neuen Organisationskontos, das unter dem Begriff des *„einheitlichen Unternehmenskontos"* firmiert (IT-Planungsrat, 2020). Derzeit befindet sich das Unternehmenskonto in einer erweiterten Pilotierungsphase, woran neben Bayern und Bremen sind auch das Land Nordrhein-Westfalen und der Bund daran beteiligt sind.

3.1.2 Die Technische Umsetzung des Unternehmenskontos

Das Unternehmenskonto basiert auf ELSTER-Technologie (vgl. §3 II S.3 OZG) und erfasst alle steuerpflichtigen Unternehmen. Diejenigen Unternehmen, die noch nicht steuerlich erfasst wurden, können über Gründungskonten eingebunden werden (ELSTER Light) (IT-Planungsrat, 2020).

Das Konto umfasst dafür die ELSTER-Schnittstellen NEZO und NEZOP.[9] Sie ermöglicht die Authentifizierung von Unternehmen und ihren Identitätsdaten über das SAML 2.0-Protokoll. NEZOP ermöglicht die Single-Sign-On Funktion, wonach ein Unternehmen nach der erfolgreichen Authentifizierung weitere Verwaltungsleistungen nutzen kann, ohne sich erneut authentifizieren zu müssen (Der Senator für Finanzen – Koordinierungsstelle für IT-Standards, 2021). Neben der Identifizierungskomponente umfasst das Konto auch eine Webanwendung, die über die Webseite www. mein-unternehmenskonto.de erreichbar ist.

Das ELSTER Verfahren wird in § 8 VII OZG bis zum 30. Juni 2023 zum Nachweis der Identität auf dem Vertrauensniveau „substantiell" anerkannt. Diese vorübergehende Anerkennung erfolgte mitunter, um Unternehmen eine Möglichkeit für die elektronische Identifizierung innerhalb der Umsetzungsfrist des OZG anbieten zu können (*Drucksache 19/21987 – Entwurf eines Gesetzes zur Digitalisierung von Verwaltungsverfahren bei der Gewährung von Familienleistungen*, 2020). Mit der Novellierung des OZG wird diese Anerkennung gemäß §13 Abs. 2 Des Entwurfs für ein OZG-Änderungsgesetzes bis zum 30.06.2026 verlängert. Darüber hinaus wird das BMI ermächtigt, diese Frist per Rechtsverordnung zusätzlich zu verlängern.

3.1.3 Aktuelle Entwicklungen

Das Unternehmenskonto ist Stand August 2024 bereits an das Bundesportal, und die Verwaltungsportale verschiedener Länder angebunden, darunter das Serviceportal Bremen, das Serviceportal Mecklenburg-Vorpommern, das Wirtschafts-Service-Portal NRW und das Serviceportal Schleswig-Holstein (Bayerisches Staatsministerium für Digitales, 2024b).

---

[9] NEZO: Nutzung der ELSTER-Zertifikate im Rahmen des OZG; NEZOP bedeutet mit dem weiteren Baustein eines Postfachs (Der Senator für Finanzen – Koordinierungsstelle für IT-Standards, 2021), S. 74, 75

Der Verwaltungsdienstleister Dataport hat die Berechtigungssteuerung für das bundesweit eingesetzte „einheitliche Unternehmenskonto" übernommen (Dataport, 2023). Die Postfachfunktionalitäten ermöglichen es Unternehmen, Nachrichten und Bescheide von Behörden einzusehen. Es besteht eine 1-zu-1-Zuordnung zwischen Benutzerkonto und Postfach, sodass der Kontakt mit Behörden ausschließlich über das Konto erfolgt, von dem die Antragsstellung ausgegangen ist. Zudem kann über das Postfach vorgangsbezogen mit den Behörden kommuniziert werden (Bayerisches Staatsministerium für Digitales, 2024a).

3.2 Europäische Lösungen

3.2.1 Die EU Single Digital Gateway Verordnung (SDG-Verordnung)

Im Rahmen der Umsetzung der SDG-Verordnung (Verordnung (EU) Nr. 1024/2012) sind ausgewählte Verwaltungsdienstleistungen seit 2023 über die europäische Plattform „Your Europe" (https://europa.eu/youreurope/) abrufbar.

Die nationalen Verwaltungsportale (wie das deutsche Unternehmenskonto auf Basis von ELSTER-Technologie) werden auf der Plattform „Your Europe" (nur) verlinkt und nicht zusammengeschlossen. Die Mitgliedstaaten müssen sicherstellen, dass alle nutzenden grenzüberschreitend Zugang zu den Verwaltungsdiensten hat und diese vollständig online abwickeln können (vgl. Art. 6 I SDG-VO). Zudem enthält die Seite „Your Europe" ausführliche Informationen über die Pflichten und Vorschriften, die Unternehmen benötigen könnten, um die Verwaltungsleistungen wahrzunehmen (Europäische Kommission, 2024), vgl. Art. 2 II SDG-VO). Um das „Once-Only"-Prinzip zu erfüllen, richtet die Kommission ein technisches System zum freiwilligen Austausch von Nachweisen in den Mitgliedstaaten ein (vgl. Art. 14 I SDG-VO), die grenzübergreifend genutzt werden können.

3.2.2 Das Elektronische Siegel nach der eIDAS-VO

Die eIDAS-Verordnung definiert den Rechtsrahmen für die Verwendung elektronischer Siegel. Das (qualifizierte) elektronische Siegel dient als Pendant zur qualifizierten elektronischen Signatur juristischen Personen und Behörden als Herkunftsnachweis von Dokumenten (ErwG 35 eIDAS-VO).

Die eIDAS-VO unterscheidet dabei zwischen einfachen, fortgeschrittenen und qualifizierten elektronischen Siegeln, die für die Identifizierung einer juristischen Person dient. Das qualifizierte elektronische Siegel unterscheidet sich dabei von den anderen Formen, indem es zur Sicherung der Daten zusätzlich auf ein qualifiziertes elektronisches Zertifikat setzt, das nur von einem qualifizierten Vertrauensdiensteanbieter ausgestellt werden kann (Art. 3 Nr. 27 und 30 eIDAS-VO). Das E-Siegel beinhaltet dabei keine Informationen über die natürliche Person, die das Siegel tatsächlich erstellt, sondern beinhaltet wie ein digitaler Firmenstempel nur Angaben über die dahinterstehende juristische Person (Bundesamt für Sicherheit in der Informationstechnik, o. J.). Der Zweck des Siegels beschränkt sich auf die Sicherung der Unversehrtheit und der Herkunft eines elektronischen Dokuments.

Gleichwohl sieht die Zahlungsdiensterichtlinie in einer delegierten Verordnung qualifizierte Zertifikate für das elektronische Siegel als eine Möglichkeit zur Identifizierung von Zahlungsdienstleistern vor.[10]

3.2.3 Die EUDI-Wallet für juristische Personen

Im Rahmen der Novellierung der eIDAS-VO sollen viele problematische Anwendungsfälle im Bereich Identifizierung und Authentifizierung von natürlichen und juristischen Personen auf grenzüberschreitender Ebene durch die Implementierung einer Wallet-Lösung, der EUDI-Wallet gelöst werden. Dazu werden zunächst die Mitgliedstaaten nach Artikel 5a des Kommissionsentwurfes dazu verpflichtet, innerhalb von 12 Monaten nach Inkrafttreten dieser Verordnung eine EUDI-Wallet auszustellen.

Diese EUDI-Wallet soll es allen natürlichen und juristischen Personen innerhalb der Union ermöglichen, auf sicherem Wege Daten über ihre Identität unter der alleinigen Kontrolle der jeweiligen Nutzenden auf eine benutzerfreundliche und bequeme Weise weiterzugeben (ErwG 7 *eIDAS 2*,[11] 2024). Mit der EUDI-Wallet können dann auch juristische Personen ihre Eigenschaften und Attribute rechtssicher digital nachweisen. Außerdem ermöglicht diese digitale Wallet nutzenden neben dem Unterzeichnen mit qualifizierten elektronischen Signaturen auch die Erstellung qualifizierter elektronischer Siegel (Art. 5a *eIDAS 2*, 2024).

3.2.4 Die EU-Unternehmensbescheinigung und die digitale Vollmacht

Die EU-Unternehmensbescheinigung ist Teil eines Vorschlags der EU-Kommission zur Erweiterung digitaler Tools und Prozesse im EU-Gesellschaftsrecht, der darauf abzielt, Transparenz und Vertrauen zwischen den Mitgliedsstaaten zu stärken (Europäische Kommission, 2023) (*Vorschlag für eine Richtlinie zur Digitalisierung des Gesellschaftsrechts*, 2023). Das Zertifikat soll nach Art. 16b Abs. 1 einen Mindestsatz an Unternehmensdaten enthalten und von den nationalen Registern (als authentische Quelle) ausgestellt werden. Das Zertifikat wird mehrsprachig sein und soll in grenzüberschreitenden Situationen genutzt werden, um den administrativen Aufwand für Unternehmen zu verringern. Es integriert das „Once-Only" Prinzip, um Doppelarbeit zu vermeiden, und wird durch das BRIS unterstützt, wodurch Unternehmensinformationen EU-weit zugänglich und aktuell gehalten werden (Vgl. dazu ErwG 29f.). Der Kommissionsvorschlag sieht in Art. 16b Abs. 6 vor, dass die berechtigten Unternehmen diese Gesellschaftsbescheinigung kostenlos auch in elektronischer Form erhalten können und über die eIDAS-Vertrauensdienste und die EUDI-Wallet ihre Eigenschaften nachweisen können.

Gleichzeitig wird in Art. 16c eine digitale EU-Vollmacht eingeführt. Die digitale EU-Vollmacht wird gemäß Abs. 2 als Nachweis dafür anerkannt, dass die bevollmächtigte

---

[10] Siehe dazu Art. 34 (*DELEGIERTE VERORDNUNG (EU) 2018/389 zur Ergänzung der Richtlinie (EU) 2015/2366 durch technische Regulierungsstandards für eine starke Kundenauthentifizierung und für sichere offene Standards für die Kommunikation*, 2018) m.w.A. Alternativ für qualifizierte Zertifikate für die Website-Authentifizierung i. S. v. Art. 3 Nr. 39 der eIDAS-VO

[11] Vgl. dazu: VERORDNUNG DES EUROPÄISCHEN PARLAMENTS UND DES RATES ZUR ÄNDERUNG DER VERORDNUNG (EU) NR. 910/2014 IM HINBLICK AUF DIE SCHAFFUNG DES EUROPÄISCHEN RAHMENS FÜR EINE DIGITALE IDENTITÄT, 2024

Person gemäß dem Dokument zur Vertretung der Gesellschaft befugt ist. Auch die digitale EU-Vollmacht soll gemäß Art. 16c Abs. 1 mit den eIDAS-Vertrauensdiensten und der EUDI-Wallet kompatibel sein.

3.3 Fazit

Derzeit gibt es noch keine einheitliche Frontend-Lösung für Unternehmensidentitäten, die deutschland- oder europaweit genutzt wird. Das Unternehmenskonto auf Basis von ELSTER-Technologie befindet sich derzeit in der Pilotierungsphase. Es sollte im Rahmen einer einheitlichen Strategie technisch weiterentwickelt werden, um Interoperabilität für den Zusammenschluss europäischer Lösungen zu fördern. Die Akteure auf europäischer Ebene sind bemüht, den Binnenmarkt zu stärken, indem sie grenzüberschreitenden Zugang zu den Diensten der einzelnen Mitgliedstaaten bereitstellen und auch eigene Lösungen forcieren. Die eIDAS-VO stellt mit dem elektronischen Siegel bereits eine „digitale Signatur" für Unternehmen zur Verfügung; mit der EUDI-Wallet für juristische Personen soll eine weitere nutzerfreundliche Frontend-Lösung etabliert werden, deren Umfang und Funktionalität durch die Einführung der EU-Unternehmensbescheinigung bereits an Form gewinnt.

4 Ausblick und Handlungsempfehlungen

In Deutschland existiert derzeit eine vielfältige Landschaft unternehmensbezogener Register. Register sind „goldene Quellen" für Unternehmensdaten und bilden damit das Fundament einer jeden digitalen Lösung für Unternehmensidentitäten. Daher müssen der Staat und die Privatwirtschaft Hand in Hand zu einer besseren Qualität, Verfügbarkeit und Transparenz der betreffenden Daten beitragen.

Synchronisation von Registerdaten: Um Prozesse zu vereinfachen, sollte der Datenbestand unternehmensbezogener Register synchronisiert werden. Dabei ist es insbesondere erforderlich, einen sicheren, einfachen und nutzerfreundlichen Zugang zu aktuellen, eindeutigen und verifizierten Daten bereitzustellen.

Stärkung der Wirtschaftsidentifikationsnummer: Die Anforderungen an eine moderne Unternehmensidentität wurden durch die Politik bereits erkannt. Das zeigt sich etwa am Aufbau des Unternehmensbasisdatenregisters. Dieses hat großes Potenzial für die Wegbereitung hin zu einer modernen Registerlandschaft. Für eine verlässliche Identifizierung von Unternehmen ist dabei die Veröffentlichung und eine umfassende Nutzung der einheitlichen Wirtschaftsidentifikationsnummer im Wirtschaftsleben empfehlenswert. Dieser übergreifende, einheitliche Identifikator kann anwendungsbezogene Lösungen ersetzen und zur Vereinfachung vieler Arbeitsprozesse in Wirtschaft und Verwaltung führen.

Weiterentwicklung des Unternehmenskontos: Das Unternehmenskonto auf Basis von ELSTER sollte technisch dergestalt weiterentwickelt werden, dass es das Sicherheitsniveau „substantiell" auch auf europäischer Ebene erreicht.

Umfassende Digitalisierung von Verwaltungsprozessen: Das Ziel einer zeitgemäßen Verwaltungsmodernisierung kann Deutschland jedoch nur erreichen, wenn nicht nur die digitale Zugangs-Infrastruktur aufgebaut wird, sondern auch die dahinterstehenden Verwaltungsangelegenheiten digital und automatisiert abgewickelt werden. Diese Zustände bedingen sich gegenseitig, denn ein digital geführter Prozess lässt sich freilich einfacher elektronisch zugänglich machen als ein papiergebundener. Daher ist es komplementär zur Etablierung einer digitalen Identität von großer Bedeutung, auch die dahinterstehenden Vorgänge elektronisch und interoperabel auszugestalten. Dafür müssen Bund und Länder beim Ausbau der IT-Infrastruktur zusammenarbeiten.[12]

Bereitstellung digitaler Nachweise aus Registern: Im Rahmen der Novellierung der eIDAS-VO und mit der Einführung der EU-Gesellschaftsbescheinigung werden die Register als authentische Quellen für die Unternehmensdaten herangezogen. Daher ist es erforderlich, digitale Nachweise aus den Registern bereitzustellen, um den EU-rechtlichen Anforderungen zu genügen und eine moderne Infrastruktur für digitale Unternehmensidentitäten bereitzustellen.

Literatur

Bayerisches Staatsministerium für Digitales. (2024a). *Digitales Unternehmenskonto.* https://www.stmd.bayern.de//themen/digitale-verwaltung/digitales-unternehmenskonto/. Zugegriffen am 18.09.2024.

Bayerisches Staatsministerium für Digitales. (2024b). *Verwaltungsportale.* Unternehmenskonto. https://info.mein-unternehmenskonto.de/verwaltungsportale/. Zugegriffen am 18.09.2024.

Böwing-Schmalenbrock, P. (2023). KStG § 5 Befreiungen. In Brandis & Heuermann (Hrsg.), *Ertragsteuerrecht* (170. Aufl.). https://beck-online.beck.de/Bcid/Y-400-W-Bluemich-G-KStG-P-5-GL-II-23. Zugegriffen am 18.09.2024.

Bundesamt für Sicherheit in der Informationstechnik. (o.J.). *Elektronische Signaturen, Siegel und Zeitstempel.* Bundesamt für Sicherheit in der Informationstechnik. https://www.bsi.bund.de/DE/Themen/Oeffentliche-Verwaltung/eIDAS-Verordnung/Elektronische-Signaturen-Siegel-und-Zeitstempel/elektronische-signaturen-siegel-und-zeitstempel.html?nn=129760. Zugegriffen am 29.08.2024.

Bundesanzeiger Verlag. (o.J.-a). *European Business Register.* https://ebr.bundesanzeiger-verlag.de/european-business-register/unternehmenssuche/. Zugegriffen am 19.07.2022.

Bundesanzeiger Verlag. (o.J.-b). *LEI Register.* https://www.bundesanzeiger-verlag.de/evidenzwesen/leireg/. Zugegriffen am 16.08.2022.

Bundesanzeiger Verlag. (o.J.-c). *Unternehmensregister: Kosten der Nutzung.* https://www.unternehmensregister.de/ureg/howto1.8.html. Zugegriffen am 19.07.2022.

Bundesministerium des Inneren und für Heimat. (2024). *OZG-Änderungsgesetz: Paket für die digitale Verwaltung.* Onlinezugangsgesetz. https://www.digitale-verwaltung.de/Webs/DV/DE/onlinezugangsgesetz/das-gesetz/ozg-aenderungsgesetz/ozg-aenderungsgesetz-node.html;jsessionid=C4DD1B8179824B89C38687590F9A3C93.live872. Zugegriffen am 18.09.2024.

---

[12] Eine dahingehende gesetzgeberische Initiative (allein) des Bundes würde zunächst eine Änderung von Art. 91c des Grundgesetzes voraussetzen.

Bundesministerium des Innern und für Heimat. (2021, Juni 01). *Einheitliches Unternehmenskonto geht an den Start.* https://www.onlinezugangsgesetz.de/SharedDocs/kurzmeldungen/Webs/OZG/DE/2021/06_unternehmenskonto-startet.html;jsessionid=D8FD5159BDC5B197576D11CD404A81A5.1_cid340?nn=12998608. Zugegriffen am 18.09.2024.

Dataport. (2023, Juni 30). *Einheitliches Unternehmenskonto wird sicherer und transparenter.* https://www.dataport.de/nachricht/einheitliches-unternehmenskonto-wird-sicherer-und-transparenter/. Zugegriffen am 18.09.2024.

DELEGIERTE VERORDNUNG (EU). (2018). *2018/389 DER KOMMISSION – vom 27. November 2017 – Zur Ergänzung der Richtlinie (EU) 2015/2366 des Europäischen Parlaments und des Rates durch technische Regulierungsstandards für eine starke Kundenauthentifizierung und für sichere offene Standards für die Kommunikation. 21.*

Der Senator für Finanzen – Koordinierungsstelle für IT-Standards. (2021, März 16). *Planungs- und Architekturkonzept Digitalisierung der Beschaffung – Transparenzportal Bremen.* https://www.transparenz.bremen.de/metainformationen/planungs-und-architekturkonzept-digitalisierung-der-beschaffung-164777. Zugegriffen am 18.09.2024.

Deutscher Bundestag. (2023, November 08). *Sachverständige fordern Öffnung des Basisdatenregisters.* Deutscher Bundestag. https://www.bundestag.de/dokumente/textarchiv/2023/kw45-pa-wirtschaft-unternehmensbasisdatenregister-974126. Zugegriffen am 18.09.2024.

Drucksache 19/21987 – Entwurf eines Gesetzes zur Digitalisierung von Verwaltungsverfahren bei der Gewährung von Familienleistungen. (2020, August 31). https://dip.bundestag.de/drucksache/entwurf-eines-gesetzes-zur-digitalisierung-von-verwaltungsverfahren-bei-der-gew%C3%A4hrung/244539?term=19%2F21987&rows=25&pos=1&ctx=d. Zugegriffen am 18.09.2024.

DURCHFÜHRUNGSVERORDNUNG (EU). (2015). 2015/884 DER KOMMISSION – vom 8. Juni 2015 – Zur Festlegung technischer Spezifikationen und Verfahren für das System der Registervernetzung gemäß Richtlinie 2009/101/EG des Europäischen Parlaments und des Rates. 9.

Europäische Kommission. (2023, März 29). *Vorschlag für eine RICHTLINIE DES EUROPÄISCHEN PARLAMENTS UND DES RATES zur Änderung der Richtlinien 2009/102/EG und (EU) 2017/1132 zur Ausweitung und Optimierung des Einsatzes digitaler Werkzeuge und Verfahren im Gesellschaftsrecht.* https://eur-lex.europa.eu/resource.html?uri=cellar:71568342-cf03-11ed-a05c-01aa75ed71a1.0023.02/DOC_1&format=PDF. Zugegriffen am 18.09.2024.

Europäische Kommission. (2024). *Geschäfte in Europa – Ein Leitfaden.* Your Europe. https://europa.eu/youreurope/business/index_de.htm. Zugegriffen am 18.09.2024.

Europäische Union. (o.J.). *Europäisches Justizportal – Unternehmensregister – Suche nach einem Unternehmen in der EU.* https://e-justice.europa.eu/489/DE/business_registers__search_for_a_company_in_the_eu. Zugegriffen am 14.08.2024.

Fandrich, A. (2012). GenG § 29 Publizität des Genossenschaftsregisters. In Pöhlmann, Fandrich, & Bloehs (Hrsg.), *Genossenschaftsgesetz* (4. Aufl.). https://beck-online.beck.de/Bcid/Y-400-W-PoehlmannFandrichBloesKoGenG-G-GenG-P-29-GL-1. Zugegriffen am 18.09.2024.

GLEIF. (o.J.). *Der Legal Entity Identifier (LEI) – Über den LEI – GLEIF.* https://www.gleif.org/de/about-lei/introducing-the-legal-entity-identifier-lei/. Zugegriffen am 20.07.2022.

IT-Planungsrat. (2020, Februar 14). *Beschluss 2020/01 – Einheitliches Unternehmenskonto auf Basis von ELSTER.* https://www.it-planungsrat.de/beschluss/beschluss-2020-01. Zugegriffen am 18.09.2024.

Jähne, I. (2024). PartGG § 4 Anmeldung der Partnerschaft. In W. E. Feuerich & D. Weyland (Hrsg.), *BRAO – Bundesrechtsanwaltsordnung* (11. Aufl.). https://beck-online.beck.de/?vpath=bibdata/komm/FeuWeyBRAO_11/PartGG/cont/FeuWeyBRAO.PartGG.p4.glII.gl2.htm. Zugegriffen am 18.09.2024.

Krafka, A. (2021a). HGB § 8b Unternehmensregister. In *Münchener Kommentar zum HGB* (5. Aufl.). https://beck-online.beck.de/Bcid/Y-400-W-MuekoHGB-G-HGB-P-8b-GL-I. Zugegriffen am 18.09.2024.

Krafka, A. (2021b). HGB § 9b Europäisches System der Registervernetzung; Verordnungsermächtigung. In *Münchener Kommentar zum HGB* (5. Aufl.). https://beck-online.beck.de/Bcid/Y-400-W-MuekoHGB-G-HGB-P-9b. Zugegriffen am 18.09.2024.

Müther, P.-H. (2024). HGB § 9b Europäisches System der Registervernetzung; Verordnungsermächtigung. In M. Häublein, R. Hoffmann-Theinert, & J. Poll (Hrsg.), *BeckOK HGB* (43. Aufl.). https://beck-online.beck.de/Dokument?vpath=bibdata%2Fkomm%2Fbeckokhgb_43%2Fhgb%2Fcont%2Fbeckokhgb.hgb.p9b.htm&anchor=Y-400-W-BECKOKHGB-G-HGB-P-9B. Zugegriffen am 18.09.2024.

Preuß, N. (2024). HGB § 15 [Publizität des Handelsregisters]. In H. Oetker (Hrsg.), *Handelsgesetzbuch* (8. Aufl.). https://beck-online.beck.de/Bcid/Y-400-W-OetkerKoHGB-G-HGB-P-15-GL-I-1. Zugegriffen am 18.09.2024.

Simmons & Simmons. (2021, Juni 17). *Einführung eines einheitlichen Basisregisters – Ein Meilenstein?* https://www.simmons-simmons.com/en/publications/ckq1034nk1dev0a75glumrv5m/einf-hrung-eines-einheitlichen-basisregisters%2D%2D-ein-meilenstein-. Zugegriffen am 18.09.2024.

Statistisches Bundesamt. (2021, Juli 15). *Neues Basisregister für Unternehmen, Destatis Pressemitteilung Nr. 345 vom 15. Juli 2021*. Destatis Statistisches Bundesamt. https://www.destatis.de/DE/Presse/Pressemitteilungen/2021/07/PD21_345_52.html. Zugegriffen am 18.09.2024.

Statistisches Bundesamt. (o.J.). *Basisregister für Unternehmen – Zentraler Baustein zur Realisierung einer modernen Registerlandschaft*. https://www.destatis.de/Verwaltungsregister/DE/Basisregister/_inhalt.html. Zugegriffen am 20.05.2024.

The European Business Registry Association (EBRA). (o.J.). *Members*. https://ebra.be/members/. Zugegriffen am 19.06.2022.

VERORDNUNG DES EUROPÄISCHEN PARLAMENTS UND DES RATES ZUR ÄNDERUNG DER VERORDNUNG (EU) NR. 910/2014 IM HINBLICK AUF DIE SCHAFFUNG DES EUROPÄISCHEN RAHMENS FÜR EINE DIGITALE IDENTITÄT. (2024). https://data.consilium.europa.eu/doc/document/PE-68-2023-REV-1/de/pdf. Zugegriffen am 18.09.2024.

Vorschlag für eine RICHTLINIE DES EUROPÄISCHEN PARLAMENTS UND DES RATES zur Änderung der Richtlinien 2009/102/EG und (EU) 2017/1132 zur Ausweitung und Optimierung des Einsatzes digitaler Werkzeuge und Verfahren im Gesellschaftsrecht. (2023, März 29). https://eur-lex.europa.eu/resource.html?uri=cellar:71568342-cf03-11ed-a05c-01aa75ed71a1.0023.02/DOC_1&format=PDF. Zugegriffen am 18.09.2024.

Open Access Dieses Kapitel wird unter der Creative Commons Namensnennung 4.0 International Lizenz (http://creativecommons.org/licenses/by/4.0/deed.de) veröffentlicht, welche die Nutzung, Vervielfältigung, Bearbeitung, Verbreitung und Wiedergabe in jeglichem Medium und Format erlaubt, sofern Sie den/die ursprünglichen Autor(en) und die Quelle ordnungsgemäß nennen, einen Link zur Creative Commons Lizenz beifügen und angeben, ob Änderungen vorgenommen wurden.

Die in diesem Kapitel enthaltenen Bilder und sonstiges Drittmaterial unterliegen ebenfalls der genannten Creative Commons Lizenz, sofern sich aus der Abbildungslegende nichts anderes ergibt. Sofern das betreffende Material nicht unter der genannten Creative Commons Lizenz steht und die betreffende Handlung nicht nach gesetzlichen Vorschriften erlaubt ist, ist für die oben aufgeführten Weiterverwendungen des Materials die Einwilligung des jeweiligen Rechteinhabers einzuholen.

Matching-by-Information: Semantische Interoperabilität als Voraussetzung für offene Ökosysteme

Judith Junker, Jan Sürmeli und Sergen Yilmaz

Zusammenfassung

Verifizierbare Informationen sind unerlässlich, um Vertrauen zwischen Akteuren in vernetzten digitalen Systemen zu gewährleisten. Credentials (digitale Nachweise) spielen eine zentrale Rolle bei der Bestätigung und Prüfung solcher Informationen. In offenen, komplexen Ökosystemen, in denen nicht alle Informationen in für alle verständlicher Form vorliegen, können hier jedoch in der Praxis Herausforderungen auftreten. In diesem Beitrag wird *Matching-by-Information* (MbI) als ein Konzept zur Lösung der semantischen Interoperabilität vorgestellt. Dieser Ansatz nutzt Semantic-Web-Technologien wie Ontologien, Reasoning und SPARQL-Queries, um Informationen aus verschiedenen Credentials zu kombinieren und spezifische Anforderungen zu erfüllen. Die Methode wird am Beispiel vorgestellt und Vor- und Nachteile, Implementierungskonzepte und Lösungen für Herausforderungen in offenen Ökosystemen diskutiert. Abschließend werden Governance und Interoperabilität als entscheidende Faktoren für die Umsetzung des Ansatzes identifiziert und ein Ausblick auf die Integration von KI-gestützten Lösungen gegeben.

Schlüsselwörter

Matching-by-Information · Verifiable Credentials · Semantic Web · Semantische Interoperabilität · Offene Ökosysteme · Sichere Digitale Identitäten

---

J. Junker · J. Sürmeli (✉) · S. Yilmaz
FZI Forschungszentrum Informatik, Karlsruhe, Deutschland
E-Mail: junker@fzi.de; suermeli@fzi.de

1 Semantische Interoperabilität in offenen Ökosystemen

Die digitale Transformation von Gesellschaft und Wirtschaft wird getrieben durch Vernetzung von und den Datenaustausch zwischen Menschen, Organisationen und Objekten (wie Wearables, Fahrzeuge und Maschinen). Viele Prozesse erfordern eine gewisse Vertrauenswürdigkeit von Interaktionen und Transaktionen – und damit letztlich auch die Verifizierbarkeit von Informationen über die Entitäten, ihre digitale Identität, ihre Eigenschaften und Beziehungen. *Credentials* sind eben solche Datensätze, bestehend aus von Dritten verifizierbarer Behauptungen (Manu Sporny et al., 2022b).

Zur Veranschaulichung soll sich das folgende Beispiel-Szenario durch den Beitrag ziehen:

> Helga möchte den Streaming-Dienst V-TV für Volljährige nutzen. Der Dienst V-TV verlangt daher von Helga, dass sie ein Credential präsentiert, aus dem hervorgeht, dass Helga volljährig, also mindestens 18 Jahre alt, ist. Der Einfachheit halber sei angenommen, dass eine vertrauenswürdige dritte Instanz Helga bereits Credentials zur Verfügung gestellt hat, aus denen Helgas Volljährigkeit hervorgeht – und dass Helga diese Credentials in ihrer Wallet, ihrer digitalen Brieftasche, bereithält. Nach erfolgreicher Übertragung durch Helga und Prüfung der Credentials durch V-TV erhält Helga Zugang zum Dienst.

In diesem einfach gehaltenen Szenario lässt sich ein anwendungsunabhängiges Prozessmuster mit den folgenden Prozessschritten identifizieren, die von Ökosystemteilnehmenden in den Rollen *Issuer* (kurz: I, deutsch: Ausgabestelle), *Holder* (kurz: H, deutsch: Inhaber*in, im Beispiel: Helga) und *Verifier* (kurz: V, deutsch: Akzeptanzstelle, im Beispiel: V-TV) durchgeführt werden:

(1) I stellt H ein Credential aus.
(2) V fragt bei H verifizierbare Informationen an.
(3) H präsentiert Credentials, die diese Informationen nachweisen, gegenüber V.
(4) V überprüft die präsentierten Credentials.

Damit dieses Prozessmuster korrekt funktioniert, muss ein gewisses gemeinsames Verständnis über die *Semantik*, das heißt Bedeutung, von Credentials bestehen. In anderen Worten: Verschiedene Akteure müssen das gleiche Verständnis vom Inhalt des Credentials haben. Dies lässt sich auf die Schritte des Prozessmusters abbilden mit den folgenden Voraussetzungen:

a. V ist sich sicher, dass I in Schritt (1) ein gleiches Verständnis wie V von den nachgefragten hatte.
b. H versteht in Schritt (2), was V für verifizierbare Informationen sehen möchte.
c. H verfügt in Schritt (3) über ein Credential, das diese Informationen enthält.
d. V versteht in Schritt (4), ob das Credential diese Informationen enthält.

Diese Voraussetzungen sollen am Beispiel-Szenario illustriert werden:
Angenommen, Helga möchte ihre Volljährigkeit durch ein Credential belegen, dass ihr Geburtsdatum enthält. Damit dies funktioniert muss:

a. V-TV wissen, dass es sich bei dem Datum im Credential um Helgas Geburtsdatum handelt,
b. Helga verstehen, dass V-TV einen Nachweis ihrer Volljährigkeit von ihr verlangt,
c. Helga ein entsprechendes Credential im Wallet besitzen und
d. V-TV verstehen, dass ein Geburtsdatum dazu ausreicht, um die Volljährigkeit zu bestimmen.

Die Voraussetzungen zeigen auf, dass im Prozessmuster davon ausgegangen wird, dass das benötigte Credential vorliegt. In der Realität kommt es jedoch vor, dass der Prozess auch funktionieren muss, wenn Schritt (1) und (2) vertauscht werden, oder wenn in Schritt (3) kein passendes Credential vorliegt.

Gerade in offenen Ökosystemen mit wechselnden Akteuren, Rollen und Agenten kann ein gemeinsames, initiales Verständnis nur schwer vorausgesetzt werden. Das Wissen in einem offenen Ökosystem liegt zudem verteilt vor: Neben gemeinsamen Vorstellungen über Regeln und standardisierten Vokabularien existieren domänen-, anwendungs- und organisationsspezifische Geschäftsregeln.

Die richtige Strategie für die semantische Interoperabilität – also ein gemeinsames, anwendbares Verständnis in einem Ökosystem – ist abhängig von konkreten Zielen. Eines dieser Ziele wird sein, dass Interaktionen erfolgreich abgeschlossen werden. In unserem Fall heißt das, dass *(Fall A)* Credentials von *H* an *V* präsentiert werden, die von *H* herausgegeben und von *V* akzeptiert werden können und *(Fall B)* die Interaktion nicht aufgrund technischer Schwierigkeiten oder Frust auf Seiten der Teilnehmenden vorzeitig beendet wird.

Eine vorzeitige Beendigung *(Fall B)* ist vor allem dann zu befürchten, wenn *H* kein passendes Credential präsentieren kann und die Beschaffung eines passenden Credentials mit zu viel Aufwand verbunden ist. Betrachten wir *Fall B* genauer, können wir drei Situationen unterscheiden. In der ersten Situation *(B1)* kann *H* die geforderte Information nicht liefern, da sie nicht zutrifft. Hier kann semantische Interoperabilität nur dabei helfen, Gründe zu verstehen und zu dokumentieren. In der zweiten Situation *(B2)* hat *H* die Informationen nicht, könnte sie zwar beschaffen, aber nur mit einem von Sicht aus *H* zu hohem Aufwand. In der dritten Situation *(B3)* liegt zum Frust von *H* die Information zwar vor, aber nicht so, dass *V* sie verstehen bzw. verarbeiten kann – Voraussetzung (d) ist damit nicht erfüllt.

Eine Möglichkeit der Vereinfachung besteht darin, die Art und Weise, in der Informationen ausgedrückt werden, zu begrenzen. Das geht zum Beispiel, indem die Menge der möglichen Nachweise auf Basis ihres *Schemas* begrenzt wird. Das Schema beschreibt hierbei den Aufbau eines Credentials und die Bedeutung seiner Bestandteile. Ein Vorteil dieser Methode besteht darin, dass die Voraussetzungen (a), (b) und (d) vereinfacht werden, sofern alle Akteure Zugang zu den erforderlichen Schemata haben. Gleichzeitig kann nun der Fall eintreten, dass *H* eigentlich die Informationen in verifizierbarer Form in (c) vorliegen hat, aber diese nicht dem geforderten Schema entsprechen.

In diesem Artikel verfolgen wir daher die Prämisse, dass Informationen, die in unterschiedlicher Form („Syntax") vorliegen, aber die gleiche Bedeutung aufweisen („Semantik"), auch als weitestgehend äquivalent betrachtet werden sollten. Diesen Ansatz nennen wir *Matching-by-Information* (MbI), um zu kennzeichnen, dass das Matching zwischen Anfrage und Credential basierend auf den enthaltenen Informationen und nicht etwa auf Basis einer vorher festgelegten Syntax entschieden wird.

Der Beitrag ist wie folgt gegliedert: In Abschn. 2 wird das Konzept MbI vorgestellt und diskutiert. In Abschn. 3 werden zukünftige Chancen und Herausforderungen beleuchtet.

2 Matching-by-Information (MbI)

Zu erkennen, dass zwei Credentials die gleiche Bedeutung aufweisen – oder sich aus einem Credential auf einen Sachverhalt schließen lässt, ist ein komplexes Problem, sowohl aus technischer wie auch organisatorischer Sicht. In diesem Abschnitt betrachten wir dieses Problem genauer – zunächst anhand unserer Definition von MbI (Abschn. 2.1) und anschließend an einem konkreten Beispiel (Abschn. 2.2). Daran anschließend tauchen wir tiefer in die Semantik von Credentials ein (Abschn. 2.3). Im weiteren Verlauf beleuchten wir die Vor- und Nachteile von MbI (Abschn. 2.4), und zeigen Ansätze zur Lösung auf (Abschn. 2.5).

2.1 Definition von MbI

Dieser Beitrag soll sich bewusst auf eine sehr allgemeine Definition von MbI stützen:

Sei $C = \{C_1,...,C_n\}$ eine Menge von Credentials und *A* eine Anfrage. Sei *W* eine Wissensbasis. Dann matcht *C* genau dann *A* unter *W*, wenn *A* sich mit Hintergrundwissen *W* aus *Info*(*C*) folgern lässt.

Grundlage der Definition sind zwei wichtige Konzepte, die in diesem Beitrag nur sehr abstrakt betrachtet werden können:

- Die in einer Menge *C* von Credentials enthaltenen Informationen *Info*(*C*).
- Das Folgern neuer Informationen aus *Info*(*C*) und Hintergrundwissen *W*.

Im Beispielszenario finden sich diese Konzepte wieder:

Angenommen, Helga wurde am 1. Januar 1990 geboren und verfügt über ein Credential, das dies bescheinigt. Dann lassen sich daraus eine Reihe neuer Informationen folgern: Neben ihrem Alter zu einem konkreten Zeitpunkt auch der Wochentag, an dem sie geboren wurde oder – unter Zuhilfenahme weiterer Informationen – die Tatsache, dass sie geboren wurde, nachdem die Dampfmaschine erfunden wurde.

Diese Konzepte werden im weiteren Verlauf des Beitrags präzisiert. Eine formalere Definition lässt sich beispielsweise formulieren, wenn für *Info(C)* und *W* eine Beschreibung in einer konkreten Logik (z. B. Beschreibungslogik, Prädikatenlogik der ersten Stufe) festgelegt wird [ISOLA-Referenz]. Im Rahmen dieses Textes begnügen wir uns jedoch mit dieser Abstraktionsebene, da sich bereits so mögliche Nutzenpotenziale und Herausforderungen ableiten lassen.

MbI basiert also auf der Annahme, dass Informationen, die in unterschiedlichen Formaten dargestellt werden („Syntax"), jedoch inhaltlich dasselbe aussagen („Semantik"), als im Wesentlichen gleichwertig angesehen werden können. Bei diesem Ansatz wird die Übereinstimmung zwischen einer Anfrage und einem Credential nicht anhand eines festen Formats, sondern vielmehr durch den Abgleich der zugrunde liegenden Inhalte ermittelt.

2.2 Drei Pfade zum erfolgreichen Matching in der Praxis

Zur Veranschaulichung der vorgestellten Problematik und Darstellung eines möglichen Lösungsansatzes wird das Beispiel-Szenario von Helgas Volljährigkeitsnachweises gegenüber V-TV aufgegriffen. Es werden drei Pfade betrachtet, die – gegeben einer entsprechenden technischen und organisatorischen Umsetzung – zu einem erfolgreichen Matching führen würden: „Direkter Nachweis der Volljährigkeit", „Nachweis des Geburtsdatums" und „Nachweis der Mitgliedschaft bei einem Fitnessclub, der nur Volljährige aufnimmt". Die drei Pfade werden im Folgenden ausführlicher beschrieben:

- Direkter Pfad (Abb. 5.1) Volljährigkeitsnachweis-Credential: Helga besitzt ein spezielles Credential in ihrer digitalen Wallet, das explizit die Information über ihre Volljährigkeit bestätigt. Dieses Credential wurde von einem vertrauenswürdigen Issuer (zum Beispiel einem Altersverifikationsdienst) ausgestellt und enthält die Bestätigung, dass Helga über 18 Jahre alt ist.

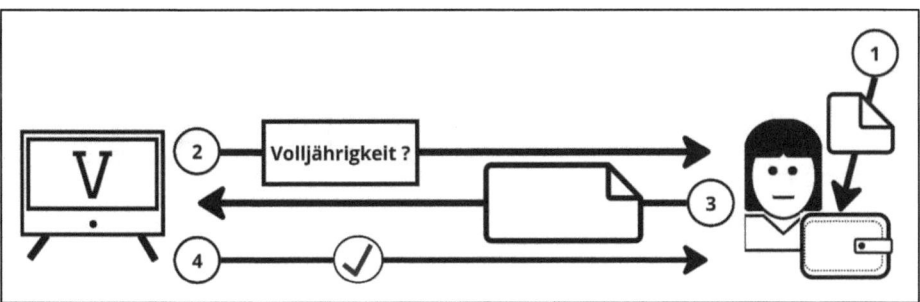

Abb. 5.1 Direkter Pfad

- Hintergrund-Pfad (Abb. 5.2) Alter/Volljährigkeit aus Geburtsdatum-Credential und Hintergrundwissen. Helga hat ein Credential in ihrer Wallet, aus dem sich ihr Alter unter Zunahme von Hintergrundwissen (Berechnung) ableiten lässt. Dies könnte ein Ausweis oder ein offizielles Dokument sein, das ihr Geburtsdatum enthält. Durch die Berechnung des Alters aus dem Geburtsdatum kann Helga ihr Alter nachweisen.
- Kombinations-Pfad (Abb. 5.3) Volljährigkeit aus Kombination unterschiedlicher Credential: Helga hat mehrere Credentials, die die Information über ihre Volljährigkeit in Verbindung mit zusätzlichem Hintergrundwissen liefern. Zum Beispiel ist sie Mitglied in einem Fitnessstudio, das nur volljährige Mitglieder akzeptiert. Um einen Nachweis über eine Mitgliedschaft in Form einer Kundenkarte zu erhalten, musste Helga bei diesen Diensten in der Vergangenheit bereits ihre Volljährigkeit bezeugen. Die Notwendigkeit der Volljährigkeit zur Nutzung der Dienste leitet sich beispielsweise aus den allgemeinen Geschäftsbedingungen (AGB) der Dienste ab, die in diesem Beispiel als Hintergrundinformationen zur Verfügung stehen. Dieses Hintergrundwissen könnte entweder separat als Credential mit der Kundenkarte verknüpft oder direkt auf dem Credential der Kundenkarte hinterlegt sein. Möchte Helga nun dem Streaming-Dienst V-TV einen Altersnachweis vorzeigen, kann sie durch den Besitz der Kundenkarte ihre Volljährigkeit nachweisen.

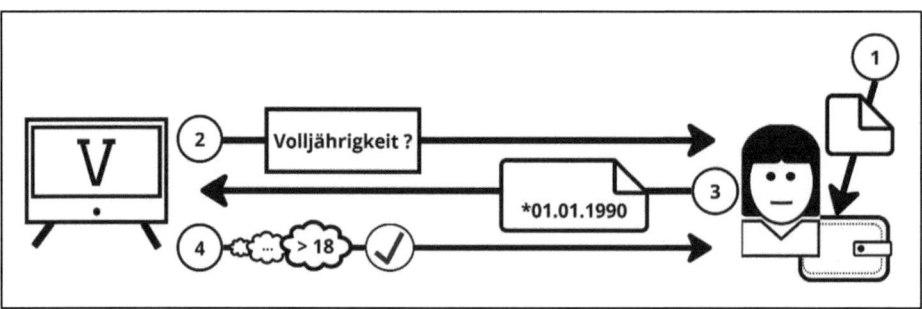

Abb. 5.2 Hintergrund-Pfad

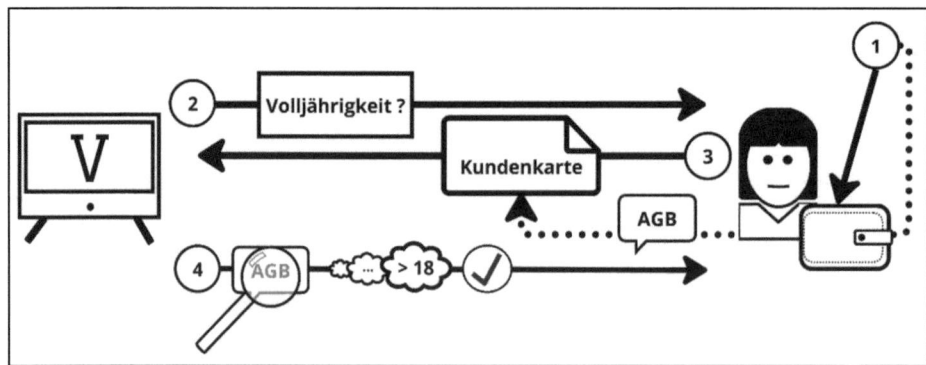

Abb. 5.3 Kombinations-Pfad

V-TV führt eine Überprüfung des/der präsentierten Credentials durch, um sicherzustellen, dass Helga die Altersanforderung erfüllt. Bei der Überprüfung betrachtet die Akzeptanzstelle dabei nicht nur die in den Credentials hinterlegten Identitätsinformationen, sondern auch Informationen zur Ausgabestelle (Issuer). Sobald das vorgezeigte Credential bzw. die Credential-Kombinationen die Anforderungen des Verifiers erfüllt hat/haben und korrekt überprüft werden konnte/n, gewährt der Streaminganbieter V-TV Helga den Zugang zu seinem Angebot und zeigt somit Vertrauen in ihre Volljährigkeit.

Die als Beispiel dargestellte Altersverifikation für den Streaming-Dienst V-TV zeigt die Flexibilität und Vielfalt an Prozessmustern, die in einem offenen Ökosystem bestehen könnten. Aus der Kombination von Teil-Informationen aus verschiedenen Credentials wird deutlich, wie wichtig es ist, feingranulare Kontrollen über die Offenlegung von Informationen zu haben und gleichzeitig die Integrität und Vertrauenswürdigkeit dieser Informationen sicherzustellen.

2.3 Informationen in Credentials und mögliche Folgerungen

Die Informationen, die in einem Credential enthalten sind, umfassen:

- Inhaltliche Informationen, in Form einer Behauptung (engl. „Claim") über eine oder mehrere Entitäten.
- Begleitende Informationen, wie Metadaten und ein Beweis (engl. „Proof") über die Korrektheit der Behauptung und wer („Issuer") das Credential für wen („Holder") ausgestellt hat.

Im nächsten Schritt betrachten wir den Begriff der *Folgerung* von *Y* aus *X*:

- Als einfachste Form der Folgerung können wir uns vorstellen, dass *Y* eine Teilmenge von *X* ist (oder sogar *X* = *Y* gilt). In diesem Fall lässt sich aus X direkt Y folgern.
- Als nächstes können wir dann die logische Folgerung hinzufügen, das heißt, das auf Basis logischen Schließens von *X* auf *Y* geschlossen werden kann. Wissen wir, dass Helga Mitglied im Fitnessstudio ist und jedes Mitglied im Fitnessstudio volljährig ist, dann können wir logisch folgern, dass Helga volljährig ist.
- Dies ignoriert jedoch noch zusätzliches semantisches Hintergrundwissen. Ist zum Beispiel der Zusammenhang zwischen „Alter" und „Geburtsdatum" bekannt, kann von „ist geboren am 1. Januar 1990" auf „ist 30 Jahre alt in 2020" geschlossen werden.

In der Praxis tritt das Matching-Problem an zwei Stellen auf: Erstens, wenn eine Anfrage eintrifft und passende Credentials aus dem Wallet ausgesucht werden müssen. Zweitens, wenn eine Anfrage durch eine Menge von Credentials beantwortet wurde und geprüft werden muss, ob diese zu der Anfrage passen.

2.4 Vorteile und Herausforderungen

In diesem Abschnitt stellen wir *MbI* dem schemabasierten Ansatz gegenüber und untersuchen die Vor- und Nachteile. Durch diese Untersuchung werden sowohl die praktischen Vorteile als auch erhöhte Privatsphäre und Flexibilität, als auch die Herausforderungen, wie Komplexität und Vertrauensmanagement, beleuchtet. Diese Analyse bildet die Grundlage für das Verständnis der praktischen Implikationen und technischen Anforderungen dieses Ansatzes.

2.4.1 Vorteil: Privatsphäre und Kontrolle

MbI kann den Nutzen des Holders durch selektive Offenlegung (engl. Selective Disclosure) weiter erhöhen, da aus diesen die notwendigen Informationen abgeleitet werden können. Die damit einhergehende Datenminimierung würde somit den Grundsatz DSGVO Kapitel II Art. 5 (1) c) für die Verarbeitung personenbezogener Daten erleichtern. Durch die selektive Offenlegung haben Holders somit mehr Kontrolle darüber, welche Informationen mit wem geteilt werden. Für Verifiers birgt eine eingebaute Datenminimierung durch *MbI* ein Nutzenpotenzial, da eine datenschutzfreundlichere Behandlung das Vertrauen erhöhen und die Einhaltung von Gesetzen erleichtern könnte (vgl. DSGVO Kapitel IV Abschn. 1 Art. 25 Datenschutz durch Technikgestaltung und durch datenschutzfreundliche Voreinstellungen (2)).

2.4.2 Vorteil: Flexibilität und Happy Path

MbI ermöglicht in gewissem Maße die Aufhebung der Zweckbindung von Credentials. Einmal von dritter Seite bestätigte Daten der Holders können somit mehrfach verwendet werden. Dies erhöht die Wahrscheinlichkeit, dass ein passendes Credential bereits in der Wallet vorliegt. Mehrere Nachweisoptionen ermöglichen es, flexibel verschiedene Kombinationen von Credentials zu verwenden, um die gleiche Anforderung zu erfüllen. Wenn die erforderlichen Informationen aus vorhandenen Credentials abgeleitet werden, müssen Holders nicht immer spezifische neue Credentials anfordern, was den Aufwand reduzieren und die Nutzendenerfahrung verbessern könnte. *MbI* ermöglicht Verifiers, Anfragen flexibler zu gestalten und unterschiedliche Arten von Nachweisen zu akzeptieren, was die Praxistauglichkeit und die Wahrscheinlichkeit erfolgreicher Transaktionen steigern könnte. Issuers wiederum können durch *MbI* nun auch erweiterte Nutzungsmöglichkeiten für ausgestellte Credentials in vielfältigeren Szenarien in den Blick nehmen. So können neue Geschäftsmodelle und Partnerschaften entstehen.

2.4.3 Herausforderung: Komplexität

Gegebenenfalls müssen Holders in der Lage sein, verschiedene Credentials zu kombinieren, um nötige Schlussfolgerungen zu ziehen. Dies kann komplexer als das Vorzeigen eines einzelnen Credentials erscheinen. Zudem kann das Kombinieren von Informationen aus mehreren Credentials wiederum mit Zeitaufwand verbunden sein, der in Relation zur Beschaffung eines passendes Credentials abgewogen werden muss. Bei Bedarf müssen für

MbI Verifiers in der Lage sein, Informationen aus unterschiedlichen Credentials zu verifizieren und zu kombinieren. In diesem Fall ist noch unklar, inwieweit von der Vertrauenswürdigkeit von Einzelinformationen auf die Vertrauenswürdigkeit der kombinierten Information gefolgert werden kann. Dies könnte erweiterte Mechanismen zur Verarbeitung und Validierung von Credentials erfordern. Darüber hinaus bestehen bei der Formulierung der Anfrage sowie der Akzeptanz von Credentials durch Verifiers hohe Anforderungen an Genauigkeit und Eindeutigkeit, um das Potenzial für Missverständnisse und Fehlinterpretationen bei Holders weitestgehend zu minimieren. Denkbar wäre, dass durch *MbI* auch die Ausstellung von Credentials für Issuers technisch anspruchsvoller wird, um die Kombination von Credentials zuzulassen. Eine zentrale Anforderung wird zudem die zuverlässige Bindung von digitalen Identitäten durch Decentralized Identifiers (DID) (Sporny et al., 2022a) an die entsprechenden Credentials sein, um sicherzustellen, dass die Informationen korrekt und eindeutig Entitäten zugeordnet werden können.

2.4.4 Herausforderung: Vertrauensmanagement und Sicherheitsrisiken:

Verifiers müssen sicherstellen können, dass eine hinreichend gute Prüfung der Vertrauenswürdigkeit von Credentials und somit auch der Issuers erfolgt. Obwohl *Selective Disclosure* für Datenschutz und Datenminimierung bedeutende Vorteile mit sich bringt, birgt es auch Herausforderungen für Verifiers. Verifiers müssen sicherstellen, dass die präsentierten Credentials, obwohl sie selektiv offengelegt werden, tatsächlich authentisch und unverändert sind. Insbesondere bei der Kombination mehrerer Credentials kann dies zu erhöhten technischen Aufwand führen. Bei einem schemabasierten Ansatz ist es nachvollziehbar, ein Schema-Repositorium im Ökosystem anzulegen und zu pflegen, in dem zu den jeweiligen Schemata auch vertrauenswürdige Issuers hinterlegt werden. Das setzt jedoch voraus, dass sich die Akteure vorher auf mögliche Nutzungszwecke einigen. Werden stattdessen in Credentials enthaltene Informationen in neuen Kontexten genutzt, ist eine Einschätzung der Vertrauenswürdigkeit der geteilten Informationen deutlich komplexer. Die Spezifikation und Verifikation der Vertrauenswürdigkeit eines solchen synthetisierten Credentials sowie das Management unterschiedlicher Vertrauenslevel verbleiben als offene Forschungsfragen. Fest steht jedoch bereits, dass sichergestellt werden muss, dass alle beteiligten Credentials hinreichend vertrauenswürdig sind. Damit obliegt Issuers eine große Verantwortung für die Genauigkeit und Vertrauenswürdigkeit der ausgestellten Credentials.

2.5 Umsetzung

Die Analyse der Vor- und Nachteile von *MbI* zeigt, dass die Umsetzung dieses Ansatzes eine sorgfältige Integration verschiedener technischer und organisatorischer Komponenten erfordert, um sicherzustellen, dass die Verifikation zuverlässig und sicher erfolgt. Im Folgenden wird detailliert beschrieben, wie verschiedene Semantic-Web Technologien genutzt werden können, um *MbI* zu implementieren und die identifizierten Herausforderungen zu adressieren.

Zur Implementierung des *MbI* Problems bedienen wir uns an *Semantic Web* Technologien (Hitzler et al., 2008). Die dafür relevanten Technologien sind *Ontologien, Reasoning* und *Querying*. Ersteres trägt zur Darstellung von Wissen, zweites zur Überprüfung des Wissens und Ableitung von neuem Wissen und letzteres zur Abfrage des Wissens bei.

2.5.1 Schritt 1: Anfrage von Verifier zur Prüfung der Volljährigkeit

Im Hinblick auf unser Beispiel benötigt der Streaming-Dienst V-TV (Rolle: Verifier), einen Volljährigkeitsnachweis von Helga (Rolle: Holder). Eine solche Formulierung von nötigen Nachweisen kann über das *Querying* erreicht werden. Im Kontext von Semantic Web Technologien hat sich die Abfragesprache *SPARQL Protocol and RDF Query Language* (Eric Prud'hommeaux & Andy Seaborne, 2008) bewiesen. Ein entsprechendes SPARQL Query Dokument enthält u. a. die Query Result Clause, die die Query Funktion (z. B. SELECT oder ASK) definiert und je nach Query Funktion auch die zu abfragenden Variablen enthält, und das Query Pattern, welches der Beschreibung von Ontologien ähnelt, wie im nächsten Abschnitt ersichtlich wird.

In unserem Beispiel benötigt V-TV einen Volljährigkeitsnachweis von Helga. Hierfür könnte die Abfrage folgendermaßen aussehen (Code Block 1 und Code Block 2):

```
ASK
WHERE {
    :Helga :volljaehrigkeit true.
}
```

Code Block 1: Volljährigkeitsabfrage als ASK Query

```
SELECT ?person
WHERE {
    ?person :volljaehrigkeit true.
}
```

Code Block 2 Volljährigkeitsabfrage von V-TV (SELECT Query)

Aus beiden Abfragen wird ersichtlich, dass V-TV die Information „Helga *ist volljährig*" benötigt. Die ASK-Query durchsucht den vorliegenden Datensatz nach der Aussage *:Helga :volljaehrigkeit true* und liefert eine *true* oder *false* Antwort. Die SELECT-Query enthält die Variable *?person* und durchsucht den Datensatz nach einem passenden Individuum, welches die Aussage *?person :volljaehrigkeit true* erfüllt und liefert als Ergebnis eine Liste von passenden Individuen.

2.5.2 Schritt 2: Auswertung der verfügbaren Credentials durch Holder

Um solch eine Abfrage stellen zu können, wird zunächst ein Datensatz benötigt. Aber wie sieht nun der Datensatz aus?

Der Datensatz beinhaltet Wissen über Helga und domänen-spezifische Regeln, Vokabulare und Definitionen. Im Folgenden wird beschrieben, in welcher Form solches Wissen vorliegt und wie das Wallet prüft, welche Credentials (ggf. unter Annahme von Hintergrundwissen) zur Erfüllung der Anfrage von *V* präsentiert werden.

Zur Beschreibung der Behauptungen (engl. Claims) über Holders und von zusätzlichem Wissen brauchen wir einen Standard zur Wissensrepräsentation. Hierfür eignen sich insbesondere Beschreibungslogiken (Baader et al., 2007). Eine relevante Beschreibungslogik-basierte Sprache ist die *Web Ontology Language,* kurz: OWL (W3C OWL Working Group, 2012). Mithilfe von OWL lassen sich Ontologien, eine Menge an Aussagen über Entitäten und deren Relationen zueinander, erstellen. Daher wird im Folgenden auf die Ontologiesprache OWL 2 zurückgegriffen.

OWL 2 besteht aus Klassen, Eigenschaften, Individuen und Datenwerten. Diese Bausteine werden genutzt um Axiome, also Aussagen, zu formulieren. Axiome können bspw. eine Klassenzugehörigkeit, eine Relation zwischen zwei Individuen oder eine Relation zwischen einem Individuum und einem Datenwert beschreiben.

Credentials sind nichts anderes als kleine Ontologien, wenn sie in OWL beschrieben werden. Es lassen sich mithilfe von OWL-Axiomen Claims in Credentials modellieren. Claims über Helga könnten wie folgt aussehen:

- Direkter Pfad (Code Block 3): Volljährigkeitsnachweis-Credential,

```
:Helga a :Person .
:Helga :volljaehrig true .
```

Code Block 3 C1: Volljährigkeitsnachweis-Credential

- Hintergrund-Pfad (Code Block 4): Volljährigkeit durch Geburtsdatum-Credential,

```
:Helga a :Person .
:Helga :geburtsdatum "01.01.2006"^^xsd:date .
```

Code Block 4 C2: Geburtsdatum-Credential

- Kombinations-Pfad: Volljährigkeit aus Fitnessmitgliedschaft-Credential (Code Block 5) & Anmeldebedingung-Credential des Fitnessstudios X (Code Block 6).

```
:Helga a :Person .
:Helga :mitgliedBeiFS :FitnessstudioX .
```

Code Block 5 C3: Fitnessmitgliedschaft-Credential

```
:Fitnessstudio a owl:Class .

:FitnessstudioX a :Fitnessstudio .
```

```
:mitgliedBeiFS   a owl:ObjectProperty ;
    rdfs:domain [
        a owl:Class ;
        owl:intersectionOf (
            :Person
            [ a owl:Restriction ;
              owl:onProperty :volljaehrig ;
              owl:hasValue true
            ]
        )
    ] ;
    rdfs:range :Fitnessstudio .
```

Code Block 6 C4: Anmeldebedingung-Credential bereitgestellt vom Fitnessstudio X

Aus dem Volljährigkeitsnachweis-Credential *C1* von Helga geht unmittelbar hervor, dass Helga volljährig ist. Daher würde Helga ausschließlich das *C1* gegenüber V-TV präsentieren. Es wird kein weiteres Wissen benötigt, um die Volljährigkeit von Helga nachzuweisen und zu prüfen.

Anders sieht es bei dem Hintergrund- oder Kombinations-Pfad aus. Hier wird zusätzliches Wissen benötigt, um die Volljährigkeit von Helga nachzuweisen und zu prüfen.

- Hintergrund-Path: Um die Volljährigkeit von Helga aus dem Geburtsdatum-Credential *C2* zu bestimmen, benötigt man abgesehen vom allgemeinen Hintergrundwissen weitere Regeln zur Berechnung des Alters und Ableitung der Volljährigkeit aus dem Geburtsdatum. Hierfür kann die *Semantic Web Rule Language (SWRL)* herangezogen werden.
- Kombinations-Pfad: Zur Bestimmung der Volljährigkeit von Helga mithilfe des Fitnessmitgliedschafts-Credentials *C3* benötigt V-TV zusätzliche Informationen vom Fitnessstudio *X*, wie z. B. die Anmeldebedingungen. In unserem Beispiel wird davon ausgegangen, dass die Anmeldebedingung des Fitnessstudios auch als Credential, das Anmeldebedingung-Credential *C4*, an Helga ausgegeben wurde. Das Fitnessstudio *X* nimmt in diesem Fall die Issuer-Rolle ein.

Die Regeln zur Berechnung des Alters aus dem Geburtsdatum und die Folgerung der Volljährigkeit einer Person kann wie folgt in SWRL geschrieben werden (Code Block 7):

```
Person(?person) ^
geburtsdatum(?person, ?geburtsdatum) ^
swrlb:subtractYearMonthDurationFrom(?alter,          ?geburtsdatum,
"P18Y"^^xsd:duration) ^
swrlb:greaterThan(?alter, "2024-05-30T00:00:00"^^xsd:dateTime)
-> volljaehrig(?person, true^^xsd:boolean)
```

Code Block 7 SWRL Altersberechnung & Folgerung der Volljährigkeit

Das Hintergrundwissen wird ebenfalls mithilfe von OWL 2 dargestellt und bildet die Basis für die genutzten Klassen- und Eigenschaftsbezeichnungen in den Credentials. Das für unser Beispiel relevante Hintergrundwissen sieht wie folgt aus (Code Block 8):

```
:Person a owl:Class .

:volljaehrig a owl:DatatypeProperty ;
    rdfs:domain :Person ;
    rdfs:range xsd:boolean .

:geburtsdatum a owl:DatatypeProperty ;
    rdfs:domain :Person ;
    rdfs:range xsd:date .

:alter a owl:DatatypeProperty ;
    rdfs:domain :Person ;
    rdfs:range xsd:positiveInteger .
```

Code Block 8 Allgemeines Hintergrundwissen

Wie kann nun das *Wallet*, in dem sich die Credentials von Helga befinden, prüfen, ob mit den vorliegenden Credentials ein Volljährigkeitsnachweis erbracht werden kann?

Zunächst prüft das Wallet einzelne Credentials mithilfe der Anfrage von V-TV. Dabei liest das Wallet jedes Credential einzeln als Datensatz für die oben aufgeführten Queries ein. Beim Querying einzelner Credentials muss der Volljährigkeitsnachweis unmittelbar aus dem Credential hervorgehen. Beim Vorliegen von *C1* in der Wallet von Helga wird die Anfrage von V-TV erfüllt. Die ASK-Query würde *true* und die SELECT-Query eine Liste mit ausschließlich *:Helga* als Eintrag für die Variable *?person* ausgeben. Beim Vorliegen der *C2-4* in der Wallet könnte die Anfrage von V-TV nicht erfüllt werden und die Queries würden *false* bzw. eine leere Liste zurückgeben. Hier wird ersichtlich, dass weiteres Wissen nötig ist.

Wenn Axiome nicht explizit im Credential vorliegen, muss neues, implizites Wissen abgeleitet werden. Dieser Prozess heißt *Reasoning* (Bienvenu et al., 2020). Dabei greifen *Reasoner* auf vorhandene Axiome zurück und leiten neue, implizite Axiome ab. Reasoner haben verschiedene Aufgabenbereiche. Neben der Ableitung neuen Wissens können sie u. A. Ontologien auf Konsistenz prüfen und Individuen klassifizieren. Weit verbreitete OWL Reasoner sind der *Pellet* (Sirin et al., 2007) und *HermiT* Reasoner (Glimm et al., 2014).

Vorausgesetzt Helga besitzt *C1* nicht, dann prüft die Wallet, ob ein einzelnes Credential und zusätzliches Wissen genügen, um die Anfrage von V-TV zu erfüllen. Das zusätzliche Wissen ermöglicht es in Kombination mit dem Credential durch Reasoning neue Axiome abzuleiten. Beim Vorliegen von *C2* und zusätzlichem Wissen in Form vom *allgemeinen Hintergrundwissen* sowie der *SWRL-Regeln* kann durch Reasoning zunächst das Alter aus dem Geburtsdatum berechnet und dann die Volljährigkeit aus dem Alter abgeleitet werden. Infolgedessen wird das Axiom *:Helga :volljaehrig true* gefolgert. Anhand des neuen Axioms wird die Anfrage von V-TV analog zum Vorliegen von *C1* erfüllt.

Falls Helga nicht *C1* und *C2* im Wallet vorliegen hat, versucht das Wallet mithilfe mehrerer Credentials, die Anfrage von V-TV zu erfüllen. Es ist nicht unüblich, dass von V-TV geforderte Informationen in unterschiedlichen Credentials vorliegen. Dafür muss das Wallet zunächst eine Auswahl an Credentials treffen, mithilfe derer die Anfrage von V-TV erfüllt werden kann. In unserem Beispiel fällt die Wahl auf *C3* und *C4*. Diese Credentials werden kombiniert und, weil das Axiom, welches die Volljährigkeit von Helga nachweist, nicht explizit vorliegt, wird Reasoning betrieben. Mithilfe der Mitgliedschaft von Helga beim Fitnessstudio *X* und der Anmeldebedingung, dass nur Personen eine Mitgliedschaft abschließen dürfen, die volljährig sind, kann das Axiom *:Helga :volljaehrig true* gefolgert werden. Folglich kann auch mithilfe von *Credential C3* und *C4* die Anfrage von V-TV erfüllt werden.

2.5.3 Schritt 3: Präsentation des/der ausgewählten Credentials durch Holder an Verifier

Nachdem das Wallet eine Auswahl an Credentials getroffen hat, die die Anfrage von *V* erfüllt, präsentiert *H* seine Credentials gegenüber *V*. In unserem Beispiel präsentiert Helga ihr Credential bzw. ihre Credentials V-TV.

2.5.4 Schritt 4: Überprüfung des/der präsentierten Credentials durch Verifier

Nachdem *V* das Credential bzw. die Credentials von *H* präsentiert bekommen hat, fängt die Prüfung dieser durch *V* an. Dabei werden mehrere Prüfschritte durchlaufen. Auf vorgelagerte Prüfprozesse von kryptografischen Signaturen wird hier nicht weiter eingegangen. Für das *MbI* Problem prüft *V* nur, ob seine initial formulierte Anfrage durch die vorliegenden Credentials und ggf. zusätzlichem Wissen erfüllt wird. Die Prüfung durch *V* läuft analog zur Prüfung durch die Wallet ab. Nachdem *V* die Credentials präsentiert bekommt, wird entweder durch explizit formulierte Claims oder durch implizit gefolgerte Axiome die Anfrage erfüllt.

Im vorangegangenen Beispiel prüft V-TV entweder anhand von *C1* oder durch die Ableitung neuer Axiome anhand von *C2* mit zusätzlichem Wissen oder anhand der Kombination aus *C3* und *C4* die Volljährigkeit von Helga.

3 Ein Blick in die Zukunft

In diesem Kapitel betrachteten wir die Frage, wie das Matching von Credentials auf Basis der darin enthaltenden Informationen definiert und umgesetzt werden kann. Wir diskutierten Potenziale und Herausforderungen dieses Ansatzes in Abgrenzung zu Ansätzen, die stattdessen die Struktur, das sogenannte Schema, von Credentials für das Matching nutzen. In den folgenden Absätzen betrachten wir nun abschließend, welche Schritte für eine erfolgreiche Umsetzung notwendig sind.

Die Verwaltung gemeinsamen Wissens in einem offenen Ökosystem ist eine der größten Herausforderungen hinsichtlich der Umsetzbarkeit der in diesem Artikel beschriebenen Konzepte. Hierbei kann das Wissen eingeteilt werden in allgemeines, domänen-, anwendungs- und geschäftsspezifisches Wissen. Diesbezüglich stellen sich Fragen zur Governance, also der Regelung der Zusammenarbeit der einzelnen Akteure (siehe Kap. 23). Bezüglich der Wissensverwaltung stellen sich Fragen, wer, wo, wie und in welcher Form Zugriff zu den Daten erhält. Wer darf neue Fakten hinzufügen? Wie werden Widersprüche aufgelöst? Im Falle vom Allgemeinwissen kommt eine Verwaltung in Form eines ökosystemweiten Repositoriums in Frage. Domänen- und Anwendungswissen könnte bereits Restriktionen bezüglich der Lese- und Schreibrechte unterliegen – spätestens bei Geschäftswissen drängen sich Vertraulichkeitsfragen auf. Unterschiedliche Domänen greifen erfahrungsgemäß auf unterschiedliche Darstellungsweisen von Wissen zurück. Gerade in offenen Ökosystemen wird es hier notwendig sein, auf offenen Standards zurückzugreifen, um Interoperabilität zu gewährleisten.

Erhält eine Wallet eine Anfrage, wird es potenziell mehrere passende Credentials oder Kombinationen von Credentials geben. Um eine positive User Experience (UX) zu erreichen, wird es unerlässlich sein, Nutzende bei der Entscheidung zu unterstützen (Link zu Artikel im Sammelband zu UI/UX). Hier zeichnen sich durch die Entwicklung im Bereich der künstlichen Intelligenz neue, innovative Lösungen ab, Nutzenden die Wahl der passenden Credentials zu erleichtern oder mithilfe von Sprachmodellen automatisiert Vor- und Nachteile einzelner zur Auswahl stehender Optionen zu verdeutlichen.

Der vorgestellte Ansatz propagiert eine Form der positiven „Zweckentfremdung" von Credentials, indem Credentials nicht mehr nur für konkrete Nutzungszwecke ausgestellt werden, sondern in beliebigen, neuen Kontexten nutzbar sein sollen. Dies bringt aber auch Klärungsbedarf hinsichtlich der Haftung mit sich. Es stellt sich die Frage, ob Issuers diese auf „ordnungsgemäße" Nutzungskontexte beschränken möchten oder können.

Basierend auf dem hier beschriebenen Ansatz wären zusätzliche Forschungsvorhaben denkbar, in denen die Wallet selbst als Issuer auf Basis existierender Credentials auftreten könnte, um die Menge der übermittelten Informationen zu reduzieren. Mögliche Forschungsrichtungen wären hier die Anwendung von Zero-Knowledge Proofs und von vertrauenswürdigen Ausführungsumgebungen. Ein Zero-Knowledge-Proof könnte ermöglichen, dass die Wallet beweist, dass passende Credentials vorliegen, aber nur die notwendigen Informationen zu übertragen – im Extremfall sogar nur ein Bit („ist volljährig"). Alternativ könnte in einer vertrauenswürdigen Ausführungsumgebung das Credentials aus existierenden Credentials zusammengesetzt werden.

Literatur

Baader, F., Calvanese, D., McGuinness, D. L., Nardi, D., & Patel-Schneider, P. F. (Hrsg.). (2007). *The description logic handbook: Theory, implementation and applications* (2. Aufl.). Cambridge University Press. https://doi.org/10.1017/CBO9780511711787

Bienvenu, M., Leclère, M., Mugnier, M.-L., & Rousset, M.-C. (2020). Reasoning with Ontologies. In P. Marquis, O. Papini, & H. Prade (Hrsg.), *A guided tour of artificial intelligence research* (S. 185–215). Springer International Publishing. https://doi.org/10.1007/978-3-030-06164-7_6

Glimm, B., Horrocks, I., Motik, B., Stoilos, G., & Wang, Z. (2014). HermiT: An OWL 2 reasoner. *Journal of Automated Reasoning, 53*(3), 245–269. https://doi.org/10.1007/s10817-014-9305-1

Hitzler, P., Krötzsch, M., Rudolph, S., & Sure-Vetter, Y. (Hrsg.). (2008). *Semantic web: Grundlagen* (1. Aufl.). Springer.

Eric Prud'hommeaux, & Andy Seaborne. (2008). *SPARQL query language for RDF*. https://www.w3.org/TR/2008/REC-rdf-sparql-query-20080115/. Zugegriffen am 13.09.2024.

Sirin, E., Parsia, B., Grau, B. C., Kalyanpur, A., & Katz, Y. (2007). Pellet: A practical OWL-DL reasoner. *Journal of Web Semantics, 5*(2), 51–53. https://doi.org/10.1016/j.websem.2007.03.004

Sporny, M., Guy, A., Sabadello, M., & Reed, D. (2022a). *Decentralized identifiers (DIDs) v1.0*. https://www.w3.org/TR/did-core/. Zugegriffen am 13.09.2024.

Sporny, M., Longley, D., & Chadwick, D. (2022b). *Verifiable credentials data model v1.1*. https://www.w3.org/TR/vc-data-model/. Zugegriffen am 13.09.2024.

W3C OWL Working Group. (2012). *OWL 2 web ontology language document overview (Second Edition)*. https://www.w3.org/TR/owl2-overview/. Zugegriffen am 13.09.2024.

Open Access Dieses Kapitel wird unter der Creative Commons Namensnennung 4.0 International Lizenz (http://creativecommons.org/licenses/by/4.0/deed.de) veröffentlicht, welche die Nutzung, Vervielfältigung, Bearbeitung, Verbreitung und Wiedergabe in jeglichem Medium und Format erlaubt, sofern Sie den/die ursprünglichen Autor(en) und die Quelle ordnungsgemäß nennen, einen Link zur Creative Commons Lizenz beifügen und angeben, ob Änderungen vorgenommen wurden.

Die in diesem Kapitel enthaltenen Bilder und sonstiges Drittmaterial unterliegen ebenfalls der genannten Creative Commons Lizenz, sofern sich aus der Abbildungslegende nichts anderes ergibt. Sofern das betreffende Material nicht unter der genannten Creative Commons Lizenz steht und die betreffende Handlung nicht nach gesetzlichen Vorschriften erlaubt ist, ist für die oben aufgeführten Weiterverwendungen des Materials die Einwilligung des jeweiligen Rechteinhabers einzuholen.

Ökonomisch tragfähige Identitätsökosysteme: Wertschöpfung und Marktstrategien

Michael Kubach

Zusammenfassung

Die Unzufriedenheit mit bestehenden Identitätslösungen veranlasst politische und ökonomische Akteure dazu, für die Entwicklung neuartiger Identitätsökosysteme einzutreten. Dieser Beitrag weicht vom traditionellen Fokus auf die Usability-, Sicherheits- und Datenschutzprobleme von Identitätsmanagement-Lösungen (IdM-Lösungen) ab und lenkt die Aufmerksamkeit stattdessen auf die ökonomischen Dimensionen, die für die erfolgreiche Einführung von IdM-Lösungen entscheidend sind. Die Analyse geht über die Anreize für die Annahme der IdM-Lösungen durch Nutzende hinaus und betrachtet die Rollen, Motivationen und die Fähigkeit anderer wichtiger Akteure durch ein Identitätsökosystem Werte zu erfassen. So stellt sich die entscheidende Frage, ob sich ein Markt für digitale Identitäten entwickeln kann und welche Strategien für den Markteintritt in Betracht kommen könnten, insbesondere in Szenarien mit Beteiligung des öffentlichen Sektors.

Schlüsselwörter

Digitale Identität · Digitale Ökosysteme · eIDAS 2.0 · Identitätsökosysteme · SSI

M. Kubach (✉)
Team Identitätsmanagement, Fraunhofer IAO, Stuttgart, Deutschland
E-Mail: michael.kubach@iao.fraunhofer.de

1 Einleitung

Technisch leistungsfähige und datenschutzfreundliche Technologien für digitale Identitäten (IDs) existieren seit einiger Zeit. Auf Public-Key-Infrastrukturen (PKIs) basierende Lösungen sind etabliert und leistungsstark. Attribute-based Credentials haben darüber hinaus demonstriert, wie höchste Datenschutzanforderungen erreichbar sind (Rannenberg et al., 2014). Die Entwicklung datenschutzfreundlicher IdM-Lösungen wie Attribute-based Credentials wird sogar seit langen Jahren von großen IT-Unternehmen wie Microsoft (Cardspace (Microsoft, 2009), U-Prove (Microsoft, 2023) und IBM (Camenisch & Herreweghen, 2002) unterstützt. Mit der europäischen eIDAS-Verordnung (eIDAS, 2014 in Kraft seit 2016) und dem Vertrauensdienstegesetz (VDG, 2017) gibt es auch seit geraumer Zeit einen etablierten rechtlichen Rahmen für datenschutzfreundliche und sichere digitale Identitäten. Trotz all dem mangelt es an weit verbreiteten, sicheren, auf europäischer Ebene interoperablen und nutzendenfreundlichen IdM-Lösungen. Dies wird als wesentliches Hindernis für die Digitalisierung öffentlicher und privater organisatorischer Prozesse in Europa angesehen (European Commission, 2022). Die Entwicklung entsprechender Lösungen wird so auch als bedeutsamer Wachstumsfaktor für ganze Volkswirtschaften betrachtet (White et al., 2019).

Tatsächlich werden digitale Identitäten bereits von der Mehrheit der Bevölkerung täglich genutzt, etwa für soziale Medien, Online-Shopping und Online-Banking. Hier im praktischen Einsatz dominieren ID-Silos und ID-Lösungen größer Technologie- und Plattform-Konzerne (z. B. Facebook-Login, Google-Login, Apple-ID, Amazon-Konto). Trotz oder vielleicht gerade wegen ihrer großen Verbreitung bei Endnutzenden und Diensteanbietenden werden diese IDs stark kritisiert. Einerseits folgt die Kritik aus Datenschutz- und IT-Sicherheitsperspektive, da diese Identitätsanbiete das Login-Verhalten der Nutzenden nachverfolgen und die Daten für ihre eigenen Zwecke nutzen können. Darüber hinaus könnten diese Informationen für potenzielle Angreifende von Interesse sein (Schardong & Custódio, 2022; Toth & Anderson-Priddy, 2019). Andererseits wird die Marktmacht dieser „Big Tech"-Identitätsanbieter und ihre zentrale Position in der digitalen Wertschöpfungskette als Bedrohung für die europäische (digitale) Souveränität angesehen (Giannopoulou, 2023; Tan et al., 2023).

Für Anwendungsfälle, die ein hohes Maß an Sicherheit erfordern (z. B. im Bankwesen, Gesundheitswesen, Mobilitätswesen), sind Verfahren wie die Foto- oder Video-Identifikation auf der Grundlage eines analogen hoheitlichen Ausweisdokuments weit verbreitet. Ihre Sicherheit ist jedoch umstritten (Tschirsich, 2022), die Nutzerfreundlichkeit ist begrenzt und individuelle Identifikationsvorgänge sind relativ teuer für die Diensteanbieter.

Angesichts der genannten Herausforderungen entstanden neue Ansätze, wie sie auch im vorliegenden Sammelband behandelt werden. Sie versprechen die „Identitätskrise" (Toth & Anderson-Priddy, 2019, S. 19) durch den Fokus auf die Nutzenden und den Schutz ihrer Daten zu überwinden. Entsprechend überarbeitete die Europäische Kommission die eIDAS-Verordnung und arbeitet mit den Mitgliedsstaaten derzeit an EU Digital Identity Wallets (EUDI Wallet) (European Commission, 2024). Darüber hinaus sind unzählige andere Start-ups, Projekte und Initiativen sowie große IT-Unternehmen in diesem Bereich aktiv – eine Übersicht findet sich beispielsweise bei Tan et al. (2023). Diese Ansätze stehen jedoch auch vor der Herausforderung, sich auf dem Markt etablieren zu müssen, da viele öffentlich-private Partnerschaften sind oder ausschließlich von privaten Unternehmen vorangetrieben werden. Das bedeutet, dass sie sich gegen etablierte Technologien und marktmächtige Player behaupten und ökonomisch tragfähige Ökosysteme aufbauen müssen – was bisher jedoch nicht geschehen ist. Hinsichtlich der Schaffung eines ökonomisch tragfähigen Ökosystems geht dieser Beitrag davon aus, dass Wert in einem ID-Systems nicht von einem einzelnen Unternehmen geschaffen wird. Vielmehr ergibt dieser sich erst aus dem Zusammenspiel mehrerer Organisationen und Nutzender (etwa der Rollen Herausgeber, Inhaber, Akzeptanzstelle) in einem Ökosystem und entspricht damit in etwa der Charakterisierung eines Innovationsökosystems nach Talmar et al. (2020).

Anders als die umfangreiche Literatur, die sich auf Defizite in den Bereichen Nutzendenfreundlichkeit, Sicherheit und Datenschutz bestehender Lösungen konzentriert und technische Architekturen diskutiert, fokussiert dieser Beitrag auf die ökonomischen Aspekte, die für die Verbreitung von IdM-Lösungen ebenso wichtig sind. Zu diesem Zweck werden im zweiten Abschnitt wesentliche Prinzipien für die Adoption von ID-Lösungen und den Betrieb eines ID-Ökosystems behandelt. Abschnitt drei analysiert dann Wertschöpfungsketten für ID-Lösungen. Zu diesem Zweck stützen sich die Analysen zum Teil auch auf Ergebnisse einer qualitativen Befragung von Diensteanbietern. Auf diesen Elementen aufbauend diskutiert der vierte Abschnitt dann Strategien zum Aufbau ökonomisch tragfähiger ID-Ökosysteme.

Dieser Beitrag erweitert also die Perspektive auf digitale Identitäten von einer funktional-technischen mit einem starken Schwerpunkt auf Sicherheit und Datenschutz um Überlegungen zu ökonomischen Erfolgsfaktoren. Der Begriff digitale Identitäten, im Folgenden als digitale IDs bezeichnet, wird bewusst weit gefasst. Er umfasst Identitätsdaten und andere verifizierte und nicht verifizierte Nachweise sowie Attributzertifikate. Der Beitrag versucht, die Frage zu beantworten, wie ein ökonomisch tragfähiges Identitätsökosystem entstehen kann und ob dies auf einem Markt für digitale IDs basieren kann – jetzt oder in absehbarer Zukunft. Er bezieht dabei wirtschaftswissenschaftliche Konzepte wie die Diffusions- und Adoptionstheorie sowie empirische Ergebnisse einer qualitativen Umfrage ein. Entwickler und Nachfrager von IdM-Lösungen sowie politische Entscheidungstragende erhalten so eine ganzheitliche, theoretisch und empirisch unterstützte Basis für ihre Investitions- und Designentscheidungen im Hinblick auf digitale Identitäten als grundlegende Digitalisierungstechnologie.

2   Grundstruktur des Marktes für digitale Identitäten

Um sicherzustellen, dass die in Entwicklung befindlichen IdM-Lösungen ihre Potenziale verwirklichen und die digitale Souveränität von Einzelpersonen, Instituten und der europäischen Wirtschaft effektiv schützen, ist eine breite Nutzung unerlässlich. Wenn dies über

Marktmechanismen erreicht werden soll, ist es entscheidend, die spezifische Struktur und Dynamik des Marktes für digitale IDs zu verstehen und im Design der Lösungen zu adressieren.

Wie in früheren Arbeiten zu föderierten (Zibuschka & Roßnagel, 2012) und selbstbestimmten Identitäten (SSI) (Kubach & Sellung, 2021) gezeigt wurde, ist der Markteintritt von ID-Lösungen besonders herausfordernd, da es sich um einen mehrseitigen Markt handelt, der von Netzwerkeffekten geprägt ist. Diese Art von Markt bedient mindestens zwei unterschiedliche Kundengruppen, deren Bedürfnisse und Handlungen eng miteinander verbunden sind (Evans, 2003). Ein ID-Ökosystem besteht daher mindestens aus Nutzenden und Diensteanbietern (Akzeptanzstellen). Diensteanbieter sind Organisationen, die ihre Dienste mittels digitaler IDs anbieten oder ausliefern. Nutzende übermitteln den Diensteanbietern digitale IDs, um Dienstleistungen in Anspruch nehmen zu können. Darüber hinaus umfasst ein ID-Ökosystem verschiedene andere Teilnehmende und Interessengruppen wie ID-Provider, Herausgeber von (digitalen) Nachweisen, Vertrauensdiensteanbieter, Technologieanbieter, Standardisierungsgremien, staatliche Akteure, …). Die Zusammensetzung dieser Akteure kann je nach spezifischer ID-Lösung und regulatorischem Umfeld variieren. Der Wert, den eine Teilnehmendengruppe mittels des ID-Ökosystems generieren kann, hängt auch vom Engagement anderer Gruppen im Ökosystem ab. Entsprechend ergeben sich Netzwerkeffekte, die eine positive Rückkopplungsschleife erzeugen: Je mehr Diensteanbieter eine ID-Lösung einsetzen, desto attraktiver ist diese für Nutzende. Umgekehrt steigert eine erhöhte Adoption durch Nutzende den Wert der Lösung für Diensteanbieter. Diese gegenseitige Abhängigkeit in den Übernahmedynamiken führt zu einem klassischen Henne-Ei-Problem: Ein ID-Ökosystem mit geringer Beteiligung von Diensteanbietern ist für Nutzende nicht attraktiv, obwohl es über die grundlegenden (z. B. technischen) Funktionalitäten verfügt. Folglich zögern Nutzende, jegliche Form von (immaterieller) Investition zu tätigen, wie z. B. sich an neue Interaktionsparadigmen anzupassen, spezifische Software herunterzuladen oder neue Hardware zu erwerben. Ein Beispiel ist die Online-Ausweisfunktion des Personalausweises. Obwohl der Ausweis weit verbreitet ist und die technischen Voraussetzungen bei vielen Nutzenden erfüllt werden, wird die Funktion in der Praxis kaum genutzt. Wenn eine ID-Lösung nur wenige Nutzende hat, stellt sich für Diensteanbieter die Frage, ob die mit ihrer Implementierung verbundenen Investitionsrisiken gerechtfertigt sind – auch hier kann die Online-Ausweisfunktion des Personalausweises Beispiel dienen. Ihre geringe Reichweite verringert die Aussichten auf eine Amortisation der Kosten für Einrichtung und laufenden Betrieb – im Beispiel der Online-Ausweisfunktion etwa Kosten für Berechtigungszertifikate oder die Einbindung eines entsprechenden Service-Providers. Folglich erfordert ein tragfähiges ID-Ökosystem eine ID-Lösung, die sowohl von Nutzenden als auch von Diensteanbietern breit unterstützt wird. Aufgrund der Netzwerkeffekte ist die initiale Hürde für die Etablierung eines Ökosystems erheblich. Verschiedene Strategien (siehe auch Abschn. 4) sind grundsätzlich anwendbar, um die Hürde zu überwinden und schließlich über positive Rückkopplungseffekte ein rasches Wachstum des Ökosystems zu erreichen.

Da ein ID-Ökosystem nicht nur Nutzende und Diensteanbieter umfasst, ist es entscheidend die Wertegenerierung nicht nur zwischen diesen beiden Gruppen zu betrachten, sondern auch im breiteren Ökosystem. Dies geschieht etwa durch Anbieter und Entwickler von ID-Technologien und zugehörigen Dienstleistungen. In einem traditionellen „zentralisierten" ID-Ökosystem mit einem einzigen ID-Provider, der die erforderlichen Komponenten sowohl für Nutzende als auch für Diensteanbieter bereitstellt, entsteht eine Dreiecksbeziehung (Nutzende – Diensteanbieter – ID-Provider) (Zibuschka & Roßnagel, 2012). Im Gegensatz dazu entwickeln in dezentralen ID-Ökosystemen verschiedene Entitäten Komponenten (wie Wallets, Agenten), stellen sie bereit und füllen bestimmte operative Rollen aus (wie Vertrauensdienste). Durchschnittliche Nutzende oder kleine Diensteanbieter mit begrenzten IT-Fähigkeiten sind möglicherweise jedoch nicht in der Lage, diese dezentrale Komposition mit verschiedenen kooperierenden Einheiten zu erfassen. Stattdessen könnten sie annehmen, mit einem monolithischen ID-System zu interagieren, dass also etwa die ID-Wallet das gesamte ID-System repräsentiert. Die vereinfachte Betrachtung einer Dreiecksbeziehung (Nutzende – Diensteanbieter – ID-System) erscheint darum an dieser Stelle für vertretbar.

Die Beziehungen zwischen Nutzenden und ID-System sowie zwischen Diensteanbietern und ID-System beruhen hauptsächlich auf Vertrauen. Nutzende könnten zögern, ihre Identitätsdaten einem ID-System anzuvertrauen, wenn sie kein Vertrauen in dessen Fähigkeit (oder die zugrunde liegende Technologie und die Akteure) haben, ihre Daten zuverlässig in einer Weise zu verwalten, zu schützen und nutzbar zu machen, die ihren Interessen entspricht (siehe auch Richter et al. 2023). Ebenso müssen Diensteanbieter darauf vertrauen, dass ID-Systeme verlässlich Daten in erforderlicher Qualität liefern. Dementsprechend fokussieren Forschung und Entwicklung zu digitalen Identitäten stark auf Sicherheit und Datenschutz entsprechender Lösungen. Dennoch sind ebenso ökonomische Aspekte zu betrachten. Die verschiedenen am ID-System beteiligten Akteure, erwarten schließlich eine Vergütung für ihre Leistungen – um Kosten auszugleichen oder Gewinne zu erzielen. Eine entsprechende Entlohnung könnte über eine Zahlungsbereitschaft bestimmter Marktteilnehmende realisiert werden. So könnten prinzipiell sowohl Nutzende als auch Diensteanbieter kommerzielle ID-Dienstleistungen in Anspruch nehmen und auch bezahlen. Derzeit übernehmen beispielsweise Banken die Kosten für die Video-Identifikation. Auch Nutzende könnten bereit sein, für bestimmte IDs oder verwandte Leistungen zu bezahlen (auch Kreditkarten sind teilweise kostenpflichtig), sofern diese Dienste einen Mehrwert gegenüber den kostenlosen Systemen bieten, die gegenwärtig den Markt dominieren. Inwiefern eine solche Wertegenerierung gelingen kann und eine kommerzielle Tragfähigkeit von ID-Ökosystemen erreichbar scheint, wird im folgenden Abschnitt betrachtet.

3 Analyse der Wertschöpfungsketten von ID-Ökosystemen

Aufbauend auf der theoretischen und konzeptionellen Analyse des Marktes für digitale IDs wird der folgende Abschnitt die Mechanismen zur Wertschöpfung von ID-Ökosystemen genauer untersuchen. Ziel ist es zur Entwicklung von Strategien für ökonomisch tragfähige ID-Ökosysteme beizutragen, die in Abschn. 4 erläutert werden.

3.1 Konzeptuelles Rahmenwerk der Analyse: das Ecosystem Pie Model

Die Analyse der Wertschöpfungsketten baut auf Talmar et al. (2020) auf, die das Ecosystem Pie Model (EPM) eingeführt haben. Damit liefern sie ein Konzept, das unter anderem zur Analyse der Werterfassung und der Beziehungen in Innovationsökosystemen genutzt werden kann. Ein Innovationsökosystem ist demnach eine Umgebung, in der kein einzelnes Unternehmen alle notwendigen Ressourcen besitzt, um eigenständig ein komplexes Angebot von der Entwicklung bis zur Markteinführung zu realisieren. Folglich müssen Organisationen (Akteure) innerhalb ihres Ökosystems kooperieren, um ein gemeinsames Wertversprechen für das Ökosystem zu generieren. Angesichts der Parallelen zu ID-Ökosystemen, insbesondere im Zusammenhang mit dem zuvor dargestellten mehrseitigen Markt, erscheint eine Anlehnung an das EPM als geeignet für die Analyse der Wertschöpfungsketten von ID-Lösungen.[1]

Das EPM definiert auf Ökosystem-Ebene drei Konstrukte (1. Wertversprechen, 2. Nutzersegmente, 3. Akteure) und sechs auf Ebene der Akteure, welche verschiedene Rollen im Ökosystem einnehmen (1. Ressourcen, 2. Aktivitäten, 3. Wertschöpfung, 4. Werterfassung, 5. Risiko, 6. Abhängigkeiten). Das ID-Ökosystem wurde für das ONCE-Schaufensterprojekt modelliert, das den Anwendungsrahmen für diese Arbeit bildet, und die Konstrukte hierfür analysiert. Aufgrund der Kürze des Beitrags muss sich der Fokus an dieser Stelle jedoch auf dem Konstrukt der Werterfassung auf Akteursebene beschränken.

Während das Ökosystem für die Nutzenden durch Interaktionen Wert schafft, strebt jeder Ökosystemakteur nach individuellen Vorteilen und muss sich diese auch für sich erfassen können (Teece, 1986). Das Konstrukt der Werterfassung also zeigt auf, wie, welche Art und wie viel Wert vom Ökosystem geschaffen und von einem Akteur in der jeweiligen Rolle erfasst wird – eines der Hauptmotive für die Teilnahme an einem Ökosystem. Darüber hinaus erwarten die Akteure auch einen fairen Anteil am geschaffenen Wert zu erhalten. Der Wert muss nicht unbedingt direkt monetär sein, wenn eine Verwertung immaterieller Güter außerhalb des Ökosystems möglich ist (z. B. Reputation, Wachstum, Wissen) (Talmar et al., 2020). Die Beschränkung auf das Konstrukt der Werterfassung als eines der Hauptmotive für die Teilnahme an einem Ökosystem erscheint daher zu diesem Zeitpunkt vertretbar.

In der anschließenden Analyse werden die Akteure für ein prototypisches ID-Ökosystems betrachtet und ihre Fähigkeit zur Werterfassung untersucht. Dieses Ökosystem wurde auf das EUDI-Wallet-Ökosystem laut Architecture Reference Framework (eIDAS Expert Group, 2024) abgestimmt. Die identifizierten Hauptakteure (siehe Abb. 6.1) umfassen: (1) Herausgeber und Datenquellen für digitale IDs und Nachweisen,

---

[1] Dabei ist zu beachten, dass Talmar et al. (2020) keine Unterscheidung zwischen Akteuren als Organisationen und den verschiedenen Rollen treffen, die diese Organisationen innerhalb eines Ökosystems einnehmen können. Die „Akteure" sind also zu verstehen als die spezifischen Rollen, die Organisationen oder Personen innerhalb des Ökosystems einnehmen.

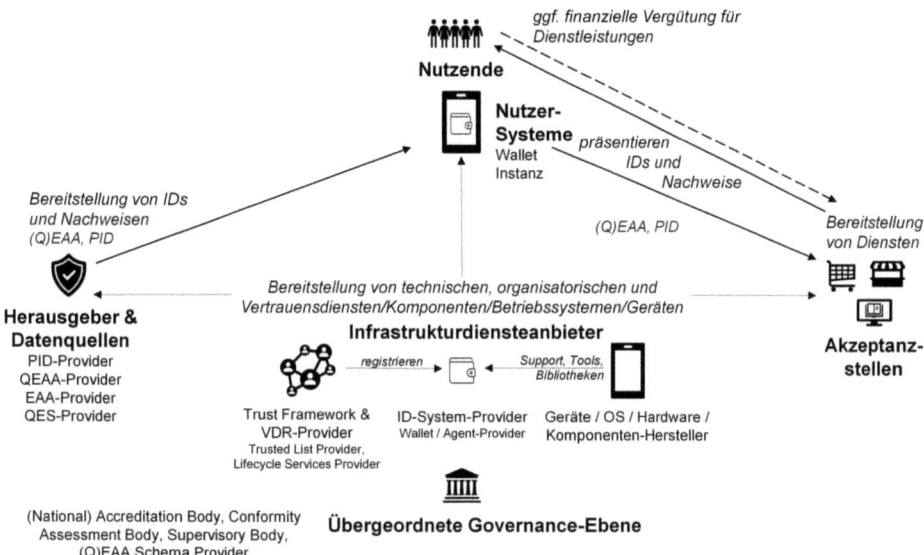

Abb. 6.1 Akteure und Beziehungen in einem ID-Ökosystem. (Orientiert an der EUDI-Wallet)

(2) Akzeptanzstelle (Verifier), die digitale IDs für ihre Dienstleistungen verwenden, (3) Infrastrukturanbieter, die Infrastrukturdienste für das ID-Ökosystem entwickeln, bereitstellen und verwalten (z. B. technische Middleware/Gateways ins Ökosystem, Vertrauenslisten, ID-Lebenszyklusdienste) oder das gesamte Ökosystem verwalten und es extern repräsentieren, (4) Nutzende und schließlich (5) Nutzersysteme (Wallets bzw. Wallet-Instanzen), über die Nutzende ihre digitalen IDs verwalten und auf gewünschte Dienste über das ID-Ökosystem zugreifen.

3.2 Empirische Grundlage der Analyse

Die folgenden Analysen bauen auf qualitativen Interviews mit 23 Organisationen auf. Diese könnten als Herausgeber und Datenquellen, Akzeptanzstellen und in einigen Fällen als Infrastrukturanbieter in ID-Ökosystemen agieren. Es wurden Gespräche geführt mit zwölf öffentlichen Verwaltungen, drei auf die öffentliche Verwaltung spezialisierten IT-Dienstleistern, vier Organisationen aus dem Mobilitätssektor und vier Unternehmen aus dem Hotel- und Tourismussektor. Die Befragung erfolgte im Kontext des Forschungsprojektes ONCE. Ziel war die Bildung eines heterogenen Samples mit Organisationen aus verschiedenen Branchen, die zumindest teilweise mit digitalen Identitäten vertraut sind. Der Einbezug ihrer unterschiedlichen Bedarfe und Möglichkeiten sollte eine diverse Perspektive auf das Thema ermöglichen. Die qualitative Methodik wurde gewählt, um eingehende Diskussionen über die relativ neuen und sich schnell entwickelnden Konzepte zu ermöglichen.

Der Leitfaden der Interviews behandelte Themen wie den aktuellen Stand der Nutzung digitaler Identitäten in den Organisationen sowie Treiber und Hindernisse im Zusammenhang mit der Einführung digitaler Identitäten. Dieser Beitrag verwertet nur Teile der Umfrage. Die Interviewpartner bekleiden verschiedene Positionen in ihren Organisationen, vom CEO bis zum Identitätsmanagement-Experten. Für ihre Auswahl war entscheidend, dass die Interviewten ein tiefes Verständnis für ihre Organisationen und die relevanten Tätigkeitsbereiche hatten und somit Key Informants für ihre Organisationen darstellen (Homburg et al., 2012).

3.3 Ergebnisse der Analyse

In Bezug auf *Herausgeber und Datenquellen* für digitale IDs und Nachweise ist es wichtig, zwischen staatlichen Institutionen wie kommunalen Verwaltungen und privaten Herausgebern zu unterscheiden. Die öffentliche Verwaltung folgt weitestgehend gesetzlichen Vorgaben. Wertschöpfungspotenziale sind für diese also ein sekundärer Aspekt für ihre Beteiligung am ID-Ökosystem. Jedoch könnte ein politischer Auftrag bzw. rechtlicher Rahmen staatliche Herausgeber dazu verpflichten, digitale IDs für ein bestimmtes ID-Ökosystem auszugeben, um Digitalisierungsprozesse zu unterstützen. Für private Herausgeber und Datenquellen ist ein direkter Mehrwert durch die Teilnahme am Ökosystem wesentlich. Dieser Nutzen muss die mit dem Beitritt (z. B. für Investitionen für Prozessanpassungen, den Kauf oder die Aktualisierung von Software) und dem Betrieb (z. B. für Ausstellung, evtl. für Gewährleistung der Korrektheit der ID-Daten) verbundenen Kosten übersteigen. Ein Mechanismus zur Werterfassung für die Ausstellung digitaler IDs ist jedoch nicht ersichtlich. Eine Zahlungsbereitschaft von Endkunden für sichere IDs ist nicht wahrscheinlich (Roßnagel et al., 2014) Eine Vergütung der Herausgeber für die Nutzung digitaler IDs durch Drittanbieter würde erfordern ihren Einsatz genau zu erfassen, was die Privatsphäre der Nutzenden beeinträchtigen und den SSI-Kernprinzipien widersprechen würde. Darüber hinaus ist nur eine sehr begrenzte Zahlungsbereitschaft bei Akzeptanzstellen vorhanden. Daher bleibt Herausgebern und Datenquellen vermutlich nur die Erfassung immaterieller Werte. Dazu zählen die Nutzung von ID-Daten für ihre eigenen Dienste, was dann die Werterfassung ermöglichen könnte, wenn sie auch die Rolle einer Akzeptanzstelle einnehmen (siehe nächster Abschnitt).

Wie zuvor bei Herausgebern ist auch bei *Akzeptanzstellen* zwischen staatlichen und privaten Organisationen zu unterscheiden. Staatliche Akzeptanzstellen folgen politischen und rechtlichen Vorgaben. Für diese steht das Potenzial für Effizienzgewinne durch die Digitalisierung administrativer Verfahren im Vordergrund, was durch ein effektives ID-Ökosystem realisiert werden kann. In einigen Gesprächen mit Vertretern von Kommunen wurde jedoch deutlich, dass die angespannte Haushaltslage diese davon abhält Investitionen zu tätigen, auch wenn diese Effizienzgewinne versprechen. Für private Akzeptanzstellen sind Effizienzgewinne durch Prozessdigitalisierung ebenfalls erstrebenswert. Zusätzliche Potenziale ergeben sich aus der Einführung neuer digitaler Produkte und Dienstleistungen, Kosteneinsparungen im Vergleich zu alternativen Identifikationsmethoden (z. B. Post-Ident, Video-Ident – sofern ein entsprechendes Vertrauensniveau erforderlich ist), die Reduzierung von Prozesskosten durch die Verhinderung von Betrug und Fehlinformationen sowie Umsatzsteigerungen durch beschleunigte Kundenakquise und Konversionsraten. Einige Akzeptanzstellen äußerten, abhängig vom konkreten Anwendungsfall, eine grundsätzliche Zahlungsbereitschaft für diese immateriellen Vorteile, zeigten jedoch auch eine signifikante Preissensibilität. Kostenlose plattformbasierte Identitäten (wie Anmeldung über Google oder Facebook), welche auch die Erfassung von Nutzendendaten zur Optimierung von Angeboten ermöglichen, dient in den Interviews als Vergleichspunkt. Auch werden Vergleiche mit Gebühren für Zahlungsdienstleister gezogen, welche nur widerwillig akzeptiert werden. Außerdem genügt in vielen Fällen der Zahlungseingang; eine darüber hinaus verifizierte Identität ist nicht erforderlich und würde darum auch nicht vergütet. Wenn jedoch teure ID-Verfahren (z. B. Video-Ident) ersetzt werden können, besteht eine erkennbare Zahlungsbereitschaft, da die Kosten offensichtlich sind.

Je nach Ausgestaltung eines bestimmten Ökosystems können verschiedene Arten von *Infrastrukturdiensteanbietern (IDA)* identifiziert werden. Vereinfachend wird im Folgenden zwischen zwei Hauptrollen unterschieden: (1) technische IDA und (2) Ökosystem-Orchestratoren. Ein (1) technischer IDA ist verantwortlich für die Entwicklung und Bereitstellung technischer Komponenten wie Middlewares und Konnektoren, die eine Teilnahme am Ökosystem ermöglichen. Ein Ökosystem kann mehrere technische IDA beherbergen, die im Sinne einer Coopetition[2] konkurrieren oder sich auf unterschiedliche Aufgaben fokussieren (z. B. Entwicklung von Konnektoren für staatliche eIDs, Erstellung von SSI-Komponenten). Zur Werterfassung könnten technische IDA im Ökosystem verschiedene Einnahmequellen nutzen. Sie könnten Lizenzeinnahmen für entwickelte Komponenten und deren Integration in die Systeme anderer Ökosystemteilnehmer generieren und Gebühren für den Betrieb von Komponenten (z. B. Web-Agents) erheben. Dabei sind verschiedene Preismodelle denkbar (z. B. fixe Grundgebühr, transaktionsbasierte Gebühren, Anzahl der Nutzenden).

Der (2) Ökosystem-Orchestrator (Lingens et al., 2022) übernimmt die übergeordnete Leitung des Ökosystems, einschließlich der Verantwortung für dessen Trust Framework. Seine Hauptaufgabe besteht darin, Vertrauen im Ökosystem zu etablieren, aufrechtzuerhalten und die ökonomische Tragfähigkeit des Ökosystems sicherzustellen. Darüber hinaus kann er beispielsweise auch bestimmte technische Infrastrukturdienste (z. B. Verzeichnisdienste) bereitstellen. Für den Ökosystem-Orchestrator bestehen Möglichkeiten zur Werterfassung über Zertifizierungsgebühren für den Beitritt zum Ökosystem (z. B. für Komponentenhersteller, für Akzeptanzstellen die ID-Daten auf einem höheren Sicherheitsniveau erhalten möchten) sowie laufende Mitgliedsbeiträge. Wenn der Orchestrator auch technische Infrastrukturdienste bereitstellt, könnten hierfür ebenfalls Nutzungsgebühren

---

[2] Beschreibt ein Konzept, nach dem Unternehmen gleichzeitig kooperieren und konkurrieren, um gemeinsame Vorteile zu erzielen und ihre individuellen Ziele zu erreichen.

erhoben werden. Dabei ist jedoch zu berücksichtigen, dass Gebühren für die Teilnahme am Ökosystem auch Beitrittshürden darstellen. Insofern ist fraglich, ob diese Werterfassungsstrategien – zumindest während des Aufbaus des Ökosystems – zielführend sind.

Nutzende nutzen digitale Dienste und das ID-Ökosystem, wenn sie sich davon Vorteile versprechen. Sie erzielen damit hauptsächlich immaterielle Werte, die etwa aus breiter Anwendbarkeit, einem hohen Vertrauensniveau im Ökosystem, gesteigertem Komfort oder verbesserter Kontrolle über ihre persönlichen Daten herrühren. Es besteht keine Notwendigkeit zur Erfassung direkter monetärer Werte durch Nutzende. Gleichzeitig ist jedoch auch die Zahlungsbereitschaft von Nutzenden für ID-Systeme gering, womit die Finanzierung eines ID-Ökosystems durch direkte Zahlungen von Nutzenden unrealistisch ist (Roßnagel et al., 2014). Die befragten Organisationen rechnen auch mittelfristig nicht damit, dass sich dies ändern könnte.

Bezüglich der *Nutzersysteme* konzentriert sich diese Analyse auf Smartphone-Wallets. Da Smartphones, ihre Betriebssysteme und spezialisierte sichere Hardwarekomponenten nicht explizit für ID-Ökosysteme entwickelt werden, liegt der Schwerpunkt auf Wallet-Herstellern, die diese Anwendungen spezifisch für ID-Ökosysteme entwickeln und bereitstellen. Das Potenzial für Werterfassung durch Nutzergebühren ist angesichts der geringen Zahlungsbereitschaft und der resultierenden Adoptionshürden minimal. Dies bestätigt auch ein Wallet-Hersteller, der für diesen Beitrag interviewt wurde. Entsprechend werden Wallets in der Regel kostenlos angeboten. Folglich müssen alternative Methoden zur Werterfassung gefunden werden. So könnten Wallet-Hersteller Einnahmen durch Branding oder maßgeschneiderte Anpassungen für bestimmte Herausgeber, Datenquellen und Akzeptanzstellen generieren. Dies könnte um kostenpflichtige Beratungsleistungen rund um die Technologie und das Ökosystem ergänzt werden. Die ökonomische Tragfähigkeit einer Wallet-Anwendung als eigenständiges Produkt für den Hersteller ist jedoch äußerst fraglich. Schließlich muss sie konkurrieren mit kostenlosen, vorinstallierten Wallets in Smartphone-Betriebssystemen und kostenlosen EUDI-Wallets, die von EU-Mitgliedstaaten bereitgestellt bzw. notifiziert werden. Daher könnte es erforderlich sein, dass der Wallet-Hersteller zusätzlich technische Komponenten als technischer IDA bereitstellt, deren Aussichten für die Werterfassung möglicherweise größer sind.

Die Analyse der Wertschöpfungskette mit Fokus auf die Werterfassung (zusammengefasst in Tab. 6.1), zeigt, dass dieser Aspekt eine bedeutende Herausforderung für ID-Ökosysteme darstellt. Die besten Möglichkeiten zur Werterfassung haben Akzeptanzstelle über das Angebot ihrer Dienste – wobei es sich jedoch vor allem um immaterielle Werte handelt. Nutzende können ebenfalls klare Vorteile aus einem gut funktionierenden ID-Ökosystem ziehen. Wenn Herausgeber und Datenquellen auch als Dienstleister im Ökosystem fungieren, ergeben sich entsprechende Potenziale zur Wertgewinnung. Ansonsten stellt sich für sie die Frage, warum sie die Investitionen für den Eintritt in das Ökosystem eingehen und womöglich, je nach Anwendungsfall, noch Haftungsrisiken für die Korrektheit der von ihnen ausgestellten digitalen IDs eingehen sollten. Für die anderen Ökosystemteilnehmenden ist weitgehend unklar, wie die angerissenen Möglichkeiten zur Werterfassung über verschiedene Gebühren realisiert wer-

Tab. 6.1 Akteure im ID-Ökosystem: Werterfassung und Zahlungsbereitschaft

Akteur	Werterfassung	Zahlungsbereitschaft
Herausgeber und Datenquellen	nur als Akzeptanzstelle	keine
Akzeptanzstellen	mittel	gering – mittel
Infrastrukturanbieter	unklar	keine
Nutzende	gering – mittel	gering
Nutzersysteme	unklar	keine

den können, ohne damit, angesichts begrenzter Zahlungsbereitschaft, zu hohe Adoptionshürden zu schaffen. Aufbauend auf dieser Analyse wird der nächste Abschnitt potenzielle Strategien zum Aufbau ökonomisch tragfähiger ID-Ökosysteme untersuchen.

4 Strategien zur Entwicklung ökonomisch tragfähiger ID-Ökosysteme

Wie im vorangehenden Abschnitt dargelegt, sind sowohl die Möglichkeiten zur Werterfassung als auch die Zahlungsbereitschaften der Ökosystemteilnehmenden stark limitiert. Eine Werterfassung scheint am ehesten zwischen Dienstleistern und ihren Nutzenden praktikabel. Andere Ökosystemteilnehmende, sofern sie nicht die Rolle der Dienstleister übernehmen, benötigen eine finanzielle Kompensation. Hierfür ist jedoch eine Zahlungsbereitschaft an irgendeiner Stelle erforderlich, die aber in einem nur sehr geringen Umfang vorhanden ist. Angesichts dessen ist es äußerst fraglich, ob unter diesen Umständen ein funktionierender, durch Angebot und Nachfrage gesteuert Markt für digitale IDs entstehen kann. Da aber, wie in der Einleitung dargestellt, von mehreren Seiten der Aufbau eines solchen Ökosystems angestrebt wird, werden im Folgenden Optionen zum Aufbau und zur Unterstützung auch unter Beteiligung der öffentlichen Hand diskutiert. Aufbauend auf (Ozment & Schechter, 2006) kommen dafür unterschiedliche Strategien in Frage.

Eine Strategie mit geringem Eingriff in den Markt könnte eine Informations- und Awareness-Kampagne darstellen, welche die Vorteile sicherer digitaler Identitäten und die Bedeutung des Schutzes personenbezogener Daten hervorhebt. Dies könnte die Nachfrage nach sicheren und privatsphärenfreundlichen IDs steigern, wenn Nutzende diese Vorteile als greifbaren Mehrwert erkennen. Allerdings ist der Effekt solcher Informationskampagnen erfahrungsgemäß limitiert.[3]

Am anderen Ende des Interventions-Spektrums steht der Zwang zur Adoption – die aggressivste Form eines Markteingriffs. Sie könnte universell erfolgen und die Verwendung bestimmter IDs – bis hin zu Bußgeldern bei Nichteinhaltung – vorschreiben. Die Regulierung könnte sich jedoch auch auf bestimmte Branchen oder Anwendungen konzentrieren, etwa je nach Vertrauensniveau oder auch Marktmacht eines Anbieters. Genau dies strebt

---

[3] Siehe beispielsweise die Kampagnen zu DE-Mail, neuem Personalausweis oder eventuell auch Corona Warn App.

auch die novellierte eIDAS-Verordnung (auch eIDAS 2.0) an, indem sie die EUDI-Wallet für regulierte Sektoren wie Gesundheit, Energie, Banken und Finanzen verpflichtend macht. Auch große Plattformen als Gatekeeper[4] müssen sie einbinden (eIDAS, 2024).[5]

Weitere Strategien sind das Bündeln von sicheren digitalen IDs mit Komplementärgütern und Subventionierungen. Ersteres erfordert jedoch eine enge Bindung an die Angebote und Leistungen der Diensteanbieter. Letzteres erfordert die politische Bereitschaft, die Kosten des ID-Ökosystems zumindest so lange mitzutragen, bis sich ein tragfähiger Markt entwickelt. Ob dies jemals der Fall sein wird, bzw. mit welchem Zeithorizont, ist nur schwer zu beantworten. In Anbetracht der dargestellten Schwierigkeiten der Werterfassung erscheint es gut möglich, dass ein ID-Ökosystem, wie hier analysiert, rein über Marktmechanismen nicht ökonomisch tragfähig werden kann.

5 Fazit

Die Entwicklung neuer IdM-Lösungen fokussiert häufig auf Fortschritte in technischen Aspekten rund um Datensicherheit, Privatsphärenschutz und Usability. Deren tatsächliche Realisierung ergibt sich jedoch erst mit einer breiten Adoption, weshalb auch der Markt für digitale IDs und die ihm zugrunde liegenden ökonomischen Wirkungszusammenhänge zu betrachten sind. Die Analysen in diesem Beitrag haben den komplexen mehrseitigen Markt für digitale IDs beleuchtet. Deutlich wurde insbesondere die Herausforderung der Werterfassung durch Akteure des ID-Ökosystems. Sie ist auf wenige Akteure beschränkt und Teilnahmegebühren am Ökosystem können angesichts einer geringen Zahlungsbereitschaft schnell zu hohe Adoptionshürden aufbauen.

Die Analyse der Strategien für den Aufbau ökonomisch tragfähiger ID-Ökosysteme zeigt Optionen auf, allerdings bleibt fraglich, ob ein ökonomisch tragfähiges ID-Ökosystem rein über Marktmechanismen ohne signifikante staatliche Eingriffe aufgebaut und betrieben werden kann. Die unterschiedlichen Variationen dieser Interventionen wären jedoch noch genauer zu untersuchen. Es stellt sich dann außerdem die Frage nach den Konsequenzen aus dieser Analyse. Aus gesellschaftlicher Sicht könnte das ID-Ökosystem als essenzieller Bestandteil der digitalen (öffentlichen) Infrastruktur angesehen werden. Folglich wäre es eine politische Entscheidung zu bestimmen, ob und inwieweit diese digitale Infrastruktur in öffentlicher Hand sein und staatliche Subventionen erhalten sollte. Neben dem technischen Design sind ist also auch die ökonomische Ausgestaltung und die Rolle des Staates bei der Entwicklung neuer Identitätsökosysteme zu diskutieren.

---

[4] Wie definiert im Digital Markets Act (DMA, 2022).

[5] Spannend wird zu sehen, ob die Diensteanbieter dann auch zur Zahlung von Gebühren für die Nutzung der EUDI-Wallet für ihre Dienste verpflichtet werden können, beziehungsweise wie das Geschäftsmodell diesbezüglich aussehen wird.

Literatur

Camenisch, J., & Van Herreweghen, E. (2002). Design and implementation of the idemix anonymous credential system. In *Proceedings of the 9th ACM Conference on Computer and Communications Security* (S. 21–30).

DMA. (2022). *Regulation (EU) 2022/1925 of the European Parliament and of the Council of 14 September 2022 on contestable and fair markets in the digital sector and amending Directives (EU) 2019/1937 and (EU) 2020/1828 (Digital Markets Act).* https://eur-lex.europa.eu/eli/reg/2022/1925/oj. Zugegriffen am 11.09.2024.

eIDAS. (2014). *Regulation (EU) No 910/2014 of the European Parliament and of the Council of 23 July 2014 on electronic identification and trust services for electronic transactions in the internal market and repealing Directive 1999/93/EC.* https://eur-lex.europa.eu/legal-content/EN/TXT/?uri=celex%3A32014R0910. Zugegriffen am 11.09.2024.

eIDAS. (2024). *Regulation (EU) 2024/1183 of the European Parliament and of the Council of 11 April 2024 amending Regulation (EU) No 910/2014 as regards establishing the European Digital Identity Framework.* https://eur-lex.europa.eu/legal-content/EN/TXT/?uri=OJ:L_202401183. Zugegriffen am 11.09.2024.

eIDAS Expert Group. (2024). European Digital Identity Wallet Architecture and Reference Framework, Version 1.4.0 https://eu-digital-identity-wallet.github.io/eudi-doc-architecture-and-reference-framework/latest/arf/. Zugegriffen am 11.09.2024.

European Commission. (2022). *European Digital Identity.* http:///ec.europa.eu/info/strategy/priorities-2019-2024/europe-fit-digital-age/european-digital-identity_en. Zugegriffen am 11.09.2024.

European Commission. (2024). *EU Digital Identity Wallet Home – EU Digital Identity Wallet,* https:// ec.europa.eu/digital-building-blocks/sites/display /EUDIGITALIDENTITYWALLET/. Zugegriffen am 11.09.2024.

Evans, D. S. (2003). Some empirical aspects of multi-sided platform industries. *Review of Network Economics, 2*(3), 191–209.

Giannopoulou, A. (2023). Digital identity infrastructures: a critical approach of self-sovereign identity. *Digital Society, 2*, 18.

Homburg, C., Klarmann, M., Reimann, M., & Schilke, O. (2012). What drives key informant accuracy? *Journal of Marketing Research, 49*(4), 594–608.

Kubach, M., & Sellung, R. (2021). On the market for self-sovereign identity: Structure and stakeholders. In H. Roßnagel, C. H. Schunck, & S. Mödersheim (Hrsg.), *Open Identity Summit 2021* (S. 143–154). Bonn.

Lingens, B., Huber, F., & Gassmann, O. (2022). Loner or team player: How firms allocate orchestrator tasks amongst ecosystem actors. *European Management Journal, 40*(4), 559–571.

Microsoft. (2009). *Windows CardSpace.* http://www.learn.microsoft.com/en-us/previous-versions/dotnet/netframework-3.5/ms733090(v=vs.90). Zugegriffen am 11.09.2024.

Microsoft. (2023). *U-Prove.* http://www.microsoft.com/en-us/research/project/u-prove/. Zugegriffen am 11.09.2024.

Ozment, A., & Schechter, S. E. (2006). Bootstrapping the Adoption of Internet Security Protocols. In *WEIS Proceedings.* 1–9

Rannenberg, K., Camenisch, J., & Sabouri, A. (Hrsg.). (2014). *Attribute-based credentials for trust: Identity in the information society.* Springer.

Richter, D., Kreuß, A.-M., & Ebert, S., Handke, S. (2023). On the search for trust: Self-sovereign identity and the public sector. In *6. Fachtagung Rechts- und Verwaltungsinformatik (RVI 2023)* (S. 42–54). Bonn

Roßnagel, H., Zibuschka, J., Hinz, O., & Muntermann, J. (2014). Users' willingness to pay for web identity management systems. *European Journal of Information Systems, 23*(1), 36–50.

Schardong, F., & Custódio, R. (2022). Self-sovereign identity: A systematic review, mapping and taxonomy. *Sensors, 22*(15), 5641.

Talmar, M., Walrave, B., Podoynitsyna, K. S., Holmström, J., & Romme, A. G. L. (2020). Mapping, analyzing and designing innovation ecosystems: The Ecosystem Pie Model. *Long Range Planning, 53*(4), 101850.

Tan, K. L., Chi, C. H., & Lam, K. Y. (2023). Survey on digital sovereignty and identity: From digitization to digitalization. *ACM Computing Surveys, 56*(3), 1–36.

Teece, D. J. (1986). Profiting from technological innovation: Implications for integration, collaboration, licensing and public policy. *Research Policy, 15*(6), 285–305.

Toth, K. C., & Anderson-Priddy, A. (2019). Self-sovereign digital identity: A paradigm shift for identity. *IEEE Security & Privacy, 17*(3), 17–27.

Tschirsich, M. (2022). *Praktischer Angriff auf Video-Ident*. Version 1.2. Chaos Computer Club. https://www.ccc.de/system/uploads/329/original/Angriff_auf_Video-Ident_v1.2.pdf. Zugegriffen am 11.09.2024.

VDG. (2017). *Vertrauensdienstegesetz*. Vertrauensdienstegesetz vom 18. Juli 2017 (BGBl. I S. 2745), das durch Artikel 2 des Gesetzes vom 18. Juli 2017 (BGBl. I S. 2745) geändert worden ist. https://www.gesetze-im-internet.de/vdg/BJNR274510017.html. Zugegriffen am 11.09.2024.

White, O., Madgavkar, A., Manyika, J., Mahajan, D., Bughin, J., McCarthy, M., & Sperling, O. (2019). *Digital identification: A key to inclusive growth*. McKinsey Global Institute.

Zibuschka, J., & Roßnagel, H. (2012). Stakeholder economics of identity management infrastructures for the web. In *Proceedings of the 17th Nordic Workshop on Secure IT Systems (NordSec 2012). Karlskrone, Sweden* (Vol. 38)

Open Access Dieses Kapitel wird unter der Creative Commons Namensnennung 4.0 International Lizenz (http://creativecommons.org/licenses/by/4.0/deed.de) veröffentlicht, welche die Nutzung, Vervielfältigung, Bearbeitung, Verbreitung und Wiedergabe in jeglichem Medium und Format erlaubt, sofern Sie den/die ursprünglichen Autor(en) und die Quelle ordnungsgemäß nennen, einen Link zur Creative Commons Lizenz beifügen und angeben, ob Änderungen vorgenommen wurden.

Die in diesem Kapitel enthaltenen Bilder und sonstiges Drittmaterial unterliegen ebenfalls der genannten Creative Commons Lizenz, sofern sich aus der Abbildungslegende nichts anderes ergibt. Sofern das betreffende Material nicht unter der genannten Creative Commons Lizenz steht und die betreffende Handlung nicht nach gesetzlichen Vorschriften erlaubt ist, ist für die oben aufgeführten Weiterverwendungen des Materials die Einwilligung des jeweiligen Rechteinhabers einzuholen.

Digitale Transformation aus Sicht der Verwaltung: Erkenntnisse aus Leipzig und Dresden

7

Marianna Rovner und Stefan Handke

Zusammenfassung

Für die erfolgreiche digitale Transformation in der öffentlichen Verwaltung spielt das Verwaltungspersonal eine zentrale Rolle, da es unmittelbar mit der Anwendung und Nutzung digitaler Mittel und digitalisierter Prozesse betraut ist. Entscheidend sind dabei deren Wahrnehmungen, Eindrücke und Einstellungen zu „der Digitalisierung" im Amtsarbeitsalltag. Aus durchgeführten Befragungen in den Stadtverwaltungen Leipzig und Dresden stellt dieses Kapitel empirische Ergebnisse vor und formuliert Schlussfolgerungen zur Verwaltungsdigitalisierung und Nutzendenzufriedenheit.

Schlüsselwörter

Akzeptanz · Digitale Verwaltung · Nutzendenzufriedenheit · Verwaltungsdigitalisierung · Verwaltungspersonal

1 Einleitung

Die digitale Transformation als umfassende Reform hin zu einer modernen öffentlichen Verwaltung (Döhler, 2019; Handke, 2021; Klenk et al., 2020; Mergel, 2019) ist in Deutschland eine fortwährende Herausforderung. Trotz wichtiger Fortschritte – darunter gesetzlichen Grundlagen oder neuen Technologien wie die Einführung digitaler Nachweise – er-

---

M. Rovner (✉) · S. Handke
Hochschule für Technik und Wirtschaft Dresden, Dresden, Deutschland
E-Mail: marianna.rovner@htw-dresden.de; stefan.handke@htw-dresden.de

© Der/die Autor(en) 2025
J. Anke et al. (Hrsg.), *Digitale Identitäten und Nachweise*,
https://doi.org/10.1007/978-3-658-47708-0_7

scheint die Digitalisierung in vielerlei Hinsicht problembehaftet, zum Beispiel bei breitenwirksamer und medienbruchfreier Nutzung digitaler Mittel in Ämtern (next:public, 2023) oder bei der grundsätzlichen Implementierung von digitalen Tools im Arbeitsumfeld von Behörden (Funke, 2022). Insbesondere im Bereich der Bürgerdienste und der öffentlichen Verwaltung treten vermehrt Digitalisierungsprobleme auf (Initiative D21, 2024). Darüber hinaus bleiben angebotene Online-Verwaltungsdienste von den Adressat*innen häufig ungenutzt, als ein Phänomen der digitalen Nutzungslücke (Initiative D21, 2023). So werden aus Politik, Wirtschaft und Gesellschaft zunehmend Forderungen und Erwartungen laut, diese Entwicklung neu zu steuern und Digitalisierungslücken in der öffentlichen Verwaltung zu schließen (Deutscher Bundestag, 2023; Rovner & Handke, 2023).

Laut der Digitalstrategie der amtierenden Bundesregierung soll die Verwaltung „konsequent aus der Nutzerinnen- und Nutzerperspektive gedacht" werden (BMDV, 2022, S. 9). Abseits der operativen Bereitstellung von geeigneter Hard- und Softwaretechnik rückt also die *Rolle der Nutzenden und Anwendenden von „der Digitalisierung" im praktischen (Arbeits-)Alltag* in den Vordergrund: Hier geht es sowohl um Bürger*innen als externe Nutzende als auch um Verwaltungsmitarbeitende als interne Anwendende in Behörden und Ämtern. Im Rahmen der hier fokussierten *Binnenperspektive kommunaler Verwaltungsbeschäftigter* lassen sich verschiedene Fragestellungen formulieren: (Wie) werden digitale Anwendungen in Verwaltungen intern akzeptiert? Wie steht es um die Zufriedenheit und das Vertrauen gegenüber digitalen Verwaltungsservices? Was ergibt sich mit der Verwaltungsdigitalisierung für die Interaktion mit Bürger*innen? Und was halten die Verwaltungsbeschäftigten eigentlich grundsätzlich von der Verwaltungsdigitalisierung? Um solchen Fragen tiefer gehend und problemlösungsorientiert begegnen zu können, bedarf es praxisorientierter Forschung. Im Projekt ID-Ideal wurden empirische Befragungen in den Kommunalverwaltungen Leipzigs und Dresdens durchgeführt[1] – mit dem Ziel, aus Perspektive der Mitarbeitenden mehr über ihre Erfahrungen, Haltungen und Wahrnehmungen sowie Erwartungen und Befürchtungen hinsichtlich der Verwaltungsdigitalisierung zu erfahren und zu verstehen. Beginnend mit einer Einführung zur Rolle und zum Verständnis der Institution der öffentlichen Verwaltung im Kontext der digitalen Transformation, stellt dieser Beitrag den anwendungsorientierten Forschungsrahmen der Befragung vor. Im Anschluss werden Ergebnisse der beiden Fälle präsentiert und gemeinsam diskutiert. Der Beitrag schließt mit Schlussfolgerungen und Handlungsperspektiven zur Verwaltungsdigitalisierung, Akzeptanz und Nutzendenzufriedenheit.

---

[1] Die Befragungen erfolgten im Jahr 2023 durch die HTW Dresden im Rahmen des Projekts ID-Ideal, gefördert vom Bundesministerium für Wirtschaft und Klimaschutz im Schaufensterprogramm ‚Sichere Digitale Identitäten' (erste Ergebnisse vgl. Rovner & Handke, 2023). Das Forschungsdesign wird im Detail in Kap. 3 vorgestellt.

2 Die öffentliche Verwaltung im Digitalisierungskontext

Die öffentliche Verwaltung als Institution ist mit ihren Organisationen und Behörden wesentlich für die Umsetzung und den Vollzug politischer und rechtlicher Entscheidungen, Regularien und Vorschriften verantwortlich (Döhler, 2019). Sie steht in ihrer Rolle als zentrale Implementationsinstanz im politisch-administrativen System im Fokus der staatlichen Handlungs- und Problemlösungsfähigkeit. Dabei zeigt sich die Spannweite bereits in den Ressorts von Ämtern und Dezernaten – von Ordnungsamt bis Baubehörde, von Wahlamt bis zum Kulturdezernat. Ebenso betrifft ihr Handlungsrahmen unterschiedlichste Bereiche und Handlungsfelder: Von der Ausstellung von Ausweisdokumenten und Nachweisen, über die Prüfung von diversen administrativen Anträgen, bis hin zur Bereit- und Sicherstellung allgemeiner Leistungen der örtlichen Daseinsvorsorge. Durch die Verwaltung haben die Menschen daher mit „dem Staat" zu tun (Seibel, 2017, S. 133). Bürger*innen kommen mit der öffentlichen Verwaltung als unmittelbarer Kontaktfläche in Berührung, vor allem auf lokaler Ebene (Brandenstein & Strüngmann, 2016). Rückstände in Digitalisierungs- und Modernisierungsprozessen betreffen somit sowohl die verwaltungsinternen Abläufe als auch die verwaltungsexterne Kommunikation und Interaktion mit Bürger*innen. In ihren verschiedenen Zuständigkeiten wird sich die Verwaltung *langfristig und ganzheitlich digitaler* aufstellen müssen; nicht nur in Krisenzeiten, sondern *vor allem in ihrer alltäglichen Aufgaben- und Prozessbearbeitung*.

Studien zufolge besteht in Deutschland bei den Bürger*innen ein klarer Anspruch, der Staat möge die Modernisierung und Digitalisierung des öffentlichen Dienstes vorantreiben (dbb, 2023b). Zuletzt sollte mit dem Onlinezugangsgesetz (OZG) die öffentliche Verwaltung bis Ende 2022 in ein digitales Zeitalter katapultiert werden (Kuhn, 2022; Mergel, 2019). Der Versuch eines großen Wurfs scheiterte jedoch – im Februar 2024 wurde daher mit dem Gesetz zur Änderung des OZG (OZGÄndG) vom Bundestag eine Novelle beschlossen (das OZG 2.0), als neu angepasster Rahmen für die Digitalisierung der Verwaltung (BMI, 2024). Weshalb ist die große digitale Transformation mit beinahe 600 OZG-Leistungen aber (noch) nicht gelungen? Mitverantwortlich waren rechtliche Hürden und die technische Komplexität. Vor allem aber haben die Verpflichtungen aus dem Gesetz die Beschäftigten im öffentlichen Dienst und damit die einzelnen Organisationen überfordert (dbb, 2023a). Zwar konnten Anträge in den jeweiligen Leistungsbereichen oft digital gestellt werden, allerdings endete das digitale Vorgehen vielfach abrupt an Stellen nicht-automatisierter Prozesse in den Behörden. Digitalisierungschancen bleiben in Verwaltungsbehörden noch vielfach ungenutzt (next:public, 2023). Das ganzheitliche Ziel, analoge Verwaltungsleistungen in digitalisierte Verfahren zu transformieren, kann hierbei nicht ohne die Berücksichtigung institutioneller und organisatorischer Verwaltungsvorgänge und -strukturen erreicht werden. Um jene in ihrer Logik besser nachvollziehen zu können, bedarf es eines Blicks auf die institutionellen Gegebenheiten und das Umfeld der öffentlichen Verwaltung.

Behörden und Ämter stellen als Organisationen *soziale Gebilde mit institutionalisierten Normen und Werten* dar, welche den formellen und informellen Kontext von Verwaltungshandeln und -entscheidungen prägen und formen (Behnke, 2005; Derlien et al., 2011; Jann, 2006; Seibel, 2017). Ein wesentliches Charakteristikum des Verwaltungshandelns in Deutschland ist das der Bürokratie – die neutrale und fachgerechte, zweck- und zielorientierte Erfüllung von Aufgaben als Ergebnis von Entscheidungsprozessen durch geschultes und befähigtes Personal (Bach, 2021; Derlien et al., 2011; Döhler, 2019; Seibel, 2017). So ist diese Art einer rationalen, routinierten Bearbeitung (Luhmann, 2018) verschiedener Aufgabenfelder und administrativer Leistungen keineswegs ein Problem an sich. Missstände können allerdings entstehen, wenn die äußeren Dynamiken und Bedarfe nicht richtig zu der ihr zugrunde liegenden internen Erledigung und Bearbeitung passen. Eine solche Diskrepanz wird im Zuge der digitalen Transformationsentwicklungen deutlich. Die bürokratischen Merkmale von Schriftformerfordernis und Aktenkundigkeit in Verwaltungen (Seibel, 2017) werden sinnbildlich oft genannt, wenn es um eine Form der Arbeitserledigung geht, die einem Digitalisierungsprogress im Wege steht. Auch sind agile dynamische Arbeitsweisen im Verwaltungsalltag noch weniger verbreitet (next:public, 2023). Jene Eigenschaften sind mit ein Grund dafür, dass die öffentliche Verwaltung oft mit einem negativ konnotierten, inflexiblen und überkomplexen Image der „langsam mahlenden Mühlen der Bürokratie" konfrontiert ist (Grunow & Strüngmann, 2008; Handke, 2021; Seibel, 2017; Seibel et al., 2022; Strüngmann, 2020). Dem gegenüber stehen Schnelligkeit, Flexibilität und Transformationsdynamik von Digitalisierung – bei technischen und technologischen Entwicklungen, gesellschaftlichen Ansprüchen, politischen Anforderungen und wirtschaftlichen Bedarfen.

Studienergebnisse weisen darauf hin, dass die administrative Struktur und Kultur das Tempo und den Erfolg von Digitalisierungsvorhaben im öffentlichen Staatswesen maßgeblich (mit) beeinflussen (Funke, 2022). Weil dafür Innovationsoffenheit und Anpassungsfähigkeit nötig sind, bedarf es für die Einführung digitalisierter Arbeitsabläufe in Behördenstrukturen eines institutionellen Wandels (Handke, 2021). Es geht nicht nur um operative Veränderungen, sondern um die Bereitschaft und Fähigkeit zu Reformen in der Verwaltungskultur, den dortigen gewohnten Abläufen sowie in den Verhaltensweisen des Verwaltungspersonals (Mergel, 2019; Möltgen-Sicking & Winter, 2018; Seibel, 2017). An diese Logik knüpft das Projekt ID-Ideal an, das Digitalisierungsvorhaben unter Einbezug behördeninterner Abläufe analysierte. Die hier vorgestellte Feldforschung in den Kommunen Leipzig und Dresden fokussiert die behördeninterne Perspektive zur Verwaltungsdigitalisierung aus der Sicht der Verwaltungsbeschäftigten.

3 Befragungen in den Stadtverwaltungen Leipzig und Dresden

Die qualitative Befragung von Mitarbeitenden der Kommunalverwaltung in Leipzig und Dresden behandelte das Thema der Verwaltungsdigitalisierung. Die adressierte Zielgruppe war vor allem jener Teil der Beschäftigten, der einer überwiegenden Bürotätigkeit nachgeht und somit mit „der Digitalisierung" in der eigenen Behördenarbeit im Berufsalltag konfrontiert ist. Die Onlineumfragen wurden jeweils in den Stadtverwaltungen über einen mehrwöchigen Zeitraum durchgeführt. Eine erste, kleinere Befragung in den beiden Städten erfolgte Ende 2021. Die hier vorgestellten Ergebnisse entstammen den im Jahr 2023 durchgeführten Folgebefragungen: in Leipzig im Februar und März, in Dresden im August und September. In beiden Städten waren die jeweiligen Links zu den Befragungen in einem Posting auf der städtischen Intranetseite grundsätzlich für das gesamte städtische Behördenpersonal[2] für einen Zeitraum von vier Wochen zugänglich. Die Teilnahme an den Befragungen war freiwillig und vollständig anonym.

Die Anzahl der Teilnehmenden an der Befragung betrug in Leipzig n = 267, wovon 190 den Fragebogen vollständig ausfüllten und 77 teilweise. In Dresden lag die Anzahl bei n = 1189, davon 831 vollständig ausgefüllte und 358 teilweise ausgefüllte Datensätze. Für die statistische Auswertung aller geschlossenen Fragen der Umfrage sind die berücksichtigten Stichproben im Fall Leipzig 190, im Fall Dresden 831. Die Auswertungen der offenen Textfragen hingegen waren von diesen beiden Stichproben losgelöst: Sie dienten zuvorderst dem Zweck, Raum für die Mitteilung persönlicher Erfahrungen und Wahrnehmungen zu schaffen sowie die Aussagen quantitativ berechneter Zusammenhänge durch qualitative Schilderungen zu ergänzen (Rovner & Handke, 2023). Die Freitextantworten aus den Datensätzen wurden separat mit der Methodik kategoriengeleiteter qualitativer Inhaltsanalyse ausgewertet.

Der Online-Fragebogen beinhaltete insgesamt 19 Fragen. Darunter waren Einschätzungsfragen auf einer Likert-Skala (von „1 - sehr gering" bis „5 - sehr hoch"), Fragen mit vorgegebenen Antwortkategorien (teils mit Mehrfachauswahl) und zwei offene Fragen für Freitextantworten. Für beide Fälle waren die Fragenreihenfolgen und die Formulierungen im Wesentlichen identisch, bis auf kleinere Abwandlungen in Antwortformulierungen zu soziodemografischen Angaben und der Amtszugehörigkeit. Strukturiert war der Fragebogen nach *inhaltlichen Blöcken*: Die öffentliche Verwaltung allgemein, der eigene Verwaltungs- bzw. Arbeitsbereich und die sichere digitale Identität im Kontext von selbstsouveränen oder selbstbestimmten digitalen Identitäten (SSI). Im Rahmen des Projekts bildete SSI einen Teil dieser Befragung, beim Thema Verwaltungsdigitalisierung steht es allerdings derzeit nicht zentral im Mittelpunkt. Gründe dafür liegen mitunter in fachlichen, organisatorischen oder technischen Hindernissen in der Verwaltungspraxis (Biedermann et al., 2023). Im Folgenden werden zunächst Ergebnisse[3] für die beiden Fälle einzeln skizziert, ehe die verknüpfte Auswertung und Interpretation für beide Kommunen erfolgt.

---

[2] Im Rahmen des Forschungsdesigns ist für N lediglich zu schätzen, wie viele Personen insgesamt auf die jeweiligen städtischen Infopostings Zugriff hatten und/oder über andere Wege intern im Amt davon erfuhren.

[3] Die statistische Auswertung der Datensätze erfolgte in SPSS, Excel und LimeSurvey. Die gezeigten Grafiken wurden darin berechnet und daraus exportiert. Die angegebenen Prozentangaben sind auf eine Nachkommastelle gerundet.

3.1 Ergebnisse im Fall Leipzig

Die Verwaltungsdigitalisierung erweist sich in der praktischen Umsetzung häufig als problematisch – dabei sollen durch sie ja eigentlich eine Modernisierung und Verbesserung der Arbeitsabläufe in der Verwaltung sowie in der Interaktion mit Bürger*innen verwirklicht werden. Auf die Frage danach, wie sich der Arbeitsaufwand durch digitale Anwendungen und digitalisierte Prozesse entwickeln werde, zeigt sich im Fall Leipzig in der Tendenz eine mehrheitlich positive Erwartung. Rund 30 % der Befragten schätzen dies als „eher entlastend" ein, über 13 % sogar „stark entlastend". Hemmnisse für die Digitalisierung sehen die Befragten mehrheitlich in der Anpassung an Ablauf und Organisation in Amtsstrukturen (rund 62 %), in Bürokratie und rechtlichen Hürden (rund 57 %) sowie in fehlender und/oder nicht geeigneter technischer Ausstattung (rund 57 %). In der Kompetenz der Mitarbeitenden sieht mit 49,5 % beinahe die Hälfte der Befragten ein Hemmnis, mit etwas Abstand dazu in der Qualifizierung der Führungskräfte (39,5 %). Mit 9,5 % Zustimmung wird die Akzeptanz der externen Anwendenden als das geringste bzw. kaum als Hemmnis wahrgenommen.

Während rund zwei Drittel der Befragten mehrheitlich angibt, dass sie mit SSI „gar nicht vertraut" (rund 43 %) oder nur „wenig vertraut" (22,5 %) sind, schätzen zugleich insgesamt rund 62 % der Befragten die Relevanz einer digitalen Identität als tendenziell „eher hoch" oder „sehr hoch" für die Leistungen der Verwaltung ein (Abb. 7.1). Diese Erkenntnis ist insofern bemerkenswert, da sie der These widerspricht, dass es notwendigerweise guter Kenntnisse und einer Nachvollziehbarkeit der digitalen Identität bedarf, um mit SSI-basierten Verwaltungsleistungen und ihrer Relevanz vertraut zu sein.

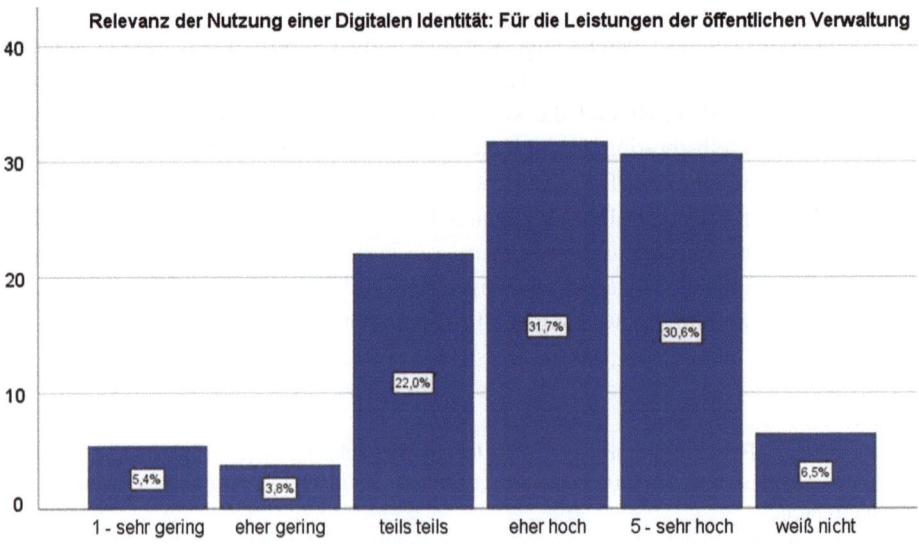

Abb. 7.1 Einschätzung der Relevanz einer sicheren digitalen Identität für die Verwaltung, Leipzig

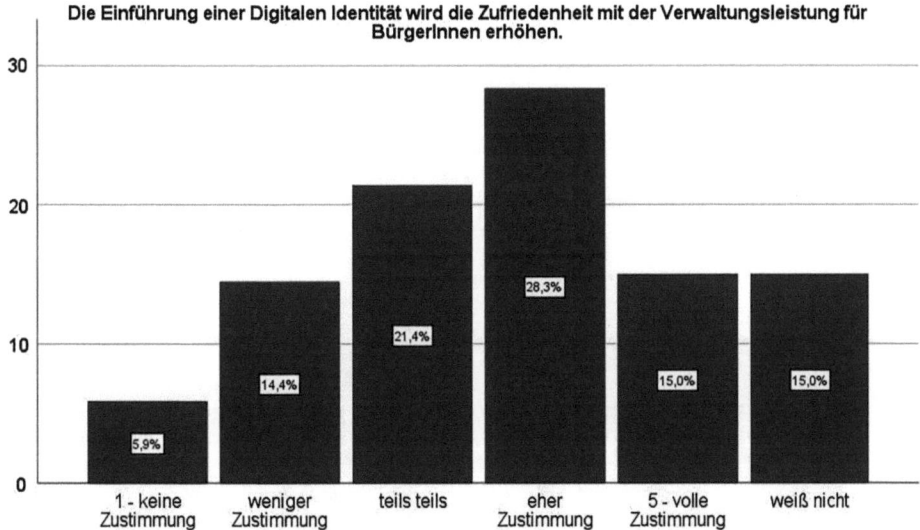

Abb. 7.2 Einschätzung zur Zufriedenheit mit der Verwaltung durch eine sichere digitale Identität, Leipzig

In diesem Zusammenhang lassen sich die Einschätzungen zur Aussage, die Einführung einer digitalen Identität werde die Zufriedenheit mit der Verwaltungsleistung für Bürger*innen erhöhen, hinzuziehen (Abb. 7.2): Die Ergebnisse hierzu zeigen eine skeptische, aber in der Tendenz eher zustimmende Haltung. Auffällig ist die analoge Zuordnung zu den Kategorien „volle Zustimmung" und „weiß nicht". Die hier offenbar bestehende Unsicherheit unterstreicht den aufgeführten Befund über das mehrheitlich (sehr) geringe Wissen zum Thema digitaler Identität.

3.2 Ergebnisse im Fall Dresden

Die Befragungsergebnisse in Dresden liefern ebenfalls deutliche Hinweise zu den Wahrnehmungen der Verwaltungsmitarbeitenden gegenüber der Verwaltungsdigitalisierung. Bei der Frage nach einer Einschätzung des Zusammenhangs von Arbeitsaufwand und Digitalisierung zeigt sich ein geteiltes Bild: Knapp ein Drittel der Befragten (rund 29 %) verortet sich bei der Frage nach Ent- oder Belastung mittig („teils teils"). In der Tendenz ist dies verglichen mit den Ergebnissen in Leipzig eine etwas skeptischere Einschätzung, wenngleich die Gesamtverteilung auch hier hin zu „eher entlastend" geneigt ist (Abb. 7.3).

Bei den Hemmnissen zur Digitalisierung stehen vor allem Bürokratie und rechtliche Hürden (für 62 %), Anpassung an Ablauf und Organisation in Amtsstrukturen (für rund 61 %) und technische Ausstattungen (für rund 61 %) im Vordergrund. Beinahe die Hälfte der Befragten sieht eine Hürde in den Kompetenzen der Mitarbeitenden (rund 49 %),

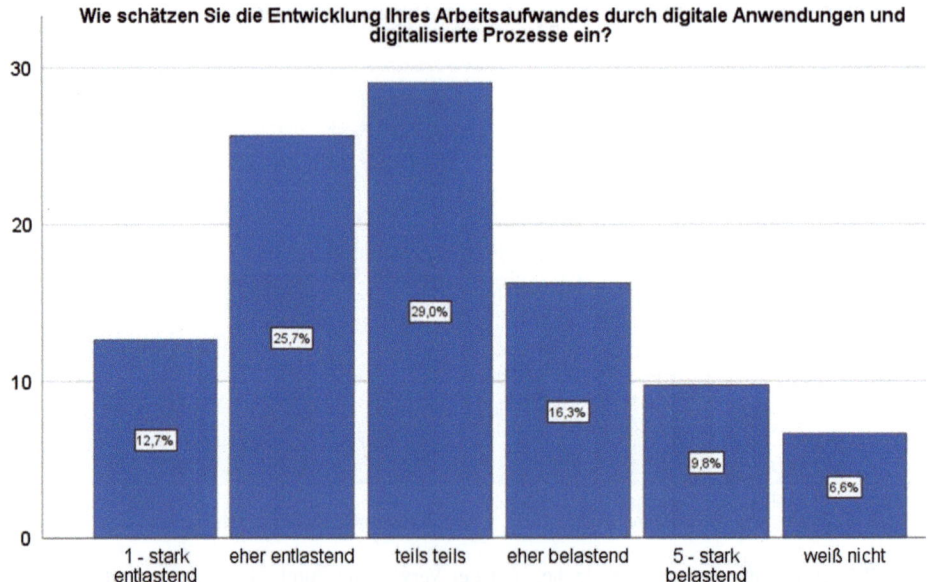

Abb. 7.3 Einschätzung zur Entwicklung des Arbeitsaufwandes durch Digitalisierung, Dresden

einen um zwölf Prozentpunkte geringeren Anteil in der Qualifikation der Führungskräfte (rund 37 %). Mit rund elf Prozent ist die externe Akzeptanz von Nutzenden auch hier kein nennenswert wahrgenommenes Hemmnis.

Mit dem Thema SSI zeigt sich im Fall Dresden ebenfalls über zwei Drittel der Befragten „sehr wenig vertraut" (rund 49 %) oder „wenig vertraut" (20 %). Trotzdem stimmen auch hier insgesamt rund 35 % „voll" oder „eher" der Aussage zu, dass die Einführung einer digitalen Identität die Zufriedenheit mit Verwaltungsleistungen bei den Bürger*innen erhöhen wird. Zugleich verorten sich rund 19 % bei der Antwortoption „weiß nicht". Insbesondere die vergleichsweise hohe Zuordnung zu dieser letzten Kategorie unterstreicht auch für diesen Fall, dass offenbar eine Wissenslücke besteht und weitere Überzeugungs- und Vermittlungsarbeit in Bezug auf Wissen und Kenntnisstand zu digitaler Identität allgemein, aber auch speziell für die Verwaltungspraxis, benötigt wird. An den Befund zum Wissensstand über SSI schließen die Antworten bezüglich der dazugehörigen Use-Cases an (Abb. 7.4): Die kommunalen digitalen Anwendungsfälle sind beim eigenen städtischen Personal mehrheitlich wenig angekommen, trotz Öffentlichkeitsarbeit und Testmanagement.

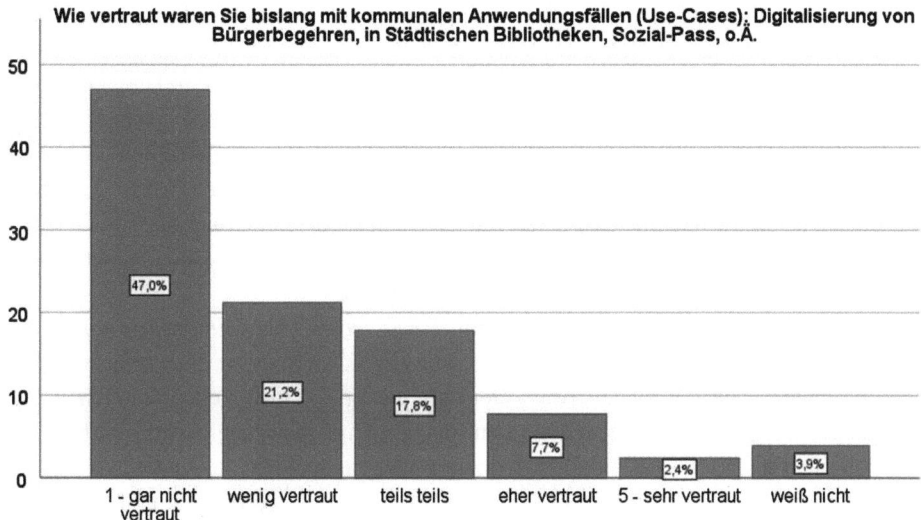

Abb. 7.4 Vertrautheit mit kommunalen digitalen Use-Cases, Dresden

4 Diskussion

Nach der Darstellung der Einzelergebnisse für die beiden Kommunen widmet sich das folgende Kapitel den inhaltlichen Schnittmengen. Zusammengefasst lässt sich für beide Fälle eine grundsätzlich innovationsoffene Einstellung gegenüber der digitalen Transformation der Verwaltung erkennen. Diese ist verbunden mit einer *tendenziell optimistischen Erwartung für die Arbeitspraxis durch Digitalisierung*, wenngleich hierzu *auch skeptische Wahrnehmungen* bestehen. Dies passt zum derzeitigen gesellschaftlichen Bild von der fortschreitenden Digitalisierung in Deutschland, wo positiv-optimistische Sichtweisen und ablehnend-skeptische Haltungen einander gegenüberstehen (Initiative D21, 2024). *Hemmnisse* werden vor allem *innerhalb der Verwaltung* gesehen – bei ihren Binnenstrukturen, Abläufen und den personellen Kompetenzen. Facetten von Bürokratiekritik zeigen sich ebenfalls darin. Bestimmte Anforderungen und Bedarfe werden für interne und externe Nutzende unterschieden (zwischen Verwaltungsakteuren und Bürger*innen). Des Weiteren besteht eine *geringe Vertrautheit mit SSI bei zugleich hoher empfundener Wichtigkeit der sicheren digitalen Identität*. Die fehlende Kenntnis in diesem Bereich spiegelt sich auch in anderen Studien wider, wie beim Wissen zum Online-Ausweis. Dies lehnt an den Umstand an, dass „Hebelprojekte wie die digitalen Identitäten bislang keinen Durchbruch erzielen konnten" (Initiative D21, 2023, S. 5). In der Folge ist anzunehmen, dass dies mit Auswirkungen auf die (Nicht-)Akzeptanz von digitalen Identitätslösungen verbunden ist.

Für beide Fälle hervorzuheben ist das Ergebnis zur *Selbsteinschätzung der eigenen Digitalkompetenz*: 70,5 % in Dresden und rund 79 % der Befragten in Leipzig schätzen die jeweils eigene Digitalkompetenz, also das Wissen und die Fähigkeiten im Umgang mit digitalen Anwendungen im beruflichen Kontext, als insgesamt „hoch" oder „sehr hoch" ein. Im Vergleich zu dieser überzeugten Selbstwahrnehmung ist der Unterschied zu Fremdwahrnehmungen von Digitalkompetenzen überaus deutlich: Gegenüber den Kolleg*innen im Amt (in der Tendenz mittelmäßig mit rund 47 % in Leipzig und rund 50 % in Dresden) und etwas weniger abfallend gegenüber den Führungskräften, so werden Andere insgesamt als weit weniger digitalkompetent wahrgenommen.

In beiden Kommunen ist der Befund zum *Fokus auf die Verwaltungsinstitution, ihre Strukturen und ihr Personal* bei der Verwaltungsdigitalisierung zu unterstreichen. Dies wird besonders deutlich in den Antworten auf die Frage, in welchen Bereichen Veränderungen vorgenommen werden müssen, um die Digitalisierung voranzutreiben: Sowohl für den Fall Dresden als auch für Leipzig stehen maßgeblich die Anpassung von Organisation und Prozessen (beide Fälle rund 88 %) sowie von Information und Kommunikation (beide rund 70 %) im Vordergrund. Klare Ähnlichkeiten zeigen sich ebenso bei dem wahrgenommenen Bedarf nach Investitionen in Weiterbildung (Leipzig 70,5 %, Dresden rund 67 %) und nach einer Zusammenarbeit innerhalb der Ämter (Leipzig rund 69 %, Dresden 73,5 %).

Ähnlich analoge Ergebnisse zeigen sich in der Frage danach, welche *Elemente der Verwaltungsmodernisierung für Bürger*innen aus Sicht der Verwaltungsmitarbeitenden* als besonders wichtig empfunden werden (Abb. 7.5). Hier offenbart sich klar der starke Fokus hin zu einer digitalen Behörde und Verwaltung – allerdings ohne, dass die Erreichbarkeit vor Ort zum Verwaltungspersonal wegfällt. Für einen leistungsfähigen öffentlichen Dienst

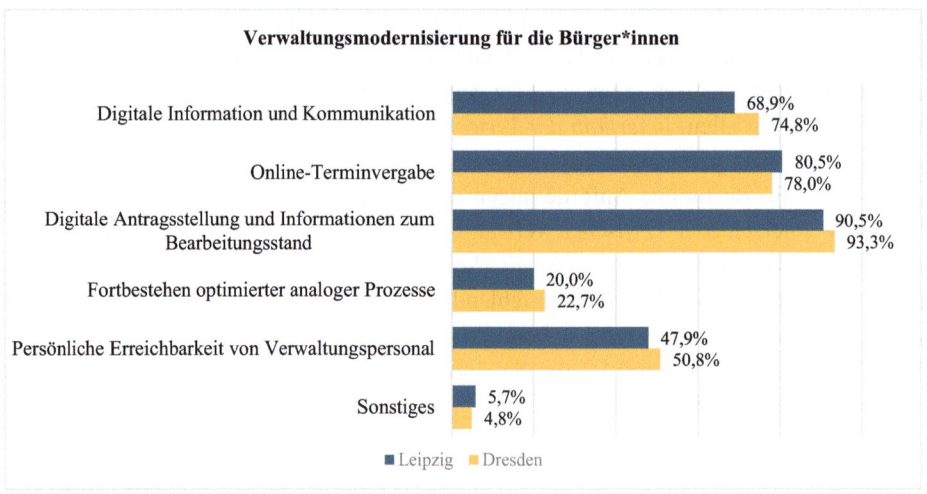

Abb. 7.5 Elemente der Verwaltungsmodernisierung für Bürger*innen aus Sicht der Verwaltungsbeschäftigten, Leipzig und Dresden

zeigen die Ergebnisse (in beiden Fällen rund die Hälfte der Befragten), dass neben sämtlichen digitalen Bedarfen *der persönliche Kontakt mit der öffentlichen Verwaltung nach wie vor gewünscht* bleibt. Auch andere Studienergebnisse belegen dies (dbb, 2023b). Hingegen wird optimierten Analogprozessen keine wegweisende Bedeutung im Modernisierungsprozess zugewiesen. Diese Wahrnehmungen adressieren sowohl die Frage nach der künftigen Gestaltung von Bürger*innenkontaktoptionen als auch das Selbstverständnis der Verwaltung als Institution und der ihr zugrunde liegenden Verwaltungskultur.

Die Erkenntnis, dass es in der digitalen Transformation weder mit Gesetzesinstrumenten allein noch mit reiner Bereitstellung digitaler Optionen getan ist (Mergel, 2019), kann weiterführend anhand der Freitextantworten[4] illustriert werden. In beiden Fällen beschreiben die Befragten teilweise sehr detailliert bestimmte digitale (oder eben auch nicht digitale oder digitalisierte) Arbeitsvorgänge und -prozesse ihres Amtsalltags, oft im Spannungsfeld von Gesetzesregularien zu Digitalisierungsreformen und deren schwieriger oder fehlender praktischer Umsetzung. Es finden sich weiterhin ausführliche Schilderungen zu Problemen durch analoge und digitale Parallelprozesse oder damit verbundenen Mehraufwand. Geeignete Technik sei zwar selbstverständlich notwendig, bedeute allerdings allein längst nicht die angestrebten Verbesserungen durch Digitalisierung für die Mitarbeitenden in ihrer Behördenarbeit. Gleichzeitig finden sich in beiden Kommunen auch zahlreiche positive Eindrücke zur Arbeitsplatz- und Nutzendenzufriedenheit – mitunter zu einem fortschreitend agileren Arbeitsmodus, Erleichterungen durch mobiles Arbeiten, erfolgreich digitalisierten Prozessen und gut implementierten technischen Lösungen. Hervorzuheben ist weiterhin, dass in beiden Fällen vermehrt auf die *Wirkung des Verwaltungsauftretens in der Außenwahrnehmung* Bezug genommen wird. Dies spricht deutlich in Richtung Fragen zur Akzeptanz der öffentlichen Verwaltung, geht doch die Zufriedenheit mit (digitalem) Verwaltungshandeln wesentlich mit persönlichen Erfahrungen einher (Strüngmann, 2020). Die nachfolgend aufgeführten Freitextantworten illustrieren, wie die *Auswirkungen der Digitalisierung in der täglichen Arbeit* im Amt wahrgenommen werden:

- „Sie spart Zeit, bringt manchmal aber auch Mehrarbeit mit sich. […] Innerhalb des Kollegiums haben sich schlichtweg die Arbeitsmittel der Kommunikation verändert, nicht aber die Beziehungen untereinander. […] Es macht die Mitarbeiter einfach zufriedener und das spiegelt sich in den Ergebnissen. Die Interaktion zum Bürger hat sich distanziert." (Dresden)
- „Unausgewogen. Arbeitserleichterungen stehen hohe Aufwände durch nicht passende, anfällige Software entgegen – Doppelarbeit, da die Prozesse nicht gereift sind […].

---

[4] Im Rahmen der qualitativen Auswertung der offenen Freitextfragen konnten für beide Fälle vier Hauptkategorien herausgearbeitet werden: Arbeitsprozesse; Kommunikation und Führung; Technik; (Wohl-)Befinden am Arbeitsplatz. Die Freitextantworten wurden im Zuge der Datenaufbereitung auf formale Fehler in Rechtschreibung und Zeichensetzung hin bereinigt.

Digitalisiert man einen schlechten Prozess – erhält man/frau einen schlecht digitalisierten Prozess." (Leipzig)
- „Der persönliche Kontakt der Kollegen untereinander nimmt ab, weil keine Papierakten mehr herumgetragen werden und man sich nicht mehr am Drucker trifft." (Dresden)
- „Keine Vernetzung der Ämter, zu wenig Weiterbildung." (Leipzig)
- „Durch schnellere Erreichbarkeit bei den Bürgern entsteht eine bessere Beziehung zur Verwaltung." (Dresden)
- „Mittlerweile haben wir fast vollständig digitalisiert, Erleichterungen in der täglichen Arbeit, Qualität und Quantität sehr hoch, insgesamt sehr positive Auswirkungen." (Leipzig)
- „[…] Es arbeiten einzelne Führungskräfte an Strategien der Digitalisierung ohne Praxisrelevanz. Diese holen fast nie die Nutzer ins Boot oder setzen sie vor vollendete Tatsachen, weil man entweder nicht hören will, dass die eigene Idee nicht so toll ist, oder der Prozess der Abstimmung ist ihnen zu anstrengend." (Dresden)
- „Sowohl intern als auch extern sind durch die Digitalisierung viel kürzere Bearbeitungszeiten möglich. Dies bedeutet im Umkehrschluss zufriedenere Bürgerinnen und Bürger (lange Wartezeiten entfallen), besseres Arbeitsklima, eigene Zufriedenheit ist viel größer." (Leipzig)

Ein Ergebnis kann letztlich sowohl die hier eingenommene Verwaltungsbinnenperspektive in ihrer Relevanz an sich als auch die Umstände für den Vorgang der Verwaltungsdigitalisierung deutlich unterstreichen: nämlich die aktive Rolle von Verwaltungsmitarbeitenden für die digitale Verwaltungstransformation. Zu den wichtigsten Antrieben für die Digitalisierung im Amt zählen die Befragten vordergründig das *individuelle Engagement* (Leipzig rund 47 %, Dresden rund 45 %) sowie die Erwartungen verwaltungsinterner Personen und Führungskräfte (Leipzig rund 51 %, Dresden rund 43 %). Das Behördenpersonal ist hierin entscheidend, sowohl in der Sachbearbeitung als auch auf Führungsebene. Somit ist es umso wichtiger, die Belange und Einstellungen der Mitarbeitenden zu kennen und für die digitale Transformation zu berücksichtigen, insbesondere angesichts akuter Herausforderungen durch (Fach-)Personalmangel und alterndes Personal im öffentlichen Dienst (Dose, 2023; Handke & Pidun, 2022; Statistisches Bundesamt, 2022).

5 Fazit und Handlungsperspektiven

Nach der Vorstellung der Ergebnisse aus den Befragungen unter Verwaltungsbeschäftigten der Kommunen Leipzig und Dresden widmet sich das abschließende Kapitel den folgenden Fragen: Was zeigen die Ergebnisse der Feldforschung im Projekt, hier insbesondere im Kontext der Verwaltungsdigitalisierung? Welche Handlungsperspektiven ergeben sich daraus für (Kommunal-)Verwaltungen und welche Schlussfolgerungen lassen sich auf Basis der Ergebnisse formulieren?

Ergebnisse in Bezug auf die Verwaltungsdigitalisierung
Das Projekt ID-Ideal bot ein modellartiges Umfeld, um auf kommunaler Ebene die Gegebenheiten der Verwaltungsdigitalisierung näher zu verstehen und die verwaltungsinterne Nutzendenperspektive zur digitalen Transformation zu reflektieren. Die Ergebnisse der Feldforschungen in Leipzig und Dresden zeigen sowohl positive als auch negative Haltungen und Erfahrungen im Amtsarbeitskontext. Entscheidend sind *innerinstitutionelle Verwaltungsaspekte*, wenn es um die Umsetzung und um bestehende Hürden in der (digitalen) Verwaltungsmodernisierung geht. Dies meint vor allem Arbeitsprozesse, Organisation und Kommunikation innerhalb der Verwaltung und ihrer Abläufe. Die Bereitstellung geeigneter Technik oder von Gesetzesregularien werden allein nicht als prioritär für die Digitalisierung erachtet – auf die Verwaltungsinstitution im Allgemeinen und auf ihr Verwaltungspersonal im Spezifischen kommt es an. Den Interaktionen mit den Bürger*innen wird verwaltungsintern eine hohe Bedeutung beigemessen. Neben den Anforderungen hin zur „digitalen Verwaltung" nehmen die befragten Verwaltungsbeschäftigten auch Bedarf für eine weiterhin bestehende persönliche Erreichbarkeit von Ämtern für die Bürger*innen wahr.

Eine leitende Annahme in ID-Ideal stellt ab auf das Vertrauen – notwendig für sämtliche technische Implementierung und erfolgreiche digitale Innovation. Um hierzu die verwaltungsspezifischen Abläufe und Anforderungen einzubinden, ist das klarere Verständnis über die institutionellen Belange und Einstellungen der Verwaltungsmitarbeitenden als elementare Nutzendengruppe überaus hilfreich. Mit der Feldforschung im Projekt wurde das Ziel verfolgt, die Wahrnehmungen zur Verwaltungsdigitalisierung seitens der beteiligten Verwaltungsakteure aus ihrer institutionellen Sicht konkreter einschätzen und evaluieren zu können. So ist die wissenschaftliche Interdisziplinarität eine wichtige Stärke und Ressource des Projekts: War es grundsätzlich vorwiegend technisch ausgerichtet, ergänzt die Betrachtung der öffentlichen Verwaltung wichtige Hinweise für die Nutzendenzufriedenheit sowie für das Steuerungshandeln zur Verwaltungstransformation im politisch-administrativen System (Rovner & Handke, 2023).

Mögliche Handlungsperspektiven für die (kommunalen) Verwaltungen
Auf Basis der Erkenntnisse lassen sich einige Thesen zu Handlungsperspektiven formulieren. Trotz der explorativen Betrachtung der ausgewählten Fälle Leipzig und Dresden steht eine inhaltliche Übertragbarkeit der Ergebnisse für andere Verwaltungskontexte durchaus zu vermuten.

Es gilt, die wahrgenommene hohe *Digitalkompetenz der Mitarbeitenden zu nutzen* und darauf aufzubauen (näher z. B. Catakli, 2022; Mergel, 2019). „Je stärker Digitalkompetenzen bei einer Person ausgeprägt sind, desto höher sind auch die Affinität zu und das Vertrauen in digitale Technologien" (Initiative D21, 2023, S. 15). Die Selbsteinschätzungen bergen großes Potenzial, aber auch Frustrationsgefahren: Wenn Mitarbeitende, die sich selbst für (sehr) digitalkompetent halten, mit digitalen Vorgängen überfordert sind oder damit nicht zurechtkommen, dann kann das zu Problemen in der Arbeitszufriedenheit führen. Drastische Negativfolgen wären die Verweigerung der Nutzung und Ablehnung durch Nicht-Gelingen. Im optimalen Falle sollte die implementierte digitale Technik sowohl praktikabel bedienbar sein als auch für den Arbeitsmodus der jeweils nutzenden Mitarbeitenden positiv wirken. Unterstützt werden kann das in Form von Schulungen, konstruktivem Wissensaustausch und Methoden zum digitalen Kompetenzerwerb. Dies würde letztlich auch die aktive Rolle des Verwaltungspersonals in der digitalen Verwaltungstransformation fördern.

Weiterhin muss eine *verbesserte Transparenz zu Digitalisierungszielen und -plänen der Verwaltung im Amt* und in der gesamten Stadtverwaltung aktiv geschaffen werden. Eine stärkere Rezeption und Sichtbarkeit von digitalen Anwendungen ist eine wichtige Chance für deren Akzeptanz sowie für eine umfassendere Anwendung und Nutzendenzufriedenheit. Auch in ID-Ideal zeigte sich, dass eine technisch und digital praktikable Implementation von Use-Cases nicht automatisch (amtsinterne) Sichtbarkeit und Verständnis generiert. Digitale und innovative Projekte in der Verwaltung benötigen für ihren Erfolg auch intern breitere Aufmerksamkeit.

Zudem kommt es darauf an, *Bereitschaft und Interesse für die Belange des Personals* zu zeigen – ist es doch in zentraler Umsetzungsfunktion für die Verwaltungsdigitalisierung sowie sämtliche weitere Reformprozesse in Verwaltungsstrukturen. Das Wissen darüber, welche Mitarbeitendenprofile es im Amt gibt und welche individuellen Haltungen und Erwartungen bestehen, kann wesentlich dazu beitragen, die digitale Transformation vor Ort in den Behörden mithilfe der Mitarbeitenden effektiv und akzeptanzorientiert voranzubringen. Begünstigende Voraussetzungen versprechen mitunter die Digitalkompetenzen sowie die Lust, neue Technologien und Anwendungen auszuprobieren und in den Alltag zu integrieren (Catakli, 2022; Initiative D21, 2023; next:public, 2023).

Schlussfolgerungen
Die hier vorgestellten Befragungsergebnisse aus den Kommunalverwaltungen Leipzigs und Dresdens unterstreichen, dass neben verwaltungsinternen Voraussetzungen die Eigenschaften und Einstellungen der betroffenen Adressat*innen für eine erfolgreiche Umsetzung praktischer Verwaltungsprogramme relevant sind (Jann, 2006). Verwaltungswissenschaftliche Forschung dient als wichtiges Instrument, um staatliches Handeln zur digitalen Transformation umfassender zu verstehen und ein realistisches Bild von der Verwaltung zu begreifen (Grunow, 2017; Jann, 2019; Klenk et al., 2020). Empirische Erhebungen und Befragungen mit Verwaltungspersonal auf verschiedenen Administrationsebenen (Kommune, Land, Bund) können zu dessen Verständnis einen wertvollen Beitrag leisten. Forschungsblicke sowohl auf die öffentliche Verwaltung und ihr Personal als auch auf die Wahrnehmungen der Bürgerschaft sind nötig, um der zu häufig schleppenden und krisenbehafteten Verwaltungsdigitalisierung tatsächlich problemlösungsorientiert zu begegnen. So formuliert die Digitalstrategie der Bundesregierung: „Forschung begleitet auch den Digitalisierungsprozess selbst und ermöglicht so unter anderem evidenzbasierte Regulierung" (BMDV, 2022, S. 8).

Eine weitere wichtige Erkenntnis ist der Zusammenhang zwischen Arbeitsplatzzufriedenheit und Erfolgserlebnissen gelungener Digitalisierung – und damit verbundener

Nutzendenzufriedenheit – in der Verwaltung. Die Motivation, Innovationsoffenheit und das Zutrauen positiver Erwartungen müssen gepflegt werden, es dürfen nicht vordergründig Frustrationserfahrungen gemacht werden. Zugleich ist nicht zu vergessen, dass jede (Verwaltungs-)Reform Einarbeitung und Umstellung bedeutet – die Frage ist, ob ihr Nutzen und Effekt im Verhältnis zur Belastung und Anpassung daran stehen. Für die digitale Transformation gilt: Sie muss für Verwaltungsmitarbeitende und für Bürger*innen ihren Nutzen beweisen (Dose, 2023). Dieser *Mehrwert* muss aufgezeigt und in einer konstruktiven Weise transparent kommuniziert werden, ohne dass dabei bestehende Mängel und Transformationsschwierigkeiten außer Acht gelassen werden. Hierzu gehört auch, die Verwaltungsbeschäftigten mit ihren Ängsten (Dose, 2023; Schorlemmer & Steffen, 2022; Seibel et al., 2022) und ihren persönlich erlebten Erfahrungen mit „der Digitalisierung" im Arbeitsalltag aktiv zu hören. Die Beharrungskräfte der Bürokratie dürfen nicht unterschätzt werden – schließlich konnte die öffentliche Verwaltung nach dem bekannten Motto „Das haben wir schon immer so gemacht" viele Jahrzehnte lang ihrem Erfüllungsauftrag effizient und sachgetreu nachkommen. Ein praktikabler und sichtbar zufriedenstellender Nutzen von Digitalisierung und Innovation ist vor diesem Hintergrund umso entscheidender.

So möchte dieser Beitrag mit einem Zitat aus einer Freitextantwort der Befragung schließen, welches sowohl bisherige Erkenntnisse einrahmt als auch den Blick nach vorne für die digitale Transformation der Verwaltung beschreibt: „Geteilte Meinungen innerhalb des Kollegiums, manche pro Digitalisierung, manche eher skeptisch/ängstlich. Ich kann mir jedoch vorstellen, dass diese auch überzeugt werden können, wenn sie über die Vorteile informiert werden und diese in der Praxis dann selbst erleben."

Literatur

Bach, T. (2021). *Bureaucratic politics*. ARENA Working Paper 8/2021. https://www.sv.uio.no/arena/english/research/publications/arena-working-papers/2021/wp-8-21-bach-final.pdf. Zugegriffen am 30.08.2024.

Behnke, N. (2005). Alte und neue Werte im öffentlichen Dienst. In B. Blanke, S. von Bandemer, F. Nullmeier, & G. Wewer (Hrsg.), *Handbuch zur Verwaltungsreform* (S. 243–251). VS Verlag für Sozialwissenschaften. https://doi.org/10.1007/978-3-531-90340-8_28

Biedermann, B., Handke, S., Jürgenssen, O., et al. (2023). Nutzen und Grenzen von SSI für Verwaltung und öffentliche Institutionen. *HMD, 60*, 437–457. https://doi.org/10.1365/s40702-023-00953-5

BMDV (Bundesministerium für Digitales und Verkehr). (2022). *Digitalstrategie. Gemeinsam digitale Werte schöpfen*. https://digitalstrategie-deutsch-land.de/static/67803f22e4a62d19e9cf193c06999bcf/220830_Digitalstrategie_fin-barrierefrei.pdf. Zugegriffen am 30.08.2024.

BMI (Bundesministerium des Inneren und für Heimat). (2024, Februar). *Auf einen Blick. Verwaltung weiter digitalisieren – Update für das Onlinezugangsgesetz*. https://www.digitale-verwaltung.de/SharedDocs/downloads/Webs/DV/DE/Kurzmeldungen/2024/ozg_aendg_auf_einen_blick.pdf;jsessionid=1E4EA04C8E34C1B4B15DC11D280097FC.live871?__blob=publicationFile&v=2. Zugegriffen am 30.08.2024.

Brandenstein, F., & Strüngmann, D. (2016). Legitimation von Verwaltungshandeln. In M. Lemke, O. Schwarz, T. Stark, & K. Weissenbach (Hrsg.), *Legitimitätspraxis* (S. 95–109). Springer VS. https://doi.org/10.1007/978-3-658-05742-8_6

Catakli, D. (2022). *Verwaltung im digitalen Zeitalter*. Springer Gabler. https://doi.org/10.1007/978-3-658-38958-1

dbb. (2023a, Mai). *Diskussion über Onlinezugangsgesetz. Digitalisierung der Verwaltung: Eigene Fachkräfte unerlässlich.* dbb beamtenbund und tarifunion. https://www.dbb.de/artikel/digitalisierung-der-verwaltung-eigene-fachkraefte-unerlaesslich.html. Zugegriffen am 30.08.2024.

dbb. (2023b). *dbb Bürgerbefragung öffentlicher Dienst 2023. Einschätzungen, Erfahrungen und Erwartungen der Bürger.* https://www.dbb.de/fileadmin/user_upload/globale_elemente/pdfs/2023/forsa_2023.pdf. Zugegriffen am 30.08.2024.

Derlien, H.-U., Böhme, D., & Heindl, M. (2011). *Bürokratietheorie*. VS Verlag für Sozialwissenschaften. https://doi.org/10.1007/978-3-531-93174-6

Deutscher Bundestag. (2023). *Öffentliche Anhörung – Onlinezugangsgesetz*. Protokoll Nr. 20/51, 09. Oktober 2023. Ausschuss für Inneres und Heimat. https://www.bundestag.de/resource/blob/978280/fd688740706be61b24adff82fb7c22b2/Protokoll-09-10-2023-14-00-Uhr.pdf. Zugegriffen am 30.08.2024.

Döhler, M. (2019). Staat und Verwaltung. In S. Veit, C. Reichard, & G. Wewer (Hrsg.), *Handbuch zur Verwaltungsreform* (S. 17–26). Springer VS.

Dose, N. (2023). Digitale Transformation der öffentlichen Verwaltung: Abgründe, Gründe und Abhilfe. In K.-R. Korte, P. Richter, & A. von Schuckmann (Hrsg.), *Regieren in der Transformationsgesellschaft* (S. 197–203). Springer VS. https://doi.org/10.1007/978-3-658-41285-2_22

Funke, C. (2022). *Digitization, fast and slow. Comparing the creation of digital public services in Denmark, France and Germany*. European University Institute.

Grunow, D. (Hrsg.). (2017). *Implementation in Politikfeldern* (2. Aufl.). Springer VS. https://doi.org/10.1007/978-3-531-94039-7

Grunow, D., & Strüngmann, D. (2008). Bürokratiekritik in der öffentlichen und veröffentlichten Meinung: Impulse für Verwaltungsreformen? *der moderne staat, 1*(2008), 121–140. https://doi.org/10.3224/dms.v1i1.06

Handke, S., (2021). *Digitalisierung der öffentlichen Verwaltung: Öffentlichkeit als Reformkatalysator.* Gemeinschaften in Neuen Medien Dresden (S. 256–274). https://doi.org/10.25368/2022.48.

Handke, S., & Pidun, T. (2022). Fit fürs Amt. Notwendigkeit und Ansätze der Schärfung von Kompetenzanforderungen und Ausbildungsprofilen für die Digitalisierung der Verwaltung. *FIfF-Kommunikation, 3*(2022), 22–28.

Initiative D21. (2023). *E-Government-Monitor 2023*. https://www.initiatived21.de/uploads/03_Studien-Publikationen/eGovernment MONITOR/2023/egovernment_monitor_23.pdf. Zugegriffen am 30.08.2024.

Initiative D21. (2024). *Digital-Index 2023/2024. Jährliches Lagebild zur Digitalen Gesellschaft.* https://www.initiatived21.de/uploads/03_Studien-Publikationen/D21-Digital-Index/2023-24/d21digitalindex_2023-2024.pdf. Zugegriffen am 30.08.2024.

Jann, W. (2006). Die skandinavische Schule der Verwaltungswissenschaft: Neo-Institutionalismus und die Renaissance der Bürokratie. In J. Bogumil, W. Jann, & F. Nullmeier (Hrsg.), *Politik und Verwaltung* (S. 121–148). VS Verlag für Sozialwissenschaften.

Jann, W. (2019). Verwaltungswissenschaft, Policy-Forschung und Managementlehre. In S. Veit, C. Reichard, & G. Wewer (Hrsg.), *Handbuch zur Verwaltungsreform* (S. 27–37). Springer VS.

Klenk, T., Nullmeier, F., & Wewer, G. (Hrsg.). (2020). *Handbuch Digitalisierung in Staat und Verwaltung.* Springer VS. https://doi.org/10.1007/978-3-658-23668-7

Kuhn, J. (2022, Dezember 16). Digitale Verwaltung. Deutschland bleibt offline. *Deutschlandfunk*. https://www.deutschlandfunk.de/digitale-verwaltung-deutschland-hinkt-hinterher-100.html. Zugegriffen am 30.08.2024.

Luhmann, N. (2018). Lob der Routine. In E. Lukas & V. Tacke (Hrsg.), *Schriften zur Organisation 1* (S. 293–332). Springer VS. https://doi.org/10.1007/978-3-658-22503-2_17

Mergel, I. (2019). Digitale Transformation als Reformvorhaben der deutschen öffentlichen Verwaltung. *der moderne staat, 12*(1/2019), 162–171. https://doi.org/10.3224/dms.v12i1.09

Möltgen-Sicking, K., & Winter, T. (2018). Digitalisierung der öffentlichen Verwaltung. In dies. (Hrsg.), *Verwaltung und Verwaltungswissenschaft* (S. 175–186). Springer VS. https://doi.org/10.1007/978-3-658-19085-9

next:public. (2023). *Barometer Digitale Verwaltung. Zwischen Anforderungen der Gegenwart und Herausforderungen der Zukunft*. https://nextpublic.de/wp-content/uploads/231213_Barometer_Digitale_Verwaltung.pdf. Zugegriffen am 30.08.2024.

Rovner, M., & Handke, S. (2023). Vom Faxgerät zu digitalen Services: Verwaltungsdigitalisierung und Nutzendenzufriedenheit. In C. Czarnecki, A. Lübbe, V. G. Meister, C. Müller, M. Steglich, & M. Walther (Hrsg.), *Zukunft gestalten* (S. 188–197). Tagungsband AKWI-Jahrestagung, Technische Hochschule Wildau. https://doi.org/10.15771/1794

Schorlemmer, J., & Steffen, A. (2022). Umgang mit Angst in Veränderungsprozessen der öffentlichen Verwaltung in Deutschland – Psychologische Grundlagen und praktische Ansätze. In G. Richenhagen & M. Dick (Hrsg.), *Public Management im Wandel*. FOM-Edition. Springer Gabler. https://doi.org/10.1007/978-3-658-36663-6_8

Seibel, W. (2017). *Verwaltung verstehen* (3. Aufl.). Suhrkamp.

Seibel, W., Eckardt, C., Huffert, F., Mende, L., & Wiese, L. (2022). Verwaltungsresilienz unter Stressbedingungen. *der moderne staat, 15*(1/2022), 109–129. https://doi.org/10.3224/dms.v15i1.12

Statistisches Bundesamt (Destatis). (2022, Juni). Öffentlicher Dienst. https://www.destatis.de/DE/Themen/Staat/Oeffentlicher-Dienst/_inhalt.html#234676. Zugegriffen am 30.08.2024.

Strüngmann, D. (2020). *Akzeptanz der öffentlichen Verwaltung bei Bürgerinnen und Bürgern*. Springer VS.

Open Access Dieses Kapitel wird unter der Creative Commons Namensnennung 4.0 International Lizenz (http://creativecommons.org/licenses/by/4.0/deed.de) veröffentlicht, welche die Nutzung, Vervielfältigung, Bearbeitung, Verbreitung und Wiedergabe in jeglichem Medium und Format erlaubt, sofern Sie den/die ursprünglichen Autor(en) und die Quelle ordnungsgemäß nennen, einen Link zur Creative Commons Lizenz beifügen und angeben, ob Änderungen vorgenommen wurden.

Die in diesem Kapitel enthaltenen Bilder und sonstiges Drittmaterial unterliegen ebenfalls der genannten Creative Commons Lizenz, sofern sich aus der Abbildungslegende nichts anderes ergibt. Sofern das betreffende Material nicht unter der genannten Creative Commons Lizenz steht und die betreffende Handlung nicht nach gesetzlichen Vorschriften erlaubt ist, ist für die oben aufgeführten Weiterverwendungen des Materials die Einwilligung des jeweiligen Rechteinhabers einzuholen.

Teil II

Fallbeispiele, Lösungsansätze und Erfahrungen aus der Praxis

Die fortschreitende digitale Transformation prägt die Wirtschaft und Industrie. Sie ermöglicht die Optimierung bestehender und Etablierung ganz neuer Prozesse. Auch im öffentlichen Sektor findet ein Wandel statt – von der Ticket-Ausgabe und -Kontrolle im öffentlichen Nahverkehr bis hin zur vollständigen Digitalisierung von Verwaltungsleistungen für Bürger*innen und Unternehmen.

Digitale Identitäten sind hier oft Voraussetzung für eine erfolgreiche Umsetzung. Sie haben darüber hinaus das Potenzial, als Katalysatoren für Innovationen zu fungieren, indem sie Effizienz, Nachhaltigkeit und kundenorientierte Dienstleistungen vorantreiben.

In den Schaufensterprojekten wurden vielfältige Einsatzmöglichkeiten digitaler Identitäten in der Praxis erprobt. In diesem Buchteil widmen wir uns den daraus resultierenden Erfahrungen und Erkenntnissen.

Neben dem Staat als Herausgeber einer nationalen europäischen Identität, fällt auch der Kommune eine besondere Bedeutung für hoheitliche Nachweise zu, wie der erste Beitrag in diesem Buchteil demonstriert. Sie fungiert nicht nur als Vertrauensanker, sondern ist auch Umsetzerin von Verwaltungsprozessen, die wie im zweiten Beitrag beschrieben, zukünftig vermehrt mit digitalen Identitätslösungen interagieren werden.

Der dritte Beitrag betrachtet den Bildungssektor. Auch hier spielen Nachweise eine zentrale Rolle, die zukünftig immer stärker digitalisiert werden könnten – vom Schülerausweis bis zum Abschlusszeugnis. Die Steigerung der Teilhabe am gesellschaftlichen Leben aller Menschen ist Ziel von Bedürftigkeitsnachweisen und Sozialpässen. Der vierte Beitrag betrachtet ihre Digitalisierung und den so erleichterten Zugang zu verbundenen Leistungen.

Steht in vielen Anwendungsfällen der sichere Nachweises von Merkmalen im Mittelpunkt, ist es bei der Registrierung zur Knochenmarkspende im fünften Beitrag auch relevant, dass Eigenschaften und Status von Spendenden regelmäßig aktualisiert werden können. Nur so wissen Spenderregister im Fall des Falles, mit wem sie wie Kontakt aufnehmen können und dürfen.

Die Realisierung großer Bauprojekte erfordert oft eine vertrauenswürdige Zusammenarbeit zwischen Wirtschaft und Verwaltung. Vom Genehmigungsprozess im sechsten Beitrag bis zur Zugangskontrolle auf der Baustelle im siebten Beitrag sind digitale Identitätslösungen vielversprechend, wenn den Nutzenpotenzialen auch noch Herausforderungen im Bereich der komplexen rechtlichen Rahmenbedingungen entgegenstehen.

Der Klimaschutz und die damit einhergehende Dekarbonisierung ist von hoher gesellschaftlicher Relevanz. Eine große Herausforderung ist dabei die Nachverfolgbarkeit von Strom. Digitale Herkunftsnachweise sollen hier Abhilfe schaffen und bilden mit dem achten Beitrag den Abschluss dieses Buchteils.

KommPass: Eine kommunale Identität für Bürgerinnen und Bürger

Robert Schröder, Matthias Fuhrland und André Röder

Zusammenfassung

In einer digitalen Kommune brauchen nicht nur die Verwaltungsakteure, sondern auch die Bürger digitale Identitätslösungen, auf deren Basis Anwendungsprozesse digitalisiert und automatisiert werden können. Der KommPass ist ein kommunales Basis-Credential, das in verschiedenen kommunalen Anwendungen zum Einsatz kommen kann. Der Vorteil des KommPass soll sein, dass er explizit nicht der Regulierung auf Landes-, Bundes- oder EU-Ebene unterliegt, sondern unter der Hoheit der jeweiligen Kommune deren jeweiligen Bedürfnissen in technischer und organisatorischer Sicht entsprechend ausgestaltet werden kann.

Schlüsselwörter

Digitale Identität · Verwaltungsdigitalisierung · Digitale Kommune · Prozessautomatisierung · Trustnet · Digitales Bürgerbegehren

---

R. Schröder (✉)
Geschäftsbereich Wirtschaft, Digitales, Personal und Sicherheit | Eigenbetrieb IT-Dienstleistungen, Landeshauptstadt Dresden, Dresden, Deutschland
E-Mail: RSchroeder1@Dresden.DE

M. Fuhrland
Fakultät Informatik/Mathematik, Hochschule für Technik und Wirtschaft Dresden, Dresden, Deutschland
E-Mail: matthias.fuhrland@htw-dresden.de

A. Röder
KAPRION Technologies GmbH, Dresden, Deutschland
E-Mail: Andre.roeder@kaprion.de

1 Motivation

Eine Kommune hat sehr viele verschiedene Online-Services für ihre Bürger, alle in separaten Anwendungen mit jeweils unterschiedlichen Identitätslösungen. Eine Erkenntnis aus dem Schaufensterprojekt ID-Ideal ist, dass die Einbindung der eID in digitale kommunale Anwendungen und (teil)automatisierte Prozesse, z. B. zum Identifizieren/Authentifizieren gegenüber dem Herausgeber des anwendungsspezifischen Verifiable Credentials, derzeit aufgrund der hohen technischen Anforderungen und Kosten der eID-Nutzung sowie der fehlenden Prozessorientierung der EUDIW-Architektur nicht sinnvoll darstellbar ist (Fuhrland et al., 2023). Auch die vermutlich weniger aufwändige Integration von Nutzerkonten (z. B. DeutschlandID) bringt perspektivisch Hürden mit sich. In diesem Falle wird der Nutzer mit mindestens drei Technologien (Fachprozess, Nutzerkonto und AusweisApp oder EUDI-Wallet) konfrontiert, was massive Herausforderungen hinsichtlich der Usability und Automatisierung mit sich bringt. Einfache, schnelle und integrative Prozesse, insbesondere auch on-site, sind hiermit schwer vorstellbar.

Zudem wäre eine 100 %ige Abhängigkeit einer Kommune von externen digitalen Vertrauensdiensten kostenseitig und organisatorisch undenkbar. Klamme Kassen der Kommunen setzen künftigen Kostenmodellen für ID-Ökosysteme klare Grenzen. Der derzeitige eIDAS-Entwurf billigt Vertrauensdiensten eine systemrelevante Rolle zu, was es einerseits (analog zur Bankenkrise) schwierig macht, einen möglichen Vertrauensverlust gegenüber einem solchen Vertrauensdienstleister konsequent zu ahnden, und was andererseits enorme Kosten auf Seiten der Kommunen produzieren würde, falls sie verpflichtet werden sollten, diese Vertrauensdienste bei allen amtlichen digitalen Prozessen (aktuelle Lesart des Arbeitsstandes der Implementing Acts zu eIDAS) zu nutzen. Das betrifft einerseits die Investitionskosten aber vor allem die operativen Kosten für die Einbindung einer eventuellen eIDAS-Infrastruktur inkl. Vertrauensdienstleistungen in kommunale Fachanwendungen. ID-Lösungen für hoheitliche Akteure mindestens auf Ebene der kommunalen Fachabteilungen sind erforderlich, um Dokumente kommunaler Fachanwendungen (Bescheide, Registerauszüge, Genehmigungen) in Form von Verifiable Credentials signieren zu können. Nach Einschätzung von Fachexperten im Rahmen eines Themenworkshops sind ID-Lösungen für kommunale Akteure mit einer solchen Granularität und die damit verbundenen Kosten eines Vertrauensdienstes zur Siegelung der Credentials (in Vertretung der Kommune) durch eine deutsche Kommune finanziell nicht leistbar.

Hinzu kommt, dass der für die Nutzer verfügbare Dateninhalt von PID/eID sehr begrenzt ist und andererseits nur wenige Anwendungen innerhalb einer Kommune das mit PID/eID verknüpfte hohe Vertrauensniveau (Level of Assurance high) benötigen (Dorenbusch et al., 2023). Ein weiterer Grundgedanke ist, dass die Einwohner einer Kommune der eigenen Kommunalverwaltung vermutlich eher vertrauen als einem unbekannten privatwirtschaftlichen Vertrauensdienst. Deswegen und als Basis für unterschiedliche kommunale Use Cases wurde der KommPass entwickelt. Der Arbeitstitel des KommPass im Rahmen des Schaufensterprojekts ID-Ideal war „kommunale Datenkarte (kDK)"

(Fuhrland et al., 2023). Der KommPass und seine Verwendung werden nachfolgend am Beispiel einer Kommune erläutert, die Ausführungen gelten aber genauso für Gemeinden.

2 Prämissen für die Entwicklung des KommPass

Der Entwicklung des KommPass wurden folgende Prämissen vorangestellt:

1. Die eID ist im Sinne des Datengehalts ein digitaler Nachweis der Einwohnerschaft, im Wesentlichen mit Namen, Adresse und Geburtsdatum (IT-Planungsrat, 2015). Über weitere Inhalte von Melderegister, Pass- und Personalausweisregister, wie z. B. die Eigenschaft als Bürger (Wahlberechtigung), das Aussehen des Einwohners (Passbild, biometrische Daten) und familiäre Beziehungen enthält der Datensatz von eID keine (über Online-Ausweisfunktion auslesbaren) Daten. Die eID ist ein digitales Identifizierungsmittel, keine digitale Identität. Als digitale Identität wird nachfolgend in Anlehnung an (Anke & Richter, 2023) die Summe *aller* einer Entität (z. B. natürliche Person, Organisation) zuzuordnenden digitalen Identitätsmerkmale (Attribute) betrachtet.
2. Digitale Einwohnerschaft bedeutet, dass der Einwohner von der Kommune einen Nachweis seiner Einwohnerschaft erhält (KommPass), den er zur Basis seiner **digitalen Identität** innerhalb der digitalen Kommune macht (siehe Artikel RessortID). Der KommPass enthält deutlich mehr persönliche Daten als die eID und ermöglicht es Einwohner und Kommune dadurch, alle Interaktionen des digitalen Einwohners innerhalb der digitalen Kommune sicher und vertrauenswürdig abzuwickeln.
3. Jemandem, der Bürger einer deutschen Kommune oder Gemeinde ist, kann man es zumuten, für das **Erlangen der digitalen Einwohnerschaft** einmal die Meldebehörde aufzusuchen. Analogie wäre die Erneuerung seines Personalausweises.
4. Jemand, der aus dem Ausland kommend Bürger einer deutschen Kommune oder Gemeinde werden möchte, muss dafür ohnehin die Meldebehörde aufsuchen und kann dabei auf Wunsch gleich die digitale Einwohnerschaft mit erlangen.
5. Jemand, der bereits digitaler Einwohner einer deutschen Kommune oder Gemeinde ist und in eine andere digitale Kommune oder Gemeinde umzieht, könnte (vorbehaltlich der Änderung des Meldegesetzes) die Ummeldung digital vornehmen und damit den digitalen Nachweis der Wohnberechtigung erhalten. Für die Änderung des Hauptwohnsitzes im Personalausweis muss er aber die Meldebehörde aufsuchen und kann dabei gleich die digitale Einwohnerschaft mit erlangen.
6. Die umfassende Überprüfbarkeit der digitalen Identität oder digitaler Nachweise eines Bürgers als Basis einer vertrauenswürdigen digitalen Interaktion setzt voraus, dass auch die Akteure innerhalb der Stadt-/Gemeindeverwaltung, die mit dem Bürger digital interagieren, sichere digitale Identitäten besitzen (siehe Artikel RessortID).

3   Was ist der KommPass?

Der KommPass ist ein kommunales Basis-Credential, das in verschiedenen kommunalen Anwendungen zum Einsatz kommen kann. Er entspricht im Kern einem verifizierbaren Auszug aus dem Melderegister, der mehr Attribute enthält als die eID. Der Umfang der Attribute ist maßgebend dafür, welche kommunalen Anwendungen damit unterstützt werden. Mit dem KommPass bzw. den darin enthaltenen Attributen wird nicht nur die eindeutige Identifikation eines Einwohners einer Kommune im Rahmen kommunaler Angelegenheiten ermöglicht, sondern auch der verifizierbare Nachweis von weiteren Attributen. Die Daten des KommPass wurden im Rahmen eines Verwaltungsverfahrens – z. B. der Anmeldung am Wohnort auf Basis einer Rechtsgrundlage (z. B. dem Melderecht) erhoben und werden gemäß den rechtlichen Vorgaben von der Kommune vorgehalten und gepflegt. Eine entsprechende Gruppierung von Attributen sowie eine mögliche Anreicherung des Dateninhalts um Attribute aus anderen Registern ist Gegenstand der laufenden Forschungsaktivitäten. Mit Hilfe des KommPass können personenbezogene Attribute automatisiert in kommunalen Anwendungsprozessen präsentiert/ausgelesen und in Formulare eingefügt werden. *Der Vorteil eines kommunalen Basis-Credentials gegenüber anderen hoheitlichen Identifizierungsmitteln soll sein, dass es explizit nicht der Regulierung auf Landes-, Bundes- oder EU-Ebene unterliegt, sondern unter der Hoheit der jeweiligen Kommune an deren technische Rahmenbedingungen angepasst und deren jeweiligen Bedürfnissen in organisatorischer Sicht entsprechend ausgestaltet werden kann.* D.h. die Kommune entscheidet, ob und in welcher Ausprägung sie einen KommPass an ihre Einwohner ausgibt und welche eigenen Anwendungsszenarien damit unterstützt werden sollen. Eine Wallet-App, die mit jeder Ausprägung der kommunalen Datenkarte interoperabel sein soll, muss also hinsichtlich Austauschprotokollen, Schnittstellen, Formaten und Schemata der Verifiable Credentials technologieoffen sein.

Der KommPass-Datensatz wird von einem Einwohner auf der Basis des Selbstauskunftsrechts der DSGVO (Art. 15 Abs. 3) von der datenführenden Kommunalbehörde angefordert. Damit initiiert der Einwohner die Ausstellung des KommPass. Der Inhaber (Holder) eines KommPass ist der Einwohner, der Herausgeber (Issuer) eines KommPass ist die datenführende kommunale Behörde (Stadt oder Gemeinde). Der Mindestumfang eines KommPass-Datensatzes besteht aus den folgenden Daten (Tab. 8.1).

Darüber hinaus können weitere Daten, z. B. das Zuzugsdatum oder die Adresse des Nebenwohnsitzes, aus einem kommunalen Register ergänzt werden. Den Attributsumfang bestimmt die Kommune anhand des Bedarfs der in ihrem Hoheitsbereich zu unterstützenden Anwendungsprozesse.

Die Bandbreite der denkbaren Ausprägungen lässt zwar prinzipiell auch die Zuordnung von verschiedenen eIDAS-Vertrauensniveaus als möglich erscheinen. Da die verschiedenen Prozesse für Ausstellung, Anwendung und Sperrung des KommPass noch Gegenstand der laufenden F&E-Aktivitäten sind, kann jedoch noch keine wie auch immer geartete Aussage zu künftigen/intendierten Sicherheits- oder Vertrauensniveaus getroffen werden.

Ein Lichtbild zur Überprüfung bei Vor-Ort Anwendungsfällen könnte perspektivisch aus dem Passregister genutzt werden. Allerdings steht dies nur dann zur Verfügung, wenn

Tab. 8.1 Mindestumfang eines KommPass-Datensatzes

Daten der Person	Ausstellungsdaten
Identifikator (DID)	Datum der Ausstellung
Familienname	datenführende Behörde
Vorname	
Geburtsdatum	
Geburtsort	
PLZ	
Wohnort	
Straße	
Hausnummer	

in der gleichen Kommune der Pass oder Personalausweis beantragt bzw. verlängert wurde. Zudem müssten die regulatorischen Voraussetzungen dafür geschaffen werden. Alternativ könnte das Lichtbild im Rahmen des Ausstellungsprozesses per Upload oder vor-Ort Aufnahme in den KommPass, wenn die Authentizität entsprechend verifiziert werden kann.

4 Kommunale Vertrauensinfrastruktur

Für das maximale Vertrauen bei Interaktionen innerhalb der digitalen Kommune sind Vertrauensinfrastrukturen, u. a. in Form kommunaler Vertrauensregister erforderlich. Das Prinzip „Vertrauen durch Überprüfbarkeit" wurde im Artikel zur RessortID bereits beschrieben und ist bei einem kommunalen Basis-Credential unabdingbar.

Angewandt auf den KommPass bedeutet das: Herausgeber des KommPass ist das Bürgeramt. Inhaber ist der Bürger. Akzeptanzstellen für den KommPass sind alle Ämter, Behörden und privatwirtschaftlichen Akteure, die digitale Interaktion mit dem Bürger im Rahmen ihrer Prozesse ermöglichen. Zur Vertrauensdomäne des KommPass gehören alle Aussteller, Inhaber und Akzeptanzstellen des KommPass in der betreffenden Kommune. Zum exemplarischen Anwendungsökosystem Digitales Bürgerbegehren gehören die Wahlbehörde, die Initiatoren und die Teilnehmer des jeweiligen Bürgerbegehrens. Das Credential KommPass wird im Rahmen dieses Anwendungsökosystems zur Identifizierung/Authentifizierung der Teilnehmer genutzt, aber auch zum verifizierbaren Nachweis weiterer Attribute.

Zur **initialen kommunalen Vertrauensinfrastruktur**, die mit der Realisierung des KommPass entsteht, gehören:

- das Root-Zertifikat der Kommune, welches bei der Ausstellung des KommPass in den Trust-Store der Bürgerwallet übertragen wird
- zentrales DID-Register für die Sammlung aller bekannten/vertrauenswürdigen dezentralen Identifikatoren (DIDs) der Bürger einer Kommune (Zuordnung von Identität und Entität bei Bedarf prüfbar)
  - DID
  - Keine Personendaten, aber ID des Melderegistereintrages

- zentrales Register einer Kommune für die im Rahmen kommunaler Prozesse zugelassenen/erfolgreich getesteten Typen und Versionen von Agents und Wallets (keine Seriennummern)
  - Hersteller
  - Produktname
  - Versionsnummer
  - Testergebnis positiv/negativ
- dezentrales Herausgeber-Register => ein Register pro Akzeptanzstelle
  - DID des Herausgebers
  - Issuer-Credential
- Verifier-Credential mit Zertifikatskette der Akzeptanzstelle bis zum Root-Zertifikat der Kommune, wird bei Anfrage der Akzeptanzstelle an die Bürgerwallet mitgeliefert, ermöglicht Abgleich des Root-Zertifikats in der Wallet
- zentrales Akzeptanzstellen-Register => ein Register pro Vertrauensdomäne/Kommune
  - DID der Akzeptanzstelle (RessortID)
  - Verifier-Credential bzw. ID + Hash des Verifier-Credentials
  - Gültigkeitsinfo
- zentrales Register der Schemata => ein Register pro Vertrauensdomäne/Kommune
- dezentrales Gültigkeits-Register => ein Register pro Herausgeber

Diese initiale kommunale Vertrauensinfrastruktur muss dann bei jeder hinzukommenden kommunalen Vertrauensdomäne bzw. Anwendung um die anwendungsspezifischen Einträge ergänzt und um vertrauensdomänenspezifische Register erweitert werden.

5 Das Erlangen der Digitalen Einwohnerschaft

Der Prozess zum Erlangen der Digitalen Einwohnerschaft beinhaltet, dass

a. der Einwohner ein digitales Basis-Credential (KommPass) mit dem Inhalt seiner amtlichen Meldedaten und seines amtlichen Passbildes von der Meldebehörde in seine ID-Wallet erhält, dessen Herausgeberschaft anhand der **digitalen Signatur der Meldebehörde** überprüfbar ist

b. der Erhalt des KommPass an einen digitalen Identifikator (**DID**) geknüpft ist, den die Wallet-App des Einwohners bei der digitalen Beantragung des Basis-Credentials zur Verfügung stellt

c. der Einwohner von der Meldebehörde ein Application Security Module (**ASM**) erhält, welches das Schlüsselmaterial, das die Basis für die DID bildet, kopiergeschützt erzeugt und verwaltet. Die DID ist an das ASM gekoppelt.

d. der Einwohner auch eine **Kopie des Root-Zertifikats der Kommune** in den Trust Store seiner Wallet erhält, wodurch bei Anfrage von Akzeptanzstellen durch Mitlieferung der Zertifikatskette innerhalb der Wallet-App geprüft werden kann, ob die Akzeptanzstelle die offizielle Berechtigung zur Abfrage von Daten hat.
e. Die erforderlichen **Vertrauensregistereinträge** seitens der Kommune stattfinden.

Der **Onboarding-Prozess** des Bürgers in der Meldebehörde läuft folgendermaßen ab:

1. Prüfung der Personalien in analoger Form (Abgleich von Person und Ausweis)
2. Übergabe ASM an den Einwohner
3. Übergabe Download-Link der Wallet
4. Wallet laden und starten
5. ASM mit Smartphone verbinden
6. DID erzeugen
7. Mit DID Anfrage KommPass von der Wallet-App des Einwohners am Wallet-Service der Behörde
8. Barcode-Einladung mit Session-ID zeitlich befristet
9. Handshake zwischen ASM.Bürger und ASM.Behörde zur Prüfung, ob auf beiden Seiten ein ASM vorliegt (Hardware-Kryptografie)
10. Übertragung des KommPass mit
    - Namens-Credential
    - Adress-Credential
    - Geburts-Credential
    - Altersnachweis-Credential
    - Passbild-Credential
    - Ggf. Bürgerschafts-Credential (Wahlberechtigungs-Credential)
11. Übertragung des Root-Zertifikats der Kommune in den Trust Store der Wallet
12. Vertrauensregistereinträge
    - Speichern der DID des neuen KommPass-Inhabers im zentralen DID-Register der Kommune
    - Speichern der (Meta-)Informationen zur Herausgabe des KommPass im Gültigkeitsregister der Kommune

Der Prozess zum Onboarding von ID-Wallets auf PCs und Servern läuft davon etwas abgewandelt. Der Bürger nutzt in der Meldestelle temporär ein zur Verfügung stehendes Endgerät, um das HSM und die DID zu initialisieren. Anschließend kann er mit dem HSM und einer Bedienungsanleitung, die URLs statt QR-Codes enthält, die Wallet zu Hause am PC / Server initialisieren und das KommPass-Credential über die bereitgestellte URL abfordern.

6 Akzeptanzprozess des KommPass

Der Prozess der Präsentation des KommPass bei einer beliebigen kommunalen Akzeptanzstelle läuft folgendermaßen ab:

- Erstmalige Kontaktaufnahme des Bürgers mit der Akzeptanzstelle im Rahmen eines Anwendungsprozesses z. B. durch QR-Code-Scan auf der Webseite der Akzeptanzstelle
- Anfrage der Akzeptanzstelle inkl. Übertragung der Berechtigungszertifikatskette, an deren Spitze das Root-Zertifikat der Kommune steht
- Prüfung der Kette durch den Agent und Abgleich des Root-Zertifikats aus der Kette mit dem Root-Zertifikat der Kommune im Trust Store der Wallet.
- Ablehnung der Anfrage oder Präsentation des KommPass durch den Agent
- Prüfung des KommPass durch den Agent der Akzeptanzstelle und Abgleich des Root-Zertifikats aus dem KommPass mit dem Root-Zertifikaten im Trust Store der Kommune/ Akzeptanzstelle. Da die Zertifikatsketten der Organisationsstruktureinheit und des Mitarbeiters (siehe Abb. 2 im Artikel zur RessortID) mitgeliefert wird, können theoretisch auch beide Ketten von unten nach oben durchgeprüft werden. Wenn die Zertifikatskette der Organisationsstruktureinheit konsistent ist, kann die Prüfung der einzelnen Zertifikate auch abgebrochen werden, sobald ein im Trust Store bekanntes Zertifikat gefunden wird.
- Prüfung des KommPass mit den Vertrauensregistereinträgen (DID-Register, Gültigkeitsregister, Register der Schemata, ggf. Wallet-Register) des Bürgeramtes
- Ablehnung des KommPass oder Import der Attribute in die Anwendung

Anschließend kann der Herausgabeprozess anderer Credentials unter Verwendung der anhand des KommPass überprüften DID erfolgen. Der Inhalt von Attributen des KommPass kann automatisiert in Webformulare übernommen werden und bei Ausstellung neuer Credentials integriert werden.

7 Basiseigenschaften des KommPass

Die grundlegenden Eigenschaften des KommPass untergliedern sich hinsichtlich der rechtlichen Aspekte, der Funktionalität, der technischen Umsetzung, der ökonomischen Aspekte und der organisatorischen Rahmenbedingungen.

Rechtliche Eigenschaften
- Auskunftsrecht der betroffenen Person nach DSGVO als Rechtsgrundlage für die Ausstellung des KommPass
- rechtssichere Nachvollziehbarkeit der Authentizität des Ausstellers des vollständigen Datensatzes und einzelner Daten (z. B. über digitale Signatur der Meldebehörde bzw. des Melderegisters)
- Haftungsausschluss des Ausstellers für Aktualität/Korrektheit der Daten

Funktionale Eigenschaften
- Selektive Verifikation des Alters
- Selektive Verifikation der Kombination Familienname und Vorname
- Selektive Verifikation der Adresse
- Selektive Verifikation der Einwohnerschaft
- Selektive Verifikation des Lichtbilds

Selektiv bedeutet in diesem Kontext die Abfrage und Übermittlung ausschließlich der Attribute, die zur Klärung des Sachverhalts erforderlich sind (selective disclosure). Die Selektion der Daten wird durch die nachfolgend erläuterte Unterteilung in Datengruppen (Sub-Credentials) möglich.

Technische Eigenschaften
- Zugangs- und Nutzungssicherung des KommPass über biometrische Authentifizierung oder PIN in der mobilen App/Wallet-App
- Verwaltung des KommPass in geeigneter Smartphone-Anwendung, dies kann auch eine kommunale App (z. B. Städte-App) sein
- App-Neutralität, d. h. keine Prüfung der Beschaffenheit einer App durch einen Aussteller, die über notwendige technische Belange hinausgeht
- Verwendung Prozess-unterstützender Protokolle, die mehrere Transaktionen (Present Proof, Issue Credential) innerhalb eines Authentifizierungszyklus ermöglichen
- Geräte-Neutralität, d. h. keine Prüfung der Beschaffenheit eines mobilen Endgeräts durch einen Aussteller, die über notwendige technische Belange hinausgeht
- keine Bindung an ein konkretes einzelnes Kommunikationsgerät (z. B. Smartphone)
- Technikneutralität, d. h. keine Bindung an ein Datenformat für Credentials oder ein Übertragungsformat für den Austausch von Credentials
- exemplarische Datengruppen, die digital gesiegelt an Akzeptanzstellen übermittelt werden können (Tab. 8.2)

Als zukünftiger Service des Bürgeramtes ist die Erfassung eines biometrischen Fotos am Automaten (digitales Bürgeramt) sowie dessen Ausstellung als Bildcredential im KommPass gemäß Tabelle 2 unten angedacht.

Ökonomische Eigenschaften
- kostenfreie Erstausstellung des KommPass (gemäß Art. 15, Abs. 3 DSGVO)
- Rahmenbedingungen und Kosten für Verlängerung und Aktualisierung des KommPass sind noch ungeklärt

Organisatorische Eigenschaften
- Aktualisierung über einfachen digitalen Prozess
- keine verpflichtende Dokumentations-, Nachweis- oder Auskunftspflicht des Ausstellers
- keine Sperrpflicht bei Verlust des mobilen Endgeräts durch Einwohner oder Aussteller

Tab. 8.2 mögliche Unterteilung des KommPass in Datengruppen (Sub-Credentials)

KommPass Personal-Credential	KommPass Address-Credential
id (DID.holder)	id (DID.holder)
honorificPrefix (Dr., Mrs., Mr.)	postalCode (string)
familyName (string)	addressLocality (string)
birthName (string)	streetName (string)
givenName (string)	houseNumber (string)
gender (Female, Male, Divers)	residentSince (date)
KommPass BirthCertificate-Credential	*KommPass AgeProof-Credential*
id (DID.holder)	id (DID.holder)
birthDate (date)	termCode (string, Gesetz und Paragraf)
birthPlace (string)	inDefinedTermSet (string, Link zum Gesetzestext)
familyName (string)	
givenName (string)	meetsRequirement (boolean, ja/nein)
gender (Female, Male, Divers)	
parent	
- familyName (string)	*KommPass BiometricPhoto-Credential*
- givenName (string)	id (DID.holder)
- sameAs (DID.parent)	encodingFormat (string)
- gender (Female, Male, Divers)	img (string, Base64-kodierter Binärcode)

- keine Änderung oder Aktualisierung von KommPass-Daten auf dem Endgerät
- prinzipielle Überprüfbarkeit der Authentizität von KommPass-Daten ohne technische Verbindung zum Aussteller (ggf. durch Verifikation eines digitalen Siegels mittels eines Prüfsiegels)
- optional: Bindung an eine verifizierte E-Mail-Adresse des Einwohners

8 Anwendungsbeispiel

Das Bürgerbegehren als Instrument der Basisdemokratie bindet mit Personal- und Archivierungskosten erhebliche Ressourcen seitens der Kommunen, denn jede Unterschrift eines Einwohners muss dahingehend geprüft werden, ob der Einwohner ein EU-Bürger ist, über 18 Jahre alt, seit mindestens drei Monaten ununterbrochen in der Kommune gemeldet und wahlberechtigt ist. Die Landeshauptstadt Dresden musste bislang pro Bürgerbegehren mindestens 35.000 Unterschriften prüfen. Die Fehlerquote ist recht hoch. Beim Bürgerentscheid zum Bau der Waldschlösschenbrücke waren z. B. 18 % der Unterschriften ungültig (Mehr Demokratie e.V., 2024). Ein Mitarbeiter schafft schätzungsweise im Schnitt die Prüfung von ca. 150 Unterschriften pro Tag. Zur Entlastung der Kommune untersuchen das Bürgeramt und der Eigenbetrieb IT-Dienstleistungen der Landeshauptstadt Dresden daher die Digitalisierung der zugehörigen Prozesse und entwickeln im Rahmen des Schaufensterprojektes ID-Ideal die erforderlichen Softwarelösungen für ein **Digitales Bürgerbegehren**.

Die Mindestmeldedauer und die Wahlberechtigung sind Attribute, die in eID/PID nicht enthalten sind, die die Kommune jedoch problemlos in den KommPass integrieren kann. Der Anwendungsprozess läuft folgendermaßen:

1. Aufruf des Bürgerbeteiligungsportals
2. Kontaktaufnahme der ID-Wallet mittels QR-Code-Scan
3. Bürgerbeteiligungsportal der Kommune präsentiert Verifier-Credential und sendet Anfrage nach KommPass-Credentials inkl. Kopie der Credential-Kette bis zum Root-Zertifikat
4. ID-Wallet prüft die Nachweise und präsentiert bei erfolgreicher Verifizierung den KommPass bzw. die für den Prozess relevanten Teil-Credentials (gemeldet seit, Wahlalter)
5. Bürger bestätigt sein Begehren (Entscheidung) mittels digitaler Signatur der präsentierten Credentials
6. Bürgerbeteiligungsportal verifiziert die präsentierten Credentials hinsichtlich Gültigkeit und Authentizität
7. Bürgerbeteiligungsportal liest Daten der präsentierten Credentials aus, prüft die Erfüllung der Wahlkriterien und verifiziert die Aktualität der Daten einschließlich etwaiger Wahlausschlusskriterien durch Abfrage im Melderegister
8. Bei Erfüllung der Wahlkriterien trägt das Bürgerbeteiligungsportal die ausgelesenen Daten automatisch in die Unterschriftenliste des Bürgerbegehrens ein
9. Die Anzahl der gültigen digitalen Signaturen ist für jeden im Bürgerbeteiligungsportal sichtbar
10. Bei nachgewiesener Ungültigkeit bzw. fehlender Authentizität des KommPass oder auch bei Nichterfüllung der Wahlkriterien wird der Prozess abgebrochen.

Die Reduzierung der Bindung kommunaler Ressourcen ist die Hauptmotivation der Kommune für die Digitalisierung und Automatisierung des Prozesses. Aber auch für die Bürger und Initiatoren von Bürgerbegehren als **Stakeholder** hat die Digitalisierung hier neben dem höheren Datenschutz klare quantifizierbare Vorteile. Das Anwendungsszenario beinhaltet, dass die Einwohner jeweils eine digitale Brieftasche auf Ihrem Smartphone oder PC haben, in der sie mit dem KommPass den digitalen Nachweis besitzen, dass sie Einwohner und wahlberechtigt sind. Jeder einzelne könnte einfach und rechtssicher ein digitales Bürgerbegehren initiieren bzw. unterstützen, ohne wochenlang auf dem Markt zu stehen und Tausende von Unterschriften zu sammeln, die die Kommune dann aufwändig prüfen müsste. Zugleich steigen durch die hohe Reichweite bei sinkendem organisatorischem und finanziellem Aufwand die Chancen, dass ein Bürgerbegehren die erforderliche Anzahl an Unterschriften wahlberechtigter Einwohner erhält und zu einem Bürgerentscheid führt. Die Sammlung erfolgt ohne Medienbruch und ohne Fehlerquote, sodass die Initiatoren auch in Echtzeit die Zahl der gültigen Unterschriften erfahren. Eine hohe Usability und Transparenz des Prozesses kann die Demokratie und das Vertrauen der Bürger in demokratische Prozesse stärken, die Bürgerbeteiligungsmöglichkeit wird verbessert.

Der Prozess ist prinzipiell übertragbar auf die Sammlung von Unterschriften für die Zulassung von Parteien zur Wahl. Für die Unterstützung anderer kommunaler Anwendungen ist der Attributsumfang des KommPass unter Umständen zu erweitern.

9 Ausblick

Basierend auf dem Prinzip des KommPass kann

- jeder Einwohner einer Kommune mit einer sicheren digitalen Identität ausgestattet werden, die die digitalen Interaktionen mit den kommunalen Behörden prozessorientiert unterstützt, ohne Abhängigkeiten von externen Vertrauensdiensten zu generieren
- jede Kommune selbst entscheiden, in welcher Ausprägung sie einen KommPass an ihre Einwohner ausgibt und welche eigenen Anwendungsszenarien sie damit unterstützen will,
- eine kommunale Vertrauensdomäne entstehen, innerhalb der digitale Prozesse zwischen Verwaltungseinheiten und Prozesse in Interaktion mit dem Bürger auf höchstem Vertrauensniveau (teil-)automatisiert werden können,
- ein Best Practice Beispiel geschaffen werden für die Einbindung amtlicher Register in das künftige Trustnet.

Die Landeshauptstadt Dresden, KAPRION Technologies und die HTW Dresden arbeiten als Partner an der technischen und organisatorischen Umsetzung sowie anwendungsorientierten Weiterentwicklung dieser Konzeption und werden die Ergebnisse spätestens 2025 u. a. auf der Trustnet Community Plattform (https://trustnet.community) präsentieren.

Literatur

Anke, J., & Richter, D. (2023). Digitale Identitäten. *HMD Praxis der Wirtschaftsinformatik, 60*(2), 261–282. https://doi.org/10.1365/s40702-023-00965-1

Dorenbusch, L., Auth, G., & Pflüger, C. (2023). Prozessorientierte Vertrauensniveaubestimmung für digitale Verwaltungsleistungen der kommunalen Ebene. *HMD Praxis der Wirtschaftsinformatik, 60*(2), 458–477. https://doi.org/10.1365/s40702-023-00950-8

Fuhrland, M., Anke, J., Schröder, R., Röder, A., Schroll, L., Martin, M., & Landvogt, W. (2023). *Requirements for the development of the EUDI wallet from the perspective of the German showcase projects ONCE and ID-Ideal*. https://www.researchgate.net/publication/377656435_Requirements_for_the_development_of_the_EUDI_wallet_from_the_perspective_of_the_German_showcase_projects_ONCE_and_ID-Ideal. Zugegriffen am 28.09.2024.

IT-Planungsrat. (2015). *Handreichungen des IT-Planungsrats der Strategie für eID und andere Vertrauensdienste im E-Government.* https://www.personalausweisportal.de/SharedDocs/downloads/Webs/PA/DE/informationsmaterial/weiterefuehrendes-material/Leitfaden_

Online_Ausweisfunktion_in_Behoerden.pdf?__blob=publicationFile&v=5. Zugegriffen am 28.09.2024.

Mehr Demokratie e.V. (2024). Bürgerbegehrens-Datenbank. https://www.mitentscheiden.de/buergerbegehren/buergerbegehrens-datenbank?tx_buergerbegehren_list%5Baction%5D=show&tx_buergerbegehren_list%5Bcontroller%5D=Initiative&tx_buergerbegehren_list%5Buid%5D=2895&cHash=4181e977fd12f67022544016197abf83. Zugegriffen am 28.09.2024.

Open Access Dieses Kapitel wird unter der Creative Commons Namensnennung 4.0 International Lizenz (http://creativecommons.org/licenses/by/4.0/deed.de) veröffentlicht, welche die Nutzung, Vervielfältigung, Bearbeitung, Verbreitung und Wiedergabe in jeglichem Medium und Format erlaubt, sofern Sie den/die ursprünglichen Autor(en) und die Quelle ordnungsgemäß nennen, einen Link zur Creative Commons Lizenz beifügen und angeben, ob Änderungen vorgenommen wurden.

Die in diesem Kapitel enthaltenen Bilder und sonstiges Drittmaterial unterliegen ebenfalls der genannten Creative Commons Lizenz, sofern sich aus der Abbildungslegende nichts anderes ergibt. Sofern das betreffende Material nicht unter der genannten Creative Commons Lizenz steht und die betreffende Handlung nicht nach gesetzlichen Vorschriften erlaubt ist, ist für die oben aufgeführten Weiterverwendungen des Materials die Einwilligung des jeweiligen Rechteinhabers einzuholen.

Use Cases und Wertbeiträge von selbstbestimmten Identitäten in Verwaltungs- und Beteiligungsprozessen

Claudia Schindler, Jan Hauptmann, Elizabeth Orta, Lukas Schroll, Robert Schröder und Frank Sonne

> **Zusammenfassung**
>
> Im europäischen Vergleich zur Verwaltungsdigitalisierung befindet sich Deutschland im unteren Mittelfeld unter den EU-Mitgliedsländern. Häufig mangelt es an den Grundlagen, wie schlanken Prozessen und aktuellen Rechtsgrundlagen. Die Digitalisierung der Verwaltung steht dennoch vor einer bedeutenden Transformation mit dem Ziel, Prozesse effizienter und bürgerfreundlicher zu gestalten. Die Digitalisierung von Prozessen in der Verwaltung kann nur gelingen, wenn alle beteiligten Entitäten über eine digitale Identität auf einem ausreichenden Vertrauensniveau identifizierbar sind (Bundesamt für Sicherheit in der Informationstechnologie (Hrsg.), 2021). Der zunehmende Wunsch nach einer größtmöglichen Datensouveränität rückt dabei das Konzept der selbstverwalteten Identitäten (Self-sovereign Identities – SSI) in den Fokus. Durch SSI wird den Bürgerinnen und Bürgern eine sichere und selbstbestimmte Verwaltung ihrer digitalen Identitäten und weiterer Nachweise ermöglicht und so die Di-

C. Schindler (✉)
TRANSCONNECT Professional Services, SQL Projekt AG, Dresden, Deutschland
E-Mail: claudia.schindler@sql-ag.de

J. Hauptmann · R. Schröder
Geschäftsbereich Wirtschaft, Digitales, Personal und Sicherheit | Eigenbetrieb IT-Dienstleistungen, Landeshauptstadt Dresden, Dresden, Deutschland
E-Mail: jhauptmann@dresden.de; RSchroeder1@Dresden.DE

E. Orta · L. Schroll
Referat Digitale Stadt, Stadt Leipzig, Leipzig, Deutschland
E-Mail: elizabeth.orta@leipzig.de; lukas.schroll@leipzig.de

F. Sonne
Exxeta AG, Leipzig, Deutschland
E-Mail: frank.sonne@exxeta.com

© Der/die Autor(en) 2025
J. Anke et al. (Hrsg.), *Digitale Identitäten und Nachweise*,
https://doi.org/10.1007/978-3-658-47708-0_9

gitalisierung von Verwaltungsprozessen beschleunigen kann. Eine breitenwirksame Anwendung wird verfolgt, konkrete Anwendungsszenarien prototypisch umgesetzt und getestet. Es handelt sich dabei um ein komplexes Gebilde aus digitalen ID's der Bürgerinnen und Bürgern sowie einer Vielzahl von Prozessen, welche in diesem Zusammenhang zu analysieren sind. Davon ausgehend wird der Nutzen für die Stakeholder betrachtet. Dabei werden nicht nur wirtschaftliche Aspekte, sondern auch der gesellschaftliche und politische Nutzen untersucht. Der vorliegende Beitrag bietet eine umfassende Analyse von Verwaltungsprozessen, die durch den Einsatz von SSI ihr Digitalisierungspotenzial maximieren sollen. Zunächst wird der aktuelle Stand der Digitalisierung in der öffentlichen Verwaltung in Deutschland betrachtet. Im Anschluss erfolgt eine exemplarische Darstellung spezifischer Anwendungsfälle aus Dresden und Leipzig, um praktische Umsetzungsbeispiele und deren Nutzen aufzuzeigen. Der Artikel schließt mit einer kritischen Diskussion der erzielten Ergebnisse und bietet einen Ausblick auf zukünftige Potenziale und erweiterte Anwendungsmöglichkeiten von SSI in Verwaltungsprozessen, unter Berücksichtigung der Herausforderungen und Chancen für eine breite Implementierung.

Schlüsselwörter

Digitalisierung · Verwaltung · Kommunale Datenkarte · Selbstbestimmte Identitäten · Identitätsmanagement · Digitale Souveränität · Verwaltungsdigitalisierung

1 Wo steht die Digitalisierung der Verwaltung in Deutschland?

Die Digitalisierung der Verwaltung hat enorme Fortschritte erzielt (Opiela et al., 2023), die noch beschleunigt werden müssen, um im europäischen Vergleich den Platz im unteren Mittelfeld (Abb. 9.1) abzulegen (Röhl, 2023). Trotz Herausforderungen wie einer schnellen Auffindbarkeit der Angebote, benutzerfreundlicher Anwendungen (barrierefrei, medienbruchfrei, mobile Nutzung) und Verwendung von Basiskomponenten wie Authentifizierung und Bezahlmöglichkeiten geht es vor allem um das Vertrauen in die digitale Verwaltung und den sicheren Umgang mit personenbezogenen Daten (Opiela et al., 2023).

Anforderungen an die digitale Verwaltung werden aus der Perspektive der Bürger formuliert, die Sichtweise der Verwaltung inklusive Sachbearbeitende und IT-Systeme wird stets vernachlässigt. Angebotene Serviceleistungen sollen auch der Verwaltung zugutekommen und sich in die Daten-, Prozess- und System-Landschaft der Verwaltung integrieren und automatisieren lassen.

Die Betrachtung von Verwaltungsprozessen in Deutschland im Detail verdeutlicht, dass es stellenweise an den Grundlagen mangelt. Trotz visionärer Pläne gibt es Hindernisse wie nicht digitalisierte, komplexe Prozesse und veraltete Rechtsgrundlagen. Fachliche und

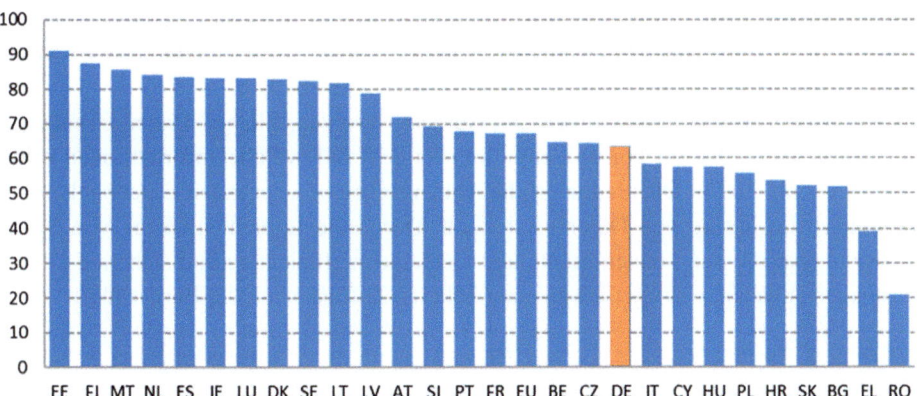

Abb. 9.1 Index für die digitale Wirtschaft und Gesellschaft (DESI) 2022, Digitale öffentliche Dienste. (European Commission (Hrsg.), 2022)

technische Kompetenzmängel bei Sachbearbeitenden sowie das Erfordernis physischer Unterschriften stellen weitere Herausforderungen dar. Die geringe Nutzung von Verwaltungsleistungen und finanzielle Fragen bezüglich der Implementierung und Nachhaltigkeit des SSI-Ökosystems verschärfen die Problematik. Technologieanbieter zeigen zwar Interesse an Interoperabilität, jedoch hemmen fehlende Anreize die Weiterentwicklung und Öffnung ihrer Lösungen (Biedermann et al., 2023).

Die Digitalisierung der Verwaltung steht vor einer bedeutenden Transformation. Mit dem Ziel, Prozesse effizienter, transparenter und bürgerfreundlicher zu gestalten, werden kontinuierlich neue digitale Lösungen entwickelt und implementiert. Ein vielversprechender Ansatz ist der SSI-Ansatz (Ehrlich et al., 2021), welcher den Bürgern eine sichere und selbstbestimmte Verwaltung ihrer digitalen Identitäten ermöglicht, indem bisher existierende analoge Nachweise in einer digitalen Wallet dezentral gespeichert werden.

Das Forschungsprojekt ID-Ideal (ID-Ideal Konsortium (Hrsg.), 2024a) verdeutlicht das enorme Potenzial, das in der Digitalisierung der Verwaltung steckt, und bietet eine Blaupause für zukünftige Entwicklungen. Es zeigt, wie innovative Technologien nicht nur die Effizienz und Sicherheit erhöhen, sondern auch die Bürgerbeteiligung und das Vertrauen in die öffentlichen Institutionen stärken können. Dazu wurden verschiedene Anwendungsfälle untersucht, die das Potenzial von SSI demonstrieren. So wurden unter anderem:

Im Rahmen des Forschungsprojekts ID-Ideal (ID-Ideal Konsortium (Hrsg.), 2024b):

- der KommPass (Abschn. 2.1),
- das Digitale Bürgerbegehren (Abschn. 2.2),
- der Dresden-Pass (Abschn. 2.3),
- die Bürgerbeteiligung (Abschn. 2.4),
- die digitalisierte Anmeldung bei den Leipziger Städtischen Bibliotheken (Abschn. 2.5),
- die digitalisierte Freisitzanmeldung für Gastronomie (Abschn. 2.6)

entwickelt, die zeigen, wie Bürgerdienste durch die Digitalisierung verbessert werden können. Diese Anwendungen bieten nicht nur eine erhöhte Nutzerfreundlichkeit, sondern auch erhebliche Vorteile in Bezug auf Datenschutz und Sicherheit.

SSI ermöglicht den Bürgerinnen und Bürgern, ihre persönlichen Daten dezentral zu speichern und selbst zu kontrollieren, wer Zugriff auf welche Informationen erhält (Ehrlich et al., 2021). Dies reduziert die Abhängigkeit von zentralen Datenbanken und minimiert das Risiko von Datenmissbrauch. Durch die Implementierung von SSI in Verwaltungsprozessen können Städte und Gemeinden effizientere und sicherere Dienstleistungen anbieten, was letztlich zu einer höheren Zufriedenheit der Bürger führt.

2 Use Cases und Anwendungsszenarien

Die Programmatik im Arbeitspaket 3 „Großstadt" des Projektes ID-Ideal setzt einen wichtigen Akzent auf die Entwicklung unterschiedlicher Anwendungsfälle zur Erprobung der Digitalisierung von Verwaltungsprozessen. Konkret wird der Forschungsansatz verfolgt, Verwaltungsprozesse mit einer verifizierten digitalen Identität zu vereinfachen sowie bestehende eID-Funktionen des Personalausweises und die eIDAS-Konformität zu integrieren (ID-Ideal Konsortium (Hrsg.), 2024a).

Dabei werden Anwendungsszenarien verfolgt, die sich in den Dimensionen der Verwaltungsbefugnisse (hoheitlich vs. nicht-hoheitlich) sowie an den Anforderungen der Schutzbedürftigkeit entsprechend einer Vertrauensniveaufeststellung nach dem Bundesamt für Sicherheit in der Informationstechnik (BSI) unterscheiden und dennoch vergleichbar sind. Die Abb. 9.2 bietet einen Überblick über die Anwendungsfälle der Kommunen

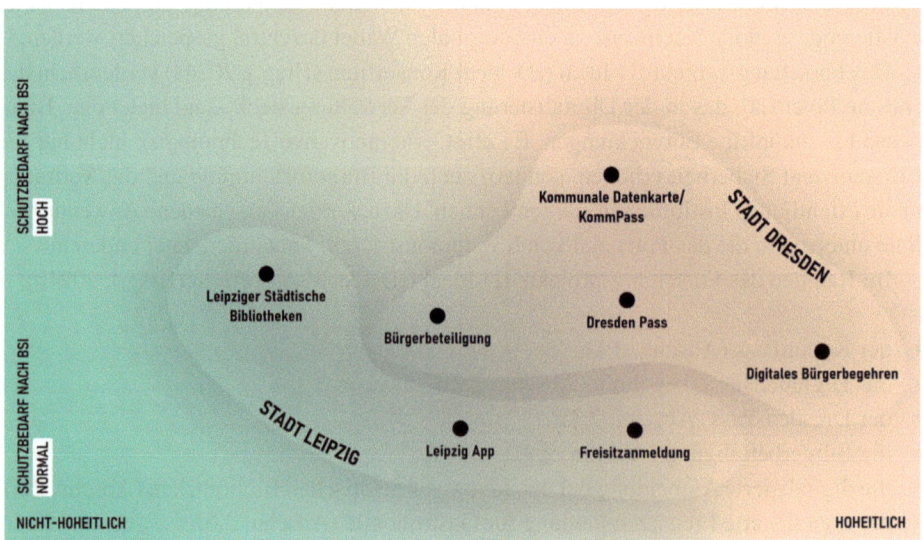

Abb. 9.2 Anwendungsfallmatrix im Arbeitspaket 3 „Großstadt"

und deren Verortung innerhalb der beschriebenen Dimensionen. Es ergibt sich eine Bandbreite von einfachen Anwendungsfällen wie der Leipziger Städtischen Bibliothek, einem Beteiligungsunternehmen der Stadt, bis hin zur Initiierung eines Bürgerbegehrens der Stadt Dresden.

Trotz der Unterschiedlichkeit der Anwendungsfälle, zeichnen sich Schnittmengen bei benötigten Nachweisen ab. So kann ein durch die Kommune selbst ausgestellter Digitaler Kommunaler Pass – verstanden als digitale Auskunft aus dem Melderegister – in beinahe allen Anwendungsfällen als initialer Authentifizierungspunkt für natürliche Personen genutzt werden.

Im Folgenden werden Anwendungsfälle näher beschrieben, für die Konzepte und Machbarkeitsstudien durchgeführt und prototypisch umgesetzt wurden. Besonderes Augenmerk liegt dabei auf dem fachlichen Hintergrund, dem Mehrwert durch SSI sowie auftretende oder erwartete Herausforderungen.

2.1 KommPass

Kommunen nutzen bereits mit der elektronischen Identität (eID) ein standardisiertes Schema für die Bereitstellung und Speicherung der grundlegenden Identitätsdaten natürlicher Personen. Identifizierungs- und Authentifizierungsmechanismen sind im kommunalen Alltag fest verankert. Im Rahmen von Verwaltungsverfahren, beispielsweise bei der Anmeldung am Wohnort, der Beantragung eines Personalausweises oder eines Aufenthaltstitels, erhebt eine Kommunalbehörde Daten auf der Grundlage einer Rechtsvorschrift wie z. B. des Personalausweisrechts. Diese Daten werden gepflegt und gemäß den gesetzlichen Bestimmungen vorgehalten.

Sämtliche Verwaltungsprozesse in einer Kommune beginnen mit der Identifizierung oder Authentifizierung des Bürgers. Je nach Anwendungsfall sind im Antragsprozess zusätzliche Informationen erforderlich, die nicht durch die eID abgedeckt werden. Über die eID können weder der ununterbrochene Meldestatus der Bürgerinnen und Bürger in der Gemeinde noch die Art der Meldeadresse (Haupt- oder Nebenwohnung) festgestellt werden. Diese Informationen sind jedoch für die Beantragung von Sozialleistungen wie dem Dresden-Pass oder für Instrumente der Bürgerbeteiligung wie dem Bürgerbegehren erforderlich. Ziel ist die Entwicklung eines Basis-Credentials, dass für Verwaltungsprozesse mit normalem Schutzbedarf oder substanziellem Vertrauensniveaus gemäß den Richtlinien des BSI verwendet werden, kann.[1]

Eine weitere Anforderung ist, dass eine Kommune Menschen verschiedener Nationalitäten den Zugang zu ihren Serviceleistungen ermöglichen muss. Dies betrifft

---

[1] https://www.it-planungsrat.de/fileadmin/it-planungsrat/aktuelles_pressemitteilungen/Handreichung_Vertrauensniveaus_v5.0.pdf (it-planungsrat.de), Praxistool Vertrauensniveau (ozg-umsetzung.de).

alle Dienstleistungen, für die die Nutzung der eID des Personalausweises nicht erforderlich ist oder für die der Personalausweis keine ausreichenden Identifikationsmerkmale bietet.

Der KommPass wird von der datenführenden Kommunalbehörde auf der Grundlage des Selbstauskunftsrechts der DSGVO (Art. 15 Abs. 3) sowie dem § 10 BMG ausgestellt. Die Ausstellung kann digital über die Online-Ausweisfunktion des Personalausweises erfolgen. Für die ausländischen Bürger Dresdens werden ebenfalls entsprechende Legitimationsmöglichkeiten wie die Abholung vor Ort im Bürgeramt erarbeitet. Im Ausstellungsprozess wird der KommPass mit einem virtuellen Stempel der Landeshauptstadt Dresden versehen, um die Korrektheit der Daten zu kennzeichnen. Werden die Daten dann im Rahmen eines Antrags- oder Kontrollverfahrens vorgelegt, müssen sie nicht gesondert geprüft werden, da sie nachvollziehbar korrekt sind. Der KommPass stellt somit eine „digitale ID" für die gesamte Bürgerschaft der Stadt Dresden dar, die eine eindeutige Identifikation der Einwohnerinnen und Einwohner im Rahmen kommunaler Angelegenheiten ermöglicht.

Der Mindestumfang eines KommPass-Datensatzes besteht aus einer Reihe von Schlüsselinformationen. Dazu gehören Familienname, Vorname, Geburtsdatum und Geburtsort der Person. Zusätzlich sind Postleitzahl, Wohnort, Straße und Hausnummer enthalten. Zu den Ausstellungsdaten gehören Ausstellungsdatum, Datenquelle (in diesem Fall das Melderegister), Gültigkeit, datenführende Behörde und Art des Datensatzes (KommPass). Diese Informationen sind entscheidend für die Authentizität und Gültigkeit des KommPass.

Darüber hinaus können weitere Daten wie das Zuzugsdatum oder die Adresse des Nebenwohnsitzes aus einem kommunalen Register ergänzt werden. Der Umfang der Attribute wird von der jeweils ausstellenden Kommune entsprechend den Anforderungen der in ihrem Hoheitsbereich zu unterstützenden Anwendungsprozesse festgelegt. Damit wird sichergestellt, dass der KommPass den spezifischen Bedürfnissen und Anforderungen jeder Kommune gerecht wird.

Der KommPass ist ein kommunales Basis-Credential, das in verschiedenen kommunalen Anwendungen eingesetzt werden kann. Er wird in einer Wallet auf dem Smartphone gespeichert und kann von den Nutzenden jederzeit selbstbestimmt eingesetzt werden. Die Einführung des KommPass soll es den Dresdnern ermöglichen, sich in kommunalen Prozessen elektronisch auszuweisen, ohne sich wiederholt mit der eID authentifizieren zu müssen. Er dient dabei als digitales Identifizierungsmittel und entspricht im Wesentlichen einem verifizierbaren Auszug aus dem Melderegister, der im Vergleich zur eID über mehr Attribute verfügt. Der Umfang der Attribute bestimmt, welche kommunalen Anwendungsfälle damit unterstützt werden können.

Ein bedeutender Vorteil des KommPass gegenüber der eID ist, dass der KommPass auch an Bürgerinnen und Bürger ausgestellt werden kann, welche nicht von der eID erfasst werden. Dadurch wird die Ausstellung des KommPass von der Ausstellung hoheitlicher Identitäten entkoppelt. Es wird ein dezentrales Konzept, welches sich an der Realität vor Ort orientiert und nicht an der Hierarchie auf Bundes-, Landes- und kommunaler Ebene geboten. Auf diese Weise wird der Zugang zu kommunalen Dienstleistungen wie dem Dresden-Pass ebenso ermöglicht wie der Erhalt von überprüfbaren Nachweisen wie dem Wohngeldbescheid. Ein wesentlicher Vorteil des KommPass ist, dass er explizit keiner Regulierung auf Landes-, Bundes- oder EU-Ebene unterliegt, sondern in der Hoheit der jeweiligen Kommune liegt und nach deren technischen und organisatorischen Bedürfnissen gestaltet werden kann.

Der KommPass bietet ein erhebliches Skalierungspotenzial und kann auf zahlreiche interne und externe Prozesse sowie auf andere Kommunen übertragen werden. Da die Kommune sowohl den von ihr selbst ausgestellten Daten vertraut als auch als vertrauenswürdiger Aussteller für externe Partner fungiert, ergibt sich ein hohes Potenzial für die Verwertung des KommPass. Ziel ist es, ein Vertrauensnetzwerk (Trustnet) aufzubauen (siehe Kap. 30), dem sich weitere externe Partner anschließen können. Die breite Palette der Einsatzmöglichkeiten des KommPass soll dazu beitragen, einen Anreiz zu schaffen, der die Akzeptanz bei den Nutzerinnen und Nutzern fördert.

2.2 Bürgerbegehren

Die Landeshauptstadt Dresden bearbeitet den Anwendungsfall Bürgerentscheid mit dem vorgelagerten Bürgerbegehren. Ein Bürgerbegehren ist ein Instrument der direkten Demokratie in Deutschland auf kommunaler Ebene. Grundsätzlich ist dies ein Antrag der Bürgerinnen und Bürger an die Gemeindevertretung, einen Bürgerentscheid durchzuführen. Durch ein Bürgerbegehren können beispielsweise Stadtratsbeschlüsse korrigiert oder Maßnahmen von allgemeinem Interesse durchgesetzt werden. Die gesetzliche Grundlage bilden § 24 und § 25 der Sächsischen Gemeindeordnung.

Grundlage für ein Bürgerbegehren ist nach der schriftlichen Anzeige bei der Gemeinde eine Unterschriftensammlung mit dem Ziel, 5 % der wahlberechtigten Bürgerinnen und Bürger für das Anliegen zu gewinnen. Wahlberechtigt sind alle volljährigen Staatsbürgerinnen und -bürger der Europäischen Union, welche mindestens seit 3 Monaten ihren Hauptwohnsitz in der jeweiligen Gemeinde, in diesem Fall der Landeshauptstadt Dresden, haben. Es tragen sich all diejenigen in Unterschriftenlisten ein, die einen Bürgerentscheid befürworten. Die Listen enthalten personenbezogene Angaben, wie Vor- und Zuname, Anschrift und Geburtsdatum, sowie zur Bestätigung der Korrektheit der Angaben eine Unterschrift. Nach Ablauf von 12 Monaten und/oder dem Erreichen der erforderlichen Unterschriftenanzahl, wird die Unterschriftensammlung an die Landeshauptstadt Dresden zur Prüfung übergeben. Nach heutigem Prozess werden die Listen händisch auf Dubletten und inkorrekte Angaben geprüft. Nachfolgend wird das Bürgerbegehren in der Vorlage dem Stadtrat zur Entscheidung übergeben. Bei positiver Stadtratsentscheidung kommt es zum Bürgerentscheid. Wie bei einer Wahl gehen dann die Bürgerinnen und Bürger dazu zu den Abstimmungslokalen (oder wählen per Briefwahl).

Ziel ist es, im zukünftigen digitalen Prozess mithilfe des SSI-Ansatzes alle regulatorischen Anforderungen aus der Sächsischen Gemeindeordnung zu erfüllen. Dies beinhaltet die digitale Authentifizierung der Vertrauenspersonen und Anzeige eines Bürgerbegehrens, sowie die digitale Authentifizierung der Unterstützer sowie das eigentliche Unterstützen des Bürgerbegehrens. Alle erforderlichen Angaben zur Anzeige des Bürgerbegehrens durch die Vertrauenspersonen und die Unterstützung durch die Bürgerinnen und Bürger müssen als VCs in der Wallet zur Verfügung stehen. Entsprechend den gesetzlichen Anforderungen können die notwendigen Attribute abgefragt und somit Unberechtigte ausgeschlossen werden.

Der Prozess der Unterschriftensammlung ist digital und DSGVO-konform abzubilden, um Bürger auch über verschiedene Kanäle zu erreichen. Fehlangaben und doppelter manueller Prüfaufwand der Personendaten (bei Erfassung und Einreichung) soll eliminiert werden. Bürgerinnen und Bürger sollen auch die Möglichkeit haben, ihre Unterstützung einfach widerrufen zu können.

Der Mehrwert von SSI liegt in verifizierten Personendaten. Es erfolgt eine sofortige Prüfung der Bedingungen des Unterstützers – Volljährigkeit, Staatsbürger der EU, mind. 3 Monate mit Hauptwohnsitz in der jeweiligen Gemeinde (Landeshauptstadt Dresden) gemeldet. Der aufwändige Prüfprozess der Listen kann entfallen, da bereits geprüfte und verifizierte Daten aus der Wallet präsentiert wurden.

Da der Prüfprozess auf ein Minimum reduziert werden kann und manuelle Prüfungen entfallen, kann das Bürgerbegehren in kürzerer Zeit erfolgen und somit schneller im Gemeinderat berücksichtigt werden.

Der Prozess wurde als Prototyp umgesetzt und einem interessierten Publikum vorgestellt. Als die größte Herausforderung in der Umsetzung stellte sich die Bereitstellung der erforderlichen VCs heraus, da die eID allein nicht die notwendigen Informationen bereitstellt. Diese Problemstellung konnte mit der Nutzung des KommPass gelöst werden. Der digitale Prozess ist sowohl für Initiierende von Bürgerbegehren wie auch Unterstützer, rein technologisch betrachtet, nutzbar.

Regulatorisch gesehen, muss die Grundlage für eine Erprobung des Anwendungsfalles geschaffen werden, da nach derzeitigem Stand die elektronische Form nach § 25(2) Sächsische Gemeindeordnung ausgeschlossen ist. Dies kann im Rahmen eines Reallabors erfolgen.

2.3 Dresden-Pass

In der Stadt Dresden spielt der Zugang zum gesellschaftlichen Leben und die Teilhabe daran eine ganz wesentliche Rolle, welche sich in Freizeit, Sport und Kultur widerspiegelt. Damit dieser Zugang möglichst nicht für Personen mit finanziellen Einschränkungen versperrt bleibt, bietet die Stadt Dresden den Dresden-Pass an. Er berechtigt zum kostengünstigeren Besuch kultureller Einrichtungen, zur kostenlosen Mietrechtsberatung, kostengünstiger Teilnahme von Kursen an der Jugendkunstschule sowie zur Inanspruchnahme von Ermäßigungen bei der Dresdner Verkehrsbetriebe AG (DVB AG).

Beantragt werden kann dieser von Einwohnerinnen und Einwohnern mit Hauptwohnsitz in Dresden, die eine der folgenden Sozialleistungen beziehen: Hilfe zum Lebensunterhalt oder Grundsicherung im Alter und bei Erwerbsminderung, Arbeitslosengeld ll oder Bürgergeld, Wohngeld, Kinderzuschlag, Barbeträge vom Jugendamt für Kinder und Jugendliche, Leistungen für Menschen, die Asyl beantragen und finanzielle Unterstützung bekommen oder Kinder, deren Eltern Sozialhilfe erhalten. Er ist ab dem Tag der Ausstellung 12 Monate gültig oder solange, wie die Sozialleistungen gewährt werden.

Die Beantragung erfolgt klassisch mittels eines Formulars, einem Nachweis zum Bezug der genannten Sozialleistungen und einem Passfoto, zur späteren Sichtkontrolle bei der Benutzung des Dresden-Passes. Ein persönliches Erscheinen bei Beantragung und Abholung ist zwingend erforderlich, und zur Identifikation wird dazu der Personalausweis benötigt. Zudem kann der Dresden-Pass mittels Online-Formular und dem Upload der entsprechenden Nachweise digital beantragt werden. Nach der manuellen Prüfung wird bei Bewilligung der Dresden-Pass postalisch versandt.

Im zukünftigen SSI-Prozess soll eine digitale Authentifizierung mittels VC und Präsentation eines der geforderten Nachweise ebenfalls als VC die Basis für den Erhalt des Dresden-Passes werden. Attribute des Nachweises und des Authentifizierungs-VC werden abgeglichen und anhand der Laufzeit des Nachweises die Gültigkeit des Dresden-Passes berechnet. Maximal wird diese 12 Monate betragen.

Eine vereinfachte Variante der Beantragung und Ausstellung des Sozialpasses wurde im Beitrag „Digitalisierung von Verwaltungsprozessen mit Self-Sovereign Identities: Das Agile Integration Framework" exemplarisch beschrieben (siehe Kap. 22).

Der Abgleich der Anforderungen und das Ausstellen des Dresden-Passes als VC kann größtenteils automatisiert erfolgen, dies wird den Prozess maßgeblich optimieren und reduziert den Ressourceneinsatz der Sachbearbeitenden.

Der größte Mehrwert des Sozial-Passes in Form eines VCs liegt in der Nutzung des Passes. Der Pass ermächtigt zu Ermäßigungen für weitere Angebote des gesellschaftlichen Lebens in der Kommune und ist Bedingung für Folgeprozesse mit sofortiger Auswirkung. Erlischt das Sozial-Pass Credential, erlöschen die darauf aufbauenden Credentials. Indem Credentials zurückgezogen werden, kann auch Missbrauch verhindert werden.

Eine der größten Herausforderungen in der Konzeption und Umsetzung ist die Verwaltung von VC durch Dritte. In der Praxis bedeutet dies, dass Eltern den Dresden-Pass ihrer Kinder verwalten, da davon auszugehen ist, dass nicht jedes Kind ein eigenes Smartphone zur Verwaltung der eigenen Credentials besitzt. Man verwaltet Credentials, welche einer anderen Person zugeordnet sind. Dafür ist ein Organisationswallet notwendig, da in diesem Fall die Familie eine Form der Organisation darstellt, in der die Verwaltung von VC mit ansprechenden Vertretungen und temporärer Delegation notwendig wird.

2.4 Bürgerbeteiligung

Das Beteiligungsportal des Freistaates Sachsen bietet zahlreiche Möglichkeiten, sich aktiv in Entscheidungsprozesse von Politik und Verwaltung einzubringen. Dazu gehören die Teilnahme an regionalen Dialogen und Beteiligungsformaten, die Teilnahme an Umfragen sowie Stellungnahmen zu aktuellen Gesetzesentwürfen. Derzeit gibt es bei diesen Formaten keine Beschränkung des Teilnehmerkreises, alle Formate sind für jedermann zugänglich.

Im Rahmen des Bürgerbeteiligungsportals sollte der ID-Ideal-Ansatz als Authentifizierungsverfahren generalisiert umgesetzt werden, sodass die Kommunen, die das Portal nutzen, die Möglichkeit haben, diesen Ansatz in den verschiedenen Modulen des Portals zu einzusetzen.

Als Pilotszenario dient ein Fragebogen für den Bürgerhaushalt, bei dem die Beteiligung ausschließlich auf die jeweiligen Bürgerinnen und Bürger der Kommune beschränkt sein soll. Dies kann gemäß dem Anwendungsfall angepasst werden, um den notwendigen Teilnehmerkreis ansprechen zu können. Zur Teilnahme müssen sich die Bürgerinnen und Bürger mit ihrer Wallet authentifizieren, um den Nachweis zu erbringen, dass sie in der Gemeinde gemeldet sind. Anschließend wird die Durchführung der Befragung ermöglicht. Als Basis-Credential kommt in diesem Fall der KommPass zum Einsatz.

Für die Kommunen hat das den Vorteil, dass die Teilhabe nun eingeschränkt angeboten werden kann und somit die Ergebnisse nicht verfälscht werden können. Da das Beteiligungsportal modular aufgebaut ist, gibt es zukünftig drei Authentifizierungsmöglichkeiten: keine Authentifizierung, Benutzername und Passwort sowie mittels Credential.

Die realisierte Lösung bietet das Potenzial, von allen Kommunen für verschiedene Anwendungsszenarien eingesetzt werden zu können und eröffnet darüber hinaus Raum für neue Anwendungsfälle. Durch die Integration in das Beteiligungsportal kann die Verbreitung des ID-Ideal-Ansatzes im Freistaat Sachsen vorangetrieben werden.

2.5 Leipziger Städtische Bibliotheken

Die Leipziger Städtischen Bibliotheken (LSB) bilden ein Netzwerk, das aus der Hauptbibliothek sowie 16 Stadtteilbibliotheken und einer Fahrbibliothek besteht. Als Kultureinrichtung bieten sie einen breit gefächerten Zugang zu digitalen und analogen Informationsressourcen. Die LSB strebt danach, den Zugang zu Wissen und Bildung für die Stadtbevölkerung zu erleichtern. Dabei legen sie unter anderem einen Schwerpunkt auf die Modernisierung ihrer bibliothekarischen Prozesse.

Die Registrierung und Ausstellung des Bibliotheksausweises sind zwei zentrale Prozesse der LSB. In der Hauptbibliothek kann dies aktuell sowohl digital als auch persönlich erfolgen. Online-Registrierungen stehen ausschließlich volljährigen Vollzahlern (Normaltarif) zur Verfügung und ermöglichen nur den Zugriff auf die digitalen Angebote der Bibliothek. Um physische Medien in den Bibliotheken ausleihen zu können und für andere Tarife oder Personen unter 19 Jahren ist eine persönliche Anmeldung in einer Bibliothek der LSB erforderlich. Dort erfolgt die manuelle Überprüfung der notwendigen Unterlagen wie Ausweis oder andere Nachweise (Abb. 9.3). Nach einer Anmeldung vor Ort sind sowohl die Nutzung digitaler als auch analoger Medien möglich.

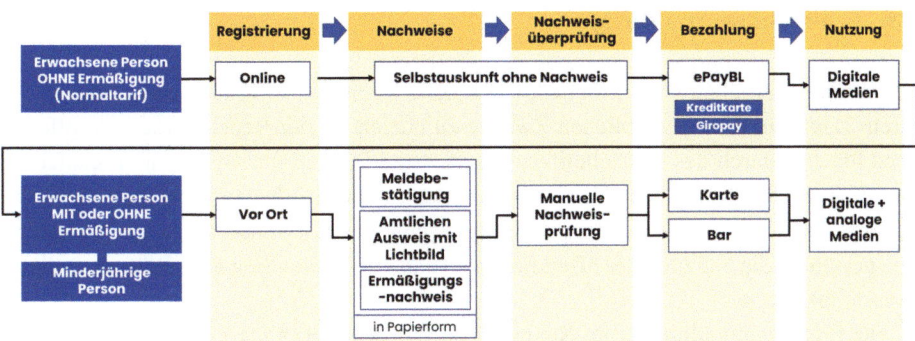

Abb. 9.3 IST-Anmeldeprozess der LSB

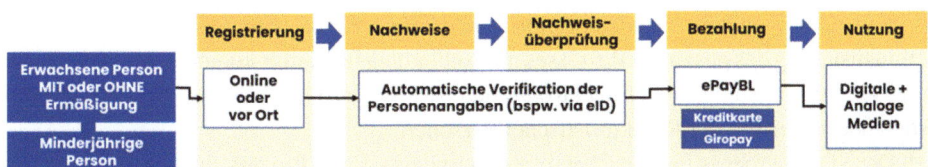

Abb. 9.4 SOLL-Anmeldeprozess der LSB

In beiden Anmeldungsoptionen entsteht ein Medienbruch, der die Prozesse zeitaufwändig und ressourcenintensiv macht. Dennoch verzeichnen Leistungsstatistiken der LSB zwischen 2021 und 2023 eine Zunahme der Nutzung: Physische Besuche stiegen um ca. 54 %, virtuelle Besuche um etwa 23 % und Entleihungen um rund 35 %.

Ein medienbruchfreier Anmeldeprozess soll durch die Implementierung von SSI realisiert werden. In diesem Anwendungsfall bedeutet dies, dass die angegebenen persönlichen Daten der Nutzenden nicht mehr manuell, sondern automatisch auf Korrektheit und Zuverlässigkeit überprüft werden. Dazu werden die angegebenen Personendaten mit verifizierten Registern abgeglichen, die bereits authentisierte Daten enthalten, wie etwa dem eID-Server. Nach erfolgreichem Abgleich können die Daten in das Bibliothekssystem integriert werden, wodurch den Nutzenden ermöglicht wird, die angebotenen Funktionen und Dienste, ohne den Einsatz von Intermediären zu nutzen. (Abb. 9.4)

SSI zielt bei diesem Anwendungsfall darauf ab, das gegenseitige Vertrauen bei der Authentifizierung und Autorisierung von Diensten zu fördern und sicherzustellen, während gleichzeitig gesetzliche Vorschriften und technische Standards eingehalten werden. Nutzende sollen in der Lage sein, autonom zu handeln, indem sie sich schnell und sicher automatisch identifizieren können. Dies könnte dazu beitragen, die Einbindung von Sachbearbeitenden trotz steigender Nutzung der LSB zu minimieren, Ressourcen zu schonen und administrative Prozesse potenziell zu beschleunigen.

2.6 Freisitzanmeldung

Gastronomiebetrieben ist es möglich, öffentliche Flächen wie Straßen und Gehwege vor ihrem Lokal für ihre gewerblichen Zwecke zu nutzen. In der Regel werden die öffentlichen Flächen durch das Aufstellen von Tischen und Bänken für sogenannte Freisitze genutzt. Die Stadt Leipzig, insbesondere das Verkehrs- und Tiefbauamt sowie die Gewerbebehörde, subsumieren die Freisitzgenehmigungen unter den Sondernutzungserlaubnissen und gewähren die Nutzung des öffentlichen Raumes ausschließlich nach Prüfung örtlicher Einschränkungen.

Die Freisitzanmeldung ist im Rahmen von ID-Ideal ein prädestinierter Anwendungsfall: Bisher wurde lediglich die Antragstellung über das sächsische Servicekonto Amt24 digitalisiert. Der Bearbeitungsprozess innerhalb des kommunalen Fachverfahrens, einschließlich einer komplexen Interamtskommunikation, erfolgt jedoch noch manuell über diverse Kommunikationskanäle. Daher liegt der Fokus auf einer Ende-zu-Ende-Digitalisierung des gesamten Prozesses mit Anbindung tangierter kommunaler IT-Systeme und dem Bereitstellen eines elektronischen Bescheids als Credential für die Antragstellenden, meist in der Rolle juristischer Personen.

Der SOLL-Prozess für den digitalisierten Ende-zu-Ende-Prozess sieht das Zusammenspiel folgender Bausteine vor:

- Antragseite für Antragstellende mit Identifizierungs- und Authentifizierungsfunktion zum Einsehen des Bearbeitungsstands sowie der Möglichkeit, Dokumente nachzureichen und Bescheide elektronisch abzurufen.
- Fachbearbeitungsseite für die ämterübergreifende Zusammenarbeit bei der Prüfung der Anträge.
- Anbindung und Integration städtischer Systeme wie enaio (Dokumentenmanagementsystem), ePayBL (Bezahlkomponente), IKOL-GW (Antragsdatenerfassung und Gewerberegisterauszug), SAP (Gebührenerfassung).

Während der Antragsprozess für Antragstellende bereits im IST-Prozess als komfortabel wahrgenommen wird, adressiert die Pilotierung der Freisitzanmeldung im Rahmen von ID-Ideal vor allem die Schmerzpunkte innerhalb der Verwaltung. Eine Freisitzanmeldung kann nur durch die Prüfung mehrerer Ämter erfolgen. Folglich sind eine Reihe bestehender Systeme und Abläufe miteinander zu synchronisieren. Hier wird deutlich, dass eine fehlende Digitalisierungsplattform das Implementieren volldigitaler Antrags- und Bearbeitungsprozesse mit bidirektionaler Kommunikation ohne Medienbrüche erschwert.

Zum Zeitpunkt der Pilotierung des Verfahrens stellt eine weitere Herausforderung dar, dass der Einsatz von Wallets für Organisationen auf Basis von Rollen bisher nur unzulänglich entwickelt und erprobt ist. Im Falle der Freisitzanmeldung übernehmen meist juristische Personen die Antragstellung, während vertretungsberechtigte (natürliche) Personen das Credential bei einer Vor-Ort-Kontrolle durch das Ordnungsamt präsentieren müssen. Hier besteht weiterhin Forschungsbedarf hinsichtlich Organisationswallets und dem Thema Delegation.

3 Ausblick auf die Digitalisierung der Verwaltung – Leipzig App

Um die Digitalisierung in der Verwaltung voranzutreiben, werden neue innovative Geschäftsmodelle benötigt. Modelle, die Verwaltung und Teilhabe am gesellschaftlichen Leben vereinen. Modelle, die einen fließenden Übergang zwischen Information, Serviceleistungen und personifizierter Nutzung ermöglichen. Ein vielversprechender Ansatz wurde mit der Leipzig App konzipiert.

Die Stadt Leipzig verfolgt mit der Leipzig App die Vision eines digitalen Rathauses, das seinen Bürgerinnen und Bürgern ein breites Spektrum unterschiedlicher digitaler Dienste bereitstellt, sich beständig an veränderte Rahmenbedingungen anpasst und weiterentwickelt. Seit Februar 2024 können Bürgerinnen und Bürger mit der ersten Ausbaustufe der App beispielsweise unkompliziert Kontakt zur Stadt aufnehmen, städtische Services nutzen, die richtigen Ansprechpartnerinnen und Ansprechpartner finden, sich engagieren, vernetzen, Hilfe finden und ihren eigenen Stadtteil mitgestalten. Orte können mit Echtzeitdaten entdeckt werden, und bei Katastrophenwarnungen, kommunalen Verkehrswarnmeldungen sowie extremen Wetterlagen werden die Nutzerinnen und Nutzer gewarnt und dank Handlungsempfehlungen gut vorbereitet.

Strategisch wirkt die Leipzig App nach außen und innen: Durch die Auswertung von Nutzendenfeedback kann jede Anwendung verbessert werden, sodass die Stadtverwaltung bürgernah agieren kann. Nach innen kann die App einen erheblichen Beitrag für die Stadtverwaltung leisten, indem sie die Wertigkeit konsolidierter Daten und interoperabler IT-Systeme fördert, was letztlich die Erreichbarkeit und Effizienz steigert. Bürokratische Hürden können beispielsweise durch die Integration von Formularen und Dokumenten in die App reduziert werden. Durch die Automatisierung von Prozessen und die Integration von Self-Service-Funktionen werden Mitarbeitende entlastet und Behördenprozesse beschleunigt. So wird der Fachkräftemangel abgemildert, und die Bürgerinnen und Bürger sparen Zeit und Wege.

Mit der avisierten Weiterentwicklung sollen zukünftig mehr transaktionale Dienste integriert werden, die ganzheitliche Geschäftsprozesse abbilden. Dies erfordert eine Identifizierungs- und Authentifizierungskomponente als initialen Startpunkt und mündet in einer Wallet-Komponente, in der Bürgerinnen und Bürger städtische Karten und Tickets personalisiert ablegen und für Folgeprozesse nutzbar machen können. Konkret soll mit der Wallet-Integration ein behutsamer Kulturwandel eingeleitet werden, der, wie oben beschrieben, Wirkung nach außen und innen entfaltet. Die Stadt Leipzig plant, 2025 den digitalen Bibliotheksausweis, den Leipzig Pass (Sozialpass) sowie städtische Kulturtickets der Regiebetriebe über die Wallet-Funktion der Leipzig App anzubieten. Weitere Pässe und Karten der Stadt sind in Prüfung. Das Vorgehen dient dazu, die kommunalen

Fachverfahren frühzeitig anschlussfähig zur geplanten EUDI-Wallet und deren Grundarchitektur auszugestalten (*eu-digital-identity-wallet/eudi-doc-architecture-and-reference-framework*, 2023/2024).

Die Leipzig App hat den Anspruch mehr zu sein als eine App mit Informationen rund um die Stadt Leipzig: Durch die Integration von Serviceleistungen und einer Wallet-Funktion soll sie zum Startpunkt für eine zeitgemäße Kommunikation mit der Stadt, des digitalen Alltags und Teilhabe am gesellschaftlichen Leben werden.

4   Diskussion der Ergebnisse

Die Anwendungsfälle haben gezeigt, eine gelungene Digitalisierung der öffentlichen Verwaltung kann zur Beschleunigung von Prozessen, zur Senkung von Kosten und zur Verbesserung der Servicequalität für Bürger und Bürgerinnen beitragen. Öffentliche Dienstleistungen sollten genauso zugänglich und einfach sein wie das Einkaufen im Internet oder die Buchung von Fernreise-Tickets, um die Akzeptanz und Nutzung der digitalen Verwaltungsdienste zu maximieren. Für niederschwellige Aktionen sollten einfache Identifizierungs- und Authentifizierungsmechanismen vorhanden sein, um die Nutzerfreundlichkeit und Akzeptanz digitaler Serviceleistungen zu erhöhen. Der dargestellte KommPass, ein abgeleitetes Basis-Credential aus dem Melderegister, könnte gegenüber der eID Vorteile bieten, da nicht jeder Verwaltungsprozess das höchste Vertrauensniveau erfordert und seine Handhabung prinzipiell einfacher ist.

Trotz eines großen Bedarfs an digitalisierten Verwaltungsdiensten, stellen technische Probleme, die Verwendung von digitalen Wallets und der Umgang mit digitalen Nachweisen bzw. Credentials sowie Bedenken hinsichtlich der Datensicherheit und Datenintegrität weiterhin erhebliche Herausforderungen dar, sowohl für Serviceanbietende als auch für Bürger und Bürgerinnen.

Eine große technische und konzeptionelle Herausforderung ist die Verfahrensweise zur Verwendung für die Weitergabe von Credentials oder dem Verwalten von Credentials für Minderjährige. Sei es der Bibliotheksausweis oder Sozial-Pass, der die eigene Wallet und somit das Smartphone als Voraussetzung für die Selbstständigkeit des Kindes bedeutet. Alternativ möchten Eltern die Credentials ihrer Kinder in der eigenen Wallet verwalten. Dafür ist ein Organisationswallet erforderlich, in der die Verwaltung von Nachweisen mit Vertretungen und temporärer Delegation notwendig wird.

Die hier vorgestellten Anwendungsfälle zeigen, wie SSI-basierte Lösungen eine solche Modernisierung der Verwaltung vorantreiben können. Die Use Cases verdeutlichen jedoch auch, dass die Einführung von neuen Digitalisierungsansätzen wie SSI mit Herausforderungen verbunden ist. Dazu gehören nicht-interoperable Verwaltungsprozesse, veraltete Rechtsgrundlagen und IT-Systeme sowie teilweise ein Mangel an Sensibilisierung für technologische Veränderungsprozesse im Verwaltungssystem.

Die Herausforderung besteht darin, sämtliche Faktoren zu berücksichtigen, ohne dabei relevante Aspekte zu übersehen. Einzelne Insellösungen sind nicht mehr zeitgemäß, gefragt sind integrierte Lösungsansätze. Die Annäherung an solche Lösungen, die durch Volatilität, Komplexität und Unklarheit gekennzeichnet sind, erfordert einen systematischen methodischen Rahmen. Das Agile Integration Framework (siehe Kap. 22) bietet einen solchen Rahmen, indem es auf agilen Methoden basiert und Werkzeuge für die Entwicklung von Visionen, Strategien, die Einbindung von Stakeholdern sowie die Gestaltung der Prozess-, System- und Datenlandschaft umfasst. Dieses Vorgehensmodell unterstützt die inhaltliche Ausgestaltung, Planung, Durchführung und langfristige Erfolgssicherung von Digitalisierungsprojekten.

Eine moderne nutzerzentrierte Verwaltung erfordert nicht nur eine umfassende IT-Sanierung, sondern auch die Zustimmung zu neuen Datenmanagementpraktiken sowie die Bereitschaft für Veränderungsprozesse über alle Verwaltungsebenen hinweg. Die Erfahrungen aus den untersuchten Anwendungsfällen bieten eine Grundlage für die Entwicklung der Verwaltungsdigitalisierung, insbesondere im Bereich der SSI-basierten Lösungen und ihrer interoperablen Nutzung. Eine enge Zusammenarbeit zwischen öffentlicher Verwaltung, Technologieanbietenden und der Zivilgesellschaft ist entscheidend, um die Akzeptanz und Nutzung neuer Technologien zu fördern.

Literatur

Biedermann, B., Handke, S., Jürgenssen, O., Orta, E., Schindler, C., Schröder, R., Schroll, L., & Sonne, F. (2023). Nutzen und Grenzen von SSI für Verwaltung und öffentliche Institutionen. *HMD Praxis der Wirtschaftsinformatik, 60*(2), 437–457. https://doi.org/10.1365/s40702-023-00953-5

Bundesamt für Sicherheit in der Informationstechnologie (Hrsg.). (2021, Dezember 08). *BSI – Blockchain – Eckpunktepapier für Self-sovereign Identities (SSI)*. BSI – Blockchain – Eckpunktepapier für Self-sovereign Identities (SSI). https://www.bsi.bund.de/SharedDocs/Downloads/DE/BSI/Krypto/Eckpunkte_SSI_DLT.html. Zugegriffen am 29.10.2024.

Ehrlich, T., Richter, D., Meisel, M., & Anke, J. (2021). Self-Sovereign Identity als Grundlage für universell einsetzbare digitale Identitäten. *HMD Praxis der Wirtschaftsinformatik, 58*(2), 247–270. https://doi.org/10.1365/s40702-021-00711-5

Eu-digital-identity-wallet/eudi-doc-architecture-and-reference-framework. (2024). Makefile. European Digital Identity. https://github.com/eu-digital-identity-wallet/eudi-doc-architecture-and-reference-framework (Original work published 2023). Zugegriffen am 29.10.2024.

European Commission (Hrsg.). (2022). *The Digital Economy and Society Index (DESI) 2022, Chapter 5 Digital public services, Figure 66 6 Digital Economy and Society Index (DESI) 2022, Digital public services*. European Commission. https://digital-strategy.ec.europa.eu/en/policies/desi. Zugegriffen am 29.10.2024.

ID-Ideal Konsortium. (Hrsg.). (2024a, Mai 30). *Sicheres Management Digitaler Identitäten – ID-Ideal*. Sicheres Management Digitaler Identitäten – ID-Ideal. https://id-ideal.de/. Zugegriffen am 29.10.2024.

ID-Ideal Konsortium. (Hrsg.). (2024b, Juni 16). *Zum Projekt – ID-Ideal*. Zum Projekt – ID-Ideal. https://id-ideal.de/about/. Zugegriffen am 29.10.2024.

Opiela, N., Tiemann, J., Gumz, J. D., Goldacker, G., & Weber, D. M. (2023). *Deutschland-Index der Digitalisierung 2023* (1. Aufl.). Kompetenzzentrum Öffentliche IT (ÖFIT).

Röhl, K.-H. (2023). *Verwaltungsdigitalisierung in Deutschland. Der Stand zum Zielzeitpunkt des Onlinezugangsgesetzes Anfang 2023* (IW-Report Nr. 20; S. 18). Institut der deutschen Wirtschaft.

Open Access Dieses Kapitel wird unter der Creative Commons Namensnennung 4.0 International Lizenz (http://creativecommons.org/licenses/by/4.0/deed.de) veröffentlicht, welche die Nutzung, Vervielfältigung, Bearbeitung, Verbreitung und Wiedergabe in jeglichem Medium und Format erlaubt, sofern Sie den/die ursprünglichen Autor(en) und die Quelle ordnungsgemäß nennen, einen Link zur Creative Commons Lizenz beifügen und angeben, ob Änderungen vorgenommen wurden.

Die in diesem Kapitel enthaltenen Bilder und sonstiges Drittmaterial unterliegen ebenfalls der genannten Creative Commons Lizenz, sofern sich aus der Abbildungslegende nichts anderes ergibt. Sofern das betreffende Material nicht unter der genannten Creative Commons Lizenz steht und die betreffende Handlung nicht nach gesetzlichen Vorschriften erlaubt ist, ist für die oben aufgeführten Weiterverwendungen des Materials die Einwilligung des jeweiligen Rechteinhabers einzuholen.

Digitale Nachweise in der Formalen Bildung: Strukturen, ID-Management und Case-Study Schülerausweis

10

Benjamin Burde, Christoph Graf und Christopher Ritter

Zusammenfassung

Auch das Formale Bildungssystem, als eine der relevantesten gesellschaftlichen Strukturen und Ökosysteme, steht vor der Herausforderung digitale Nachweise und Identitäten aufzunehmen. Anhand dreier unterschiedlicher Beispiele aus der Praxis, welche die Themen ID-Management, Nachweise und Netzwerkeffekte aufweisen, wird dieser Herausforderung eines sehr eng mit dem öffentlichen Sektor verwobenen Bereichs nachgegangen. Im Ergebnis wird deutlich, dass die reine Betrachtung neuer Technologien für digitale Nachweise und Identitäten im Formalen Bildungsbereich zu kurz greift, da die digitale Transformation auch mit einer Veränderung der Bildungskultur und Bildungslandschaft einhergeht. Das Thema Netzwerkeffekte, als eine Kernanforderung der digitalen Vernetzung, bedingt die Notwendigkeit stärker mit Sektoren außerhalb der Formalen Bildung zusammenzuarbeiten.

Schlüsselwörter

Formale Bildung · Bildung · Hochschule · Schule · Schülerausweis · Ökosysteme

---

B. Burde (✉)
esatus AG, Berlin, Deutschland

C. Graf
Switch, Zurich, Switzerland
E-Mail: christoph.graf@switch.ch

C. Ritter
Freie Universität Berlin, Berlin, Deutschland
E-Mail: christopher.ritter@fu-berlin.de

© Der/die Autor(en) 2025
J. Anke et al. (Hrsg.), *Digitale Identitäten und Nachweise*,
https://doi.org/10.1007/978-3-658-47708-0_10

1 Einleitung

Der Einsatz digitaler Nachweise und zugrunde liegender ID-Management-Systeme wirft Fragen auf. Beispielsweise, wer Zugang zu diesen Ökosystemen erhält. In der Formalen Bildung gibt es existente Ansätze und Strukturen von unterschiedlicher Komplexität, die vor der digitalen Vernetzung etabliert und schrittweise aktualisiert wurden.

In diesem Kapitel werden wir daher das Augenmerk auf Anwendungsökosysteme im Bildungssektor richten. Im Kern gehen wir der Frage nach, wie über einen Prozess der Selbstaktualisierung bestehender Strukturen altes mit neuem sinnvoll verbunden werden kann. Diese Aktualisierung geht, wie zu sehen sein wird, über rein administrative oder technische Aspekte hinaus, wenn einbezogen wird, dass Technologie nur einen Aspekt der digitalen Transformation darstellt.

Im vorliegenden Artikel werden drei Beispiele dargestellt, welche die Vielgestalt und Komplexität des Formalen Bildungsbereichs abbilden, und unsere praktische Projekterfahrung einbeziehen:

1. Netzwerke im Hochschulbereich
2. Studierendenausweis
3. Schülerausweis

Drei Aspekte bilden die Schnittmenge unserer Beispiele:

- ID-Management
- Digitale Nachweise
- Netzwerkeffekte

Das ambitionierte Vorhaben unterschiedliche Beispiele in einem Artikel zusammenzuführen ergibt sich aus der Tatsache, dass diese Gegenstand der Forschungsarbeit und des Austauschs im Rahmen der Schaufensterprojekte digitale Identitäten im Kontext Bildung waren.

Auch wenn der Zusammenhang zwischen Schülerausweis, dem ID-Management einer Hochschule und einem internationalen Netzwerk im Hochschulsektor nicht zwingend ist, so verdeutlichen diese Beispiele sehr klar eine maßgebliche Herausforderung:

Es ist ein grundsätzliches Umdenken aller Partizipierenden erforderlich, bevor digitale Nachweise sinnvoll eingesetzt werden können. Der Gedanke, dass Nachweise und ihre Attribute nur *in einem spezifischen Kontext* einzusetzen sind, ist insbesondere im Geflecht der Formalen Bildung tief verankert. Dieses binäre Denken – im Sinne von Ja / Nein – ist beim Einsatz digitaler Nachweise zu erweitern und markiert auch die (gedankliche) Abgrenzung zu Nachweisen in Form eines PDF mit elektronischer Signatur. Digitale Nachweise, im Verständnis unseres Artikels, basieren auf Daten und ihrer mehrfachen Nutzung (Netzwerkeffekte) die aktuell doppelt und dreifach abgefragt, abgelegt und zentral gespeichert werden, um für *einen* spezifischen Zweck eingesetzt zu werden.

Weiterhin ist im Bildungssektor ein auch kultureller Wandel zu berücksichtigen, der die Komplexität erhöht. Um zukunftsfähig zu sein, ist die Mobilität von Lernenden (EU, International) und das altersunabhängige lifelong learning (Skills) als weitere Determinante anzuerkennen, welche zu einer stärkeren Verschränkung von Formalen und non-formalen Bildungsbereich führen wird.

2 Neue Herausforderungen im Bildungssektor

„Erstklassige und inklusive Hochschulen sind eine Voraussetzung und die Grundlage für weltoffene, demokratische, faire und nachhaltige Gesellschaften sowie für nachhaltiges Wachstum, Unternehmertum und Beschäftigung." (Europäische Kommission, 2022)

Dieses Zitat aus der Mitteilung der Europäischen Kommission über eine europäische Hochschulstrategie aus dem Jahre 2022 veranschaulicht die den Hochschulen zugemessene gesellschaftliche Bedeutung für Europa. An anderer Stelle in der Mitteilung werden die Partnerschaften in europäischen und globalen Bildungssystemen und Forschungsnetzwerken als zentrale Stützen für die Europäischen Werte beschrieben.

Für die Umsetzung der politischen Agenda der Europäischen Union werden in der Folge Zielsetzungen für die Hochschulen und Maßnahmen zu deren Erreichung formuliert.

Im Rahmen des Forschungsprojekts IDunion sind insbesondere diese Stoßrichtungen aus dem Strategiedokument relevant:

- Die Einbindung internationaler, physischer Mobilitätsphasen wird für alle Studierenden zum Standard werden und mit Hilfe des Austauschprogramms ERASMUS+ und der Initiative „Europäischer Studierendenausweis" unterstützt. Zentral für die Abwicklung solcher Mobilitätsphasen sind nationen- und sektorübergreifende Prozesse.
- Die Universitäten müssen sich in Allianzen gruppieren um als „European University" anerkannt zu werden und ihre Bildungsangebote als „European Degrees" anbieten zu können. Die Studierenden in solchen Allianzen können mit gewissen Freiheiten ihren Bildungsgang individuell mit Angeboten aller partizipierenden Universitäten ausgestalten.
- Die Hochschulbildung soll zur Unterstützung des lebenslangen Lernens eingesetzt werden. Dadurch gewinnen Bezüge zu anderen Anbietern im formalen, aber auch non-formalen Bildungsbereich an Bedeutung. Zudem müssen vermehrt auch feingranulare Bildungsnachweise (Rat der Europäischen Union, 2021) sowie Nachweise für Fähigkeiten (Skills) ausgestellt werden. Für diese Nachweise bestehen mit ELM (Europäische Kommission. o. J.) und ESCO (European Commission, DG Employment, Social Affairs and Inclusion, o. J.) auch bereits tragfähige Rahmenwerke. ELM ist das das mehrsprachige Datenmodell für die Interoperabilität von Lernangeboten, Qualifikationen, Akkreditierung und Nachweisen in Europa und ESCO ist die mehrsprachige europäische Klassifikation für Fähigkeiten, Kompetenzen, Qualifikationen und Berufe.

Wir betrachten in den folgenden Kapiteln die sich daraus stellenden Herausforderungen an das bestehende Identitäts- und Zugangsmanagement im Hochschulbereich. Auch wenn wir an dieser Stelle nicht näher darauf eingehen werden, wird dennoch klar, dass diese Stoßrichtungen auch weitere – und wohl fundamentalere – Herausforderungen bergen, wie z. B. die Positionierung der formalen Abschlüsse nationaler Universitäten gegenüber jenen der Allianzen oder die Positionierung der Anbieter formaler Bildung gegenüber non-formalen Bildungsangeboten.

2.1 Zu Projektbeginn existierende Netzwerke im Hochschulsektor

Netzwerke im tertiären Hochschulbereich blicken auf eine lange Tradition intensiver Zusammenarbeit zurück. Für den interuniversitären Datenaustausch wurden bereits in den 1990er-Jahren nationale Datennetzwerke geschaffen, die hauptsächlich von nationalen Forschungs- und Bildungsorganisationen (National Research and Education Network, kurz NREN) getragen wurden und sich in der Folge international vernetzten. Die dadurch geschaffenen Strukturen wurden ca. ab dem Jahr 2000 genutzt um nebst dem reinen Datenverkehr auch den organisationsübergreifenden, authentisierten, sicheren Servicezugriff mit Hilfe sogenannter Identitätsföderationen zu ermöglichen. Diese initial auf nationaler Ebene aufgebauten Identitätsföderationen vernetzten sich in der Folge ihre zu einer gemeinschaftlichen „Interföderation".

Im Verlauf der letzten zwei Jahrzehnte wuchs diese „Interföderation" als internationales Anwendungsökosystem zu beachtlicher Größe: Sie umfasst heute 79 NRENs, mit weiteren im Kandidatenstatus, vernetzt mehr als 8000 Identitäts- und Diensteanbieter untereinander und unterstützt gegen 27 Mio. Studierende beim unkomplizierten, schnellen und sicheren Zugriff auf Services dieser „Interföderation" weltweit.

Das zugrunde liegende Paradigma in diesen Identitätsföderationen sind elektronische Identitäten, die von Hochschulen zuhanden ihrer Angehörigen für die Zeitdauer der Zugehörigkeit ausgestellt werden. Und stößt damit an Grenzen:

- Die zeitliche Limitierung der Identitäten auf einen spezifischen Hochschulbezug steht im Widerspruch zu den auf Langfristigkeit angelegten Bedürfnissen des lebenslangen Lernens und hat bislang die Unterstützung für Bildungsnachweise stark eingeschränkt.
- Die Bindung der Identitäten an eine einzelne Organisation ist eine Hürde für den Aufbau von Universitätsallianzen und die Unterstützung von Curricula mit Lernangeboten mehrerer Anbieter, möglicherweise sogar aus verschiedenen Sektoren.
- Die Nutzungsbeschränkung auf bestehende Dienste der „Interföderation" steht einer effizienten Öffnung in weitere Sektoren im Weg. Insbesondere sollte es nicht notwendig sein Dienste vorgängig in mehrere solche Teilökosysteme integrieren zu müssen.

2.2 Bedeutung des Wallet-Ökosystems für den Bildungssektor

Für die Überwindung der zuvor aufgezeigten Grenzen sind folgende Eigenschaften des Wallet-Ökosystems erfolgversprechend:

- Nutzerzentrierung: Eignung für Anwendungsfälle mit parallelen und sequenziellen Organisationsbezügen. Dies unterstützt alle oben genannten Stoßrichtungen.
- Offenheit: Nachweise aus dem Bildungssektor können benutzergesteuert allen Akteuren des Wallet-Ökosystems ohne zusätzliche Integration präsentiert werden. Dies unterstützt sektorübergreifende Anwendungsfälle der Mobilität und des lebenslangen Lernens
- Auf Langlebigkeit angelegt: Damit wird eine wichtige Voraussetzung für die Unterstützung des lebenslangen Lernens erfüllt.

Allerdings sind diese Vorteile nur mit fundamentalen Anpassungen im aktuell bestehenden Anwendungsökosystem der „Interföderation" nutzbar. Aufgrund der schieren Größe und des hohen Reifegrades der bestehenden Verfahren und Standards ist eine schnelle Migration auf ein Wallet-Ökosystem ausgeschlossen. Erfolgversprechender ist es sich auf Anwendungsfälle zu konzentrieren, die wegen der aktuellen Einschränkungen noch nicht umgesetzt werden konnten, von den Eigenschaften des Wallet-Ökosystems direkt profitieren können und mit möglichst geringen Anpassungen existierender Prozesse und Schnittstellen umgesetzt werden können. Die anschließenden Kapitel widmen sich solchen Anwendungsfällen.

Mit der daraus gewonnenen Erfahrung können künftig auch etwas komplexere Anwendungsfälle bearbeitet werden – und womöglich längerfristig die Überführung der „Interföderation" ins Wallet-Ökosystem ermöglichen.

3 Digitaler Studierendenausweis an der Technischen Universität Berlin (TUB)

Bei Betrachtung existierender Strukturen im Hochschulsektor auf nationaler Ebene, ergeben sich bei den Hochschulen Anwendungsfälle für digitale Nachweise und die ID-Managementsysteme. Mit dem Fokus auf Verbreitung, der Abbildung von Merkmalen, sowie einer möglichst guten Transformationsfähigkeit, bildet der Studierendenausweis einen geeigneten Anwendungsfall.

Dieser besitzt aufgrund seiner Relevanz für Studierende im Rahmen von Arbeitsverträgen, Sozialleistungen oder Vergünstigungen, einen hohen Grad der Verbreitung. Ein Umstieg auf eine digitale Version, basierend auf überprüfbaren Attributen, besitzt somit hohes Potenzial.

Neben dem Sichtausweis bildet der Studierendenausweis den Nachweis nachstehender Attribute ab:

- Name der Person
- In einigen Fällen optisches Merkmal der Person (Passfoto)
- Matrikelnummer
- Gültigkeit -> Ist die Person aktuell immatrikuliert?
- Bibliotheksausweisnummer
- ÖPNV Fahrberechtigung

Aus diesem Grund plant die TUB im Rahmen eines Piloten, einen digitalen Studierendenausweis auf Basis überprüfbarer Attribute gemäß der eIDAS (eIDAS, 2024) Verordnung zu starten. Der Pilot soll zunächst für ein Jahr betrieben und anschließend evaluiert werden.

Eine digitale Abbildung des Studierendenausweises kann auf die existierende Infrastruktur zurückgreifen und parallel zum bestehenden Prozess implementiert werden. Dies gilt auch für die etablierten technischen Schnittstellen und die dort hinterlegten Daten.

Um eine Anpassung der existierenden Prozesse und Schnittstellen weitestgehend zu vermeiden, wird ein Absprungpunkt definiert, ab dem die bisherigen Prozesse verlassen werden und die neuen Prozesse und Schnittstellen genutzt werden. Hierdurch wird das Risiko der weiter oben skizzierten Gefahren bei einer Einführung in Bezug auf das bestehende Ökosystem, aber auch in Bezug auf die Überforderung der Nutzenden bei der Umstellung auf ein Nutzerzentriertes System, stark reduziert.

3.1 Paradigmenwechsel beim Umfang von Nachweisen

Bisher wird im Rahmen digitaler Identitäten und Nachweise in Containern gedacht, die häufig in streng voneinander getrennten Bereichen gehalten werden. Dies kann analog zur Brieftasche verstanden werden, in der jeder Nachweis (Kreditkarte etc.) in einem separaten Fach liegt. Jede Karte ist ein eigener Container an Daten, die nur als Ganzes dem gedachten Nachweis entsprechen. Hierbei kommt es zu einer sehr hohen Redundanz an Daten. Um den Personenbezug bei jedem dieser Container herzustellen, enthalten diese in der Regel Attribute wie Vor- und Nachname, Geburtsdatum oder auch biometrische Daten in Form eines Passfotos. Auch weniger allgemeine Daten können sich hierbei wiederholen.

Im Rahmen von überprüfbaren Attributen kann jedes für sich betrachtet werden. Dies beinhaltet auch den als Identifikator zu nutzenden TUB-Accountnamen, über den implizit der Bezug zur Person aufgebaut werden kann. Weitere benötigte Informationen für einen Nachweis können ebenfalls schon als separates Attribut vorliegen und müssen nicht erneut übertragen werden.

Durch diesen Paradigmenwechsel weg von einem containerähnlichen Nachweis hin zu einzelnen, überprüfbaren Attributen, ergibt sich die Möglichkeit mit wenigen Attributen zu beginnen und diese mit Fortschreiten der digitalen Transformation sukzessiv zu erweitern, um so weitere Anwendungsfälle zu erschließen, die über den Ersatz eines Studierendenausweises hinaus gehen. Letzterer dient daher eher als niederschwelliger

Enabler dieser neuen Technologie im Hochschulbereich. Dieser Paradigmenwechsel kann auch zum Aufweichen bestehender Sektorengrenzen führen, wenn Attribute, die zuvor als Teil eines Containers explizit einem Nutzungssektor wie z. B. dem weiterführenden Bildungsbereich oder dem öffentlichen Sektor zugeschrieben werden, als alleinstehendes Attribut sektorenübergreifende Wirkung entfalten und somit nicht mehr eindeutig einem Sektor zugewiesen werden.

Ausgangsbasis an der TUB ist der existierende, teilautomatisierte Prozess zur Erstellung eines Studierendenausweises in Form einer Plastikkarte. Dieser ist Teil des Prozesses zum Erstellen eines persönlichen Benutzerkontos. Letzteres wird den Studierenden als Webanwendung zur Verfügung gestellt, die sie Schritt für Schritt durch den Prozess der Kontoerstellung führt und dabei alle ggf. noch erforderlichen Daten abfragt.

3.2 Prozess zur Erstellung des digitalen Studierendenausweises

Studierende deren Immatrikulation im Campusmanagement registriert wurde, erhalten vom Identitätsmanagement die Berechtigung, über ihr im Rahmen der Bewerbung und Zulassung zugewiesenes Konto im Self Service Portal der TUB ein persönliches Benutzerkonto zu erzeugen. Neben der Wahl eines Benutzernamens, Passwortes und E-Mail-Alias, sowie der Einrichtung eines zweiten Authentisierungs-Faktors, werden sie zum Hochladen eines Passfotos aufgefordert. Die erstellten Ausweise werden nach einer Sichtprüfung per Post an die Studierenden versendet.

Um einen niederschwelligen Ein- /Umstieg auf einen digitalen Studierendenausweis zu ermöglichen, wurde die Ausstellung direkt in den bestehenden Self Service zur Erstellung des Benutzerkontos sowie des klassischen Studierendenausweises integriert.

In der ersten Phase des Piloten wird den Studierenden die digitale Version des Ausweises nach dem Hochladen des Passfotos als optionales Angebot zur Verfügung gestellt. In einer späteren Phase soll es hier zu einem Wechsel kommen und den digitalen Ausweis als Standard-Option setzen, während die Plastikkarte nur als Zusatzoption angeboten wird.

Auf diesem Weg werden bereits zu Semesterbeginn mehrere Tausend Studierende auf die neue Technologie aufmerksam gemacht.

Der Self Service zum Ausstellen eines digitalen Studierendenausweises wird zusätzlich im zentralen Self Service Portal der TUB integriert werden. Über diesen Weg haben auch alle bereits existierenden Studierenden die Möglichkeit, sich zusätzlich einen digitalen Ausweis ausstellen zu lassen.

Wählen Studierende die Option eines digitalen Ausweises, so wird zunächst auf die Notwendigkeit eines Wallets hingewiesen und in diesem Schritt auch ein Link zu einer passenden Anwendung angeboten. Im nächsten Schritt wird eine Verbindung zum Connector der TUB auf und beantragt die Ausstellung eines digitalen Studierendenausweises.

Dieser wird in Form von überprüfbaren Attributen, gebündelt in einem Schema, über den Connector dem Wallet der Studierenden angeboten und erst nach deren Zustimmung ins Wallet übertragen.

In der ersten Version des digitalen Studierendenausweises werden dabei die folgenden überprüfbaren Attribute übertragen:

- Vorname
- Nachname
- Matrikelnummer
- Benutzername des TUB-Kontos

Zwei Bilder als Anhänge:

- Ein Bild des bisherigen Studierendenausweises
- Ein QR-Code für den europäischen Studierendenausweis

Das Bild des bisherigen Studierendenausweises dient als Fallback-Lösung aufgrund der noch fehlenden Verbreitung einer Überprüfungs-/Kontrollinfrastruktur. Die Studierenden können durch Vorzeigen dieses Anhangs in ihrem Wallet, die Sichtprüfung simulieren. Das Bild enthält dabei auch den zur online Überprüfung der Gültigkeit benötigten QR-Code.

Mit Wechsel der regionalen Semestertickets zum Semesterticket auf Basis des Deutschlandtickets, entfällt dieses als Merkmal des physischen Studierendenausweises. Vor dieser Entscheidung fand an der TUB eine Umfrage zur Nutzung der neuen Technologie im Rahmen von Fahrberechtigungen statt, die ermutigende Rückschlüsse im Rahmen der Akzeptanz dieser Technologie zulassen, auf die im Absatz zum Schülerausweis noch genauer eingegangen wird.

Mit der Einbindung des persönlichen Kontonamens, ermöglicht die digitale Version des Studierendenausweises die Vernetzung der neuen Technologie mit den bestehenden Infrastrukturen. Der SSI-Connector wird an den Identity Providers der bisherigen, auf SAML v2 basierenden, Authentisierungsinfrastruktur angebunden. Im Anmeldeprozess übernimmt der Identity Provider dort die Rolle des Überprüfers (Yildiz et al., 2021).

Wählen Studierende die Option sich mittels digitalen Studierendenausweis an der IT-Umgebung der TUB anzumelden, so sendet der Identity Provider einen Proof-Request über den Connector an das Wallet des Studierenden. Bestätigt dieser die Übermittlung des Attributes „Benutzername" und kann dieses erfolgreich auf Gültigkeit überprüft werden, so stellt der Identity Provider ein Authentisierungstoken aus und der Anmeldeprozess ist abgeschlossen. Abb. 10.1 zeigt einen Überblick über den gesamten Anmeldeprozess.

Mit der Einführung des digitalen Studierendenausweises wird die benötigte Infrastruktur bereitgestellt, sodass die auszustellenden Attribute mit der Zeit erweitert werden bzw. die bereits genutzten Attribute auch in anderen Anwendungsszenarien eingesetzt werden können. Überlegungen hierzu sind eine digitale Studierendenakte sowie die Ausstellung von Leistungsnachweisen in digitaler Form. Auch hier muss beobachtet werden, wie der oben beschriebene Paradigmenwechsel zu dedizierten, überprüfbaren Attributen das Aufweichen bisher bestehende Sektorengrenzen von Nachweisen mit sich bringt.

10 Digitale Nachweise in der Formalen Bildung: Strukturen, ID-Management und …

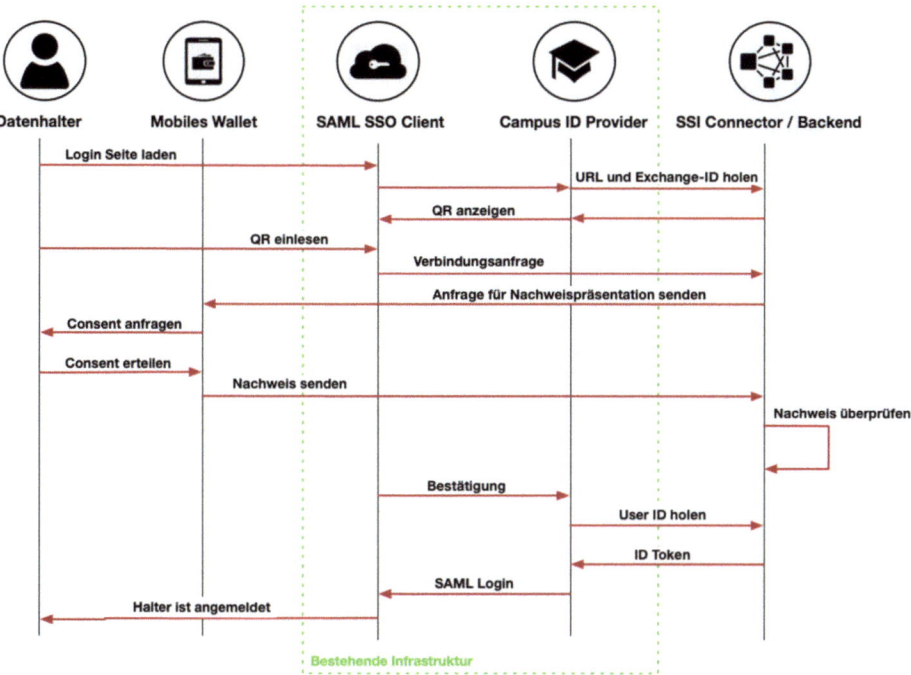

Abb. 10.1 Prozessablauf der Anmeldung mit digitalem Studierendenausweis

4 Case-Study Schülerausweis

4.1 Einleitung

Da es keine Erhebungen bezüglich der Akzeptanz digitalisierter Lösungen/Nachweise bei Schülerinnen und Schülern gibt, soll hier einleitend gleichwohl eine Studie Erwähnung finden, die im Rahmen des Forschungsprojekt IDunion unter Studierenden der TUB durchgeführt wurde (Abb. 10.2). Ziel war es, die Mobilität von Studierenden zu untersuchen, um Aufschluss darüber zu erhalten, inwieweit eine Affinität und Bereitschaft gegeben ist, digitalisierte Lösungen anzunehmen.

Ein wichtiger Aspekt dieser Erhebung war die Frage Datenschutzrechtlicher Bedenken seitens der Studierenden, da diese einen wesentlichen Faktor bei der Thematik der Akzeptanz digitalisierter Lösungen darstellt:

Wie der Darstellung (Abb. 10.3) zu entnehmen ist, war insbesondere die Skepsis gegenüber privaten Anbietern, mit 44,6 % der Befragten, ausgeprägt. Parallel schätzte die Mehrheit der Befragten gleichwohl das Thema der Digitalisierung von Mobilitätsangeboten grundsätzlich positiv ein:

- Universitätsweite Umfrage: Technische Universität Berlin
- Anzahl der Teilnehmer: 1227 -> Ungefähr 3,7 % aller Studierenden des TU Berlin (ca. 33000)
- Dauer der Umfrage: 2 Wochen (17.05.22-01.06.22)
- Vor 9 Euro Ticket durchgeführt!

Abb. 10.2 Studienteilnehmer

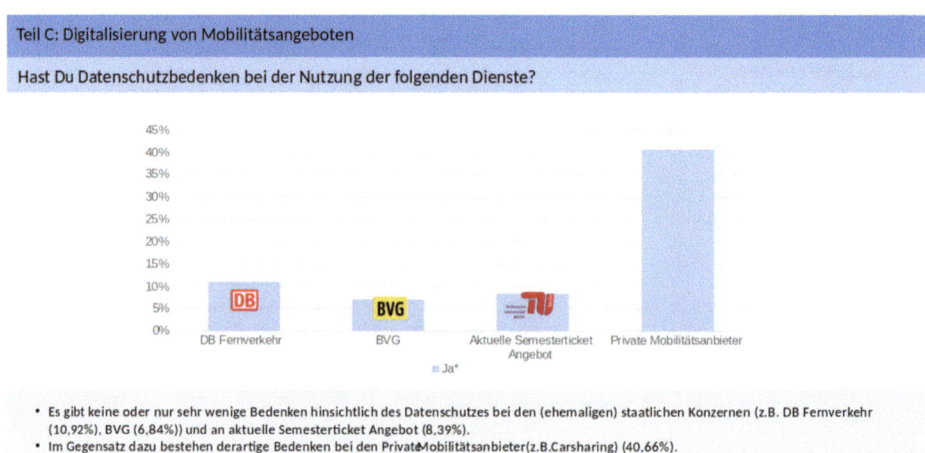

Abb. 10.3 Bedenken hinsichtlich Datenschutz bei Nutzung bestimmter Dienste

Als Gründe wurden insbesondere die Erhöhung der Geschwindigkeit von Prozessen angeführt. Weiterhin äußerten sich 46 % der Befragten in Bezug auf die Nutzung digitalisierter Angebote via digitale Endgeräte zustimmend (Abb. 10.4).

Im Ergebnis lässt sich aus der Studie nicht nur eine Akzeptanz digitaler Technologie herauslesen. Es lässt sich auch eine Erwartungshaltung interpretieren, entsprechende Anwendungen auf breiter Ebene verfügbar zu machen. Der durch Studierende wahrgenommene positive Aspekt der Beschleunigung von Prozessen besitzt dabei universelle Gültigkeit. Digital natives nehmen Digitalisierung nicht als Zusatz zu analogen Lösungen, wie digital immigrants, sondern als Normalität wahr, da diese durchgängiger Bestandteil ihrer Sozialisation ist.

Aus vorgenannter Studie lässt sich auch eine Akzeptanz jüngerer Generationen (Schülerinnen und Schüler) ableiten, digitale Lösungen zu nutzen so diese verfügbar sind. Mithin erscheint es sinnvoll diese Studie einleitend kurz anzusprechen, zumal bereits Schülerinnen und Schüler via einem digitalen Schülerausweis an Anwendungen im Kontext digitaler Nachweise herangeführt werden können.

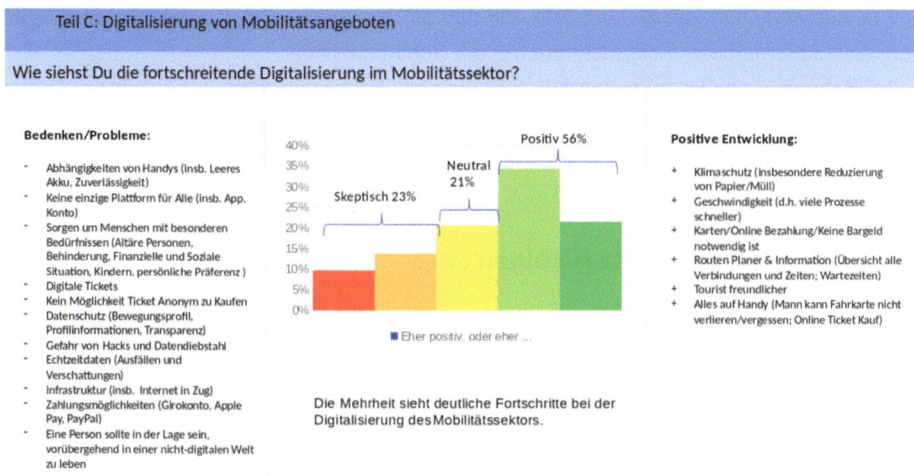

Abb. 10.4 Einschätzungen zur Digitalisierung im Mobilitätssektor

4.2 Der Schülerausweis

Während der Einsatz digitaler Nachweise und Identitäten in der Formalen Bildung vorwiegend im Hochschulsystem, wie dargestellt, geplant ist, so ist dies im Schulsystem nicht der Fall. Die Möglichkeiten des Onlinezugangsgesetz (OZG, 2017), welches eine konsequente Neuausrichtung und Digitalisierung der schulischen Nachweise hätten einleiten können, wurden nicht genutzt. Dies insbesondere unter dem Blickwinkel einer europäischen Harmonisierung von Daten und der Möglichkeit ihres Austauschs über Landesgrenzen hinweg, beispielsweise in Form eines internationalen Abiturs.

Im Ergebnis wird, nach aktuellem Stand, Schülerinnen und Schülern via der BundID als Identifikator, auf Antrag die Hochschulzugangsberechtigung als signiertes PDF ausgestellt. Diese Entwicklung hat ihre Ursache auch in der Schutzbedürftigkeit von Kindern und Minderjährigen. Bei der Diskussion um digitale Nachweise für Schülerinnen und Schüler taucht so bereits zu Beginn eine skurril anmutende Grundsatzfrage auf: Inwieweit nötigen diese minderjährige dazu, den Geschäftsbedingungen von Betreibern von Betriebssystemen für mobile Endgeräte zuzustimmen, da sie Wallet-Applikationen nutzen müssten, um digitale Nachweise zu verwalten. Auch wenn minderjährige in der digitalisierten Gesellschaft diese ohnehin privat nutzen, so ist diese Frage aufgrund der „Macht des Faktischen" nicht obsolet.

Im Kontext der digitalen Nachweise und des Austauschs von Daten wiederholen sich mithin die Themen der analogen Welt, die im System Schule immer die Einbeziehung der Erziehungsberechtigten einfordern. Gleichzeitig bieten digitale Nachweise auch eine Chance, diese Hemmnisse anzugehen, und einer Lösung zuzuführen. Dies mit hohem Nutzen für das Gesamte System Schule.

Ein interessantes Anwendungsfeld für digitale Nachweise im Kontext Schule ergibt sich auch außerhalb der Zeugnisthematik: der Schülerausweis.

Im Rahmen eines Projekts zur Ausstellung eines Schülerausweis in Form eines digitalen Nachweises konnten hierzu vielfältige Erkenntnisse gewonnen werden. Diese werden nachstehend beschrieben und Bedingungen für eine erfolgreiche Umsetzung aufgezeigt.

4.3 Ein digitaler Ersatz für einen analogen Nachweis?

Beim Einsatz digitaler Nachweise bestehen vielfältige Möglichkeiten der Umsetzung. Dabei sind Zweck, Aufwand, Nutzen und Kosten sowie regulatorische Fragen zu berücksichtigen. Dies legt nahe mit dem Einsatzzweck zu beginnen. Diese Bestimmung ist beim Schülerausweis nicht ohne weiteres möglich, da er in sehr vielfältigen Kontexten (Bäckerei bis Öffentlicher Personen Nahverkehr) zum Einsatz kommt. Jede dieser Situationen hat eigene Abläufe in Bezug auf die Präsentation des Nachweises. Dies gilt nicht nur im Bereich des Schülerausweis und deutet exemplarisch die Herausforderungen an, wenn analoge Verfahren in digitale gewandelt werden.

Zum einen mangelt es an Daten, um zu bestimmen, welche Anwendungsbereiche primär sind. Zum anderen führt der Austausch über digitale Nachweise zu einer Diskussion über Sinn und Zweck von Digitalisierung. Diese Diskussionen waren im Projekt wichtiger Bestandteil eines Edukationsprozess, den alle Prozessbeteiligten durchlaufen. In produktiver Hinsicht führten sie zu der Frage, welche Anwendungsbereiche noch gegeben sind, in denen das Attribut Schülerin/Schüler nachzuweisen ist.

Dies deutet bereits darauf hin, dass digitale Nachweise als Ersatz für analoge Belege ungeeignet sind. Der Gesamtaufwand für ihre Implementierung ist nicht zu rechtfertigen so lange unberücksichtigt bleibt, dass die Logiken digitaler Nachweise darauf aufbauen, hinterlegte Attribute in möglichst vielfältigen Szenarien einzusetzen. Die Etablierung von Netzwerkeffekten ist das eigentliche Ziel. Im analogen Kontext-Denken ist es hingegen Ziel eine Behauptung in einem spezifischen Anwendungsfall zu verifizieren. Die erhobenen Daten (Attribute) werden dabei nicht geteilt, sondern immer wieder erneut erhoben und gespeichert. Dies haben wir in der Einleitung zu diesem Artikel mit dem Bild des „binären Denken" beschrieben, oder im Kontext Studierendenausweis mit der Geldbörse und der in dieser hinterlegten Plastikkarten. Um digitale Nachweise zu verstehen und erfolgreich zu implementieren sind diese Denkmuster abzulegen. In Kap. 28 („Die Rolle überprüfbarer digitaler Nachweise für die gesellschaftliche Entwicklung") gehen wir näher auf dieses Phänomen ein, das wir als Abkehr von der Zweckbindung bezeichnen.

4.4 Herausforderung Nutzerbindung

Nachweise dienen dazu Behauptungen zu bestätigen. Im Rahmen digitaler Nachweise ist die Frage vorrangig, wie dies angemessen geschehen kann. Die Angemessenheit orientiert sich, neben der Praktikabilität, am Schutz des Individuums und am Prinzip der Datenminimierung. Das heißt, um, wie in unserem Falle, die Behauptung „Schülerin" zu bestätigen, sind Attribute wie Name, Meldeadresse oder körperliche Merkmale keine notwendigen Informationen.

Ein digitaler Nachweis, der lediglich das Attribut „Schüler" enthält, wäre nicht praktikabel, wenn dieser übertragen werden könnte. Dies macht eine Nutzerbindung erforderlich. Diese wird in analogen Schülerausweisen durch eine Biometrische Bindung mit Hilfe eines Fotos erreicht. Die Bindung eines digitalen Nachweises kann durch die Nutzung biometrischer Daten (Foto, Fingerabdruck) erfolgen. Weiterhin durch das devicebinding, also die Bindung an ein Endgerät. Im Ergebnis wurde die Einbindung eines Fotos im digitalen Nachweis, und damit die Möglichkeit zur Sichtkontrolle, entsprechend dem analogen Ausweis in den Gesamtprozess übernommen.

Auch aufgrund vermehrter Online-Verfahren bedürfen analoge Nachweise der Digitalisierung. Aktuell werden Schülerausweise hierfür gescannt oder abfotografiert und es kommt zum Medienbruch. Sofern dieser gegeben ist, steigt die Wahrscheinlichkeit des Missbrauchs. Laut Auskunft der Verkehrsbetriebe im Land Berlin werden beispielsweise mehr Schülertickets via Online-Verfahren beantragt und ausgegeben, als es Schülerinnen und Schüler in der Hauptstadt gibt.

4.5   Mehrfachnutzung von Attributen

Der Einsatz von digitalen Nachweisen ist sinnvoll, wenn Netzwerkeffekte und vielfältige Einsatzbereiche gegeben sind. Das Projekt Schülerausweis nahm in diesem Zusammenhang eine interessante Entwicklung, als von Verwaltungsseite die sogenannte Schulbesuchsbescheinigung ins Gespräch gebracht wurde:

Wenn Erziehungsberechtigte mit Verwaltungen kommunizieren, um beispielsweise Leistungen zu beantragen, so ist gegebenenfalls eine Schulbesuchsbescheinigung vorzulegen.

Das interessante an dieser Bescheinigung ist, dass diese bis auf einen Punkt die identischen Attribute des Schülerausweis enthält. Diese Entwicklung im Projekt war aus nachstehenden Gründen von hohem Wert:

- Die für die Schulbesuchsbescheinigung wie für den Schülerausweis notwendigen Daten liegen bereits in den Schulverwaltungssystemen vor, gelangen von dort aus jedoch nicht direkt zu den weiteren Verwaltungseinheiten, sondern werden erneut erhoben und gespeichert.
- Der Gedanke, aus zwei analogen Nachweisen einen digitalen Nachweis zu gestalten war nicht im Projekt intendiert, sondern Ergebnis der gemeinsamen Arbeit. Damit wurde nicht nur von außen ein Projekt an die Verwaltung herangetragen, sondern der Ansatz digitaler Nachweise wurde aktiv entwickelt und vertieft.
- Das Grundprinzip digitaler Nachweise wurde von allen Prozessbeteiligten vollumfänglich nachvollzogen.

4.6 Schlussbetrachtung Schülerausweis

Auf konkrete technische Fragestellungen des Projekts Schülerausweis wird hier nicht näher eingegangen. Diese sind in Grundzügen sowohl in diesem Artikel (Studierendenausweis), wie auch in diesem Sammelband abgebildet. Das Grundprinzip gestaltet sich wie folgt:

Als Basis dienen beim Schülerausweis bestehende Datenbanken, aus denen Identitäten abgeleitet werden, um Ausstellung und Verifizierung zu ermöglichen. Die Nachweise werden in Wallet-Applikationen hinterlegt.

Die Frage der Verifizierung der digitalen Nachweise stellte sich im Projekt Schülerausweis komplexer dar als angenommen. Dies aufgrund der vielfältigen Einsatzbereiche und der besonderen Schutzwürdigkeit von Kindern und Jugendlichen.

Ebenfalls in den Kontext Technik gehört, dass nicht per se davon ausgegangen werden kann, dass Personen, die mit IT befasst sind, auch offen gegenüber neuen Technologien sind. Dieser „weiche" Aspekt des Themas Digitalisierung und Transformation wird selten angesprochen und erscheint daher erwähnenswert.

Ein wesentliches Learning beim Projekt Schülerausweis war, dass hinter dem Unterfangen eine höhere Komplexität lag, als dies der Gedanke einer Umstellung von einem analogen Nachweis auf einen digitalen Nachweis nahelegt. Nachstehende Empfehlungen können gegeben werden, um ein entsprechendes Projekt durchzusetzen:

- *Projektvorbereitend* ist zu dokumentieren, wie der Prozess der Ausstellung des Nachweises aktuell verläuft und auf welchen Normen und Vorschriften dieser beruht
- Ein Grundverständnis der technischen Grundlagen ist zwingend
- Der Einsatz von Demonstratoren, d. h. das Ausprobieren der Technologie, ist unterstützend
- Kosten im Bereich IT sind vollumfänglich transparent darzustellen

Bildlich gesprochen ist insbesondere vorbereitend jeder Stein der analogen Gegebenheiten umzudrehen, um zum Ergebnis zu gelangen. Dieser notwendige Arbeitsschritt ist äußerst zeitintensiv und sollte daher am Anfang des Projekts stehen. Wird dieser parallel durchgeführt so kommt es zu teils erheblichen Zeitunterbrechungen, welche die Dynamik aus dem Projekt nehmen und es gefährden können.

Perspektivisch könnten auch Schulen die digitalen Identitäten der Schülerinnen und Schüler verwenden, welche die Basis zur Ausstellung des digitalen Schülerausweis bilden. Damit würden sich die vielfältigen papierbasierten Schulroutinen vereinfachen lassen: Schüler könnten via digitalem Nachweis belegen, dass sie berechtigt sind das Schulgelände zu verlassen, an einem Exkurs teilzunehmen, besonderes Engagement gezeigt haben und so fort. Sämtliche Urkunden und Bestätigungen, die im Lebensabschnitt Schule gesammelt werden, könnten in digitaler Form ausgegeben werden.

Der Umgang mit digitalen Nachweisen könnte via dem Schulsystem in die Breite der Gesellschaft getragen werden. Auch aus diesem Grund ist das System Schule für digitale Nachweise und Identitäten von hoher Relevanz.

Zusammenfassung
So unterschiedlich unsere drei Beispiele (HS-Netzwerke, Studierendenausweis, Schülerausweis), die wir unter dem Dach der Formalen Bildung subsumiert haben, auch sein mögen, so sehr offenbaren diese Parallelen:

- Technologie und Infrastrukturen

Digitale Nachweise benötigen Netzwerkeffekte, um sinnvoll eingesetzt zu werden und Verbreitung zu erreichen. Primär ist hierbei die Frage der digitalen Identität, ohne die diese nicht ausgetauscht werden können. Die Merkmale Qualität und insbesondere Quantität werden darüber entscheiden, welche Identitäten-Ökosysteme sich in Zukunft durchsetzen, zumal diese finanziert werden müssen.

- Daten und Attribute

Während die Nachweise im Kern dazu dienen Attribute vertrauenswürdig zu transportieren, wird es darauf ankommen Daten nicht mehrfach zu erheben, sondern einmal erhobene Daten mehrfach zu nutzen. Wie in unseren Beispielen angesprochen wurde, ergibt sich damit auch eine Notwendigkeit den Austausch zwischen öffentlichem Sektor und jenem der Formalen Bildung zu verbessern.

- Kulturveränderung

Die sich wandelnden Anforderungen der Lebens- und Arbeitswelt verändern den Bildungssektor signifikant. Lifelong learning und skills-based learning sind hierfür Beispiele. Insbesondere die Formale Bildung hat sich zu aktualisieren. Diese Veränderung steht im engen Zusammenhang mit dem Thema digitaler Nachweise in der Formalen Bildung, da diese auch den non-formalen Bildungsbereich mitzudenken hat.
Wichtige Entwicklungslinien liegen in einer Öffnung und Weiterentwicklung der bestehenden Identitätslösungen hin zu einer nutzerzentrischen Sektor Lösung, sowie in einer Öffnung Formaler Bildungsangebote für „lifelong learner". Diese Sektor Lösung aus der hoheitlichen digitalen ID abzuleiten, erscheint fraglich. Bedenken bestehen im Bereich der Nutzerakzeptanz, Funktionalität und technischer Standards. Weiterhin aus rein praktischen Überlegungen. So ist zu berücksichtigen, dass Menschen mit unklarer hoheitlicher Identität in der EU leben. Insbesondere diesem Personenkreis sollte der Zugang zu Bildungsangeboten so einfach wie möglich gestaltet werden.

Die Notwendigkeit zur Veränderung über die reine Implementierung von Technologie hinaus ergibt sich auch aus der engen Verknüpfung von öffentlicher Verwaltung und Formalem Bildungssystem. Wir denken hier sowohl an das Beispiel Schülerausweis/Schulbesuchsbescheinigung als auch an die Förderung von Bildung (Stipendien, BAföG) und der von der EU beförderten Bildungsmobilität über Landesgrenzen hinweg. In jedem dieser Prozesse ist auch die öffentliche Verwaltung involviert. Durch die Möglichkeit Attribute über eine Wallet digital zu übertragen und zu verifizieren können Abläufe beschleunigt und, über die gemeinsame Nutzung von Attributen, verschlankt werden.

Die Vielzahl an vorgenannten Punkten und Zusammenhängen erscheint symptomatisch für die sektorspezifische Auseinandersetzung mit der Einführung digitaler Nachweise und Identitäten, welche sich nicht auf die Vernetzung von Daten reduzieren lässt.

Literatur

eIDAS. (2024). *Regulation (EU) 2024/1183 of the European Parliament and of the Council of 11 April 2024 amending Regulation (EU) No 910/2014 as regards establishing the European Digital Identity Framework*. https://eur-lex.europa.eu/legal-content/EN/TXT/?uri=OJ:L_202401183. Zugegriffen am 12.09.2024.

Europäische Kommission. (2022, Januar 18). *Mitteilung der Kommission an das Europäische Parlament, den Rat, den Europäischen Wirtschafts- und Sozialausschuss und den Ausschuss der Regionen über eine europäische Hochschulstrategie*. https://eurlex.europa.eu/legalcontent/DE/TXT/?uri=CELEX:52022DC0016. Zugegriffen am 12.09.2024.

Europäische Kommission. (o.J.). European Learning Model Browser. https://europa.eu/europass/elm-browser/index.html. Zugegriffen am 30.08.2024

European Commission, DG Employment, Social Affairs and Inclusion. (o.J.) *DG Employment, Social Affairs and Inclusion*. Über ESCO. https://esco.ec.europa.eu/de/about-esco. Zugegriffen am 30.08.2024

OZG. (2017). *Gesetz zur Verbesserung des Onlinezugangs zu Verwaltungsleistungen* (Onlinezugangsgesetz – OZG) Onlinezugangsgesetz vom 14. August 2017 (BGBl. I S. 3122, 3138), das zuletzt durch Artikel 1 des Gesetzes vom 19. Juli 2024 (BGBl. 2024 I Nr. 245) geändert worden ist. https://www.gesetze-im-internet.de/ozg/OZG.pdf

Rat der Europäischen Union. (2021, Mai 25). *Empfehlung des Rates über einen europäischen Ansatz für Microcredentials für lebenslanges Lernen und Beschäftigungsfähigkeit*. Interinstitutionelles Dossier: 2021/0402 (NLE). https://data.consilium.europa.eu/doc/document/ST-9237-2022-INIT/de/pdf

Yildiz, H., Ritter, C., Nguyen, L. T., Frech, B., Martinez, M. M., & Küpper, A. (2021). Connecting self-sovereign identity with federated and user-centric identities via SAML Integration. *2021 IEEE Symposium on Computers and Communications (ISCC)*.

Open Access Dieses Kapitel wird unter der Creative Commons Namensnennung 4.0 International Lizenz (http://creativecommons.org/licenses/by/4.0/deed.de) veröffentlicht, welche die Nutzung, Vervielfältigung, Bearbeitung, Verbreitung und Wiedergabe in jeglichem Medium und Format erlaubt, sofern Sie den/die ursprünglichen Autor(en) und die Quelle ordnungsgemäß nennen, einen Link zur Creative Commons Lizenz beifügen und angeben, ob Änderungen vorgenommen wurden.

Die in diesem Kapitel enthaltenen Bilder und sonstiges Drittmaterial unterliegen ebenfalls der genannten Creative Commons Lizenz, sofern sich aus der Abbildungslegende nichts anderes ergibt. Sofern das betreffende Material nicht unter der genannten Creative Commons Lizenz steht und die betreffende Handlung nicht nach gesetzlichen Vorschriften erlaubt ist, ist für die oben aufgeführten Weiterverwendungen des Materials die Einwilligung des jeweiligen Rechteinhabers einzuholen.

Erfahrungen aus einem Piloten zum digitalen Bedürftigkeitsnachweis für den Tafelzugang

Kordula Kiefer-Kempf und Sebastian Weidenbach

Zusammenfassung

Die Digitalisierung eines Anwendungsfalls aus dem sozialen Bereich, der vorwiegend von Ehrenamtlichen getragen wird, stellt eine besondere Herausforderung dar. Fehlende finanzielle Mittel und mangelnde technische Unterstützung können die Umsetzung erschweren. Der Übertragbarkeit und Skalierbarkeit und somit der Wirtschaftlichkeit der Digitalisierung sind durch individuell stark abweichende Strukturen Grenzen gesetzt. Im hier beschriebenen Anwendungsfall soll ein papierbasierter Tafelausweis, der den Zugang zur Lebensmittelausgabe bei einer Tafel ermöglicht, durch ein Verifiable Credential (VC) ersetzt werden. Während sich die positiven und negativen Erfahrungen aus der Pilotphase in etwa die Waage hielten, führten unvorhergesehene äußere Einflüsse zum Abbruch des Pilotprojektes. Abschließend werden über den Tafelzugang hinausgehende Einsatzmöglichkeiten des digitalen Bedürftigkeitsnachweises skizziert.

Schlüsselwörter

Digitalisierung · Bedürftigkeitsnachweis · Tafelzugang · Governance · SSI · Soziale Arbeit · Ehrenamt

---

K. Kiefer-Kempf (✉) · S. Weidenbach
esatus AG, Langen, Deutschland
E-Mail: k.kiefer-kempf@esatus.com; s.weidenbach@esatus.com

© Der/die Autor(en) 2025
J. Anke et al. (Hrsg.), *Digitale Identitäten und Nachweise*,
https://doi.org/10.1007/978-3-658-47708-0_11

1 Einleitung und Umfeld

In den vier Schaufensterprojekten Sichere Digitale Identitäten wurden zahlreiche Anwendungsmöglichkeiten für die Digitalisierung der Verwaltung erforscht und erprobt (siehe auch die anderen Beiträge in diesem Sammelband). In diesem Kapitel wird der Use Case Bedürftigkeitsnachweis vorgestellt, der sich mit dem Einsatz digitaler Nachweise im Sozialbereich befasst.

Dass sich staatlich geförderte Projekte besonders im sozialen Bereich engagieren sollen, wird von der Bundesregierung unterstützt. Als „wesentlicher Teil der Zukunftsvorsorge für Deutschland" will die Bundesregierung gezielt soziale Innovationen fördern, die sich mit der Entwicklung und Implementierung zukunftsfähiger Prozesse befassen, um diese effizienter zu gestalten (BMBF, 2021, Präambel). Effizienzsteigerungen durch schnellere Abläufe, weniger Papierkram und einfachere und schnellere Dokumentationsmöglichkeiten können dazu führen, dass Verwaltungsmitarbeitende oder Ehrenamtliche mehr Zeit für ihre eigentliche soziale Arbeit mit und für Menschen haben.

2 Besondere Herausforderungen

Hürden für die Digitalisierung von Verwaltungsprozessen sind vielfältiger Natur, sie reichen von fehlender Nutzerakzeptanz über unzureichende Kompetenzen und Mangel an Fachkräften bis hin zu knappen Budgets (Trendreport Digitaler Staat, 2019). Auch unterschiedliche behördliche Regularien innerhalb des Föderalstaats Bundesrepublik können Hindernisse für die Digitalisierung darstellen. Als Beispiel sei hier die Nicht-Anerkennung von Bescheiden oder Nachweisen aus einem anderen Bundesland in Zusammenhang mit der Beantragung einer Pflegekindschaft genannt, basierend auf persönlichen Erfahrungen von Pflegeeltern.

Betrachtet man die Digitalisierung von Anwendungsfällen aus dem sozialen Sektor, die von nicht-staatlichen Organisationen getragen werden, ist auch die Rolle der ehrenamtlich tätigen Freiwilligen in den Blick zu nehmen. Hier können sich fehlende technische Unterstützung, Budgetknappheit, Zeitmangel und gewisse Widerstände gegen technische Veränderungen negativ auf die Digitalisierungsbestrebungen auswirken.

Für die erfolgreiche digitale Transformation eines analogen (papierbasierten) Prozesses ist es sinnvoll, zunächst die grundlegenden Strukturen wie geltende Rechtsvorschriften, Zuständigkeiten und die daraus resultierenden Berechtigungen zu evaluieren. Entsprechend werden die am Prozess beteiligten Akteure in ihren Rollen und Beziehungen untereinander definiert. Diese Infrastruktur des Anwendungsfalls – auch als Governance bezeichnet – bildet die Grundlage für die technische Ausgestaltung des digitalen Prozesses und die kryptografische Abbildung der Vertrauensbeziehung. Wenn sich Regularien und Strukturen privat organisierter Projekte stark voneinander unterscheiden, also eine individuell unterschiedliche Governance aufweisen, ist die Übertragbarkeit eines Digitalisierungsprozesses auf andere Anwendungsfälle und damit die Skalierbarkeit begrenzt. Die einzelnen Tafelprojekte innerhalb der Tafel Deutschland e.V. sind dafür ein typisches Beispiel.

Das soziale Projekt der Tafel Deutschland e.V. ist durch privates Engagement entstanden und gewachsen und hat kein bundesweit einheitliches Regelwerk. In Deutschland gibt es derzeit rund 970 Tafelprojekte mit rund 2000 Ausgabestellen, die etwa 2 Millionen Menschen mit Lebensmitteln und anderen Leistungen unterstützen. Sie werden zu 95 % von Ehrenamtlichen getragen und sind unabhängig von staatlichen, kirchlichen oder sonstigen Organisationen. (Tafel Deutschland e.V., o. J.-a, Über uns/Unsere Werte). Der Dachverband Tafel Deutschland vertritt die Interessen der Tafeln gegenüber Politik, Wirtschaft und Gesellschaft und unterstützt mit praktischer Hilfe die Tafel-Arbeit vor Ort. Die einzelnen Tafeln organisieren sich selbst und sind ganz unterschiedlich strukturiert, manche geben beispielsweise nur an einem Wochentag Lebensmittel aus, andere täglich, bei manchen können die Tafelkunden wie im Supermarkt zu vergünstigten Preisen einkaufen. Auch die Bedürftigkeit als Voraussetzung für den Zugang zur Tafel wird unterschiedlich definiert. (Tafel Deutschland e.V., o. J.-b, Über uns/Die Tafeln)

Das Projekt „Digitaler Bedürftigkeitsnachweis" ist ein Beispiel für eine individuelle, dezidiert für eine bestimmte Tafelorganisation zugeschnittene Digitalisierung.

3 Projektziel digitaler Bedürftigkeitsnachweis

Im IDunion Schaufensterprojekt Sichere Digitale Identitäten[1] wurde in Zusammenarbeit mit der Stadtverwaltung Langen und der Langener Tafel e.V. eine Lösung für einen digitalen Bedürftigkeitsnachweis entwickelt und erprobt.

Damit die Tafeln dem Grundsatz der Gemeinnützigkeit entsprechen, müssen sie in der Lage sein zu kontrollieren, ob ihre Tafelkunden zur Inanspruchnahme von Angeboten gemeinnütziger Tafeln berechtigt sind. Das heißt, die Kunden müssen als bedürftig anerkannt sein. Dazu dient der sogenannte Bedürftigkeitsnachweis. Die Bedürftigkeit kann beispielsweise durch einen Rentenbescheid, einen Bescheid vom Jobcenter oder eine Wohngeldbescheinigung nachgewiesen werden. Die Einkommensgrenze ist nicht einheitlich geregelt, sondern jede Tafel bestimmt individuell, wer Leistungen beziehen darf.

Projektziel war es, einen manuell ausgestellten (Papier-)Nachweis der Bedürftigkeit durch einen digitalen Bedürftigkeitsnachweis zu ersetzen, der bei der Abholung von Lebensmitteln oder anderen Leistungen vorgelegt und digital überprüft werden kann.

Der papierbasierte Prozess war zuvor so strukturiert, dass ein Tafelkunde seinen Identitätsnachweis und die Dokumente, die seine Bedürftigkeit belegen, bei der Langener Tafel e.V. vorlegen musste. Die Mitarbeitenden der Tafel stellten auf dieser Grundlage einen Tafelausweis in Papierform (Abb. 11.1) aus, der bei jeder Abholung von Lebensmitteln manuell durch Mitarbeitende der Tafel auf seine Gültigkeit geprüft werden musste. Um Fälschungen vorzubeugen, war der Papierausweis so angelegt, dass er in regelmäßigen

---

[1] https://digitale-identitaeten.de/portfolio/idunion/

Abb. 11.1 Tafelausweis in Papierform (© esatus AG)

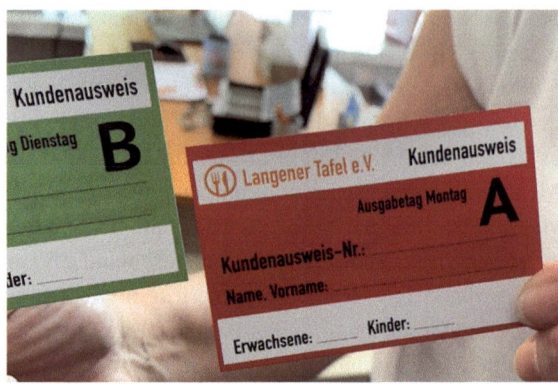

Abständen erneuert werden musste. Von Seiten der Tafel Langen e.V. war es erlaubt und gewünscht, den Tafelausweis an andere Personen weiterzugeben, damit diese stellvertretend für den Anspruchsinhaber Lebensmittel abholen konnten.

Durch die standardisierte Ausstellung eines Bedürftigkeitsnachweises in digitaler Form als Verifiable Credential (VC) soll die Prozesseffizienz erhöht und die turnusmäßige Neuausstellung von papierbasierten Tafelausweisen vermieden werden. Gleichzeitig soll eine höhere Fälschungssicherheit erreicht werden.

Durch die Verlagerung der Ausstellung des Bedürftigkeitsnachweises in digitaler Form auf die Verwaltungsbehörde (Stadtverwaltung Langen) soll der Verwaltungsaufwand für die ehrenamtlichen Mitarbeitenden der Tafel Langen reduziert werden. Die Registrierung und Verifizierung der digitalen Nachweise soll automatisiert vor Ort bei der Tafel erfolgen, wodurch der Prozess signifikant vereinfacht und beschleunigt werden soll. Zusätzlich sollen die Tafelkunden über einen speziellen Algorithmus eine „faire" Position in der Warteschlange erhalten, die ihre Wartezeiten der vergangenen Tage berücksichtigt. Die Kunden sollen dadurch auch eine Wertschätzung und „Aufwertung" ihrer Situation als Leistungsempfänger erfahren.

4 Übersicht über die beteiligten Parteien und ihre Rollen

Die Beteiligten eines digitalen Anwendungsfalls können umso sicherer und vertrauensvoller miteinander agieren, wenn sie im Rahmen eines definierten Regelwerks agieren und die definierten Regeln befolgen. Häufig werden die beteiligten Akteure mittels eines Vertrauensdreiecks bildlich dargestellt, das ihre Beziehungen, Rollen und Aufgaben innerhalb des Ökosystems widerspiegelt.

Beim Anwendungsfall „Bedürftigkeitsnachweis" stellen sich die Rollen im Vertrauensdreieck wie in Abb. 11.2 gezeigt dar:

Abb. 11.2 Vertrauensdreieck, adaptiert nach Sovrin Foundation (2018)

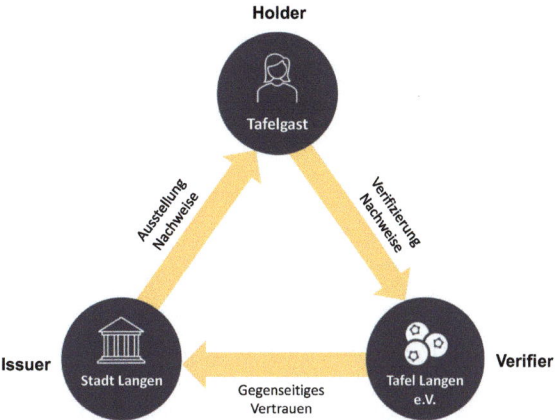

- *Als Issuer (Herausgeber oder Aussteller)* des digitalen Bedürftigkeitsnachweises fungiert die Stadtverwaltung Langen.
- *Holder (Inhaber) des digitalen Nachweises* sind alle Tafelgäste, die nach Vorlage der erforderlichen Dokumente vom Aussteller den Bedürftigkeitsnachweis und damit Zugang zu den Tafelangeboten erhalten.
- *Verifier (Akzeptanzstelle)* des digitalen Nachweises ist die Langener Tafel, die den digitalen Nachweis auf verschiedene Kriterien überprüft.

Die Rollen der beteiligten Akteure (Issuer, Holder, Verifier) können innerhalb eines Anwendungsfalles statisch sein oder sich verändern, z. B. kann die Tafel gleichzeitig Aussteller und Akzeptanzstelle sein, falls die Herausgabe der Bedürftigkeitsnachweise wieder von der Stadt Langen an sie übertragen wird.

5 Lösungsarchitektur und Ablauf des digitalen Prozesses

Das manuelle, zeitaufwändige Verfahren zur Ausstellung und Überprüfung der Tafelausweise in Papierform wird durch einen teilweise automatisierten digitalen Prozess abgelöst. Die Zugangskontrolle vor Ort bei der Tafel erlaubt die Abfrage weiterer Parameter wie beispielsweise die Übersicht über die geleisteten Zahlungen durch die Tafelkunden.

Für die Umsetzung des digitalen Bedürftigkeitsnachweises als Verifiable Credential (VC) kommen Sichere Digitale Identitäten zum Einsatz.

Technische Grundlage ist eine Technologie, die auf dem Prinzip der Selbstbestimmten Identitäten (SSI) beruht und bei dem hier beschriebenen Projekt den Hyperledger Indy-Tech Stack nutzt (Hyperledger Indy, 2024).

Für die Ausstellung des Bedürftigkeitsnachweises als Verifiable Credential wurde der Typ AnonCreds mit Revozierbarkeit[2] verwendet (Hyperledger Indy, 2024)

---

[2] CL Camenisch-Lysyanskaya-Akkumulator, Möglichkeit zum Widerruf der Gültigkeit.

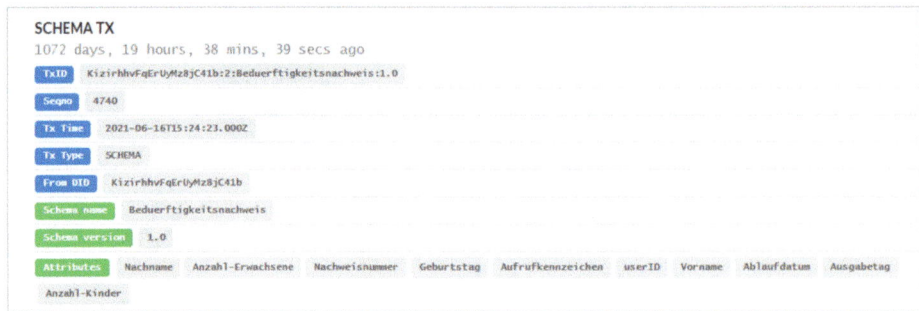

Abb. 11.3 Credential Schema Bedürftigkeitsnachweis. (Hyperledger Indy Tx Explorer, 2021)

Das Credential-Schema KizirhhvFqErUyMz8jC41b:2:Beduerftigkeitsnachweis:1.0[3] ist in Abb. 11.3 dargestellt.

5.1 Ausstellung des Bedürftigkeitsnachweises als VC und Erhalt durch den Tafelkunden

Zunächst wird die Ausstellung des digitalen Bedürftigkeitsnachweises als VC durch die Stadt Langen und der Erhalt durch den Inhaber (den Tafelkunden) beschrieben. Voraussetzung ist, dass der Tafelkunde über eine dedizierte App verfügt. Gegebenenfalls muss er diese App zuvor auf sein Smartphone herunterladen.

Der Tafelkunde legt einem Mitarbeitenden der Stadt Langen seine Dokumente vor, die seine Bedürftigkeit belegen. Nach erfolgreicher Prüfung werden die Kundendaten in einer Eingabemaske auf dem PC oder Tablet der Stadtverwaltung hinterlegt. Die Daten beinhalten unter anderem den Wochentag der Ausgabe und die Haushaltsgröße (Anzahl der Kinder und der Erwachsenen). Optional kann der Ausgabetag vorab durch die Tafel Langen e.V. auf einen bestimmten Wochentag eingeschränkt werden, sodass die Auswahl in der Eingabemaske für die Mitarbeitenden der Stadt Langen limitiert ist. Zusätzlich wird ein „Aufrufkennzeichen" vergeben, unter dem der Tafelgast später vor Ort bei der Tafel aufgerufen wird. Das Ablaufdatum stellt die Gültigkeitsdauer dar. Rechtzeitig vor Ablauf muss der Tafelgast erneut bei der Stadtverwaltung vorstellig werden und seinen Bedürftigkeitsnachweis erneuern.

---

[3] Erläuterung des Schemas:
KizirhhvFqErUyMz8jC41b -> DID des Erstellers des Schemas (ist eine eindeutige ID)
: -> dient als Trennzeichen
2 -> Protokoll Versionsnummer
Beduerftigkeitsnachweis -> Name
1.0 -> Versionsnummer des Schema-Objekts.

Nachdem der Mitarbeitende die Daten hinterlegt hat, kann der Bedürftigkeitsnachweis mit Klick auf den Button „Ausstellen" ausgestellt werden. Auf dem Bildschirm der Stadtverwaltung erscheint ein QR-Code (Abb. 11.4).

Der Tafelkunde wird nun gebeten, den QR-Code mit seiner App zu scannen. Daraufhin erscheinen auf dem Smartphone des Tafelkunden verschiedene Dialoge, welche von ihm geprüft und akzeptiert werden müssen. Nach abschließender Bestätigung erhält er seinen Bedürftigkeitsnachweis in digitaler Form als VC auf seinem Smartphone (Abb. 11.5)

Auch der festgelegte Ausgabetag (hier: Dienstag) ist entsprechend im VC hinterlegt.

Gleichzeitig erhält der Mitarbeitende der Stadt Langen auf seinem Bildschirm eine Bestätigung, dass ein neuer Bedürftigkeitsnachweis erfolgreich ausgestellt und vom Tafelgast angenommen wurde. In einer Tabelle kann er sich zudem alle Ausstellungen anzeigen lassen oder nach einer bestimmten Ausstellung suchen. Damit ist der Ausstellungsvorgang abgeschlossen.

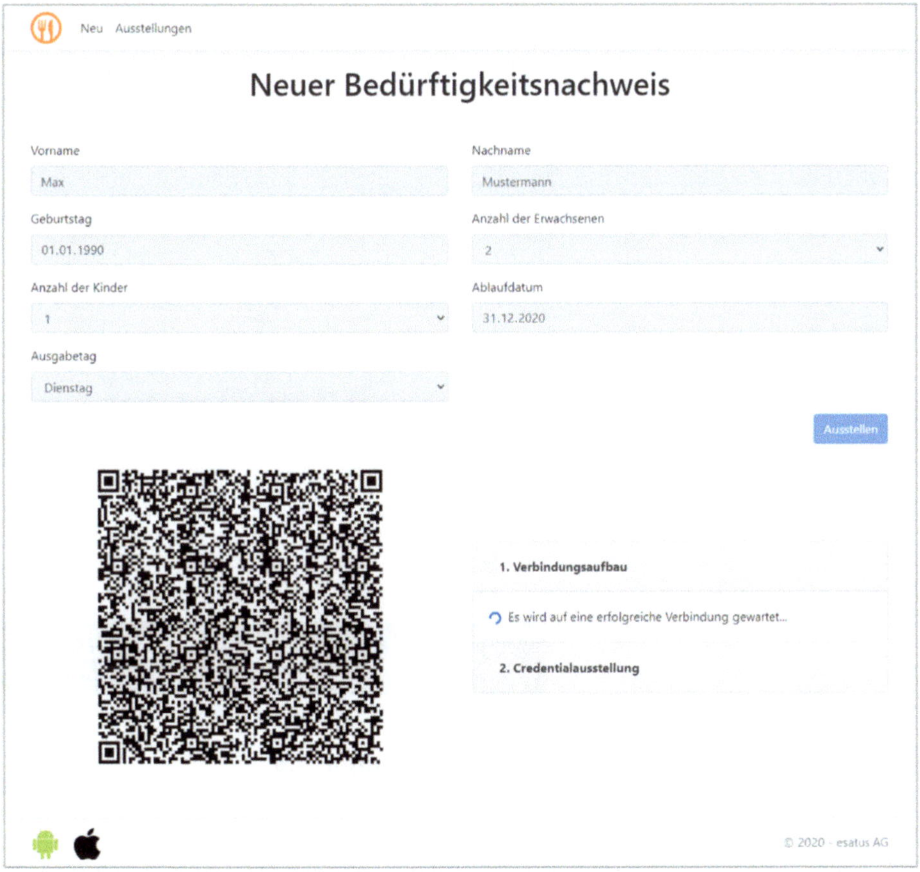

Abb. 11.4 Bedürftigkeitsnachweis mit QR-Code. (© Tafel Langen e.V.)

Abb. 11.5 Bedürftigkeitsnachweis in der App des Tafelkunden. (© esatus AG)

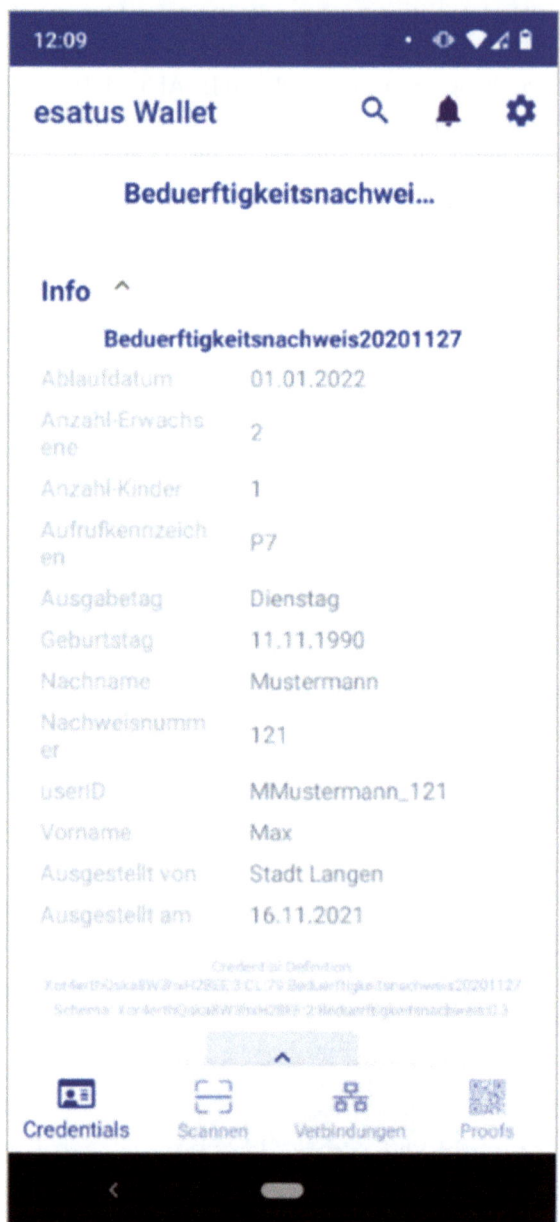

5.2 Verifizierung des VC bei der Tafel Langen e.V.

Im Folgenden wird der Prozess der Verifizierung des VC bei der Tafel Langen e.V. betrachtet.

Für den Zugang zur Lebensmittelausgabe bei der Langener Tafel müssen sich zunächst alle Tafelgäste des Tages anmelden. Dazu müssen sie mit ihrer App einen QR-Code scannen, der auf einem Bildschirm an der Registrierung angezeigt wird (Abb. 11.6).

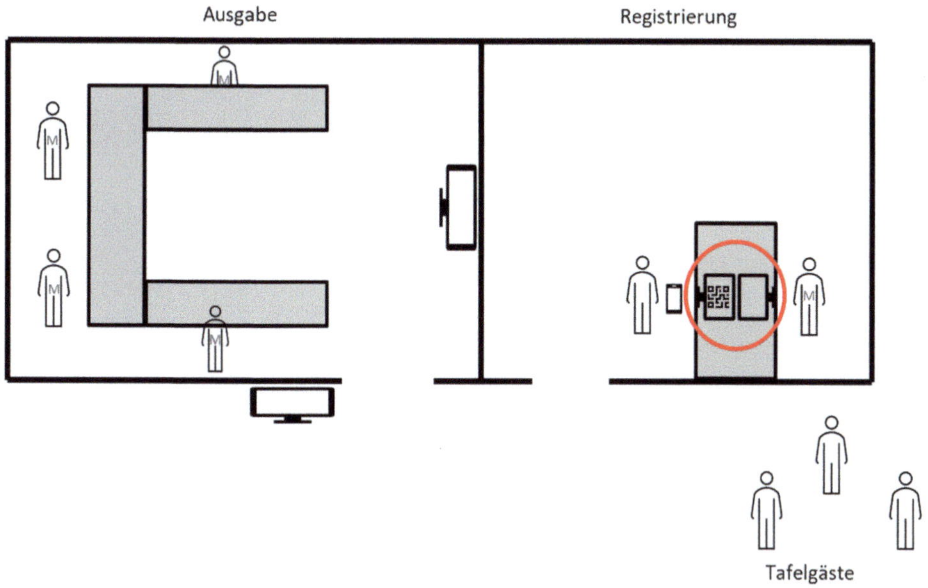

Abb. 11.6 Registrierung der Tafelgäste

Nach dem Einscannen hat der Tafelgast 30 Sekunden Zeit, eine auf seinem Smartphone erscheinende Anfrage mit den entsprechenden Daten zu bestätigen (Abb. 11.7).

Die Bestätigung dieser Anfrage entspricht dem analogen Vorzeigen des Tafelausweises und stellt den Verifizierungsvorgang dar.

Die Verifizierung umfasst die Prüfung des Bedürftigkeitsnachweises hinsichtlich Gültigkeit und Integrität in folgenden Punkten:

- Verfügt der Tafelkunde über die grundsätzliche Berechtigung zur Inanspruchnahme?
- Ist das VC noch gültig und wurde nicht widerrufen?
- Wurde der zugewiesene Wochentag eingehalten?
- Für wie viele Personen im Haushalt dürfen Lebensmittel abgeholt werden?

Auf dem Registrierungsbildschirm der Tafel – bzw. auf der den Tafel-Mitarbeitenden zugewandten Seite des Bildschirms – erscheint eine Information über die Registrierung, über den zugewiesenen Ausgabetag und die Gültigkeit des VC. Gibt es keine Unstimmigkeiten, erscheint ein grünes Feld, das zusätzlich das sogenannte Aufrufkennzeichen des Tafelgastes anzeigt.

Läuft das VC innerhalb eines Monats ab oder ist der Tafelgast am falschen Ausgabetag gekommen, erscheint ein oranges Feld mit einem entsprechenden Hinweis.

Ist das VC bereits abgelaufen, erscheint ein rotes Feld. Der Tafelgast wird aufgefordert, das VC bei der Stadt Langen zu erneuern.

Abb. 11.7 Anfrage in der App des Tafelkunden.
(© esatus AG)

Der Tafelmitarbeitende hat im nächsten Schritt die Möglichkeit, die Registrierung abzulehnen oder zu akzeptieren, auch wenn das VC nicht mehr gültig ist. Dies kann über einen manuellen Dialog veranlasst werden.

Es stehen zusätzliche Funktionen bereit, mit denen die zu zahlenden Beiträge der Tafelgäste abgerechnet und erfasst werden können, weiterhin können Kommentare hinterlegt werden, die an den kommenden Ausgabetagen für die Mitarbeitenden der Tafel Langen e. V. angezeigt werden. Auch Informationen zu vergangenen Ausgaben sind abrufbar.

Eine manuelle Erfassung der Tafelkunden, z. B. falls ein Kunde das Smartphone vergessen hat, ist ebenfalls möglich. Klickt der Mitarbeitende auf „Manuelle Erfassung", erscheint ein Dialog, in dem ein Aufrufkennzeichen eingegeben werden kann. Nach der Eingabe wird geprüft, ob ein Kunde mit diesem Kennzeichen existiert. Ist dies der Fall, öffnet sich ebenfalls der bereits beschriebene Dialog.

5.3 Start der Lebensmittelausgabe und Aufruf-Reihenfolge

Haben sich alle Tafelgäste am aktuellen Tag für die Ausgabe registriert, kann die Lebensmittelausgabe durch einen Mitarbeitenden der Tafel Langen e.V. gestartet werden. Durch einen Klick auf den Button „Ausgabe starten" wird eine faire Reihenfolge für die Abholungen erstellt, welche die Position des Tafelgastes bei vergangenen Abholungen berücksichtigt. Die Tafelmitarbeitenden können auf ihrem Display vor Ort sehen, wie viele Abholungen insgesamt anstehen, ebenfalls ist sichtbar, welche Zahlungen zu leisten sind (Abb. 11.8).

Der jeweilige Tafelgast erhält entsprechend der Anzahl der Personen im Haushalt, für die Lebensmittel abgeholt werden, ein farbig markiertes Badge, das gut sichtbar an der Bekleidung angeheftet oder umgehängt wird. Auf einem großen Bildschirm wird mit Hilfe der entsprechenden Farben übersichtlich dargestellt, wie viele Abholungen für wie viele Personen noch anstehen (Abb. 11.9).

Damit die Tafelgäste ihrerseits überprüfen können, an welcher Warteposition für die Ausgabe sie sich befinden, werden alle Positionen und das dazugehörige Aufrufkennzeichen in einer Tabelle dargestellt (Abb. 11.10).

Tafel Langen

Registrierte Abholungen
Anzahl: 14

Manuelle Erfassung | Ausgabe starten

Datum	Nachweisnummer	Aufrufzeichen	Heute zu zahlen	Offener Betrag	Aktion
22.10.2020 - 13:13:47 Uhr	23	G0	2,50 €	2,50 €	Details
22.10.2020 - 13:13:24 Uhr	48	Y6	4,00 €	4,00 €	Details
22.10.2020 - 13:13:10 Uhr	47	F4	2,50 €	2,50 €	Details
22.10.2020 - 13:13:01 Uhr	46	Q0	2,50 €	10,50 €	Details
22.10.2020 - 13:12:48 Uhr	42	J7	2,50 €	2,50 €	Details
22.10.2020 - 13:12:41 Uhr	41	N8	4,00 €	4,00 €	Details
22.10.2020 - 13:12:32 Uhr	40	U6	2,50 €	2,50 €	Details
22.10.2020 - 13:12:22 Uhr	27	T1	2,50 €	6,50 €	Details
22.10.2020 - 13:12:06 Uhr	28	R1	2,50 €	2,50 €	Details
22.10.2020 - 13:11:55 Uhr	35	B7	4,00 €	4,00 €	Details
22.10.2020 - 13:11:44 Uhr	25	P0	2,50 €	2,50 €	Details
22.10.2020 - 13:10:14 Uhr	26	L7	4,00 €	5,00 €	Details
22.10.2020 - 13:06:19 Uhr	51	M4	4,00 €	4,00 €	Details

Abb. 11.8 Übersicht Anmeldungen am Ausgabetag. (© Tafel Langen e.V.)

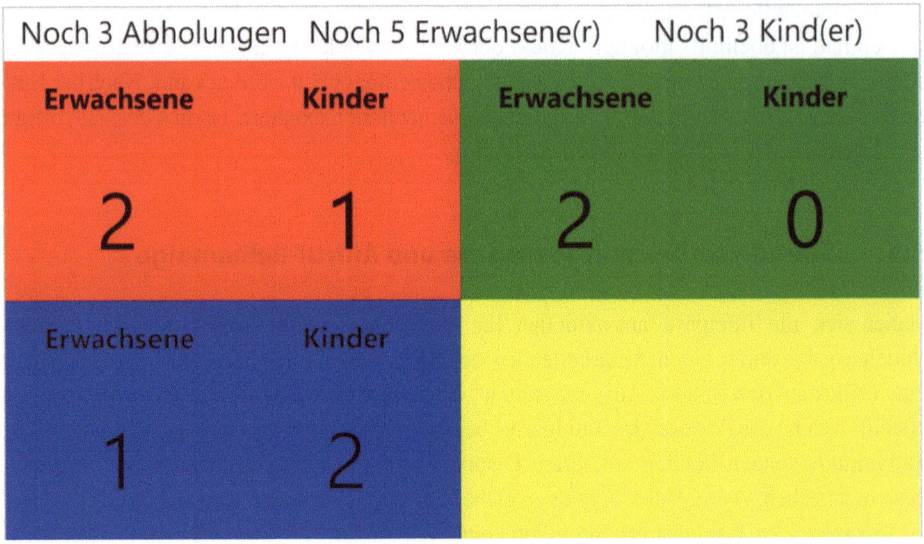

Noch 3 Abholungen	Noch 5 Erwachsene(r)	Noch 3 Kind(er)	
Erwachsene	**Kinder**	**Erwachsene**	**Kinder**
2	1	2	0
Erwachsene	**Kinder**		
1	2		

Abb. 11.9 Übersicht ausstehende Abholungen. (© Tafel Langen e.V.)

Position	Zeichen	Position	Zeichen
1	Q0	11	P0
2	T1	12	M4
3	G0	13	F3
4	Y6	14	L7
5	F4		
6	J7		
7	N8		
8	U6		
9	R1		
10	B7		

Abb. 11.10 Reihenfolge für die Abholung. (© Tafel Langen e.V.)

Nachdem alle für diesen Tag angemeldeten Tafelgäste ihre Lebensmittel erhalten haben, ist der Vorgang beendet.

6 Evaluation und Diskussion

6.1 Ablauf der Pilotphase

Für das Pilotprojekt des Anwendungsfalls „Digitaler Bedürftigkeitsnachweis für die Tafel Langen e.V." wurde die Ausgabe für alle Bestands- und Neukunden der Langener Tafel e.V. an einem bestimmten Tag (jeweils donnerstags) auf den digitalen Prozess umgestellt. Die Mitarbeitenden in der Verwaltung und die ehrenamtlichen Tafel-Mitarbeitenden erhielten eine Einweisung und Schulung in das Verfahren, von der Anmeldung an das Programm über die Vergabe der VCs und der Einrichtung der Verwaltungsmonitore und Anzeigebildschirme. Ein dazugehöriges Handbuch wurde übergeben.

Für die Tafelkunden wurde ein Infoblatt erstellt, das über die Umstellung des bisherigen Systems auf ein neues, elektronisches Verfahren informierte. Die Tafelkunden wurden darin über die einzelnen Schritte informiert, die für den Zugang zur Lebensmittelausgabe erforderlich sind: das Zusammenstellen der Unterlagen als Beleg für die Bedürftigkeit, die Installation der App, die Antragstellung bei der Stadt Langen und die Anmeldung bei der Langener Tafel e.V.

Die Pilotphase erstreckte sich etwa über ein Jahr und endete im August 2022. Die nachfolgende Evaluation der Pilotphase basiert nicht auf einer methodischen Befragung der Beteiligten, sondern fasst Beobachtungen und mündliches Feedback zusammen, das von den Entwicklern der Anwendung, den Mitarbeitenden in der Verwaltung und bei der Tafel Langen e.V. einerseits und den Tafelkunden andererseits gesammelt wurde.

6.2 Erfahrungen aus der Pilotphase

Obwohl die Stadt Langen für die Ausstellung der VCs keinen dedizierten Mitarbeitenden einstellen oder abordnen konnte, war die Bereitschaft hoch, sich an der Pilotphase des digitalen Verfahrens zu beteiligen. Da ein IT-Experte der Stadt Langen mit der Ausstellung betraut war, erfolgte die Einführung in den Prozess bei der Stadt Langen schnell und unproblematisch.

Grundsätzlich positiv empfanden die Mitarbeitenden der Tafel Langen e.V., dass der Ausstellungsprozess der VCs bei der Stadt Langen durchgeführt wurde und sie sich auf die Lebensmittelausgabe konzentrieren konnten.

Ebenfalls positiv bewerteten die Mitarbeitenden der Tafel Langen e.V., dass der Tafelausweis in Papierform durch ein VC abgelöst wurde. Dadurch wurde eine turnusmäßige Neuausstellung des Papierausweises überflüssig. Die Registrierung der Tafelgäste mittels VC konnte effizient durchgeführt werden, bei abgelaufenen und demnächst ablaufenden

VCs erhielten die Tafelmitarbeitenden einen Warnhinweis. Das digitale Verfahren führte für die bei der Lebensmittelausgabe tätigen Helfer zu einer höheren Transparenz und Übersichtlichkeit in Bezug auf die Abholungen (Gesamtzahl, noch offene Abholungen, Anzahl der Personen im Haushalt des Abholers). Außerdem konnten die Bezahlvorgänge schnell und einfach erfasst und nachvollzogen werden.

Aus der Nutzerperspektive der Tafelkunden wurde insbesondere die Einführung des Algorithmus für eine gerechte Position in der Warteschlange als Verbesserung empfunden. In der Vergangenheit hatte es immer wieder Beschwerden gegeben, dass andere Tafelkunden weniger Wartezeit hätten. Auch der Hinweis im digitalen Nachweis auf die demnächst ablaufende Gültigkeit wurde positiv beurteilt.

Positiv für die Tafelkunden war es auch, dass, falls das Mobiltelefon zu Hause vergessen wurde, die Tafelmitarbeitenden anstelle des digitalen Check-ins im System nachschauen konnten, ob der Tafelkunde zur Abholung berechtigt war.

Andererseits wurden während der Pilotphase auch nachteilige Erfahrungen bei den beteiligten Mitarbeitenden und Nutzern deutlich.

Ein großer Teil der Tafelkunden hatte Schwierigkeiten, die neuen Abläufe und die dafür notwendigen Schritte zu verstehen. Es musste ihnen vermittelt werden, dass die Ausstellung nun an einem anderen Ort – bei der Stadt Langen – stattfindet und welche Schritte mit ihren Mobiltelefonen auszuführen waren. Das dafür erstellte Infoblatt lag zwar in Deutsch, Englisch und Französisch vor, war aber für Menschen mit anderer Muttersprache nicht hilfreich.

Zu den sprachlichen Barrieren kamen auch technische Barrieren hinzu, die besonders bei den älteren, nicht technikaffinen Tafelgästen zu Problemen bei der Nutzung der App führten und den Anmeldeprozess verlangsamten oder auch zu einem automatischen Abbruch des Vorgangs führten. Aufgrund veralteter Mobilgeräte konnten einige Tafelgäste die erforderliche Wallet-App gar nicht herunterladen.

Als nachteilig wurde von den Tafelkunden empfunden, dass die bisher mit dem Papierausweis mögliche Weitergabe des Ausweises an einen Stellvertreter mit dem digitalen Nachweis nicht mehr möglich war.

Auch bei den Mitarbeitenden der Tafel Langen e.V. gestaltete sich die Umstellung auf das digitale Verfahren nicht reibungslos. Der Zeitaufwand für die zusätzlichen Schulungen reduzierte die ohnehin knappe Zeit der ehrenamtlichen Mitarbeitenden der Tafel, die vorwiegend der älteren Generation entstammen und etwas mehr Zeit brauchten, um die Technologie zu verstehen. Beispielsweise gab es Probleme bei der eigenen Anmeldung am System. Bei einigen Beteiligten führte das zu einem gewissen Widerstand gegen die Einführung des digitalen Prozesses.

6.3 Unvorhergesehene Schwierigkeiten

Die Implementierung des digitalen Bedürftigkeitsnachweises sah sich zudem mit verschiedenen strukturellen und nicht vorhersehbaren Hindernissen konfrontiert:

Voraussetzung für die Ausstellung des digitalen Bedürftigkeitsnachweise bei der Stadt Langen ist ein funktionierendes Internet. Um diesen Prozess unabhängig vom Intranet der Stadt Langen durchführen zu können, sollte das WLAN „Dorflinde", ein vom Land Hessen gefördertes WLAN-Projekt für Kommunen, genutzt werden. Der Internetempfang über die „Dorflinde" war jedoch häufig unzureichend, was zu Verzögerungen oder zum Abbruch des Ausstellungsprozesses führte.

Die Stadtverwaltung konnte kein zusätzliches Personal für das Projekt abstellen, sodass der zuständige Mitarbeiter die Ausstellung der digitalen Nachweise zusätzlich zu seinen regulären Aufgaben erledigen musste. Aus den beiden genannten Gründen wurde das Pilotprojekt seitens der Stadtverwaltung abgebrochen und die Ausstellung der Bedürftigkeitsnachweise wieder der Langener Tafel übertragen.

Der Umstand, dass die Pilotphase des Projekts mit der Coronapandemie zusammenfiel und später mit dem Ukraine-Krieg, führte zu einigen unvorhersehbaren Schwierigkeiten:

Ein krankheits- oder quarantänebedingter häufiger Wechsel bei den ehrenamtlichen Tafelmitarbeitenden führte dazu, dass ständig neue Personen in den Prozess der digitalen Verifizierung eingeführt werden mussten. Die Hygieneregeln und Kontaktbeschränkungen während der Coronapandemie führten zu einem längeren zeitlichen Aufwand bei Registrierung und Ausgabe.

Als größte Hürde für den Erfolg des Pilotprojektes erwiesen sich die Folgen des Ukrainekriegs: Die große Zahl von Flüchtlingen sorgte für einen sprunghaften Anstieg der Tafelkunden und erforderte einen höheren zeitlichen Einsatz der Mitarbeitenden der Tafel. Während vorher rund 100 Leute täglich von der Tafel Langen zu versorgen waren, stieg die Zahl der Gäste auf bis zu 250 pro Tag. Priorität hatte die Versorgung der Tafelkunden mit dem Notwendigen, sodass das Pilotprojekt aus zeitlichen Gründen mit nachrangiger Priorität behandelt wurde.

6.4 Zusammenfassende Evaluation

Die digitalisierte Ausstellung und Verifizierung des Bedürftigkeitsnachweise bringt auf den ersten Blick klare Vorteile: Papier- und Zeitersparnis, hohe Transparenz bei gleichzeitiger Einhaltung aller Datenschutzrichtlinien, Vermeidung unnötiger Wartezeiten und Entlastung der verifizierenden Stelle (Tafelmitarbeitende) von Aufgaben, die der Behörde obliegen. Der digitale Tafelausweis bietet außerdem eine hohe Fälschungssicherheit, ungültige Nachweise werden automatisch vom System erkannt.

In der Pilotphase zeigten sich jedoch einige Hürden für die Implementierung:

Auf Seiten der Tafel als verifizierende Stelle waren nicht alle Anwender von der digitalen Lösung überzeugt. Hier wurde insbesondere der zeitliche Mehraufwand für die Schulung angeführt, zudem war bei den überwiegend älteren Ehrenamtlichen ein gewisser Widerstand gegen Veränderungen spürbar.

Aufgrund der beschriebenen Probleme auf Seiten der Tafelkunden (Sprachbarriere, technische Probleme) war die Nutzererfahrung insgesamt nicht positiv. Das neue Verfahren und die Bedienung der App hätte in vielen verschiedenen Sprachen, darunter auch Serbokroatisch, Rumänisch, Arabisch, Russisch und Ukrainisch erklärt werden müssen, um die Nutzererfahrung der Tafelgäste zu verbessern.

Während sich positive und negative Erfahrungen aus der Pilotphase in etwa die Waage hielten, führten letztendlich die unvorhersehbaren äußeren Einflüsse zum Abbruch des Projektes.

7   Fazit

Das hier vorgestellte Pilotprojekt wurde im Rahmen von IDunion für einen dedizierten Anwendungsfall im sozialen Bereich konzipiert. Trotz der oben genannten Hürden bei der Implementierung wäre perspektivisch ein Einsatz in weiteren Tafelprojekten oder anderen, ähnlich strukturierten sozialen Projekten wünschenswert. Unter dem Aspekt der Wirtschaftlichkeit wäre es sinnvoll, wenn sich Tafeln zusammenschließen, um eine gemeinsame Governance für die Voraussetzungen und Abläufe der Lebensmittelausgabe zu entwickeln. Dadurch könnte die Digitalisierung des Prozesses auf möglichst viele Tafeln übertragen und eine hohe Skalierbarkeit erreicht werden. Der Tafelverband Hessen hat hier grundsätzlich seine Bereitschaft zur Unterstützung des Vorhabens signalisiert, allerdings können die meisten Tafeln derzeit den zusätzlichen Zeitaufwand für die digitale Transformation nicht leisten.

Die Erfahrungen während der Pilotphase werfen ein Schlaglicht auf Hürden, die einer erfolgreichen flächendeckenden Digitalisierung in vielen Fällen noch entgegenstehen:

- Fehlende finanzielle Ressourcen
- Unzureichende technische Voraussetzungen
- Überlastung von Mitarbeitenden und Ehrenamtlichen
- Widerstände gegen Veränderungen auf Nutzerseite

Für den Erfolg der Digitalisierung ist es unabdingbar, dass die Nutzer selbst die digitalen Prozesse als nützlich empfinden und einen klaren Mehrwert darin sehen. Für eine Mehrfachnutzung des digitalen Bedürftigkeitsnachweises eröffnen sich theoretisch vielfältige Einsatzmöglichkeiten. Wenn bestimmte verifizierte Attribute des Bedürftigkeitsnachweises auch für andere Leistungen genutzt werden könnten, würde dies die Digitalisierung für die Nutzer attraktiver und konkret erlebbar machen. Denkbar wäre beispielsweise ein vergünstigter Zugang zu Theatern, Schwimmbädern und ähnlichen kommunalen Einrichtungen. Auch die Nutzung des Bedürftigkeitsnachweises zum Abruf von Leistungen für die Kinder des jeweiligen Haushalts, wie z. B. kostenlose Schulmaterialien, Nachhilfeunterricht oder Vereinsangebote, wäre eine sinnvolle Ergänzung.

Angesichts der Vorgabe der eIDAS2.0-Verordnung, allen EU-Bürgern bis 2026 eine EUDI-Wallet zur Verfügung zu stellen (BMI, 2024), ist es wünschenswert, dass von staatlicher Seite mehr Anstrengungen unternommen und Mittel bereitgestellt werden, um die genannten Hürden in den nächsten Jahren schrittweise abzubauen und die Voraussetzungen für bessere Nutzererfahrungen zu schaffen.

Literatur

BMBF (Bundesministerium für Bildung und Forschung). (2021). *Ressortkonzept zu Sozialen Innovationen.* https://www.bmbf.de/SharedDocs/Publikationen/de/bmbf/1/168520_Ressortkonzept_zu_Sozialen_Innovationen.pdf?__blob=publicationFile&v=6. Zugegriffen am 13.09.2024.

BMI (Bundesministerium des Innern und für Heimat). (2024). *Die eIDAS-Verordnung, EUDI-Wallets und ihre Bedeutung für europäische digitale Identitäten.* https://www.digitale-verwaltung.de/Webs/DV/DE/digitale-identitaeten/eidas-2-0/eidas-2-0-node.html. Zugegriffen am 15.08.2024

Hyperledger Indy. (2024). *Overview of the system* Indy Plenum 1.13.1rc4 documentation. https://hyperledger-indy.readthedocs.io/projects/plenum/en/latest/main/. Zugegriffen am 15.08.2024

Hyperledger Indy Tx explorer. (2021). *IDunion Test Ledger.* https://idunion.esatus.com/tx/IDunion_Test/domain/4740. Zugegriffen am 13.09.2024.

Sovrin Foundation. (2018). *A protocol and token for self-sovereign identity & decentralized trust.* https://sovrin.org/wp-content/uploads/Sovrin-Protocol-and-Token-White-Paper.pdf. Zugegriffen am 15.08.2024

Tafel Deutschland e.V. (o.J.-a). *Über uns/Unsere Werte.* https://www.tafel.de/ueber-uns/unsere-werte. Zugegriffen am 28.05.2024

Tafel Deutschland e.V. (o.J.-b). *Über uns/die tafeln.* https://www.tafel.de/ueber-uns/die-tafeln. Zugegriffen am 28.05.2024

Trendreport Digitaler Staat. (2019). *Digitalisierung der Verwaltung: ein Hürdenlauf.* https://digitaler-staat.org/wp-content/uploads/2019/04/Trendreport_2019.pdf. Zugegriffen am 13.09.2024.

Open Access Dieses Kapitel wird unter der Creative Commons Namensnennung 4.0 International Lizenz (http://creativecommons.org/licenses/by/4.0/deed.de) veröffentlicht, welche die Nutzung, Vervielfältigung, Bearbeitung, Verbreitung und Wiedergabe in jeglichem Medium und Format erlaubt, sofern Sie den/die ursprünglichen Autor(en) und die Quelle ordnungsgemäß nennen, einen Link zur Creative Commons Lizenz beifügen und angeben, ob Änderungen vorgenommen wurden.

Die in diesem Kapitel enthaltenen Bilder und sonstiges Drittmaterial unterliegen ebenfalls der genannten Creative Commons Lizenz, sofern sich aus der Abbildungslegende nichts anderes ergibt. Sofern das betreffende Material nicht unter der genannten Creative Commons Lizenz steht und die betreffende Handlung nicht nach gesetzlichen Vorschriften erlaubt ist, ist für die oben aufgeführten Weiterverwendungen des Materials die Einwilligung des jeweiligen Rechteinhabers einzuholen.

Digitale Identitäten im Gesundheitswesen am Beispiel von Patientenakte und Knochenmarkspenderregister

12

Christina Erler, Gergely Biri, Tobias Stein und Meryem Bouras

Zusammenfassung

Dieser Artikel untersucht die Akzeptanz und Gebrauchstauglichkeit von digitalen Selbstbestimmten Identitäten (SSI) im Gesundheitswesen anhand von zwei Anwendungsfällen: der selbstsouveränen Gesundheitsdatenverwaltung und dem Identitätsmanagement im Knochenmarkspendenden-Register. Die Anwendungsfälle und ihre technische Umsetzung werden vorgestellt und anschließend durch eine Evaluation bewertet. Die Evaluation wurde mittels semistrukturierter Online-Interviews und des System Usability Scale (SUS) mit 13 Teilnehmer*innen im Alter von 20 bis 75 Jahren durchgeführt. Die Ergebnisse zeigen, dass SSI-Lösungen überwiegend positiv wahrgenommen werden, da sie eine erhöhte Kontrolle über persönliche Daten ermöglichen und als Erleichterung im Alltag betrachtet werden. Die Hauptherausforderungen liegen im Vertrauen gegenüber privaten Anbietern und der unterschiedlichen Akzeptanz bei verschiedenen Bevölkerungsgruppen. Der Artikel schließt mit Handlungsempfehlungen zur Erhöhung der Akzeptanz und der Bedeutung von SSI für die zukünftige Digitalisierung des Gesundheitswesens.

C. Erler (✉) · G. Biri · T. Stein
FZI Forschungszentrum Informatik, Karlsruhe, Deutschland
E-Mail: erler@fzi.de; erler@fzi.de; erler@fzi.de

M. Bouras
ZKRD Zentrales Knochenmarkspenderregister Deutschland, Ulm, Deutschland
E-Mail: erler@fzi.de

© Der/die Autor(en) 2025
J. Anke et al. (Hrsg.), *Digitale Identitäten und Nachweise*,
https://doi.org/10.1007/978-3-658-47708-0_12

Schlüsselwörter

eHealth · Knochenmarkspendenden-Register · Gesundheitsdatenmanagement · Gebrauchstauglichkeit · Self-Sovereign Identity · Selbstbestimmte Identitäten

1 Einleitung

Wenn es um Systeme im Gesundheitswesen zur Speicherung und Verwaltung von hochsensiblen, personenbezogenen Gesundheitsdaten geht, ist Vertrauen eine wichtige Eigenschaft. Ein sicheres und effektives Identitätsmanagement ist dementsprechend ein elementarer Baustein zum Aufbau solcher technischen Systeme (Bundesdruckerei, 2019). Folglich stellt das Anwendungsfeld Gesundheit eines der gesellschaftlich relevantesten Anwendungsfelder für digitale Identitäten dar, bei dem es eine Vielzahl an regulatorischen Rahmenbedingungen zu beachten gilt. Die elektronische Gesundheitskarte (eGK) in Deutschland ist aktuell der analoge Identitätsnachweis in Form einer Chip-Karte, die als Krankenversicherungsnachweis dient und administrative sowie Notfalldaten der Patient*innen speichert (Bundesministerium für Gesundheit, 2023). In weiteren Entwicklungsstufen der Telematikinfrastruktur (TI), schrittweise beginnend ab dem 1. Oktober 2024, werden diese Notfalldaten gemeinsam mit Hinweisen auf das Vorhandensein und den Aufbewahrungsort persönlicher Erklärungen technisch zu einer elektronischen Patientenkurzakte (ePKA) weiterentwickelt. Diese wird als Online-Anwendung der TI bereitgestellt und nicht mehr auf der eGK gespeichert (Bundesministerium für Gesundheit, 2023). Auf dem Weg zu digitalen Identitäten stellen Krankenkassen auf Wunsch seit dem 1. Januar 2024 eine digitale Gesundheits-ID bereit, die einen kartenlosen Zugang zu den Anwendungen der Telematikinfrastruktur (TI), zum Beispiel zur elektronischen Patientenakte (ePa), durch ein föderiertes Identitätsmanagement ermöglicht (gematik, 2024). Diese Gesundheits-ID wird durch eine Zwei-Faktor-Authentifizierung gesichert und muss zyklisch über die Online-Ausweisfunktion des Personalausweises oder der eGK mit PIN bestätigt werden. Ab 2026 können sich Patient*innen mit der Gesundheits-ID in Praxen ausweisen, was die eGK als physischen Nachweis ersetzt (gematik, 2024).

Trotz dieser Fortschritte ist eine Lösung für digitale Selbstbestimmte Identitäten (SSI), bei der Individuen die volle Kontrolle über ihre eigenen digitalen Identitäten besitzen, aktuell politisch noch nicht vorgesehen. Dies liegt hauptsächlich an der Komplexität und den hohen Sicherheitsanforderungen, die eine solche dezentrale Identitätslösung mit sich bringt. Regulatorische Bedenken und die Notwendigkeit einer zentralen Aufsicht verhindern derzeit die Einführung solcher Systeme im Gesundheitswesen. Zudem gibt es Bedenken hinsichtlich der Akzeptanz durch die Nutzenden in der breiten Gesellschaft, da mit den selbstbestimmten Lösungen meist auch mehr digitaler Verwaltungsaufwand aufkommt. Dennoch stärkt eine SSI Lösung die individuelle Kontrolle und Privatsphäre. Dies reduziert die Abhängigkeit von zentralen Identitätsanbietern, was wiederum vertrauensstiftend sein kann. In einem Gesundheitsökosystem könnte dies bedeuten, dass Patient*innen ihre Daten sicher und selbstbestimmt verwalten und teilen können, was die Effizienz und Vertrauenswürdigkeit der Datenverarbeitung erheblich verbessern würde. (Bouras et al., 2020; Erler et al., 2023; Houtan et al., 2020)

Im vorliegenden Kapitel werden zwei beispielhafte Anwendungsfälle im Gesundheitswesen vorgestellt, anhand derer die Funktionsweise von SSI-Lösungen veranschaulicht und hinsichtlich ihrer Nutzbarkeit und Akzeptanz evaluiert werden. Die Anwendungsfälle basieren auf den in den vorangegangenen Kapiteln dargestellten Techniken und Überlegungen und dienen der Veranschaulichung der zuvor behandelten Inhalte. Während des gesamten Kapitels werden die Anwendungsfälle als laufende Beispiele präsentiert. Im Folgenden wird für jeden Anwendungsfall eine kurze Einleitung und Hintergrund sowie der Anwendungsbereich von SSI beschrieben. Darüber hinaus wurden Nutzendeninterviews im Rahmen der Evaluation durchgeführt, um die Akzeptanz der Nutzenden zu ermitteln und die Vor- und Nachteile einer solchen Lösung zu diskutieren. Insbesondere im Fokus dabei stand der Vergleich der neuen digitalisierten, SSI-gestützten Prozesse mit den Prozessen der bestehenden und bereits beschriebenen analogen Standardlösungen in Deutschland.

2 Anwendungsfall 1: Selbstsouveräne Gesundheitsdatenverwaltung

2.1 Beschreibung des Anwendungsfalls

Aktuell erheben und verwalten verschiedene Akteure im deutschen Gesundheitswesen unabhängig voneinander patient*innenbezogene Daten. Diese verteilte Speicherung und Verwaltung u. a. im Rahmen von elektronischen Gesundheitsakten (eGA), Patientenakten (ePA) und Fallakten (eFA) führt zu einem fragmentierten Bild der Gesundheitsdaten der Patient*innen (Häyrinen et al., 2008; Gersch, 2022). Besonders bei der Überleitung von Patient*innen aus einer stationären Behandlung im Krankenhaus zu Rehabilitationsmaßnahmen, Pflege oder in die häusliche Umgebung sowie bei interdisziplinären Behandlungen durch verschiedene Akteure entstehen Informationslücken und Medienbrüche (Gersch, 2022). Diese Lücken erschweren den Informationsfluss zwischen medizinischen Organisationen und führen häufig zu Doppelbehandlungen und Mehrfachanamnesen, was letztlich zu Lasten der Patient*innen geht (Gersch, 2022). Dementsprechend gewinnen dezentrale Gesundheitsdatenmanagementanwendungen, welche sich nicht ausschließlich auf den Ort der Datengenerierung konzentrieren und eine organisationsübergreifende Lösung zum Datenmanagement vorsehen, an Popularität (Gersch, 2022). Dezentrale Ansätze kombiniert mit einer digitalen Plattform zur stärkeren Einbindung von Patient*innen in die Datenverwaltung tragen außerdem dazu bei, Datenmonopole zu verhindern, die Datensouveränität der Individuen zu stärken und die Effizienz sowie Transparenz des Datenteilens und Nutzens zu erhöhen (Bouras et al., 2020; Ghayvat et al., 2022; Ismail et al., 2020). Ein Beispiel für ein solches System stellt das von 2020 bis 2023 im Rahmen des BMBF-geförderten Projektes BloG[3] (Blockchainbasiertes Gesundheitsdatenmanagement für gesamtheitliche Gesundheitsprofile) entwickelte System von Erler et al. (2023) dar, welches die Grundlage für den hier vorgestellten Anwendungsfall liefert. Um eine solche Lösung nach Erler et al. (2023) zu ermöglichen, müssen Patient*innen die Möglichkeit besitzen, sich vertrauensvoll mit den medizinischen, datenerhebenden Einrichtungen zu verbinden, um Transparenz über erhobene Daten zu erhalten und Zugriffe auf diese für die Weiterversorgung oder Forschung und Entwicklung verwalten zu können. Hierbei kommt die Notwendigkeit von digitalen Identitäten ins Spiel. Digitale Identitäten, insbesondere in Form von SSI, bieten in diesem Anwendungsfall eine Lösung für die sichere, selbstbestimmte und vertrauensvolle Authentifizierung und Autorisierung im Rahmen des Verbindungsprozesses von Patient*innen und Vertretenden von datenerzeugenden medizinischen Einrichtungen oder datenkonsumierenden Einrichtungen/Personen (z. B. Datentreuhandsysteme zur Sekundärnutzung von Daten zur medizinischen Forschung, Zugehörige oder Familienmitglieder). Hierdurch wird sichergestellt, dass sich Patient*innen mit der gewünschten Person der Einrichtung verbinden und ihre Daten über einen sicheren und kontrollierten Kanal teilen können. (Erler et al., 2023)

Entsprechend Erler et al. (2023) haben wir die folgenden drei Akteure für den Anwendungsfall identifiziert:

1. *Patient*in*: Datensubjekte, deren Gesundheitsdaten in verschiedenen medizinischen Einrichtungen generiert und verwaltet werden. Patient*innen möchten Transparenz über ihre Daten und die aktive Kontrolle über deren Zugriffsrechte.
2. *Datenerhebende*: Vertretende von medizinischen Einrichtungen, die Einrichtungen selbst oder medizinische Dienstleistende, beispielsweise medizinisches Personal, können die Gesundheitsdaten erheben und Patient*innen zur Verfügung stellen.
3. *Datenkonsumierende*: Personen oder Einrichtungen, die von Patient*innen autorisiert wurden, auf spezifische Gesundheitsdaten zuzugreifen. Dies können weitere medizinische Einrichtungen, Datentreuhandsysteme zur Sekundärnutzung von Daten zur medizinischen Forschung, Familienmitglieder oder Zugehörige von Patient*innen sein.

Wie in Abb. 12.1 detailliert dargestellt, besteht der Prozess aus den folgenden Schritten:

1. *Ablage Identitätsnachweise und Gesundheitsdaten*: Um Identitätsnachweise in Form von Verifiable Credentials (VC) verwenden zu können, müssen entsprechende Identitätsnachweise vorab durch Issuer ausgestellt und im eigenen Wallet abgelegt werden. Dies können für Patient*innen der Krankenversicherungsausweis oder für Datenkonsumierende der Personalausweis sein. Für medizinisches Personal als Datenerhebende wären Credentials basierend auf dem Heilberufsausweis denkbar. Zusätzlich muss eine medizinische Untersuchung, Behandlung, Therapie oder Dienstleistung erfolgt sein, auf deren Grundlage Gesundheitsdaten über Patient*innen erhoben und durch Datenerhebende abgespeichert wurden.
2. *Registrierung und Verbindungsaufbau*: Patient*innen scannen einen Einladung-QR-Code, der von den Datenerhebenden oder Datenkonsumierenden bereitgestellt wurde. Dies initiiert den Aufbau eines verschlüsselten Kommunikationskanals. Über diesen Kommunikationskanal können anschließend entsprechende Identitätsnachweise der

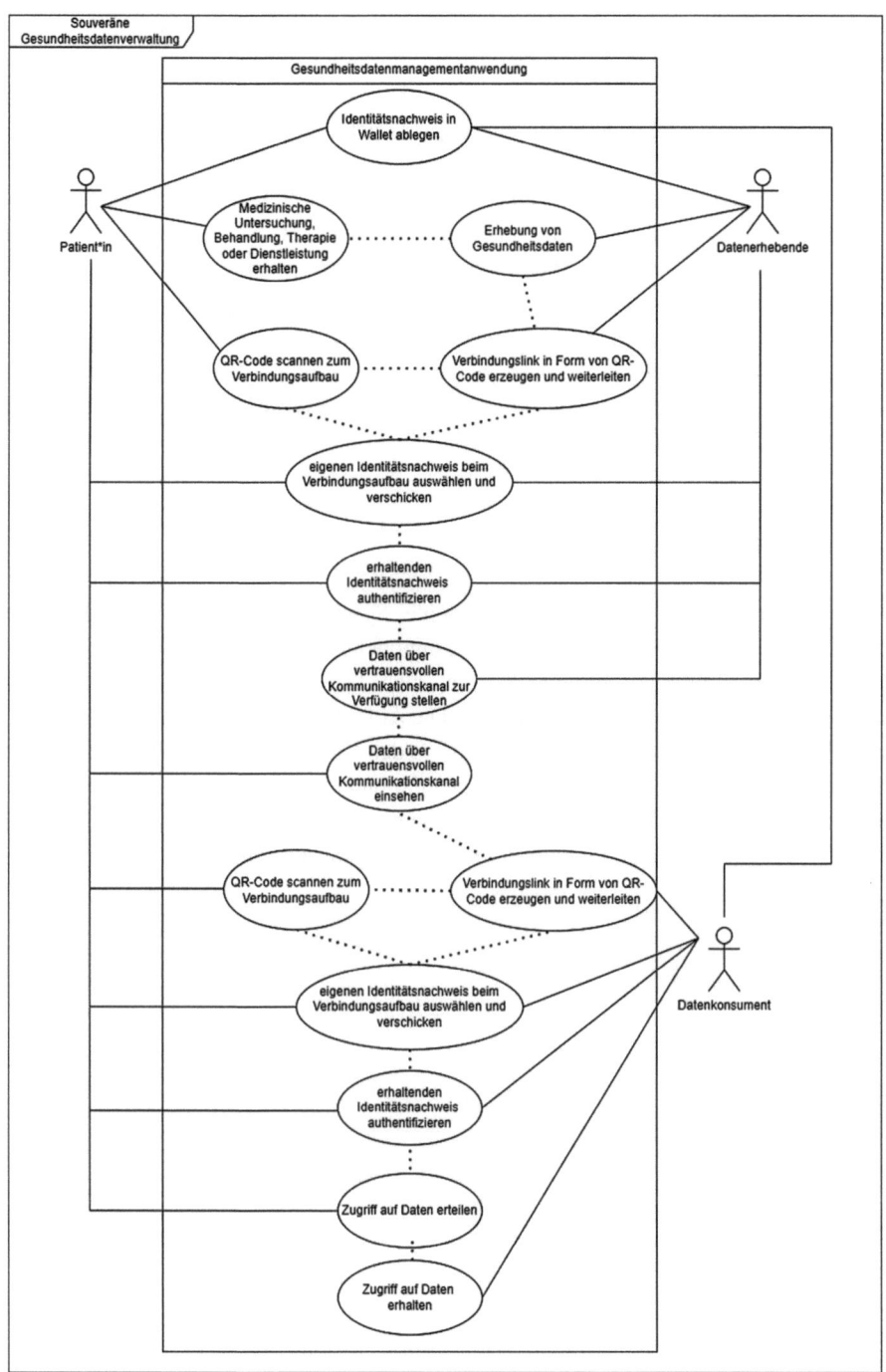

Abb. 12.1 Anwendungsfall-Diagramm für die dezentrale Gesundheitsdatenmanagementanwendung basierend auf einer SSI-Lösung

beiden Parteien ausgewählt und ausgetauscht werden. Nach beidseitiger erfolgreicher Authentifikation wurde ein sicherer und vertrauensvoller Kommunikationskanal aufgebaut und die beiden Parteien sind in der Kontaktliste des jeweils anderen sichtbar. Nun können entsprechende Daten und Zugriffsrechte über den Kommunikationskanal ausgetauscht werden.

3. *Datenbereitstellung durch Datenerhebende an Patient*innen*: Datenerhebende speichern die Gesundheitsdaten im internen System (z. B. Krankenhausinformationssystem) und teilen diese mit Patient*innen. Die Patient*innen werden automatisch über die verfügbaren Daten benachrichtigt und können die Daten abrufen und lokal einsehen.
4. *Zugriffsgewährung durch Patient*innen an Datenkonsumierende*: Die Patient*innen wählen die freizugebenden Daten sowie einen bereits authentifizierten Datenkonsumierenden aus. Datenkonsumierende können nach erfolgreicher Überprüfung der Zugriffsrechte die Daten abrufen.

2.2 Beschreibung der SSI-Lösung

Das durch Erler et al. (2023) veröffentlichte Systemkonzept umfasst entsprechend Abb. 12.2 die folgenden vier technischen Komponenten: Mobile App, BloG^3 Netzwerk, BloG^3 Connector und die bestehenden internen IT-Systeme bei den medizinischen Leistungserbringenden als Datenerhebende. Die Ablage der Gesundheitsdaten erfolgt dezentral beim Datenerhebenden. Die Software für den BloG^3 Connector erlaubt es, in internen IT-Systemen der Datenerhebenden angelegte und verwaltete Daten über das BloG^3-Netzwerk zugänglich zu machen und fungiert dementsprechend als Schnittstelle zwischen diesen Systemen. Die Kommunikation und der Datenaustausch zwischen Patient*innen

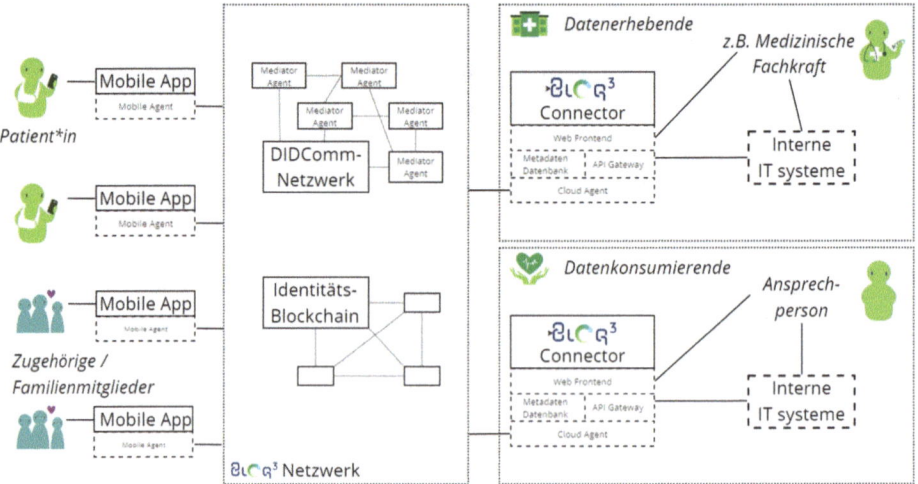

Abb. 12.2 Systemkonzept für das Gesundheitsdatenmanagementsystem. (In Anlehnung an Erler et al., 2023)

12 Digitale Identitäten im Gesundheitswesen am Beispiel von Patientenakte und ...

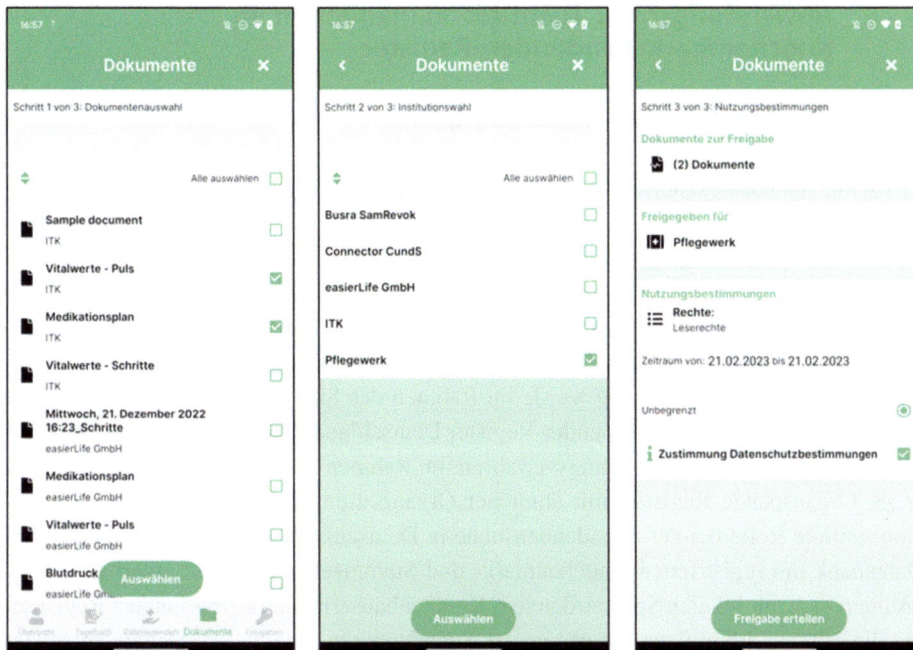

Abb. 12.3 Screens der Mobile App zur Dokumentenauswahl und -freigabe durch Patient*innen

und Datenerhebenden erfolgen über das BloG³-Netzwerk, ein dezentrales, durch Blockchain-Technologie gesichertes Netzwerk zur Peer-to-Peer-Kommunikation. Das Netzwerk entspricht dem Open-Source-Standard DIDComm[1] und basiert auf den Open-Source-Implementierung Ursa, Indy und Aries der Hyperledger Foundation.[2] Die Kommunikation im BloG³-Netzwerk erfolgt über das dezentrale DIDComm-Netzwerk. Sogenannte Mediator Agents ermöglichen eine asynchrone, verschlüsselte Kommunikation zwischen der Mobile App und den Blog³ Konnektoren. Ergänzt wird das DIDComm-Netzwerk durch eine DID-Blockchain, die den Netzwerkteilnehmenden als Vertrauensanker dient. Die Blockchain veröffentlicht ein manipulationssicheres Verzeichnis für digitale Signaturen und Netzwerkadressen und ermöglicht Patient*innen, Datenerhebenden und Datenkonsumierenden so eine vertrauenswürdige Kommunikation auf Basis verifizierter digitaler, dezentraler Identitäten (DIDs). (Erler et al., 2023) Hierbei ist festzuhalten, dass aus technischer Sicht auch andere dezentrale Strukturen denkbar sind, sich jedoch aufgrund des Charakters des Projekts zur Erforschung der Blockchain für jene Technologie entschieden wurde (Bundesamt für Sicherheit in der Informationstechnik, 2021). In der Mobile App können Patient*innen ihre gesamtheitlichen Gesundheitsdaten einsehen und Daten für Datenkonsumierende freigeben (siehe Abb. 12.3).

---

[1] https://identity.foundation/didcomm-messaging/spec/, zuletzt abgerufen am 29.05.2024.
[2] https://www.hyperledger.org/projects, zuletzt abgerufen am 29.05.2024.

3 Anwendungsfall 2: Identitätsmanagement im Knochenmarkspendenden-Register

3.1 Beschreibung des Anwendungsfalls

Effiziente Spenderregister sind für die rechtzeitige Zuteilung und Transplantation von lebensrettenden Knochenmark- und Stammzellen von entscheidender Bedeutung. Der Prozess der Spendendenregistrierung und -kommunikation ist komplex und beinhaltet folgende Akteure: Spendende, Spenderdateien und zentrale Spenderregister. Dieser Prozess unterliegt häufig strengen rechtlichen und logistischen Anforderungen. Der Informationsaustausch kann ebenso entscheidend sein, wie die Verfügbarkeit von Spendenden.

Die hier vorgestellte Lösung wurde im Rahmen des SDIKA-Projekts gemeinsam mit dem Zentralen Knochenmarkspender-Register Deutschland (ZKRD) entwickelt, lässt sich jedoch auf weitere Registrierungsverfahren in Rahmen von medizinischen Registern (z. B. Organspende-Register) mit ähnlicher Organisation übertragen. Das ZKRD spielt eine zentrale Rolle bei der Spendendensuche in Deutschland, indem es eine umfassende Datenbank mit registrierten Knochenmark- und Stammzellspendenden unterhält. Es koordiniert sich mit lokalen Spenderdateien, Krankenhäusern und internationalen Registern, um die schnelle Identifizierung geeigneter Spender zu erleichtern. Dementsprechend führt das ZKRD die Daten verschiedener lokaler Register zentral zusammen, was die Effizienz und Genauigkeit des Abgleichs erhöht. Gemäß den Daten aus dem Jahr 2024 verwaltet das ZKRD Spendeninformationen zu über 10 Mio. registrierten Spendenden in Deutschland (ZKRD, 2024). Bei Neuregistrierungen stellt das ZKRD sicher, dass potenzielle Spendende auf ihre Kompatibilität, Verfügbarkeit und ihren Gesundheitszustand überprüft werden. Durch ein integriertes Kommunikationssystem wird ein rascher Informationsaustausch gewährleistet, wodurch die Zeit bis zur Transplantation verkürzt wird. Darüber hinaus hält das ZKRD die Datenbank aktuell, identifiziert und eliminiert doppelte Einträge, um die Datenintegrität und die Erfolgsquote bei der Suche nach passenden Spendenden zu gewährleisten.

Die Datenbankintegrität und Prozesse der Spenderregister kann den Matching- und Transplantationsprozess beschleunigen, Risiken verringern, die Einhaltung gesetzlicher Vorschriften verbessern und die Effizienz der Spenderverwaltung insgesamt steigern. Die Sicherstellung aktueller und genauer Spendendeninformationen ist für erfolgreiche Transplantationen unerlässlich. Bei Knochenmark- und Stammzellspenden ist die Kenntnis der genauen Kontaktdaten, des aktuellen Gesundheitszustands und der Verfügbarkeit der Spendenden entscheidend, um Aussagen über die Spendenbereitschaft zu treffen und Fehlallokationen zu verringern. Der in der Datenschutz-Grundverordnung (DSGVO) festgelegte rechtliche Rahmen für die Verarbeitung und Speicherung personenbezogener Daten auf der Grundlage der Einwilligung der Spendenden bietet einen adäquaten Rahmen für die Transparenzanforderungen, die ansonsten in einem medizinischen Anwendungsfall zu erwarten wären. Transparente Datenpraktiken schaffen Vertrauen zwischen Spendenden und Registerorganisationen. Informationen über die Verwendung der

Daten ermöglichen es den Spendenden, informierte Entscheidungen zu treffen, während das Recht auf Datenlöschung die Kontrolle über die personenbezogenen Daten gewährleistet. Die Einhaltung dieser Grundsätze gewährleistet einen ethischen Umgang mit Daten, die Einhaltung gesetzlicher Vorschriften, die Zufriedenheit der Spendenden und erhöht die Effizienz und Integrität der Spenderverwaltung im medizinischen Bereich.

Der aktuelle Prozess der Spendendenregistrierung und -kommunikation basiert auf herkömmlichen Kommunikationsmethoden wie E-Mail, Telefon und Post. Wie in Abb. 12.4 dargestellt, besteht der Prozess aus den folgenden vier Schritten:

1. Registrierung der Spendenden: Spendende registrieren sich persönlich in einer Spenderdatei. Die Registrierung erfolgt entweder persönlich in einer Praxis oder bei einer Typisierungsveranstaltung. Einige Register ermöglichen zudem eine Online-Registrierung. Zusätzlich zu den Kontaktdaten, die bei der Registrierung angegeben werden, wird vom Spendenden auch eine Gewebeprobe entnommen. Das Gewebeproben-Kit zur Bestimmung der Merkmale des Spendenden wird entweder in der Praxis abgeholt oder dem Spendenden per Post zugeschickt.
2. Datenerfassung: Die Spendendendaten werden im System des Spenderregisters erfasst, und Spendende erhalten eine GRID (Global Registration Identifier for Donors).
3. Datenübermittlung: Die Daten werden anonymisiert und an das Knochenmarkspendenden-Register weitergeleitet.
4. Laufende Kommunikation: Die weitere Kommunikation zwischen Spendenden und dem Spenderregister erfolgt per Mail, Telefon und Post.

Dieses System ist zweckmäßig, weist jedoch einige Einschränkungen auf. Die Abhängigkeit von der physischen Anwesenheit und den herkömmlichen Kommunikationsmethoden

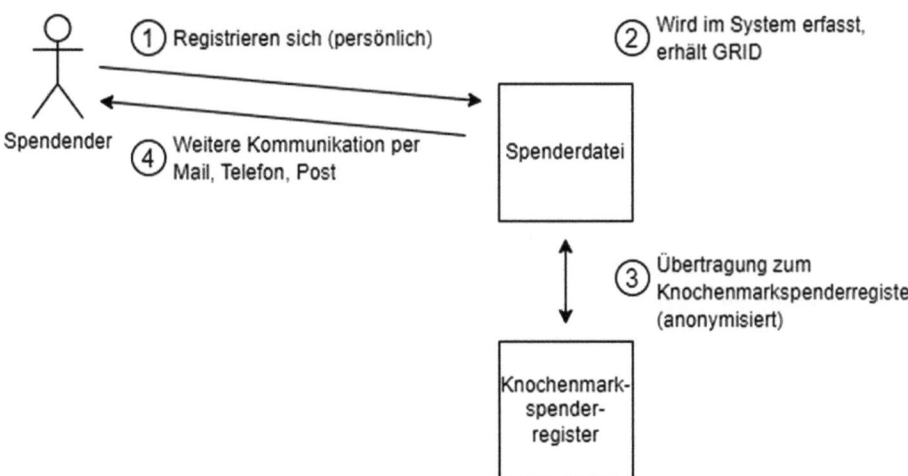

Abb. 12.4 Das Schaubild zeigt den momentanen Ablauf des Spendendenregistrierungs- und -kommunikationsprozesses

kann ebenfalls zu zeitlichen Verzögerungen und Ineffizienzen führen. Zudem fehlt es an regelmäßigen Aktualisierungen und einer Integration zwischen den Spendenden und dem Knochenmarkspendenden-Register, was zu möglichen Verzögerungen bei der Datenverarbeitung und dem Spendendenabgleich führt. Insbesondere im Kontext eines Knochenmarkspendenden-Registers ist die zeitliche Komponente relevant, da rasch auf eine Übereinstimmung reagiert werden sollte, um eine zeitnahe Transplantation zu ermöglichen.

3.2 Beschreibung der SSI-Lösung

Das Projekt SDIKA mit dem Anwendungsfeld Gesundheit verfolgt das Ziel, durch die Integration von SSI-Lösungen die Rolle des Knochenmarkspendenden-Registers zu stärken. Dies soll durch die Bereitstellung einer sicheren Plattform für die Verwaltung von Spendenidentitäten und -daten erreicht werden. Die Integration von SSI-Lösungen ermöglicht Echtzeit-Aktualisierungen, verbessert die Datengenauigkeit und stellt sicher, dass alle Beteiligten Zugang zu den aktuellen und zuverlässigen Informationen haben. Zu den zentralen Anforderungen für die Integration von SSI in den Prozess der Knochenmark- und Stammzellentransplantation gehören die Gewährleistung einer sicheren und dezentralen Verwaltung von Spendendendaten, die Sicherstellung von Echtzeit-Aktualisierungen und verbesserter Datengenauigkeit sowie die Möglichkeit für Spendende, ihre Einwilligung jederzeit widerrufen zu können. Im Folgenden sind detaillierte Ziele und Anforderungen aufgeführt:

- Eliminierung von Tippfehlern und Fehlern bei der Dateneingabe beim manuellen Ausfüllen von Registrierungsformularen.
- Sicherstellung der Datenvalidität durch Einbeziehung geprüfter Ausweisdaten bei der Registrierung oder bei der Aktualisierung persönlicher Informationen.
- Schaffung von mehr Transparenz und Nutzerkontrolle bei der Verarbeitung personenbezogener Daten durch Spenderregister.
- Einführung verbesserter Datenaustauschmechanismen zwischen Spendenden und Spenderregistern.
- Verbesserung der Übertragbarkeitsmechanismen, um Probleme wie den Verlust von Spendendenausweisen oder Adressänderungen zu lösen.
- Verbesserung der Erkennung von Duplikaten, indem die Verwendung eindeutiger staatlicher Ausweise vorgeschrieben wird.

Im Folgenden wird das neue Verfahren mit SSI-Lösungen vorgestellt, welches in Abb. 12.5 dargestellt ist.

Für die SSI-Lösung wurde eine Webanwendung (siehe Abb. 12.6) sowie eine native mobile App mit den gleichen Funktionen entwickelt. Über diese Plattformen können sich Spendende registrieren, ihre Kontaktdaten aktualisieren, Abwesenheiten melden und ihre

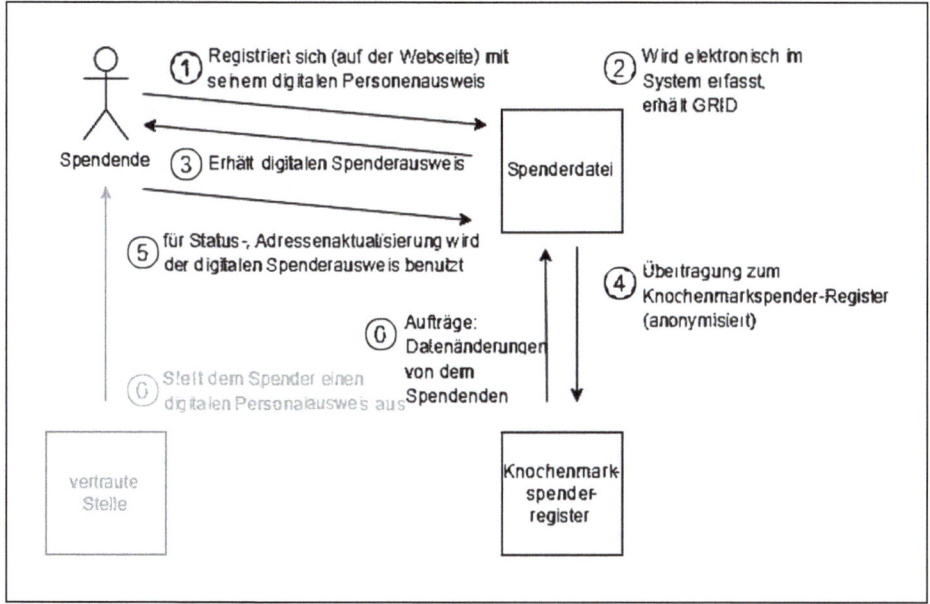

Abb. 12.5 Die potenziellen Verbesserungen der Spendendenregistrierung und des Spendendenabgleichs durch die Einführung der SSI-Lösung

Abb. 12.6 Screen der Webanwendung für den Registrierungsprozess mit VC

Einwilligung zurückziehen. Das Verfahren basiert auf der Verwendung von zwei Arten von Identitätsnachweisen, welche als VC umgesetzt wurden: Einem digitalen Personalausweis, für den das Knochenmarkspenden-Register geprüft wird, und einem digitalen Spendendenausweis, der vom Knochenmarkspenden-Register ausgestellt wird.

Die Registrierung von Spendenden setzt den Besitz eines digitalen Ausweises voraus, welcher von einer anerkannten Stelle ausgestellt wurde. Anhand dieses Ausweises ermittelt das System den Vor- und Nachnamen, die Adresse, das Geschlecht und das Geburtsdatum der Spendenden. Dadurch soll sichergestellt werden, dass die Angaben valide sind. In dem Kontext fungiert das Knochenmarkspendenden-Register als Verifier. Es überprüft die Authentizität der, von den Spendenden während des Registrierungsprozesses vorgelegten, digitalen Ausweise und erhöht damit die Sicherheit und Integrität der Identitätsprüfung der Spendenden. Auf diese Weise lassen sich doppelte Registrierungen im Registrierungsprozess leicht ausschließen. Außerdem werden Rechtschreibfehler eliminiert, was eine erhebliche Verbesserung gegenüber dem früheren Verfahren zur Eingabe von Adressdaten auf Papier darstellt. Da die Daten aus dem VC aus einer vertrauenswürdigen Quelle stammen, und technologisch nicht manipulierbar sind, ist ein Missbrauch von Identitäten bei der Registrierung nicht möglich. Die Weitergabe von VCs wird durch die Integration einer Wallet-Lösung (WeWallet-App) gelöst. Hierdurch können die Spendenden ihre Anmeldedaten automatisch mit der Webanwendung teilen, indem sie einen QR-Code scannen oder auf einen Bestätigungslink klicken. Für die Registrierung sind eine Telefonnummer und eine E-Mail-Adresse erforderlich, die beim derzeitigen Entwicklungsstand des Systems manuell eingegeben werden müssen. Die Richtigkeit dieser Angaben kann durch eine einfache Bestätigung per E-Mail oder SMS überprüft werden. In Zukunft wird es jedoch möglich sein, diese Daten auf der Grundlage von VCs abzufragen, sobald eine Telefonnummer und eine E-Mail-Adresse als VC eingestellt wurden.

Des Weiteren fungiert das Knochenmarkspendenden-Register als Credential Issuer des digitalen Spendendenausweises. Nach erfolgreicher Registrierung erhalten die Spendenden einen vom Knochenmarkspendenden-Register ausgestellten digitalen Spendendenausweis. Dieser digitale Spendendenausweis enthält alle Informationen (z. B. GRID), die den Spendenden eindeutig identifizieren. Diese VCs fungieren als fälschungssichere digitale Repräsentationen der papierbasierten, physischen Spendendenausweise und ermöglichen den Spendenden eine einfache und sichere Verwaltung ihrer Identitätsdaten. Die Spendenden sind somit in der Lage sich mit ihrem digitalen Spenderausweis auf der Website der Webanwendung zu identifizieren. Die Aktualisierung der Spendendendaten kann also zukünftig ohne die Verwendung von Benutzernamen und Passwörtern erfolgen. Die Weitergabe der Daten vom digitalen Spendendenausweis wird ebenfalls durch die native Integration der WeWallet-App gelöst. Dadurch können die Spendenden ihre Kontaktinformationen sofort aktualisieren, wenn sie den QR-Code scannen oder auf den Bestätigungslink klicken. Dieser direkte Kommunikationsweg würde es den Spendenden ermöglichen, das Register in Echtzeit über wesentliche Änderungen wie Krankheit, Reisen oder Schwangerschaft zu informieren und so sicherzustellen, dass das Register über die aktuellen Informationen hinsichtlich der Verfügbarkeit verfügt.

4 Evaluation

In den nachfolgenden Abschnitten werden die Methodik und Ergebnisse der Online-Evaluation vorgestellt, welche darauf abzielte, die Akzeptanz und Gebrauchstauglichkeit der SSI-Lösungen im Gesundheitswesen anhand der zwei Anwendungsfälle zu untersuchen.

4.1 Methodik und Ablauf der Evaluation

Die Evaluation wurde mittels Online-Interviews unter Verwendung eines semistrukturierten Interviewleitfadens kombiniert mit dem System Usability Scale (SUS) (Bangor et al., 2009) durchgeführt. Die genannten Antworten auf die Fragen wurden parallel schriftlich dokumentiert und der SUS gemeinsam durch Screensharing durch den Moderator ausgefüllt. Inhaltlich gliederten sich die Interviews in drei Abschnitte. Anfangs wurden neun allgemeine Fragen zur Person und deren Technikkompetenz gestellt. Außerdem wurde dabei das Technologiewissen bzgl. SSI vor den Interviews erfragt. Im nächsten Abschnitt wurden nacheinander die entwickelten Anwendungen aus den zwei Anwendungsfällen in Form von Videos gezeigt und der SUS-Fragebogen gemeinsam ausgefüllt. Die Bewertung im SUS erfolgt anhand von zehn Fragen, die auf einer Skala von 1 bis 5 bewertet werden, wobei 5 bedeutet, dass der/die Proband*in vollkommen der Aussage zustimmt und 1, dass der/die Proband*in der Aussage überhaupt nicht zustimmt. Zusätzlich wurde gefragt, ob die Proband*innen die Applikation weiterempfehlen würden. Abschließend wurde die Einstellung der Probanden*innen zum Thema SSI nach der Sichtung der Anwendungen aus den Anwendungsfällen anhand von fünf Fragen erfasst. Diese Fragen bezogen sich beispielsweise darauf, ob diese Mehraufwände durch die selbstsouveräne Verwaltung in Kauf nehmen würden, um mehr Kontrolle zu haben.

5 Evaluationsergebnisse

An der Evaluation haben 13 Probanden*innen im Alter zwischen 20 und 75 Jahren (siehe Abb. 12.7) teilgenommen.

Bei den allgemeinen Fragen gaben die Proband*innen an, technikaffin (Ø3,9 auf einer Skala von 1 bis 5) zu sein und hatten den Wunsch auf Transparenz ihrer Daten (92,3 % der Proband*innen äußerten diesen Wunsch). Auf die Frage, ob sie gerne neue Systeme ausprobieren, stimmten 53,9 % zu. Darüber hinaus gaben 69,2 % der Proband*innen an, dass sie mehr Kontrolle über ihre Daten haben möchten, während die Mehrheit keine Notwendigkeit darin sah, die vollständige Kontrolle zur Verwaltung und Speicherung ihrer Daten zu erlangen. Ungefähr die Hälfte der Proband*innen war mit dem Konzept der SSI vertraut (siehe Abb. 12.8). Ferner gaben 53,9 % an ein E-Wallet zu besitzen oder bereits

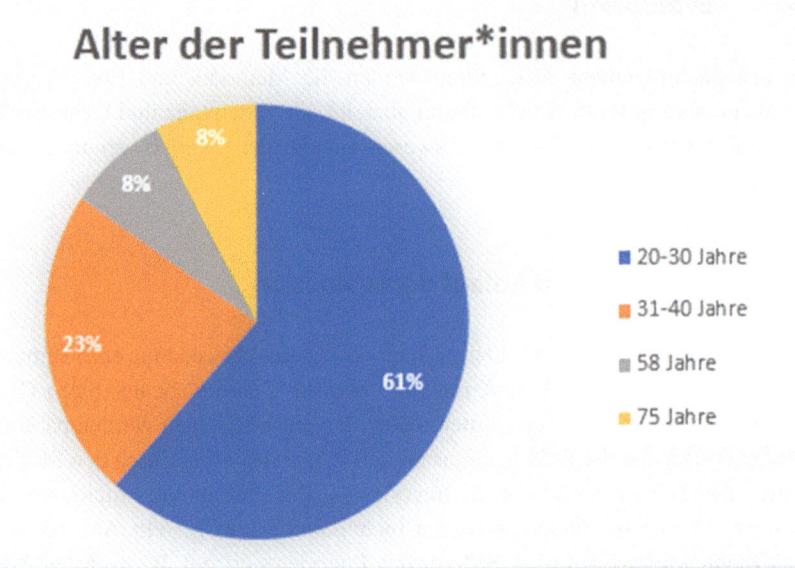

Abb. 12.7 Altersverteilung der teilnehmenden Proband*innen an der Evaluation

Abb. 12.8 Einordnung des Begriffs SSI durch die Proband*innen der Evaluation

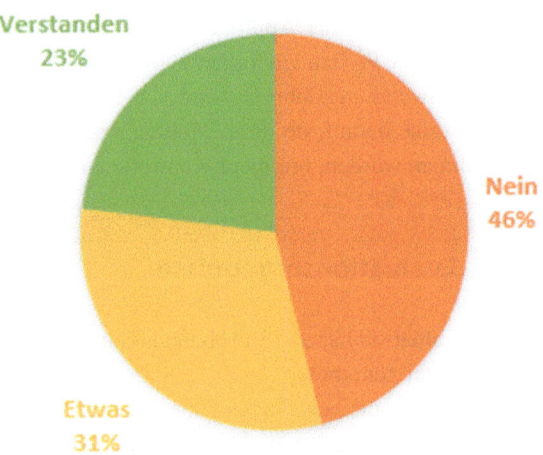

genutzt zu haben. Eine der Fragen bezog sich darauf, ob es vorteilhaft sei, die eigenen Daten im Gesundheitswesen direkt zu verwalten. Diesbezüglich stimmten alle Proband*innen zu.

Im Anschluss wurde die Anwendung aus Abb. 12.3 zum ersten Anwendungsfall „Selbstsouveränen Gesundheitsdatenverwaltung" bewertet. Der SUS-Wert für diesen Anwendungsfall beträgt 78,27 im Durchschnitt, was als „gute" Usability eingestuft wird. Ein

SUS-Wert von 100 würde eine ideale Gebrauchstauglichkeit widerspiegeln (Bangor et al., 2009). Die Mehrheit der Proband*innen empfand das System als stimmig und benutzerfreundlich. Zudem fühlten sich die meisten sicher im Umgang mit dem System. Bei den Fragen zur regelmäßigen Nutzung und zur schnellen Erlernbarkeit des Systems wurden jedoch häufiger niedrigere Bewertungen vergeben. Viele gaben an, die Applikation entsprechend nur im Zusammenhang mit ärztlichen Untersuchungen zu verwenden. Außerdem äußerten viele die Sorge, dass insbesondere ältere Generationen Schwierigkeiten mit dem System haben könnten. Diese Sorge wurde durch die älteste Probandin (75 Jahre) bestätigt, welche angab, dass sie viel lernen müsse, um die App verwenden zu können. Auf die Frage, ob sie die App weiterempfehlen würden, äußerten die Teilnehmenden durchweg ihre Zustimmung.

Im zweiten Anwendungsfall „Identitätsmanagement im Knochenmarkspendenden-Register" ergab sich für die in Abb. 12.6 dargestellte Anwendung ein durchschnittlicher SUS-Wert von 76,73, welcher ebenfalls eine „gute" Usability attestiert. Bei der Frage, ob die Teilnehmenden glauben, dass die meisten das System schnell beherrschen würden, wurde ein Durchschnitt von 3,6 erzielt. Die Mehrheit schrieb dies der generellen Abneigung gegen Neuerungen in Deutschland zu und betonte die Notwendigkeit einer Begleitung für ältere Personen. Zudem gaben die meisten an, dass sie die Anwendung nicht regelmäßig nutzen wollen würden, um ihren Urlaub oder ihre Abwesenheit einzutragen, da es als zu zeitaufwendig betrachtet wurde und oft im hektischen Alltag vergessen wird. Die Mehrheit der Proband*innen würde das System nach der initialen Registrierung nicht weiter nutzen. Des Weiteren wurde mehrfach erwähnt, dass die Häufigkeit der Wallet-Freigabe den Prozessfluss stört. Infolgedessen zeigten sich auch mehr Personen zurückhaltend, die Applikation weiterzuempfehlen.

Bei dem letzten Teil der Evaluation äußerten sich die Proband*innen sehr positiv gegenüber SSI-Lösungen. Viele von ihnen hoben hervor, dass sie sich durch die Verwendung dieser Lösung sicherer fühlen würden (92,3 %) und dass sie ein erhöhtes Maß an Kontrolle über ihre Daten hätten (100 %). Jedoch legten die Mehrheit der Teilnehmenden Wert darauf, dass die Anbietenden der Komponenten einer SSI-Lösung (z. B. Wallet-Anbietende) vertrauenswürdig sind. Insbesondere äußerten sie Bedenken hinsichtlich der Sicherheit ihrer Daten, falls der Anbietende nicht staatlich ist. In Bezug auf die Frage, ob der zusätzliche Aufwand für eine erhöhte Kontrolle über die Daten gerechtfertigt sei, stimmten alle Proband*innen zu, wobei betont wurde, dass der Aufwand den Nutzen nicht übertreffen dürfe. Des Weiteren äußerten sie die Möglichkeit, Blutspenden, Organspenden, allgemeine Gesundheitsdaten und Krankmeldungen über ein solches System zu verwalten. Bei der Frage, ob sie eine technische oder nicht-technische Lösung bevorzugen würden, stimmten 84,6 % der Proband*innen zu, dass sie die technische Lösung präferieren würden.

5.1 Diskussion der Evaluationsergebnisse

Die Evaluationsergebnisse verdeutlichen, dass alle Probanden offen für eine Digitalisierung des Gesundheitssystems sind. Dennoch sind einige Herausforderungen zu bewältigen.

Insbesondere ist es von entscheidender Bedeutung, alle Bürgerinnen und Bürger in den Prozess einzubeziehen, was nur durch umfassende Aufklärung und Unterstützung möglich ist. Besonders ältere Proband*innen wiesen darauf hin, dass es erheblichen Verbesserungsbedarf bei der Bedienung neuer Technologien gibt. Es ist entscheidend, diese Personengruppe nicht zu überfordern, da dies zu Frustration führen und die Akzeptanz des neuen Systems beeinträchtigen könnte. Des Weiteren ist der Aufbau von Vertrauen unerlässlich. Um Misstrauen und eine daraus entstehende geminderte Akzeptanz zu vermeiden, sollten die Dienste von staatlicher Seite angeboten werden. Generell sollte die Anwendung im Gesundheitswesen den Prozess vereinfachen und nicht verkomplizieren. Dies wurde insbesondere im zweiten Anwendungsfall deutlich. Da Spendende in diesem Szenario, abgesehen von einem guten Gewissen, keine direkte Gegenleistung erhalten, dürfen keine Frustrationsmomente auftreten, da dies die Nutzung des Systems beeinträchtigen würde.

6 Fazit und Ausblick

Zusammenfassend wurden in diesem Kapitel zwei Anwendungsfälle im Gesundheitswesen präsentiert, um die Funktionsweise von SSI-Lösungen zu demonstrieren und ihre Nutzbarkeit sowie Akzeptanz zu bewerten. Die Evaluation zeigte, dass SSI im Gesundheitswesen von den meisten Proband*innen positiv aufgenommen wurde und als Erleichterung ihres Alltags betrachtet wird. Die erhöhte Kontrolle über ihre Daten fanden die Probanden*innen sehr zu schätzen. Dies deutet darauf hin, dass durch den Einsatz von SSI die Spendenbereitschaft der Bevölkerung gesteigert werden kann.

Jedoch offenbaren die Evaluationsergebnisse auch signifikante Herausforderungen und Bereiche für zukünftige Entwicklungen. Es wurde deutlich, dass unterschiedliche Bevölkerungsgruppen verschieden auf neue Technologien reagieren. Während jüngere und technikaffine Personen die Vorteile von SSI anerkennen, gibt es bei älteren Generationen und weniger technikaffinen Personen noch Bedenken und Unsicherheiten. Um eine breite Akzeptanz zu erreichen, ist es daher wichtig, umfassende Aufklärungsarbeit zu leisten und gezielte Unterstützung anzubieten. Diese Maßnahmen sollten insbesondere auf die besonderen Bedürfnisse und Schwierigkeiten der weniger technikaffinen Bevölkerungsgruppen eingehen.

Ein weiteres zentrales Ergebnis der Evaluation ist das unterschiedliche Vertrauen in private gegenüber staatlichen und öffentlichen Lösungen. Die Befragung hat gezeigt, dass das Vertrauen in private Unternehmen geringer ist. Um die vorherrschenden Bedenken zu adressieren, ist es erforderlich, dass private Unternehmen, die zentrale Komponenten wie Wallets bereitstellen, staatlich oder europäisch zertifiziert werden. Eine derartige Zertifizierung kann dazu beitragen, Vertrauen zu etablieren und potenzielle Unsicherheiten sowie Ablehnungen zu reduzieren.

Angesichts der internationalen und nationalen Entwicklungen im Identitätsmanagement wird deutlich, dass digitale Identitäten und SSI eine zunehmend wichtige Rolle spielen werden. SSI-Lösungen haben das Potenzial, die Datenverwaltung im Gesundheitswesen grundlegend zu revolutionieren und die Kontrolle der Datensubjekte über ihre Gesundheitsdaten erheblich zu verbessern. Es ist jedoch notwendig, bestehende Herausforderungen zu adressieren und die Akzeptanz durch kontinuierliche Aufklärung, umfassende Unterstützung und die Schaffung eines vertrauenswürdigen Umfelds zu erhöhen. Nur durch diese Maßnahmen kann das volle Potenzial der SSI-Technologien ausgeschöpft und die Digitalisierung des Gesundheitswesens erfolgreich vorangetrieben werden.

Literatur

Bangor, A., Kortum, P. T., & Miller, J. T. (2009). Determining what individual SUS scores mean: Adding an adjective rating scale. *Journal of Usability Studies archive, 4*, 114–123.

Bouras, M. A., Lu, Q., Zhang, F., Wan, Y., Zhang, T., & Ning, H. (2020). Distributed ledger technology for eHealth identity privacy: State of the art and future perspective. *Sensors (Basel, Switzerland), 20*(2), 483.

Bundesamt für Sicherheit in der Informationstechnik. (2021). *Eckpunktepapier für Self-sovereign Identities (SSI)*. https://www.bsi.bund.de/SharedDocs/Downloads/DE/BSI/Krypto/Eckpunkte_SSI_DLT.pdf?__blob=publicationFile&v=2. Zugegriffen am 28.05.2024.

Bundesministerium für Gesundheit. (2023). *Die elektronische Gesundheitskarte*. https://www.bundesgesundheitsministerium.de/themen/digitalisierung/elektronische-gesundheitskarte.html. Zugegriffen am 28.05.2024.

Erler, C., Hu, S., Danelski, A., Stork, W., Sunyaev, A., & Gersch, M. (2023). Threat modeling to design a decentralized health data management application. In *International conference on information technology & systems. ICITS 2023* (Lecture notes in networks and systems, 692). Springer.

gematik. (2024). Digitale Identiäten im Gesundheitswesen. https://www.gematik.de/anwendungen/gesundheitsid. Zugegriffen am 28.05.2024.

Gersch, M. (2022). *Digitalisierung im Gesundheitswesen. Handbuch Digitalisierung*. Vahlen.

Ghayvat, H., Sharma, M., Gope, P., & Sharma, P. K. (2022). SHARIF: Solid pod-based secured healthcare information storage and exchange solution in internet of things. *IEEE Transactions on Industrial Informatics, 18*(8), 5609–5618.

Häyrinen, K., Saranto, K., & Nykänen, P. (2008). Definition, structure, content, use and impacts of electronic health records: A review of the research literature. *International Journal of Medical Informatics, 77*(5), 291–304.

Houtan, B., Hafid, A. S., & Makrakis, D. (2020). A survey on blockchain-based self-sovereign patient identity in healthcare. *IEEE Access, 8*, 90478–90494.

iRights.Lab Bundesdruckerei GmbH. (2019). *Studie Zukunft-Gesundheitsdaten*. https://www.irights-lab.de/publikationen/zukunft-gesundheitsdaten. Zugegriffen am 28.05.2024.

Ismail, L., Materwala, H., Karduck, A. P., & Adem, A. (2020). Requirements of health data management systems for biomedical care and research: Scoping review. *Journal of Medical Internet Research, 22*(7), e17508.

ZKRD Zentrales Knochenmarkspender-Register Deutschland. (2024). https://zkrd.de/. Zugegriffen am 28.05.2024.

Open Access Dieses Kapitel wird unter der Creative Commons Namensnennung 4.0 International Lizenz (http://creativecommons.org/licenses/by/4.0/deed.de) veröffentlicht, welche die Nutzung, Vervielfältigung, Bearbeitung, Verbreitung und Wiedergabe in jeglichem Medium und Format erlaubt, sofern Sie den/die ursprünglichen Autor(en) und die Quelle ordnungsgemäß nennen, einen Link zur Creative Commons Lizenz beifügen und angeben, ob Änderungen vorgenommen wurden.

Die in diesem Kapitel enthaltenen Bilder und sonstiges Drittmaterial unterliegen ebenfalls der genannten Creative Commons Lizenz, sofern sich aus der Abbildungslegende nichts anderes ergibt. Sofern das betreffende Material nicht unter der genannten Creative Commons Lizenz steht und die betreffende Handlung nicht nach gesetzlichen Vorschriften erlaubt ist, ist für die oben aufgeführten Weiterverwendungen des Materials die Einwilligung des jeweiligen Rechteinhabers einzuholen.

13 Sichere Digitale Identitäten als Baustein digitaler Planungs- und Genehmigungsverfahren

Marco Brunzel, Judith Fauth, Margrit Seckelmann und Marc Stauch

> **Zusammenfassung**
>
> Die Etablierung Sicherer Digitaler Identitäten (SDI) eröffnet auch im Bereich der Planungs- und Genehmigungsverfahren neue Möglichkeiten, um das Zusammenwirken einer Vielzahl öffentlicher Verwaltungen und – gegebenenfalls – wirtschaftlicher Akteurinnen und Akteure deutlich effizienter zu gestalten. Dabei korrespondieren die neuen technologischen Möglichkeiten mit aktuellen Veränderungen im Planungs- und Baurecht. Entsprechende Novellierungen und Erweiterungen betreffen vor allem die Möglichkeiten einer zunehmend digital vernetzten Zusammenarbeit verschiedener Akteurinnen und Akteure auf der Grundlage entsprechender Standards sowie neuer technischer Artefakte wie digitaler Planwerke und oder digitaler Gebäude- und/oder Stadt- und Landschaftsmodelle. Aufbauend auf langjährigen Forschungs- und Pilotprojekten auf nationaler und europäischer Ebene sowie inspiriert durch internationale Beispiele lassen sich auch in Deutschland zunehmend Praxisprojekte identifizieren, die mithilfe des Building Information Modeling (BIM) integrierte Planungs- und Genehmigungsprozesse unter Einbeziehung aller relevanten Daten eines Gebäudes zum Ziel haben

M. Brunzel
Deutsche Universität für Verwaltungswissenschaften Speyer, Speyer, Deutschland
E-Mail: marco.brunzel@uni-speyer.de

J. Fauth
University of Cambridge, Cambridge, UK
E-Mail: jf805@cam.ac.uk

M. Seckelmann (✉) · M. Stauch
Gottfried Wilhelm Leibniz Universität Hannover, Hannover, Deutschland
E-Mail: margrit.seckelmann@iri.uni-hannover.de; stauch@iri.uni-hannover.de

(Fischer & Jungedeitering, 2015, S. 8). In dieser Hinsicht kann der zunehmende Einsatz von BIM aktuell auch als ein wichtiger Treiber für eine zunehmende Datenzentrierung und Plattformisierung im Bereich des Bau- und Planungsrechts angesehen werden. Sichere Digitale Identitäten können dabei vor allem im Rahmen eines granularen und akteursübergreifenden Berechtigungsmanagements eingesetzt werden und sind in dieser Hinsicht ein zentraler Baustein zukünftiger datenzentrierter digitaler Ökosysteme im Handlungsfeld Digitales Planen und Bauen.

Schlüsselwörter

Building Information Modeling (BIM) · Digital Building Logbook · Digitale Ökosysteme · Onlinezugangsgesetz (OZG) · Sichere Digitale Identitäten

1 Sichere Digitale Identitäten als grundlegender Baustein vertrauenswürdiger Infrastrukturen und vernetzter Wertschöpfung im Bereich des Bau- und Planungsrechts

Digitale Daten gelten heute als die zentrale Ressource für die Etablierung neuer datenbasierter Geschäftsmodelle sowie digitaler Ökosysteme. Ihre wichtigsten Infrastrukturen sind leistungsfähige Netzinfrastrukturen, standardisierte Endgeräte und Schnittstellen (z. B. für die Anbindung von Datenbanken und Datenräumen, Sensoren, Aktoren, Maschinen und beliebigen IT-Systemen) sowie verschiedene Arten von Plattformen mit ausreichend verfügbarer bzw. skalierbarer Rechenleistung. Diese Erkenntnis zieht sich durch die verschiedensten Wirtschaftszweige und Branchen. Sie hat auch vor der Planung von Wohn- und (vor allem) Bürogebäuden nicht Halt gemacht. Im Zuge des Nachhaltigkeitsparadigmas wird gesteigerter Wert auf deren Nachnutzbarkeit sowie generell auf einen ressourceneffizienteren Einsatz von Materialien (Kreislaufwirtschaft) gelegt. Hierzu ist es wichtig, die einzelnen Bestandteile eines Gebäudes zu kennen bzw. in maschinell lesbaren Datenformaten vorzuhalten, um die Wartung und ggf. auch die Nach- oder Umnutzung effizient planen und koordinieren zu können. Die Europäische Kommission hat hierzu den Gedanken eines „Digital Building Logbooks" entwickelt, welches umfassend die Daten eines Gebäudes (gleichsam „vom Entwurf bis zur Schraube") enthält.

Vor dem Hintergrund der massiv gestiegenen Bedeutung datengetriebener Geschäftsmodelle rücken wiederum zahlreiche rechtliche und technische Fragen der Vertrauenswürdigkeit, der eindeutigen Zurechenbarkeit sowie sicheren Verkettung von Transaktionen in den Fokus. Auch deren Bedeutung hat die Europäische Union frühzeitig erkannt und eine Vielzahl entsprechender technischer und rechtlicher Initiativen auf den Weg gebracht. Dazu gehören verschiedene Innovations-, Erprobungs- und Sensibilisierungsprojekte im Bereich Sichere Digitale Identitäten sowie die Spezifikation datenzentrierter IT-Architekturen für den Aufbau digitaler Ökosysteme (Gaia-X). Beide Handlungsfelder stehen somit für die konzeptionellen und technischen Rahmenwerke einer neuartigen datenzentrierten Basisinfrastruktur, welche für die weitere Gestaltung der digitalen Transformation in Deutschland und Europa unerlässlich sind.

1.1 Rechtsrahmen digitaler Prozesse und Transaktionen

Sichere Digitale Identitäten sind zudem Gegenstand der eIDAS-Verordnung der Europäischen Union (eIDAS steht dabei für „Electronic Identification, Authentication, and Trust Services"; vgl. WIDAS ID, 2023). Die eIDAS-VO, nun ausführlicher seit der im Frühjahr 2024 vollzogenen Reform,[1] hat die gegenseitige unionsweise Anerkennung Sicherer Digitaler Identitäten zum Gegenstand. Das System gegenseitiger Anerkennung soll die mitgliedstaatenübergreifende Kommunikation und Transaktion im elektronischen Rechtsverkehr unterstützen und zugleich den elektronischen EU-Binnenmarkt verstärken (vgl. u. a. Seckelmann, 2019, S. 629 ff.; zum digitalen Binnenmarkt Mehde, 2024, S. 305 ff.).

Im Zentrum der Bemühungen um Sichere Digitale Identitäten steht die zweifelsfreie digitale Repräsentation von Personen, Institutionen und Objekten. Nur wenn diese gewährleistet ist, werden sich die vielfältigen Potenziale digitaler Prozesse auf der Grundlage digitaler Souveränität gesamtgesellschaftlich erschließen lassen. Dieses soll nachfolgend am Beispiel des Bau- und Planungsrechts umrissen werden.

1.2 Online-Angebote/Digitale Serviceleistungen

Auf der Grundlage der fortschreitenden Digitalisierung und Vernetzung in Wirtschaft und Gesellschaft lassen sich immer mehr Dienstleistungen auch (oder sogar ausschließlich) über das Internet abwickeln. In der Regel sind solche zunehmend plattformbasierten Online-Angebote sowohl für Benutzende als auch für den Serviceanbieter mit klaren Vorteilen verbunden. Ein kritischer Erfolgsfaktor ist dabei (neben einer guten Benutzbarkeit/Usability) die Gewährleistung der Vertrauenswürdigkeit und der Sicherheit entsprechender Transaktionen. Sichere Digitale Identitäten können dazu einen entscheidenden Beitrag leisten – z. B. indem sie wechselseitig die Identitäten der Anbietenden und Benutzenden eines Online-Angebotes rechtssicher nachweisen und validieren. In Bezug auf die Bekanntheit, zuverlässige Verfügbarkeit und Praxistauglichkeit solcher Lösungen bestehen in Deutschland aktuell jedoch noch erhebliche Defizite. Davon profitieren vor allem globale Plattformbetreiber wie Google, Apple, Meta, Amazon und Microsoft: Sie bieten digitale Identitäten an, die einfach und komfortabel zu nutzen sind. Zugleich aber drohen sie zu bedenklichen Monopolisierungs- und Vendor-Lock-In-Effekten zu führen.

---

[1] VO 910/2014 vom 23.07.2014 über elektronische Identifizierung und Vertrauensdienste für elektronische Transaktionen im Binnenmarkt, geändert von VO 2024/1183 vom 11.04.2024.

1.3 Digitale Ökosysteme

Eine Vielzahl miteinander verbundener und/oder kombinierbarer digitaler Services (z. B. entlang einer Wertschöpfungskette oder innerhalb eines sektorspezifischen Wertschöpfungsnetzes) können ein sogenanntes digitales Ökosystem bilden. In einem solchen digitalen Ökosystem können neben Menschen und Organisationen (inklusive Behörden) auch Maschinen miteinander kommunizieren. Diese neuartige Kommunikationsmöglichkeit ermöglicht auch die Entstehung und Etablierung neuer datenzentrierter Geschäftsmodelle. Erneut stellt sich aber auch hier die Frage des gegenseitigen Vertrauens. Sichere Digitale Identitäten können hier ebenfalls einen entscheidenden Beitrag leisten –, z. B. indem sie die Identität und Integrität aller Elemente eines digitalen Ökosystems (Menschen, Institutionen, Maschinen, Sensoren, etc.) wechselseitig rechtssicher validieren und in einem vollständig digitalen automatisierten Transaktionssystem verbinden.

1.4 Digitale Transformation in Staat und Verwaltung

Während marktwirtschaftliche Systeme über systemimmanente Anreizstrukturen und Treiber für Innovationen und Transformationen verfügen (Wettbewerb, Rendite, etc.), fehlen diese im Bereich des öffentlichen Sektors weitgehend. Erfindungen und technische Innovationen führen hier, anders als in der Wirtschaft, nicht automatisch zur stetigen Optimierung bzw. Neuerfindung von Geschäftsmodellen und einem damit verbundenen kontinuierlichen institutionellen Wandel. Ganz im Gegenteil: Institutionelle und technische Pfadabhängigkeiten können im öffentlichen Sektor sogar die aktive Wahrnehmung, Erforschung und Implementierung neuer innovativer Lösungswege behindern.

Vor dem Hintergrund einer Vielzahl gesellschaftlicher Herausforderungen (Klimawandel, Energieverbrauch etc.) und angesichts schwindender bzw. unzureichend verfügbarer Ressourcen (demografischer Wandel, Fachkräfte, Kompetenzen, Finanzen) müssen Staat und Verwaltung diese Potenziale jedoch dringend und möglichst schnell und flächendeckend erschließen. Einer innovations- und IT-getriebenen Staats- und Verwaltungsmodernisierung bzw. -transformation kommt daher aktuell eine herausragende Bedeutung zu. Im Kern geht es dabei beispielsweise darum, durch institutionelle Neuordnung und höhere Automatisierung von Prozessen auf der Basis plattformbasierter öffentlicher Leistungsnetzwerke effizienter und effektiver zu werden.[2]

---

[2] Brunzel/Reutner/Seckelmann (2023); siehe auch Schallbruch/Strüve/Skierka (2020).

1.5 Digitales Planen und Bauen als Anwendungsfall (Use Case) des Projekts „SDIKA"

Das Projekt Schaufenster sichere digitale Identitäten Karlsruhe (SDIKA) hat es sich zur Aufgabe gemacht, anwendungsfallübergreifende Identitäten in offenen Ökosystemen zu realisieren und zu erproben. Technische, semantische und ökonomische Interoperabilität sollen die Nutzung von Lösungen fördern, die eine hohe Funktionalität, Sicherheit und Souveränität garantieren. Dieses soll auf dreierlei Weise geschehen: durch die Entwicklung eines ortsunabhängigen „SDI-X-Systems", durch die Demonstration und Evaluation im Schaufenster Karlsruhe und durch den Aufbau eines überregionalen Ökosystems.[3] Der Nutzen Sicherer Digitaler Identitäten soll Bürgerinnen, Bürgern und Organisationen im Schaufenster Karlsruhe bzw. der Metropolregion Rhein-Neckar anhand relevanter Anwendungsfälle („Use Cases") aus den Bereichen Gesundheit, Mobilität, Digitales Planen und Bauen, Digitale Stadtgesellschaft sowie E-Government verdeutlicht werden.

Einen der fünf Use Cases des SDIKA-Projekts bildet der Anwendungsbereich „Digitales Planen und Bauen". Jährlich werden bundesweit über 200.000 Baugenehmigungen in Deutschland erteilt.[4] Nicht nur aufgrund dieser hohen Fallzahlen, sondern auch mit Blick auf die damit verbundenen nachgelagerten Wertschöpfungsketten bildet das Baugenehmigungsverfahren eine der wichtigsten Nahtstellen zwischen Wirtschaft und Verwaltung. Hinzu kommt, dass kaum ein anderes Verwaltungsverfahren so viele Akteurinnen und Akteure in unterschiedlichen Institutionen miteinander verbindet. Im Projekt SDIKA stehen dabei ausgewählte branchenspezifische Prozesse entlang der Wertschöpfungskette vom digitalen Planungsrecht über die Planung und Genehmigung von Baumaßnahmen, der Baulogistik bis zur fertigen Immobilie im Hinblick auf die Praktikabilität und den Nutzen Sicherer Digitaler Identitäten im Fokus. Der technische Schwerpunkt liegt auf Lösungen im Bereich Identity- und Access Management (IAM) sowie der digitalen Abbildung komplexer kollaborativer Prozesse auf der Basis digitaler Vertrauensökosysteme (z. B. in Bezug auf die digitale Abbildung unterschiedlicher Bevollmächtigungen, die mit der Beteiligung von Trägern öffentlicher Belange einhergehen).[5] Dazu lässt sich der Prozess des Baugenehmigungsverfahrens in einzelne Etappen mit verschiedenen notwendigen Berechtigungsmechanismen zerlegen, für die sich dann jeweils spezifische IT-Szenarien für den Einsatz Sicherer Digitaler Identitäten ableiten lassen (dazu teilweise auch Brunzel et al., 2023).

---

[3] https://www.sdika.de/ (21.07.2024).
[4] https://www.destatis.de/DE/Themen/Branchen-Unternehmen/Bauen/_inhalt.html (21.07.2024).
[5] https://www.digitale-technologien.de/DT/Redaktion/DE/Standardartikel/sdi_use_case_4.html (21.07.2024).

2 Einordnung digitaler Identitäten in das digitale Baugenehmigungsverfahren – Status und Entwicklungen in verschiedenen Ländern

Das Interesse an der Digitalisierung und Automatisierung von Baugenehmigungsverfahren ist in den vergangenen Jahren stark angestiegen. Dies betrifft sowohl die Forschung als auch die Politik und Verwaltung und die (Bau-)Wirtschaft. Im Vergleich zu anderen Verwaltungsverfahren ist das Baugenehmigungsverfahren jedoch sehr komplex. Das liegt zum einen an der erwähnten Vielzahl der Beteiligten, zum anderen an der Vielzahl verschiedenster planungs- und genehmigungsrelevanter Daten, die mit immer komplexer werdenden Planungs- und Bauvorschriften abgeglichen werden müssen.

Während planungsrechtliche Informationen meistens mit georeferenzierten Daten in Zusammenhang stehen, werden für bauordnungsrechtliche Belange bautechnische Informationen benötigt. Beide Informationsquellen haben jeweils eigene Ursprünge und unterschiedliche Zugriffsrechte. Während Daten in Geoinformationssystemen inzwischen größtenteils öffentlich zugänglich sind, werden bautechnische Informationen individuell aufbereitet, verwaltet und gepflegt. Diese umfassen neben den Antragstellenden, den Entwurfsverfassern und den Mitarbeitenden in der Behörde, auch andere Behörden (Baunebenrecht), Träger öffentlicher Belange, kommunale Dienstleister, Fachplaner, Prüfsachverständige, bis hin zu Nachbarschaft und der Öffentlichkeit im Allgemeinen. Alle Beteiligte haben zudem unterschiedliche Rechte, Verantwortlichkeiten und Autorisierungen im Verfahren, welche festgelegt und koordiniert werden müssen. Weiterhin müssen Akteurinnen und Akteure bestimmte Kompetenzen nachweisen oder bestätigen. Beispielsweise erhalten Architekten und Ingenieure die Bauvorlageberechtigung nur, wenn sie ordentliche Mitglieder einer Kammer sind, und entsprechende Nachweise für ihre Qualifikation, Haftpflichtversicherung, etc. vorweisen können.

Im nationalen und internationalen Kontext wurden in den letzten Jahren verschiedene technologische Applikationen zur Digitalisierung des Baugenehmigungsverfahren entwickelt und implementiert (z. B. Model Checker oder Workflowmanagementsysteme). Allerdings reichen diese bisher nicht aus, um von einem wirklich daten- und serviceorientierten Ökosystem für Baugenehmigungsverfahren zu sprechen.

Demgegenüber nehmen Dubai, Estland und Finnland einen Pionierstatus in diesem Gebiet ein.[6] In Dubai besteht beispielsweise seit Januar 2024 für bestimmte Gebäudetypen die Pflicht, digitale Unterlagen einzureichen, die sich explizit auf digitale Bauwerksinformationsmodelle im Sinne des Building Information Modeling (BIM) stützen (Ismail et al., 2024, S. 268–271). Das bedeutet, dass die entsprechenden Bauwerksinformationsmodelle zur materiellen Prüfung mit dem Bauantrag abgegeben und diese teilweise automatisiert anhand der bautechnischen Regularien geprüft werden. In Estland existiert ein

---

[6] Vgl. nur https://www.mediaoffice.ae/en/news/2023/october/18-10/dubai-municipality-launches-building-in-dubai-platform (21.07.2024).

nationales Gebäuderegister, das alle Gebäudedaten enthält und mit den ID-Konten der Einwohner verknüpft werden kann.[7] In Finnland wird ab 2025 ein neues Baugesetz eingeführt, das den IFC-Standard (Industry Foundation Classes, [ISO 16739-1:2018]) als Archivierungsformat akzeptiert. Dieser Standard gewährleistet einen herstellerneutralen Austausch von BIM-Modellen.[8] Das ist besonders wichtig, da es für Kommunen kaum in Frage kommt, proprietäre Formate anzuerkennen bzw. von Antragstellern zu verlangen, eine bestimmte Software zu nutzen. Durch die Archivierung von IFC-Dateien sichert sich Finnland zudem die Möglichkeit, die IFC-Dateien in Zukunft weiter zu verwenden und das Potenzial der Daten später auszuschöpfen (In den genannten Ländern wurde das Potenzial von BIM-Modellen schon früh erkannt und den von den entsprechenden Regierungen explizit gefördert).

3 Digitales Planen und Bauen als Gegenstand des Onlinezugangsgesetzes: die deutsche Situation

Gemäß § 1 Onlinezugangsgesetz (OZG) hat die öffentliche Verwaltung in Bund und Ländern ihre Verwaltungsdienstleistungen auch online anzubieten. Derzeit wird im Rahmen des OZG-Umsetzungsprozesses, bei welchem unter dem Stichwort „Einer für alle" (EfA) bestimmte Gebietskörperschaften pilothaft digitale Verwaltungsverfahren für andere entwickeln, auch eine EfA-Lösung zum digitalen Bauantrag konzipiert.[9] Diese zielt darauf ab, dass der Bauantrag browserbasiert und in Kollaboration mit Entwurfsverfassern ausgefüllt und eingereicht werden kann. Dies geschieht in einem sogenannten hybriden Vorgangsraum, in dem nach Einreichung die Behördenmitarbeiter und die Unterlagen einsehen und auch verwaltungsintern Nachrichten an andere Beteiligte senden können.[10] Wesentliche konzeptionelle Grundlagen dieser EfA-Lösung basieren auf langjährigen Vorarbeiten im Bereich der Standardisierung.[11] Aufgrund der großen Zahl heterogener und bisher unzureichend digitalisierter IT-Infrastrukturen auf kommunaler Ebene (u. a. sogenannte Fachverfahren, verschiedene E-Akten-Systeme, unzureichend interoperable Register und Identity-Management-Lösungen) erscheint eine schnelle und umfassende/ flächendeckende digitale Transformation im Bereich der ca. 800 unteren Baubehörden in Deutschland aktuell wenig aussichtsreich, wenngleich die Digitalisierung und Beschleunigung raumbezogener Genehmigungsverfahren zu den sehr hoch priorisierten Aufgaben

---

[7] https://kliimaministeerium.ee/en/building-register (21.07.2024).
[8] buildingSMART Summit 2023 – https://www.youtube.com/watch?v=tGtxU6FHH6c&t=2040s (21.07.2024).
[9] https://www.digitale-verwaltung.de/Webs/DV/DE/onlinezugangsgesetz/ozg-foederal/themenfelder/bauen-und-wohnen/bauen-und-wohnen-node.html (21.07.2024).
[10] https://www.digitale-baugenehmigung.de/de/vorgangsraum.html (21.07.2024).
[11] https://xleitstelle.de/leitstelle(21.07.2024).

von Bund und Ländern zählt.[12] Um diese Diskrepanz zeitnah aufzulösen, fordern einige Akteursgruppen aus dem Bereich der Staats- und Verwaltungsmodernisierung (u. a. der Arbeitskreis wirtschaftliche Verwaltung e.V.) einen grundsätzlichen Paradigmenwechsel im Bereich der weiteren Gestaltung der digitalen Transformation der öffentlichen Verwaltung in Deutschland (AWV-Projektgruppe „Digitalisierung und Beschleunigung raumbezogener Genehmigungsverfahren", 2023). Dabei beziehen sich einige dieser Akteurinnen und Akteure auch explizit auf das Nutzenpotenzial Sicherer Digitaler Identitäten.[13]

In der Gestaltung der digitalen Transformation im Bereich der Planungs- und Genehmigungsverfahren überlagern sich in Deutschland aktuell mindestens drei teilweise parallel vorangetriebene Handlungsstränge: die allgemeine Verwaltungsdigitalisierung (z. B. OZG), der Bereich Sicherer Digitaler Identitäten und das neue, digitale Baurecht. Dabei gilt es, möglichst neuartige plattformbasierte öffentliche Leistungsverbünde zu konzipieren und umzusetzen, anstatt nur bestehende Prozesse in bestehenden Strukturen zu „elektrifizieren" (Brunzel & Kuebart, 2024). Die Förderung BIM-basierter Technologien und Prozesse kann in diesem Sinne als ein wesentlicher Treiber bzw. Katalysator angesehen werden – auch hinsichtlich des notwendigen Zusammendenkens bisher meist noch getrennt vorangetriebener Entwicklungen in den Bereich Digitale Verwaltung bzw. Smart City/Smart Region.

Ein erster Schritt auf dem Weg in eine stärker datenzentriert ausgerichtete Verwaltungsinformatik ist bereits gemacht: Für die Überprüfung der Bauantragsberechtigung wurde in Deutschland die digitale bundesweite Auskunftstelle der Architekten- und Ingenieurkammern (di.BAStAI) entwickelt.[14] Es ist eine digitale Plattform zur Verifizierung der Qualifikationen und Identitäten von Architektinnen und Architekten sowie Ingenieurinnen und Ingenieuren, die Bauvorlagen einreichen. Sie ermöglicht es den Behörden, digital und kostenlos die Berechtigung der Fachleute zu überprüfen.

In Bezug auf die breite Etablierung von BIM-Methoden hat Deutschland vor allem in rechtlicher Hinsicht noch Nachholbedarf. Das betrifft beispielsweise die Umsetzung im Vergaberecht (so nach wie vor zutreffend Fischer & Jungedeitering, 2015, S. 19). Diese und haftungsrechtliche Fragen tragen dazu bei, dass der Planungsprozess in der Bundesrepublik Deutschland aktuell noch wenig „plattformisiert" ist (und dass derzeit auch wenig Anreize dazu bestehen, diesem Zustand zu verändern).

Die genannten Beispiele zeigen, dass einige technische Lösungen und Anwendungen existieren, die für sich betrachtet mehr oder weniger weit entwickelt sind und einen konkreten Nutzen stiften können. Allerdings bestehen zwischen den Lösungen aktuell noch zahlreiche Interoperabilitätsprobleme. Dies betrifft aber auch andere europäische Länder.

---

[12] https://hessen.de/sites/hessen.hessen.de/files/2023-11/mpk_bundeskanzler_6.11._top_4_anlage_pakt.pdf.

[13] https://www.awv-net.de/aktuelles/meldungen/sichere-identitaeten-als-fundament-digitaler-souveraenitaet.html

[14] Digitale bundesweite Auskunftsstelle der Architekten- und Ingenieurkammern (di.BAStAI), https://www.di-bastai.de (21.07.2024).

Beispielsweise zeigt eine Studie aus Südtirol, dass dort Daten aus dem Einreichungsportal manuell in das Workflowmanagementsystem der Baugenehmigungsbehörde übertragen werden müssen (Fauth et al., 2023, S. 518 ff.).

Um entsprechende Medienbrüche zu vermeiden, fördert die Europäische Kommission die Entwicklung eines Digital Building Logbooks.[15] Dieses auf elektronischem Wege (und teilweise unter Vorlage spezieller Berechtigungen) einsehbare Register enthält umfassende digitale Aufzeichnungen, die alle relevanten Informationen und Daten eines Gebäudes während seines gesamten Lebenszyklus umfassen. Sie dokumentieren die Planung, den Bau, den Betrieb, die Wartung und die Renovierung eines Gebäudes und bieten eine zentrale Plattform für alle beteiligten Interessengruppen wie Bauherren, Architekten, Ingenieure, Facility-Manager und Behörden. Durch ihre Transparenz und Nachvollziehbarkeit erleichtern diese Logbücher die Einhaltung gesetzlicher Vorschriften und verbessern die Effizienz und Zusammenarbeit bei der Gebäudeverwaltung. Darüber hinaus tragen sie zu mehr Energieeffizienz und Nachhaltigkeit bei, indem kontinuierlich auch Energieverbrauchsdaten und andere betriebliche Parameter im digitalen Logbook gespeichert werden können. Allerdings bestehen auch hier noch offene Fragen bzgl. akteursübergreifender Prozesse in Bezug auf Authentifizierung und Autorisierung sowie der Eigentums- und Lizenzrechte an Daten.

Der Aufbau eines sicheren und effizienten Ökosystems „Planen und Bauen" auf der Basis Sicherer Digitaler Identitäten wird mithin davon abhängen, ein vertrauenswürdiges System zu etablieren, in welchem Berechtigungsnachweise und andere zentrale Dokumente sicher und datenschutzkonform abgelegt (oder in welchem sie selbstsouverän vorgelegt) werden können.

4 Ausblick: Daten als Ressource, Digitale Ökosysteme als neue Leitbilder der einer datenzentrierten Verwaltungsinformatik

Die digitale Transformation hat inzwischen nahezu alle wirtschaftlichen Branchen sowie auch alle Lebensbereiche in den modernen Gesellschaften erfasst. Der öffentlichen Verwaltung kommt in diesem Prozess eine fundamentale Bedeutung zu. Im Sinne eines „Betriebssystems für Wirtschaft und Gesellschaft" stehen Bund, Länder und Kommunen sowie EU vor der Herausforderung, geeignete technische, rechtliche und organisatorische Rahmenbedingungen zu konzipieren und umzusetzen. Dazu zählt auch die aktive Gestaltung der digitalen Transformation im Bereich der öffentlichen Verwaltung im engeren Sinne. Die Entwicklung und Einführung von sicheren digitalen Identitäten bildet dabei ein überaus aktuelles Handlungsfeld von fundamentaler technischer und rechtlicher Bedeutung. Das bisher in Deutschland noch überwiegend papierbasierte Baugenehmigungsver-

---

[15] Nähere Informationen zu dieser europäischen Initiative finden sich unter https://op.europa.eu/en/publication-detail/-/publication/cacf9ee6-06ba-11eb-a511-01aa75ed71a1/language-en (21.07.2024).

fahren bildet diesbezüglich ein ebenso anschauliches wie volkswirtschaftlich bedeutendes Beispiel. Hier werden sich signifikante Effizienz- und Gestaltungspotenziale nur dann erschließen lassen, wenn es gelingt, in den kommenden Jahren sowohl das Thema BIM als auch sichere digitale Identitäten auf breiter Basis zum Einsatz zu bringen.

Im Ergebnis wird es darum gehen, digital-souveräne datengetriebene öffentlich-private IT-Infrastrukturen aufzubauen, auf deren Grundlage sich Daten und Prozesse interoperabel verbinden lassen. Dafür gilt es in den kommenden Jahren sowohl die entsprechenden technischen wie auch rechtlichen Voraussetzungen zu schaffen. Sicheren digitalen Identitäten kommt in den diesem Prozess eine Schlüsselrolle zu, da diese Technologien beide Gestaltungsdimensionen der digitalen Transformation direkt miteinander verbinden.

Literatur

AWV-Projektgruppe „Digitalisierung und Beschleunigung raumbezogener Genehmigungsverfahren". (2023, November 06). *Datenzentriert und plattformbasiert: Planungs- und Genehmigungsverfahren digital neugestalten! Digitale Prozesse zwischen Wirtschaft und Verwaltung als Standortfaktor*. Handlungsvorschlag zum Pakt für Planungs-, Genehmigungs- und Umsetzungsbeschleunigung zwischen Bund und Ländern. https://www.awv-net.de/upload/pdf/AWV-Handlungsvorschlaege_Bund-Laender-Pakt.pdf. Zugegriffen am 21.07.2024.

Brunzel, M., & Kuebart, M. (2024). Kap. 4: Das Onlinezugangsgesetz als Einstieg in eine weitreichende Transformation des öffentlichen Sektors? In M. Seckelmann (Hrsg.), *Digitalisierte Verwaltung – Vernetztes E-Government* (3. Aufl., S. 161–206). ESV.

Brunzel, M., Reutner, J., & Seckelmann, M. (2023). Sichere digitale Identitäten als Fundament datenzentrierter Verwaltungsinformatik: Fallbeispiel Digitales Planen und Bauen. *Verwaltung & Management, 29*(6), 280–285.

Fauth, J., et al. (2023). Understanding processes on digital building permits – A case study in South Tyrol. *Building Research & Information, 51*(5), 518–532. https://doi.org/10.1080/09613218.2023.2178372

Fischer, P., & Jungedeitering, J. (2015). Die BIM-Methode im Lichte des Baurechts. *BauR, 1*(2015), 8–19.

Ismail, A., Fahdah, I., & Almheiri, M. O. (2024). Transformative journey: Dubai municipality's BIM adoption for building permitting and regulatory compliance. In F. Noardo & J. Fauth (Hrsg.), *Digital building permit conference 2024 – Proceedings* (DBP conference 2024, S. 268–271). https://doi.org/10.5281/zenodo.12785857

Mehde, V. (2024). Kap. 8: Unionaler Rahmen. In M. Seckelmann (Hrsg.), *Digitalisierte Verwaltung – Vernetztes E-Government* (3. Aufl., S. 305–325). ESV.

Schallbruch, M., Strüve, T., & Skierka, I. (2020). *Konferenz Digitale Identitäten 2020*. https://static.esmt.org/publications/Reports/dsi-ipr_2020-1_de-en.pdf. Zugegriffen am 21.07.2024.

Seckelmann, M. (2019). Elektronischer Identitätsnachweis. In S. Veit, C. Reichard, & G. Wewer (Hrsg.), *Handbuch zur Verwaltungsreform* (S. 629–637). Springer.

WIDAS ID. (2023, September 28). *eIDAS 2.0 – die Zukunft der digitalen Identität in Europa auf die nächste Stufe bringen*. https://www.cidaas.com/de/eidas-2-0-die-zukunft-der-digitalen-identitaet/. Zugegriffen am 21.07.2024.

Open Access Dieses Kapitel wird unter der Creative Commons Namensnennung 4.0 International Lizenz (http://creativecommons.org/licenses/by/4.0/deed.de) veröffentlicht, welche die Nutzung, Vervielfältigung, Bearbeitung, Verbreitung und Wiedergabe in jeglichem Medium und Format erlaubt, sofern Sie den/die ursprünglichen Autor(en) und die Quelle ordnungsgemäß nennen, einen Link zur Creative Commons Lizenz beifügen und angeben, ob Änderungen vorgenommen wurden.

Die in diesem Kapitel enthaltenen Bilder und sonstiges Drittmaterial unterliegen ebenfalls der genannten Creative Commons Lizenz, sofern sich aus der Abbildungslegende nichts anderes ergibt. Sofern das betreffende Material nicht unter der genannten Creative Commons Lizenz steht und die betreffende Handlung nicht nach gesetzlichen Vorschriften erlaubt ist, ist für die oben aufgeführten Weiterverwendungen des Materials die Einwilligung des jeweiligen Rechteinhabers einzuholen.

Rechtskonforme Zugangskontrolle im analogen Raum am Beispiel einer Baustelle

14

Kordula Kiefer-Kempf und Christopher Hempel

Zusammenfassung

Die Digitalisierung der Zugangskontrolle auf einer Großbaustelle soll die langwierige und fehleranfällige Prüfung von papierbasierten Dokumenten überflüssig machen. Der Prozess soll effizient und rechtssicher gestaltet sein, wobei die Kontrolle der Nutzenden über ihre personenbezogenen Daten zu berücksichtigen ist. Aufgrund der Vielfalt der an einer Großbaustelle beteiligten Parteien bietet der Anwendungsfall besondere Herausforderungen. Die Digitalisierung der Zugangskontrolle beruht auf dem Prinzip der dezentralen Identitäten mit sicheren digitalen Nachweisen (Verifiable Credentials). Die digitale Transformation des Bausektors eröffnet perspektivisch zahlreiche weitere Einsatzmöglichkeiten dieser Lösung.

Schlüsselwörter

Zugangsmanagement · Dezentral · Selbstbestimmt · Effizient · Papierlos · SSI · Bausektor

1 Einleitung

Zugangskontrolle im analogen Raum – damit sind wir fast alle in der einen oder anderen Form täglich konfrontiert. Wir erhalten beispielsweise als Mitarbeitende eines Unternehmens mit unserem Firmenausweis Zugang zum Arbeitsplatz, können mit dem gleichen

---

K. Kiefer-Kempf (✉) · C. Hempel
esatus AG, Langen, Deutschland
E-Mail: k.kiefer-kempf@esatus.com; c.hempel@esatus.com

Dokument ein Fitnessstudio aufsuchen, mit dem unser Arbeitgeber eine Kooperation unterhält oder die Firmenkantine nutzen, wo uns nach Vorlage des Firmenausweises das Essen zu einem vergünstigten Preis berechnet wird. In diesem Beispiel können wir mit nur einem (analogen) Ausweis unsere Berechtigung nachweisen, um drei verschiedene Angebote nutzen zu können.

Modernes Zugangsmanagement muss viele weitere Szenarien berücksichtigen, wie beispielsweise, dass externe Mitarbeitende und Partnerunternehmen, die keinen Firmenausweis besitzen, zum Gebäude Zugang nehmen können. In einem großen Firmengebäude ist es notwendig, dass mehrere Arbeitgeber oder andere Instanzen (Vermieter) eine gültige Zugangsberechtigung ausstellen können. Denkbar ist auch, dass die Information benötigt wird, wie viele Personen sich zu einem bestimmten Zeitpunkt im Firmengebäude aufhalten. Zur Erfüllung dieser Anforderungen kommen in der analogen Welt viele unterschiedliche papierbasierte Dokumente ins Spiel, die die Zugangskontrolle aufwändig machen, zusätzliche Arbeit verursachen und fehler- und fälschungsanfällig sind.

In diesem Beitrag wird dargestellt, wie eine komplexe, manuelle und papierbasierte Zugangskontrolle sicher, effizient und rechtskonform digitalisiert werden kann.

2 Projektziele des Anwendungsfalls

Beim hier beschriebenen Anwendungsfall handelt es sich um die Digitalisierung der Zugangskontrolle für eine Großbaustelle, bei der viele unterschiedliche Unternehmen und Personen wie Architektinnen und Architekten, Fachleute, Sicherheitsbeauftragte, Lieferanten, sonstige Dienstleister und natürlich auch Vertreter der Bauherrenschaft Zugang zur Baustelle benötigen. Man kann sich leicht vorstellen, dass unter den oben beschriebenen Voraussetzungen tagtäglich stapelweise Dokumente für die Arbeitstätigen anfallen, die erfasst, geprüft, ggf. kopiert und abgelegt werden müssen. Eine kostenintensive, umständliche und auch fehleranfällige Vorgehensweise.

Ziel der Digitalisierung der Zugangskontrolle ist die Zeit- und Kostenersparnis durch einen standardisierten Zugang für alle auf einer Baustelle tätigen Personen. Durch die automatisierte Prüfung der Zugangsberechtigung soll das Einchecken schneller und effizienter erfolgen und gleichzeitig Papierdokumente vermieden werden. Die digitalen Zugangsberechtigungen sollen eine hohe Fälschungssicherheit aufweisen und einen rechtssicheren Nachweis bieten, dass nur berechtigte Personen mit den erforderlichen Dokumenten Zutritt erhalten. Eine einfache Handhabung für alle Beteiligten ist unbedingte Voraussetzung für das Erreichen der Projektziele.

Da diese Lösung unter Einhaltung gesetzlicher Vorschriften und Datenschutzrichtlinien nur entsprechend qualifizierten Personen Zugang gewährt, trägt sie außerdem zur Erhöhung der Baustellensicherheit bei.

3 Besondere Herausforderungen des Anwendungsfalls

Die Anforderungen an eine digitale Zugangskontrolle sind auf einer Großbaustelle besonders herausfordernd. In der Regel sind Personen vieler verschiedener Nationalitäten vor Ort tätig, die jeweils unterschiedliche Dokumente vorlegen müssen, um eine Zugangsberechtigung zu erhalten. Zudem verfügen sie – wenn überhaupt – über sehr unterschiedliche mobile Endgeräte.

Ein Unternehmen kann mit verschiedenen Bauprojekten beauftragt sein und muss seinen Mitarbeitenden jeweils einen individuellen Zugang zu mehreren Bauvorhaben ermöglichen. Zusätzlich besteht auf einer Baustelle die Anforderung, dass externe Stellen, wie z. B. eine Zollbehörde, Kontrollen durchführen möchten, um vor Ort überprüfen zu können, ob alle aktuell Beschäftigten über die gesetzlich vorgeschriebenen Nachweise (wie beispielsweise eine Arbeitserlaubnis) verfügen. Sehr oft ist auch auf einer Baustelle noch kein Internetzugang vorhanden.

Der hier vorgestellte Anwendungsfall trägt diesen Herausforderungen durch folgende Lösungsarchitektur Rechnung:

- Die Steuerung und Kontrolle des Baustellenzugangs für das Baustellenpersonal erfolgt über einen sogenannten digitalen „Baustellenschlüssel" in Form eines QR-Codes.
- Für die Erstellung eines Baustellenschlüssels ist eine bestimmte Anzahl von definierten digitalen Nachweisen erforderlich. Diese berücksichtigen die Internationalität der Arbeitstätigen und die daraus resultierenden Unterschiede bei den benötigten Nachweisen.
- Die Ausstellung der digitalen Nachweise und die dafür erforderlichen kryptografischen Verschlüsselungen erfolgen außerhalb der Baustelle.
- Dadurch kann der Zugang mittels Baustellenschlüssel unabhängig vom Vorhandensein oder der Qualität einer Internetverbindung verzögerungsfrei erfolgen.
- Für Arbeitstätige ohne mobiles Endgerät ist der Zugang auch offline möglich.
- Perspektivisch besteht die Möglichkeit, Kontrollen des Baustellenschlüssels und der digitalen Nachweise vor Ort durchzuführen.

An dieser Stelle soll kurz auf eine alternative Zugangslösung eingegangen werden, und zwar auf die BAUSTELLENCARD®. Hierbei erfolgt der Zugang zur Baustelle mittels einer Karte, auf der Name, Geburtsdatum und Staatsangehörigkeit der Arbeitskraft in Verbindung mit einem Lichtbild gedruckt werden. Weitere personenbezogene Daten sind auf den Servern des Anbieters gespeichert (www.baustellencard.de). Die hier beschriebene Lösung unterscheidet sich grundsätzlich von der BAUSTELLENCARD®, insofern die personenbezogenen Daten des Baustellenmitarbeiters auf seinem Smartphone liegen und er befähigt ist, seine Daten selbst zu verwalten und zu entscheiden, mit wem er diese Daten teilt.

Das Prinzip der Lösung „Bausicht" (www.bausicht.com), die es nach unserem Kenntnisstand seit Ende 2022 gibt, können wir leider nicht beurteilen.

4 Übersicht über die beteiligten Parteien und ihre Rollen im digitalen Ökosystem

Der digitale Baustellenschlüssel basiert auf dem Prinzip der dezentralen Identitäten mit sicheren verifizierbaren digitalen Nachweisen. Auf eine Darstellung der technischen Umsetzung wurde in diesem Beitrag verzichtet, da Änderungen bei der Technologie zu erwarten sind. Um die Logik des Anwendungsfalls und das „Onboarding" des Baustellenpersonals zu veranschaulichen, werden hier zunächst die beteiligten Stakeholder mit ihren Rollen und Vertrauensbeziehungen im digitalen Ökosystem dargestellt.

Voraussetzung für ein funktionierendes und sicheres Ökosystem im digitalen Raum ist die genaue Definition der Rollen und Berechtigungen aller Beteiligten. Alle Akteure müssen sich gegenseitig eindeutig identifizieren können, um ein Vertrauensverhältnis zueinander und damit auch zu den Informationen in den ausgestellten und verifizierten digitalen Nachweisen aufbauen zu können. Die technische Abbildung dieses Vertrauens wird durch Kryptografie gewährleistet, die es jedem ermöglicht, den präsentierten Nachweis auf Authentizität (ist dies unverändert und ist es auch der richtige Herausgeber) und Aktualität (ist der Nachweis noch gültig) zu prüfen.

Die Beziehung der Akteure zueinander stellt sich im Vertrauensdreieck (Abb. 14.1) wie folgt dar:

Herausgeber (Issuer) der digitalen Nachweise (der benötigten Dokumente und des Baustellenzertifikats) ist in der Regel der Arbeitgeber, bei dem die Dokumentinhaber (Baustellenmitarbeiter) beschäftigt sind. Er wird vom Projekteigner, der das Projekt an-

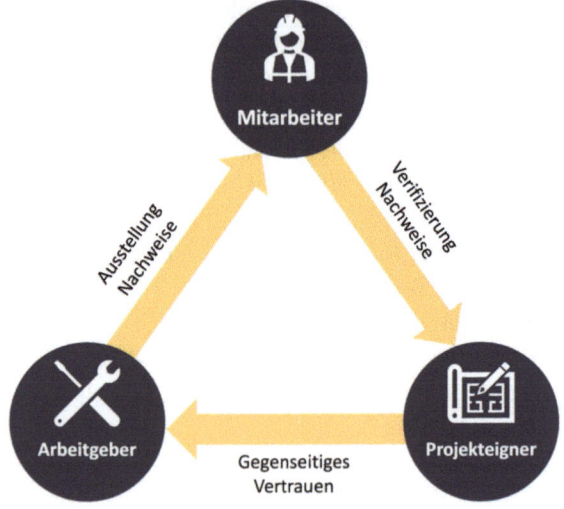

Abb. 14.1 Vertrauensdreieck adaptiert nach Sovrin Foundation (2018)

legt, entsprechend ermächtigt und ist für die Umwandlung der vorgelegten Papierdokumente in einen digitalen Nachweis (Verifizierbares Credential, VC) verantwortlich.

Akzeptanzstelle (Verifier) der digitalen Nachweise ist der Herausgeber des Baustellenschlüssels, der in diesem Anwendungsfall als Projekteigner bezeichnet wird. Dies kann z. B. der Generalunternehmer des Bauvorhabens sein.

Inhaber (Holder) der digitalen Nachweise sind alle auf der Baustelle tätigen Personen: Baustellenpersonal, Architekten, Ingenieure, Sachverständige, sonstige Beauftragte, Lieferanten usw., die ihren Baustellenschlüssel auf Basis der von ihnen vorgelegten und verifizierten Dokumente bzw. digitalen Nachweise generieren.

Das SSI-Vertrauensdreieck ist eine vereinfachte Darstellung der Aufgaben der jeweilige Rolle, auf die damit einhergehenden Rechte und Pflichten in rechtlicher Hinsicht soll hier nur kurz eingegangen werden:

Unter datenschutzrechtlichen Aspekten ist es erforderlich zu prüfen, an welcher Stelle personenbezogene Daten verarbeitet werden. Bei Bedarf ist zwischen den Parteien ein Auftragsverarbeitungsvertrag nach Art. 28 DSGVO abzuschließen. Hinzu kommt der Prüfungspunkt einer eventuellen Drittstaatenthematik, sodass auch bei einer Übertragung der Daten außerhalb der Europäischen Union auf die Einhaltung bestehender Datenschutzabkommen wie dem EU-US-Privacy-Framework zu achten ist oder gängige Standardvertragsklauseln der EU bei dieser Gegebenheit zum Einsatz kommen sollten.

Unter IT-rechtlichen Gesichtspunkten müssen im Kontext dieses Ökosystems zwischen den Parteien entsprechende Bestandteile vertraglich festgelegt werden. Dies betrifft insbesondere den konkreten Umfang der Leistungspflicht und die Haftung innerhalb dieser Vertrauensbeziehung. Hinzu kommen allgemeine vertragsrechtliche Grundsätze zum Umgang mit Kündigungen und sicherheitsrechtlichen Vorgängen, sowie SLAs (Service Level Agreements).

Zudem sind allgemeine rechtliche Grundsätze zu beachten, die die konkret tangierten Gesetzestexte betreffen und eine Digitalisierung dieses Anwendungsfalls ermöglichen. Beispielhaft ist hier die eIDAS-Verordnung und das SchwarzArbG zu nennen.

Auf weitere rechtliche Aspekte soll im abstrakten Konstrukt des Vertrauensdreiecks nicht eingegangen werden. Eine genauere Prüfung der rechtlichen Anforderungen erfolgt auf Ebene des jeweiligen Anwendungsfalls. Auf die konkrete Darstellung in diesem Anwendungsfall wird bewusst verzichtet, um den Rahmen dieses Beitrags nicht zu sprengen.

5 Lösungsarchitektur Schritt für Schritt

Im Folgenden wird detailliert beschrieben, welche Schritte bei den beteiligten Akteuren im Einzelnen stattfinden und welche Voraussetzungen benötigt werden, um einen digitalen Nachweis für den Baustellenzugang zu generieren. Abb. 14.2 gibt einen Überblick über den Ablauf.

Abb. 14.2 Ablauf von der Projektanlage zur Nutzung der digitalen Zugangskontrolle

5.1 Ausstellung der digitalen Nachweise

Der Baustellenmitarbeiter legt seinem Arbeitgeber die benötigten Dokumente (z. B. Arbeitserlaubnis, Ausweis, Mindestlohnbescheinigung) in Papierform vor. Für die Anforderungen an die Dokumente sind drei Parameter maßgeblich:

- Der Standort der Baustelle
- Der Standort des Arbeitgebers
- Das Herkunftsland des Mitarbeiters

Gemäß Schwarzarbeitsbekämpfungsgesetz (BGBl. 2004 I S. 1842), das zuletzt durch Artikel 24 des Gesetzes vom 6. Mai 2024 (BGBl. 2024 I Nr. 149) geändert worden ist und § 15 Mindestlohngesetz (BGBl. 2014 I S. 1348) benötigt beispielsweise ein deutscher Mitarbeiter eines in Deutschland ansässigen Arbeitgebers für eine Baustelle in Deutschland drei gültige Dokumente: Identitätsdokument (Personalausweis, Pass), Meldebescheinigung und Mindestlohndokument. Der Arbeitgeber prüft jedes Dokument, ob es den Anforderungen entspricht und gültig ist, wandelt es mittels kryptografischer Verfahren in ein Verifiable Credential um und fügt es dem Mitarbeiterprofil hinzu. Für den Mitarbeiter wurden nun alle erforderlichen digitalen Nachweise durch den Arbeitgeber angelegt. Das ist die Voraussetzung dafür, dass er im nächsten Schritt den Baustellenschlüssel erhalten kann.

5.2 Verifizierung und Generierung des digitalen Zugangsnachweises

Die Verifizierung erfolgt durch den Projekteigner. Nach der Erstellung der Mitarbeiterprofile und der Ausstellung ihrer Dokumente überprüft er im nächsten Schritt, ob alle erforderlichen Nachweise korrekt und gültig sind. Nach erfolgreicher Verifizierung ist der Mitarbeiter (Holder) grundsätzlich freigegeben und der Arbeitgeber kann seine Mitarbeiter nun der oder den Baustellen des Projekteigners zuweisen. Damit sind alle

Voraussetzungen erfüllt, damit der Mitarbeiter auf den Baustellen des Projekteigners arbeiten und seine(n) Baustellenschlüssel generieren kann.

Technische Voraussetzung für die Speicherung des Baustellenschlüssels ist eine dedizierte Wallet-App auf dem Smartphone des Mitarbeiters. Der Mitarbeiter empfängt in seiner Wallet App eine Anfrage nach Nachweisen. Diese kann er sich anschauen und beurteilen, ob er diese an den Anfragenden beantwortet. Nach positiver Beantwortung und Prüfung durch den Anforderer wird der Baustellenschlüssel generiert.

Jeder Baustellenschlüssel gilt nur für eine Baustelle, für einen Mitarbeiter und für einen bestimmten, vom Projekteigner zu definierenden Zeitraum. In der Wallet-App des Mitarbeiters ist seine Zuordnung zu den jeweiligen Bauvorhaben in Form eines Baustellenzertifikats hinterlegt. Die einzelnen Ansichten in der App sind hier am Beispiel der Baustelle „Alpine View Apartments" dargestellt. In Abb. 14.3 zeigt die blaue Darstellung, dass der Mitarbeiter der Baustelle „Alpine View Apartments" zugeordnet ist, der Baustellenschlüssel aber noch nicht generiert wurde, da beispielsweise die Baustelle oder das Gewerk, in dem der Mitarbeiter eingesetzt ist, noch nicht begonnen hat. Abb. 14.4 zeigt den finalen Baustellenschlüssel, mit dem der Mitarbeiter die Baustelle „Alpine View Apartments" betreten kann. In Abb. 14.5 ist diese Baustelle grün dargestellt, um anzuzeigen, dass der Baustellenschlüssel bereits generiert wurde. Die Anzeige „32d" im grünen Kreis zeigt an, in wie vielen Tagen der Baustellenschlüssel abläuft. Danach muss der Schlüssel erneuert werden. Ein Mitarbeiter kann auch mehrere Baustellenschlüssel auf seinem Smartphone speichern.

Ist die Gültigkeit eines Dokumentes abgelaufen, verliert der Baustellenschlüssel automatisch seine Gültigkeit und der Zugang zur Baustelle wird verweigert. Die App zeigt dem Holder rechtzeitig an, ob ein Dokument demnächst abläuft.

5.3 Überprüfung auf der Baustelle

Um Zugang zur Baustelle zu erhalten, zeigt der Holder seinen Baustellenschlüssel auf seinem Smartphone vor. Dies kann an einem bemannten Zugangspunkt erfolgen, wo das Sicherheitspersonal den Baustellenschlüssel des Holders überprüft. Der Zugang erfolgt somit komplett papierlos.

Die Überprüfung des Baustellenschlüssels kann beispielsweise auch durch Scannen an einer Personen-Vereinzelungsanlage erfolgen.

Abb. 14.3 Baustellenzertifikat, Schlüssel noch nicht generiert

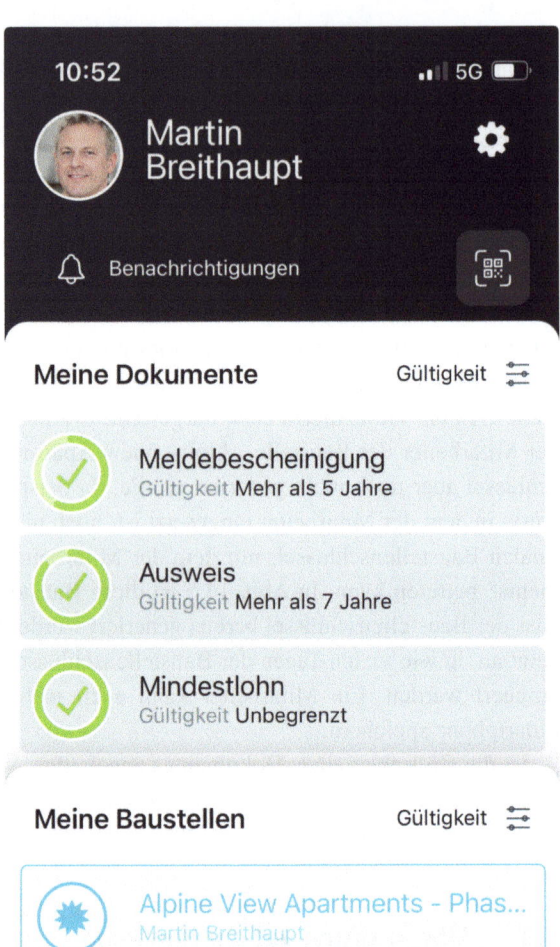

Abb. 14.4 Baustellenschlüssel

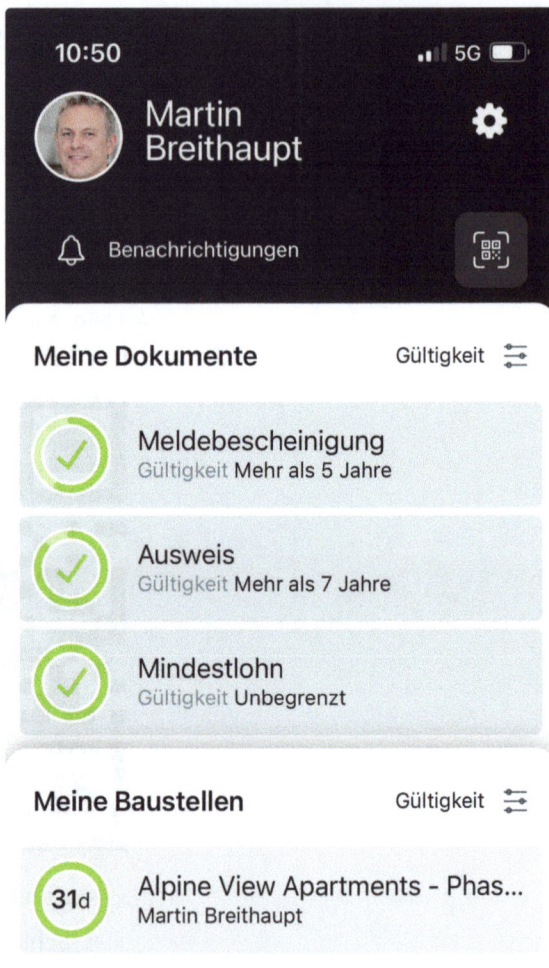

Abb. 14.5 Baustellenzertifikat nach Generierung des Schlüssels

6 Erfahrungen aus der praktischen Anwendung

Der digitale Baustellenzugang wurde speziell für Personen entwickelt, die im Bausektor tätig sind. Nach dem Grundsatz „Keep it simple" wurde darauf geachtet, das technisch komplexe Verfahren sowohl im Wording als auch in der Bebilderung so darzustellen, dass es dem Branchenkontext entspricht. Die Anwendung soll auch für technisch nicht versierte Nutzer einfach zu bedienen sein. Dieser Grundsatz ist für eine reibungslose Umsetzung sehr förderlich.

Wie bei jedem Digitalisierungsvorgang existieren Medienbrüche: beim Übertragen der Papierdokumente in das digitale Medium können Fehler passieren und sich negativ auf die Effizienz auswirken.

Während der Praxisphase wurde die Notwendigkeit deutlich, dass der digitale Zugang auch für Baustellenmitarbeiter möglich sein muss, die kein Smartphone besitzen. Dies wird durch eine Vertretungsfunktion und optional durch die Offline-Funktionalität gelöst: Der Issuer druckt über die Core-Plattform den QR-Code für den Baustellenschlüssel aus und händigt ihn dem Arbeitnehmer in Papierform aus. Damit kann dieser die digitale Zugangskontrolle passieren. Dies stellt eine Ausnahmesituation dar.

Besondere Herausforderungen bei der Implementierung ergeben sich durch den Umstand, dass aufgrund der Vielzahl der Beschäftigten aus unterschiedlichen Herkunftsländern viele unterschiedliche mobile Endgeräte zum Einsatz kommen. Bei der Frage der Kompatibilität des mobilen Endgerätes der Mitarbeiter mit der Wallet App haben die Mindestanforderungen an die Sicherheit immer Vorrang vor der Verfügbarkeit.

Aufgrund der Internationalität der Nutzenden muss die App in vielen Sprachen zur Verfügung gestellt werden, inklusive einer Einweisung in die Anwendung. Zurzeit gibt es die App in den Sprachen Deutsch, Englisch, Polnisch und Serbokroatisch.

7 Vorteile des Verfahrens im Überblick

Als sehr vorteilhaft hat es sich erwiesen, dass die kryptografischen Verfahren zur Verifizierung der Nachweise vorgelagert erfolgen. Daher sind bei der Überprüfung des Baustellenschlüssels vor Ort nur geringe Datenmengen beteiligt. Der Baustellenschlüssel kann auch offline ohne Internetverbindung überprüft werden. So werden Verzögerungen beim Zugang zur Baustelle vermieden.

Insbesondere auf Seiten der beteiligten Unternehmen steht die Effizienzsteigerung durch schnellere Prozesse und einfachere Transaktionen im Vordergrund.

Die Nutzer werden in die Lage versetzt, ihre Daten selbst zu verwalten und zu entscheiden, mit wem sie die Daten teilen.

Durch Berücksichtigung unterschiedlicher Ländervorgaben unterstützt die hier beschriebene digitale Zugangskontrolle zudem das Recht der EU-Bürger auf Freizügigkeit und unterstützt Arbeitgeber beim Einsatz ausländischer Arbeitskräfte.

Die Vorteile der Lösung zusammengefasst:

- Administrativer Aufwand wird auf ein Minimum reduziert
- Beschleunigung aller mit der Zugangskontrolle verbundenen Vorgänge
- Kostensenkung durch Effizienzsteigerung
- Komfortabler, nutzerfreundlicher und einfacher Prozess

- Papier- und kontaktlose Prüfung der auf der Baustelle tätigen Personen
- Erhöhte Sicherheit durch nahezu fälschungssichere Nachweise
- Compliance-Aspekt: sichere Einhaltung von regulatorischen und internen Anforderungen
- Automatische Einhaltung der datenschutzrechtlichen Bestimmungen
- Schutz vor Lohndumping, Schwarzarbeit und illegaler Beschäftigung
- Vermeidung von Bußgeldern
- Flexibilität der digitalen Lösung durch schnelle Anpassung des Datenschemas an veränderte gesetzliche Bestimmungen

Zusammenfassend lässt sich sagen, dass die in diesem Anwendungsfall durchgeführte Umstellung von einer papierbasierten, manuellen Zutrittskontrolle auf ein digitales Verfahren erhebliche Vorteile für alle Beteiligten mit sich bringt.

8 Perspektivischer Ausblick für weitere Anwendungen

Die Bauindustrie als von manuellen Tätigkeiten dominierter Sektor kann von der Digitalisierung enorm profitieren (Ehrenfeld et al., 2023). Administrative Regeln und einzuhaltende technische Vorschriften werden immer zahlreicher, gesetzliche Bestimmungen für die Baustelle und die auf ihr tätigen Personen unterliegen ständigen Neuerungen – ein wahrer Dschungel an Regularien, deren Management einen enormen Zeitaufwand verursacht.

Denkt man die hier beschriebenen Aspekte der digitalen Zugangsberechtigung weiter, ergeben sich Synergieeffekte für alle Teilnehmer des Ökosystems. Sie können auf Basis der Vertrauensbeziehung ihre Daten sicher untereinander austauschen und dadurch mögliche weitere Anwendungsfälle generieren. Beispielhaft werden nachfolgend Anwendungsmöglichkeiten genannt, die perspektivisch möglich sind bzw. teilweise bereits in Pilotprojekten umgesetzt werden.

8.1 Einführung weiterer Verifizierungsinstanzen

Perspektivisch kann die Rolle eines weiteren Verifiers von einer externen, entsprechend autorisierten Behörde übernommen werden. Beispielsweise kann im Falle einer unangekündigten Baustellenkontrolle die Zollbehörde als Akzeptanzstelle agieren. Alle auf der Baustelle tätigen Personen können von den Mitarbeitern der Zollbehörde aufgefordert werden, die erforderlichen Unterlagen als digitalen Nachweis vorzulegen. In diesem Fall sendet der Zoll eine Anfrage an die entsprechenden Mitarbeiter, die diese mit ihren digitalen Nachweisen beantworten können. So kann direkt vor Ort überprüft werden, ob alle auf der Baustelle anwesenden Personen über die entsprechende Berechtigung verfügen.

Denkbar sind auch Einzelkontrollen, z. B. in einem Gefahrenbereich: Ein Mitarbeiter kann vom Sicherheitskoordinator aufgefordert werden, seinen digitalen Baustellenschlüssel vorzuzeigen, um nachzuweisen, dass er über die erforderliche Sonderberechtigung verfügt, um in diesem Bereich zu arbeiten.

8.2 Nutzung des Baustellenschlüssels außerhalb der Baustelle

Der Generalunternehmer in seiner Rolle als Projekteigner lädt alle am Bau Beteiligten zu einer Firmenfeier am Sitz seines Unternehmens ein. Während die Angestellten mit ihrem digitalen Firmenausweis Zugang erhalten, zeigen die am Bau beteiligten an der Einlasskontrolle ihren digitalen Baustellenschlüssel vor. Umgekehrt könnten bei einem Richtfest auf der Baustelle die Büroangestellten des Bauunternehmers mit einem Ein-Tages-Baustellenschlüssel auf der Grundlage ihres digitalen Firmenausweises Zugang zur Feier erhalten.

8.3 Integration von digitalen Qualifikationen in den Baustellenschlüssel

Ein verifizierter Qualifikationsnachweis wie bspw. ein Gabelstaplerführerschein oder ein Schweißerschein wird als digitaler Nachweis erfasst und in das Projekt bzw. die Baustelle integriert, dadurch kann der Holder jederzeit bei einer Kontrolle nachweisen, dass er zur Ausübung der entsprechenden Tätigkeiten auf der Baustelle berechtigt ist.

Denkbar ist auch, dass der Baustellenschlüssel zwingend einen digitalen Nachweis enthalten muss, der belegt, dass der Mitarbeiter eine Einweisung in die auf der Baustelle geltenden Sicherheitsvorschriften erhalten hat.

8.4 Differenzierte Zugangsberechtigung

Hat ein Mitarbeiter die entsprechenden Einweisungen erhalten oder Schulungen besucht, beispielsweise zum Umgang mit explosionsgefährlichen Stoffen oder sonstigen Gefahrstoffen, kann dies als zusätzliches Attribut in seine digitalen Nachweise integriert werden. Damit erhält er Zugang zu den eingeschränkt zugänglichen Bereichen auf der Baustelle.

8.5 Überprüfung von Arbeitszeiten

Bei Arbeiten auf Basis von Stundenlohnabrechnung kann die digitale Zugangskontrolle auch für eine Übersicht und den Nachweis darüber dienen, welche Personen sich wie lange auf der Baustelle aufgehalten haben. Diese Funktion kann auch zum Schutz vor Diebstählen bzw. für deren Aufklärung genutzt werden.

8.6 Ausstellen von Arbeitsbescheinigungen

Nach Projektende kann dem Mitarbeiter auf Basis des digitalen Baustellenschlüssels eine Bescheinigung ausgestellt werden, wie lange er auf der jeweiligen Baustelle beschäftigt war. Möglich ist auch eine papierlose Arbeitszeitbestätigung gegenüber Dritten (Agentur für Arbeit).

8.7 Nutzung der App als Bonussystem

Denkbar wäre, dass die App-Inhaber mit ihrem Baustellenschlüssel Zugang zu vergünstigten Angeboten am Ort des Bauvorhabens erhalten, z. B. ermäßigte Eintrittspreise für städtische Kulturangebote, Kinokarten, Stammessen in der örtlichen Gastronomie und vieles mehr.

Oder: Ein Mitarbeiter war beim Bau des neuen Freizeitbades beschäftigt. Mit der über die App ausgestellten Arbeitsbescheinigung erhält er für einen bestimmten Zeitraum nach Fertigstellung des Bauvorhabens freien oder vergünstigten Zugang zum Schwimmbad.

8.8 Zukunftsorientierte Lösungen

Da die Baubranche in Bezug auf die Digitalisierung noch in den Kinderschuhen steckt, kann ein erfolgreiches Pilotprojekt für die digitale Zugangskontrolle auf einer Baustelle wegweisenden Charakter für andere Lösungen haben. Je mehr sich das hier beschriebene digitale Vertrauens-Ökosystem für weitere Stakeholder öffnet, desto mehr zukunftsweisende Lösungen für die moderne Bauindustrie können umgesetzt werden.

Große Vorteile und Synergieeffekte können sich durch die Einbindung digitaler Zugangsnachweise in das Building Information Management (BIM) ergeben, die digitale Liegenschaftsverwaltung bzw. das digitale Facility Management. Nach Fertigstellung des Projekts kann die digitale Zugangssteuerung für die Baustelle an die veränderte Nutzung des Gebäudes angepasst werden, bspw. mit einer Übertragung der Berechtigung als Herausgeber von VCs auf andere Teilnehmer des Ökosystems (Investoren, Vermieter, Mieter, Facility Manager). So können diese den Zutritt zum Gebäude nach ihren jeweiligen Anforderungen definieren und steuern. Über den Lebenszyklus eines Gebäudes hinweg können diese Anforderungen und Voraussetzungen jeweils flexibel an veränderte Verhältnisse angepasst werden.

Digitales Zugangsmanagement kann auch als Enabler für Digital Twins in der Bauindustrie eine Rolle spielen. Digital Twins, die in der Industrie 4.0 zur Projektion von Entwicklungen eingesetzt werden, liefern durch die Zusammenführung von Daten aus unterschiedlichen Quellen eine ganzheitliche Sicht sowohl auf das Gesamtprojekt als auch auf einzelne Bauabschnitte. So kann der Projektfortschritt in seinen einzelnen Meilensteinen visualisiert und damit Abläufe, mögliche Risiken und Kollisionen identifiziert werden. Risiken können proaktiv beseitigt und Verbesserungsmaßnahmen geplant werden, bevor der eigentliche Bauprozess beginnt. Als Grundlage dafür dienen die Daten bereits abgeschlossener Bauprojekte, einschließlich der Daten aus der digitalen Zutrittskontrolle. Auf bereits laufenden Baustellen könnten beispielsweise Informationen über die Laufwege aller auf der Baustelle tätigen App-Nutzer gesammelt werden, um Erkenntnisse darüber zu gewinnen, welche Wege stärker und welche weniger genutzt werden.

9 Abschließende Bemerkungen

Unabhängig von Branche und Einsatzzweck gilt: Um digitale Anwendungen langfristig erfolgreich zu machen und in die Breite zu tragen, sind Insellösungen nicht zielführend. Bei der Entwicklung digitaler Lösungen sollten von Anfang an möglichst viele weitere Anwendungsmöglichkeiten mitgedacht werden, die untereinander interoperabel sind. Die Einführung der elektronischen Identität für alle EU-Bürgerinnen und Bürger (BMI, 2024) bietet die Chance, dass alle Bürgerinnen und Bürger ihre Identitätsattribute in ihrer europäischen digitalen Wallet nicht nur für regulierte Government-Anwendungen, sondern auch für andere sinnvolle und relevante Geschäftsprozesse nutzen.

Letztendlich ist es für den Erfolg eines digitalen Ökosystems entscheidend, dass alle Beteiligten vom Nutzen der Anwendung überzeugt sind. Der Nutzen für alle Beteiligten steigt, je mehr unterschiedliche Anwendungsfälle miteinander vernetzt werden. Für die Nutzerinnen und Nutzer wird eine Lösung dann besonders interessant, wenn sie ohne spezielle technische Kenntnisse für einen weiteren Anwendungsfall genutzt werden kann, wie das Beispiel des Baustellenschlüssels als „Eintrittskarte für Freizeitaktivitäten" zeigt. Nur durch erlebte Erleichterungen im realen Alltag sind Nutzerinnen und Nutzer bereit und willens, den anfänglichen Mehraufwand bei der Umstellung auf Digitalisierung zu tragen.

Literatur

BGBl. (2004). I S. 1842 (Bundesgesetzblatt Teil I Online-Archiv). *Gesetz zur Intensivierung der Bekämpfung der Schwarzarbeit und damit zusammenhängender Steuerhinterziehung.* https://www.bgbl.de/xaver/bgbl/start.xav?startbk=Bundesanzeiger_BGBl&start=//*%5b@attr_id=%27bgbl104s1842.pdf%27%5d#__bgbl__%2F%2F*%5B%40attr_id%3D%27bgbl104s1842.pdf%27%5D__1726474080163. Zugegriffen am 20.09.2024.

BGBl. (2014). I S. 1348 (Bundesgesetzblatt Teil I Online-Archiv). *Gesetz zur Regelung eines allgemeinen Mindestlohns (Mindestlohngesetz – MiLoG).* https://www.bgbl.de/xaver/bgbl/start.xav?startbk=Bundesanzeiger_BGBl&start=//*%5b@attr_id=%27bgbl104s1842.pdf%27%5d#__bgbl__%2F%2F*%5B%40attr_id%3D%27bgbl114s1348.pdf%27%5D__1726479045851. Zugegriffen am 20.09.2024.

BGBl. (2024). I Nr. 149 (Bundesgesetzblatt Teil I) *Gesetz zur Durchführung der Verordnung (EU) 2022/2065 des Europäischen Parlaments und des Rates vom 19. Oktober 2022 über einen Binnenmarkt für digitale Dienste und zur Änderung der Richtlinie 2000/31/EG sowie zur Durchführung der Verordnung (EU) 2019/1150 des Europäischen Parlaments und des Rates vom 20.*

Juni 2019 zur Förderung von Fairness und Transparenz für gewerbliche Nutzer von Online-Vermittlungsdiensten und zur Änderung weiterer Gesetze. https://www.recht.bund.de/bgbl/1/2024/149/VO. Zugegriffen am 20.09.2024.

BMI (Bundesministerium des Innern und für Heimat). (2024). *Die eIDAS-Verordnung, EUDI-Wallets und ihre Bedeutung für europäische digitale Identitäten.* https://www.digitale-verwaltung.de/Webs/DV/DE/digitale-identitaeten/eidas-2-0/eidas-2-0-node.html. Zugegriffen am 15.08.2024.

Ehrenfeld, N., Meurer, T., & Müller, S. (2023). Zusammenspiel von Digitalisierung und Lean Philosophie in der Bauindustrie. In *Agile Digitalisierung im Baubetrieb*. Springer Fachmedien. https://doi.org/10.1007/978-3-658-43247-8_4

Sovrin Foundation. (2018). *A protocol and token for self-sovereign identity & decentralized trust.* https://sovrin.org/wp-content/uploads/Sovrin-Protocol-and-Token-White-Paper.pdf. Zugegriffen am 15.08.2024.

Open Access Dieses Kapitel wird unter der Creative Commons Namensnennung 4.0 International Lizenz (http://creativecommons.org/licenses/by/4.0/deed.de) veröffentlicht, welche die Nutzung, Vervielfältigung, Bearbeitung, Verbreitung und Wiedergabe in jeglichem Medium und Format erlaubt, sofern Sie den/die ursprünglichen Autor(en) und die Quelle ordnungsgemäß nennen, einen Link zur Creative Commons Lizenz beifügen und angeben, ob Änderungen vorgenommen wurden.

Die in diesem Kapitel enthaltenen Bilder und sonstiges Drittmaterial unterliegen ebenfalls der genannten Creative Commons Lizenz, sofern sich aus der Abbildungslegende nichts anderes ergibt. Sofern das betreffende Material nicht unter der genannten Creative Commons Lizenz steht und die betreffende Handlung nicht nach gesetzlichen Vorschriften erlaubt ist, ist für die oben aufgeführten Weiterverwendungen des Materials die Einwilligung des jeweiligen Rechteinhabers einzuholen.

15 Feingranulare und digitale CO_2-Herkunftsnachweise für Strom

Marc-Fabian Körner, Felix Paetzold, Tobias Ströher und Jens Strüker

Zusammenfassung

Eine grundlegende Dekarbonisierung von Wirtschaft und Gesellschaft ist eine der größten Aufgaben unserer Zeit. Der Energiesektor steht dabei aufgrund seines hohen Anteils an den weltweiten Emissionen besonders im Fokus, wobei zielgerichtete Dekarbonisierungsmaßnahmen granulare und verifizierbare Emissionsdaten erfordern. Derzeitige Ansätze, die Emissionen häufig manuell und auf Basis von Durchschnittswerten oder Schätzungen bestimmen, sind oft ungenau und mit hohem Zeit- und Kostenaufwand verbunden. Es besteht daher ein dringender Bedarf an effizienteren und präziseren Methoden zur Bestimmung und Nachverfolgbarkeit von Emissionen. Vor diesem Hintergrund stellen wir eine konzeptionelle Systemarchitektur auf Basis des Self-Sovereign Identity (SSI) Paradigmas vor, die digitale und feingranulare CO_2-Herkunftsnachweise für Strom ermöglicht, und leiten Implikationen und Handlungsempfehlungen für eine mögliche Implementierung ab.

Schlüsselwörter

Dekarbonisierung · Dezentrales System · Herkunftsnachweis · SSI · Treibhausgasemissionen

M.-F. Körner (✉) · F. Paetzold · T. Ströher · J. Strüker
Fraunhofer FIT, Bayreuth, Deutschland
E-Mail: marc.koerner@fim-rc.de; felix.paetzold@fim-rc.de; tobias.stroeher@fim-rc.de; jens.strueker@fim-rc.de

1 Dekarbonisierung des Stromsektors

Die Herausforderung einer effektiven Reduktion von Treibhausgasemissionen (d. h. Dekarbonisierung) steht im Zentrum wirtschaftlicher und gesellschaftlicher Bemühungen auf europäischer (z. B. EU Green Deal) und globaler Ebene (z. B. Pariser Abkommen). Ein vielversprechender Ansatz zur Bewältigung dieser Herausforderung ist die Bewertung und Steuerung von industriellen Prozessen und wirtschaftlichen Aktivitäten anhand ihrer Treibhausgas-(THG)-Intensität, insbesondere ihrer Kohlendioxid-(CO_2)-Intensität (Babel et al., 2024). Dies erfordert sowohl für Individuen als auch für Organisationen die Möglichkeit, CO_2-adaptive Entscheidungen zu treffen. So könnten z. B. CO_2-intensive Prozesse zu Zeiten und an Orte verlagert werden, an denen sie die geringsten Emissionen verursachen. Jedoch weisen bestehende Zertifizierungs- und Informationssysteme nicht die notwendige Präzision bei Erfassung von THG-Emissionen auf, sowohl hinsichtlich der räumlichen als auch der zeitlichen Granularität (Sedlmeir et al., 2021). Um die erforderlichen Daten bereitzustellen, ist ein System zur präzisen Erfassung feingranularer THG-Emissionsdaten notwendig (Babel et al., 2022). Idealerweise basiert ein solches System auf direkten Messungen, d. h. auf der Erhebung von Primärdaten.

Vor diesem Hintergrund präsentieren wir eine Systemarchitektur für die Nachverfolgbarkeit des bilanziellen Weges von Strom. Unsere Architektur basiert dabei auf dem Konzept der Self-Sovereign Identity (SSI) für Individuen, Organisationen und Maschinen. Mithilfe von SSI ermöglicht unsere Systemarchitektur die präzise Erfassung und den Austausch von Primärdaten von den Stromerzeugungsunternehmen entlang der Stromlieferkette bis hin zu den Verbrauchenden. Diese Primärdaten umfassen sowohl Stammdaten, wie den Standort, den Typ einer Erzeugungsanlage, als auch Transaktionsdaten, wie die in einem bestimmten Zeitraum erzeugte Strommenge. Unser Ansatz ermöglicht somit eine detaillierte Erfassung von THG-Emissionen im Energiesektor in der benötigten zeitlichen und räumlichen Auflösung. Dadurch können Verbrauchende (nahezu) in Echtzeit Informationen über die CO_2-Intensität ihres Stromverbrauchs erhalten und fundierte Entscheidungen auf Basis ihrer Emissionen treffen, bspw. mit dem Ziel der Minimierung ihres individuellen CO_2-Fußabdrucks.

Unser Ansatz legt besonderen Wert auf die minimale Offenlegung von Daten und somit die Gewährleistung des Datenschutzes. Dies ist besonders relevant bei der individuellen Zuordnung von CO_2-Emissionen zu bestimmten Produkten, bspw. bei der Erstellung eines präzisen CO_2-Fußabdrucks für Strom. Um den Datenschutz für alle Beteiligten zu sichern, sollen lediglich unbedingt erforderliche Daten offengelegt werden.

Unsere beispielhafte Anwendung im Stromsektor resultiert aus seiner Relevanz für eine ganzheitliche Dekarbonisierung: Die Stromerzeugung ist eine der Hauptquellen von CO_2-Emissionen in Deutschland (Umweltbundesamt, 2024). Dabei weist dieser Sektor spezifische Merkmale auf, die im Folgenden näher erläutert werden. Zunächst wird in der Stromlieferkette zwischen einem physischen und einem bilanziellen Pfad unterschieden

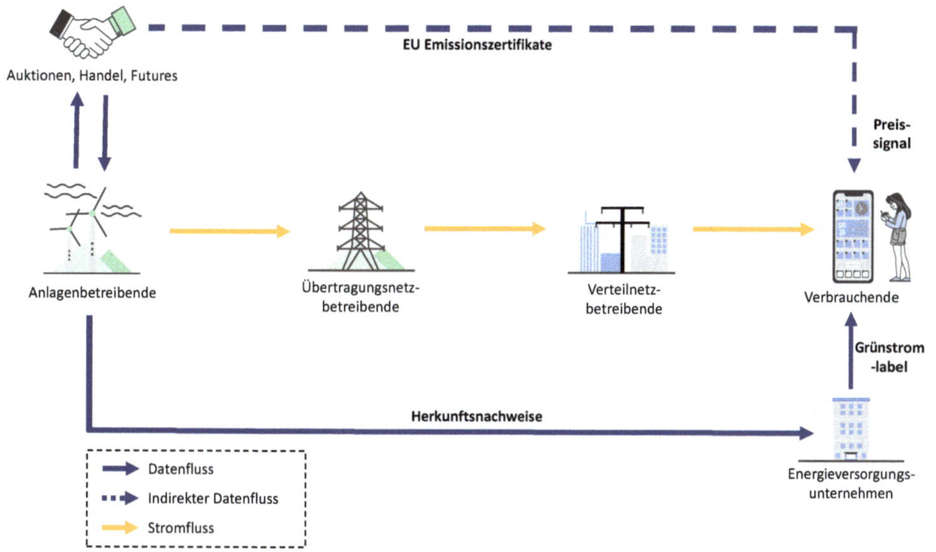

15 Feingranulare und digitale CO_2-Herkunftsnachweise für Strom

Abb. 15.1 Vereinfachte Darstellung des physischen Stromflusses und der Datenflüsse durch Herkunftsnachweise und Emissionszertifikate

(siehe Abb. 15.1). Der *physische Pfad* wird durch das Stromnetz repräsentiert, in dem Strom von Stromerzeugungsunternehmen eingespeist und von Verbrauchenden entnommen wird. Der Ausgleich von Angebot und Nachfrage ist aufgrund der physikalischen Rahmenbedingungen von entscheidender Bedeutung und wird auf lokaler Ebene durch sog. Bilanzkreisverantwortliche und auf überregionaler Ebene durch (Übertragungs-) Netzbetreiber sichergestellt. Ein wesentliches Merkmal des physischen Pfads ist, dass das physische Gut „Strom" nicht mehr unterscheidbar ist, sobald es in das Netz eingespeist wird und die Stromherkunft somit nicht mehr ohne Weiteres zurückverfolgt werden kann.

Im Gegensatz konzentriert sich der *bilanzielle Pfad* auf die Nachverfolgung von Strom als handelbares Gut. Im Standardfall schließt ein Energieversorgungsunternehmen (EVU) Verträge mit den Anlagenbetreibenden ab, um sich Kapazitäten zu sichern und so den Strom einzukaufen. Etwaige Über- oder Unterkapazitäten auf Seiten der Erzeugungsunternehmen und der EVUs werden dann in der Regel an der Strombörse ausgeglichen. Das EVU gibt den Strom dann an die Nachfrageseite weiter. Wenn die Kunden groß genug sind (z. B. Industrieunternehmen), können sie den Strom auch direkt beziehen, ohne den Umweg über ein EVU gehen zu müssen. Auf der Grundlage von Bilanzierungsansätzen kann Strom neben dem physischen Stromfluss zertifiziert sowie als Strom aus erneuerbaren Energiequellen angerechnet werden und somit zur Erreichung der Dekarbonisierungsziele beitragen. Im Folgenden erläutern wir die beiden grundlegenden Ansätze für die Zertifizierung von Strom und Emissionen in Europa, an denen wir uns für den Aufbau unserer Architektur orientieren: Herkunftsnachweise (HKN) und Emissionshandel.

1.1 Herkunftsnachweise

In der EU bieten HKNs eine Möglichkeit zur freiwilligen Zertifizierung von Strom. Eingeführt durch die Erneuerbare-Energien-Richtlinie 2018 (2018/2001/EG) bescheinigt jeder HKN den Verbrauchenden, dass 1 MW aus erneuerbaren Energiequellen erzeugt und nur einmal verbraucht wird. HKNs haben eine Geltungsdauer von 18 Monaten und eine Übertragbarkeitsfrist von 12 Monaten, sodass es keine zeitliche Übereinstimmung zwischen Erzeugung und Verbrauch geben muss (z. B. kann ein Unternehmen HKNs für im Januar erzeugten Strom verwenden, um den gesamten verbrauchten Strom eines Jahres als Grünstrom zu bescheinigen) (Umweltbundesamt, 2022). Außerdem können HKNs von jedem Stromerzeugungsunternehmen erworben werden, das am europaweiten Markt teilnimmt, sodass es auch keine örtliche Übereinstimmung zwischen Erzeugung und Verbrauch gibt (z. B. könnte ein deutsches Unternehmen HKNs aus in Norwegen erzeugtem Strom verwenden, um seinen Strom zu zertifizieren, auch wenn es nur einen geringen oder gar keinen physischen Stromfluss zwischen den beiden Ländern gibt) (§ 78 Absatz 3 EEG). Das Fehlen einer zeitlichen und örtlichen Übereinstimmung aktueller HKNs verringert die Transparenz und erschwert das Treffen von CO_2-adaptiven Entscheidungen (vgl. oben).

1.2 Emissionshandel

Der Emissionshandel wurde erstmals auf internationaler Ebene im Kyoto-Protokoll als einer der freiwilligen und flexiblen wirtschaftlichen Mechanismen eingeführt, die den Unterzeichnerstaaten zur Erreichung ihrer individuellen Ziele zur Reduzierung der Treibhausgasemissionen vorgeschlagen wurden. Die meisten Emissionshandelssysteme funktionieren nach dem Cap-and-Trade-Prinzip. Dabei wird eine Obergrenze für CO_2-Emissionen festgelegt und Unternehmen werden Emissionszertifikate zugeteilt, die sie zum Ausstoß von THG-Emissionen berechtigen. Diese Emissionsrechte können auf einem Markt gehandelt werden, sodass ein Unternehmen bei Bedarf mehr Zertifikate kaufen oder bei Nichtbedarf verkaufen kann (Sonneborn, 1999). Der Ansatz, bei dem die Emissionen den Verursachenden zugerechnet werden, wird als „Upstream" bezeichnet, während bei „Downstream"-Ansätzen Behörden die Berechtigungen an die Verbrauchenden verteilen (Kothe et al., 2021). Neben dem verpflichtenden Emissionshandel erlauben auch freiwillige Märkte, THG-Emissionen über einen ähnlichen Ansatz zu kompensieren.

Das EU-Emissionshandelssystem (EU-EHS), welches ein wesentliches Element der europäischen Klimapolitik darstellt, verfolgt einen verpflichtenden Downstream-Ansatz unter Anwendung des Cap-and-Trade-Prinzips. Es verpflichtet unter anderem EVUs zur Kompensation der CO_2-Emissionen aus der Stromerzeugung durch den Kauf von EU-Emissionszertifikaten. Das derzeitige EU-EHS bietet – analog zu HKNs (vgl. Abschn. 1.1) – keine zeitliche und räumliche Übereinstimmung der Zertifizierung und ist nicht in der Lage, diese Kompensation auf transparente Weise an Verbrauchende weiterzugeben, da diese nicht direkt mit dem System interagieren (Europäische Kommission, o. J.). Stattdessen nehmen Verbrauchende das EU-EHS hauptsächlich durch höhere Preise wahr, die von den betroffenen Unternehmen an sie weitergegeben werden. Vor diesem Hintergrund plädieren wir für feingranulare HKNs für gekauften Strom. Dabei ist entscheidend, dass ein System für solche HKNs und die damit verbundenen CO_2-Emissionen in bestehende EHSs und andere Zertifizierungssysteme (z. B. das HKN-System) integriert oder parallel dazu betrieben werden kann. Unser Ansatz zielt daher darauf ab, eine interoperable und flexible technische Lösung zu konzipieren.

2 Konzeptionelle Lösungsarchitektur

Vor dem Hintergrund eines sich wandelnden Stromsystems mit dem Ziel einer zunehmenden Dekarbonisierung adressiert unser Ansatz die Notwendigkeit einer genauen und zuverlässigen Bilanzierung von Treibhausgasemissionen. Ziel ist es, eine Systemarchitektur zu entwickeln, die eine präzise digitale CO_2-Bilanzierung für spezifische Strommengen ermöglicht. In diesem Unterkapitel werden die notwendigen Spezifikationen einer solchen Architektur skizziert.

Zentral für die genaue Erfassung der bilanziellen CO_2-Emissionen von Strom ist eine detaillierte Erfassung von Stamm- und Bewegungsdaten. Stammdaten sind (nahezu) statisch und beziehen sich bspw. auf den Standort und den Typ eines Kraftwerks. Bewegungsdaten hingegen sind dynamisch und umfassen bspw. die erzeugte Strommenge und den damit verbundenen CO_2-Ausstoß in bestimmten Zeitintervallen. Ebenso wichtig ist die Möglichkeit, Erzeugungsanlagen anhand ihrer Stammdaten eindeutig zu identifizieren und mit den erhobenen Bewegungsdaten zu verknüpfen. Dies ermöglicht die Überprüfung der Stromherkunft und der Gültigkeit der CO_2-Zertifikate.

Angesichts der Schäden, die durch den Missbrauch feingranularer CO_2-Daten entstehen können, sind Manipulationssicherheit und Rechtskonformität wesentliche Bestandteile unserer Systemarchitektur. Umfassende Maßnahmen sind erforderlich, um die Datenintegrität zu gewährleisten, Manipulationen zu verhindern, eine durchgängige Überprüfbarkeit der Datenauthentizität zu ermöglichen und eine doppelte Ausstellung und Nutzung von Zertifikaten für dieselbe Menge erzeugten Grünstroms auszuschließen. Darüber hinaus ist der Schutz personen- und verbrauchsbezogener Daten von zentraler Bedeutung.

Zudem ist eine Interoperabilität mit bestehenden Informationssystemen erforderlich, damit die erhobenen Daten in weiteren Schritten entlang der Stromversorgungskette verarbeitet und genutzt werden können. Die Datenstruktur muss hinsichtlich Skalierbarkeit und Performance bei großen Datenmengen für eine flächendeckende Implementierung geeignet sein. Weiterhin sollen die Daten für Verbrauchende transparent zugänglich sein, um eine breite Akzeptanz zu fördern und CO_2-adaptive Entscheidungen zu ermöglichen.

Darüber hinaus ist die Korrektheit und Überprüfbarkeit der Anlagenstammdaten von entscheidender Bedeutung. Diese Daten müssen eindeutig und unveränderbar sein, um das Vertrauen in die auszutauschenden Zertifikate zu gewährleisten (Babel et al., 2023). Um dies zu erreichen, können die Stammdaten von Anlagen, wie z. B. Typ und Spezifikation, als ein Teil einer digitalen Identität ausgegeben werden. Vertrauenswürdige Institutionen verifizieren diese Stammdaten und zertifizieren ihre Korrektheit durch die Ausstellung einer digitalen Identität, die mit einer gesicherten digitalen Signatur versehen ist. Um diese Stammdaten vor Verlust, Manipulation und unberechtigtem Zugriff zu schützen, sollte die digitale Identität auf manipulationssicherer Hardware (z. B. auf einem Secure Element) oder in einem zertifizierten Wallet gespeichert werden, die die Integrität und Vertraulichkeit der Daten sicherstellt. Die Korrektheit der Bewegungsdaten wird durch zertifizierte und geeichte intelligente Messsysteme gewährleistet. Diese ermöglichen eine automatisierte, granulare Datenerfassung und -übertragung entlang der gesamten Lieferkette und erlauben eine detaillierte Datenerfassung in kurzen Zeitintervallen (z. B. im energiewirtschaftlichen Standardzeitintervall von 15 Minuten).

2.1 Anforderungen an eine digitale Architektur zur CO2-Bilanzierung

Im Folgenden stellen wir Anforderungen dar, die unsere Systemarchitektur erfüllen sollte. Zur Definition dieser Anforderungen beziehen wir uns auf wissenschaftlichen Vorarbeiten wie beispielsweise Sadawi et al. (2021), Kim und Huh (2020) und Körner et al. (2023).

Integration und Interoperabilität
Das erste Merkmal, das unsere Architektur erfüllen sollte, ist Interoperabilität. Interoperabilität kann als die Fähigkeit von Architekturen definiert werden, in bestehende Infrastrukturen integriert zu werden. Im Falle der CO_2-Bilanzierung ist insbesondere die Möglichkeit zur Integration in bestehende Umweltpolitik (z. B. EU-EHS), Märkte (z. B. für freiwillige Emissionszertifikate) und Systeme (z. B. ERP-Systeme) für den Aufbau einer digitalen Architektur notwendig. Im Bereich der digitalen CO_2-Bilanzierung sollten Interoperabilitätsbemühungen nicht nur auf neue Systeme (z. B. basierend auf Distributed Ledger Technology Netzwerken), sondern auch auf bestehende Systeme ausgerichtet sein (Mandaroux et al., 2021).

Automatisierung von Datenflüssen
Die zweite Anforderung ist die automatische Verarbeitung und Verifizierung von Daten. Dabei sind Aspekte wie Datensicherheit, Transparenz, Speicherung und das Management von Transaktionen zentral. Besonders wichtig ist es, Daten präzise und automatisiert zu erfassen. Dazu können bspw. Daten über digitale Sensoren gesammelt und automatisiert über Datenökosysteme übermittelt werden. Wie der Datenaustausch genau erfolgt und wie die verschiedenen Akteure miteinander interagieren, hängt stark von der Netzwerkarchitektur und dahinterliegenden Geschäftsmodellen ab. Der Aufbau einer entsprechenden Architektur regelt die Kommunikation zwischen den einzelnen Akteuren wie Menschen,

Maschinen und Organisationen und bestimmt die Protokolle und Mechanismen zur Datenvalidierung. Dies gilt nicht nur intern, sondern für das gesamte Ökosystem.

MRV für Emissionsdaten
Um die Datenflüsse zu automatisieren, sollte unsere Architektur für die CO_2-Bilanzierung in der Lage sein, Emissionsdaten zuverlässig zu erfassen, zu berichten und zu verifizieren. Die zugrunde liegenden Prozesse der CO_2-Bilanzierung werden häufig unter dem englischen Akronym MRV für Monitoring, Reporting und Verification zusammengefasst. In der Forschung wird häufig die Blockchain-Technologie für MRV-Prozesse hervorgehoben, da sie eine hohe Transparenz, Manipulationssicherheit und eine Möglichkeit der Interoperabilität mit anderen Systemen ohne Intermediär bieten kann – neuere Forschung zeigt hier aber auch, dass eine Blockchain-basierte Lösung keineswegs alternativlos ist (Körner et al., 2024).

Identitäts- und Nutzendenmanagement
Identitätsmanagement bezieht sich auf die Verwaltung der Identitäten von Individuen, Organisationen und Maschinen, um Zugang zu bestimmten Diensten in einem System zu erhalten (Bernal Bernabe et al., 2017). Die korrekte Authentifizierung dieser Entitäten ist ein wesentlicher Bestandteil in Architekturen zur CO_2-Bilanzierung, weshalb passende Kanäle, Anwendungen und Dienste, wie etwa Verwaltungssysteme für die Nutzenden, erforderlich sind. Hier nennt aktuelle Forschung SSI als eine mögliche Methode, um Nutzenden einen unkomplizierten Systemzugang zu gewähren und bspw. Emissionen auf mobilen Geräten anzuzeigen (Körner et al., 2023).

Governance
Darüber hinaus sollte unsere Architektur eine entsprechende Governance-Struktur haben, die die formellen und informellen Regeln des Systems festlegt, aktualisiert und aufhebt (Kim & Huh, 2020). Auch für Governance-Aspekte kann auf der Basis aktueller Wirtschaftsinformatik-Forschung die Nutzung der Blockchain-Technologie in Betracht gezogen werden. Die Technologie ermöglicht eine dezentralisierte Governance, bei der die Teilnehmenden am System gemeinsam Entscheidungen treffen, anstatt die Entscheidungsgewalt an einzelne Autoritäten zu übertragen (Sadawi et al., 2021).

2.2 Anforderungen zur Unterstützung CO2-adaptiver Entscheidungen

Unser System zielt darauf ab, CO_2-adaptive Entscheidungen sowohl für Individuen als auch in Unternehmen zu ermöglichen. Um eine einfache Anwendung durch diese Parteien zu gewährleisten, sollte unser System zusätzlich zu den oben diskutierten generellen auch weitere spezifische Anforderungen erfüllen. Diese werden im Folgenden erläutert.

Anforderungen für eine einfache Nutzung durch Organisationen
Ein hohes Maß an Interoperabilität ist eine grundlegende Voraussetzung für ein System, das einen feingranularen Datenaustausch über die gesamte Stromlieferkette hinweg ermöglichen soll (vgl. Abschn. 2.1). Dies wird hauptsächlich durch die Verwendung von standardisierten Anwendungsprogrammierschnittstellen (APIs) und Datenformaten erreicht. APIs erlauben es Organisationen, unabhängig von ihren individuellen Systemen mit der Architektur zu kommunizieren, wodurch ein automatisierter und nahtloser Datenfluss ermöglicht wird. Ebenso wichtig sind standardisierte Datenformate, die ein einheitliches semantisches Verständnis der Daten gewährleisten und damit die Datenqualität und die Einhaltung gesetzlicher Vorschriften sicherstellen. Die Systemarchitektur sollte daher auch kompatibel zu bestehenden Transparenz- und Zertifizierungssystemen in der Energiewirtschaft sein. Unser Ansatz zielt darauf ab, das EU-Emissionshandelssystem zu ergänzen und kann parallel dazu implementiert werden. Der Lösungsansatz funktioniert analog zu den HKNs, daher sollten die Zertifikate mindestens die Standardanforderungen an HKNs erfüllen, um für Unternehmen, die ihren Strom zertifizieren lassen wollen, von Nutzen zu sein.

Anforderungen für eine einfache Nutzung durch Individuen
Zusätzlich zu den Anforderungen für Organisationen ist die Einbindung der Individuen erforderlich. Dementsprechend ist es entscheidend, dass Emissionsdaten nicht nur umfassend erhoben werden, sondern auch für Verbrauchende zugänglich und nutzbar sind. Dazu soll die individuelle Datenhoheit gefördert und die Weiterverwendung der eigenen Daten in verschiedenen Anwendungen vereinfacht werden. Entsprechend sollen die Emissionsdaten in einem standardisierten Format – wie Verifiable Credentials – übermittelt und anschließend in digitalen Wallet ihrer Wahl genutzt werden können. Die Nutzung sollte intuitiv und der Zugriff auf die eigenen Daten interaktiv sein. Ein verständliches Design kann klimafreundliche Entscheidungen erleichtern und einen bewussten Umgang mit Daten fördern, während gleichzeitig die Privatsphäre und der Schutz sensibler Informationen gewahrt bleiben.

2.3 Aufbau der Systemarchitektur

Basierend auf den oben genannten Anforderungen stellen wir unsere Architektur vor, die eine räumlich und zeitlich feingranulare Zuordnung der Stromherkunft ermöglicht. Zur Veranschaulichung des Konzepts verwenden wir das Laden eines Elektroautos als exemplarischen Anwendungsfall. Dabei fokussieren wir uns vereinfachend auf eine Auswahl beteiligter Akteure und gehen von einem direkten Stromverkauf an einen Ladesäulenbetreibenden aus, der schlussendlich das Elektrofahrzeug mit Strom versorgt (siehe Abb. 15.2).

Der Strom wird in einer Anlage, bspw. einer Windkraftanlage, erzeugt und von einem intelligenten Messsystem (Sensoren) exakt gemessen. Anschließend werden ein Label-

15 Feingranulare und digitale CO_2-Herkunftsnachweise für Strom

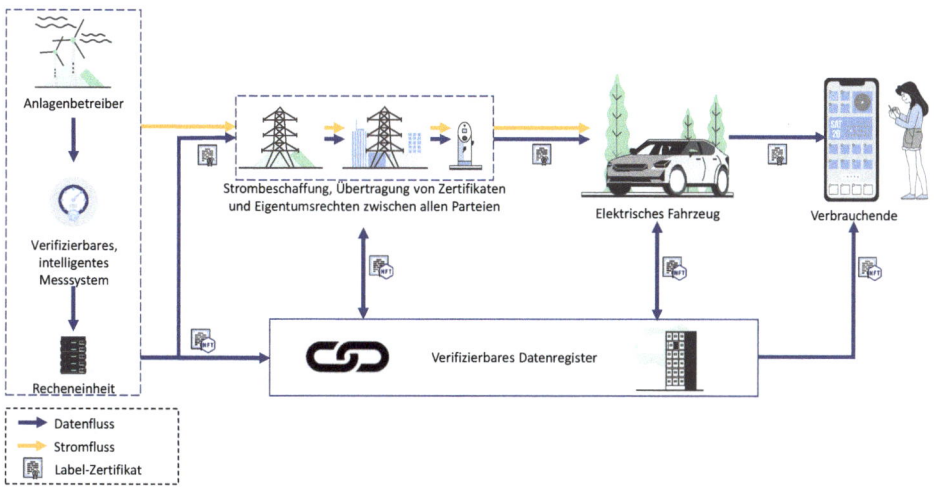

Abb. 15.2 Vereinfachte Darstellung der Systemarchitektur

Zertifikat und ein zugehöriger „Non-Fungible Token" (NFT) erstellt und in einem verifizierbaren Datenregister hinterlegt. Das Zertifikat enthält Informationen über die Herkunft des Stroms, die Strommenge und die damit verbundenen CO_2-Emissionen, während der NFT als Nachweis für die Gültigkeit des Zertifikats dient und keine weiteren Informationen enthält. Während der Strom die Lieferkette bis zur Ladesäule durchläuft, wird das Zertifikat weitergereicht und der NFT entsprechend der gelieferten Strommenge fraktioniert, um die entsprechend gelieferte Strommenge abzubilden. Der Ladesäulenbetreibende liefert den Strom an das Elektrofahrzeug und stellt eine Ladequittung aus, welche aus mehreren Zertifikaten besteht, die der während des Ladevorgangs geladenen Strommenge entsprechen.

Zertifikate, die entlang der Stromlieferkette weitergegeben werden, enthalten umfassende Informationen über die jeweilige Anlage, einschließlich Stamm- und Bewegungsdaten. Alle Akteure in der Stromlieferkette haben eine Identität, die ihrer jeweiligen Rolle entspricht – sei es ein Unternehmen, eine Maschine oder eine Person. Unter Verwendung des SSI-Paradigmas bietet unsere Architektur eine dezentrale Stammdatenverwaltung, bilaterale Kommunikation und ein dediziertes Rechte- und Zugriffsmanagement.

2.4 Technische Umsetzung

Unsere Implementierung basiert auf zwei grundlegenden Komponenten: Label-Zertifikate und NFTs. Diese Komponenten stellen wir im Folgenden dar.

Label-Zertifikate für den Datentransport
Der Prozess beginnt mit der Ausstellung von Zertifikaten durch die Anlage. Diese Label-Zertifikate, die die Stammdaten des Kraftwerks mit den von einer modernen Messein-

richtung gemessenen Stromerzeugungsdaten verknüpfen, werden von der Anlage kryptografisch signiert, um die Integrität der Daten zu gewährleisten. Die Genauigkeit und Vertrauenswürdigkeit der Daten wird durch den Einsatz von kalibrierten und zertifizierten intelligenten Messsystemen sichergestellt, wodurch das sogenannte Oracle-Problem adressiert werden kann (Babel et al. (2023). Auch wenn unser Ansatz nicht zwingend auf SSI aufbauen muss, zieht er wesentliche Vorteile aus der Integration des SSI-Paradigmas. Die Nutzung von Verifiable Credentials als technische Basis für die Label-Zertifikate stellt die Integrität und Authentizität der Daten sicher. Anstatt die Zertifikate zentral zu speichern, werden diese bilateral entlang der Lieferkette übermittelt und können schlussendlich von den Verbrauchenden direkt in persönlichen digitalen Wallets gespeichert werden. Somit erhalten Verbrauchenden die vollständige Kontrolle über ihre eigenen Daten. Zudem ermöglicht die Verwendung von anerkannten Standards mehrere Vorteile wie die Eingliederung in existierende SSI-Ökosysteme sowie, abhängig von der Implementierung, die Möglichkeit zur selektiven Offenlegung von einzelnen Attributen.

Shielded NFTs als Instrument zur Verhinderung der Mehrfachverwendung
In unserem Konzept werden diese Label-Zertifikate mit NFTs kombiniert, um die mehrfache Verwendung desselben Zertifikats zu verhindern. Zu diesem Zweck ordnen wir jedem Zertifikat einen spezifischen NFT zu, der eine eindeutige Identifizierung der einzelnen Zertifikate gewährleistet, ohne dabei personenbezogene Informationen wie Strommenge oder Besitzende des Zertifikats zu enthalten. Wir haben unsere NFTs auf der Grundlage des ERC-1155-Standards gestaltet, wobei die Informationen in jedem beliebigen Format gespeichert werden können. Der Standard ermöglicht die Erstellung eines eindeutigen Tokens („Non-Fungible"), der jedem Zertifikat zugeordnet wird. Zudem erlaubt es die Aufteilung des NFTs in kleinere Tokens („Fractionalizable"). Auf diese Weise kann die gesamte Strommenge eines Tokens, die eine Anlage in einem bestimmten Zeitraum produziert hat, den Verbrauchenden zugeordnet werden, die möglicherweise nur einen Teil des produzierten Stroms nutzen. Zusätzlich haben wir die Informationen mit einem Zero-Knowledge-Proof (ZKP) geschützt („Shielded"), sodass keine sensiblen Daten nach außen preisgegeben werden. Mit diesem Ansatz können die NFTs aufgeteilt, entlang der Lieferkette weitergegeben und zur Überprüfung der Echtheit eines Zertifikats verwendet werden, ohne dass die dem Token zugrunde liegenden Informationen offengelegt werden. So können die Anlagenbetreibenden bspw. nicht nachvollziehen, wer den produzierten Strom gekauft hat. Diese Methode gewährleistet Datenschutz und wahrt gleichzeitig die Integrität des Systems (Babel et al., 2022).

3 Implikationen und Handlungsempfehlungen für die Implementierung

Ein vielversprechender Ansatz für eine zielgerichtete Dekarbonisierung ist es, industrielle Prozesse und wirtschaftliche Aktivitäten auf Grundlage ihrer Treibhausgasintensität, insbesondere bezüglich CO_2, zu bewerten und zu steuern. Dieser Ansatz erfordert eine Um-

15 Feingranulare und digitale CO₂-Herkunftsnachweise für Strom

stellung auf CO_2-adaptive Entscheidungen sowohl für Unternehmen als auch für Individuen. Die Umsetzung eines Systems zur feingranularen CO_2-Nachweisbarkeit, wie im Anwendungsfall Energie des ID-Ideal-Projekts demonstriert, kann Organisationen und Individuen mehr Transparenz bezüglich der CO_2-Intensität ihres Stromverbrauchs verschaffen und es Ihnen ermöglichen, umweltbewusstere Entscheidungen zu treffen. Im Laufe der Zeit könnte diese Transparenz zu einem schrittweisen gesellschaftlichen Wandel führen, bei dem Nachhaltigkeitsaspekte bei alltäglichen Entscheidungen stärker berücksichtigt werden.

Die Einführung eines solchen Systems erfordert ein behutsames Vorgehen, um eine breite Unterstützung zu erreichen. Vor diesem Hintergrund empfehlen wir, zunächst die Granularität der Datenerhebung zu erhöhen und erst danach schrittweise Anreizmechanismen einzuführen, um Individuen und Organisationen die notwendige Anpassung an das neue System zu erleichtern. Aus unserer Sicht ist es dabei wichtig, dass positive Anreize geschaffen werden, die zu einer Verhaltensänderung motivieren. Um diese Strategie zu veranschaulichen, verwendet unsere prototypische Umsetzung einen Nudging-Ansatz (siehe Abb. 15.3). Dieser beinhaltet eine intuitive Anzeige historischer CO_2-Emissionsdaten und Belohnungen für nachhaltiges Verhalten. Ebenso wichtig ist es, Missverständnisse bezüglich der Anreizmechanismen zu vermeiden und Transparenz sowie Klarheit bezüglich der Datenhoheit und des Datenschutzes zu gewährleisten. Ohne angemessene Sicherheitsvorkehrungen könnte die feingranulare Erfassung und Weitergabe von Stromdaten

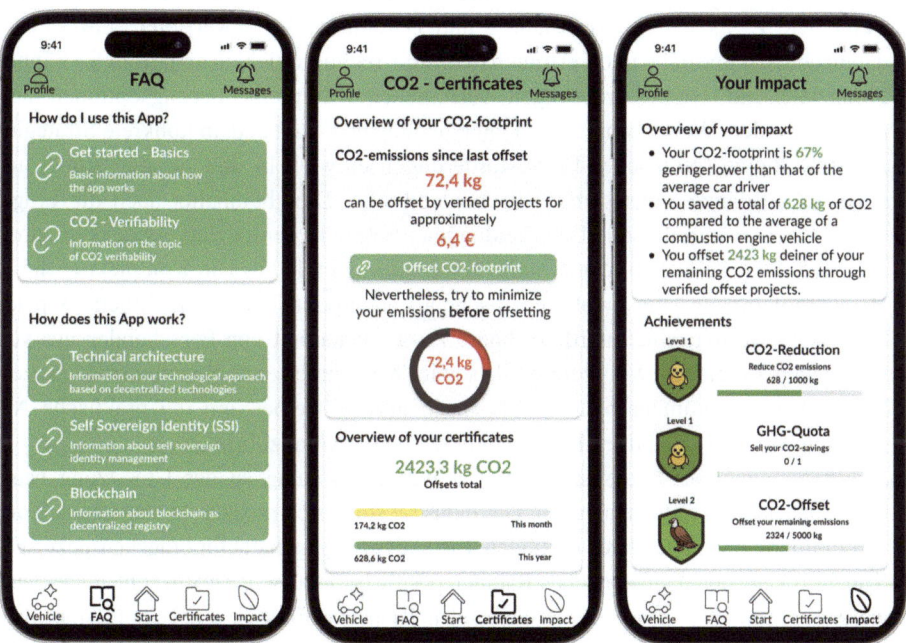

Abb. 15.3 Beispielhafte Screenshots von der grafischen Oberfläche

ungewollt sensible Informationen wie individuelle Verhaltensweisen offenlegen. Während unser Ansatz diese Probleme aus *technischer* Sicht adressiert, ist es dabei jedoch auch von entscheidender Bedeutung, dass die Öffentlichkeit *versteht*, wie unser Ansatz den Datenschutz sicherstellt.

Um einen Beitrag zur erfolgreichen Einführung und Integration feingranularer Systeme zu leisten und damit eine nachhaltigere und umweltbewusstere Zukunft zu fördern, formulieren wir Empfehlungen für die Politik sowie für Stakeholder aus Forschung und Praxis:

- *Politische Akteure* sollten einen umfassenden Rechtsrahmen schaffen, der die feingranulare Erfassung von CO_2-Daten ermöglicht und fördert. Dieser Rahmen sollte klare Richtlinien für Datenerhebung, -austausch und -schutz enthalten. Zusätzlich sollten Anreize für Organisationen geschaffen werden, um deren aktive Beteiligung an einer feingranularen CO_2-Bilanzierung zu motivieren. Darüber hinaus könnten politische Akteure die feingranulare Datenerhebung durch die Gesetzgebung zu HKNs unterstützen, indem sie die Anforderungen an die Informationen erhöhen. Bspw. könnte die Notwendigkeit genauerer CO_2-Werte, anstelle einer einfachen Unterscheidung zwischen erneuerbarem und konventionellem Strom, sowie eine technische Verifizierbarkeit (z. B. durch kryptografische Methoden) gefördert werden. Darüber hinaus sollten positive Anreize für nachhaltige Praktiken geschaffen werden (z. B. durch Steuervergünstigungen, regulatorische Erleichterungen oder soziale Anerkennung für umweltfreundliches Handeln), um eine breitere Akzeptanz und Kooperation zu fördern.
- Wir möchten *Forschende* ermutigen, ihre Bemühungen zur Analyse technischer Bausteine wie ZKPs sowie Governance- und Datenmodelle zu vertiefen, um weitere datenschutzfreundliche und vertrauenswürdige Technologien zu schaffen. So können Potenziale und Herausforderungen verschiedener Implementierungsoptionen aufgedeckt werden. Wissenschaftliche Untersuchungen sollten zudem konkrete Strategien zur Bewältigung politischer Herausforderungen entwickeln, die für die Einführung neuer CO_2-Bilanzierungssysteme entscheidend sind. Dies beinhaltet auch die Fragestellung, wie man politische Entscheidungen effektiv kommuniziert, Bedenken adressiert und die gesellschaftliche Unterstützung gewinnen kann. Die Komplexität dieser Herausforderungen, die sowohl technische als auch politische und rechtliche Aspekte umfassen, erfordert eine interdisziplinäre Zusammenarbeit von Forschenden aus verschiedenen Bereichen wie Informatik sowie Wirtschafts- und Sozialwissenschaften. Eine solche Zusammenarbeit ist der entscheidende Treiber, um die praktische Anwendung von CO_2-adaptiven Entscheidungen weiter voranzubringen.
- *Stakeholder aus der Praxis* sollten zur aktiven Mitwirkung an der Umsetzung neuer CO_2-Bilanzierungssysteme anregen. Die Industrie sollte sich proaktiv an der Entwicklung und Einführung von Standards beteiligen. Ein aktives Engagement für branchenspezifische Standards kann den regulatorischen Rahmen positiv beeinflussen. Zudem sollten Fachleute die Zusammenarbeit zwischen verschiedenen Branchen fördern, um gemeinsame Standards für die Erhebung und Berichterstattung von CO_2-Daten zu entwickeln. Die Etablierung branchenweiter und -übergreifender Best Practices kann nicht nur die Umsetzung des Systems, sondern auch das kollektive Engagement für Nachhaltigkeit fördern.

4 Fazit und Ausblick

Die Entwicklung eines feingranularen Herkunftsnachweissystems für Strom, welches Endverbrauchende und Unternehmen CO_2-adaptive Entscheidungen ermöglicht, ist ein wichtiger Schritt auf dem Weg zur Dekarbonisierung der Gesellschaft. Es kann industrielle Prozesse und wirtschaftliches Handeln mit ihren ökologischen Auswirkungen verknüpfen, Transparenz erhöhen und letztlich nachhaltige Praktiken fördern. Unser Beitrag zeigt dabei auf, wie die Integration des SSI-Paradigmas für Individuen, Organisationen und Maschinen dabei Datenschutz und Selbstbestimmung gewährleisten und somit eine solide Basis für eine breite Akzeptanz schaffen kann.

Über die Anwendung im Elektrizitätssektor hinaus kann die von uns vorgeschlagene Systemarchitektur als Blaupause für die Nachverfolgung von Emissionen in verschiedenen Bereichen dienen, z. B. in Lieferketten für nachhaltigen Wasserstoff (Heeß et al., 2024). Unser Prototyp kann zu einem Basismodell für die Überwachung und Verfolgung anderer Arten von Nachhaltigkeitsdaten weiterentwickelt werden, z. B. für die Einhaltung von Menschenrechten in der Lieferkette. Darüber hinaus kann dieses System auch die Grundlage für eine ganzheitliche und transparente Nachverfolgbarkeit von Produkten und Produktionsprozessen darstellen. Dabei können alle Daten von vorgelagerten Produkten und Rohstoffen bis hin zum ökologischen Fußabdruck des Endprodukts integriert werden und somit die Basis für einen digitalen Produktpass liefern.

Literatur

Babel, M., Gramlich, V., Körner, M.-F., Sedlmeir, J., Strüker, J., & Zwede, T. (2022). Enabling end-to-end digital carbon emission tracing with shielded NFTs. *Energy Informatics, 5*(S1). https://doi.org/10.1186/s42162-022-00199-3

Babel, M., Gramlich, V., Guthmann, C., Schober, M., Körner, M.-F., & Strüker, J. (2023). Vertrauen durch digitale Identifizierung: Über den Beitrag von SSI zur Integration von dezentralen Oracles in Informationssysteme. *HMD, 60*(2), 478–493. https://doi.org/10.1365/s40702-023-00955-3

Babel, M., Körner, M.-F., Ströher, T., & Strüker, J. (2024). Accelerating decarbonization digitally: Status quo and potentials of greenhouse gas emission tracking and trading. *Journal of Cleaner Production, 469*, S. 143125. https://doi.org/10.1016/j.jclepro.2024.143125

Bernal Bernabe, J., Hernandez-Ramos, J. L., & Skarmeta Gomez, A. F. (2017). Holistic privacy-preserving identity management system for the internet of things. *Mobile Information Systems, 2017*, 1–20. https://doi.org/10.1155/2017/6384186

Europäische Kommission. (o.J.). RICHTLINIE (EU) 2023/959 DES EUROPÄISCHEN PARLAMENTS UND DES RATES vom 10. Mai 2023 zur Änderung der Richtlinie 2003/87/EG über ein System für den Handel mit Treibhausgasemissionszertifikaten in der Union und des Beschlusses (EU) 2015/1814 über die Einrichtung und Anwendung einer Marktstabilitätsreserve für das System für den Handel mit Treibhausgasemissionszertifikaten in der Union. https://eur-lex.europa.eu/legal-content/DE/TXT/PDF/?uri=CELEX:32023L0959. Zugegriffen am 06.08.2024.

Heeß, P., Rockstuhl, J., Körner, M.-F., & Strüker, J. (2024). Enhancing trust in global supply chains: Conceptualizing digital product passports for a low-carbon hydrogen market. *Electronic Markets, 34*(1). https://doi.org/10.1007/s12525-024-00690-7

Kim, S.-K., & Huh, J.-H. (2020). Blockchain of carbon trading for UN sustainable development goals. *Sustainability, 12*(10), 4021. https://doi.org/10.3390/su12104021

Körner, M.-F., Schober, M., Ströher, T., & Strüker, J. (2023). Digital carbon accounting for accelerating decarbonization. characteristics of is-enabled system architectures. In *2023 Americas conference on information systems*.

Körner, M.-F., Kranz, T., Rockstuhl, J., & Strüker, J. (2024). From bricks to bytes: Verifiable data for decarbonizing the building sector. *Energy Informatics, 7*(1). https://doi.org/10.1186/s42162-024-00328-0

Kothe, A.-K., Kuptel, A., & Seidl, R. (2021). Simulating personal carbon trading (PCT) with an agent-based model (ABM): Investigating adaptive reduction rates and path dependence. *Energies, 14*(22), 7497. https://doi.org/10.3390/en14227497

Mandaroux, R., Dong, C., & Li, G. (2021). A European emissions trading system powered by distributed ledger technology: An evaluation framework. *Sustainability, 13*(4), S. 2106. https://doi.org/10.3390/su13042106

Sadawi, A. A., Madani, B., Saboor, S., Ndiaye, M., & Abu-Lebdeh, G. (2021). A comprehensive hierarchical blockchain system for carbon emission trading utilizing blockchain of things and smart contract. *Technological Forecasting and Social Change, 173*, 121124. https://doi.org/10.1016/j.techfore.2021.121124

Sedlmeir, J., Smethurst, R., Rieger, A., & Fridgen, G. (2021). Digital identities and verifiable credentials. *Business and Information Systems Engineering, 63*(5), 603–613. https://doi.org/10.1007/s12599-021-00722-y

Sonneborn, C. L. (1999). An overview of greenhouse gas emissions trading pilot schemes and activities. *Ecological Economics, 31*(1), 1–10. https://doi.org/10.1016/S0921-8009(99)00076-2

Umweltbundesamt. (2022). *Die Geltungsdauer eines Herkunftsnachweises*. https://www.umweltbundesamt.de/sites/default/files/medien/372/dokumente/20220505_geltungsdauer_des_hkn.pdf#:~:text=Herkunftsnachweise%20%28HKN%29%20haben%20eine%20begrenzte%20Geltungsdauer%20von%202018,%C3%9Cbertragbarkeitsfrist%20%C3%BCberschritten%2C%20ist%20der%20HKN%20nicht%20mehr%20%C3%BCbertragbar. Zugegriffen am 06.08.2024.

Umweltbundesamt. (2024). *Strom- und Wärmeversorgung in Zahlen*. https://www.umweltbundesamt.de/themen/klima-energie/energieversorgung/strom-waermeversorgung-in-zahlen#Kraftwerke. Zugegriffen am 06.08.2024.

Open Access Dieses Kapitel wird unter der Creative Commons Namensnennung 4.0 International Lizenz (http://creativecommons.org/licenses/by/4.0/deed.de) veröffentlicht, welche die Nutzung, Vervielfältigung, Bearbeitung, Verbreitung und Wiedergabe in jeglichem Medium und Format erlaubt, sofern Sie den/die ursprünglichen Autor(en) und die Quelle ordnungsgemäß nennen, einen Link zur Creative Commons Lizenz beifügen und angeben, ob Änderungen vorgenommen wurden.

Die in diesem Kapitel enthaltenen Bilder und sonstiges Drittmaterial unterliegen ebenfalls der genannten Creative Commons Lizenz, sofern sich aus der Abbildungslegende nichts anderes ergibt. Sofern das betreffende Material nicht unter der genannten Creative Commons Lizenz steht und die betreffende Handlung nicht nach gesetzlichen Vorschriften erlaubt ist, ist für die oben aufgeführten Weiterverwendungen des Materials die Einwilligung des jeweiligen Rechteinhabers einzuholen.

Teil III

Technische Umsetzungen und Architekturen

Der vorangegangene Blick auf die praktische Umsetzung digitaler Identitäten und Nachweise zeigt Potenziale, aber auch technische Herausforderungen auf. Der folgende Buchteil blickt darum in den Maschinenraum digitaler Identitäten und Nachweise, um sich mit den Technologien und Architekturen zu befassen, welche die unterschiedlichen Anwendungsfälle ermöglichen.

Der erste Beitrag beleuchtet die Entwicklung von existierenden Identifikatoren hin zu modernen Wallets und deren Bedeutung für die Zukunft digitaler Organisationsidentitäten. Ein Fokus liegt dabei auf die Herausarbeitung der Unterschiede zu Wallets für Privatpersonen.

Im zweiten Beitrag wird die RessortID vorgestellt, eine Identitätslösung, die speziell zur Abbildung von Organisationsstrukturen in Kommunen entwickelt wurde. Dieses Kapitel zeigt, wie Kommunen auf Basis dieses Konzeptes ihre Anwendungsprozesse effizienter und transparenter gestalten können.

Das dritte Kapitel zeigt auf, wie Hardware Security Modules (HSMs) für die Absicherung digitaler Identitäten in Anwendungsfällen mit besonderen Sicherheitsanforderungen genutzt werden können. Diese Hardwarekomponenten ermöglichen Ausführung kryptografischer Operationen in einer zugriffs- und kopiergeschützten Umgebung.

Der vierte Beitrag stellt TRAIN vor, eine DNS-basierte Vertrauensmanagement-Infrastruktur, die den Aufbau domänenübergreifender Identitäts-Ökosysteme unterstützt. Das Konzept wird illustriert im Kontext von Gaia-X.

Im fünften Beitrag wird der SDI-X-Adapter vorgestellt, der die einfache Integration unterschiedlicher SSI-Protokolle erlaubt und somit insbesondere KMU bei der Einführung von SSI-Systemen unterstützt.

Zum Abschluss dieses Buchteils vergleicht der sechste Beitrag die beiden Technologien DIDcomm und OpenID4VC hinsichtlich ihrer Eignung zur Automatisierung vertrauenswürdiger Prozesse. Dieser Vergleich zeigt die Stärken und Schwächen beider Ansätze und gibt Empfehlungen für deren Einsatz in verschiedenen Anwendungsszenarien.

16 Von Identifikatoren zu Wallets: Die Zukunft digitaler Organisationsidentitäten

Ricardo Bochnia

Zusammenfassung

Der Artikel beleuchtet digitale Organisationsidentitäten und -wallets, welche insbesondere durch die eIDAS-Novellierung an Bedeutung gewinnen. Zunächst werden existierende und aufstrebende digitale Identifikatoren und Identitäten von Organisationen vorgestellt. Im Anschluss erfolgt eine Analyse wie im Rahmen von dezentralen Identitäten und Selbstbestimmter Identität (SSI) Organisationswallets eine mögliche Lösung zur Verwaltung dieser Identifikatoren und Identitäten darstellen. Dabei wird insbesondere auch auf Unterschiede zu Wallets für Privatpersonen eingegangen. Abschließend erfolgt eine kurze Betrachtung des aktuellen Entwicklungsstandes, gefolgt von einem Ausblick und konkreten Handlungsempfehlungen.

Schlüsselwörter

Organisationsidentität · Organisationswallets · eIDAS · Dezentrale Identität · SSI · Verifiable Credentials

1 Einführung

Digitale Organisationsidentitäten und -wallets werden aufgrund der eIDAS Novellierung in den nächsten Jahren an Bedeutung gewinnen, da diese auch Wallets für juristische Personen vorsieht (Europäische Union, 2024). Dabei stellen sich Fragen wie: Gibt es diese Organisation überhaupt? Ist die Person, mit der ich gerade in einem geschäftlichen Video-

R. Bochnia (✉)
HTW Dresden, Arbeitsgruppe Digitale Dienstleistungssysteme, Dresden, Deutschland
E-Mail: ricardo.bochnia@htw-dresden.de

© Der/die Autor(en) 2025
J. Anke et al. (Hrsg.), *Digitale Identitäten und Nachweise*,
https://doi.org/10.1007/978-3-658-47708-0_16

call sitze, echt und berechtigt im Namen dieser Organisation zu handeln? Ist ein erhaltenes Dokument (bspw. Rechnung) echt? Die Aktualität dieser Fragen zeigt ein Fall aus Hong Kong: Ein Finanzmitarbeiter eines multinationalen Unternehmens wurde Opfer eines elaborierten Betrugs, bei dem Betrüger mithilfe von Deepfakes vorgaben, der Chief Financial Officer (CFO) des Unternehmens zu sein. In einem Videoanruf, der scheinbar mit mehreren Kollegen inklusive dem CFO stattfand, wurde der Finanzmitarbeiter dazu gebracht, 200 Mio. Hong Kong Dollar (ca. 23,5 Mio. €) zu überweisen. Später stellte sich heraus, dass alle Teilnehmer des Anrufs digitale Fälschungen waren (Chen & Magramo, 2024).

Aktuell erfolgt die Identifikation zwischen Organisationen oft noch nicht auf digitalen Weg, sondern mit physischen Dokumenten. Die Überprüfung solcher Dokumente benötigt mitunter geschultes Personal und kann recht zeitaufwendig sein. Beispielsweise kann die Anbahnung von Geschäftsbeziehungen zwischen zwei Unternehmen – bei denen die Identitäten der jeweils anderen Seite verifiziert werden müssen – Wochen oder sogar Monate in Anspruch nehmen (Santolalla et al., 2023). Auch das Zentrum der Vereinten Nationen für Handelserleichterungen und elektronische Geschäftsprozesse (UN/CEFACT) sieht eine aufwendige Identifikation bei der Handelsfinanzierung im internationalen Handel als ein großes Hindernis, das durch digitale Organisationsidentitäten adressiert werden könnte (UN/CEFACT, 2022).

Ziel des Beitrags ist es, im Wesentlichen auf die technische Seite von Organisationsidentitäten und -wallets einzugehen und zu zeigen, welche Anforderungen sich bei einer Umsetzung mittels selbstbestimmter Identität (SSI) ergeben. Dabei wird ein Schwerpunkt auf den europäischen Raum gelegt, da die EU mit der eIDAS-Novelle eine rechtliche Grundlage für Wallets für juristische Personen geschaffen hat. Eine Analyse des aktuellen Standes von (digitaler) Unternehmensidentität in Deutschland inklusive Handlungsempfehlungen finden sich im Kap. 4 („Digitale Unternehmensidentitäten: Herausforderungen, Lösungen und Handlungsempfehlungen für die Digitalisierung von Wirtschaft und Verwaltung") und wird daher in diesem Beitrag nicht behandelt.

Der Artikel besitzt folgenden Aufbau: Zunächst werden ausgewählte digitale Organisationsidentitäten und -identifikatoren beschrieben. Anschließend erfolgt eine Betrachtung der Anforderungen von Organisationswallets, die zur Verwaltung und Nutzung der vorher vorgestellten Identitäten und Identifikatoren benötigt werden.

2 Organisationensidentitäten und -identifikatoren

Um ihre digitale Identität nachweisen zu können, benötigen Organisationen eine eindeutige Kennung, einen Identifikator. Organisationen besitzen in der Regel nicht nur einen Identifikator, sondern oft mehrere, die jeweils in bestimmten Kontexten relevant sind.

In einem IDunion Whitepaper wurden bisherige Identifikatoren von Unternehmen näher beleuchtet (Shams et al., 2024). Sie teilen diese in zwei Typen ein: Nicht kryptografisch verifizierbar (Typ 1) und kryptografisch verifizierbar (Typ 2). Zu Typ 1 gehören die meisten heutzutage genutzten, wie IANA PEN, GLN, LEI, EUID, DUNS, während zu

Typ 2 vLEIs, LPIDs und PKI-basierte Zertifikate zählen. Die kryptografisch verifizierbaren Identifikatoren bauen dabei in der Regel auf einem nicht kryptografisch verifizierbaren Identifikator auf. Daher könnte man diese auch eher als Organisations-ID Nachweis bzw. Credential bezeichnen, da sie keine komplett neuen Identifikatoren sind, sondern bestehende kryptografisch verifizierbar machen.

Im Folgenden erfolgt eine Vorstellung der kryptografisch verifizierbaren Identifikatoren auf Basis des Whitepapers.[1]

2.1 Global Legal Entity Identifier Foundation (GLEIF) – Verifiable Legal Entity Identifier (vLEI)

Der Legal Entity Identifier (LEI) ist eine 20-stellige alphanumerische Zeichenkette, die eindeutig einen bestimmten Rechtsträger – in der Regel eine juristische Person – identifiziert (GLEIF, 2023a). Zuständig für das LEI-System ist die Global Legal Entity Identifier Foundation (GLEIF), eine 2014 vom Finanzstabilitätsrat gegründete supranationale gemeinnützige Organisation. Der LEI basiert auf der ISO-Norm 17442, der ursprünglich entwickelt wurde, um die Transparenz und die Überwachung von Finanzmärkten zu verbessern (ISO, 2020). Auch wenn der LEI ursprünglich zur Regulierung der Finanzmärkte entworfen wurde, ist er auch für andere Bereiche verwendbar. Die Vergabe der LEI erfolgt dabei nicht durch GLEIF selbst, sondern durch von GLEIF akkreditierte lokale LEI-Aussteller (GLEIF, 2023a).

Der Verifiable Legal Entity Identifier (vLEI) ist das digitale Gegenstück zum herkömmlichen LEI, der automatisch verifiziert werden kann (GLEIF, 2023a). Grund für die Einführung des vLEIs ist GLEIFs Ansicht, dass bisherige digitale Zertifikate auf PKI-Basis (siehe Abschn. 2.3) die Probleme der digitalen Identität nicht vollständig gelöst haben. Nach Ansicht von GLEIF sind Zertifikate nicht eindeutig, die darin enthaltenen Informationen können veraltet sein, und der Widerruf ist seit jeher problematisch (GLEIF, 2023a).

Technisch basiert der vLEI auf dem KERI-Protokoll (Key Event Receipt Infrastructure) für eine sicherere, verbesserte Schlüsselverwaltung sowie dem ACDC (Authentic Chained Data Container) Datenformat. Das vLEI-System etabliert GLEIF als digitalen Vertrauensanker, die die Integrität der vLEI-Vertrauenskette sicherstellt. Sobald eine Organisation ihre LEI-Nummer erhalten hat, kann die Organisation einen Legal Entity vLEI erhalten und autorisierte Vertreter der Organisation zusätzliche, personenbezogene vLEIs. Dabei enthalten die personenbezogenen vLEIs neben der LEI der Organisation, einen Verweis auf eine Personenidentität sowie die Rolle der zugehörigen Person, siehe Abb. 16.1.

---

[1] Der Text wurde mit Genehmigung der Autoren in überarbeiteter und gekürzter Form übernommen. Alle Bilder sind Ergänzungen. Der vLEI-Text wurde inhaltlich erweitert. Zudem wurde beim den PKI (Public Key Infrastructure)-basierten Zertifikaten die Qualified Website Authentication Zertifikate sowie Kritik zu den vorgestellten PKI-basierten Zertifikaten ergänzt. Zum Schluss wurde zudem neben der Zusammenfassung der ursprünglichen Bewertung noch eine eigene Bewertung der Ansätze angefügt.

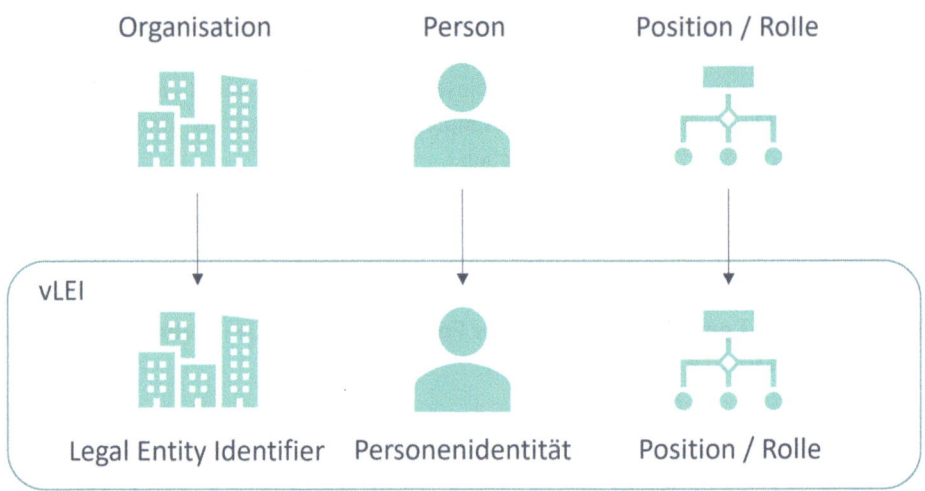

Abb. 16.1 Aufbau eines vLEI, bestehend aus der Identität der Organisation, der Person und deren Rolle

Mittels der ACDC-Technologie wird so eine Zertifikatskette gebildet, d. h. der vLEI der Person ist mit dem vLEI der Organisation verkettet. Mit dem vLEI können die Vertreter der Organisation gegenüber Dritten nachweisen, dass sie autorisierte Vertreter einer Organisation mit der entsprechenden LEI-Nummer sind. Das vLEI-System stellt letztlich eine dezentrale, hierarchische Form der PKI (siehe auch Abschn. 2.3) dar, die nicht auf X.509 Zertifikaten basiert, sondern auf KERI und ACDC (GLEIF, 2023a, 2023b).

Die Europäische Bankenaufsichtsbehörde (EBA) pilotiert momentan den vLEI für das Pillar 3 Reporting der Banken, bei denen Banken umfassende Informationen gegenüber der EBA offenlegen müssen. Dazu ist es notwendig, dass Banken ihren Pillar 3 Report an die Europäische Bankenaufsichtsbehörde übermitteln. Im Pilotprojekt erhält jede Bank einen Legal Entity vLEI und nutzt diesen um personenbezogene vLEIs mit einer speziellen Rolle auszustellen, die das Signieren und Einreichen des Berichtes im Portal der Europäischen Bankenaufsichtsbehörde erlaubt. Statt eine zentrale Verwaltung der Berechtigungen auf Seiten der europäischen Bankenaufsichtsbehörde, verwaltet stattdessen jede Bank mittels der vLEI Vergabe wer ihre Pillar 3 Reports einreichen darf (Europäische Bankenaufsichtsbehörde, 2023).

2.2 eIDAS 2.0 – Daten zur Identifizierung juristischer Personen (Legal PID, LPID)

Die eIDAS 2.0-Verordnung (Europäische Union, 2024) spielt eine wichtige Rolle bei der Verbreitung digitaler Identitäten. Obwohl der Schwerpunkt von eIDAS 2.0 bisher auf natürlichen Personen liegt, erkennen mehrere Interessengruppen an, dass die EUDI-Wallet eine Lösung nicht nur für natürliche Personen, sondern auch für juristische Personen bieten sollte (Bitkom, 2023).

Die EUDI (European Digital Identity)-Wallet für juristische Personen repräsentiert diese, wie sie in einem amtlichen Register definiert ist. Die EUDI-Wallet wird von dieser Person kontrolliert, konfiguriert und betrieben und agiert als deren Vertreter. Technisch authentifizierte Daten einer Organisation werden als kryptografisch verifizierbare Legal Person Identification Data (Legal PID, LPID) dargestellt.

Inhaber einer EUDI-Wallet für juristische Personen würden die LPID als Authentifizierungs- und Identifizierungsnachweis verwenden, da sie eine offizielle Kennung der juristischen Person enthält, die von jedem Mitgliedstaat an die juristische Person vergeben wird. Somit können sie die LPID verwenden, um ihren Geschäftspartnern zu beweisen, dass sie mit einer EUDI-Wallet interagieren, die einer juristischen Person gehört, die in einem amtlichen Register – z. B. dem Handelsregister – eingetragen ist.

Anbieter einer LPID sind vertrauenswürdige Einrichtungen, die die Identität des Besitzers der EUDI-Wallet gemäß den hohen Anforderungen des Level of Assurance (LoA) verifizieren. Die Bedingungen für diese Dienste sind von den einzelnen Mitgliedstaaten festzulegen. LPID-Anbieter können die gleichen Organisationen sein, die heute offizielle Ausweisdokumente ausstellen. EUDI-Wallet-Anbieter können dieselben Organisationen wie PID-Anbieter sein, müssen es aber nicht.

Die LPID scheint ein vielversprechender Kandidat für die organisatorische Identität zu sein. Sie befindet sich jedoch noch in der Entwicklung und hängt von der Verordnung der Europäischen Union ab. Die LPID wird momentan in den Large Scale Pilots der EU, insbesondere im European Wallet Consortium (EWC) vorangetrieben, und ein architektonischer Bezugsrahmen für technologische Anforderungen ist verfügbar und wird ständig aktualisiert und verbessert.

2.3 PKI – Extended & Organization Validated und Qualified Website Authentication Zertifikate

Auf PKI (Public Key Infrastructure) basierende Zertifikate sind seit Jahrzehnten im Einsatz. Sie werden für die Sicherheit von Computernetzen verwendet und ermöglichen die (kryptografische) Überprüfung digitaler Identitäten über ein Computernetzwerk. Außerdem ermöglichen sie es dem Benutzer, Informationen zu verschlüsseln und sicher über ein nicht vertrauenswürdiges Computernetz zu senden.

Ein typischer Anwendungsfall für solche Zertifikate ist der Bereich der Transport Layer Security (TLS), der das Vertrauen für den Besuch von Webseiten über das Internet schafft. Solche Zertifikate können entweder als Domain Validated (DV), Organization Validated (OV) oder Extended Validation (EV) Zertifikate ausgestellt werden (DigiCert, 2024). Im DV-Zertifikat wird festgestellt, dass der Inhaber die Kontrolle über die Domain hat. Bei den OV- und EV-Zertifikaten sind zusätzliche Validierungsebenen erforderlich, um sie zu erhalten. Bei OV-Zertifikaten beglaubigen die Zertifizierungsstellen, dass die mit dem

Zertifikat verbundene Geschäftsorganisation gültig ist und aufrecht bleibt. Bei EV-Zertifikaten gibt es insgesamt 16 Validierungsschritte, bevor das Zertifikat ausgestellt werden kann. Theoretisch bieten EV-Zertifikate ein höheres Maß an Vertrauen im Internet, allerdings ist der tatsächliche Mehrwert von EV- oder OV-Zertifikaten gegenüber DV-Zertifikaten umstritten. Früher wurden Extended-Validation-Zertifikate in der Adresszeile des Browsers besonders dargestellt, was jedoch von meisten Browserherstellern seit 2019 nicht mehr getan wird, da es außer ihrer Sicht keinen Mehrwert bot (Hunt, 2018; Tung, 2019).

Eine europäische Alternative zu EV-Zertifikaten sind die Qualified Website Authentication Certificates (QWACs), welche durch Trust Service Provider (TSPs) ausgestellt werden und zusätzliche Anforderungen enthalten. Allerdings ist auch hier der Mehrwert umstritten (Toulas, 2022).

2.4 Bewertung der Ansätze

Die Autoren des Whitepapers geben keine klare Empfehlung ab, sondern geben nur einen kurzen vergleichenden Überblick: Die EV/OV-Zertifikate und QWACs haben den Vorteil, dass sie bereits heute verfügbar sind, allerdings bisher kaum in einem breiten Raum von Anwendungsfällen für Organisationsidentitäten genutzt werden. Dementsprechend können diese eher als Brückentechnologie dienen. Unreifer, aber vielversprechender sind die beiden Ansätze vLEIs und LPIDs. Von diesen beiden Ansätzen hat der vLEI den Vorteil der internationalen statt nur europäischer Reichweite, sowie einen höheren Reifegrad. Allerdings sprechen die Autoren keine Empfehlung aus, sondern betonen vor allem die Notwendigkeit einer Lösung, die auf kryptografisch überprüfbaren Zertifikaten mit zugehöriger Identitätsinfrastruktur basiert (Tab. 16.1).

Aus Sicht des Autors dieses Artikels erscheint zum gegenwärtigen Zeitpunkt der vLEI als vielversprechendste Alternative neben der LPID. Das ältere Zertifikate wie EV-Zertifikate plötzlich signifikant an Bedeutung gewinnen, erscheint weniger realistisch, da diese eher an Bedeutung verloren haben. Auch QWACs sind letztlich nur eine noch aufwendiger geprüfte, eIDAS-konforme Variante von EV-Zertifikaten, was auch zu einem noch höheren Preis führt. Daher erfolgt nun ein Vergleich zwischen vLEI und LPID.

Tab. 16.1 Gekürzte Tabelle zum Vergleich der verschiedenen Lösungen für digitale Identifikatoren in Unternehmen. (Shams et al., 2024)

	vLEI	LPID	PKI-Zertifikate
Herausgeber	GLEIF	EU, Member States	Certificate Authority, Trusted Service Provider
Reifegrad	Pilot	In Entwicklung, 2–3 Jahre	Verfügbar
Verbreitung	Niedrig	Niedrig	Niedrig
Verfügbarkeit	International	EU	International (EU für QWAC)

Aktuell hat der vLEI einen Verbreitungsvorteil, da er bereits bei der Europäischen Bankenaufsichtsbehörde mit Erfolg pilotiert wird. Die Begrenzung auf den europäischen Raum ist ein Nachteil der LPID, insbesondere für global agierende Organisationen. Dieser Nachteil könnte jedoch dadurch verschwinden, dass bei einem innereuropäischen Erfolg der LPID sich andere Staaten an der europäischen LPID orientieren könnten und interoperable Lösungen entwerfen. Ein weiterer Grund liegt in der Vergangenheit: GLEIF hat seit Anbeginn einen starken Fokus auf Organisationsidentität, während der Fokus in der eIDAS-Welt stark auf der Personenidentität liegt. Daher ist es wahrscheinlich, dass weiterhin viele Ressourcen im eIDAS-Umfeld für die PID der Privatpersonen verwendet werden und daher weniger für die LPID zur Verfügung stehen. Ferner könnte die bestehende eIDAS-Infrastruktur und die marktwirtschaftlichen Interessen der TSPs ihre bisherigen Geschäftsmodelle nicht zu untergraben sich als ein Innovationshindernis erweisen.

3   SSI-basierte Organisationsidentitäten – Organisationsagents und -wallets

Die im vorherigen Abschnitt behandelten Identitäten und Identifikatoren von Organisationen sowie die darauf basierenden Organisationsidentitätsnachweise müssen auch in digitaler Form nutzbar sein. Beispielsweise werden heute Mitarbeiterausweise an Mitglieder einer Organisation ausgegeben, die sowohl gegenüber internen als auch externen Stellen als Nachweis der Mitgliedschaft dienen. Auch Organisationen selbst müssen sich gelegentlich gegenüber anderen Organisationen ausweisen, z. B. durch einen Auszug aus dem Handelsregister. Organisationen sind daher nicht nur Herausgeber und Akzeptanzstellen für Nachweise, sondern auch deren Inhaber, wie in Abb. 16.2 dargestellt. Es ist daher wichtig, dass sowohl die Mitglieder einer Organisation sich ausweisen können, da sie im Namen der Organisation handeln, als auch die Organisation selbst.

Um diese Nachweise digital zu ermöglichen bieten sich digitale Identitäten auf Basis der Selbstbestimmten Identität (SSI) an sowie Organisationsagenten und -wallets. Bezüglich des Unterschiedes von Agents und Wallets sei auf das Glossar verwiesen. Im weiteren Verlauf verwenden wir den Begriff Organisationswallet, da dieser gebräuchlicher ist und der Begriff Agent zu generisch erscheint.

Momentan befindet sich das Thema Organisationswallet noch in einem recht frühen Stadium. Dies liegt daran, dass im Umfeld von SSI Organisationen traditionell nur in den Rollen Herausgeber und Akzeptanzstelle betrachtet wurden. Die Rolle der Organisation als Inhaber digitaler Nachweise wurde in der Vergangenheit oft übersehen und wird erst in letzter Zeit intensiver betrachtet (Bochnia et al., 2023, 2024).

Anstatt umfassend zu beschreiben, was eine Organisationswallet ist (oder nicht ist), konzentrieren wir uns auf ausgewählte Anforderungen, die sich zwischen Personenidentitäten und Organisationsidentitäten unterscheiden. Der Fokus liegt dabei nicht auf möglichen Lösungsansätzen, sondern auf den spezifischen Anforderungen an diese Lösungsansätze.

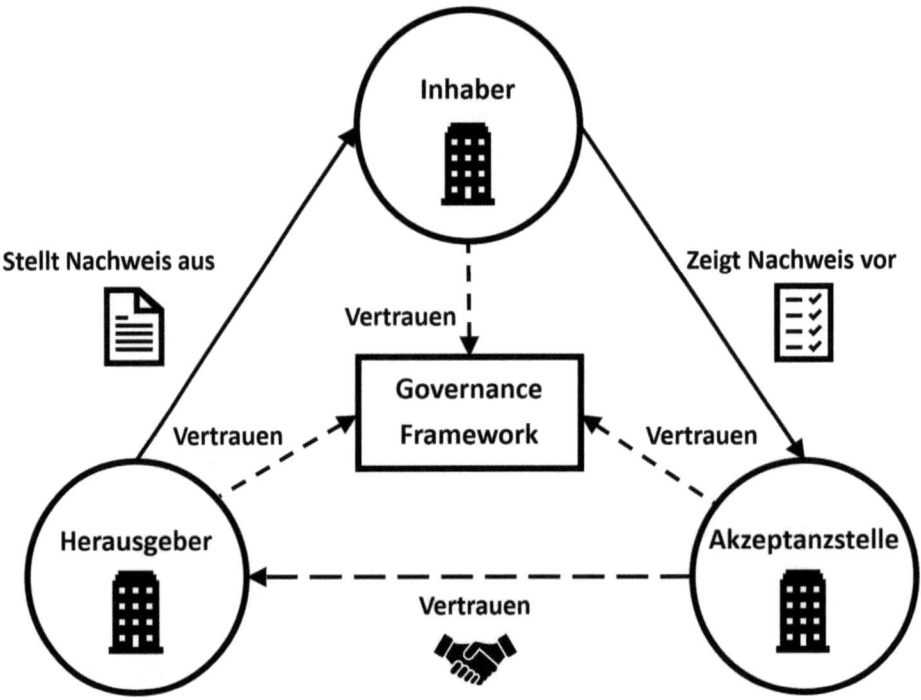

Abb. 16.2 Mögliche Rollen von Organisationen im Vertrauensdreieck

Im Folgenden werden größtenteils Ergebnisse aus dem ID-Ideal Paper „Self-Sovereign Identity for Organizations: Requirements for Enterprise Software" (Bochnia et al., 2024) wiedergegeben, ursprünglich erschienen im IEEE Access Journal. In diesem Paper wurden Anforderungen an SSI-Software für Organisationen ermittelt. Die Ergebnisse basieren auf einer Literaturrecherche, Experteninterviews sowie einer Analyse bestehender SSI-Produkte.

3.1 Organisationen haben nicht nur eine Rolle

Bevor wir uns in den folgenden Abschnitten einigen Unterschieden bei den Anforderungen widmen, erfolgt zunächst noch eine kleine einführende Erklärung, die zeigen soll, dass die drei Rollen, Inhaber, Akzeptanzstelle und Herausgeber nicht so stark getrennt sind, wie oft angenommen wird. Oft wird angenommen, dass die drei Rollen getrennt sind, da dies der Darstellung im SSI-Vertrauensdreieck entspricht. Allerdings sind diese drei Rollen weitaus weniger strikt getrennt als oft angenommen, eine Organisation nimmt innerhalb einer Transaktion mehrere oder alle Rollen an (wobei dies teilweise auch für Privatpersonen gilt).

Abb. 16.3 illustriert dies am fiktiven Beispiel eines ISO 9001-Zertifikats, welches nach erfolgreichem Audit durch eine Zertifizierungsstelle an eine Fertigungsunternehmen aus-

16 Von Identifikatoren zu Wallets: Die Zukunft digitaler Organisationsidentitäten

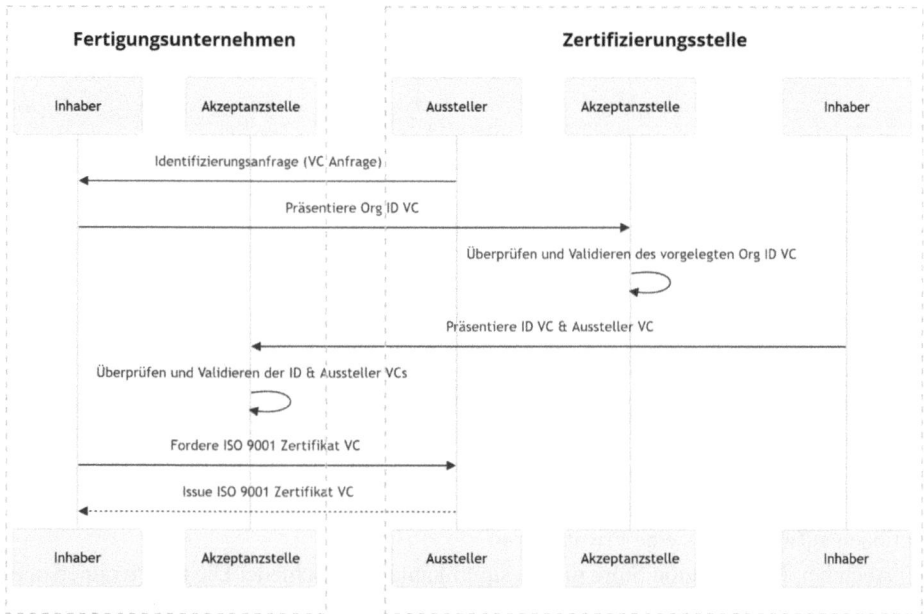

Abb. 16.3 Vereinfachtes Beispiel einer ISO 9001-Zertifikatsausstellung. Die Zertifizierungsstelle fungiert als Herausgeber, Inhaber und Akzeptanzstelle. (Bochnia et al., 2024)

gestellt wird. Um sicherzustellen, dass beide jeweils mit der richtigen Organisation sprechen, führen beide Organisationen eine gegenseitige Authentifizierung durch, indem sie ihre Organisation ID (Org ID) Verifiable Credentials (VCs) austauschen. In diesem Fall sind beide sowohl Inhaber ihres eigenen Org ID VC als auch Akzeptanzstelle für den anderen Org ID VC.

Die zertifizierende Organisation legt zudem auch einen Berechtigungsnachweis vor, der belegt, dass sie ein akkreditierter Aussteller von ISO 9001 Zertifikaten ist. Am Ende wird das eigentliche ISO9001-Zertifikat VC angefordert und ausgestellt, wobei die Organisationen während dieser Interaktion unterschiedliche Rollen einnehmen. Somit agiert das zertifizierende Unternehmen nicht nur als Herausgeber, sondern auch als Akzeptanzstelle und Inhaber, während das Fertigungsunternehmen nicht nur reiner Inhaber ist, sondern auch als Akzeptanzstelle agiert.

Daraus folgt die Frage: Sollen diese Rollen von einem einzigen System, welches aus verschiedenen Komponenten besteht, erfüllt werden oder von verschiedenen Systemen? Ersteres wäre eine Organisationswallet, die also nicht nur das Speichern und Vorzeigen von Nachweisen, sondern z. B. auch die Ausgabe von Nachweisen beherrscht. Für die andere Variante gebe es verschiedene Implementierungen, über dezidierte Systeme für jede der drei Rollen bis zu der Integration der Verwaltung Nachweise in Bestandssysteme ohne dezidierte Organisationswallet.

Abb. 16.4 Operationen, die mit digitalen Nachweisen ausgeführt werden können: Ausstellen, Speichern, Präsentieren, Verifizieren, Validieren, Widerrufen, Löschen, Ändern, Übertragen, Sichern, Wiederherstellen und Archivieren. (Bochnia et al., 2024)

3.2 Nachweisoperationen

Die grundlegenden in Abb. 16.4 aufgeführten Nachweisoperationen sind sowohl für Privatpersonen als auch Organisationen wichtig. Allerdings unterscheiden sich die Anforderungen an diese Operationen. So ist für Organisationen wesentlich wichtiger, dass gewisse Operationen, wie bspw. Ausstellen, Präsentieren oder Verifizieren, auch skalierbar sind, da insbesondere größere Organisation täglich eine vielfach größere Anzahl an Transaktionen aufweisen, als eine Privatperson.

Auch bei der Operation Store gibt es signifikante Unterschiede: Die für Privatpersonen favorisierte mobile Wallet, wird für Organisationen eher weniger geeignet sein, da hier in der Regel mehrere Personen auf eine Wallet zugreifen. Stattdessen werden Organisationen eher eine Cloud-Wallet oder On-Premise Lösung bevorzugen.

Manche der in Abb. 16.4 aufgelisteten Operationen werden bisher nur unzureichend von den aktuell existierenden Produkten unterstützt. So ist bspw. die Funktionalität ein Backup der Nachweise zu erstellen und wiederherzustellen oder auch Nachweise in eine andere Wallet zu transferieren, sehr begrenzt. Auch die Archivierung und das Management langlebiger Nachweise wird bisher vernachlässigt (Bochnia & Anke, 2024). Im Bereich der Nachweisoperationen ist daher noch weitere Forschungs- und Entwicklungsarbeit notwendig.

3.3 Mitarbeiterausweise – Digitale Nachweise von Organisationsvertretern

Organisationen sind nicht eigenständig handlungsfähig, sondern ein Mitglied der Organisation handelt im Namen der Organisation. Um dies zu erreichen, können Organisationen Berechtigungsnachweise für Mitglieder – oder auch Maschinen und Software – einsetzen, damit diese Entitäten im Namen der Organisation handeln können. Wichtig ist bei Mitarbeiterausweisen die Differenzierung zwischen zwei verschiedenen Rollen, die nun am Beispiel der vLEIs erklärt werden sollen, siehe auch Abb. 16.1 zum Aufbau von vLEIs, die an Personen ausgestellt werden. Zwar gehören Nachweise wie Mitarbeiterausweise eigentlich zu einer Person, sind aber stark mit einer Organisationsidentität verknüpft.

GLEIF unterscheidet beim vLEI zwischen offiziellen und nicht-offiziellen Rollen (Official Organisation Role und Engagement Context Role). Unterschied zwischen beiden ist, dass erstere durch externe Quellen verifizierbar sind, bspw. sind Geschäftsführer und Prokuristen einer deutschen GmbH über das zuständige Handelsregister verifizierbar. Da diese Rollen sehr weitreichende Befugnisse haben, ist hier eine strengere Governance notwendig. Andere Rollen wie Einkäufer oder Head of Marketing gehören zu den nichtoffiziellen Rollen, die nicht extern überprüfbar sind. Offizielle Rollen sind im ISO-Standard 5009 festgelegt. GLEIF übernimmt für diesen Standard die Pflege der internationalen Liste mit offiziellen Rollen in Organisationen (GLEIF, 2024).

3.4 Mehrbenutzerfähigkeit und Rollenkonzept

Als zentraler Unterschied zwischen beiden Wallet-Typen gilt, dass ein Organisationswallet von mehreren Benutzern verwendet wird und dementsprechend ein Rollenkonzept benötigt. Zwar gibt es auch Fälle im privaten Bereich, in denen ein Rechtemanagement erforderlich sein könnte, beispielsweise bei Kindern oder Vormundschaft. Typischerweise ist das Rechtemanagement in Organisationen jedoch deutlich komplexer, insbesondere in größeren Organisationen. In der Regel besitzen Organisationen oft bereits ein traditionelles Identity Access Management (IAM)-System, welches die Verwaltung der Identitäten und den dazugehörigen Rechten übernimmt. Mittlerweile werden auch die Anbieter klassischer IAM-Systeme zunehmend auf SSI aufmerksam und versuchen dies in ihre Systeme zu integrieren. Dies zeigt sich bspw. an der größten europäischen Industriekonferenz zu digitalen Identitäten die European Identity and Cloud Conference 2024, wo dezentrale Identitäten und SSI neben KI eins der beiden Schwerpunktthemen war (Kuppinger-Cole, 2024).

3.5 Beziehungen

Auch das Beziehungsmanagement ist für Organisationen unerlässlich. Nach Windley besteht der Zweck von Identitätssystemen nicht in der Verwaltung von Identitäten, sondern in der Unterstützung digitaler Beziehungen auf der Grundlage dieser Identitäten (Windley, 2023).

Einige dieser Beziehungen können sichere und dauerhafte Kanäle beinhalten, wie es bspw. das DIDComm-Protokoll ermöglicht. Nicht jedes Kommunikationsprotokoll erlaubt jedoch die Einrichtung dauerhafter Kanäle vor dem Austausch von Berechtigungsnachweisen, bspw. die OpenID4VC-Protokolle. Daher muss das System möglicherweise auch den Austausch von Berechtigungsnachweisen ohne einen solchen dauerhaften Kanal unterstützen. Darüber hinaus kann es sinnvoll sein, eine Beziehungshistorie zur Aufzeichnung durchgeführter Transaktionen bereitzustellen.

Aus der Unternehmensperspektive lassen sich die Beziehungen in Business-to-Consumer (B2C), Business-to-Business (B2B) und Business-to-Administration (B2A) kategorisieren. Je nach Art der Beziehung gibt es unterschiedliche Anforderungen. Im

B2C-Bereich ist die Zahl der Interaktionspartner in der Regel wesentlich größer als im B2B- oder B2A-Bereich. Infolgedessen sind automatisierte Transaktionen aufgrund der größeren Anzahl der zu verarbeitenden Datensätze oft weiterverbreitet. Für B2C mag z. B. OpenID4VC der bessere Ansatz sein, da diese Protokolle von einer asymmetrischen Client-Server-Beziehung ausgehen, die der B2C-Beziehung im Wesentlichen entspricht. Im B2B sind diese Beziehungen wesentlich symmetrischer und ein Protokoll wie DIDComm die bessere Wahl, da es dauerhafte symmetrische Kommunikation und Credentialaustausch ermöglicht. Die Wahl des Kommunikationsprotokolls sollte sich also an der Art der Beziehung orientieren.

Das System muss eine gegenseitige Identitätsüberprüfung beim Austausch von Berechtigungsnachweisen zwischen Interaktionspartnern gewährleisten. Dazu gehört die Möglichkeit für jede Partei, die Identität der anderen Partei zu überprüfen, wie bereits in Abb. 16.3 gezeigt. Zum Beispiel durch Vorlage einer Art von Identitäts-VC, die von einem vertrauenswürdigen Aussteller für Organisationsidentitäten ausgestellt wurde. Dies ist wichtig, um sicherzustellen, dass VCs nicht gefälscht sind oder von unbefugten Dritten vorgezeigt werden.

3.6 Automatisierte Interaktionen

Um Geschäftsprozesse zu automatisieren, müssen Nachweise auch automatisch handhabbar sein. Durch die automatische Überprüfung von Organisationsidentitäten und anderen Nachweisen kann beispielsweise der Onboarding-Prozess für neue Geschäftspartner erheblich beschleunigt werden. Auch für die Stammdatenpflege sind automatisierte Interaktionen von großer Wichtigkeit. Um diese automatisierten Interaktionen zu ermöglichen, ist die Einbindung in die IT-Landschaft der Organisation über entsprechende Schnittstellen notwendig.

3.7 Einbindung die IT-Landschaft der Organisation

Ein SSI-System einer Organisation muss nicht nur mit anderen SSI-Systemen interagieren können, sondern vor allem auch mit den internen Systemen der Organisation. Dies ist entscheidend, damit die Organisationswallet nahtlos in die bestehende IT-Infrastruktur integriert werden kann. So muss beispielsweise das SSI-System mit ERP- oder Buchhaltungssystemen kompatibel sein, um eine effiziente Datenverarbeitung zu gewährleisten. Diese Systeme sind für Organisationen essenziell und verfügen über etablierte Kommunikationsprotokolle und Datenformate. Dementsprechend sollte hier eine Interoperabilität angestrebt werden. Statt SSI-spezifische Protokolle in die internen Systeme der Organisation zu integrieren, scheint es vielversprechender, dass SSI-Systeme weitverbreitete Schnittstellen, wie bspw. REST oder SOAP unterstützen, siehe Abb. 16.5. Eine andere Möglichkeit wäre, dass bspw. ERP-Anbieter selbst eine kompatible SSI-Komponente bereitstellen.

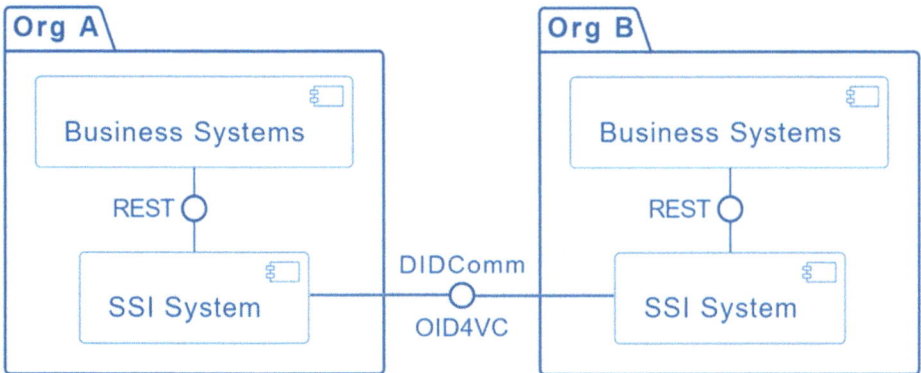

Abb. 16.5 Vereinfachte Darstellung der Interaktion von SSI Systemen mit anderen Systemen (Bochnia et al., 2024)

3.8 Compliance

Die Einhaltung gesetzlicher Vorschriften und interner Richtlinien ist für Unternehmen von entscheidender Bedeutung. Lemieux, Voskobojnikov und Kang (2021) weisen darauf hin, dass SSI-Lösungen, die den Austausch von Transaktionsdaten nicht erfassen, für Audit- und Rechenschaftszwecke problematisch sein können, da es keinen Nachweis gibt, dass der Austausch stattgefunden hat. Sie schlagen eine Beweisregistrierung vor, um sicherzustellen, dass die Beweisdaten im Falle eines Streits oder einer Prüfung validiert werden können. Die Protokollierung von Nachweisen ist zwar wichtig, aber auch die Protokollierung anderer Aktivitäten innerhalb des Systems ist für Prüfungszwecke und die Aufdeckung möglicher Compliance-Verstöße erforderlich.

Das Vier-Augen-Prinzip kann dazu beitragen, die Compliance in organisatorischen SSI-Systemen zu verbessern. Es besagt, dass mindestens zwei Personen unabhängig voneinander bestimmte Aktionen oder Entscheidungen überprüfen und bestätigen müssen, um Fehler oder Missbrauch zu verhindern. Multi-Signature-Verfahren sind eine mögliche Umsetzung des Vier-Augen-Prinzips und bezieht sich auf eine Reihe von Verfahren, bei denen mehrere autorisierte Parteien digitale Signaturen leisten müssen, um eine Transaktion oder Aktion innerhalb eines Systems zu genehmigen (Narayanan et al., 2016). Es wird bereits bei Kryptowährungen verwendet, kann aber auch auf SSI angewandt werden (Ding & Sato, 2022). So unterstützt bspw. der vLEI Multi-Signature aufgrund der KERI/ACDC-Technologie (GLEIF, 2023b).

4 Fazit und Ausblick

Digitale Organisationsidentitäten und -wallets gewinnen zunehmend an Bedeutung und könnten Organisationen sowohl bei der Prozessautomatisierung als auch bei der Abwehr von Cyberkriminalität unterstützen. Die reformierte eIDAS-Verordnung schafft eine rechtliche Grundlage für Organisationsidentitäten, die nun auch technisch umgesetzt werden muss. Allerdings fokussiert sich auch die europäische Umsetzung bisher stark auf Personenidentitäten und betrachtet Organisationsidentitäten oft nur am Rande. Die erarbeitete Referenz-Architektur ist vordergründig für die Wallets natürlicher Personen geeignet. Einige unserer europäischen Nachbarn, wie bspw. die Niederlande (eHerkenning) oder Schweden, haben bereits die Wichtigkeit des Themas Organisationsidentitäten erkannt und treiben das Thema in den Large Scale Pilots der EU voran. Auch außerhalb der EU gibt es mit Initiativen wie den vLEI von GLEIF vielversprechende internationale Bestrebungen einer digitalen Organisationsidentität. In Deutschland wird dieses Thema noch weitestgehend ignoriert und es erfolgt eine starke Fokussierung auf die eID und personenbezogene Nachweise, wie bspw. digitale Führerscheine. Abschließend erfolgen noch eine Auflistung von Handlungsvorschlägen:

- Neue Large Scale Pilot Projekte der EU sollten auch Organisationswallet pilotieren (bisher tut dies nur einer von vier). Dabei sollten nicht nur B2A-Anwendungsfälle betrachtet werden, sondern auch B2B und B2C.
- Es muss auch ein deutscher Architekturvorschlag für Wallets von juristischen Personen erfolgen. Hierbei kann das BMI aufgrund seiner Expertise auch die Federführung übernehmen, sollte aber andere Ministerien wie das BMWK stärker einbinden.
- Analog sollte der deutsche Konsultationsprozess zur Wallet auch Organisationsidentitäten betrachten.
- Organisationen sollten neben europäischen Initiativen auch internationale Ansätze, wie den vLEI aufmerksam verfolgen und bei Pilotprojekten mitwirken.

Danksagung Eine Danksagung geht an die Autoren des IDunion Whitepapers *„Digital Identities for Organizations"* Werner Folkendt, Saad Bin Shams, Fabian van Gelder und Martin Wimmer für die Erlaubnis Texte aus dem Whitepaper in angepasster Form zu übernehmen (mit Verweis auf die Originalquelle).

Literatur

Bitkom. (2023). *Erarbeitung einer prototypischen eIDAS 2.0-konformen Infrastruktur für Digitale Identitäten.*
Bochnia, R., & Anke, J. (2024). Long-lived verifiable credentials: Ensuring durability beyond the issuer's lifetime. In *ARES 2024: The 19th international conference on availability, reliability and security.* https://doi.org/10.1145/3664476.3669933
Bochnia, R., Richter, D., & Anke, J. (2023). Lifting the veil of credential usage in organizations: A taxonomy. In H. Roßnagel, C. H. Schunck, & J. Günther (Hrsg.), *Open identity summit 2023* (S. 27–38). Gesellschaft für Informatik e.V. https://dl.gi.de/handle/20.500.12116/41682
Bochnia, R., Richter, D., & Anke, J. (2024). Self-sovereign identity for organizations: Requirements for enterprise software. *IEEE Access, 12,* 7637–7660. https://doi.org/10.1109/ACCESS.2023.3349095

Chen, H., & Magramo, K. (2024, April 02). Finance worker pays out $25 million after video call with deepfake ‚chief financial officer'. *CNN*. https://edition.cnn.com/2024/02/04/asia/deepfake-cfo-scam-hong-kong-intl-hnk/index.html. Zugegriffen am 05.10.2024.

DigiCert. (2024). *What's the difference between DV, OV & EV SSL certificates?* https://www.digicert.com/difference-between-dv-ov-and-ev-ssl-certificates. Zugegriffen am 05.10.2024.

Ding, Y., & Sato, H. (2022). Self-sovereign identity as a service: Architecture in practice. In *2022 IEEE 46th annual computers, software, and applications conference (COMPSAC)* (S. 1536–1543). IEEE.

Europäische Bankenaufsichtsbehörde. (2023). *Pillar 3 data hub processes and possible pratical implications*. Discussion paper.

Europäische Union. (2024). Regulation (EU) 2024/1183 of the European Parliament and of the Council of 11 April 2024 amending regulation (EU) no 910/2014 as regards establishing the European Digital Identity Framework (eIDAS 2). https://eur-lex.europa.eu/eli/reg/2024/1183/oj. Zugegriffen am 05.10.2024.

GLEIF. (2023a). *Introducing the verifiable LEI (vLEI) – vLEI – GLEIF*. https://www.gleif.org/en/vlei/introducing-the-verifiable-lei-vlei. Zugegriffen am 05.10.2024.

GLEIF. (2023b). *vLEI question and answer*.

GLEIF. (2024, Mai 31). *ISO 5009: Code-Liste offizieller organisatorischer Rollen – Code-Listen – LEI – GLEIF*. https://www.gleif.org/de/about-lei/code-lists/iso-5009-official-organizational-roles-code-list. Zugegriffen am 05.10.2024.

Hunt, T. (2018). Extended validation certificates are dead. *Troy Hunt*. https://www.troyhunt.com/extended-validation-certificates-are-dead/. Zugegriffen am 05.10.2024.

ISO. (2020). *ISO 17442-1:2020*. https://www.iso.org/standard/78829.html. Zugegriffen am 05.10.2024.

KuppingerCole. (2024). *EIC 2024 agenda*. https://www.kuppingercole.com/events/eic2024/agenda. Zugegriffen am 05.10.2024.

Lemieux, V., Voskobojnikov, A., & Kang, M. (2021). Addressing audit and accountability issues in self-sovereign identity blockchain systems using archival science principles. In *2021 IEEE 45th annual computers, software, and applications conference (COMPSAC)*. IEEE.

Narayanan, A., Bonneau, J., Felten, E., Miller, A., & Goldfeder, S. (2016). *Bitcoin and cryptocurrency technologies. A comprehensive introduction*. Princeton University Press.

Santolalla, O., Reed, D., & Tobin, A. (2023, September 13). Unlocking trust: Exploring vLEI & self sovereign identity (SSI) with Drummond Reed & Andy Tobin, Gen – Podcast episode 96. *Ubisecure*. https://www.ubisecure.com/podcast/exploring-vlei-and-ssi-drummond-reed-andy-tobin/?utm_source=substack&utm_medium=email. Zugegriffen am 05.10.2024.

Shams, S. B., Wimmer, M., van Gelder, F., & Folkendt, W. (2024). *Digital identities for organizations*. IDunion.

Toulas, B. (2022). Experts urge EU not to force insecure certificates in web browsers. *BleepingComputer*. https://www.bleepingcomputer.com/news/security/experts-urge-eu-not-to-force-insecure-certificates-in-web-browsers/. Zugegriffen am 05.10.2024.

Tung, L. (2019). Google, Mozilla: We're changing what you see in Chrome, Firefox address bars. *ZDNet*. https://www.zdnet.com/article/google-mozilla-were-changing-what-you-see-in-chrome-firefox-address-bars/. Zugegriffen am 05.10.2024.

UN/CEFACT. (2022). White paper. eDATA verifiable credentials for cross border trade.

Windley, P. J. (2023). *Learning digital identity*. O'Reilly Media. https://learning.oreilly.com/library/view/learning-digital-identity/9781098117689/. Zugegriffen am 05.10.2024.

Open Access Dieses Kapitel wird unter der Creative Commons Namensnennung 4.0 International Lizenz (http://creativecommons.org/licenses/by/4.0/deed.de) veröffentlicht, welche die Nutzung, Vervielfältigung, Bearbeitung, Verbreitung und Wiedergabe in jeglichem Medium und Format erlaubt, sofern Sie den/die ursprünglichen Autor(en) und die Quelle ordnungsgemäß nennen, einen Link zur Creative Commons Lizenz beifügen und angeben, ob Änderungen vorgenommen wurden.

Die in diesem Kapitel enthaltenen Bilder und sonstiges Drittmaterial unterliegen ebenfalls der genannten Creative Commons Lizenz, sofern sich aus der Abbildungslegende nichts anderes ergibt. Sofern das betreffende Material nicht unter der genannten Creative Commons Lizenz steht und die betreffende Handlung nicht nach gesetzlichen Vorschriften erlaubt ist, ist für die oben aufgeführten Weiterverwendungen des Materials die Einwilligung des jeweiligen Rechteinhabers einzuholen.

RessortID: Eine Identitätslösung zur Abbildung von Organisationsstrukturen am Beispiel von Kommunen

André Röder, Robert Schröder, Matthias Fuhrland und André May

Zusammenfassung

In einer digitalen Kommune brauchen die Verwaltungsakteure digitale Identitätslösungen, auf deren Basis Anwendungsprozesse digitalisiert und automatisiert werden können. Die RessortID ist ein mehrstufiges, universell einsetzbares Konzept, das die hierarchische Struktur einer Organisation mit sicheren digitalen Identitäten für Organisationseinheiten und Mitarbeiter abbildet und flexibel an Struktur, Prozesse und Außenwirkung der jeweiligen Organisation angepasst werden kann. Es wird am Beispiel einer Kommune erläutert, ist aber auf jede andere Art von Organisation übertragbar.

Schlüsselwörter

Digitale Organisationsidentität · Verwaltungsdigitalisierung · Digitale Mitarbeiteridentität · Digitale Kommune · Prozessautomatisierung · Trustnet

---

A. Röder (✉)
KAPRION Technologies GmbH, Dresden, Deutschland
E-Mail: Andre.roeder@kaprion.de

R. Schröder · A. May
Landeshauptstadt Dresden, Eigenbetrieb IT, Dresden, Deutschland
E-Mail: RSchroeder1@Dresden.DE; amay2@Dresden.DE

M. Fuhrland
HTW Dresden, Arbeitsgruppe Digitale Dienstleistungssysteme, Dresden, Deutschland
E-Mail: matthias.fuhrland@htw-dresden.de

© Der/die Autor(en) 2025
J. Anke et al. (Hrsg.), *Digitale Identitäten und Nachweise*,
https://doi.org/10.1007/978-3-658-47708-0_17

1 Motivation

Der Status Quo zur Vertrauensbildung im Internet sind Vertrauensketten in Form von Zertifikatsketten, die von oben nach unten wachsen. Dieselbe Idee steht prinzipiell auch hinter eIDAS: Vertrauensdienstleister werden von drei verschiedenen Bundesbehörden überwacht. Also sollen alle darunter verorteten Akteure dem Herausgeber eines vom Vertrauensdienst gesiegelten Credentials vertrauen können. Die komplette Abhängigkeit von Drittparteien (Vertrauensdiensten) ist kostenseitig und auch vom Autonomiegedanken her für Kommunen nicht tragbar. Das Trustnet (siehe Artikel zum Trustnet) verspricht hier vollkommen andere Möglichkeiten. Das derzeitige Grundproblem ist, es gibt derzeit noch keine digitalen Identitätslösungen für hoheitliche Akteure, die den Bedürfnissen der Kommunen hinsichtlich der Digitalisierung von Geschäfts- und Verwaltungsprozessen Rechnung trägt. In Kooperation mit KAPRION Technologies und der HTW Dresden entwickelt die Landeshauptstadt Dresden deswegen mit *RessortID* und *KommPass* SSI-basierte digitale Identitäten für kommunale Akteure und Bürger.

Eine Kommune hat eine sehr breite Organisationsstruktur mit verschiedenen Ressorts und Hierarchieebenen. Mit diesen Ressorts und Hierarchieebenen sind verschiedene Aufgabenbereiche und Vertretungsrechte verknüpft. Diese müssen sich auch in einer digitalen Kommune in Form digitaler Identitäten widerspiegeln, auf deren Basis Prozesse digitalisiert und automatisiert werden können. Da es hierfür bislang keine Lösung gab, wurde mit RessortID im Rahmen des Schaufensterprojekts ID-Ideal eine solche Lösung geschaffen, die gemeinsam mit dem digitalen KommPass der Bürger (siehe Artikel zum KommPass) als Basis für digitale Interaktion zwischen Bürgern und kommunalen Fachabteilungen dient. Mit Hilfe dieses Ansatzes kann ein weltweites Vertrauensnetz auf Ebene der Kommunen geschaffen werden, als erste Entwicklungsstufe des Trustnets. *Der Vorteil der RessortID-Lösung soll sein, dass sie explizit nicht der Regulierung auf Landes-, Bundes- oder EU-Ebene unterliegt, sondern unter der Hoheit der jeweiligen Kommune deren jeweiligen Bedürfnissen in technischer und organisatorischer Sicht entsprechend ausgestaltet werden kann.* Das heißt, die Kommune entscheidet, ob und in welcher Ausprägung sie die RessortID einführt und welche eigenen Anwendungsprozesse damit unterstützt werden sollen. Der Ansatz ist zudem auf jede andere Art von Organisation (Gebietskörperschaften, Unternehmen, Behörden, NGOs, …) übertragbar.

2 Prämissen für die Entwicklung der RessortID

Der Entwicklung der RessortID wurden folgende Prämissen vorangestellt:

1. Digitale Kommune bedeutet, dass sich die kommunale Organisationsstruktur der analogen Welt auch in der digitalen Welt abbildet inkl. der Zuständigkeit für ressortspezifische Aufgaben und Prozesse. Die digitale Kommune ist sozusagen der digitale Zwilling einer Kommune, nur dass innerhalb dieses digitalen Zwillings auch Organisationsstruktureinheiten, handelnde Personen und Prozesse digital abgebildet werden.

2. Die Kommune als Organisation benötigt für die Identifizierung der Organisation im digitalen Raum eine **Organisationsidentität**. Gleiches gilt für sämtliche Organisationsstruktureinheiten (Ämter, Abteilungen, Teams), die im Namen der Kommune im digitalen Raum eigenverantwortlich interagieren. Mit überprüfbaren digitalen Nachweisen lassen sich Zuständigkeiten und Rechte jeder Organisationsstruktureinheit innerhalb digitaler Interaktionen im Innen- und Außenverhältnis belegen.
3. Jeder Mitarbeiter einer Kommune kann mit Hilfe seiner **beruflichen digitalen Identität** in der digitalen Organisationsstruktur verortet werden und mit überprüfbaren digitalen Nachweisen seine Rollen und Rechte innerhalb digitaler Interaktionen im Innen- und Außenverhältnis wahrnehmen.
4. Die umfassende Überprüfbarkeit der digitalen Identität oder digitaler Nachweise eines Akteurs innerhalb der Stadt-/Gemeindeverwaltung als Basis einer vertrauenswürdigen digitalen Interaktion setzt voraus, dass auch die Bürger, die mit dem kommunalen Mitarbeiter digital interagieren, sichere digitale Identitäten besitzen. Der Einwohner erhält von der Kommune einen Nachweis seiner Einwohnerschaft (KommPass), den er zur Basis seiner digitalen Identität innerhalb der digitalen Kommune macht.

3 Identitätslösung der kommunalen Akteure

Die für die kommunalen Akteure entwickelte Identitätslösung ist ein mehrstufiges Konzept, das universell eingesetzt und flexibel an Struktur, Prozesse und Außenwirkung der jeweiligen Organisation angepasst werden kann. Die der Erläuterung der Stufen nachfolgenden Grafiken dienen dem besseren Verständnis des Konzepts und der Begriffe.

Stufe 0: *Root-Register*

Ein Root-Register enthält die Root-Zertifikate der hoheitlichen/gesetzlich geregelten Vertrauensdomänen. Damit sind keine Webseitenzertifikate gemeint, sondern digitale Nachweise für die reale und legale Existenz von Körperschaften und deren rechtliche Vertreter. Beispiele:

- Register der Gebietskörperschaften und Ministerien inkl. der Führungspersonen
- Register der sonstigen Körperschaften des öffentlichen Rechts inkl. der Führungspersonen
- Für juristische Personen des Privatrechts kann das perspektivisch auch das Handelsregister sein, die Handwerksrolle u. ä.

Stufe 1: *OrgID und BossID*

- universelle digitale Identitätslösung für die Organisation als Entität (OrgID) und einen Vertretungsberechtigten (BossID)
- Vertretungsberechtigungs-Credential signiert vom übergeordneten Root-Register
- Notwendige Vertrauensregister werden in übergeordnetem Root-Register angesiedelt

- Das Root-Zertifikat wird im Credential Store der Organisation gespeichert. Kopien davon können in die Trust Stores anderer Akteure (andere Kommunen, Bürger, Unternehmen) übertragen und dort zum Zwecke des Abgleichs vorgehalten werden.

Stufe 2: *RessortID und ManagerID*

- universelle digitale Identitätslösung für die Fachabteilungen der Organisation sowie für deren Leiter als Basis für überprüfbare Signaturen auf digitalen Nachweisen
- Vertrauensregister (z. B. DID-Register, Gültigkeitsregister etc.) werden innerhalb der Organisation geführt
- Die *RessortID* entsteht mit dem Organisationsstruktur-Credential und die *ManagerID* entsteht mit dem Vertretungs-Credential, jeweils signiert mit der BossID und der OrgID.
- Abbildung weiterer Hierarchiestufen mit Signaturen der übergeordneten RessortID und ManagerID

Stufe 3: *TeamID und MitarbeiterID*

- universelle digitale Identitätslösung für Teams als agile Organisationseinheit und die nicht in Leitungsposition agierenden Mitarbeiter der Organisation
- Vertrauensregister werden innerhalb der Abteilung/Organisation geführt
- Organisationsstruktur-Credential des Teams und Vertretungs-Credential des Mitarbeiters jeweils signiert mit RessortID und ManagerID

Im Fall der Kommunen ist unter Hoheit der Staatskanzlei bzw. des Innenministeriums des jeweiligen Bundeslandes ein Root-Register anzulegen, welches jede Gebietskörperschaft innerhalb des Hoheitsgebiets enthält und den zugehörigen, aktuell gewählten gesetzlichen Vertreter (Landrat, Oberbürgermeister, Bürgermeister). In Sachsen gibt es z. B. das Gemeindeverzeichnis der Landesdirektion Sachsen (Landesdirektion Sachsen, 2023). Dort sind alle Landkreise und Gemeinden mit ihren gewählten Vertretern online recherchierbar bzw. auch die Gesamtliste tagesaktuell als CSV-Datei herunterladbar. Dieses Verzeichnis bietet sich mit entsprechenden inhaltlichen und funktionalen Erweiterungen als Root-Register an. Alternativ könnte das von GLEIF geführte internationale Organisationsregister (GLEIF, 2024) als Root-Register genutzt werden. Die inhaltlichen und funktionalen Erweiterungen eines bestehenden Registers zum Root-Register betreffen in erster Linie das Ausstellen der kommunalen Root-Zertifikate und Vertretungsberechtigungscredentials, das Speichern der Ausstellungsinformationen (inkl. Sicherungskopie) sowie die Funktionalität zur Überprüfung der Gültigkeit eines Vertretungsberechtigungscredentials (Gültigkeitsregister) in Echtzeit. Abb. 17.1 zeigt die Festlegung von OrgID und BossID (Stufe 1) mit Bezug auf das Root-Register (Stufe 0) sowie die Speicherung in der Wallet der Kommune. Die Kommune speichert ihr eigenes Stadtrechtscredential im Credential Store ihrer eigenen Wallet und gibt Kopien

17 RessortID: Eine Identitätslösung zur Abbildung von Organisationsstrukturen ...

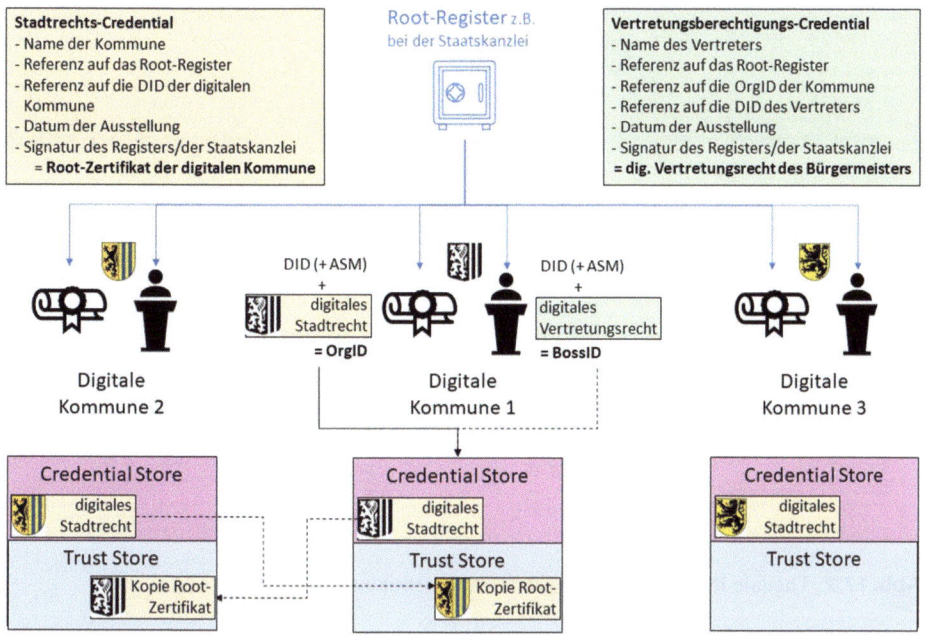

Abb. 17.1 Festlegung von OrgID und BossID (Stufe 1) am Beispiel von Kommunen

davon an andere Kommunen, die dies im Trust Store ihrer Wallet speichern (siehe Abschn. 7 „Erweiterung der Vertrauensdomäne").

Je nachdem, wie die Kommune ihr Handeln in der Außenwirkung transparent gestalten möchte, kann ab Stufe 2 auch entschieden werden, ob nur die Organisationseinheit oder nur die Vertretungsberechtigten/Mitarbeiter nach außen sichtbar werden sollen. **Damit ist das Prinzip nicht auf Kommunen beschränkt, sondern kann flexibel auf Unternehmen und jede andere Art von Organisation übertragen werden.** Bei größeren Kommunen (z. B. Dresden) kann unterhalb von OrgID und BossID noch eine zusätzliche Ebene für Geschäftsbereiche (Fachbürgermeister) erforderlich sein.

Der Onboarding-Prozess für Gebietskörperschaften und gesetzliche Vertreter verläuft ähnlich wie der für die Bürger. Der gewählte gesetzliche Vertreter (z. B. Bürgermeister) wird im Register vorstellig und erzeugt nach Vorlage der erforderlichen Nachweise eine DID (Decentralized Identifier) für seine Gebietskörperschaft (z. B. Kommune). Das zur DID gehörige Schlüsselmaterial wird auf einem Application Security Module (ASM) gespeichert (spezifisches Hardware Security Module, siehe Kap. 18), welches von da an den **digitalen Stadtschlüssel** darstellt, der bei Wahl eines neuen Bürgermeisters gemeinsam mit dem „echten" Stadtschlüssel zu übergeben ist. Mit dieser DID stellt der Bürgermeister eine digitale Anfrage beim Root-Register. Daraufhin wird der Kommune aus diesem Register auf diese DID ein **Root-Zertifikat** ausstellt, sozusagen der digitale Nachweis **für das digitale Stadtrecht**. Mit diesem Root-Zertifikat, der DID und dem ASM hat die Kommune nun eine Organisationsidentität (OrgID). Das Root-Zertifikat wird im **Credential**

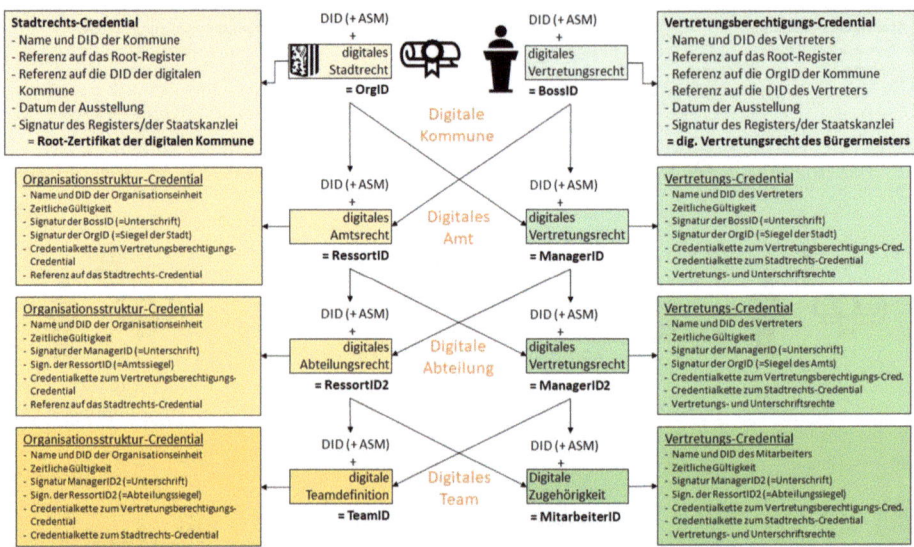

Abb. 17.2 Digitale Identitäten gemäß Organisationsstruktur

Store der Kommune gespeichert. Eine Kopie des Root-Zertifikats wird mit den Ausstellungsinformationen (Datum, DID) im Root-Register abgelegt. Nun erzeugt der Bürgermeister nach Vorlage der erforderlichen Nachweise eine DID für sich selbst. Das zur DID gehörige Schlüsselmaterial wird auf einem zweiten ASM gespeichert, welches von da an den **persönlichen digitalen Schlüssel des Bürgermeisters** darstellt. Mit dieser DID stellt der Bürgermeister nun eine digitale Anfrage beim Root-Register. Daraufhin wird ihm aus diesem Register auf diese DID ein **Vertretungsberechtigungcredential** ausstellt, sozusagen der digitale Nachweis des **Vertretungsrechts des Bürgermeisters für die digitale Stadt.** Mit diesem Vertretungsberechtigungcredential, seiner DID und seinem ASM hat der Bürgermeister nun eine BossID. Das Vertretungsberechtigungcredential muss im Credential Store des Bürgermeisters und sollte als Kopie ebenfalls im Trust Store der Kommune gespeichert werden. Gemäß Abb. 17.2 werden mit OrgID und BossID wie oben beschrieben nun die Stufen 2 und 3 abgeleitet.

4 Die technische Basis der RessortID-Lösung

Das Konzept der RessortID-Lösung basiert auf dem SSI-Prinzip. Sämtliche digitalen Identitäten und deren Signaturen sind mit HSMs zu sichern. Die Zuordnungsmöglichkeit von Nachweisen und digitalen Identitäten der Akteure über DIDs ist im Hinblick auf das digitale Prozessdesign und die automatisierte Prüfung von Rechten und Authentizität der handelnden Akteure essenziell. Die Realisierung erfordert daher eine bestimmte technische Basis, die hier kurz dargestellt werden soll.

Software-Module und zugehörige Hardware Secure Modules
- IDeal System Actor von KAPRION im Backend der Organisations-IT mit ASM am Server
- IDeal-Wallet von KAPRION für Mitarbeiter mit ASM am digitalen Endgerät (z. B. PC)
- IDeal-Wallet von KAPRION für den Bürger mit ASM am digitalen Endgerät (z. B. Smartphone)
- Unterstützte DID-Methoden did:kt (Röder & Ehrlich, 2024) und did:keri (Smith et al., 2021)

Unterstützte Kommunikationsprotokolle
- DIDcommV2 (Curren et al., 2023) als Standardprotokoll
- optional OpenIDconnect4VC (Lodderstedt et al., 2022) zur Anbindung föderierter ID-Lösungen (z. B. eID)

Unterstützte Austauschprotokolle
- JSON-LD Verifiable Credentials nach W3C (Sporny et al., 2024)
- optional: SD-JWT Verifiable Credentials (Terbu & Fett, 2023)

Funktionalität der Wallets
- Trust Store für Credentials, die Aussagen über Akteure treffen, denen der Walletinhaber vertraut
- Credential Store für Credentials, die Aussagen über den Walletinhaber treffen
- Automatische Prüfung von Verifiable Credentials (VC)
- Automatische Abfrage von Vertrauensregistern
- Empfehlung zur Vertrauenswürdigkeit von Interaktionspartnern
- Unterstützung der automatisierten Prüfung von Rechten (Machine-readable Governance) kommunaler Anwendungsprozesse

5 Der Onboarding-Prozess des digitalen Mitarbeiters

Der Onboarding-Prozess des digitalen Mitarbeiters bzw. Managers in der Abteilung der Organisation läuft folgendermaßen ab:

1. Personalien- und Rollenprüfung analog (Mitarbeiterausweis)
2. Übergabe ASM und Diensthandy
3. Übergabe Download-Link Wallet
4. Wallet laden und starten
5. ASM mit Smartphone verbinden
6. DID erzeugen
7. Mit DID Anfrage ManagerID oder MitarbeiterID von der Wallet-App des neuen digitalen Mitarbeiters am Wallet-Service des Vorgesetzten (BossID oder ManagerID)

8. QR-Code-Einladung mit Session-ID zeitlich befristet
9. Handshake zwischen ASM.Mitarbeiter und ASM.Manager bzw. ASM.Manager und ASM.Boss zur Prüfung, ob auf beiden Seiten ein ASM vorliegt (Hardware-Kryptografie)
10. Übertragung des Organisationsstrukturcredential des Teams und des Vertretungscredentials des Mitarbeiters in den Trust Store der Wallet mit
    - Credentialinhalten gemäß Abb. 17.2
    - Zertifikatskette bis zum Root-Zertifikat der Kommune
11. Vertrauensregistereinträge

Wallets der Mitarbeiter der Kommune greifen bei Bedarf direkt auf den Credential Store und den Trust Store der Kommune zu. Bürger der Kommune bekommen eine Kopie des Stadtrechtscredentials und Kopien der Inhalte des Trust Stores der Kommune als KommPass-Service (siehe Kap. 8).

6 Kommunale Vertrauensregister

6.1 Vertrauen durch Überprüfbarkeit

Die öffentliche Verwaltung muss organisatorische Vertrauensanker in die digitale Welt setzen. Voraussetzung sind dafür Autorität und sichere Prozesse seitens der beteiligten hoheitlichen Akteure, die als Herausgeber, Akzeptanzstellen und auch als Halter digitaler Nachweise fungieren können. Perspektivisch sind solche organisatorischen Vertrauensanker alle überprüfbaren digitalen Nachweise, die hoheitliche Akteure an natürliche und juristische Personen ausstellen. Die Ausstellung jedes Nachweises, egal ob Ausweis-Credential, Registerauszug, Bild-Credential oder amtlicher Bescheid, in eine wie auch immer geartete Wallet muss in Form von Verifiable Credentials (idealerweise nach W3C-Standard) erfolgen, anhand deren jede für die Anwendung relevante Akzeptanzstelle prüfen kann,

- wer Herausgeber des Nachweises war (Signatur des Herausgebers),
- an wen der Nachweis herausgegeben wurde (Identifikator des Inhabers),
- ob der Inhalt des Nachweises noch authentisch ist (Hash),
- ob der Nachweis noch gültig ist (*Gültigkeitsregister*),
- ob der Herausgeber berechtigt war, diesen Nachweis auszustellen (*Herausgeber-Register*)
- ob das Schema des vorgezeigten Nachweises korrekt ist (*Register der VC-Schemata*)

Optional kann perspektivisch geprüft werden

- ob die Kommunikationsmittel (Wallet, Agent) des Inhabers den Prozessanforderungen der Kommune genügen (*Register der Wallets und Agents*)
- ob der Identifikator des Inhabers der Kommune bekannt ist (*DID-Register*)

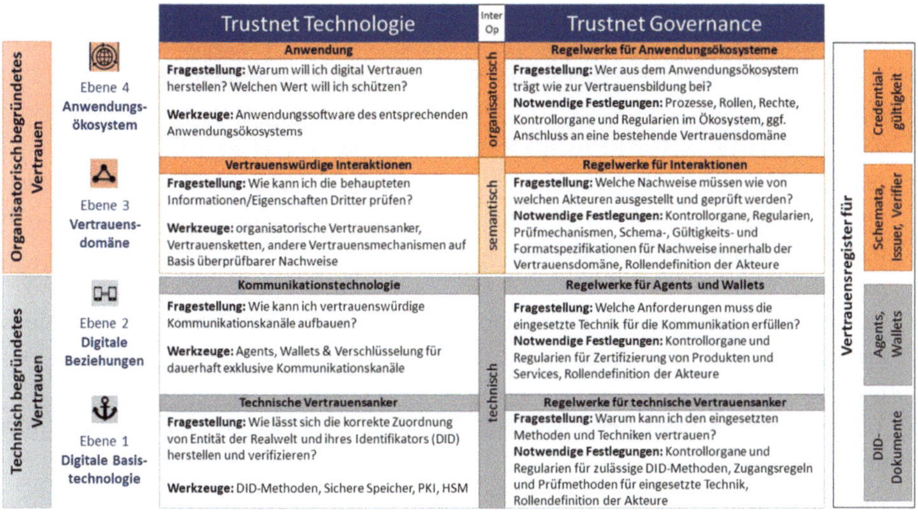

17 RessortID: Eine Identitätslösung zur Abbildung von Organisationsstrukturen …

Abb. 17.3 Trustnet-Stack (Version 2024)

Hat der Eigentümer der Wallet in einem Anwendungsprozessschritt die Rolle des Inhabers (Holders), so muss bei Anfrage einer Akzeptanzstelle die Identität derselben und ihre Berechtigung zum Stellen der Anfrage geprüft werden können (*Akzeptanzstellen-Register*).

Für das maximale Vertrauen bei Interaktionen innerhalb der digitalen Kommune sind also kommunale Vertrauensregister erforderlich. Der Trustnet-Stack (Abb. 17.3) verdeutlicht, welche Arten von Vertrauensregistern zur Beantwortung o. g. Vertrauensfragen angelegt werden können. Dabei gibt es prinzipiell die Möglichkeit, ein Register zentral oder dezentral anzulegen. Diese Frage ist beim Designprozess in Abhängigkeit von der Art des Registers bzw. der Art von Credential oder Anwendung spezifisch zu beantworten.

Ebene 1 des Trustnet-Stacks:

- dezentrale Speicherung der DID-Dokumente => ein Register pro DID-Inhaber
und
- zentrales DID-Register für die Sammlung der DIDs von Interaktionspartnern (Interaktionshistorie)

Ebene 2 des Trustnet-Stacks:

- zentrales Register einer Organisation/Gebietskörperschaft für die im Rahmen ihrer Prozesse zugelassenen Typen und Versionen von Agents und Wallets (prinzipiell denkbar auch mit Lizenznummern, aber problematisch wegen Digital Markets Act und fehlendem Vertrauensanker im Betriebssystem des digitalen Endgeräts)

Ebene 3 des Trustnet-Stacks:

- zentrales Herausgeber-Register => ein Register pro Vertrauensdomäne
oder
dezentrales Herausgeber-Register => ein Register pro Akzeptanzstelle
- zentrales Akzeptanzstellen-Register => ein Register pro Vertrauensdomäne (ggf. wichtig für Gültigkeitsinfo des Issuer Credentials = Berechtigung des Herausgebers, Abfrageprozess ohne Preisgabe der Abfrage-DID)
oder
dezentrales Akzeptanzstellen-Register => ein Register pro Inhaber (Interaktionshistorie)
und/oder
Verifier Credential mit Zertifikatskette der Akzeptanzstelle bis zum Root-Zertifikat der Kommune
- zentrales Register der Schemata => ein Register pro Vertrauensdomäne
oder
dezentrales Register der Schemata => ein Register pro Akzeptanzstelle

Ebene 4 des Trustnet-Stacks:

- zentrales Gültigkeits-Register => ein Register pro Vertrauensdomäne
oder
- dezentrales Gültigkeits-Register => ein Register pro Herausgeber

Ein übergeordnetes Register der Vertrauensregister (O'Donnell & Latour, 2023) muss ein zentrales Register auf Landes-, Bundes- und/oder internationaler Ebene sein.

Angewandt auf die Vertretungscredentials (siehe Abb. 17.2) bedeutet das
- Referenz auf das Vertretungsberechtigungscredential erfolgt durch die mitzuliefernde (grüne) Credential-Kette/Zertifikatskette der Vertreter
- Referenz auf das Stadtrechtscredential erfolgt durch die mitzuliefernde (gelbe) Credential-Kette/Zertifikatskette der Organisationsstrukturen
- Vertretungs- und Unterschriftsrechte (Verifier-Recht und Issuer-Recht) sind durch Verweis auf die zugehörigen Credential-Schemata im Register der Schemata gelöst (URI auf das entsprechende Register der Schemata zzgl. Link auf die Dateien der von der Berechtigung betroffenen Schemata)
- Modifizierer-Rechte (Veränderung des Gültigkeitsstatus eines Credentials) sind durch Verweis auf die zugehörigen Credential-Schemata im Register der Schemata gelöst (URI auf das entsprechende Register der Schemata zzgl. Link auf die Dateien der von der Berechtigung betroffenen Schemata); Der Registerverwalter des Gültigkeits-

registers stellt Modifizierer-Rechte in Form eines Vollmachtscredentials an die Organisation aus, die ihren jeweiligen Mitarbeiter via Vertretungscredential mit der Ausübung der Vollmacht betraut

Kommunales Anwendungsbeispiel für Modifizierer-Rechte ist die Belegung von Turnhallen, Festsälen oder anderen städtischen Ressourcen inkl. der damit verbundenen Zugangsrechte, die bei Änderung der Belegung oder Nichtbezahlung von Gebühren entzogen werden können.

Angewandt auf die Organisationsstruktur-Credentials (siehe Abb. 17.2) bedeutet das

Herausgeber eines Organisationsstruktur-Credentials ist der Oberbürgermeister oder die übergeordnete Organisationseinheit. Inhaber ist der jeweilige Amtleiter/Abteilungsleiter/ Mitarbeiter. Akzeptanzstellen für Organisationsstruktur-Credentials sind alle Ämter, Behörden und privatwirtschaftlichen Akteure, die digitale Interaktion mit dem Mitarbeiter der Organisationsstruktureinheit im Rahmen ihrer Prozesse ermöglichen. Zur Vertrauensdomäne des Organisationsstruktur-Credentials gehören alle Aussteller, Inhaber und Akzeptanzstellen (auch Bürger) des Organisationsstruktur-Credentials in der betreffenden Kommune. Zum exemplarischen Anwendungsökosystem gehören alle Akteure eines kommunalen Prozesses, für den die Organisationsstruktur zuständig ist. Zu dem Prozess können weitere Credentials gehören. Das Organisationsstruktur-Credential wird im Rahmen dieses Anwendungsökosystems zur Identifizierung/Authentifizierung des kommunalen Mitarbeiters genutzt, der die Organisationsstruktur vertritt.

Zur **initialen kommunalen Vertrauensinfrastruktur**, die mit der Realisierung der RessortID entsteht, gehören:

- das Root-Zertifikat der Kommune, welches bei der Ausstellung des Organisationsstruktur-Credentials in den Trust Store der Mitarbeiterwallet übertragen wird
- zentrales DID-Register für die Sammlung aller bekannten/vertrauenswürdigen DIDs der Bürger einer Kommune (Zuordnung von Identität und Entität bei Bedarf prüfbar)
  - DID
  - Keine Personendaten, aber ID des Melderegistereintrages
- zentrales Register einer Kommune für die im Rahmen kommunaler Prozesse zugelassenen/erfolgreich getesteten Typen und Versionen von Agents und Wallets (keine Seriennummern)
  - Hersteller
  - Produktname
  - Versionsnummer
  - Testergebnis positiv/negativ
- dezentrales Herausgeber-Register => eins pro Akzeptanzstelle
  - DID des Herausgebers
  - Issuer Credential

- Verifier Credential mit Zertifikatskette der Akzeptanzstelle bis zum Root-Zertifikat der Kommune, wird bei Anfrage der Akzeptanzstelle an die Bürgerwallet mitgeliefert, ermöglicht Abgleich des Root-Zertifikats in der Wallet
- zentrales Akzeptanzstellen-Register => eins pro Vertrauensdomäne/Kommune
  - DID der Akzeptanzstelle (RessortID)
  - Verifier Credential bzw. ID + Hash des Verifier Credentials
  - Gültigkeitsinfo
- zentrales Register der Schemata => eins pro Vertrauensdomäne/Kommune
- dezentrales Gültigkeits-Register => eins pro Herausgeber

Diese initiale kommunale Vertrauensinfrastruktur muss dann bei jeder hinzukommenden kommunalen Vertrauensdomäne bzw. Anwendung um die anwendungsspezifischen Einträge ergänzt und um vertrauensdomänenspezifische Register erweitert werden.

6.2 Überprüfbarkeit von Verifier und Issuer

Die Organisationsstruktureinheit (Amt/Abteilung/Team) agiert als Issuer/Verifier durch den Mitarbeiter. Im Kontext von eIDAS erfolgt die **Überprüfung des Verifiers** anhand von Webseitenzertifikaten. Das beantwortet aber nur die Frage, wer der Verifier als Organisation ist, und auch das nur indirekt. Genau genommen beantwortet ein Webseitenzertifikat aus Sicht des Nutzers die Frage, ob eine vielleicht vertrauenswürdige Zertifizierungsstelle den Verifier kennt und für vertrauenswürdig hält. Je nach Anwendungsprozess kann aber im Sinne der Governance auch die Beantwortung der Frage erforderlich sein, ob ein Verifier vom Issuer die Berechtigung bekommen hat, ein Credential vom Typ ABC abzufordern. Hierfür bietet eIDAS mangels Prozessorientierung noch keine zufriedenstellende Lösung. Aber natürlich kann das Problem trotzdem gelöst werden und zwar auf durchaus unterschiedliche Art.

Für den Berechtigungsnachweis des Verifiers sind in Abb. 17.4 Variante 1 und 2 als Optionen ausgeführt. Dabei ist als Vertrauensinfrastruktur ein Register der zugelassenen Verifier erforderlich. Ein Verifier Credential ist ein signierter Auszug aus diesem Register, mit dem der Verifier gegenüber dem Holder seine Berechtigung zur Abfrage eines Credentials vom Typ ABC nachweisen kann. Das heißt, Verifier Credentials kommen ggf. von fremden Organisationen und nicht zwingend aus der eigenen Stadtverwaltung. Beim Beispiel in Abb. 17.5 ist die zum Bund gehörende Arbeitsagentur die aus Sicht der Stadtverwaltung fremde Organisation. Das Verifier Credential wird bei der Anfrage von Credential$_{ABC}$ mitgeliefert. Credentialtyp ABC sollte dann in einem Register der Schemata abgerufen/überprüft werden können, welches im Credential$_{ABC}$ selbst verlinkt ist.

Je nach Anwendungsfall kann aber unabhängig vom Issuer auch der Holder die Entscheidung treffen, ob er dem Verifier auf Basis mitgelieferter Informationen das Recht einräumt, das Credential zu bekommen. Variante 3 in unten stehender Abbildung zeigt die im

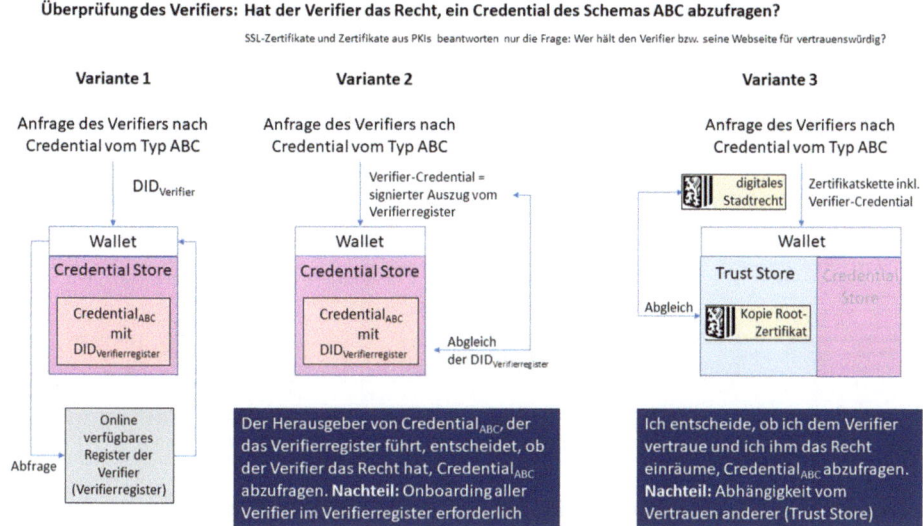

Abb. 17.4 Optionen zur Lösung des Problems „Verify the Verifier" im SSI-Kontext

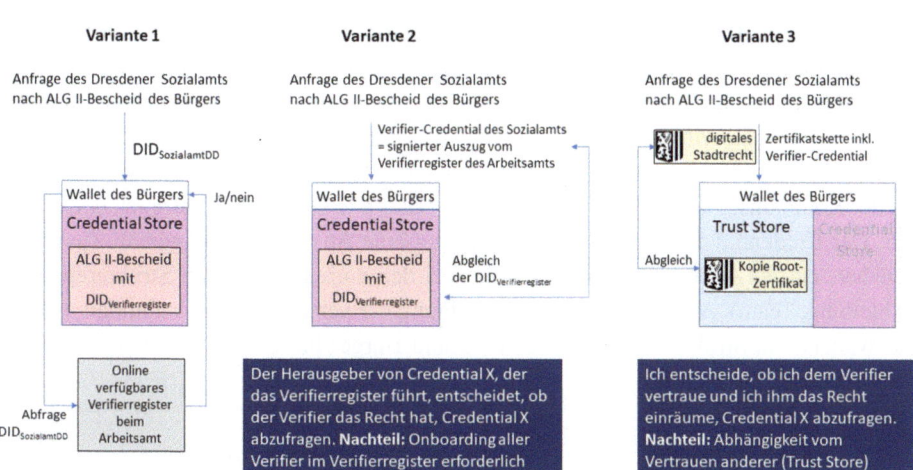

Abb. 17.5 Beispiele für die Optionen zur Lösung des Problems „Verify the Verifier" im SSI-Kontext

Rahmen von RessortID realisierte Übermittlung einer Zertifikatskette, die auf das Root-Zertifikat der Kommune zurückgeht. Alle Akteure innerhalb der kommunalen Vertrauensdomäne, egal ob Bürger oder Mitarbeiter der Kommune, haben dasselbe Rootzertifikat, wodurch ein Abgleich im Trust Store der Wallet des Holders möglich ist.

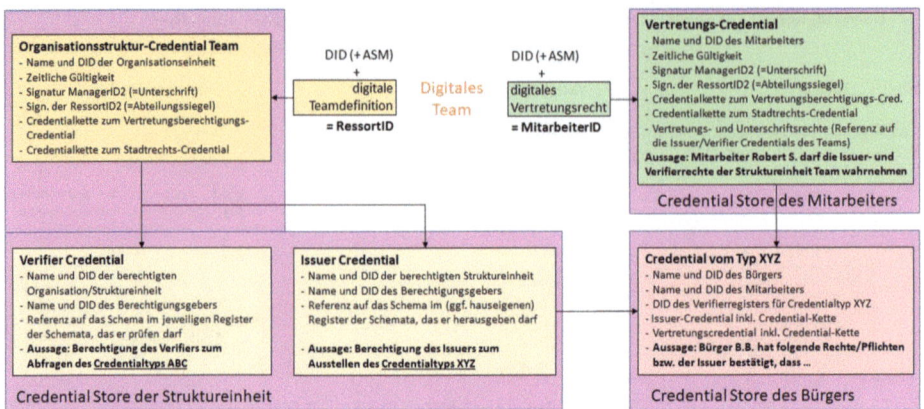

Abb. 17.6 Zuordnung der verschiedenen Credentialtypen auf die Wallets der Akteure

Dabei spielt es keine Rolle, ob ein Bürger oder der Mitarbeiter eines städtischen Amts die Rolle die Holders in einem Prozessschritt innehat.

Abb. 17.5 zeigt die Optionen anhand eines Beispiels aus der öffentlichen Verwaltung. Es geht um die Ausstellung eines Sozialpasses, wofür sich der Bürger nicht nur identifizieren muss, sondern auch einen Berechtigungsnachweis vorzeigen muss, in diesem Fall den ALGII-Bescheid in Form eines Verifiable Credentials.

Die **Überprüfbarkeit eines Issuers** hinsichtlich der Berechtigung zur Herausgabe eines Credentials vom Typ XYZ ist in Analogie zum Verifier Credential durch ein Issuer Credential möglich. Das Issuer Credential ist ein Auszug aus dem (ggf. hauseigenen) Issuer-Register. Es wird bei der Herausgabe von Credential$_{XYZ}$ mitgeliefert.

Der Credential Store der Stadt beinhaltet alle Verifier Credentials und Issuer Credentials der Kommune. Das heißt, der Bürgermeister darf alle Dokumente anfragen und signieren. Der Credential Store eines Amts beinhaltet eine Auswahl davon gemäß Zuständigkeitsbereich des Amtes. Gleiches gilt dann bei den darunterliegenden Struktureinheiten (Abteilung, Team). Abb. 17.6 zeigt die Zuordnung der verschiedenen Credentialtypen auf die Wallets von Struktureinheit, Mitarbeiter und Bürger bzw. die in den Wallets jeweils enthaltenen Credential Stores.

7 Erweiterung der Vertrauensdomäne

Die Idee hinter RessortID und KommPass ist zunächst eine kommunale digitale Insel (Vertrauensdomäne), innerhalb der wechselseitiges Vertrauen zwischen digitalem Bürger und digitalen Behörden/Fachabteilungen der Kommune besteht. Aber diese Insel kann Verbindungen zu anderen Inseln aufbauen.

Horizontale Erweiterung: Auf welcher Basis kann eine Fachabteilung der Stadt Leipzig einem Credential vertrauen, das von einer Fachabteilung der Landeshauptstadt

Dresden ausgestellt wurde? Wenn andere Kommunen sich dem System von Dresden technologisch anschließen, kann die bestehende Vertrauensdomäne Vertrauen im Zuge der Festlegung der digitalen Identitäten horizontal übertragen. Der Weg hierfür beinhaltet den Austausch und das Vorhalten von Root-Zertifikaten (Stadtrechts-Credentials) gemäß Abb. 17.2 sowie die von oben nach unten ausgestellte Berechtigungsnachweiskette des Bürgeramtes, die dem Bürger bei Ausstellung des KommPass-Credentials mit in den Trust Store übergeben wird. Wird beim Vorzeigen eines KommPass diese Vertrauenskette in Form aufeinander aufbauender Berechtigungszertifikate mit übermittelt, dann lässt sich Vertrauen von einer Vertrauensdomäne (z. B. Dresden) in eine andere (z. B. Leipzig) übertragen, falls beide Berechtigungsnachweisketten sich an einer höherliegenden Instanz treffen. In diesem Fall wäre dies der Abgleich der Abgleich des in der Kette übermittelten Dresdener Root-Zertifikats mit der Kopie im Trust Store der Stadt Leipzig. Spätestens nach dem ersten Vorgang dieser Art hat das prüfende Amt der Stadt Leipzig die ganze geprüfte Kette aus Dresden im eigenen Trust Store und braucht dann nur das Organisations-Credential des ausstellenden Dresdener Bürgeramtes prüfen und nicht die ganze Kette hoch bis zum Root-Zertifikat. Die Leipziger Akzeptanzstelle selbst hat auch eine eigene Berechtigungsnachweiskette, anhand der sie sich beim Dresdener Bürger als Verifier überprüfbar macht. So kann wechselseitig Vertrauen hergestellt werden.

Vertikale Erweiterung: Wenn höherliegende Instanzen sich diesem System anschließen wollen, kann die bestehende Vertrauensdomäne Vertrauen im Zuge der Festlegung der digitalen Identitäten der höherliegenden Instanz übertragen. Hier bestimmt Erweiterung und Vernetzung von Vertrauensdomänen die Notwendigkeit, dass Vertrauen bzw. das Trustnet von unten nach oben wächst. Der Weg ist die *Ausstellung eines Vertrauens-Credentials* von der Dresdener Fachabteilung an die übergeordnete Behörde X1. Die Aussage dieses Vertrauens-Credentials ist „ich vertraue der übergeordneten Behörde X1". Diese Behörde X1 stellt wiederum ein Vertrauens-Credential an ihre übergeordnete Behörde X2 aus. Und so wächst eine Vertrauenskette von der Dresdener Fachabteilung bis zur übergeordneten Behörde Xn. Auch die Leipziger Fachabteilung initiiert eine Vertrauenskette nach oben. Beide Ketten treffen sich z. B. bei der Behörde X3, der beide untergeordnet sind und vertrauen. Wenn beide Berechtigungsnachweisketten sich an einer höherliegenden Instanz treffen, sind die bis dahin beteiligten Instanzen in das bestehende Netz der Vertrauensdomänen eingebunden.

8 Ausblick

Basierend auf dem Prinzip der RessortID kann

- eine ganze Kommune mit sicheren digitalen Identitäten ausgestattet werden,
- jede Art von digitalem Nachweisdokument (z. Bescheid, Berechtigungsnachweis, Ausweis etc.) von der herausgebenden Fachabteilung selbst in Form eines digital signierten

und automatisch überprüfbaren Nachweises an Bürger, Unternehmen oder auch andere Behörden herausgegeben werden,
- eine kommunale Vertrauensdomäne entstehen, innerhalb der digitale Prozesse zwischen Verwaltungseinheiten und Prozesse in Interaktion mit dem Bürger digitalisiert und automatisiert werden können,
- ein initiales Trustnet entstehen durch regionale, nationale und internationale Vernetzung der Kommunen untereinander.

Die Landeshauptstadt Dresden, KAPRION Technologies und die HTW Dresden arbeiten als Partner an der technischen und organisatorischen Umsetzung sowie anwendungsorientierten Weiterentwicklung dieser Konzeption sowie der entwickelten Arten von Verifiable Credentials (Stadtrechts-, Organisationsstruktur-, Vertretungsberechtigungs-, Vertretungs-, Issuer-, Verifier- und Vertrauens-Credential) und werden die Ergebnisse spätestens 2025 u. a. auf der Trustnet Community Plattform (https://trustnet.community) präsentieren.

Literatur

Curren, S., et al. (2023). *DIDComm messaging v2.x editor's draft*. https://identity.foundation/didcomm-messaging/spec/. Zugegriffen am 24.09.2024.

GLEIF. (2024). https://www.gleif.org/de/. Zugegriffen am 24.09.2024.

Landesdirektion Sachsen. (2023). *Gemeindeverzeichnis*. https://www.lds.sachsen.de/?ID=2392&art_param=155. Zugegriffen am 24.09.2024.

Lodderstedt, T., Yasuda, K., & Looker, T. (2022). *OpenID connect for verifiable credential issuance*. https://openid.net/specs/openid-connect-4-verifiable-credential-issuance-1_0-05.html. Zugegriffen am 24.09.2024.

O'Donnell, D., & Latour, J. (2023). *A trust layer for the internet is emerging. Toward a more interoperable and trusted internet for Canadians*. https://www.cira.ca/en/resources/documents/state-of-internet/a-trust-layer-for-the-internet-is-emerging-a-2023-report/. Zugegriffen am 24.09.2024.

Röder, A., & Ehrlich, T. (2024). *did:kt – A DID method for ID-wallets with hardware security modules*. Publikation erfolgt in 2024. https://weboftrust.github.io. Zugegriffen am 24.09.2024.

Smith, S., Cunningham, C., & Feairheller, P. (2021). *The did:keri method v0.1 – A DID method for KERI identifiers*. https://weboftrust.github.io/did-keri/. Zugegriffen am 24.09.2024.

Sporny, M., et al. (2024). *Verifiable credentials data model v2.0, W3C candidate recommendation draft*. https://w3c.github.io/vc-data-model/. Zugegriffen am 24.09.2024.

Terbu, O., & Fett, D. (2023). *SD-JWT-based verifiable credentials (SD-JWT VC)*. https://www.ietf.org/archive/id/draft-ietf-oauth-sd-jwt-vc-00.html. Zugegriffen am 24.09.2024.

Open Access Dieses Kapitel wird unter der Creative Commons Namensnennung 4.0 International Lizenz (http://creativecommons.org/licenses/by/4.0/deed.de) veröffentlicht, welche die Nutzung, Vervielfältigung, Bearbeitung, Verbreitung und Wiedergabe in jeglichem Medium und Format erlaubt, sofern Sie den/die ursprünglichen Autor(en) und die Quelle ordnungsgemäß nennen, einen Link zur Creative Commons Lizenz beifügen und angeben, ob Änderungen vorgenommen wurden.

Die in diesem Kapitel enthaltenen Bilder und sonstiges Drittmaterial unterliegen ebenfalls der genannten Creative Commons Lizenz, sofern sich aus der Abbildungslegende nichts anderes ergibt. Sofern das betreffende Material nicht unter der genannten Creative Commons Lizenz steht und die betreffende Handlung nicht nach gesetzlichen Vorschriften erlaubt ist, ist für die oben aufgeführten Weiterverwendungen des Materials die Einwilligung des jeweiligen Rechteinhabers einzuholen.

Schwerkraft im digitalen Raum: Der Beitrag von Hardware Security Modules zu digitalen Identitäten

18

André Röder und Tobias Ehrlich

Zusammenfassung

Jede in Software vorliegende Information ist kopierbar und kann mit Lichtgeschwindigkeit über die ganze Welt verteilt werden. Unter Sicherheitsaspekten heraus bewahrheitet sich damit das Sprichwort, dass eine Lüge einmal um die ganze Welt laufen kann, bevor die Wahrheit sich die Stiefel angezogen hat. Aber was wäre, wenn man Schwerkraft in die digitale Welt einfügen könnte? Die Schwerkraft im digitalen Raum wird durch Hardware Security Modules (HSM) ins Spiel gebracht, welche in der Lage sind, kryptografische Operationen in einer zugriffs- und kopiergeschützten Umgebung auszuführen. Im Folgenden erfahren Sie, wie das im Kontext der digitalen Identitäten funktioniert.

Schlüsselwörter

Hardware Security Module · Digitale Identität · Kopierschutz · IDealWALLET · Decentralized Identifier · Verifiable Credential

1 Ausgangssituation

1.1 Sicherheitsaspekte bei digitalen Identitäten

Mit dem Schaufenster „Sichere digitale Identitäten" hatte das Bundesministerium für Wirtschaft und Klimaschutz (BMWK) für die geförderten Verbundforschungsprojekte die

A. Röder (✉) · T. Ehrlich
KAPRION Technologies GmbH, Dresden, Deutschland
E-Mail: Andre.roeder@kaprion.de; tobias.ehrlich@kaprion.de

© Der/die Autor(en) 2025
J. Anke et al. (Hrsg.), *Digitale Identitäten und Nachweise*,
https://doi.org/10.1007/978-3-658-47708-0_18

Aufgabe gestellt, nicht einfach nur innovative digitale Identitätslösungen zu untersuchen, sondern – wie der Programmname bereits andeutet – die maßgeblichen technologischen und anwendungsorientierten Sicherheitsaspekte dabei voranzustellen. Dabei ist einerseits die Sicherheit des Identitätsinhabers zu betrachten, aber andererseits auch die Sicherheit der digitalen Interaktionspartner, die auf Basis der digitalen Identitätslösung Vertrauen in den Identitätsinhaber und seine digitalen Interaktionen haben sollen. Maßgebliches Designziel ist hier auch die Verbesserung der Durchsetzbarkeit geltenden Rechts im digitalen Raum. Folgende Aspekte sind dabei relevant:

Bedarfsgerechte Identifizierbarkeit: Eindeutige Identifizierbarkeit ist eine wichtige Forderung der digitalen Interaktionspartner, deren Gewichtung gegenüber der Privatheit des ID-Inhabers vom Anwendungsfall abhängt. Zur digitalen Identität mögen zahlreiche Attribute gehören, die Identifizierung erfolgt aber letztlich nur auf der Basis kryptografischen Schlüsselmaterials. Für Vertrauen im Netz ist dennoch die Transparenz jeweils relevanter Identitätsmerkmale erforderlich. Dies betrifft insbesondere die digitale Abwicklung von Rechtsgeschäften und dabei alle jeweils beteiligten Interaktionspartner. Exemplarisch seien hier Webshops genannt. Nicht nur der Verkäufer hat berechtigtes Interesse an der Preisgabe von Identitätsmerkmalen wie Name und Adresse, sondern auch der Käufer hat Interesse an der eindeutigen Identifizierbarkeit des Anbieters, um nicht einem Betrüger („Fake-Shop") zum Opfer zu fallen. Zum Bedarf gehört aber auch, dass jeder Akteur bei allen einzelnen Interaktionsschritten eines Prozesses prüfen können muss, mit wem er interagiert. Durch die Identitätslösung muss verhindert werden können, dass verschiedene Akteure, die hinter demselben Netzwerkknoten (IP-Adresse) sitzen, im Rahmen eines mehrstufigen Prozesses digital nachweisbare Attribute nacheinander vorzeigen und so gemeinsam Berechtigungen erlangen, auf die der Einzelne keinen Anspruch hat (z. B. das Erschleichen von Sozialleistungen).

Privatheit und Datenschutz: Gegenwärtig stehen in der digitalen Welt die Ziele von Individuen und Organisationen in Konflikt: In der EU haben natürliche Personen das Recht, möglichst wenige Daten über sich preisgeben zu müssen. Diverse Organisationen versuchen, möglichst viele Daten über Individuen zu sammeln, um damit Wertschöpfung zu betreiben. Dieser Konflikt äußert sich in der öffentlichen Diskussion um Privatheit. Die ID-Wallet (siehe Abschn. 2.1) bietet tendenziell eine Lösung, die beiden Parteien Rechnung trägt. Ein Grund, warum Nutzer digitaler Dienstleistungen ihre Daten bisher nahezu widerstandslos herausgeben, liegt auch darin, dass es bislang nur wenige Instrumentarien und Werkzeuge gibt, um Selbstbestimmtheit und Datenhoheit wirklich wahrzunehmen. Dadurch gibt es oft auch noch keine konkurrenzfähigen Alternativen zu dem Geschäftsmodell, breitenwirksame Services mit personenbezogenen Daten bezahlen zu lassen, von deren wahrem Marktwert die Nutzer oft ebenso wenig eine Vorstellung haben wie von den Risiken ihrer Verbreitung. Da der Schutz der Persönlichkeit und der Verarbeitung personenbezogener Daten im amerikanischen Rechtsraum nicht einheitlich gesetzlich reguliert und durchgesetzt wird, ist aus Richtung amerikanischer Internetkonzerne und anderer Unternehmen, die mit Datenökonomie ihr Geld verdienen (Cyphers & Gebhardt, 2019), in absehbarer Zeit keine grundlegende Änderung des Verhaltens in Bezug auf Datenhoheit und

Privacy zu erwarten. Hier bietet sich daher die Chance für europäische Anbieter, Privatheit und Datenschutz als Marktvorteil zu begreifen (Anke & Hempel, 2023).

Schutz vor Identitätsdiebstahl: Identitätsdiebstahl in seinen unterschiedlichen Ausprägungen schädigt sowohl den ID-Inhaber als auch die vom nachfolgenden Missbrauch betroffenen Interaktionspartner. Nimmt man die jährlich publizierte Darknet-Preisliste (Zoltan, 2023) gestohlener Bankkonto-IDs und Ausweisdokumente als Anhaltspunkt, dann ist Identitätsdiebstahl und der zugehörige ID-Missbrauch im digitalen Raum viel einfacher und risikoärmer als im analogen Raum. Zugleich ist das Schadenspotenzial wegen der Interaktionsgeschwindigkeit viel höher. Sichere digitale ID-Lösungen müssen also ausreichend Schutz dagegen bieten.

Schutz vor geduldetem Identitätsmissbrauch: Die Personenbindung von digitalen Identitäten und Nachweisen ist im digitalen Raum leichter zu unterwandern als in der analogen Welt. Bekanntes Beispiel ist der Kauf von Alkohol durch Minderjährige mit dem elterlichen Paypal-Account, der zu anderen Zwecken geteilt wurde. Hier gilt der Schutz den Interaktionspartnern, die sich strafbar machen, aber eigentlich auch den Minderjährigen. Das Überlassen oder auch Vervielfältigen von digitalen Identitäten und ID-Wallets sind Szenarien, die mit Hilfe der digitalen ID-Lösung zu unterbinden sind.

Wie im Kap. 30 zum Trustnet ausgeführt, erfüllt die Kombination aus Verifiable Credentials (VC) und dem Prinzip der Selbstsouveränen Identitäten als universeller Vertrauensmechanismus die Anforderungen an die notwendige Flexibilität, um den teils einander widersprechenden Sicherheitsanforderungen (Privatheit vs. Vertrauenswürdigkeit) Rechnung tragen zu können. Aber jede in Software vorliegende Information ist kopierbar und kann mit Lichtgeschwindigkeit über die ganze Welt verteilt werden. Unter Sicherheitsaspekten der digitalen Identitäten heraus muss daher ein Weg gefunden werden, Schwerkraft in den digitalen Raum zu bringen. Dies gelingt durch Hardware Security Modules (vgl. Abschn. 2.2).

1.2 Sicherheit im Kontext der European Digital Identity Wallet

Die Europäische eIDAS-Verordnung (European Parliament and Council, 2024) schreibt vor, dass Mitgliedstaaten ihren Bürgern eine Wallet anbieten müssen, die sogenannte European Digital Identity Wallet (EUDIW oder EUDI-Wallet). In Deutschland ist hierfür das Bundesinnenministerium zuständig. Dafür gibt es einen offenen Konsultationsprozess, in dem u. a. die Architektur der EUDI-Wallet diskutiert wird. Der deutsche EUDI-Wallet Architekturvorschlag (Version 2), BMI (2024) zeigt 2 x 3 Optionen zur kryptografischen Lösung der o. g. Sicherheitsaspekte auf (siehe Abb. 18.1). Bei Auswahl 1 (Trust Anchor for Unforgebility) geht es um die Fälschungssicherheit und bei Auswahl 2 (Trust Anchor for User Binding) geht es um die Personenbindung.

Fälschungssicherheit der PID: Auswahl 1 betrifft die Frage, ob die Fälschungssicherheit der PID über einen *Authenticated Channel* oder über *Signierte Credentials* zu lösen ist. Rein technisch betrachtet sind beide Varianten zielführend. Die Entscheidung sollte

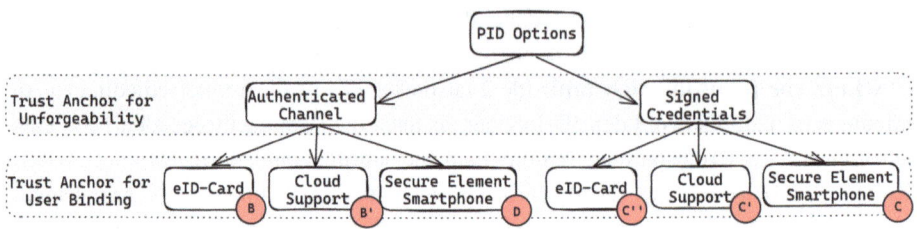

Abb. 18.1 PID-Varianten nach BMI. (Quelle: BMI, 2024)

daher unter Betrachtung der Übertragbarkeit auf weitere Credentials beziehungsweise die jeweiligen Implikationen auf die Breitenwirksamkeit erfolgen.

In der Variante „Authenticated Channel" wird ein authentischer Kanal von der Relying Party (RP) zur Wallet etabliert, durch den die Daten der PID übertragen werden. Kommt auf Seiten der Wallet ein individueller identitätsspezifischer Schlüssel zum Einsatz, so könnte die RP einer dritten Partei unter Vorlage des Kommunikationsprotokolls nachweisen, die Daten von der Wallet erhalten zu haben, müsste dabei jedoch die eigenen Identität (eigene Schlüssel) offenlegen. Die Daten wären in diesem Fall nicht mehr abstreitbar. Allerdings ist die Forderung nach Abstreitbarkeit im Zusammenhang mit dem Einsatz einer Wallet höchst fragwürdig. Was würde die RP gewinnen, wenn die übermittelten Daten abstreitbar wären? Warum sollte die RP den Aufwand einer Wallet-Einbindung betreiben, wenn die übermittelten Daten nicht mehr wert sind, als solche, die in einem Webformular eingegeben wurden? Die vergleichsweise geringe Nutzung der deutschen eID, welche auf der Basis authentifizierter Kanäle arbeitet, unterstreicht die Relevanz derartiger Fragen.

Ausprägungen des Authenticated-Channel-Ansatzes, bei denen der Issuer der Daten oder eine andere dritte Partei einbezogen wird, sind in PID-bezogenen Anwendungsfällen zumindest fragwürdig in Bezug auf den Datenschutz, da sie die dritte Partei mit Informationen über die bilaterale Interaktion zwischen zwei autonomen Parteien versorgt. In Fällen in denen diese Partei ohnehin in den Vorgang involviert ist, wie dem Bankwesen oder bei Versicherungen, mag dies vernachlässigbar sein. In Bezug auf die PID ist es jedoch bedenklich, da es einen „Digital-Feudalismus" begründen könnte, in dem der PID-Aussteller über jede Interaktion seiner Bürger informiert wird.

Eine direkte Kommunikation zwischen den beteiligten Parteien unter Verwendung eines Authenticated Channel kann jedoch den großen Vorteil bringen, dass beide Parteien sich gegenseitig den Einsatz eines HSM beweisen können.

Fälschungssicherheit der PID-Daten ohne Signatur des PID-Ausstellers ist auf dem Weg des Authenticated Channel wiederum nur erreichbar, wenn entweder nur der PID-Aussteller in die Wallet schreiben kann, oder der PID-Aussteller in den Übertragungsprozess der Präsentation einbezogen wird. Ersteres steht der Skalierbarkeit des Wallet-Ansatzes für eine nicht-staatliche Nutzung massiv im Wege. Letzteres wurde bereits in Bezug auf den Datenschutz bewertet.

In der Variante „Signierte Credentials" signiert der PID-Aussteller den PID-Datensatz mit einem durch ihn verwalteten, nicht kopierbaren Schlüssel. Eine Bindung an den Wallet-Inhaber kann erfolgen, indem der PID-Datensatz einen öffentlichen Schlüssel des Wallet-Inhabers oder eine von ihm gehaltene dezentrale Identität (DID) enthält. Der Wert des Datensatzes für die RP hängt dabei entscheidend davon ab, ob der durch den Wallet-Inhaber verwendete Schlüssel vor Kopien geschützt ist. Sind Kopien nicht ausgeschlossen, so könnte eine dritte Partei unter Verwendung des kopierten Schlüssels den PID-Datensatz verwenden. Ein Identitätsdiebstahl wäre die Folge. Ein wirksamer Schutz des Schlüsselmaterials ist derzeit nur in entsprechend gehärteten Hardware Security Modules gegeben.

Im Fazit lässt sich feststellen, dass nicht die Wahl eines der beiden Ansätze, sondern die Kombination beider zielführend erscheint. Die direkte Kommunikation beider Parteien durch einen HSM-gesicherten, authentifizierten Kanal sichert beiden Parteien die Verwendung nicht-kopierbarer Schlüssel zu, sofern dies im HSM entsprechend umgesetzt ist. Die Signierung der Credentials durch den (PID-)Aussteller wiederum schützt die Credentials wirksam gegen Verfälschung.

Personenbindung: Auswahl 2 betrifft die Frage, ob und nach welchem Ansatz Kryptografie ins Spiel kommt, um die Personenbindung zu erreichen. Diskutierte Optionen sind bislang *eID-Card* unter Verwendung der NFC-Schnittstelle des Smartphones, mit HSM in der Cloud (*Cloud-Support*) oder HSM im Smartphone (*Secure Element Smartphone*). HSM sind laut Aussage der BSI-Vorsitzenden Frau Plattner im Rahmen eines Vortrags zum eIDAS-Summit 2024 (Plattner, 2024) mittel- und langfristig das Mittel der Wahl, um die PID in der EUDI-Wallet sicher zu machen.

Daraus ergeben sich in Summe vier Optionen, die PID als digitale Basisidentität abzusichern.

1. *Softwarekryptografie, Trusted Execution Environment, Secure Enclave*

Vorteile:	• geringerer technischer Aufwand auf Seiten der Nutzer und der Identitätsanbieter (Herausgeber der PID)
Nachteile:	• kein Kopierschutz für die kryptografische Schlüssel und Nachweise, kein Schutz vor Seiten-Kanal-Angriffen (Muñoz et al., 2023) • Abstreitbarkeit von Interaktionen wegen des fehlenden Kopierschutzes • hundertprozentiges Vertrauen in die Technologie würde für eine faktische Beweislastumkehr bei den Opfern von Identitätsdiebstahl sorgen

2. eID als HSM über die NFC-Schnittstelle

Vorteile:	• fast jeder hat einen Personalausweis, perspektivisch auch mit eID-Funktion • speichert die Daten der Nachweise direkt im HSM (eID-Card) und ermöglicht dadurch eine leichte Nutzung verschiedener Geräte

Nachteile:	• durch geringen Speicherplatz im HSM sehr limitierter Umfang an parallel nutzbaren Credentials und damit Anwendungsszenarien
	• Zugang zur eID-Card über zentralen eID-Server
	  – Abhängigkeit von dritter Partei
	  – liest alle Kontakte mit (steht dem Bedarf nach Privatsphäre entgegen)
	• nur über NFC zugänglich
	  – Instabilität in der Kommunikation zu erwarten
	  – Qualität des Nutzungserlebnisses ist abhängig von
	    • der Schreib-Lese-Einheit im Endgerät
	    • der eingesetzten Chipkarte
	    • der Fingerfertigkeit des Nutzers und seinem Wissen über Lage der Antenne am Endgerät
	    • Funkstörquellen in der Umgebung

3. HSM in der Cloud

Vorteile:	• bietet Hardware-basierte kryptografische Lösung ohne logistischen Aufwand der Verteilung von HSMs an die Bürgerinnen und Bürger
Nachteile:	• der Schutz des Zugangs zum Service erfolgt mit schwächeren Mitteln, als der Schutz des Schlüsselmaterials der digitalen Identität. Wo wird ein möglicher digitaler Angreifer, der keinen Zugriff durch Strafverfolgung fürchten muss, weil er sich in einem anderen Land befindet, wohl eher attackieren? • Für den Anwender ist weder erkennbar noch beweisbar, ob und in welchem Umfang der Service-Anbieter die digitale Identität ohne Wissen des Inhabers nutzt. • zentralisierte Hardware-Kryptografie erzeugt Abhängigkeit von dem oder den Cloud-Anbieter(n). Durch die erforderlichen hohen Schutzmaßnahmen einer zentralisierten Lösung werden aufwändige Zertifizierungen eingefordert werden. Dadurch werden nur wenige große Anbieter den Markt bedienen, was die Bildung eines engen Oligopols erwarten lässt. Die Kosten dafür würden die Bürger tragen müssen.

4. HSM im Smartphone (embedded Secure Element, Universal Integrated Circuit Card)

Vorteile:	• Nutzer muss kein zweites Element bei sich tragen • hoher Schutz der kryptografischen Schlüssel gegen Kopien • Verwaltung der Schlüssel auf Nutzerseite (erschwert Angriffe auf große Nutzergruppen)
Nachteile:	• jede Interaktion mit dem SE, insbesondere die Willensbekundung durch den Nutzer, erfolgt durch das Betriebssystem des Smartphones – könnte also auch durch das Betriebssystem ohne Beisein des Nutzers erfolgen • Umzug der digitalen Identität von einem Endgerät auf ein anderes nicht möglich → erfordert daher Wechsel der Identität bei jedem Endgerätewechsel • Abhängigkeit von der Gerätehersteller, sie kontrollieren den Zugang zum SE, bestimmen die eingesetzte Hardware und legen die Preise und Konditionen für die Nutzung fest

Nicht betrachtet sind hierbei die Notwendigkeit, dass eine ID-Wallet auch auf Laptop und PC laufen können muss. Ebenfalls nicht betrachtet sind ID-Lösungen von Organisationen (Juristische Personen, Hoheitliche Entitäten/Kommunen), bei denen die Wallet-Software auf dem Server laufen muss. Nicht berücksichtigt sind bei der technischen Diskussion um die PID zudem das SSI-Prinzip und andere Verifiable Credentials, die keinen Ausweischarakter haben und dennoch automatisiert auf Herausgeberschaft, Inhaberschaft, Gültigkeit und ggf. weitere Aspekte hin geprüft werden sollen.

Die o. g. Frage des PID-Designs ist anhand der möglichen Angriffs- und Missbrauchsszenarien zu entscheiden. Ein solches Szenario besteht darin, dass ein Bürger sich z. B. aus wirtschaftlicher Not heraus entscheidet, seine Wallet inkl. PID vervielfältigen zu lassen, um mit den Kopien Geld zu verdienen. Ein zweites Angriffsszenario ist, dass die Kopien ohne sein Wissen/Einverständnis gemacht werden. Beide Szenarien sind nur durch Hardware Security Modules vermeidbar. Diese Erkenntnis wurde bereits in den beiden vom BMWK geförderten OPTIMOS-Projekten gewonnen (Röder, 2018). Sichere digitale Identitäten basieren auf asymmetrischen Schlüsselpaaren, wobei der private Schlüssel nur durch eine Partei verwendet werden darf. Es darf keine Kopien des privaten Schlüssels geben. Dies ist ausschließlich in dafür konzipierten Systemen wie Smartcard Chips gewährleistet.

Wenn man sich gegen Hardware-Kryptografie entscheidet und nur auf Software-Kryptografie setzt, stellt man die Nutzer vor die Wahl zwischen Abstreitbarkeit von Interaktionen oder hundertprozentigem Vertrauen in die Technologie. Angenommen, die EUDI-Wallet wird auf Basis von Software-Kryptografie bis 2030 fertig und breitenwirksam genutzt, so besteht die allgemeine Annahme, dass diese Lösung sicher ist. Kommt es dennoch zu einem Identitätsdiebstahl, was wegen des fehlenden Kopierschutzes nur eine Frage der Zeit ist, würde man bei hundertprozentigem Vertrauen in die Technik vom vermeintlichen Täter verlangen, seine Unschuld zu beweisen (Beweislastumkehr). Bei Abstreitbarkeit der Verantwortung hingegen ist kein Vertrauen in die Lösung durch Wirtschaft und Verwaltung zu erwarten. Mobile Banking zum Beispiel ist mit Abstreitbarkeit der Verantwortung für eine Interaktion seitens des Kontoinhabers aus Sicht der Banken undenkbar.

2 Stand der Technik

2.1 ID-Wallets für SSI-Lösungen

Selbstsouveräne oder selbstbestimmte digitale Identitäten (SSI) sind ein Konzept, welches einem Akteur erlaubt, einen dezentralen Identifikator (DID) zu erzeugen und auf dieser Basis seine digitale Identität selbst, also ohne einen Vermittler oder eine zentrale Partei, zu verwalten. Der Nutzer gewinnt damit die Hoheit über seine eigenen Daten, die nur für ihn zugreifbar in seiner digitalen Wallet gespeichert sind. Die Wallet ist eine digitale Brieftasche. Vergleichbar mit dem Portemonnaie werden darin Ausweisdokumente (eID, digitaler Führerschein, digitale Bankkontoverfügungsberechtigung etc.) und Nachweisdokumente (amtliche Bescheinigungen, Registerauszüge, Berechtigungsnachweise, Urkunden u. ä.) sowie weitere Arten von Credentials abgelegt. Eine digitale Wallet für das Management selbstbestimmter und sicherer digitaler Identitäten sowie automatisierte Prüfung und Verwaltung überprüfbarer digitaler Nachweise bezeichnet man in Abgrenzung zu Wallets, die keine Verbindung zwischen digitalen Nachweisen und digitalen Identitäten ermöglichen, auch als ID-Wallet. Der Begriff ID-Wallet umfasst im Folgenden Software für alle digitalen Endgeräte (mobile Endgeräte wie Smartphones, Tablets, Wearables, Laptops, PCs, Server sowie Internet-of-Things-Devices), die die im Folgenden spezifizierten Funktionalitäten aufweisen. „ID-Wallet" subsumiert somit nachfolgend die Begriffe „Wallet", „Agent", „Wallet-App", „ID-Wallet" und „Wallet-Service".

In der Fachliteratur (Preukschat & Reed, 2021) wird gelegentlich unterschieden zwischen Wallet als Speicher und Agent als digitalem Akteur, der die Funktionen der Verwaltung des kryptografischen Schlüsselmaterials der digitalen Identität (Software-Kryptografie), der Geschäftsprozesslogik, der Visualisierung und Nutzerinteraktion, der Kommunikation mit anderen Akteuren und der Ansteuerung der Transportschnittstellen übernimmt. Die Summe aus Agent und Wallet wird in der Fachliteratur auch als Wallet-App bezeichnet. Eine weitere Aufgabe einer digitalen ID-Wallet besteht in der umfassenden Überprüfbarkeit von Informationen. Die Ausstellung jedes Nachweises, egal ob Ausweis-Credential, Registerauszug, Bild-Credential oder amtlicher Bescheid, in eine ID-Wallet muss dazu in Form eines Verifiable Credentials (z. B. nach W3C-Standard) erfolgen, anhand deren jede für die Anwendung relevante Akzeptanzstelle prüfen kann, wer Herausgeber des Nachweises war (Signatur des Herausgebers), an wen der Nachweis herausgegeben wurde (Identifikator des Inhabers) und ob der Inhalt des Nachweises noch authentisch ist (Hash des VCs). Zusätzlich kann durch Referenzierung geeigneter Vertrauensregister durch die ID-Wallet geprüft werden, ob der Nachweis noch gültig ist (Gültigkeitsregister), ob der Herausgeber berechtigt war, den Nachweis auszustellen (Register der Issuer) und ob das Schema des vorgezeigten Nachweises korrekt ist (Register der VC-Schemata). Optional kann geprüft werden, ob die Kommunikationsmittel (Wallet, Agent) des Inhabers den Prozessanforderungen z. B. einer Kommune genügen (Register der Wallets und Agents) und ob der Identifikator des Inhabers der Akzeptanzstelle bekannt ist (DID-Register, siehe Kap. 30).

Hat der Eigentümer der Wallet in einem Anwendungsprozessschritt die Rolle des Inhabers (Holders), so muss bei eingehender Anfrage einer Akzeptanzstelle die Identität derselben und ihre Berechtigung zum Stellen der Anfrage geprüft werden können (Register der Verifier). Eine ID-Wallet muss mit zentralen und/oder dezentralen Vertrauensregistern kommunizieren (z. B. über das Trust Registry Protocol der ToIP Foundation (ToIP, 2024)) und die o. g. Prüfungen eines Verifiable Credentials zur Beantwortung der entsprechenden Vertrauensfragen (Trustnet Community, 2024) vornehmen können. Die am Markt verfügbaren Wallets von Apple/Google/Samsung etc. erfüllen diese Anforderung derzeit nicht. Somit ist unklar, worauf sich bei dieser Art Wallets das Vertrauen gründen soll, außer auf den jeweiligen Anbieter. Ob bzw. inwieweit die EUDI-Wallet diesem Anspruch gerecht werden soll, ist derzeit fraglich, denn im aktuellen Architekturentwurf spielen weder das

SSI-Prinzip noch seine konsequente Anwendung auf die umfassende Überprüfung von Verifiable Credentials wirklich eine Rolle.

Mit SSI geht der Begriff der digitalen Identität deutlich über das hinaus, was im Kontext hoheitlicher Identitätslösungen (eID, PID) diskutiert wird. Das SSI-Prinzip ist ein Gegenentwurf zu den aktuell genutzten Konzepten, bei denen ein Nutzer verschiedene Identitäten bei verschiedenen Identitätsanbietern besitzt, die in der Regel die Kontrolle über die Daten haben. Mit SSI hat der Nutzer alleinigen Zugriff auf seine ID-Daten und kann entscheiden, welche Teile davon er wem zu welchen Bedingungen zur Verfügung stellt. Mit SSI lassen sich nicht nur digitale Identitäten natürlicher Personen abbilden, sondern auch digitale Identitäten von juristischen Personen, hoheitlichen Entitäten und (smarten) Objekten. Es lassen sich auch Beziehungen einer natürlichen Person zu anderen natürlichen Personen, zu juristischen Personen und zu Objekten digital abbilden und gesichert nachweisen. Mit dem SSI-Prinzip lässt sich jede Art von überprüfbaren Nachweisen (Verifiable Credentials) digital herausgeben, vorzeigen und automatisch verifizieren. Entscheidend dabei sind kryptografisch erzeugte, digitale Identifikatoren (DIDs), anhand deren ein Akteur in einem ID-Ökosystem durch mindestens einen anderen Akteur identifizierbar ist. Mit Hilfe der DIDs lassen sich exklusive Kommunikationskanäle zwischen jeweils zwei Akteuren aufbauen sowie überprüfbare Nachweise signieren und adressieren. Akteur A hat die DID_A und signiert damit einen Nachweis, den er an Akteur B herausgibt. Die DID von B (DID_B) wird in die Signatur und/oder in den Nachweis eingebunden, sodass bei Überprüfung des Nachweises klar ist, dass der Nachweis an B ausgestellt wurde. B identifiziert sich gegenüber Akteur C mit DID_B und zeigt den Nachweis vor. Anhand von DID_A ist prüfbar, wer den Nachweis ausgestellt hat. Anhand von DID_B ist prüfbar, dass B den Nachweis zu Recht vorzeigen darf.

Das Schlüsselmaterial für ID-Wallets wird derzeit üblicherweise in Software auf dem digitalen Endgerät gespeichert. Grund ist, dass die meisten Hersteller digitaler Endgeräte nicht bereit sind, Zugriff auf die internen Hardware Security Modules (HSM) bzw. die Integration fremder Embedded HSMs zuzulassen. **Ohne Hardware-gebundene, kopiergeschützte Verwaltung des Schlüsselmaterials ist die im SSI-Kontext angestrebte Selbstbestimmtheit und Privatheit aber eine reine Fiktion.**

2.2 Hardware Security Modules

Jede in Software vorliegende Information ist kopierbar. Daher ist allgemein bekannt, dass digitales Schlüsselmaterial nur durch Hardwareverschlüsselung sicher unterzubringen ist. Hardwareverschlüsselung ist ein Verfahren, bei dem eine speziell abgesicherte Hardwarekomponente (Verschlüsselungshardware) Daten ohne den Einsatz von zusätzlicher, auf angeschlossenen Geräten laufender Software verschlüsselt (Pohlmann, 2019). Dabei werden alle kryptografischen Schlüssel in dieser speziellen Sicherheits-Hardware generiert und die Kryptografie-Funktionen in Hardware gerechnet. Wenn die Sicherheits-Hardware keine Schnittstelle bereitstellt, über welche die Schlüssel exportiert oder importiert werden können, können die Schlüssel niemals nutzbar im Arbeitsspeicher des angeschlossenen Geräts liegen. Dadurch können Angreifer nicht an das Schlüsselmaterial gelangen – die isolierten Speicherbereiche gewährleisten den vollständigen Schutz kryptografischer Schlüssel und Daten.

Eine Möglichkeit für geräteunabhängige Hardware Security Modules wird durch den Standard ISO 7816 beschrieben. Dies ist ein mehrteiliger internationaler Standard, der wesentliche Merkmale von Chipkarten vereinheitlicht. Solche Chipkarten stecken u. a. in USB-Sticks. Darauf baut der **U2F-Standard** der FIDO Allianz auf (Fido, 2014), der die Verbindung einer URL und einem auf USB-Stick gespeicherten Schlüsselpaar ermöglicht. U2F (Universal Second Factor) ist ein Industriestandard für eine allgemein anwendbare Zwei-Faktor-Authentisierung, basierend auf einer adaptierten Challenge-Response-Authentifizierung. Sie dient neben einem Zugangskennwort dem Nachweis der Zugriffsberechtigung, beispielsweise für webbasierte Dienste, und kann in Kombination mit digitalen Personaldokumenten auch zur Identitätsfeststellung eingesetzt werden. Das Anwendungsprinzip sieht folgendermaßen aus: Akteur B hat das Schlüsselpaar b_A, bestehend aus private key und public key. B gibt den public key an Akteur A, um von diesem identifiziert werden zu können. Die Authentifizierung erfolgt, indem B einen von A bereitgestellten Datensatz mit dem private key signiert und A die Signatur unter Verwendung des public key prüft. Eine Mehrfachverwendung des Schlüsselpaares gegenüber unterschiedlichen Akteuren ist entsprechend der Spezifikation nicht vorgesehen. Für die Identifizierung gegenüber Akteur C wird ein neues Schlüsselpaar b_C generiert und damit ein neuer Identifikator. Das heißt, dass B für jeden Interaktionspartner eine andere digitale Identität hat. Das Prinzip ist somit **nicht für SSI-basiertes Identitätsmanagement anwendbar**, denn es verhindert den überprüfbaren Datenaustausch zwischen mehr als zwei Akteuren. Da B gegenüber A und C unterschiedliche Identitäten nutzt, kann B die Inhaberschaft eines von A ausgestellten Credentials, welches b_A referenziert, nicht C gegenüber nachweisen ohne die Identität b_A gegenüber C zu verwenden. Lediglich die nach Stand der Technik bekannte Absicherung hoheitlicher Identitäten (z. B. eID) ist dahingehend möglich, dass die Identitätsmerkmale (Attribute) direkt auf dem HSM (Personalausweis) abgespeichert werden. Der Zugriff ist hier nur mit Server möglich, eine selbstbestimmte Weitergabe der Daten durch den Inhaber nur mit Hilfe seines digitalen Endgeräts ist unmöglich. Alternativ kann ein HSM (USB-Stick oder Smartcard) verwendet werden, um Schlüsselmaterial und Schlüsselzertifikate zu speichern und die Identifizierung/Authentifizierung zu ermöglichen.

2.3 Aspekte der Datenübertragung und Speicherung

Bisher werden im Zusammenhang mit HSMs immer implizite Verfahren zur Datenübertragung verwendet, d. h. das zur Interpretation der Daten erforderliche Wissen muss beim Empfänger vorliegen. In bekannten Chipkarten-basierten Anwendungen (z. B. eID) werden die Attribute des Halters in der Chipkarte (z. B. Personalausweis mit eID-Funktion) gespeichert. Dies geschieht unter Verwendung von hoch-kompakten Darstellungen wie z. B. in Tag-Length-Value-Formaten. Bei der Verwendung dieser müssen Sender und Empfänger im Vorhinein das zur Interpretation erforderliche Wissen austauschen. Dadurch werden die Anwendungsszenarien stark eingeschränkt und die Interoperabilität behindert. Auch ist der Speicherplatz in der Chipkarte stark begrenzt.

Im Gegensatz dazu werden im SSI-Umfeld selbstbeschreibende Datenformate zur Abbildung von digitalen Nachweisen verwendet. Es kommen Beschreibungssprachen wie JSON zum Einsatz. Die so verwendeten überprüfbaren Nachweise sind weit weniger kompakt, verfügen aber durch menschen- und maschinenlesbare Attribute und Referenzen zu Onlinesystemen (Credentialschema, DID etc.) über ausreichend Informationen, um einem Empfänger ohne spezifisches Wissen die Interpretation des Datensatzes zu ermöglichen. Das heißt, durch SSI und VCs werden theoretisch auch explizite Verfahren der Datenübertragung möglich, weil die Übermittlung des Interpretationswisssens im VC erfolgt. Praktisch ergibt sich jedoch die nach Stand der Technik ungelöste Frage der Vertrauenswürdigkeit zur Interpretation oder Prüfung der Daten erforderlicher Quellen (z. B. Vertrauensregister), auf die das VC verlinkt. Nach Stand der Technik kann der Inhaber einer ID-Wallet nicht prüfen, ob ein Vertrauensregister (z. B. ein Register der für die Herausgabe eines VC-Typs zugelassenen Parteien) echt ist oder eine Fälschung. Daher muss eine ID-Wallet über einen Speicherbereich verfügen, in dem vom Inhaber als vertrauenswürdig eingestuftes Schlüsselmaterial und Nachweise der Vertretungsberechtigung unverfälschbar abgelegt werden. Schlüsselmaterial und Vertretungsberechtigungen müssen bei der Prüfung präsentierter Credentials herangezogen werden.

Trust-Stores sind eine in Webbrowsern und Betriebssystemen bekannte Funktion zum Abbilden organisatorischer Vertrauensanker. Solche organisatorischen Vertrauensanker bestehen normalerweiser in einer durch Gesetz oder Audit nachgewiesenen Autorität und vertrauenswürdigen qualitätsgeprüften Verfahren/Prozessen der Certificate Authorities (CA). Die in Webbrowsern mitgelieferten Root-Zertifikate oder Self-signed-Zertifikate werden durch den Browserhersteller ausgewählt und im Trust-Store hinterlegt. Audit und zugrunde liegende Verfahren/Prozesse der zugehörigen Certificate Authorities sind dem Nutzer in aller Regel unklar. Auch befinden sich die Certificate Authorities potenziell in anderen Rechtssystemen als der Nutzer und können durch Gesetzgebung zu Handlungen gezwungen sein, die dem Interesse des Nutzers entgegenstehen. Auch wird bei Website-Zertifikate nur die Inhaberschaft der jeweiligen URL zertifiziert. Mangels Informationen wie Unternehmensadresse und Handelsregistereintrag sowie geprüfter Zertifizierungen dieser, können Nutzer potenziell auf ähnlich aussehende URLs betrügerischer Anbieter hereinfallen, obwohl diese eine vermeintlich sichere Verbindung aufbauen (siehe punycode phishing). Das heißt, Nutzer ohne spezifische Fachkenntnisse sind gezwungen, Parteien zu vertrauen, denen sie mangels Kenntnis derselben gar nicht vertrauen können. Hacker können dies, wie zum Beispiel bei Phishing-Attacken, ausnutzen, um Angriffe auf die digitalen Systeme der Nutzer auszuführen, z. B. zum Stehlen persönlicher Zugangsdaten und digitaler Identitäten.

3 Die IDealWALLET mit Hardware Security Module

3.1 Komponenten

Der nachfolgend beschriebene Ansatz betrifft das Gebiet der kryptografischen Techniken und Hardware und beschreibt ein Verfahren zum Herstellen und Verwalten einer sicheren digitalen Identität in einer digitalen Wallet mit Hilfe von Hardware Security Modules. Diese Technologie ermöglicht auf neuartige Weise den flexiblen sicheren Austausch überprüfbarer digitaler Nachweise zwischen mehr als zwei Akteuren (Aussteller, Inhaber, verschiedene Prüfer) in einem digitalen ID-Ökosystem.

Die verwendeten Techniken der Kryptografie sind

1. öffentlich-private Schlüsselpaare zur Verschlüsselung und Entschlüsselung
2. Erzeugen eines dezentralisierten digitalen Identifikators (DID)
3. kryptografische Bindung von Schlüsseln und DIDs sowie deren Fortschreibung (KERI-Prinzip), (Smith, 2023)
4. Kryptografische Signaturen unter Verwendung des Identifikators
5. Berechnung und Prüfung von Hash-Werten
6. Hardwareverschlüsselung

Die verwendeten Techniken des Identitätsmanagements sind

1. Anwendung des Prinzips der selbstbestimmten Identitäten (SSI) zur Erzeugung eines oder mehrerer DIDs durch den Inhaber derselben
2. Nutzung von überprüfbaren digitalen Nachweisen (Verifiable Credentials) zur Beschreibung von Attributen, die einem DID zugeordnet werden
3. Digitale ID-Wallet (Software auf digitalen Endgeräten) zum Erzeugen, Speichern, Prüfen, Verwalten und Austauschen digitaler überprüfbarer Nachweise
4. Digitaler Wallet-Service (Software im Backend eines IT-Systems) zum Erzeugen, Speichern, Prüfen, Verwalten und Austauschen digitaler überprüfbarer Nachweise
5. Applet (Software) zum kopiergeschützten Generieren, Speichern, Verwalten und Löschen von digitalem Schlüsselmaterial und digitalen Identifikatoren sowie der prüfbaren Verbindungen zwischen diesen
6. Trust-Stores zum Abbilden organisatorischer Vertrauensanker in der Software des Nutzers
7. Credential-Store zur Ablage von überprüfbaren digitalen Nachweisen, die vom Nutzer gehalten werden, in der ID-Wallet bzw. im Wallet-Service

Die verwendbaren Hardware-Komponenten sind

1. Mobile digitale Endgeräte, insbesondere Smartphones, Tablets, Laptops, Wearables
2. PCs und Server
3. Smarte Objekte, u. a. autonome oder teilautonome Sensoren, Aktoren oder Sensor-Aktor-Kombinationen
4. Hardware Security Elemente (z. B. aber nicht ausschließlich USB-Sticks oder Chipkarten), die sich mit o. g. Hardware-Komponenten 1–3 verbinden lassen

Der mit der IDealWALLET im Rahmen des Projekt ID-Ideal entwickelte Ansatz bietet einerseits Kopierschutz für das Schlüsselmaterial und die digitale Identität sowie andererseits Sicherheit vor Fälschung für die Inhalte der digitalen ID-Wallet und des digitalen Wallet-Service. Dadurch werden digitale Interaktionen unter Austausch digitaler überprüfbarer Nachweise vertrauenswürdig.

3.2 Zusammenspiel der Komponenten, Funktionalität

Der hier beschriebene Ansatz ermöglicht die Verbindung von sicherer digitaler Identität nach dem SSI-Prinzip, verwaltet mit einer ID-Wallet auf einem digitalen Endgerät (z. B. Smartphone, Tablet, Laptop, PC, Server oder smartes Objekt), mit einem Hardware Security Module (HSM) und einem Applet. Das HSM kann z. B. in Form der Hardware von Smartcards nach ISO 7816 vorliegen oder als Integrationen solcher Chips in USB-Sticks. Das Applet ermöglicht das kopiergeschützte Generieren, Speichern, Verwalten und Löschen von digitalem Schlüsselmaterial und digitalen Identifikatoren auf dem Hardware Security Module, sodass der flexible sichere Austausch überprüfbarer digitaler Nachweise zwischen mehr als zwei Akteuren in einem SSI-basierten digitalen ID-Ökosystem möglich wird. Die IDealWALLET verfügt über mindestens zwei Speicherbereiche: einen Credential-Store für die auf den Inhaber der Wallet ausgestellten Credentials, und einen Trust-Store für Root-Zertifikate und Credentialketten, die als organisatorische Vertrauensanker aus dem Trust-Store einer vertrauenswürdigen Quelle (z. B. Kommune) übernommen werden können. Im Unterschied zu dem Trust-Store eines Internet-Browsers werden im Trust-Store der ID-Wallet keine Zertifikate abgelegt, die eine Aussage der Zuordnung von URL zu Entität/Server treffen, sondern Zertifikate, VCs, Credentialketten, die eine Aussage der Zuordnung eines DID zu einer Entität/Person der Realwelt treffen.

Das Applet dient der funktionellen Verbindung von HSM und Software des digitalen Endgeräts, an welches das HSM, z. B. via Adapter, USB- oder Bluetooth-Verbindung, angeschlossen ist. Das Applet ist eine Software, die im Inneren des als HSM dienenden SmartCard-Chips/USB-Sticks arbeitet und Daten und/oder das Schlüsselmaterial verwaltet sowie die Kommunikation mit angeschlossenen Geräten über das Applet-Interface steuert. Das Applet verwaltet (ggf. auch parallel mehrere) DIDs und die auf diese DIDs ausgestellten Nachweise. Es speichert das Schlüsselmaterial und stellt Funktionen zur Erzeugung und zum Wechsel der kryptografischen Schlüssel der DIDs bereit. Die Kombina-

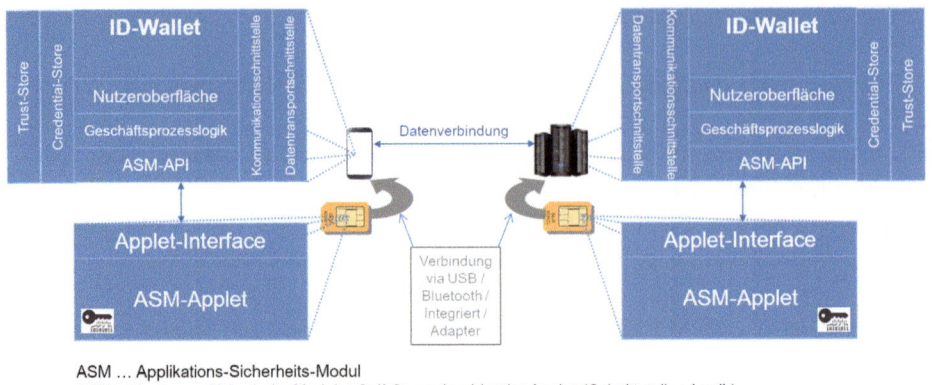

ASM ... Applikations-Sicherheits-Modul
ASM = Hardware-Sicherheits-Modul + Self-Sovereign-Identity-Applet (Schnittstelle+ Logik)

Abb. 18.2 Funktionsprinzip der IDealWALLET mit HSM

tion von HSM und Applet soll im weiteren als Application Security Module (ASM) bezeichnet werden. Das ASM dient in Kombination mit der ID-Wallet der Bildung eines technischen Vertrauensankers. Ein solcher technischer Vertrauensanker im SSI-Kontext ist die nachweisbare Zuordnung eines DID zu einer Person oder Entität der Realwelt. Die ID-Wallet auf dem digitalen Endgerät kommuniziert unter Verwendung der ASM-API mit dem Applet und stellt via Frontend bzw. User Interface die Verbindung zum Nutzer her. Des weiteren dient die ID-Wallet der digitalen Kommunikation und dem Datenaustausch mit den ID-Wallets anderer Parteien (siehe Abb. 18.2).

Das spezielle Applet der IDealWALLET ermöglicht nun etwas, das bisher in der Welt der SmartCards und USB-Sticks nicht vorgesehen war, nämlich die Kommunikation zweier Smartcards miteinander. Dass z. B. zwei Bankkarten miteinander kommunizieren, sich gegenseitig identifizieren und untereinander Daten austauschen, ist nach Stand der Technik nicht vorgesehen. Das Applet der vorliegenden Erfindung kommuniziert via Wallet-App des angeschlossenen digitalen Endgeräts über die Wallet-App des digitalen Endgeräts einer anderen Partei mit dem Applet des daran angeschlossenen HSMs. Der dadurch ermöglichte Datenaustausch kann nunmehr als Basis dienen für die sichere Übertragung eines technischen Vertrauensankers zwischen zwei ID-Wallets.

3.3 Vorteile der Wallet-Lösung

Die IDealWALLET nutzt geräteunabhängige HSMs und erreicht so die technischen Voraussetzungen für ein Level of Assurance ‚high' im Sinne der eIDAS-Verordnung. Durch den Einsatz eines externen USB-Dongles als HSM (siehe Abb. 18.3) neben embedded Security Elements und Universal Integrated Circuit Cards (UICCs) können nicht nur Mobilgeräte aller Hersteller, sondern auch PCs und Serversysteme als Endgerät für die Nutzung der digitalen Identität verwendet werden. Dies ist in Bezug auf die Reichweite wichtig, da aus Erfahrungen in den skandinavischen Ländern bekannt ist, dass mehr als die Hälfte der Nutzer ihre sichere digitale Identität dort ausschließlich mit einem PC nutzt (Eichenauer, 2024). Die Erweiterung auf Chipkarten, USB-Dongles und Bluetooth-HSMs

18 Schwerkraft im digitalen Raum: Der Beitrag von Hardware Security Modules zu … 301

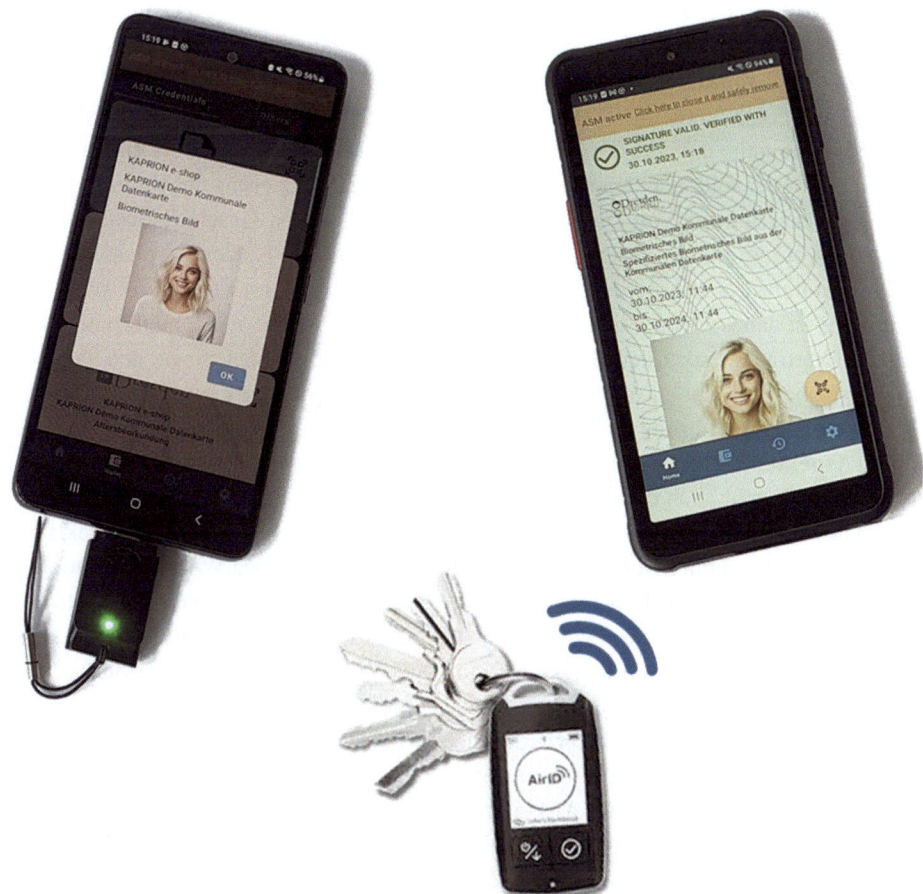

Abb. 18.3 IDealWallet mit HSM

- schützt die Lösung vor einem Vendor-Lock-In durch Gerätehersteller oder Netzbetreiber
- ermöglicht den Einsatz auch älterer Telefonmodelle,
- ermöglicht die Unterstützung von PCs und
- ermöglicht die Unterstützung von Servern

bei der Verwendung sicherer digitaler Identitäten.

Zudem ist eine Applet-basierte Lösung effizient zertifizierbar. Mit eID-cards und SIMs gibt es dazu mehr als 20 Jahre Erfahrung. Im Vergleich dazu dürfte der Zertifizierungsaufwand bei Apps hingegen erheblich sein, allein da durch die regelmäßigen Betriebssystemupdates die Geschwindigkeit der erforderlichen Zertifizierungen sehr hoch sein muss und die Komplexität durch die deutlich größere Code-Basis weit höher ist.

Auch wenn mit der PID die Entwicklung im Rahmen von eIDAS zunächst nur auf digitale Identitäten natürlicher Personen abzielt, so muss dennoch die Technologie auf digitale Identitätslösungen von juristischen Personen des Privatrechts (z. B. Unternehmen und Vereine) und des öffentlichen Rechts (z. B. Behörden und Kommunen) übertragbar sein. Die HSM-Unterstützung von Servern bindet solche institutionellen Akteure ein und bietet ihnen die Möglichkeit, nicht nur die Identifizierung/Authentifizierung der Bürger, sondern **auch die Verarbeitung von Daten und Nachweisen in ihren Geschäftsprozessen bei Bedarf auf einem hohen Vertrauensniveau** umzusetzen. Die Nutzerakzeptanz der Wallet hängt von der Anzahl, der Häufigkeit und der Bedeutung der nutzbaren Anwendungsfälle ab. Es ist daher wichtig, den Kommunen, deren Prozesse die maßgeblichen organisatorischen Vertrauensanker des Staates in die Gesellschaft darstellen, sowie den 99 % der KMU, welche 52 % der europäischen Wirtschaftsleistung erbringen, eine leicht integrierbare kostengünstige Lösung zu bieten.

UX-Aspekte: Prozesstauglichkeit, z. B. für kommunale oder privatwirtschaftliche Anwendungen, besteht auch darin, dass die Wallet alle drei Rollenmodelle ausüben können muss. Dies ist eine Erkenntnis, die KAPRION im Rahmen des Schaufensterprojekts ID-Ideal gewonnen und publiziert hat (Fuhrland et al., 2023). Die IDealWALLET ermöglicht das Agieren als Holder, als Issuer und als Verifier. Sie ermöglicht zudem die automatisierte Prüfung von VCs aller Art sowie die automatisierte Prüfung von Credential-Ketten. KAPRION hat im Rahmen der Entwicklung von IDealWALLET sowohl Issuer-Services als auch Verifier-Services für Verifiable Credentials unterschiedlichster Schemata umgesetzt. Organisatorische Vertrauensanker werden über Credential-Ketten/Zertifikatsketten ähnlich X.509 transportierbar. Die automatisierte Abfrage von Vertrauensregistern ist derzeit noch in Arbeit. Die Kryptografie-Algorithmen können durch den Einsatz des Key-Event-Logs (siehe Kap. 21) ausgetauscht werden.

Mit Hilfe eines Identifikators (z. B. DID) und dem privaten Schlüsselmaterial auf dem HSM kann nach vorheriger Registrierung die Identifizierung/Authentifizierung gegenüber einem Vertrauensdienst (QTSP) oder einem Anbieter föderierter ID-Lösungen erfolgen. Mit Hilfe einer DID und dem privaten Schlüsselmaterial auf dem HSM kann jedes Verifiable Credential bzw. dessen Präsentation aber auch direkt durch den Walletinhaber signiert werden. Solange dem Empfänger die Identität hinter der DID bekannt ist oder diese in einem DID-Register der Vertrauensdomäne überprüfbar ist, ist diese **digitale Signatur genauso sicher wie eine Qualifizierte elektronische Signatur (QES)** durch einen QTSP.

Strong Customer Authentication für Zahlungsverkehr ist mit Hilfe des HSMs und der IDealWALLET zweifelsfrei jetzt bereits möglich. Als zweiter Faktor dient eine PIN/ein Passwort oder die durch das digitale Endgerät unterstützte Biometrie-Erkennung. KAPRION hat bereits die Ausstellung eines Verifiable IBAN-Credentials durch die Bank umgesetzt. KAPRION setzt zudem gerade das SEPA-Lastschriftmandat als Verifiable Credential, signiert mit DID und HSM, um.

4 Kopierschutz, Originalität, Unikat

Ohne Hardwarebindung sind überprüfbare Nachweise (VCs) kopierbar. Kopien von VCs sind zwar auch auf Herausgeberschaft und Inhaberschaft überprüfbar, aber die Kopierbarkeit ist nicht immer gewollt. Es gibt aber bislang keine digitalen Originale von Dokumenten. Beim vorliegenden Ansatz wird ein Speicher (Register) im Applet angelegt zur Registrierung von VCs. In Kombination mit einem speziellen Protokoll ist die Weitergabe von VCs von einem Akteur an einen anderen möglich, mit und auch ohne Bindung an eine DID. Dadurch werden die Hardwarebindung und der Kopierschutz von VCs möglich und somit die Kennzeichnung von Nachweisen als digitale Unikate bzw. digitale Originale. Dafür gibt es verschiedene Varianten:

Ausstellerbindung von VCs: Ausstellergebundene VCs werden nur mit der DID des Ausstellers versehen. Und sie werden im Register des ASM des Inhabers verankert. Dabei ist durch das Applet des ASMs des Inhabers sichergestellt, dass die Verankerung des Credentials im Register nur durch ein zweites ASM, nämlich das ASM des Ausstellers, erfolgen kann.

Inhaberbindung von VCs: Inhabergebundene VCs werden auf die DID des Inhabers ausgestellt zum Nachweis der Zuordnung zur Partei des Inhabers. Durch die Hardware-Bindung ist die DID stärker als bei Nutzung softwarebasierter Kryptografie an den Inhaber gebunden, weil das Erzeugen von Kopien ausgeschlossen ist und Hardware sich nicht so schnell durch den Raum bewegen kann wie die in Software gebundene Information.

Aussteller-und-Inhaberbindung von VCs: Aussteller- und Inhabergebundene VCs werden sowohl mit der DID des Ausstellers versehen, als auch auf die DID des Inhabers ausgestellt. Dadurch werden Aussteller, Inhaber und Inhalt des Credentials für eine dritte Partei im Verbund überprüfbar.

Weitergabe von VCs: Die Weitergabe des VCs an eine andere ID-Wallet wird auf Basis eines Flags im Registereintrag des VCs im ASM entschieden. Bei Weitergabe des VCs an einen neuen Inhaber, wird der Registereintrag in einem mehrstufigen Übertragungsvorgang im Register des ASM des neuen Inhabers verankert und danach im Register des ASM des ursprünglichen Inhabers gelöscht. Die Abhängigkeit vom ASM des Ausstellers wird dadurch 1:1 übertragen. Ist das Flag zur Weitergabe des VCs im Register des ASM nicht gesetzt, so wird die Weitergabe durch das ASM verhindert.

In Abgrenzung zu einfach kopierbaren digitalen Nachweisen ergeben sich daraus sechs Kategorien von möglichen nicht kopierbaren VCs, verdeutlicht durch folgende Anwendungsbeispiele (Tab. 18.1).

Trotz der Erweiterung der Möglichkeiten des hier entwickelten Applets im Vergleich zu hardwaregeschützten Credentials (z. B. Personalausweis mit eID-Funktion) nach Stand der Technik bleibt der Kopierschutz erhalten. Im vorliegenden Ansatz werden keine Private Keys nach außen gegeben. Registereinträge im Applet werden nur verschlüsselt von ASM zu ASM weitergegeben, liegen also in der Softwareumgebung (ID-Wallet) nie unverschlüsselt vor.

Tab. 18.1 Kategorien von nicht kopierbaren VCs

nicht kopierbares Verifiable Credential	weitergebbar	nicht weitergebbar
Aussteller-gebunden	Aussteller-DID im Header des VC, Signatur-gesichert, Flag im Register-Eintrag des ASM auf „weitergebbar"	Aussteller-DID im Header des VC, Signatur-gesichert, Flag im Register-Eintrag des ASM auf „nicht weitergebbar"
	z. B. nicht Namensgebundene Aktie, Barscheck, digitaler Geldschein oder Konzertticket	z. B. Gruppen-Zugangsberechtigung zu Gebäuden
Inhabergebunden	Inhaber-DID im Header des VC, Signatur-gesichert, Flag im Register-Eintrag des ASM auf „weitergebbar"	Inhaber-DID im Header des VC, Signatur-gesichert, Flag im Register-Eintrag des ASM auf „nicht weitergebbar"
	z. B. ausgefüllter Stimmzettel, vom anonymen Wähler auf Wahllokal ausgestellt	z. B. inhabergebundener Zugangstoken zu einem Schließfach
Aussteller+Inhabergebunden	Aussteller-DID und Inhaber-DID im Header des VC, Signatur-gesichert, Flag im Register-Eintrag des ASM auf „weitergebbar"	Aussteller-DID und Inhaber-DID im Header des VC, Signatur-gesichert, Flag im Register-Eintrag des ASM auf „nicht weitergebbar"
	z. B. Führerschein oder Vollmacht mit Recht zur Untervollmacht, bspw. Vorsorgevollmacht oder Abholberechtigung vom Kindergarten	z. B. ÖPNV-Monatskarte, Delegation Credential oder EM-Tickets

Durch das vorliegende Verfahren werden die Vorteile der expliziten Beschreibung der Credentials aus dem SSI-Umfeld mit den Vorteilen des Kopierschutzes der Chipkarten-basierten Lösungen kombiniert. Die nach Stand der Technik ungelöste Frage der Vertrauenswürdigkeit neuer Quellen, auf die das VC verlinkt, wird durch die Kombination mit dem o. g. Trust-Store in der Wallet gelöst. Die Trust-Store-Funktionalität in der ID-Wallet bringt einen anderen Vertrauensmechanismus ins Spiel, mit dem die dezentrale Übertragung organisatorischer Vertrauensanker möglich wird. Anstatt einem vollkommen unbekannten Zertifizierungsdienst z. B. in Amerika zu vertrauen, kann der Inhaber der Wallet sein digitales Vertrauen auf Organisationen und deren Prozessen begründen, die er kennt und denen er auch in der Realwelt selbst vertraut. Zum Beispiel, kann eine Kommune vertrauenswürdige Root-Zertifikate anderer Kommunen an die ID-Wallets ihrer Bürger verteilen. Durch von Kommune zu Kommune entstehende Vertrauensketten, kann sich Vertrauen im digitalen Raum fortpflanzen und im Trust-Store einer ID-Wallet abbilden. Zusätzlich wird der Trust-Store der ID-Wallet durch vertrauenswürdige Verbindungen/Kontakte des Inhabers gefüllt, indem beim Abspeichern eines VCs im Credential-Store gleichzeitig die zugehörige mit dem VC übermittelte Credential-Kette bis zum Root-Zertifikat des Herausgebers im Trust-Store der ID-Wallet abgespeichert wird.

5 Fazit

Die hier vorgestellte Technologie der Kombination von ID-Wallet und Application Security Module löst die grundlegenden Sicherheitsprobleme im Kontext digitaler Identitäten und schafft darüber hinaus praxistaugliche Lösungen für das sichere Management verschiedenster Arten überprüfbarer digitaler Nachweise. Das Verfahren bildet die Basis für hierarchische ID-Lösungen von Organisationen und deren Mitarbeitern (siehe Kap. 17 zur RessortID). Es wird einen wertvollen Beitrag für den Aufbau des Trustnets leisten.

Literatur

Anke, J., & Hempel, G. (2023). *Privacy Management mit Self-Sovereign Identity: Potenziale zur Erhöhung der informationellen Selbstbestimmung.* https://www.researchgate.net/publication/373606424_Privacy_Management_mit_Self-Sovereign_Identity_Potenziale_zur_Erhohung_der_informationellen_Selbstbestimmung. Zugegriffen am 28.09.2024.

BMI. (2024). *Architecture proposal for the German eIDAS implementation.* https://bmi.usercontent.opencode.de/eudi-wallet/eidas-2.0-architekturkonzept/. Zugegriffen am 28.09.2024.

Cyphers, B., & Gebhardt, G. (2019). *Behind the one-way-mirror: A deep dive into the technology of corporate surveillance.* https://www.eff.org/wp/behind-the-one-way-mirror. Zugegriffen am 28.09.2024.

Eichenauer, R. (2024). *Evolution und Erfolgsbilanz der dänischen eID, Vortrag im Rahmen des Zukunftsworkshop BundID.* https://www.msg.group/public/zukunftsworkshop-bundid. Zugegriffen am 28.09.2024.

European Parliament and Council. (2024). *Regulation (EU) 2024/1183 of the European Parliament and of the Council of 11 April 2024 amending Regulation (EU) no 910/2014 as regards establishing the European Digital Identity Framework.* eIDAS. https://eur-lex.europa.eu/eli/reg/2024/1183/oj. Zugegriffen am 28.09.2024.

Fido Allianz. (2014). *FIDO ready.* https://web.archive.org/web/20141216010724/http://fidoalliance.org/adoption/fido-ready/. Zugegriffen am 28.09.2024.

Fuhrland, M., Anke, J., Schröder, R., Röder, A., Schroll, L., Martin, M., & Landvogt, W. (2023). *Requirements for the development of the EUDI wallet from the perspective of the German showcase projects ONCE and ID-Ideal.* https://www.researchgate.net/publication/377656435_Requirements_for_the_development_of_the_EUDI_wallet_from_the_perspective_of_the_German_showcase_projects_ONCE_and_ID-Ideal. Zugegriffen am 28.09.2024.

Muñoz, A., Ríos, R., Román, R., & López, J. (2023). A survey on the (in)security of trusted execution environments. *Computers & Security, 129*, 103180. https://doi.org/10.1016/j.cose.2023.103180

Plattner, C. (2024). Aktuelle Schwerpunkte des BSI im Kontext der eIDAS Revision, Vortrag zum eIDAS Summit 2024. https://www.youtube.com/watch?v=u1SuLBgGlxg. Zugegriffen am 28.09.2024.

Pohlmann, N. (2019). *Hardware-Sicherheitsmodule zum Schutz von sicherheitsrelevanten Informationen.* https://link.springer.com/chapter/10.1007/978-3-658-25398-1_3. Zugegriffen am 28.09.2024.

Preukschat, A., & Reed, D. (2021). *Self-sovereign identity.* Manning Publications.

Röder, A. (2018). Verbundprojekt „OPTIMOS – Grundlagen für offene, praxistaugliche Infrastrukturen für mobile Services", Teilprojekt „Prototypische Entwicklung von Kundenvertragspartner Online System und Android App": Schlussbericht. https://books.google.de/books/about/Verbundprojekt_OPTIMOS_Grundlagen_f%C3%BCr_o.html?id=tHwFzwEACAAJ&redir_esc=y. Zugegriffen am 28.09.2024.

Smith, S. (2023). *Key event receipt infrastructure (KERI)*. https://trustoverip.github.io/tswg-keri-specification/. Zugegriffen am 28.09.2024.

Trust over IP Foundation. (2024). *ToIP announces the implementers draft of the trust registry protocol specification V2.0*. https://trustoverip.org/blog/2024/04/03/toip-announces-the-implementers-draft-of-thetrust-registry-protocol-specification-v2-0/. Zugegriffen am 28.09.2024.

Trustnet Community Platform. (2024). *Verifiable credentials*. https://trustnet.community/p/uberprufbare-nachweise-verifiable-credentials. Zugegriffen am 28.09.2024.

Zoltan, M. (2023). *Dark web price index 2023*. https://www.privacyaffairs.com/dark-web-price-index-2023/. Zugegriffen am 28.09.2024.

Open Access Dieses Kapitel wird unter der Creative Commons Namensnennung 4.0 International Lizenz (http://creativecommons.org/licenses/by/4.0/deed.de) veröffentlicht, welche die Nutzung, Vervielfältigung, Bearbeitung, Verbreitung und Wiedergabe in jeglichem Medium und Format erlaubt, sofern Sie den/die ursprünglichen Autor(en) und die Quelle ordnungsgemäß nennen, einen Link zur Creative Commons Lizenz beifügen und angeben, ob Änderungen vorgenommen wurden.

Die in diesem Kapitel enthaltenen Bilder und sonstiges Drittmaterial unterliegen ebenfalls der genannten Creative Commons Lizenz, sofern sich aus der Abbildungslegende nichts anderes ergibt. Sofern das betreffende Material nicht unter der genannten Creative Commons Lizenz steht und die betreffende Handlung nicht nach gesetzlichen Vorschriften erlaubt ist, ist für die oben aufgeführten Weiterverwendungen des Materials die Einwilligung des jeweiligen Rechteinhabers einzuholen.

19
TRAIN: Eine DNS-basierte Vertrauensmanagement-Infrastruktur für domänenübergreifende Identitäts-Ökosysteme

Michael Kubach und Isaac Henderson Johnson Jeyakumar

Zusammenfassung

Das Management von Vertrauensbeziehungen über verschiedene Domänen hinweg, wie es für eine breite Akzeptanz von dezentralen beziehungsweise selbstsouveränen Identitäten (SSI) mittels Verifiable Credentials (VC) erforderlich ist, bleibt eine Herausforderung. Um die Interoperabilität von VCs über Silos wie einzelne Organisationen oder sektorale Föderationen hinweg zu erleichtern, schlägt diese Arbeit eine neue Architektur zur praktischen Implementierung von Trust Frameworks vor. Diese ermöglicht es Issuern ihre VCs mit Referenzen auf Trust Frameworks zu versehen und Verifiern diese entsprechend ihrer Trust Policies souverän zu überprüfen. Der Ansatz umfasst darüber hinaus ein neuartiges vereinheitlichtes Signatur- und Verifizierungsmodell für Trust Lists. Ein kurzer Anwendungsfall und Implementierungsdetails für das Modell werden vorgestellt.

Schlüsselwörter

eIDAS · SSI · Vertrauensinfrastruktur · Trust Framework · Trust List · Verifiable Credentials

---

M. Kubach (✉) · I. H. Johnson Jeyakumar
Fraunhofer IAO, Stuttgart, Deutschland
E-Mail: michael.kubach@iao.fraunhofer.de;
isaac-henderson.johnson-jeyakumar@iao.fraunhofer.de

© Der/die Autor(en) 2025
J. Anke et al. (Hrsg.), *Digitale Identitäten und Nachweise*,
https://doi.org/10.1007/978-3-658-47708-0_19

1 Einführung

Die Technologien für auf Verifiable Credentials basierende dezentrale oder selbstsouveräne Identitätsmanagement-Lösungen (IdM-Lösungen) entwickeln sich derzeit schnell weiter. Immer mehr Standards werden geschaffen, jedoch sind diese noch nicht stabil und von einer weitgehenden Vereinheitlichung kann noch nicht gesprochen werden. Dies wurde gerade auch aus den Diskussionen um die Entwicklung des Architektur Reference Frameworks (ARF) für die EU-Digital Identity Wallet (EUDI-Wallet) deutlich (European Commission, 2024). Gleichzeitig existieren und werden voraussichtlich auch zukünftig parallel verschiedene Vertrauensdomänen weiterhin bestehen (unterschiedliche nationale Vertrauensdomänen – zumindest außerhalb der EU, branchenspezifische Vertrauensdomänen usw.). Es könnte dementsprechend zu optimistisch sein, sich derzeit auf eine spezifische Identitätstechnologie und Vertrauensdomäne festzulegen – beispielsweise die EUDI-Wallet mit eIDAS 2.0 (eIDAS, 2024). Daher sollte eine Vertrauensmanagementinfrastruktur darauf abzielen, unabhängig von der jeweiligen Identitätstechnologie oder einer bestimmten Blockchain bzw. Ledger zu sein (z. B. Sovrin, EBSI) zu sein. Sie sollte verschiedene Vertrauensdomänen verbinden können und es einzelnen Organisationen und Verbünden von Organisationen (z. B. Föderationen, Dataspaces) ermöglichen, souveräne Vertrauensentscheidungen zu treffen – weitgehend unabhängig von der zugrunde liegenden Technologie.

Ökosysteme, die auf föderierten oder dezentralen IdM-Lösungen aufbauen, erfordern eine dezentrale, flexible, skalierbare und interoperable Infrastruktur zur Verwaltung von Informationen über vertrauenswürdige Entitäten und Entitätsgruppen im Ökosystem und gegebenenfalls auch über Domänengrenzen hinweg. Einzelne Entitäten oder Entitätsgruppen (Föderationen) müssen ihre Vertrauensanker[1] souverän definieren und verwalten können. Andererseits muss es möglich sein, nach Bedarf einzelne Vertrauensentscheidungen an vertrauenswürdige Institutionen zu delegieren, die entsprechend als Vertrauensanker fungieren. Dies geschieht den individuellen Vertrauensanforderungen der Entität beziehungsweise des Anwendungsfalls entsprechend. Darüber hinaus muss es möglich sein, Vertrauensanker über Vertrauensdomänen hinweg zu verbinden, um Interoperabilität über Föderationen hinweg zu erreichen und letztendlich Ökosystemgrenzen zu überbrücken. Sie benötigen also eine praktische Infrastruktur für die Implementierung ihres Trust Frameworks – des Rahmenwerks für Vertrauen mit den Regeln und Regularien, auf denen das Ökosystem basiert.

Verschiedene Ansätze für Vertrauensmanagement-Infrastrukturen wurden bereits vorgeschlagen und implementiert. In der EU ist hier sicherlich der auf der eIDAS-Verordnung basierende Ansatz zu nennen. Er ist jedoch weder offen, dezentral, noch flexibel. Vielmehr fokussiert er auf eine spezifische Vertrauensdomäne und ermöglicht keine anforderungs-

---

[1] Eine Institution, Organisation oder Technologie, der in einem System Vertrauen entgegengebracht wird und die darauf aufbauend bestimmte Funktionen für dieses System übernimmt.

spezifisch flexible Schaffung von Vertrauensankern. Das in diesem Beitrag präsentierte TRAIN-Konzept (Trust Management Infrastructure) stellt darum einen alternativen Ansatz dar, mit dem eine flexible und domänenübergreifende Vertrauensmanagement mit einem vereinheitlichten Signatur- und Verifizierungsmodell für Trust Lists (Listen vertrauenswürdiger Entitäten) realisiert werden kann. Es wurde bereits für zahlreiche Anwendungsfälle pilotiert und für Gaia-X-Dataspaces spezifiziert.

Der Beitrag ist wie folgt strukturiert. Abschn. 2 gibt einen Überblick über bestehende Ansätze zur Etablierung von Vertrauen mit dezentralen IdM-Lösungen. Abschn. 3 stellt dann das TRAIN-Konzept auf Basis von DNS und Trust Lists vor. Wir beschreiben einen Use Case am Beispiel von Gaia-X sowie die Architektur der Lösung mit ihren Komponenten. Der Beitrag schließt ab mit einer knappen Diskussion und Ausblick.

2 Verwandte Ansätze für Vertrauensmanagement

Der Aufbau interoperablen Vertrauens in Identitäts-Ökosystemen stellt trotz langjähriger Forschungsarbeiten, regulatorischer Initiativen und einer Vielzahl vorgeschlagener Lösungen weiterhin eine signifikante Herausforderung dar. Im Folgenden werden nun zwei bereits fortgeschrittene Ansätze kurz vorgestellt und anschließend in Abschn. 2.3 unter Einbezug weiterer existierender Ansätze knapp analysiert.

2.1 GAIA-X Trust Model

Gaia-X ist eine Cloud- und Dataspace-Initiative, die Verifiable Credentials für Identitäts- und Zugriffsverwaltung nutzt. Dataspaces können als Ökosysteme für den souveränen Datenaustausch mit dem Ziel der Wertschöpfung über organisatorische Grenzen hinweg definiert werden (Gaia-X, 2024). Sie erfordern ein hohes Maß an Sicherheit und Vertrauen – allerdings dürfen auch die Eintrittshürden nicht zu hoch sein, stellt doch die Erreichung einer kritischen Masse an teilnehmenden Organisationen ebenfalls eine Herausforderung dar.

Das Vertrauensmanagement-Infrastruktur für Gaia-X befindet sich derzeit in der Entwicklung. Vertrauen wird zum gegenwärtigen Stand über das Trust-Register und den Compliance-Service hergestellt. Teilnehmer, ob einzelne Organisationen oder Verbände von Unternehmen, müssen ihre Zertifikatskette (X.509 Zertifikate) im Trust-Register registrieren und vom Compliance-Service ein Compliance-Credential erhalten, um sich anzumelden. Dieses wird verwendet, um die Mitgliedschaft im Gaia-X-Ökosystem nachzuweisen; eine Entität, die die Credential besitzt, erfüllt die Bedingungen des Trust Frameworks von Gaia-X. Das aktuelle Gaia-X-Modell ist relativ zentralisiert über das Trust-Register und den Compliance-Service. Bisher wird did:web unterstützt, um das Credential der Teilnehmer kryptografisch zu validieren (Gaia-X, 2024). Trotz des Ziels, dass Föderationen souverän ihre eigenen Vertrauensanker definieren können, unterstützt das aktuelle Vertrauensrahmenwerk nur did:web und X.509-Zertifikate. Außerdem können Föderationen keinen eigenen Trust-Register einrichten oder sich auf einem selbst gewählten Ledger verankern.

2.2 EBSI Trust Registries

Die Europäische Blockchain Service-Infrastruktur (EBSI) ist eine Initiative der EU-Kommission und der European Blockchain-Partnership (EBP), die darauf abzielt, grenzüberschreitende öffentliche Dienstleistungen unter Verwendung der Blockchain-Technologie bereitzustellen. Das EBSI-Framework umfasst ein SSI-Modell, das auf Verifiable Credentials (VC, basierend auf dem W3C-Standard) und Dezentralen Identifikatoren (did:ebsi) basiert (EBSI, 2024a). Das EBSI-Vertrauensmodell nutzt das EBSI-Ledger. Das EBSI-Issuer-Vertrauensmodell definiert vertrauenswürdige Akkreditierungsorganisationen (Trusted Accreditation Organizations – TAOs), die für die Akkreditierung vertrauenswürdiger Issuer in einer bestimmten Vertrauensdomäne verantwortlich sind, um bestimmte VCs auszustellen. Ein Beispiel: das Bildungsministerium eines Landes akkreditiert eine Universität für die Ausstellung von Zeugnissen in Form von VCs. Das EBSI-Ledger fungiert als öffentliches Register von TAOs und vertrauenswürdigen Issuern, ihren DIDs, DID-Dokumenten und zusätzlichen Informationen. Dieses Register für vertrauenswürdige Issuer (Trusted Issuer Register – TIR) speichert Informationen in einem Smart Contract, mit dem über eine API interagiert werden kann. Die Struktur des Vertrauensmodells ist hierarchisch: Ein EBSI-Mitgliedstaat beantragt die Zulassung einer TAO beim EBSI-Helpdesk. Dieser Gatekeeper prüft den Antrag und erteilt einen verifizierbaren Nachweis für die DID der TAO. Dies ist die grundlegende Akkreditierung, die eine neue Vertrauenskette startet. Die TAO kann dann wiederum Sub-TAOs akkreditieren. TAOs akkreditieren schließlich vertrauenswürdige Issuer (EBSI, 2024b).

Der EBSI-Ansatz ist auf das EBSI-Ökosystem mit seinen Anwendungsfällen im Kontext insbesondere der öffentlichen Verwaltung und Bildung ausgerichtet. Die Infrastruktur wird vom public permissioned EBSI-Ledger gebildet, und es gibt Gatekeeper in Form der Mitgliedstaaten und des EBSI-Helpdesk. Die Struktur des Vertrauensmodells ist hierarchisch, und die relevanten Vertrauensinformationen werden an einem Ort gespeichert: auf dem Ledger (repliziert über die EBSI-Knoten). Das Abrufen von Vertrauensinformationen ist im Grunde genommen für andere Vertrauensdomänen offen, die diese Informationen in ihr Ökosystem und/oder ihre Anwendungsfälle integrieren möchten. Es ist jedoch durchaus denkbar, dass Organisationen oder Anwendungsfälle Trust Frameworks unabhängig vom EBSI Trust Model aufbauen möchten. Der Grund dafür könnte sein, dass es nicht in ihrem Interesse liegt, von einer Akkreditierung durch EBSI-Mitgliedsstaaten/den EBSI-Helpdesk abhängig zu sein, oder dass diese Gatekeeper kein Interesse haben, sie zu akkreditieren. Beispiele wären Ökosysteme, die über den ursprünglichen Umfang von EBSI hinausgehen, außerhalb Europas liegen, sehr klein sind, usw. Während die Flexibilität dieses Vertrauensmodells und damit seine Anwendungsbreite limitiert sind, wird der Ansatz von der EU-Kommission und den Mitgliedstaaten unterstützt und könnte damit sicherlich als wertvoller Vertrauensanker für bestimmte Credentials dienen.

2.3 Analyse unter Einbezug weiterer Ansätze

Im Rahmen der Entwicklung des TRAIN-Ansatzes wurden neben Gaia-X und EBSI zusätzlich weitere Ansätze zum Vertrauensmanagement betrachtet. Hierzu zählen OpenID Federation (Hedberg et al., 2024), IRMA (Yivi) Schemes (Yivi, 2023), Verified Issuer Certificate Authority List der European Union Agency for Cybersecruity (ENISA, 2023), (verifiable) Legal Person and Organization Identifiers der Global Legal Entity Identifier Foundation (GLEIF, 2023), eIDAS (1.0) Trusted Lists (eIDAS, 2014) und TrustyDID der Canadian Internet Registration Authority (CIRALabs, 2024) in Betracht gezogen. Der Vergleich dieser Ansätze ermöglicht es, einige wichtige Gemeinsamkeiten, Unterschiede und offene Aspekte hervorzuheben.

Die meisten Ansätze konzentrieren sich auf eine spezifische Vertrauensdomäne (z. B. Gaia-X, IRMA (Yivi), eIDAS, EBSI) und sind nicht generisch, flexibel oder darauf ausgelegt, andere Domänen zu integrieren. Dies hängt auch mit der spezifischen Autorität zusammen, die das Trust Framework verwaltet. Diese ist in der Regel ebenfalls fixiert, zum Beispiel beim Trust Registry/Compliance Service (Gaia-X), EBSI Help Desk, IRMA, eIDAS/EU-Kommission/Mitgliedstaaten, GLEIF (vLEI). TrustyDID ermöglicht dagegen eine flexible Festlegung von Vertrauensbehörden. Die meisten Ansätze konzentrieren sich auf eine spezifische Art von Credential oder Zertifikat, z. B. EBSI, vLEI, OpenID Federation, Gaia-X, während andere in dieser Hinsicht technologieagnostischer sind. Ähnlich verhält es sich mit den unterstützten DID-Methoden. Viele Ansätze unterstützen nur ihre eigenen Methoden (z. B. EBSI, ELSI), manchmal auch did:web (z. B. Gaia-X) – andere unterstützen DID überhaupt nicht (z. B. IRMA, VICAL). Schließlich unterscheidet sich der Reifegrad der verschiedenen Ansätze erheblich. Während eIDAS nun seit Jahren im Einsatz ist (mit begrenzter Adoption), existieren die meisten hauptsächlich als Spezifikationen, Demonstratoren und PoCs.

3 TRAIN – Trust Management Infrastruktur

Als Alternative zu den zuvor beschriebenen Ansätzen stellen wir im Folgenden TRAIN vor. TRAIN (TRust mAnagement INfrastructure) entstand als ein Teilprojekt der EU-NGI eSSIF-Lab-Initiative (eSSIF-Lab, 2020), während die grundlegende Technologie bereits in mehreren Pilotprojekten des EU-Projekts LIGHTest (Wagner et al., 2017) entwickelt und validiert worden war. Der konzeptionelle Ansatz von TRAIN als leichtgewichtige Vertrauensinfrastruktur für dezentrale Identitäten nutzt die weltweit etablierte und vertrauenswürdige Infrastruktur des Domain Name Systems (DNS) des Internets als Vertrauensanker und baut dabei auf der weit verbreiteten Nutzung und Anerkennung des DNS auf (Kubach

& Roßnagel, 2021). Die Sicherheitserweiterungen des DNS (DNSSEC) stellen sicher, dass die Ergebnisse von DNS-Abfragen authentisch sind und nicht manipuliert wurden. TRAIN nutzt Trust Lists, um Informationen über vertrauenswürdige Entitäten (z. B. Issuer) zu speichern. Dafür baut es auf der Arbeit der eIDAS (1.0) Trusted Lists auf und hat das ETSI TS 119 612 Format adaptiert (ETSI, 2021). Die Listen werden von Governance-Institutionen veröffentlicht (das kann im Grunde genommen jeder sein, der einen DNS-Eintrag kontrolliert). Sie enthalten Entitäten, die nach einem bestimmten Trust Framework zertifiziert sind, welches von der jeweiligen Governance-Institution verwaltet wird. Verifier können somit überprüfen, ob ein bestimmtes VC von einem Issuer ausgestellt wurde, der in der Trust List eines bestimmten Trust Frameworks gelistet ist – und dann eine entsprechende Entscheidung treffen.

TRAIN nutzt das Attribut termsOfUse des W3C VC-Datenmodells (VCDM) (Johnson Jeyakumar et al., 2022) zur Integration der notwendigen Vertrauensreferenzen in VCs. EBSI Trusted Lists verfolgen einen ähnlichen Ansatz und nutzen ebenfalls termsOfUse für Akkreditierungsinformationen. Darüber hinaus wurde bereits auch demonstriert, wie TRAIN genutzt werden kann, um Vertrauen in Verifier zu überprüfen (Chadwick et al., 2023). Für die Gaia-X Federation Services (GXFS) wurde TRAIN in Open Source Komponenten implementiert, um das Vertrauensmanagement umzusetzen (GXFS, 2023).

TRAIN ermöglicht es einzelnen Entitäten oder Föderationen (Branchenorganisationen, Hersteller-Lieferanten-Netzwerke, NGOs usw.) ihre eigenen Vertrauensanker und -policies flexibel zu definieren, zu verwalten und zu nutzen. Sie können souverän Vertrauensanforderungen definieren, Trust Frameworks aufsetzen und Trust Lists von Entitäten veröffentlichen, die in ihrem Trust Framework akkreditiert sind. Querverweise auf andere Trust Frameworks sind ebenfalls möglich, sodass beispielsweise eine Föderation direkt auf eine gesamte andere Föderation, bzw. deren Trust Framework als vertrauenswürdig verweisen kann (ebenso einfach lässt sich die Verbindung wieder kappen). TRAIN etabliert keinen zentralen Gatekeeper, prinzipiell alle können Zertifikate/Credentials ausstellen und eigene Trust Frameworks einrichten. TRAIN erleichtert individuelle Vertrauensentscheidungen durch den definierten Mechanismus zur Auflösung von Referenzen auf Trust Frameworks und hin zu den Trust Lists, welcher das DNS nutzt, das etabliert und breit akzeptiert ist. Ursprünglich nutzte TRAIN ausschließlich ETSI-Trust Lists im XML-Format, da es sich an eIDAS (1.0) orientierte. Im Folgenden wird eine weiterentwickelte Version von TRAIN vorgestellt, welche unterschiedliche Formate von Trust Lists und die Kombination mit DIDs und Verifiable Credentials unterstützt. Dies erfolgt zunächst anhand eines Anwendungsfalls, ehe die Details der Lösung und die Architektur vorgestellt werden.

3.1 Erläuterung der Nutzung von TRAIN in einem beispielhaften GAIA-X Use Case

Die Gaia-X Initiative strebt die Errichtung flexibler, dezentral oder föderal verwalteter Dataspaces an. Derzeit wird in Gaia-X jedoch ein Vertrauensinfrastruktur genutzt, die einen zentralen Compliance-Dienst mit Trust Registry verwendet. Ein solcher Ansatz schränkt jedoch die Souveränität der Gaia-X Föderationen ein. Die Gaia-X Vertrauensinfrastruktur befindet sich derzeit noch in der Entwicklung. Dies bietet die Möglichkeit, das Gaia-X-Ökosystem als exemplarischen Anwendungsfall zu betrachten und zu zeigen, wie TRAIN genutzt werden könnte, um Vertrauen im Gaia-X-Ökosystem flexibel zu implementieren und somit den Föderationen mehr Souveränität zu gewähren.

Der Use Case umfasst drei Entitäten in Gaia-X: (1) der Compliance-Service, (2) eine Föderation und (3) eine einzelne Organisation in der Föderation. In Gaia-X können sich einzelne Föderationen bilden und einen Dataspace formen. Diese Föderationen sind dann selbst für die Aufnahme und Registrierung ihrer Mitgliedsorganisationen zuständig. Im Mobility Data Space (MDS) vernetzen sich beispielsweise Anbieter und Nachfrager von Mobilitätsdaten (Verkehrsunternehmen, Automobilindustrie, Mobilitätsdienstleister, Kommunen, etc.) (Mobility Data Space, 2024). Eine solche Föderation muss im Gaia-X Compliance-Service eingeschrieben sein, um Teil des Gaia-X Ökosystems zu sein und vertrauenswürdig Daten über seine Grenzen hinweg mit anderen Föderationen austauschen zu können.

Durch die Ergänzung der bestehenden Gaia-X Architektur ermöglicht TRAIN es den Compliance-Services von Föderationen und Organisationen autonom und flexibel zu handeln, während gleichzeitig eine etablierte Vertrauenskette aufrechterhalten wird (siehe Abb. 19.1). Um dies zu erreichen, werden PTR- (Pointer Records) und URI RRs (URI Resource Records) des DNS verwendet, um auf andere vertrauenswürdige Föderationen zu verweisen. Darüber hinaus enthalten die URI RRs die DIDs, über welche die Trust List der jeweiligen Trust Frameworks abrufbar sind.

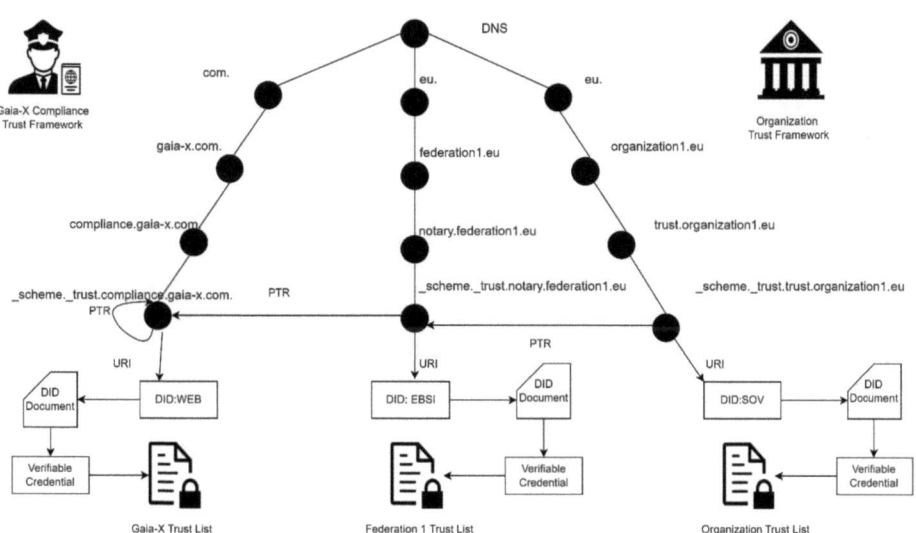

Abb. 19.1 Vertrauenskette und Vertrauensreferenzen im Gaia-X Use Case mit TRAIN

Wenn eine Föderation vom Gaia-X Compliance-Service akkreditiert wird, werden die Metadaten der Föderation (z. B. DID, URL einer Webseite, Anschrift) in die Trust List des Compliance-Services aufgenommen. Die Föderation setzt dann einen weiteren PTR RR in ihrem DNS. Das Trust Framework der Föderation (`_scheme._trust.notary.federation1.eu`) hat dann also zwei PTR RR Einträge im DNS, wobei einer auf sich selbst verweist (für eine selbst verwaltete Trust List) und der andere auf den Gaia-X Compliance Service (`_scheme._trust.compliance.gaia-x.com`). Dasselbe gilt, wenn eine Organisation in das Trust Framework einer Föderation aufgenommen wird. Die Metadaten der Organisation werden in die Trust List der Föderation eingetragen und die Organisation setzt einen PTR RR auf die Föderation (`_scheme._trust.notary.federation1.eu`) – zusätzlich zu dem bereits bestehenden PTR RR, welche auf ihr eigenes organisationales Trust Framework verweist (`_scheme._trust.organization1.eu`).

Dieses Vorgehen gibt Compliance-Service, Föderation und Organisationen, die Möglichkeit ihre Trust Lists nach ihren Präferenzen zu verankern. Damit kann Gaia-X Teilnehmer integrieren, die unterschiedliche Technologien, wie zum Beispiel did:web oder did:ebsi (EBSI Ledger als Vertrauensanker), verwenden.

Um überprüfen zu können, ob ein bestimmtes VC im Rahmen eines bestimmten Trust Frameworks ausgestellt wurde, ist eine Referenz auf dieses Trust Framework im termOfUse-Objekt des VCs einzubetten. Der Compliance-Service kann folglich ein Compliance-Credential ausstellen, welches im termOfUse-Objekt auf das Gaia-X Trust Framework mit der entsprechenden Trust List verweist. Ein von einer Föderation ausgestelltes VC kann eine Referenz auf sein eigenes Trust Framework und das Framework des Gaia-X Compliance-Services enthalten:

```
"termsOfUse": [{
"type": "train",
"id":"https://train.trust-scheme.de/info",
  "trustScheme": ["notary.federation1.eu", "compliance.gaia-x.com"]}]
```

Entsprechend wird ein von einer einzelnen Organisation ausgestelltes VC im termsOfUse-Objekt auf ihr eigenes Trust Framework, sowie das Framework seiner Föderation und den Gaia-X Compliance-Service verweisen.

Dieses Beispiel zeigt, wie mittels TRAIN eine flexible Vertrauensinfrastruktur aufgebaut werden kann. Gegenwärtig überprüft der Gaia-X Compliance-Service lediglich den Hash des VC gegen die X.509-Zertifikatskette, die im Registrierungsdienst registriert ist. Die Souveränität von Föderationen zur Definition ihrer eigenen Vertrauensanker ist mit dem zentralen Trust-Registry-Ansatz begrenzt. TRAIN ermöglicht dagegen dezentrale Governance und Interoperabilität, die verwendet werden kann, um die Flexibilität und Autonomie der Föderationen im Gaia-X Use Case zu steigern.

3.2 Einheitliches Signatur- und Verifizierungsmodell für Trust Lists

Im ursprünglichen TRAIN-Ansatz (Johnson Jeyakumar et al., 2022) verweist der Betreiber eines Trust Frameworks über einen Eintrag im DNS URI RR (Uniform Resource Identifier Resource Record) mit der URI direkt auf eine Trust List. Um das System nun technologieunabhängiger zu machen und gleichzeitig eine flexible Unterstützung für Ledger-basierte Systeme zu bieten, wurde dieser Ansatz zum einheitlichen Signatur- und Verifizierungsmodell erweitert. Nun fügt der Betreiber des Trust Frameworks eine DID in den URI RR ein. Diese lässt sich zum DID-Dokument auflösen, welches auf ein VC verweist. In dieses VC ist die Referenz zur Trust List eingebunden. Die Integrität der DID kann mit Hilfe der Well Known DID Configuration (Buchner et al., 2024) überprüft werden, was die Sicherheit der Architektur weiter erhöht.

Das einheitliche Signatur- und Verifizierungsmodell für Trust Lists über DIDs und Verifiable Credentials von TRAIN ermöglicht es, Trust Lists über Vertrauensdomänen hinweg einheitlich sicher zu erstellen und zu überprüfen. Dies wird erreicht, indem der Speicherort der Trust List (ein vertrauenswürdiger Datenspeicher, z. B. eine https-URL oder das Interplanetary File System (IPFS)) als Referenz im `credentialSubject` eines VC eingefügt wird. Der Betreiber des Trust Frameworks signiert das VC. Das VC wird im Service Endpoint eines DID-Dokumentes referenziert und somit universell auflösbar. Dieses DID-Dokument ist wiederum über eine DID auflösbar, welche im DNS URI RR verankert wird. Ein Beispiel für die Einbettung einer XML-Trust List in ein Verifiable Credential ist:

```
{ "@context": [
    "https://www.w3.org/2018/credentials/v1",
    "https://w3id.org/security/suites/jws-2020/v1",
    "https://schema.org"],
"type": ["VerifiableCredential"],
"id":"did:web:company1.com#issuer-lists",
"issuer": " did:web:company1.com ",
"issuanceDate": "2023-03-21T12:00:00.148Z",
"credentialSubject": {
"hash": "Qma9obqf2eXvbQmhtUu9Av6NYaykB25rXqXRziE3Qq7LnK",
"id": "uuid:2632367287r82729",
"trustlisttype": "XML based Issuer Lists",
"trustlistURI":"https://company1.com/trust-list/federation.xml"
},
"proof": {
"type": "JsonWebSignature2020",
"created": "2023-07-20T07:42:14.094Z",
"proofPurpose": "assertionMethod",
"verificationMethod": "did:web:company1.com#owner",
"jws":"eyJhbGciOiJQUzI1NsImI2NCI6ZmFsc2UsImNyaX"}}
```

Ein Vorteil dieses Vorgehens ist, dass es auch für JSON-Formate und andere benutzerdefinierte Datenmodelle angewandt werden. Dies erleichtert den Umgang mit individuellen Signatursuiten für bestimmte Datenmodelle (xades, jades).

3.3 High-Level Architektur von TRAIN

Im Folgenden wird die TRAIN Architektur mit dem Zusammenwirken der einzelnen Komponenten dargestellt (siehe Abb. 19.2). Auch hier wird auf den Gaia-X Use Case zurückgegriffen. Mit Notarization API und TSA sind in der Abbildung zwei Gaia-X Komponenten aufgeführt, mit denen TRAIN interagiert. Dies wird weiter unten ausgeführt.

Der **TRAIN Trust Framework Manager (TFM)** ist für die Verwaltung von Trust Frameworks mit den entsprechenden Trust Lists verantwortlich. Er übernimmt das Trust List Hosting und ihre Referenzierung im VC. Darüber hinaus verankert er die URI zum Speicherort des VCs in den Service Endpoints des DID-Dokuments. Schließlich nutzt er den Zone Manager, um die notwendigen Informationen im DNS zu verankern. Der TFM erleichtert Backend-Prozesse mit API-Endpunkten, die entwickelt wurden, um Trust Lists zu verwalten, sowie um Trust Frameworks und DIDs über den Zone Manager zu verankern. Es bietet Nutzenden und Organisationen die Möglichkeit, verschiedene Speichertypen wie IPFS oder lokale Speicherung sowie Listenformate wie XML und JSON zu konfigurieren. Das modulare Design des TFM ermöglicht die Integration interner sowie externer VC-Signaturkomponenten. Für GXFS wurde beispielsweise der existierende TSA Signer als externe Signaturkomponente übernommen. Bei der Eintragung von DIDs ist das System so konzipiert, dass automatische Überprüfungen durchgeführt werden. So werden bei did:web die Präsenz und Authentizität des DID-Dokuments sowie das Vorhan-

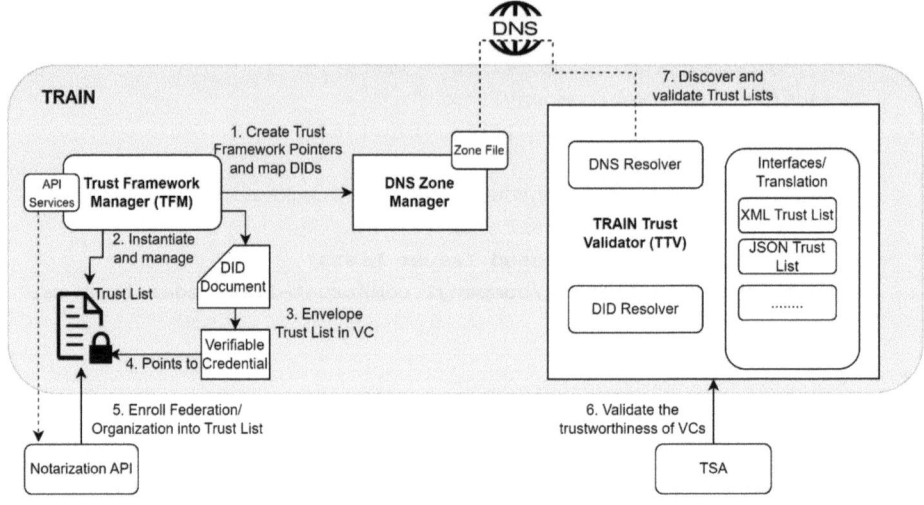

Abb. 19.2 TRAIN High-Level Architektur

densein einer entsprechenden well-known Konfigurationsdatei für die Domain kontrolliert. Um individuellen Anforderungen Rechnung tragen zu können, sind anpassbare Regeln für einzelne DID-Methoden definierbar. Darüber hinaus sind alle Endpunkte mit JSON Web Tokens (JWT) gesichert, und es besteht die Möglichkeit, verschiedene OpenID Connect (OIDC)-Server zu konfigurieren.

Der **DNS Zone Manager (ZM)** ermöglicht die Verwaltung der DNS-Zonefile und setzt auf dem Name Server Daemon (NSD) auf. Er wird verwendet, um die DID des Trust Frameworks im DNS-Zonefile zu verankern (oder eine andere auf die Trust List referenzierende URI). Außerdem signiert er das Zonefile für DNSSEC nach jedem Update. Es wird eine auf Docker basierende Implementierung des Zone Managers bereitgestellt, um die einfachere Bereitstellung und Konfiguration verschiedener Domains zu erleichtern.

Der **TRAIN Trust Validator (TTV)** ermöglicht die Vertrauensentscheidung. Diese erfolgt auf Basis der aus dem zu prüfenden VC entnommenen Informationen. Zudem wird Vertrauenskette von DNSSEC bis zur Integrität der Trust List überprüft. Zunächst wird über den DNS-Resolver und den Universal DID-Resolver die im termsOfUse-Objekt des VCs eingebundene Referenz auf das Trust Framework aufgelöst um zur korrekten Trust List zu gelangen. Dabei können verschiedene resolve und validate Endpoints des DID-Dokuments genutzt werden, was weitere Möglichkeiten zur Konfiguration bietet. Der TTV durchsucht dann die Trust List, um zu überprüfen, ob der Issuer des VC tatsächlich in der Trust List enthalten ist. Verifier können darüber hinaus Policies definieren, um weitere Attribute der in der Trust List enthaltenen Metadaten, sowie Attribute aus dem VC in den Validierungsprozess einzubeziehen.

In Abb. 19.2 sind zwei Komponenten der GXFS dargestellt, welche die Integration von TRAIN mit den GXFS erläutern. Unter Verwendung des TRAIN TFM kann eine die Föderation verwaltende Institution die Notarisierungs-API nutzen, um akkreditierte Organisationen in die Trust List aufzunehmen. Der TTV ermöglicht es wiederum der Trusted Services API (TSA), die Vertrauenswürdigkeit von VCs zu validieren.

Die drei Komponenten, die TRAIN ausmachen, sind als produktionsfertiger Quellcode inklusive Helm-Charts im GXFS GitLab-Repository (TRAIN, 2024) verfügbar.

4 Schlussbetrachtung

Die Verwaltung interoperabler Vertrauensbeziehungen über verschiedene Identitäts-Ökosysteme hinweg stellt eine erhebliche Herausforderung dar. Dieser Artikel analysierte knapp bestehende und vorgeschlagene Ansätze zum Vertrauensmanagement. Demnach dominieren derzeit zentral verwaltete Ansätze. Sie sind gut für Anwendungskontexte geeignet, in denen die Beteiligten bereit sind, eine zentrale Institution als Gatekeeper anzuerkennen. Darüber hinaus sind die meisten Ansätze jedoch auch durch ihre Fokussierung auf bestimmte Credential-Formate oder andere technische Lösungen (z. B. bestimmte Ledger) eingeschränkt, was ihre Anwendbarkeit über Ökosystemgrenzen weiter einschränkt.

Wir haben darum dargestellt, wie die TRAIN-Vertrauensmanagement-Infrastruktur diese Einschränkungen alternativer Ansätze adressiert. Sie führt einen einheitlichen Signatur- und Verifizierungsmechanismus für Trust Lists ein, der die souveräne Bereitstellung spezifischer Trust Frameworks ermöglicht. Die Vielseitigkeit des TRAIN-Konzepts überwindet die Silos einzelner Credential- oder DID-Formate. TRAIN bietet sich an für Initiativen wie Gaia-X, andere Dataspaces sowie Identitäts-Ökosysteme in anderen Anwendungsbereichen – insbesondere, wenn dort Vertrauensdomänen zu überbrücken sind. Die vorgestellte Ausbaustufe von TRAIN wurde bereits erfolgreich innerhalb der GXFS implementiert (GXFS, 2024) und mit zwei verschiedenen Trust List Formaten getestet. Darüber hinaus wurde TRAIN auch im Schaufensterprojekt ONCE für den Schülerausweis mit zwei verschiedenen SSI-Technologien pilotiert.

Allerdings sind die Arbeiten an TRAIN nicht abgeschlossen. Denn obgleich der Ansatz auf Standards wie dem W3C VCDM und die ETSI-Richtlinien für Trust Lists aufbaut, hat das Konzept selbst noch keine Standardisierung erreicht. Derzeit laufen hierzu weitere Aktivitäten im Rahmen von Gaia-X, GXFS und darüber hinaus. Auch die Diskussionen in der W3C Community Group on Verifiable Issuers and Verifiers (W3C, 2024) deuten auf die Notwendigkeit weiterer Standardisierungsbemühungen in diesem Bereich hin. Zuletzt ist eine Erweiterung von TRAIN geplant, um Open ID Federation-basierte Trust Lists und das EBSI Trusted Issuers Registry direkt zu unterstützen.

Literatur

Buchner, D., Steele, O., & Looker, T. (2024). *Well known DID configuration.* https://identity.foundation/.well-known/resources/did-configuration/. Zugegriffen am 11.09.2024.

Chadwick, D. W., Kubach, M., Sette, I., & Johnson Jeyakumar, I. H. (2023). Establishing trust in SSI verifiers. In H. Roßnagel, C. H. Schunck, & J. Günther (Hrsg.), *Open identity summit 2023* (S. 15–26). Gesellschaft für Informatik.

CIRALabs. (2024). *TrustyDID.* https://github.com/CIRALabs/TrustyDID/tree/main. Zugegriffen am 11.09.2024.

EBSI. (2024a). *What is EBSI?.* https://ec.europa.eu/digital-building-blocks/wikis/display/EBSI/What+is+ebsi. Zugegriffen am 11.09.2024.

EBSI. (2024b). *Issuers trust model – Accreditation of issuers, EBSI specifications.* https://ec.europa.eu/digital-building-blocks/wikis/display/EBSIDOC/Issuers+trust+model+-+Accreditation+of+Issuers. Zugegriffen am 11.09.2024.

eIDAS. (2014). *Regulation (EU) no 910/2014. Regulation (EU) no 910/2014 of the European Parliament and of the Council of 23 July 2014 on electronic identification and trust services for electronic transactions in the internal market and repealing Directive 1999/93/EC.* https://eur-lex.europa.eu/legal-content/EN/TXT/?uri=uriserv:OJ.L_.2014.257.01.0073.01.ENG. Zugegriffen am 11.09.2024.

eIDAS. (2024). *Regulation (EU) 2024/1183 of the European Parliament and of the Council of 11 April 2024 amending Regulation (EU) No 910/2014 as regards establishing the European Digital Identity Framework.* https://eur-lex.europa.eu/legal-content/EN/TXT/?uri=OJ:L_202401183. Zugegriffen am 11.09.2024.

ENISA. (2023). *Digital identity standards.* https://www.enisa.europa.eu/publications/digital-identity-standards. Zugegriffen am 11.09.2024.

eSSIF-Lab. (2020). *eSSIF-TRAIN by Fraunhofer-Gesellschaft*. https://essif-lab.eu/essif-train-by-fraunhofer-gesellschaft/. Zugegriffen am 11.09.2024.

ETSI. (2021). *General policy requirements for trust service providers*. http://www.etsi.org/deliver/etsi_en/319400_319499/319401/02.01.01_60/en_319401v020101p.pdf. Zugegriffen am 11.09.2024.

European Commission. (2024). *EU digital identity wallet home – EU digital identity wallet*. https://ec.europa.eu/digital-building-blocks/sites/display/EUDIGITALIDENTITYWALLET/. Zugegriffen am 11.09.2024.

Gaia-X. (2024). *Gaia-X documentation*. https://docs.gaia-x.eu/. Zugegriffen am 11.09.2024.

GLEIF. (2023). *Introducing the verifiable LEI (vLEI) – vLEI*. https://www.gleif.org/en/vlei/introducing-the-verifiable-lei-vlei/. Zugegriffen am 11.09.2024.

GXFS. (2023). *Gaia-X Federation Services (GXFS) werden erweitert*. https://www.gxfs.eu/de/ausschreibung-identity-trust/. Zugegriffen am 11.09.2024.

GXFS. (2024). *Software requirements specification for Gaia-X federation services trust management infrastructure IDM.TRAIN*. https://www.eco.de/wp-content/uploads/2023/07/srs_idm.train_.pdf. Zugegriffen am 11.09.2024.

Hedberg, et al. (2024). *OpenID connect federation 1.0 – Draft 29*. https://openid.net/specs/openid-connect-federation-1_0.html#name-federation-policy. Zugegriffen am 11.09.2024.

Johnson Jeyakumar, I. H., Chadwick, D., & Kubach, M. (2022). A novel approach to establish trust in verifiable credential issuers in Self-sovereign identity ecosystems using TRAIN. In H. Roßnagel, C. H. Schunck, & S. Mödersheim (Hrsg.), *Open identity summit 2022* (S. 27–38). Gesellschaft für Informatik.

Kubach, M., & Roßnagel, H. (2021). A lightweight trust management infrastructure for self-sovereign identity. In H. Roßnagel, C. H. Schunck, & S. Mödersheim (Hrsg.), *Open identity summit 2021* (S. 155–166). Gesellschaft für Informatik.

Mobility Data Space. (2024). https://mobility-dataspace.eu/de/mobility-data-space. Zugegriffen am 11.09.2024.

TRAIN. (2024). *TRAIN/train trust validator*. https://gitlab.eclipse.org/eclipse/xfsc/train/trusted-content-resolver/-/tree/main?ref_type=heads. Zugegriffen am 11.09.2024.

W3C. (2024). *Verifiable issuers and verifiers v0.1*. Draft community group report 08 March 2024. https://w3c-ccg.github.io/verifiable-issuers-verifiers/. Zugegriffen am 11.09.2024.

Wagner, S., Kurowski, S., Laufs, U., & Roßnagel, H. (2017). A mechanism for discovery and verification of trust scheme memberships: the LIGHTest reference architecture. In L. Fritsch, H. Roßnagel, & D. Hühnlein (Hrsg.), *Open identity summit 2017* (S. 81–92). Gesellschaft für Informatik.

Yivi. (2023). *yivi.app. Yivi: A product by SIDN*. https://www.yivi.app. Zugegriffen am 11.09.2024.

Open Access Dieses Kapitel wird unter der Creative Commons Namensnennung 4.0 International Lizenz (http://creativecommons.org/licenses/by/4.0/deed.de) veröffentlicht, welche die Nutzung, Vervielfältigung, Bearbeitung, Verbreitung und Wiedergabe in jeglichem Medium und Format erlaubt, sofern Sie den/die ursprünglichen Autor(en) und die Quelle ordnungsgemäß nennen, einen Link zur Creative Commons Lizenz beifügen und angeben, ob Änderungen vorgenommen wurden.

Die in diesem Kapitel enthaltenen Bilder und sonstiges Drittmaterial unterliegen ebenfalls der genannten Creative Commons Lizenz, sofern sich aus der Abbildungslegende nichts anderes ergibt. Sofern das betreffende Material nicht unter der genannten Creative Commons Lizenz steht und die betreffende Handlung nicht nach gesetzlichen Vorschriften erlaubt ist, ist für die oben aufgeführten Weiterverwendungen des Materials die Einwilligung des jeweiligen Rechteinhabers einzuholen.

20 Föderiertes Management digitaler Identitäten und Eigenschaften mit dem SDI-X-Adapter

Torben Brumm, Lukas Bugaj, Björn-Oliver Hartmann und Richard Wacker

Zusammenfassung

Der Einsatz Sicherer Digitaler Identitäten (SDI) bietet Unternehmen und Organisationen die Chance, bislang medienbruchbehaftete Prozessketten durchgängig zu digitalisieren. Für solche sicheren, dezentralen Identitätssysteme hat sich mit Self Sovereign Identity (SSI) auch inzwischen eine Technologie etabliert. Sie bietet Bürger*innen einerseits einen Grad an Souveränität, Kontrolle und Transparenz, der analoge ID-Systeme deutlich übertrifft und unterstützt andererseits auch Prozesse, die ein sehr hohes Maß an gegenseitigem Vertrauen voraussetzen. Dennoch halten sich die Akteure mit Investitionen bislang zurück. Ein Grund ist die ökonomische und regulatorische Unsicherheit, denn SSI ist zwar ein Lösungskonzept, aber kein wohldefinierter Standard. Es gibt mehrere Varianten auf der privaten und auf der öffentlichen Seite und es ist unklar, inwieweit private und öffentliche SSI-Systeme verschmelzen oder separat bleiben. Für die Akteure stellt sich die Frage, welchen Nutzen ein Einstieg in ein bestimmtes System bietet. Ein zweiter Grund ist der technische Aufwand des Einstiegs, denn er erfordert u. U. tiefgreifende Änderungen an eigenen Geschäfts-

---

T. Brumm · L. Bugaj
CAS Software AG, Karlsruhe, Deutschland
E-Mail: torben.brumm@cas.de; lukas.bugaj@cas.de

B.-O. Hartmann (✉)
CAS Software AG, Karlsruhe, Deutschland

CAS Innovation & Business Design, CAS Software AG, Karlsruhe, Deutschland
E-Mail: bjoern-oliver.hartmann@cas.de

R. Wacker
CAS Innovation & Business Design, CAS Software AG, Karlsruhe, Deutschland
E-Mail: richard.wacker@cas.de

© Der/die Autor(en) 2025
J. Anke et al. (Hrsg.), *Digitale Identitäten und Nachweise*,
https://doi.org/10.1007/978-3-658-47708-0_20

anwendungen. Gerade kleine und mittlere Unternehmen (KMU) und Organisationen können die Kosten dafür nicht seriös abschätzen, geschweige denn den Umstieg in Eigenregie durchführen.

Der hier vorgestellte Ansatz zielt daher darauf ab, die Unsicherheit bezüglich der künftigen Technologie durch einen Adapteransatz zu eliminieren und gleichzeitig – durch die Gestaltung des Adapters – die Kosten seiner Einbindung in die Geschäftsanwendungen und Prozesse zu reduzieren. Er ist als Open Source nutzbar, bietet bewährte und bekannte Sicherheitsmechanismen und eine -as-a-Service-Variante richtet sich speziell an sehr kleine und wenig technikaffine Unternehmen und Organisationen.

Schlüsselwörter

SSI · Adapter · Akzeptanz · Sichere Digitale Identitäten · Digitale Souveränität

1 Sichere Digitale Identitäten – Bedarf und Lösungen

Die Digitalisierung als Treiber der gesellschaftlichen und wirtschaftlichen Entwicklung erfasst Dienstleistungen in unterschiedlichsten Bereichen. Bei vielen hängt der Zugang oder der Prozess jedoch von der Identität oder bestimmten Eigenschaften der Person ab (Zugangsberechtigung zu Gebäuden, Fahrerlaubnis bei Autovermietung, Rabattkarte beim Einkauf, Studierendenstatus im ÖPNV, Zeugnis bei einer Online-Bewerbung). Dasselbe gilt auch für Organisationen, Produkte oder Ressourcen. Beispiele sind die *anerkannte* Hochschule, das *zertifizierte* Produkt oder das *zugelassene* Fahrzeug. Zum Nachweis solcher Eigenschaften existieren oft nur analoge Dokumente (Ausweise, Zeugnisse, Zertifikate, Plaketten) und/oder die Interaktion mit einer bestätigenden Stelle. Damit ist eine durchgängige Digitalisierung erschwert, denn solche Dokumente zu digitalisieren verursacht (1) erheblichen Aufwand, (2) eine Filterung der Angaben ist kaum möglich, (3) etwaige Sicherheitselemente verlieren ihre Wirksamkeit und (4) die ausstellende Einrichtung ist (in der Regel) nicht auf das digitale Bestätigen der Authentizität eingerichtet. Das zeigt sich auch am konkreten Beispiel eines Zeugnisses in einem Bewerbungsverfahren: Bewerbende müssen das Zeugnis als Scan übertragen. Mitarbeitende des potenziellen Arbeitgebers empfangen es mit allen, auch ggf. irrelevanten Angaben. Die Unterschriften, Stempel und das Papier sind nach Umwandlung kein Sicherheitsmerkmal mehr. Eine Rückfrage bei der ausstellenden Schule müsste manuell erfolgen. Sie ist aber nicht darauf eingerichtet, die Zeugnisse aller vergangenen Jahrgänge zu bestätigen. Außerdem sollte sie aus Datenschutzgründen nicht von jeder Vorlage erfahren.

Fazit Eine Vielzahl von Prozessen in den unterschiedlichsten Lebensbereichen können ohne die digitale Bestätigung und Verifikation von Nachweisen nicht durchgängig digitalisiert werden.

Hier zeigen sich bereits wesentliche Anforderungen an die Lösung: Einerseits muss der Prüfende auf die Richtigkeit der Angaben vertrauen können.[1] Andererseits muss der Inhaber oder Träger der Eigenschaften vor Missbrauch geschützt sein und digital souverän agieren können. Das umfasst Sicherheit, Transparenz, Kontrolle, Datensparsamkeit, Vertrauenswürdigkeit etc. Er muss die Kontrolle über seine Daten behalten und frei entscheiden können, wem er sie offenlegt. Von einer Vorlage sollte ohne zwingende Notwendigkeit keine weitere Stelle erfahren. Damit wäre die digitale Lösung ebenso gut, wie die analoge. Wünschenswert wären jedoch noch weitere Eigenschaften. So sollte die Freigabe auf relevante Angaben eingeschränkt werden können, was als Selective Disclosure bezeichnet wird. Auch sollte die Vorlage möglichst wenige Datenspuren hinterlassen. So sollte beispielsweise mehrfacher Vorlage einer Eigenschaft nicht per se erkennbar sein, dass diese durch dieselbe Person erfolgt ist. Self-Sovereign-Identity (SSI) kann diese Anforderungen erfüllen (Pohlmann, 2022; Daniel Bosk, 2022), und angesichts des drängenden Bedarfs sollte sich die Technologie schnell verbreiten. Aber einerseits sind Kosten und Nutzen der Umstellung vielen Akteuren unklar. Andererseits existieren konkurrierende und inkompatible SSI-Implementierungen und die Ausstellung und Prüfung von Nachweisen ist in vielen Fällen rechtlich geboten. Hier haben der deutsche und der europäische Gesetzgeber mit verschiedenen Kehrtwenden für große Verunsicherung gesorgt. Wo beispielsweise anfangs gezielt auf privatwirtschaftliche Lösungen mit staatlicher Anerkennung unter Verwendung von Blockchain-Technologien hingearbeitet wurde (Afting, 2021) ist inzwischen eine staatliche Wallet-Infrastruktur in der Entwicklung und DLT aus den Konzepten eliminiert worden (BMI, Beyond EU Digital Identity Wallet – Diskussionspapier zur Erarbeitung einer prototypischen eIDAS 2.0- konformen Infrastruktur für Digitale Identitäten in Deutschland, 2023) und (BMI, Git OpenCode Repository des BMI, 2024). Hinzu kommt die Frage, welche Implementierung sich am Markt durchsetzt. Unternehmen, die sich heute für SSI entscheiden, gehen damit ein erhebliches Risiko ein, kostspielig aufs falsche Pferd zu setzen.

Fazit Obgleich der ökonomische Bedarf hoch ist, verhindern das Nebeneinander konkurrierender Implementierungen, unklare Kosten und Rechtsunsicherheit eine schnelle Verbreitung.

In Fällen konkurrierender Standards bieten Adapter einen pragmatischen Lösungsansatz. Der hier vorgestellte SDI-X-Adapter vermittelt und übersetzt zwischen bestehenden SSI-Implementierungen und er kann modular erweitert werden. Damit wird der bestehende Lock-In-Effekt weitgehend eliminiert. Zudem ist der SDI-X-Adapter mit der jeweiligen Geschäftsanwendung nur *lose gekoppelt* und integriert komplexere SSI-typische Funktionen. Somit läuft er eigenständig und seine Verwendung bedarf nur geringer Anpassungen in der Software der Verwenderin oder des Verwenders, die zudem wenig

---
[1] Wo die eine Prüfung einer dokumentierten Eigenschaft zur Erfüllung einer rechtlichen Obliegenheit oder Sorgfaltspflicht erfolgt, muss sie *rechtlich anerkannt* sein.

Spezialkenntnisse verlangen. Drittens ist eine cloudbasierte SDI-X-Adapter-as-a-Service-Variante möglich, durch die fixe Kosten und Aufwände für den Betrieb entfallen.

2 Grundlagen

Die Basis für die Konstruktion des SDI-X-Adapters bildet das Grundmodell eines SSI-Ökosystems. Eine Ausführliche Einführung gibt (Alex Preukschat, 2021). Ein solches besteht im Wesentlichen aus Personen, Institutionen, Organisationen, die sich auf einen gemeinsamen (technisch-kryptografischen) Standard zu *dezentralisierten Identifikatoren* (DIDs) und zur Ausstellung und Prüfung von zugesicherten Eigenschaften (*Verifiable Credentials – VCs*) geeinigt haben. Zum Ökosystem gehört neben der Technik auch eine Governance-Ebene, die bspw. VC-Schemata definiert oder festlegt, durch welche Akteure solche geprüft und bestätigt werden dürfen. Operativ treten in SSI-Transaktionen die drei Kernrollen des *Issuers*, des *Holders* und des *Verifiers* auf (siehe Abb. 20.1).

In unserem Arbeitsbeispiel ist die Inhaberin bzw. der Inhaber (Holder) die Bewerberin bzw. der Bewerber mit dem (nachgewiesenen) Schulabschluss. Sie bzw. er verwendet eine Brieftasche (Wallet), um diesen und andere Nachweise aufzubewahren. Die Ausgabestelle (Issuer) kann die Schule oder eine Art Notar-Dienst sein, der den Abschluss prüft und bezeugt. In beiden Fällen muss dieser Stelle vertraut werden. Die Akzeptanzstelle (Verifier) ist der potenzielle Arbeitgeber. Die Akzeptanzstelle muss prüfen, ob Kandidat*innen den nötigen Abschluss besitzen. Bildet man dieses Arbeitsbeispiel in ein SSI-basiertes System ab, besteht dieses ebenfalls aus 3 Akteuren. Der *Holder* er- und behält VCs, also Eigenschaften mit einer kryptografischen Bestätigung. Der Holder verwaltet sie in einer Wallet-Anwendung – einer Art digitalen Brieftasche. Der *Issuer* ist die Instanz, die Eigenschaften bestätigen und VCs ausstellen kann. Der *Verifier* ist eine Stelle, deren Serviceprozess die Vorlage eines VCs benötigt. Somit existieren zwei elementare SSI-Transaktionen, die Ausstellung (1) und die Überprüfung (2).

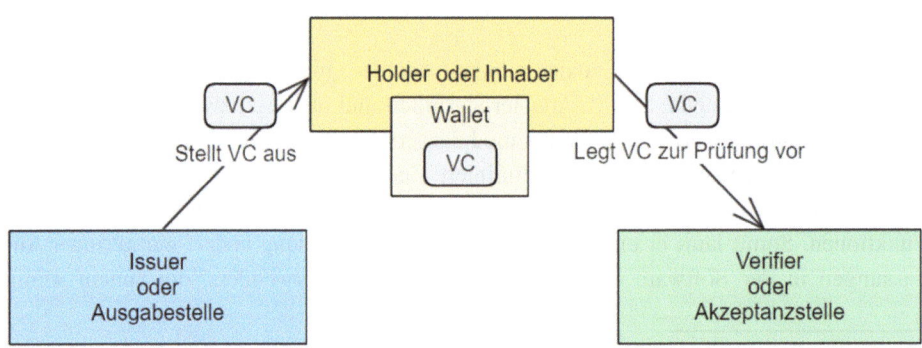

Abb. 20.1 Schematische Darstellung Rollen

(1) Bei der Ausstellung erhält der Holder ein VC vom Issuer. Der Issuer kann die Quelle solcher Nachweise (Schule – Zeugnis, Registeramt – Handelsregistereintrag, Prüfbehörde – Prüfzertifikat) oder ein separater Vertrauensdienst sein. Ein ausgestelltes VC kann der Holder in seine Wallet-Anwendung übernehmen.
(2) Bei der Prüfung legt der Holder einem Verifier das VC auf Anforderung vor. Der Verifier überprüft kryptografische Bestätigung und gewährt im Erfolgsfall den Zugang.

Technisch wird das Anfordern, Speichern, Verwalten und Übermitteln von VCs über (Software-)Agenten gesteuert. Eine SSI-Transaktion kann und soll grundsätzlich offline ablaufen. So wird eine zentrale Datenschutzanforderung erfüllt, nämlich dass ein VC ausgestellt bzw. geprüft werden kann, ohne dass eine sonstige Instanz davon erfährt. Sie könnten sich dazu auch in einem geschlossenen Netzwerk befinden. Nur in Sonderfällen sollte es nötig sein, weitere Akteure zu involvieren oder Informationen einzuholen. Beispiele treten auch in der analogen Welt auf. So wird beispielsweise wird in einer Verkehrskontrolle live geprüft, ob die mittels Führerschein nachgewiesene Fahrerlaubnis (noch) gültig ist. In SSI-Ökosystemen übernimmt diese Funktion ein sogenanntes Statusregister.

Wie angedeutet ist SSI keine einzelne Lösung, sondern eine Familie von Lösungen, welche die dargestellten Funktionsprinzipien teilt. Zu jedem technischen Element einer SSI-Implementierung existieren technische Alternativen, die dasselbe leisten. Daher existieren verschiedene Formate für Dezentrale Identifier (DIDs) und Verifiable Credentials. (Manu Sporny, 2022; Grant Noble, 2024). Es existieren unterschiedliche Kommunikationsprotokolle für den Austausch zwischen Wallet und Issuer bzw. Verifier (OpenID Foundation, 2024; De Prisco, 2024; International Organization for Standardization, 2021). Die kryptografische Bestätigung kann mittels Blockchain oder (inzwischen bevorzugt) einer PKI mit verschiedenen kryptografischen Verfahren realisiert sein. (Alex Preukschat, 2021) Es gibt verschiedene Wallet-Apps und es ist nicht festgelegt, ob diese die VCs auf dem Endgerät oder in einer persönlichen Cloud ablegen.[2] Auch die Anbahnung einer SSI-Transaktion kann über verschiedene Wege erfolgen – bspw. über Quick Response Codes (QR-Codes), Near Field Communication (NFC), Bluetooth oder ähnliche Verfahren. Folglich existieren mehrere SSI-Ökosysteme – private wie öffentliche. Sie teilen zwar die technische Basis, sind aber nicht per se interoperabel. Derzeit ist auf der öffentlichen Seite die Entwicklung der European Digital Identity-Wallet kurz EUDI-Wallet (Fett, 2024) medial präsent, die eine europäische Harmonisierung nationalstaatlicher Wallet-Systeme erreichen soll. Unklar ist aber, ob das gelingt und inwieweit solche staatlichen Systeme auch nicht-hoheitliche Anwendungen unterstützen sollen. Alternativen stammen von privatwirtschaftlichen Anbietern, wobei hier bisher Unsicherheit besteht, inwieweit sie (auch) hoheitliche Anwendungen unterstützen können und dürfen.

---

[2] Tatsächlich sind in Version 2 des Architekturkonzepts der deutschen EUDI-Umsetzung Cloud-Wallets diskutiert worden, um hochsensible Szenarien auf potenziell unsicheren Endgeräten unterstützen zu können. Vgl. (Fett, 2024).

Fazit Die SSI-Landschaft ist zurzeit noch unübersichtlich. Es ist kaum absehbar, welche Anbieter und Lösungen sich durchsetzen, ob sie möglicherweise fusionieren oder zusammenarbeiten und ob und wie hoheitliche von nicht-hoheitlichen Anwendungsbereichen regulatorisch abgegrenzt werden.

3 Aufbau des SDI-X-Adaptersystems

Das SDI-X-System verfolgt zwei zentrale Ziele: Erstens soll es die technische und ökonomische Einstiegshürde zur Integration von SSI zur Ausstellung und/oder Verifikation von Eigenschaften/Identitäten in (digitale) Geschäftsprozesse bei KMU erheblich senken. Zweitens soll die Integration des Adapters *viele oder sogar alle* vertrauenswürdigen SSI-Lösungen unterstützen. Das erhöht einerseits den Nutzen bei implementierenden Stellen vor dem Hintergrund eines noch laufenden Konsolidierungsprozesses. Andererseits haben Holder so die Wahl. Sie können unterschiedliche, auch mehrere Wallet-Anwendungen nutzen und jeweils entscheiden, welche zum Einsatz kommen soll. Beides soll ohne Abstriche bei der Funktion, der Sicherheit und dem Schutz der Privatsphäre erreicht werden.

3.1 Funktion des SDI-X-Adapters

Wie aus dem vorgesagten klar wird, handelt es sich bei dem SDI-X-Adapter technisch gesehen um einen Übersetzer. Er unterstützt verschiedene einschlägige SSI-Protokolle, versteht verschiedene DID und VC-Formate und ist in der Lage, die jeweils repräsentierten Eigenschaften aufeinander abzubilden. Er ist ebenso offline-fähig wie die Software-Agenten, um eine allwissende Instanz zu vermeiden und wird als föderierte Kommunikationsinstanz zwischengeschaltet. Der Aufbau ist in Abb. 20.2 zusammenfassend dargestellt.

Die jeweils äußeren Kästen in der Akzeptanz- und Ausgabestellensphäre repräsentieren die Kernanwendungen auf Issuer und Verifier-Seite, die den zugrunde liegenden Serviceprozess kapseln. Sobald ein Prozessschritt den Nachweis oder die Ausstellung einer Eigenschaft benötigt, ruft die Kernanwendung den Adapter über eine JSON/[3]REST[4]-Schnittstelle mit den benötigten bestätigten Eigenschaften (VCs) als Parameter auf. Der Adapter initiiert anschließend selbstständig die Kommunikation mit der Wallet-Anwendung des Holders über die jeweils unterstützten Anbahnungswege. Die Kommunikation nutzt die

---

[3] Java Script Object Notation (JSON) ist ein weit verbreitetes, programmiersprachen- und plattformunabhängiges Datenformat für die Maschine-zu-Maschine-Kommunikation. Es beruht auf Schlüssel-Wert-Paaren (Key-Value-Pair), wobei der Schlüssel den Namen, der Wert den Wert des auszutauschenden Datums angibt. Beispiel: {„Name": Mustermann, „Vorname": Max,…}.

[4] REpresentional State Transfer REST ist ein im Web etabliertes Programmierparadigma für Schnittstellen zur Maschine-Maschine-Kommunikation – häufig in Kombination mit JSON als Datenformat.

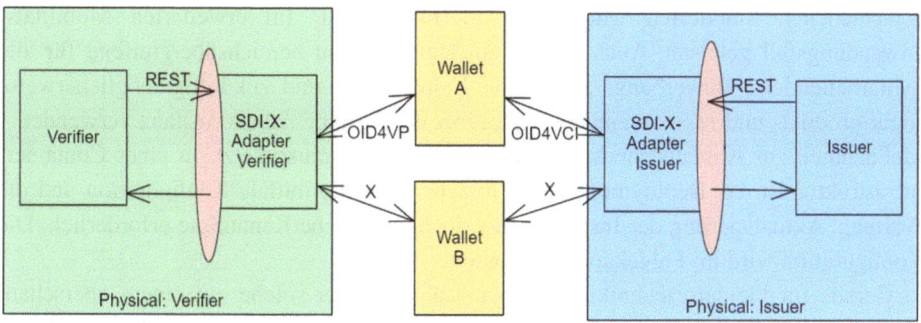

Abb. 20.2 Grobschema SDI-X-Adapter

jeweils unterstützten Protokolle. In der Abbildung sind auf der Seite des Verifiers mit OID4VP (für OpenID-Connect (for) Verifiable Presentation) sowie auf Seite des Issuers als OID4VCI OpenID-Connect für Verifiable Credential Issuance. Das x steht jeweils stellvertretend für beliebige andere oder neu aufkommende SSI-Protokollstandards. Neue lassen sich mit einem entsprechenden Modul des Wallet-Anbieters ergänzen. Die benötigte (oder auszustellende) Eigenschaft wird so in das Wallet-spezifische (oder auszustellende) VC und die zugehörige Anforderung des korrespondierenden Wallet-Agenten übersetzt. Der Adapter verarbeitet die SSI-Transaktion autark und liefert der Kernanwendung anschließend das Ergebnis der Prüfung (VC + Gültigkeit) oder Ausstellung (Ausgestellt/Nicht ausgestellt) zurück. Nutzt der Holder verschiedene Wallet-Apps, so wird er gefragt, mit welcher davon er die Anfrage beantworten möchte. Ansonsten verhält sich der Adapter genauso, wie es die entsprechende SSI-Integration in der Kernanwendung täte. Für den Holder ändert sich somit nichts. Die Kernanwendung muss die benötigten zugesicherten Eigenschaften an entsprechenden Stellen über Aufrufe des SDI-X-Adapters anfordern und die Antworten verarbeiten. Diese Anpassung kann ohne vertiefte SSI-Kenntnisse auf Basis der Dokumentation des Adapters umgesetzt werden. Der Adapter integriert auch das Schlüsselmanagement für die Signatur und -prüfung.

Fazit *Für Nutzende (Holder) ändert die Verwendung des SDI-X-Adapters nichts. Ihre Wallet-Anwendungen bleiben und verhalten sich unverändert. Für Issuer und Verifier beschränkt sich die Anpassung auf die Integration der Serviceaufrufe.*

3.2 Integration, Betrieb und Erweiterung

Der SDI-X-Adapter ist (wie in Abb. 20.2 dargestellt) als eigener Webservice realisiert und kann somit mehrere und perspektivisch auch unterschiedliche Kontaktpunkte, Prozesse und entsprechende Anwendungen bedienen. Beispielsweise kann eine Adapterinstanz alle Filialen und Webzugänge abdecken. Spezielle Vorarbeiten für Organisationen mit verschiedenen Standorten wurden im SDIKA-Projekt[5] im erweiterten Mobilitätsanwendungsfall geleistet. Auch könnte ein Unternehmen bereichsübergreifend für alle (Mitarbeitenden-, Bewerbungs-, Kunden-, Lieferanten,- und zukünftig möglicherweise sogar produkt- und ressourcenbezogene) Prozesse dieselbe Adapterinstanz verwenden – Maßnahmen zur Ausfallsicherheit und Verfügbarkeit vorausgesetzt. In einer Container-Infrastruktur ist das Deployment noch einfacher. Für die initiale Konfiguration und die Wartung, Aktualisierung der Instanz sind jedoch technische Kenntnisse erforderlich. Die Konfiguration wird im Folgekapitel behandelt.

Gerade für kleinere technikferne Organisationen oder solche mit einem überschaubaren Transaktionsvolumen ist die SDI-X-aaS-Lösung gedacht. Hier wird der Adapter als Dienst betrieben und für die Bedürfnisse vorkonfiguriert. Er läuft auf so einer externen leistungsfähigen, sicheren Infrastruktur, ohne dass die Stelle diese selbst aufbauen müsste. Perspektivisch sind auch Templates denkbar, die bspw. branchentypische Konfigurationen abbilden. Auf diese Weise entstehen dem Unternehmen/der Organisation hauptsächlich transaktionsbasierte Kosten oder ein Abonnement und so gut wie keine SSI-spezifischen Aufwände. Das SDI-X-aaS-Angebot soll auf ein kooperatives Geschäftsmodell aufgebaut werden, das Anwender an Entscheidungen beteiligt und Übernahmen oder unfaire Preisgestaltungen verhindert.

Fazit Aus Sicht der Akzeptanz- und Ausgabestellen ist der Adapters einfacher zu integrieren als SSI-spezifischer Code. Er unterstützt mehrere Kontaktpunkte und Prozesse, mehrere SSI-Wallet-Systeme und auch künftige Anpassungen oder neu hinzukommende Systeme erfordern keine anwendungsseitigen Anpassungen mehr. Durch SDI-X-as-a-Service können Betrieb und Wartung des Adapters ausgelagert werden.

3.3 Konfiguration

Die Mindestkonfiguration des SDI-X-Adapters beschränkt sich auf die einmalige Hinterlegung der DID und des zugehörigen (zertifizierten) Schlüsselmaterials. Hier ist der Mechanismus im Grunde ähnlich wie bei anderen Webservices. Das Zertifikat stellt bei einer Transaktion die Authentizität der Gegenstelle sicher. Im Falle eines Issuers gewinnt es die zusätzliche Qualität, dass ein VC mit dem zugehörigen Schlüssel überprüfbar signiert und somit bestätigt werden kann. Bereits in der eIDAS-Verordnung von 2014 wurden vom europäischen Gesetzgeber drei Vertrauensniveaus (Level of Assurance) *high, substantial* und *low* unterschieden und entsprechende Anforderungen daran definiert. (European Commission, 2014) Ziel war für Dienste oder Dienstklassen Mindestniveaus festzulegen. Das ist allerdings eine sehr grobe Unterteilung. Der Grad an Vertrauen hängt in der Regel davon ab, welche Bedeutung der Prozess (für beide Seiten) hat und ob ein Creden-

---

[5] SDIKA steht für Sichere Digitale Identitäten Karlsruhe und ist eines der vier SDI-Schaufensterprojekte. Vgl. www.sdika.de (Abruf am 14.08.24).

tial bspw. überhaupt durch Dritte geprüft wird. Zur Illustration zwei Beispiele mit aufsteigenden Anforderungen bei KMU und kleinen Organisationen: *(1) Ein Mitgliedskarten-Credential eines Sportvereins/die Kundenkarte eines Einzelhandelsunternehmens wird nur der eigenen Institution vorgelegt. (2) Eine Mitglieds- oder Kundenkarte wird auch Dritten vorgelegt – zum Beispiel zur Gewährung von Vorteilen.*

Der Umfang der Konfiguration des Adapters hängt vom Einsatzzweck ab. In einem typischen KMU werden vermutlich vorhandene Geschäftsprozesse digitalisiert. Hier lassen sich die zu prüfenden Eigenschaften und mögliche Quellen des Credentials aus dem analogen Prozess ableiten. *Beispiel: Der Dienst ist gesetzlich altersbeschränkt. Analog wird die Eigenschaft Geburtsdatum aus dem Personalausweis oder die Vorlage eines Führerscheins geprüft.* Solche Alternativen lassen sich auch digital im Adapter abbilden. Bei der Ausgabe von Credentials kommt es darauf an, ob sie auch Dritte prüfen (Siehe oben). Ist das der Fall, muss Credential zumindest mit den anderen prüfenden Stellen verabredet sein. Ggf. ist eine Normierung sinnvoll. Alternativ zur festen Hinterlegung der Parameter in der Konfiguration des Adapters kann diese auch in den Aufruf integriert werden. Der Beispielaufruf in Abb. 20.3 zeigt die Parameter anhand dieser Variante der SDI-X-API.

Der mit „config" eingeleitete Teil des Aufrufs enthält die Konfiguration, also den issuer („Bob"), der nur im Beispiel kodiert wurde, aber gewöhnlich hinterlegt wird, die „issuerURL", welche auf den Adapter verweist, die „walletURL", welche wie im Folgeabschnitt dargestellt auch durch das generische Prefix ersetzt werden kann, sowie eine als „callback" bezeichnete URL, die auf nach Abschluss der Transaktion durch den Adapter aufgerufen werden soll. Der „callback" sollte von der Kernanwendung idealerweise dynamisch gesetzt werden, da sonst der Zusammenhang zwischen Transaktion und zugehöriger Abschlussmeldung fehlt.

```
{
  "credentialType": "FooCredential",
  "contextUri": "https://contexts.foo.org/v1",
  "claims": {
    "hello": "world"
  },
  "userPin": 0000,
  "config": {
    "issuer": "bob",
    "issuerUrl": "https://sdi-x-adapter.foo.net",
    "walletUrl": "https://wallet.foo.net/initiate_issuance",
    "callback": "https://callback.foo.net/0n15kw"
  }
}
```

Abb. 20.3 Beispielaufruf/issuer/createOffer

4 SDI-X-Adapter im Einsatz

In typischen Einsatzszenarien wird die Anbahnung einer Transaktion durch Scan eines QR-Codes über das mobile Endgerät des Holders initiiert. Stattdessen kann der darin kodierte Link auch manuell ausgeführt werden. Der Ablauf im Einsatz des SDI-X-erweiterten SSI-Systems unterscheidet sich aus Nutzenden-, Issuer und Akzeptanzstellensicht nicht von der herkömmlichen Variante. Aus diesem Grund werden im nachfolgenden Abschnitt die genauen Abläufe und Datenflüsse bei den typischen SSI-Transaktionen zwischen Holder und Issuer (Abb. 20.4) und Holder und Verifier Abb. 20.5 erläutert werden. Anschließend wird auf die Funktion des sogenannten Semantic-Layer eingegangen.

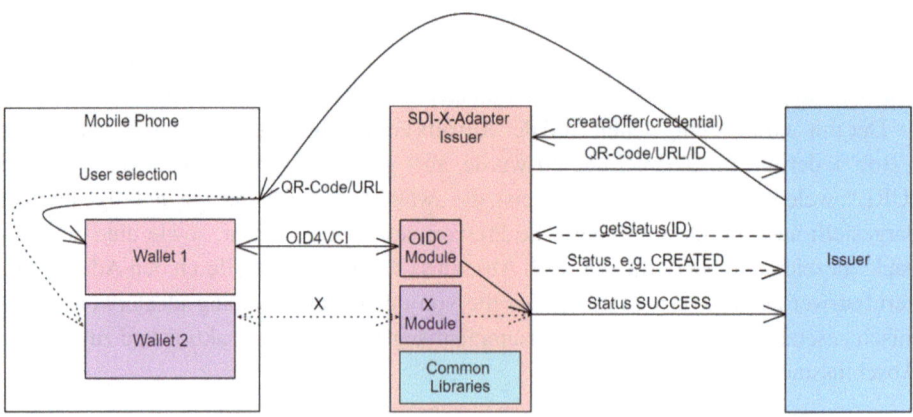

Abb. 20.4 Datenfluss Vertrauensdienst (Issuer)

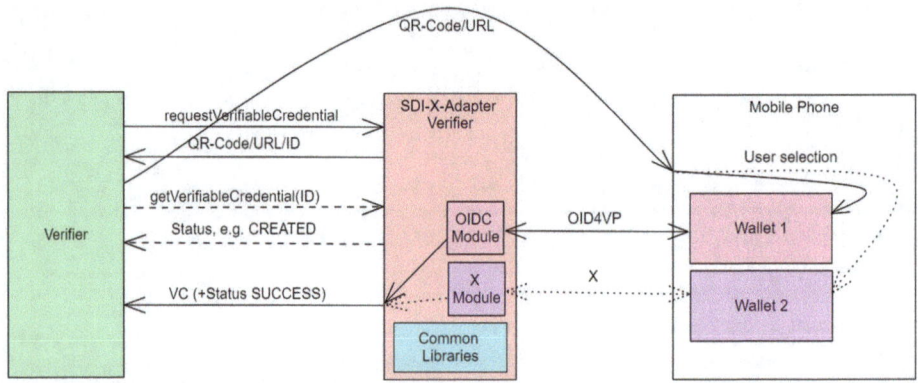

Abb. 20.5 Datenfluss Akzeptanzstelle (Verifier)

4.1 Technischer Ablauf Ausgabestelle

In Abb. 20.4 wird die Interaktion zwischen Vertrauensdienst und Nutzenden bei der Ausstellung von Verifiable Credential (VC) beschrieben. Der genaue Anwendungsfall spielt dabei keine Rolle; der Ablauf ist immer gleich. Der Vertrauensdienst nutzt die Methode createOffer(credential), um dem SDI-X-Adapter mitzuteilen, welches VC er anbieten möchte. Daraufhin erhält er einen QR-Code, eine URL und eine ID zurück. QR-Code und URL enthalten identische Informationen – sprich der Vertrauensdienst kann Nutzenden entweder den QR-Code präsentieren oder die URL übermitteln. Der QR-Code ist wie es der Dienstname impliziert ein Angebot einer Kontaktaufnahme. Alle weitere Kommunikation erfolgt über das gemeinsame Netzwerk. Um auf dem Endgerät mehrere Wallet-Apps unterstützen zu können, wurde im Projekt SDIKA ein generisches Präfix „SDI-X://" vereinbart, für welches sich alle Wallet-Apps registrieren. Bei Empfang der URL mit diesem Präfix wird daher eine Auswahl aller verfügbaren Wallet-Apps angeboten, aus denen der oder die Nutzende auswählen kann. Danach wird der oder die Nutzende zu der gewählten Wallet-App weitergeleitet. Diese ruft dann über die URL und das von der Wallet genutzte Protokoll den SDI-X-Adapter auf und bekommt die Informationen zum angebotenen VC. Die oder der Nutzende kann nun das VC in seine Wallet übernehmen oder ablehnen. Für sie oder ihn ist der Prozess damit abgeschlossen. Der Vertrauensdienst kann über die ID mit der Funktion getStatus(ID) den Status der Transaktion abfragen. Alternativ kann der Vertrauensdienst auch einen Rückruf-Dienst (Callback) nutzen, um durch den SDI-X-Adapter über den Abschluss der Transaktion informiert zu werden.

4.2 Technischer Ablauf Akzeptanzstelle

In Abb. 20.5 wird die Interaktion zwischen Nutzenden und Akzeptanzstelle bei Anforderung und Prüfung eines Verifiable Credentials (VC) dargestellt. Der Ablauf ähnelt der der Kommunikation mit einem Vertrauensdienst. Die Akzeptanzstelle ruft die Methode requestVerifiableCredential (…) beim SDI-X-Adapter auf, um ein VC anzufordern. Der SDI-X-Adapter gibt einen QR-Code, eine URL und eine ID zurück. Durch Scannen des QR-Codes oder Aufrufen der URL gelangt der oder die Nutzende erneut in seine Wallet-App oder in einen Auswahlbildschirm, um eine Wallet-App auszuwählen. In der Wallet-App angekommen, sieht der oder die Nutzende die Anfrage. Der oder die Nutzende kann dann entscheiden, ob er oder sie die angeforderten Daten freigeben möchte oder nicht. Wenn der oder die Nutzende zustimmt, wird das VC über eine direkte Datenverbindung an den SDI-X-Adapter der Akzeptanzstelle übermittelt. Dieser überprüft, ob die Daten korrekt und sicher sind. Die Akzeptanzstelle kann den Status der Anfrage über die Methode getVerifiableCredential(ID) abfragen. Wenn die Transaktion erfolgreich abgeschlossen ist, erhält die Akzeptanzstelle die angeforderten Daten vom SDI-X-Adapter und kann diese im Serviceprozess weiterverwenden. Alternativ kann die Akzeptanzstelle auch über einen Rückruf-Dienst benachrichtigt werden, sobald die Transaktion abgeschlossen ist.

4.3 Funktion des Semantic-Layer

Der Semantic-Layer hat die primäre Funktion, verschiedene Schemata für DIDs und VCs aufeinander abzubilden. Er erlaubt eine semantische Deutung der Datenfelder. Das zugrunde liegende VC-Datenformat JSON-LD[6] verweist bspw. auf einen Namespace mit einem Glossar, einer Taxonomie oder Ontologie, durch welche die angegebenen Bezeichner (Schlüssel) eindeutig definiert und auch wechselseitige Abbildungen definiert werden können.

Beispiel Ein VC des Typs A verwendet den Bezeichner „Name". Ein VC des Typs B verwendet „Firmenname". Über die durch den Kontext referenzierte Taxonomie können beide Bezeichner als semantisch gleichbedeutend identifiziert und der Inhalt entsprechend verarbeitet werden.

Eine weitere Funktion der Semantikschicht ist die mögliche Beantwortung bestimmter Anfragen, indem die geforderte Aussage aus vorliegenden bestätigten Fakten abgeleitet wird. Hier sind verschiedene Fälle denkbar. So kann die geforderte zugesicherte Eigenschaft direkt aus vorliegenden VCs ableitbar sein.

Beispiele: Mediziner + Kassensitz => niedergelassener Arzt; Architekt => Hochschulabschluss.

Zweitens kann sich die geforderte Eigenschaft aus VCs und objektiv prüfbaren Fakten ergeben.

Beispiele: Aktuelles Datum – Geburtsdatum >= 18 Jahre => Volljährigkeit.

Beide Fälle erfordern allerdings eine Offenlegung von mehr oder detaillierteren Daten als eigentlich erforderlich. Der Ablauf ist in Abb. 20.6 dargestellt.

Im ersten Schritt wird vom Verifier eine komplexe Eigenschaft angefordert (*requestSemanticCredential*). Der Adapter stellt hierauf eine Anfrage an die Semantic Layer Authority. Sie verwaltet semantische Informationen wie bspw. Ableitungsregeln. Die Antwort enthält einen oder mehrere Wege, die gesuchte Information aus anderen VCs abzuleiten. Der Adapter übersetzt diese in Anfragen an die Wallet des Holders. Nach Freigabe der Information durch diesen liefert der Adapter eine Antwort, die sowohl die VCs als auch die Ableitungsinformation enthält.

In einer erweiterten Variante kann vermieden werden, dass der Holder mehr Information als nötig preisgibt. Zwar könnte die Ableitung seitens des Holders stattfinden, aber das Ergebnis wäre in diesem Fall nicht zugesichert. Daher wird hierfür ad hoc ein Vertrauensdienst benötigt, der als vertrauenswürdiger Dritter die Ableitung durchführt und kryptografisch signiert.

---

[6] JSON-LD ist ein JSON-Erweiterung für Linked Data. Das JSON-Dokument enthält Links auf einen Kontext, der bspw. Bezeichner definiert und so die korrekte Interpretation des Inhalts ermöglicht. (Sporny, 2024) (Lanthaler, 2013).

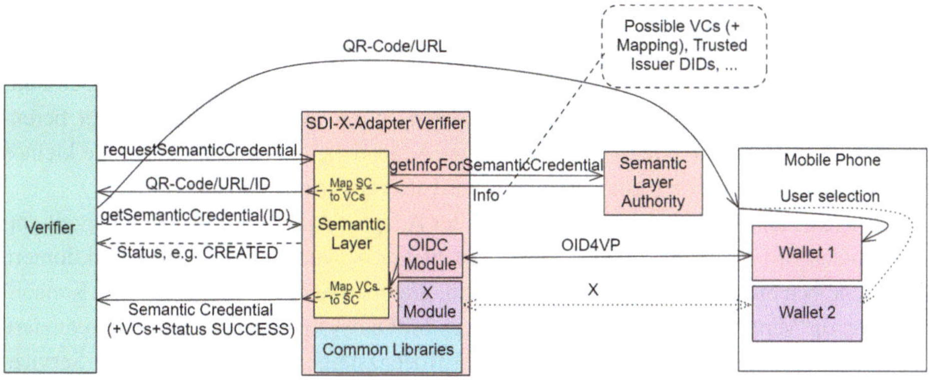

Abb. 20.6 Konzeption Semantic Layer

5 Erfahrungen, Zusammenfassung und Ausblick

Durch Erfahrungen im Projekt SDIKA konnten die angestrebten Zielsetzungen erfolgreich evaluiert werden:

1. Die Entkopplung und flexible Konfiguration ermöglichte die Nutzung einer Adapterinstanz für alle Partner, Anwendungsfälle und prototypischen Geschäftsanwendungen. Dabei wurden diese gleichzeitig betrieben und Anwendern zur Verfügung gestellt. In Analogie könnte ein Adapter produktiv mehrere Schnittstellen eines Unternehmens oder einer Organisation abdecken.
2. Der verringerte Aufwand zeigte sich in der Integration in die Geschäftsanwendungen. Sie erfolgte durch die Partner selbst und parallel zur Weiterentwicklung des Adapters. Hierfür genügten i.W. die Anleitung und wenige Rückfragen, die das Entwicklerteam des Adapters beantwortete. Damit gelang die Einbindung in die Prototypen der Partner problemlos und mit geringem Aufwand.
3. Hinsichtlich Erweiterbarkeit wurden im Rahmen des Projekts zunächst Anbindungen an die Jolocom-, sowie die CAS-eigene Cloud-Wallet realisiert. Später wurde in Zusammenarbeit mit deren Entwickelnden zusätzlich die projektexterne Hidy-Wallet[7] angebunden und getestet. Auch dies gelang mit überschaubarem technischen Aufwand.
4. Die Nutzbarkeit konnte anhand einer digitalen „Schnitzeljagd" erfolgreich auf der Bunten Nacht der Digitalisierung 2024[8] in Karlsruhe getestet werden. Teilnehmende waren aufgefordert, die Hidy-Wallet-App auf ihrem Endgerät zu installieren, ein Test-Credential zu akzeptieren, und an anderen Standorten einzulösen. Die Stände wurden von Nichttechniker*innen betreut. Dennoch gelang das Ausstellen inklusive Installation der App in etwa 1–2 Minuten.

---

[7] Zur Hidy-Wallet siehe https://hidy.eu/ (Abruf am 14.08.2024).
[8] Siehe https://karlsruhe.digital/events/bunte-nacht-der-digitalisierung/ (Abruf am 14.08.2024).

Ohne dass dies absehbar gewesen wäre, wurden die meisten Designentscheidungen der Erstellung des Adapters analog zur späteren EUDI-Referenzarchitektur getroffen, sodass hierzu eine weitreichende Kompatibilität besteht. Der Adapter beim entwickelnden Partner bereits effektiv eingesetzt und im Projektanschluss als Open-Source Paket bereitgestellt. Die alternative Nutzung in Form eines Adapters as-a-Service, der gerade kleinen Unternehmen technische Lasten abnimmt, wird als Verwertungspfad angestrebt.

Generell kann festgehalten werden, dass der Adapter-Ansatz mit den sich derzeit entwickelnden SSI-Konzepten und in den betrachteten Anwendungsszenarien funktioniert. Mögliche Nachteile des Ansatzes liegen darin, dass der Adapter den Druck zur Konsolidierung zur Vereinheitlichung und Vernetzung im Ökosystem möglicherweise reduziert. Gerade hierin liegen jedoch erhebliche Effizienzsteigerungspotenziale in Serviceprozessen. Weiterhin entstehen mit dem SDI-X-Adapter und Semantic-Layer zusätzliche Komponenten im Ökosystem, deren Weiterentwicklung und nachhaltig sicherer Betrieb gewährleistet werden muss. In Verbindung mit dem vorgenannten Punkt könnte dieser Aufwand anwachsen und es stellt sich die Frage, welche(r) Akteur(e) wie dafür herangezogen werden können. Auch lassen sich nicht alle Abweichungen zwischen SSI-Implementierungen durch einen Adapteransatz überbrücken.

Literatur

Afting, S. (2021, November). Im Fokus: Digitale Identitäten. *Schlaglichter der Wirtschaftspolitik*, 15–21. https://www.bmwk.de/Navigation/DE/Schlaglichter-der-Wirtschaftspolitik/Schlaglichter-der-Wirtschaftspolitik-11-2021/schlaglichter-11-2021.html. Zugegriffen am 18.09.2024.

Alex Preukschat, D. R. (2021). *Self-sovereign identity and verifiable credentials*. Manning.

BMI. (2023, Juni 07). *Beyond EU Digital Identity Wallet – Diskussionspapier zur Erarbeitung einer prototypischen eIDAS 2.0- konformen Infrastruktur für Digitale Identitäten in Deutschland*. Beyond EU Digital Identity Wallet – Diskussionspapier zur Erarbeitung einer prototypischen eIDAS 2.0- konformen Infrastruktur für Digitale Identitäten in Deutschland. BMI.

BMI. (2024, September 18). *Git OpenCode Repository des BMI*. Von EUdi-Wallet. https://gitlab.opencode.de/bmi/eudi-wallet. Zugegriffen am 18.09.2024.

Daniel Bosk, D. F. (2022). Hidden issuer anonymous credential. In *Proceedings on privacy enhancing technologies* (S. 571–607). Privacy Enhancing Technologies Symposium.

De Prisco, R.e (2024). Enhancing OpenID connect for verifiable credentials with DIDComm. In *Proceedings of the 21st international conference on security and cryptography (SECRYPT 2024)* (S. 844–849). SCITEPRESS– Science and Technology Publications, Lda.

European Commission. (2014). *Documentation eID – eIDAS levels of assurance*. Von Documentation eID – eIDAS Levels of Assurance. https://ec.europa.eu/digital-building-blocks/sites/display/DIGITAL/eIDAS+Levels+of+Assurance. Zugegriffen am 18.09.2024.

Fett, D. (2024, September 19). *eIDAS 2.0 architecture concept – Public*. Von eIDAS 2.0 architecture concept – Public. https://gitlab.opencode.de/bmi/eudi-wallet/eidas-2.0-architekturkonzept. Zugegriffen am 18.09.2024.

Grant Noble, D. L. (2024, September 15). *Verifiable credentials data model v2.0*. W3C.org: https://www.w3.org/TR/vc-data-model-2.0/. Zugegriffen am 18.09.2024.

International Organization for Standardization. (2021, January 01). *ISO/IEC 18013-5:2021 – Personal identification – ISO-compliant driving licence.* iso.org: https://www.iso.org/standard/69084.html. Zugegriffen am 18.09.2024.

Lanthaler, M. (2013). Creating 3rd generation web APIs with Hydra. In *Proceedings of the 22nd international world wide web conference* (S. 35–38). Association for Computing Machinery.

Manu Sporny, D. L. (2022, Juli 19). *Decentralized identifiers (DIDs) v1.0.* w3c.org: https://www.w3.org/TR/did-core/. Zugegriffen am 18.09.2024.

OpenID Foundation. (2024, April 27). *OpenID.net.* OpenID.net: www.openid.net. Zugegriffen am 18.09.2024.

Pohlmann, N. (2022). Self-sovereign identity (SSI). In N. Pohlmann (Hrsg.), *Cyber-Sicherheit* (S. 645–671). Springer/Vieweg.

Sporny, M. (2024, September 18). *JSON for linking data.* Von JSON for linking data. https://json-ld.org/learn.html. Zugegriffen am 18.09.2024.

Open Access Dieses Kapitel wird unter der Creative Commons Namensnennung 4.0 International Lizenz (http://creativecommons.org/licenses/by/4.0/deed.de) veröffentlicht, welche die Nutzung, Vervielfältigung, Bearbeitung, Verbreitung und Wiedergabe in jeglichem Medium und Format erlaubt, sofern Sie den/die ursprünglichen Autor(en) und die Quelle ordnungsgemäß nennen, einen Link zur Creative Commons Lizenz beifügen und angeben, ob Änderungen vorgenommen wurden.

Die in diesem Kapitel enthaltenen Bilder und sonstiges Drittmaterial unterliegen ebenfalls der genannten Creative Commons Lizenz, sofern sich aus der Abbildungslegende nichts anderes ergibt. Sofern das betreffende Material nicht unter der genannten Creative Commons Lizenz steht und die betreffende Handlung nicht nach gesetzlichen Vorschriften erlaubt ist, ist für die oben aufgeführten Weiterverwendungen des Materials die Einwilligung des jeweiligen Rechteinhabers einzuholen.

Vergleich von DIDcomm und OpenID4VC für die Automatisierung vertrauenswürdiger Prozesse

21

André Röder und Tobias Ehrlich

Zusammenfassung

Der von der DIF entwickelte DIDComm-Standard hat bei der Digitalisierung von Geschäftsprozessen ganz klare Vorteile gegenüber den OpenID-Protokollen. Diese Vorteile werden nach Einführung in die Thematik anhand konkreter Anwendungsszenarien aufgezeigt. Nur mithilfe der Verwendung von DIDs und DIDComm-Protokollen ist das im Artikel zur RessortID avisierte Potenzial zur Automatisierung von Geschäfts- und Verwaltungsprozessen sowie das bei machine-readable Governance absehbare Potenzial für RegTech-Anwendungen erschließbar. Der Artikel stellt zudem die von KAPRION entwickelte neue DID-Methode did:kt vor.

Schlüsselwörter

DIDComm · SSI · DID-Methoden · Digitale Identität · Geschäftsprozess · Prozessdesign

1 Motivation

Die Entwicklung sowohl der „electronic IDentification, Authentication and trust Services" (eIDAS) als auch der digitalen Brieftasche für die europäische digitale Identität (EUDI-Wallet) lässt bislang Visionen zur Automatisierung von Geschäfts- und Verwaltungsprozessen vermissen. Mit den Trust Services wurden digitale Geschäftsmodelle für die

---

A. Röder (✉) · T. Ehrlich
KAPRION Technologies GmbH, Dresden, Deutschland
E-Mail: Andre.roeder@kaprion.de; tobias.ehrlich@kaprion.de

Bundesdruckerei und vergleichbare Einrichtungen in Europa gesucht. Die EUDI-Wallet hingegen soll ein digitales Zuhause für die vereinfacht präsentierbare Variante der im Ausweis verankerten elektronischen Identität (eID) und weitere Identifizierungsmittel darstellen. Demzufolge liegt der Fokus des deutschen EUDI-Architekturentwurfs (BMI, 2024) bislang auf Identifizierung und Authentifizierung, sei es auf Basis der Person Identification Data (PID) oder auf Basis von (Qualified) Electronic Attestations of Attributes (QEAA). Die für eine Digitalisierung vieler Prozesse erforderliche Verbindung von Identitäten und maschinenlesbaren Dokumenten wurde bislang ausgelassen. Sie ist jedoch Voraussetzung sowohl für breitenwirksame Anwendungen als auch für Prozessorientierung und Generierung von Kundennutzen. Weiterhin fokussiert sich dieser Wallet-Entwurf nur auf Identitäten natürlicher Personen. Körperschaften auf Bundes-, Landes- oder Staatsverbundsebene, sowie Körperschaften der Wirtschaftsökonomie und automatisiert agierende Geräte des Internet-der-Dinge (Internet-of-Things, IoT) bleiben unbeachtet. Ziel der EUDIW-Entwicklung sollte es aus unserer Sicht sein, die Digitalisierung und Automatisierung von Anwendungsprozessen zu unterstützen, statt nur die Digitalisierung von Dokumenten. Ohne die Automatisierung von Prozessen kann die Digitalisierung ihr eigentliches ökonomisches, ökologisches und gesellschaftliches Potenzial nicht entfalten. Aber dafür ist deutlich mehr erforderlich als Identifizierung und Authentifizierung natürlicher Personen.

Im Kontext der Architekturentwicklung wurden im Hinblick auf die technische Interoperabilität Standards definiert für die Kommunikation und den Austausch von Dokumenten. Technische Interoperabilität ist aber nicht nur eine Frage von Schnittstellen, Protokollen und Formaten. Es ist auch eine Frage der Prozesstauglichkeit, was bei den vorgelegten Architekturentwürfen leider komplett ausgeblendet wurde. Eine digitale Identität muss es ermöglichen, ein Individuum als dasselbe wie zu einem früheren Zeitpunkt zu erkennen und es eindeutig von anderen Individuen zu unterscheiden. Im Kontext der Prozesstauglichkeit digitaler Identitäten sind nach Erkenntnissen des Schaufensterprojekts ID-Ideal hierfür dezentrale Identifikatoren (DIDs) erforderlich, die nicht nur beim Prozessschritt der Identifizierung/Authentifizierung auftauchen, sondern in jedem Prozessschritt eines automatisierten Geschäftsprozesses inklusive aller in einem Kontext ausgetauschten prüfbaren Nachweise. So kann seitens der Prozessinhaber sichergestellt werden, dass jeder Prozessschritt ausschließlich mit der identifizierten Partei abläuft und dass die in den (Q) EAAs attestierten Attribute zu der identifizierten Partei gehören. Hierbei können, je nach Anwendungsfall, die vom Nutzer erstellten DIDs sowohl transient für eine einzige Nutzung, temporär persistent als auch dauerhaft sein.

Die eingesetzten Kommunikationsprotokolle müssen zudem berücksichtigen, dass es innerhalb eines Geschäftsprozessablaufs zu mehrfachen Wechseln der beteiligten Parteien hinsichtlich der von ihnen eingenommenen Rollen (Nachweishalter, Nachweisprüfer und Nachweisaussteller) kommt. Protokolle, die einer Client-Server-Architektur folgen, bieten zwar möglicherweise gute Anknüpfungspunkte an existierende Serviceangebote, bergen jedoch den Nachteil in sich, dass sie diesen Rollenwechseln weniger flexibel gegenüberstehen. So ist es mit den nunmehr in der eIDAS2-Verordnung prominent verankerten

OpenID4VC-Protokollen zwar möglich, eine Server-seitige Ausstellung eines Verifiable Credentials auf ein Mobilgerät auszuführen, eine Konstellation, in der das Mobilgerät zum Aussteller wird, ist jedoch nicht vorgesehen. Dass dieser Umstand für die Digitalisierung vieler Prozesse hinderlich ist, wird deutlich, wenn man sich vergegenwärtigt, dass in der realen Welt vor allem Individuen agieren. Ob in Verwaltungsverfahren oder in Geschäftsprozessen von Wirtschaftsunternehmen, stets agieren Mitarbeiter in Vertretung einer Organisation oder als Individuen. Dieser Umstand ist Grundlage der bestehenden Rechtssicherheit, da hierbei die persönliche Verantwortung des Individuums deutlich wird. Protokolle, welche die Interaktion digitaler Identitäten ermöglichen, müssen daher Individuen die Möglichkeit geben, in allen drei Rollen zu agieren.

2 Technische Standards im SSI-Kontext

2.1 Decentralized Identifiers

Um ein Ökosystem für digitale Nachweise zu begründen (Erstellen, Senden, Empfangen, Überprüfung), braucht es ein digitales Kommunikationssystem. Hierzu wird jedem Akteur ein Identifikator (DID = Decentralized Identifier) zugewiesen. Dieser Identifikator ermöglicht es, einen exklusiven (Ende-zu-Ende-verschlüsselten) Kommunikationskanal zum Austausch von Nachweisen zwischen zwei Akteuren einzurichten und ist – wie in Kap. 1 beschrieben – auch Bestandteil des Signaturprozesses von Nachweisen. Ein maßgeblicher technischer Unterschied zwischen dem derzeitigen World Wide Web (WWW) und dem Trustnet (siehe Kap. 30) liegt im Prinzip der exklusiven Kommunikationskanäle des oben erwähnten Kommunikationssystems. Abb. 21.1 zeigt das Prinzip einmal für private DIDs und einmal für die öffentliche DID (public DID) eines hoheitlichen Akteurs. Die DID als Identifikator ist dabei vergleichbar mit einer Telefonnummer. Ein Akteur kann theoretisch über beliebig viele DIDs verfügen und kann für jeden Interaktionspartner unter einer anderen DID erreichbar sein (private DID bzw. Peer-to-Peer DID). Ein

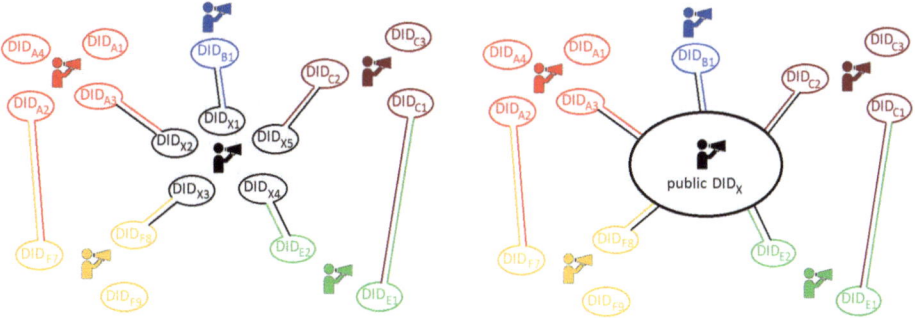

Abb. 21.1 Prinzip der exklusiven Kommunikationskanäle für Peer-to-Peer DIDs und für eine public DID

z. B. öffentlicher Akteur kann aber auch unter einer DID für mehrere/alle Akteure erreichbar sein (public DID). Mit public DIDs ist der Aufbau von Vertrauen zwischen unbekannten Akteuren möglich. Eine Akzeptanzstelle kann z. B. anhand der public DID des Inhabers eines Verifiable Credentials prüfen, ob dieses Credential vom Herausgeber auf den Inhaber ausgestellt wurde. Die DID verbindet das Dokument mit der digitalen Identität des Inhabers. In der Fachdiskussion wird oft das Argument ins Feld geführt, dass Interaktionen mit verschiedenen Partnern anhand der public DID korrelierbar sind und dies die Privatheit des Inhabers der public DID verletzen könnte. Dem kann in Anwendungsszenarien, bei denen die Privatheit Vorrang hat, ganz leicht durch Verwendung einer „Einmal-DID" oder „Wegwerf-DID" begegnet werden, wodurch das im SSI-Kontext bekannte Vertrauensdreieck zwischen Herausgeber, Inhaber und genau einer Akzeptanzstelle anhand genau eines Credentials aufgebaut werden kann.

Im Gegensatz zum WWW erfolgt das Management all dieser Kommunikationskanäle nicht durch einen Browser, sondern durch Wallet(s) und Agent(s) auf beiden Seiten des Kanals. Es gibt verschiedene Methoden, um DIDs zu generieren und abzuspeichern. Solange die Zuordnung von DID zum Akteur über ein DID-Dokument in einer zugänglichen Dateninfrastruktur überprüft werden kann, ist die Prüfung von Herausgeberschaft bzw. Empfängerschaft eines mit dieser DID signierten Verifiable Credentials möglich. Ist diese Zuordnung in einer Dateninfrastruktur nicht möglich, dann muss der Akteur dieselbe DID für alle Interaktionspartner verwenden, die derselben Vertrauensdomäne angehören, um Herausgeberschaft bzw. Empfängerschaft des zugehörigen Credentials prüfbar zu machen. Signiert z. B. ein Akteur ein digitales SEPA-Lastschriftmandat, kann der Empfänger dieses Credentials es nur dann bei der Bank des Akteurs einlösen, wenn die Bank die Herausgeberschaft prüfen kann, wofür sie entweder in ihrem eigenen „Telefonverzeichnis" (dezentrales DID-Register) oder in einem online verfügbaren „Telefonbuch" (zentrales DID-Register) nachsehen muss.

2.2 DID-Methoden

Ausgehend von der geplanten digitalen Anwendung ist die dafür erforderliche digitale Identitätslösung zu designen. Die Festlegung der bei einer digitalen Identitätslösung zum Einsatz kommenden DID-Methode gehört zu den technischen Vertrauensankern auf Ebene der digitalen Basistechnologie (siehe Trustnet Stack im Beitrag zum Trustnet). Dies beinhaltet die DID-Methoden, mit denen dann der Agent einer Wallet-App umgehen können muss. DID-Methoden ermöglichen die Zuordnung eines digitalen Identifikators zu einer Entität. Je nach DID-Methode werden dabei zusätzliche Anforderungen bedient. Die Vielfalt von derzeit über 180 DID-Methoden ist u. a. der Vielfalt an Anforderungen geschuldet und der Spezifik unterschiedlicher Speichermethoden. Die DID-Methoden können in die Kategorien „Administrativ", „Algorithmisch" und „Autonom" unterschieden werden (Trust over IP Foundation, 2023). Hier muss mit dem Trustnet Framework eine Auswahl getroffen werden. Exemplarisch sollen folgende Methoden genannt werden, die im Rahmen der SDI-Schaufensterprojekte als Mindestanforderung für die Interoperabilitätsmatrix ausgewählt wurden (Menzer et al., 2023):

- did:key
- did:keri
- did:web/did:webs
- did:ethr

Die DIDs sind einzigartige Uniform Resource Identifier (URI nach RFC 3986/8141) und werden im Grunde genau wie ein Uniform Ressource Name (URN) eingesetzt. Sie verweisen in den meisten Fällen auf asymmetrisches kryptografisches Material und nicht direkt auf eine Entität. Diese Ressourcen können beispielsweise in Form eines JSON-LD-Dokuments oder in Base58/Base64 enkodierte öffentliche Schlüssel vorliegen. Die innehabende Entität kann nun durch ein einfaches kryptografisches Challenge-Response-Verfahren nachweisen, dass sie die dahinterliegende Ressource kontrolliert. Die DID selbst ist in mindestens drei Teile eingeteilt, das URN-Schema, den Namespace und den Namespace spezifischen Identifikator (Abb. 21.2).

Die Methoden did:key und did:keri sind zwei Methoden, die am flexibelsten einsetzbar sind. Im Falle von **did:key** (Longley et al., 2022) wird beispielsweise nicht zwingend ein zusätzlicher Parser (Auswertungsalgorithmus) für ein DID-Dokument benötigt, da hier der öffentliche Schlüssel bereits Bestandteil des Namespace-spezifischen Identifikators ist. Folglich ist diese DID-Methode auch die flexibelste im Einsatz, sowohl für online, als auch offline Use Cases. Von Nachteil ist, dass sie zum einen nur einen Schlüssel referenzieren kann und dass eine Vererbung oder Rotation nur unter Verwendung eines zusätzlichen Credentials nachweisbar ist. Dieser Weg ginge in Richtung des KERI-Konzeptes, allerdings ohne die dort beschriebenen Sicherheitsmaßnahmen zur Anwendung zu bringen. Eine konzeptionelle Erweiterung von did:key in diese Richtung bringt aber keinen Vorteil gegenüber did:keri.

Das „Key Event Receipt Infrastructure" (KERI) ist ein eigenständiges Ökosystem mit Transportprotokoll, Credential-Format und Identifikatoren, die hier in dem Kontext oftmals unter der Bezeichnung „Prefix" oder „Autonomic Identifier" auftauchen. Gemäß dem Whitepaper (Smith, 2019) könnte diese Methode alle möglichen Ressourcen referen-

Abb. 21.2 Aufbau einer DID. (Quelle: https://www.w3.org/TR/did-core/)

zieren, dies steht jedoch im Gegensatz zum restlichen DID-Universum. Aufgrund dessen wird in der **did:keri-Methode** (Smith, 2023) ausschließlich auf eine Micro-Chain (Key Event Log, KEL) referenziert, die eine Sammlung an Key States darstellt. Die Key States sind die Pendants zu den DID-Dokumenten, mit dem Unterschied, dass sie Hash-verkettet und signiert sind. Folglich ist unter einem Identifikator dieser Art ein Set an verschiedenen kryptografischen Schlüsseln angelegt. Weiterhin beinhaltet jeder Key State nicht nur die aktiv genutzten Schlüssel, sondern auch den verdeckten, vorrotierten öffentlichen Schlüssel des nächsten Schlüsselsets, womit eine Vererbbarkeit vorangekündigt und jederzeit nachprüfbar ist. Der Namespace-spezifische Identifikator kann hier, ähnlich zu did:key, einen Schlüssel beinhalten, oder den Hash des initialen Key States. Wie did:key ist auch did:keri flexibel einsetzbar und kann sowohl offline als auch online verwendet werden. Trotz der Einschränkungen bietet did:keri eine flexible, aber sehr komplexe Freiheit, die weite Bereiche des KERI-Ökosystems abdeckt.

Im **did:web/did:webs** werden die kryptografischen Methoden nicht direkt, sondern über eine URL im WWW referenziert. Kommunikationspartner laden sich nun die Dokumente direkt aus dem Web herunter, was vor allem für institutionelle Parteien nützlich ist. did:web ermöglicht somit verschiedene DID-Methoden unter einem DID-Dokument zu vereinigen und ermöglicht es der Wallet anschließend, die für sich geeignetste Verschlüsselungs- und Identifikationsmethode zu ermitteln. did:webs hingegen beinhaltet zusätzlich zum DID-Dokument das im did:keri erwähnte Key Event Log, welches durch einen zusätzlichen HTTPS-Layer abgesichert wird. Der Nachteil hieran ist, dass beide Methoden nur online ihre vollen Stärken ausspielen können. Es entsteht dadurch eine Abhängigkeit von der Verfügbarkeit und Erreichbarkeit der Server-Instanz, was den Einsatz in offline-Szenarien ausschließt und der Robustheit des Gesamtsystems abträglich ist.

Die **did:ethr**-Methode ist eine auf Blockchain-Technologie basierende Methode. Hier werden die DID und das DID-Dokument sowie deren Updates über einen Smart Contract auf eine Blockchain geschrieben. Je nach Blockchain-Ausprägung und Konfiguration haben alle oder nur eine ausgewählte Gruppe Einsicht auf diese Ressource. Folglich muss der Empfänger einer solchen URN im Fall der initialen Verifikation online sein. Weiterhin kommt es auf die Konfiguration der Wallet und/oder Blockchain an, ob eine weitere Kommunikation auch offline möglich ist. Auch hier besteht eine Abhängigkeit von der Verfügbarkeit und Erreichbarkeit der Server-Instanz, was den Einsatz in offline-Szenarien ggf. ausschließt. Zudem wird mit der Blockchain eine dritte „Partei" in die Kommunikation einbezogen, die am eigentlichen Prozess nicht beteiligt ist.

Durch die KAPRION Technologies GmbH erfolgte im Rahmen von ID-Ideal mit **did:kt** die Entwicklung einer eigenen DID-Methode, basierend auf did:keri. Im Unterschied zu did:keri wird zum einen die Erzeugung und somit auch die Prüfung eines Namespace-spezifischen Identifikators vereinfacht. Zudem werden nicht nur die Schlüssel in einem Hardware Secure Module (HSM) erzeugt, sondern auch der nach dem KERI-Ansatz gebildete Identifikator, der dieses Schlüsselset identifiziert. Zusätzlich existiert die Möglichkeit, offline ein Key State in ein DID-Dokument zu konvertieren. Infolgedessen kann did:kt ebenfalls um did:web(s) ergänzt werden. In Abgrenzung zu did:keri, wo die fehlende Hardwarebindung durch das Konzept der Witnesses softwareseitig aufgefangen wird, unterstützt did:kt konsequent die Hardwarebindung. Das heißt, did:kt erfordert auch immer ein HSM.

2.3 DIDComm Protokolle

Die Ebene 2 des Trustnet Stacks beinhaltet die Protokolle für den Verbindungsaufbau zwischen zwei Wallets. Die im Rahmen der EUDI-Architektur vorgesehene OpenIDConnect-Protokollvariante arbeitet ohne DIDs. Dadurch werden zwar föderierte Identitäten gut integrierbar, aber die Möglichkeiten der selbstbestimmten Identitäten (SSI) können nicht ansatzweise ausgeschöpft werden. In der EUDIW-Architektur wird davon ausgegangen, dass institutionelle Akteure in der Kommunikation nie agieren, sondern immer nur reagieren. Prozesse müssen stets vom Bürger begonnen werden, da es den institutionellen Akteuren nicht möglich ist, den Bürger zu adressieren. Auch bilaterale Interaktionen zwischen den Bürgern untereinander oder zwischen den Institutionen sind nicht vorgesehen. Die OpenID-Protokolle arbeiten nur nach dem Request-Response-Prinzip. Das bedeutet in Summe, der Aufbau von persistenten Verbindungen bzw. exklusiver Kommunikationskanäle zwischen den Akteuren im Sinne einer pro-aktiven Kommunikation ist in einer solchen Architektur unmöglich.

Im Gegensatz dazu kommt das oben erläuterte Prinzip der exklusiven Kommunikationskanäle durch die von der Decentralized Identity Foundation (DIF) entwickelten DIDComm-Protokolle zur Anwendung.

- DIDComm Messaging v1.0 (veraltet)
- DIDComm Messaging v2.0

Das Messaging erlaubt die direkte Ansprache bzw. Adressierung von DIDs und damit die zeitunabhängige Wiederaufnahme von Prozessen ohne erneuten Vorgang zur Identifizierung/Authentifizierung, weil dies bereits anhand der DID implizit erfolgt. Hierfür gibt es verschiedene Möglichkeiten unabhängig vom Transportprotokoll (Curren et al., 2022).

Zudem ermöglicht die Verwendung von public DIDs eine Akteur-übergreifende Nutzung von Credentials. Dadurch kann die Redundanz der in Credentials gespeicherten Informationen geringgehalten werden, was Nutzern den Umgang mit ihnen erleichtert. Die in der Fachdiskussion oft negativ konnotierte Korrelierbarkeit auf Seiten der Interaktionspartner wird zwar als Gegenargument hierfür ins Feld geführt, ist in Geschäftsprozessen jedoch häufig erwünscht, da sie für die Vertrauensbildung erforderlich ist.

Ein Beispiel soll die Akteur-übergreifende Nutzung von Credentials illustrieren: In einem Namens-Credential kann dem DID-Inhaber bestätigt werden, unter dem im Credential dokumentierten Namen im Melderegister registriert zu sein. In einem Führerschein-Credential kann dann separat erfasst sein, dass der DID-Inhaber eine bestimmte Klasse von Fahrzeugen unter dokumentierten Bedingungen führen darf. Das Führerschein-Credential muss jedoch nicht noch einmal den Namen beinhalten, da dieser bereits im Namens-Credential enthalten ist und beide Credentials auf dieselbe DID ausgestellt wurden. Diese Herangehensweise hat mehrere Vorteile. Zum einen können Gültigkeiten und Änderungen getrennt jeweils bezogen auf ein konkretes Attribut verwaltet werden. Eine Änderung des Namens erfordert dann nur noch die Änderung eines einzigen Credentials. Zum anderen ist die Abfrage der Zustimmung eines Nutzers zur Präsentation eines Credentials im Ganzen deutlich klarer, als die Präsentation einzelner Attribute. Im Interesse der Datenminimierung und der Wahrung der Privatsphäre ist jedoch gerade die selektive Freigabe von Informationen entscheidend.

Ebene 3 des Trustnet Stacks beinhaltet die Protokolle für den Credential-Austausch. Auf dieser Ebene sieht die EUDI-Architektur primär die Verwendung der OpenID4VC-Protokolle vor, die jedoch ohne DIDs arbeiten. Durch die fehlende Zuordenbarkeit von Dokumenten und Identitäten ist hier die generelle Überprüfbarkeit von Verifiable Credentials (Trustnet Community Platform, 2024) massiv eingeschränkt und die (kostenpflichtige?) Einbindung eines Vertrauensdienstleisters wäre zur Vertrauensbildung zwingend erforderlich, was jedoch nur bei entsprechendem Schadenspotenzial gerechtfertigt ist. OpenIDConnect zielt generell auf ein Login. Die Erweiterung des Logins unter Vorlage eines Credentials generiert einen Token, der klassisches Login unterstützt. Der Login-Gedanke ist bekanntermaßen sicherheitskritisch, weil der Token kopierbar ist. Die daraus resultierende Notwendigkeit, den Token fortlaufend zu erneuern, ist eine Anwendungsbarriere für Geschäftsprozesse, die menschliche Interaktion beinhalten und entsprechend Zeit erfordern (z. B. für Aktenprüfung oder Freigabe).

Die universelle Alternative, die anstelle von Vertrauensdienstleistern eine umfassende Überprüfbarkeit von Verifiable Credentials anhand von DIDs und Signaturen der Akteure sowie anwendungsspezifischen Vertrauensregistern ermöglicht, stellen andere Protokolle dar:

- DIDComm Messaging v2.0 (mit Aufbau vertrauensfördernder Verbindungen zwischen Wallets)
- Issue Credential Protocol 3.0
  - Aries RFC 593
  - DIF Credential Manifest
- Present Proof Protocol 3.0

Perspektivisch gehören dazu auch die Trust Spanning Protocols der ToIP Foundation (Trust over IP Foundation, 2024a) sowie die Trust Registry Protocols der ToIP Foundation (Trust over IP Foundation, 2024b).

3 Die Umsetzung von DIDComm in der IDealWALLET von KAPRION

Die **technische Interoperabilität** mit anderen ID-Wallets (z. B. EUDI Wallets) basiert auf gemeinsamen/vergleichbaren technischen Vertrauensankern, Protokollen zum Datenaustausch und gleichen kryptografischen Algorithmen. Die diesbezüglichen Vorgaben des deutschen EUDIW Architecture Proposal V2 (BMI, 2024) sind als Mindestanforderungen in der IDealWALLET bereits umgesetzt. Als Protokoll für Kommunikation und Datenaustausch wird daher bei der IDealWallet nicht nur das zum Präsentieren der PID geforderte OpenIDconnect/OpenID4VC, sondern auch das flexiblere und prozesstaugliche DIDCommV2 angeboten. Bei den Credentialformaten unterstützt die IDealWallet nicht nur das geforderte SD-JWT, sondern auch JSON-LD.

Notwendigkeit: Folgendes Angriffsszenario verdeutlicht die generelle Notwendigkeit der Verwendung von DID-basierter Kryptografie und DIDComm-Protokollen: Ein Nutzer weist sich im ersten Prozessschritt eines Geschäftsprozesses mit der PID aus. Da OpenID-Protokolle nur mit Request und Response arbeiten und anschließend sämtliche Informationen zu den an der Interaktion beteiligten Akteuren verloren gehen, „sieht" der Prozessinhaber ohne ein proprietäres Protokoll ab dem zweiten Prozessschritt nicht mehr, mit wem er interagiert. So könnten also verschiedene Akteure, die hinter demselben Netzknoten sitzen, digital belegte Attribute im Rahmen des weiteren Prozesses vorzeigen und so gemeinsam Berechtigungen erlangen, auf die der Einzelne keinen Anspruch hat.

Vorteile: Die Unterstützung von DIDCommV2 ermöglicht dem Nutzer und seinen Interaktionspartnern die einfache Wiederaufnahme eines vertrauenswürdigen Kontakts und das proaktive Zusenden von Informationen/Anfragen (Push), ohne dass jedes Mal eine Identifizierung/Authentifizierung erforderlich ist.

Ein sowohl auf Seiten der Prozessinhaber als auch auf Seiten der Anwender maßgeblicher Aspekt bei der User Experience ist die durch DIDCommV2 gegebene Möglichkeit zur Prozessautomatisierung durch Unterstützung von Machine-readable Governance (siehe Artikel zur RessortID). Die IDealWallet unterstützt die automatisierte Prüfung von Berechtigungscredentials sowie die automatisierte Prüfung von Credential-Ketten/Zertifikatsketten. Die automatisierte Abfrage von Vertrauensregistern ist derzeit noch in Arbeit.

KAPRION hat bereits im Rahmen der Entwicklung von IDealWALLET und IDeal System Actor sowohl Issuer-Service als auch Verifier-Service für Verifiable Credentials (EAA) unterschiedlichster Schemata umgesetzt. Die Möglichkeit der bei der Entwicklung der EUDI-Wallet offiziell intendierten **Nicht-Verfolgbarkeit** kann jede Partei dadurch regeln, dass sie statt einer Public DID kontextabhängig unterschiedliche DIDs verwendet. Die IDealWallet unterstützt neben der selbst entwickelten did:kt-Methode perspektivisch auch das u. a. bei GLEIF verwendete did:keri und weitere DID-Methoden.

4 ID-Lösungen für Unternehmen und hoheitliche Akteure

DIDs und DIDComm bilden zusammen mit der universellen HSM-Lösung von KAPRION die Basis einer **universellen ID-Lösung für kommunale Akteure**, die im Rahmen von ID-Ideal entwickelt wurde (siehe Kap. 17 zur RessortID). Ziel der Entwicklung und Anwendung der RessortID sind automatisierte Prozesse und machine-readable Governance in der Verwaltungsdigitalisierung. Die Lösung ist problemlos übertragbar auf Unternehmen, Bildungseinrichtungen und Organisationen jeder Art. Dabei bekommt nicht nur die Organisation als Ganzes, sondern auch jede Organisationsstruktureinheit und bei Bedarf jeder Mitarbeiter eine eigene DID, mit der er im Sinne einer public DID (siehe Abb. 21.1) für alle Akteure adressierbar und identifizierbar ist. Die DID bildet jeweils in Verbindung mit einem Hardware Secure Module (siehe Kap. 18), welches das Schlüsselmaterial für die ID-Wallet verwaltet, eine sichere digitale Identität.

Nur dank der Verwendung von DIDs und DIDComm-Protokollen ermöglichen die im Kontext der RessortID-Lösung beschriebenen Issuer- und Verifier-Credentials eine Zuordnung der damit abgebildeten Rechte zu den handelnden Personen und Organisationsstruktureinheiten. Nur mithilfe der Verwendung von DIDs und DIDComm-Protokollen ist das im Artikel zur RessortID avisierte Potenzial zur Automatisierung von Geschäfts- und Verwaltungsprozessen sowie das bei machine-readable Governance absehbare Potenzial für RegTech-Anwendungen (Nutzung regulatorischer Technologie zur Compliance-Prüfung) erschließbar. Auch das im Kontext der ID-Wallets immer wieder avisierte Potenzial für Privatheit der Nutzer ist erst mit DIDs und DIDComm wirklich erschließbar, weil der Nutzer die Entscheidung zur Herausgabe von Daten nur dann bewusst treffen kann, wenn er den anfragenden Akteur sicher identifizieren kann. Insofern ist dringend anzuraten, die DIDComm-Protokolle in den ARF und in die EUDI-Architektur zu integrieren. Ohne eine solche Integration wird die EUDI-Wallet, wie bereits im Positionspapier der Schaufensterprojekte ID-Ideal und ONCE (Fuhrland et al., 2023) beschrieben, aus Sicht der Autoren weder Prozessrelevanz noch Breitenwirksamkeit erlangen.

5 Geschäftsprozesse

Von den verschiedenartigen vertrauensbildenden Prozessen, die im Kontext eines künftigen Trustnet Frameworks zu definieren sind (vgl. u. a. DIAC, 2021), sollen nachfolgend nur die (teil)automatisierten Geschäftsprozesse betrachtet werden. Natürlich lassen sich einzelne Vertrauensaspekte auch ohne DIDs und ohne DIDComm-Protokolle lösen. Aber insbesondere der Zusammenhang zwischen verschiedenen Prozessschritten und Prozessen erfordert die Möglichkeit der Zuordnung und Adressierung sowie die umfassende Überprüfbarkeit von Interaktionen und Nachweisen, die mit DIDs und DIDComm-Protokollen möglich werden. Insbesondere Geschäftsprozesse unter wechselseitigem Austausch verschiedener Verifiable Credentials sind allein mit einer Challenge-Response-Logik zusammenhanglos und daher ohne unverhältnismäßige Komplexität nicht vertrauenswürdig digitalisierbar. Der Nutzen von DIDComm und die Vorteile gegenüber OpenID-Protokollen in ihrer aktuellen Ausprägung werden insbesondere bei konkreten Anwendungsszenarien sichtbar.

5.1 Anwendungsszenarien

Aus den möglichen Konstellationen der digitalen Endgeräte (Mobile, PC, Server) ergeben sich verschiedene Kategorien von Anwendungsszenarien, die nachfolgend exemplarisch erläutert werden.

Beispiel 1: Ausstellung eines SEPA-Lastschriftmandats (Mobile2Server)

Ausgangspunkt dieses Beispiels ist der Kauf einer Ware/Dienstleistung unter Verwendung eines mobilen Endgeräts auf Seiten des Käufers bei einem Webshop (Server) auf Seiten des Verkäufers. Im Zuge des Bezahlvorgangs soll das SEPA-Lastschriftverfahren in digitaler Form zum Einsatz kommen, wobei jedoch die Risiken des analogen Prozesses im Zuge der sicheren Prozessdigitalisierung eliminiert werden. In der bisherigen digitalen Umsetzung dieses Anwendungsszenarios durch Portallösungen ist für den Empfänger des SEPA-Lastschriftmandats keine Prüfung der Zugehörigkeit der verwendeten IBAN zum Aussteller des Mandats möglich. Dieses Risiko führte im Zuge der Einführung des Deutschland-Tickets zu Millionenschäden bei den ÖPNV-Betrieben, (Fromm, 2024; DVB, 2024) weil das Ticket ausgestellt wurde, auch wenn eine falsche IBAN (z. B. die des ÖPNV-Betriebes) im Portal eingegeben wurde. Die Kosten für den Rückläufer des SEPA-Mandats sind nicht unerheblicher Bestandteil der Schäden. KAPRIONs Lösung des Problems auf Basis von DIDComm und Verifiable Credentials beinhaltet

a) Ein Bankkonto-Verfügungsberechtigungscredential, von der Hausbank auf die digitale Identität des Nutzers (=Kontoinhaber) ausgestellt, welches dem Nutzer die Verfügungsberechtigung über ein bestimmtes Bankkonto attestiert
b) Ein digitales SEPA-Lastschriftmandat, ausgestellt vom mobilen Endgerät des Nutzers auf die digitale Identität des Verkäufers, welches die Referenz auf das Bankkonto-Verfügungsberechtigungscredential beinhaltet, den Betrag und die digitale Signatur des Nutzers

Anhand der DID des Nutzers, die sich in beiden Credentials und in der Signatur des Nutzers wiederfindet, kann der Verkäufer die Rechtmäßigkeit des digitalen SEPA-Mandats jeweils sofort automatisiert prüfen. Auch bei wiederkehrenden Zahlungen kann der Halter des SEPA-Mandats die Rechtmäßigkeit seiner Buchungen anhand der DID des Nutzers und anhand seiner eigenen DID gegenüber der Bank nachweisen. Die

BAFIN als registerführende Instanz stellt in diesem Szenario den Banken die DIDs aus und steht damit am oberen Ende der Vertrauenskette. Anhand der DID der BANK im Bankkonto-Verfügungsberechtigungscredential kann der Verkäufer auch sofort prüfen, ob selbiges von einem vertrauenswürdigen Herausgeber (Bank) stammt. Das Ausüben des SEPA-Lastschriftmandats gehört dann in die Kategorie **Server2Server**.

Ein weiteres Anwendungsbeispiel aus dieser Kategorie ist die Rechtedelegation beim Einrichten hierarchischer digitaler Identitäten in Organisationen (RessortID). Der Vorteil von DIDComm in dieser Kategorie gegenüber den OpenID-Protokollen ist, dass unter OpenID keine Issuance von Mobile2Server vorgesehen ist. Das zeigt sich daran, dass es a) keine OAuth-Server-Implementierung für mobile Endgeräte gibt und b) das OpenID4VCI-Protokoll die Ausgabeanfrage seitens des Servers an den mobilen Client nicht vorsieht. ◄

Beispiel 2: Mobile Ticket-Kontrolle (Mobile2Mobile)

Ausgangspunkt dieses Beispiels ist der digitale Verkauf von ÖPNV-Tickets inkl. Ausstellung des Tickets in die IDealWallet. Die Ticket-Kontrolle muss offline funktionieren. Die Lösung von KAPRION auf Basis von DIDComm und Verifiable Credentials beinhaltet

a) eine Mobile2Mobile Präsentation des Ticket-Credentials
b) die Verifizierung der Zuordnung von legitimem Ticketinhaber und Fahrgast anhand der DID
c) die Verifizierung des Verkäufers und seiner Berechtigung anhand der mitgelieferten Credential-Ketten.

Das Mobile2Mobile-Szenario ist mit OpenID-Protokollen nicht abbildbar, weswegen im Zuge von eIDAS2.0 für diese Kategorie ein komplett anderes Protokoll (ISO 18013-5) inkl. eines anderen Formats (mDoc) ausgewählt werden musste. Bei Verwendung von DIDComm-Protokollen wären dieser Protokollbruch und der damit verbundene Implementierungsaufwand absolut unnötig. ◄

Beispiel 3: Patientenaufnahme ins Krankenhaus (PC2Server)

Klassische Anwendungsszenarien zwischen Individuen und Institutionen, die im Regelfall nicht auf mobilen Endgeräten, sondern vom PC/Laptop aus gesteuert werden, sind Vorgänge mit anhängenden Dokumenten (längere Texte, Bilddokumente, PDF-Formulare). Ist in diesen Anwendungsfällen eine Signierung der Dokumente oder der Übergabe erforderlich, so sind sie für den Einsatz von Verifiable Credentials interessant. Weiterhin fallen in diese Kategorie mehrstufige Geschäftsprozesse, in denen die Interaktion unterbrochen und wechselseitig von beiden Seiten, PC oder Server, wieder aufgenommen werden kann. Wie bereits ausgeführt, ist der Einsatz der DIDComm-Protokolle in diesen Fällen vorteilhaft, da digitale Identitäten der beteiligten Parteien (DIDs) über den gesamten Prozessablauf beibehalten werden und DIDComm die wechselseitige Adressierung unterstützt. Darüber hinaus ist der Einsatz von DIDComm bei allen Fällen notwendig, bei denen die Ausstellung eines Credentials vom Individuum (PC) an eine Institution (Server) erforderlich ist. Solche Vorgänge werden von OID4VCI nicht unterstützt.

Das mit DIDComm zu erläuternde Beispiel betrifft Formulare, die ein Patient bei der Aufnahme in ein Krankenhaus derzeit händisch ausfüllt und unterschreibt. Die durch das Krankenhaus an den Patienten übergebenen Formulare dienen der Information des Patienten über die bevorstehende Behandlung. Durch die Unterschrift des Patienten will das Krankenhaus Rechtssicherheit erreichen. Die Formulare, die der Patient digital unterschreiben muss, sollen anschließend Bestandteil des Patientendatenmanagementsystems (PDMS) des Krankenhauses und ggf. auch der elektronischen Patientenakte werden. Das heißt, der Patient erhält die Formulare digital vorab und kann sie in Ruhe am PC lesen, ausfüllen und mithilfe seiner DID signieren. Das Beratungsgespräch durch den Arzt kann per Videokonferenz stattfinden, bei der sich beide Akteure mittels ihrer DID als Teilnehmer identifizieren. Die signierten Formulare gibt der PC des Patienten als überprüfbare Nachweise an den PDMS-Server des Krankenhauses heraus. Eine Kopie kann in der digitalen Patientenakte gespeichert werden. Die Patientenakte dezentral in der ID-Wallet des Patienten zu führen bedeutet mehr Robustheit, weniger Angriffspotenzial, mehr Flexibilität.

Darüber hinaus gibt es natürlich auch noch die Kategorien Server2Server, Server2Mobile, Server2PC, PC2PC, PC2Mobile und Mobile2PC. Tab. 21.1 stellt den Vergleich von DIDComm- und OpenID-Protokollen in allen hardware-spezifischen Anwendungskategorien dar. ◄

Die aktuellen Versionen der OpenID4VCI (13) und der OpenID4VP (20) Spezifikationen (Lodderstedt et al., 2024; Terbu et al., 2023) zielen auf eine Client-Server-Architektur ab, bei der der mobile Akteur ausschließlich auf der Client-Seite gesehen wird. Der Mobile-Nutzer muss sich stets gegenüber einer Relying Party authentifizieren, bevor er eine Servicedienstleistung in Anspruch nehmen kann. Folglich ist eine Ausgabe von Credentials nur durch den Server-seitigen Akteur vorgesehen. Auch die Nutzung des Self-Issued OpenID Provider (SIOP), welche durch Platzierung des SIOP auf der Seite des mobilen Akteurs eine Umkehr der Rollen in Aussicht stellen würde, schließt die Ausgabe von Credentials aus, denn SIOP wird ausschließlich für die Authentifizierung oder Präsentation von Behauptungen verwendet (Yasuda et al., 2023). Zudem ist OAuth nicht wirklich ein leuchtendes Beispiel für Interoperabilität (Hammer, 2012). Damit wird in Summe das Design eines durchgehend digitalen und breitenwirksamen Anwendungsprozesses extrem erschwert bzw. gar unmöglich.

Im Gegensatz zum OpenID-Architekturansatz bietet die DIDComm-Architektur einen generischen Nachrichtenbaukasten, ähnlich wie es aus der analogen Welt mit der Post und

Tab. 21.1 Vergleich von DIDComm- und OpenID-Protokollen hinsichtlich der Anwendungsmöglichkeiten

Kategorie	DIDComm		OID4VC		Anwendungsbeispiel
	Issuance	PresentProof	Issuance	PresentProof	
Mobile2Mobile	JA	JA	NEIN	NEIN (*)	Ticketkontrolle
Mobile2Server	JA	JA	NEIN	JA	Ausstellen SEPA-Lastschriftmandat
Server2Mobile	JA	JA	JA	NEIN (*)	Kontoverfügungsberechtigung
Server2Server	JA	JA	JA	JA	Ausüben SEPA-Lastschriftmandat
PC2Server	JA	JA	NEIN	JA	Formulare für elektronische Patientenakte
Server2PC	JA	JA	JA	JA**	Update der elektronischen Patientenakte in der Wallet des Patienten
PC2PC	JA	JA	JA**	JA**	jegliche bilaterale Verträge zwischen zwei Individuen, Identifizierung und Authentifizierung vor Videokonferenzen
PC2Mobile	JA	JA	JA**	NEIN (*)	e-Rezept, Überweisungsschein vom Arzt
Mobile2PC	JA	JA	NEIN	JA**	Präsentation Überweisungsschein beim Arzt

* Der Self-Issued OpenID Provider (SIOP) stellt einen vereinfachten OAuth2.0-Server dar, was einer DIDComm-Peer Authentifizierung nahekommt. Allerdings kann diese Konstellation nur im Präsentationsszenario eingesetzt werden

** PC einen OAuth2.0-Server bereitstellen, sodass eine Server-Client-Beziehung zustande kommt. Dies ist jedoch nicht geeignet für einen Rollenwechsel und steht dem dezentralen Peer-to-Peer-Ansatz selbstbestimmter Identitäten somit im Wege

deren Versandmaterialien bekannt ist. Erweiterungen, wie beispielsweise die Wallet and Credential Interaction (WACI) Protokolle, definieren den Nachrichtenaustausch mit deren verpflichtenden Inhalten (Aman et al., 2021). Hierbei wird vor allem auf Symmetrie geachtet, sprich auf Gleichberechtigung aller Parteien. Demnach können diese Protokolle von praktisch jeder Partei je nach Bedarf ausgeführt werden. Wie Tab. 21.1 schon zeigt, **ermöglicht DIDComm** damit **die komplette Bandbreite denkbarer Anwendungsszenarien**. So ist Beispiel 1, die Ausgabe eines Credentials durch einen mobilen Akteur an einen Service, unter Anwendung der OpenID4VC-Spezifikationen nicht vorgesehen. Bei DIDComm dagegen kann aufgrund der Symmetrie in den DIDComm Protokollen ein Endnutzer einen dedizierten Zahlungsauftrag in Form eines Lastschriftmandates oder Check-Token an den jeweiligen Servicedienstleister ausstellen. Es gibt jedoch noch weitere Vorteile, die durch die Symmetrie entstehen. Der erste erfolgt daraus, dass sich auch der Servicedienstleister gegenüber den Endnutzer authentifizieren muss (DIF et al., 2024). Einen weiteren bietet die flexible Vernetzung, welche auch Offline-Use-Cases wie im

Beispiel 2 zulassen. Schlussendlich ermöglicht die Homogenisierung die Anwendung zwischen zwei oder mehr Maschinen ohne menschliches Hinzuwirken als Server2Server-Konstellation. An dieser Stelle wurde bisher auf Client-Server-Zertifikate zurückgegriffen, eine Machine-to-Machine-Verbindung via OpenID wäre zwar technisch möglich, würde aber den Einsatzzweck zur reinen Authentifizierung reduzieren. DIDComm könnte an dieser Stelle den Integrations- und Konvertierungsaufwand reduzieren, sowie die Kommunikation zwischen unterschiedlichen Maschinen auf ein neues Sicherheitsniveau heben.

5.2 Prozessdesign

Von der **Philosophie** her steht bei OpenID das Login/die einseitige Authentifizierung in verschiedenen Systemen im Fokus. Alles, was an Datenaustausch nach dem Login des Nutzers erfolgt, passiert auf anderen Systemen und ist innerhalb der OpenID-Welt allenfalls als Spezialfall des Logins zu behandeln. Bei DIDComm steht dagegen der Datenaustausch im Fokus und die wechselseitige Authentifizierung der Akteure ist dabei integraler Bestandteil. Damit generiert DIDComm erhebliche Vorteile beim Thema Prozessdesign, denn der Kern von Anwendungsprozessen ist der wechselseitige Datenaustausch. Diese **sieben Vorteile von DIDComm gegenüber OpenID** lassen sich in Anlehnung an o. g. Beispiele zunächst qualitativ beschreiben. DIDComm ermöglicht:

- eine direkte Zuordnung von menschlichen, organisationalen und maschinellen Akteuren zu Dokumenten und umgekehrt
- den wechselseitigen und wiederholten Austausch überprüfbarer Daten zwischen zwei Akteuren inkl. beidseitiger Möglichkeit von Kontaktaufnahme/Prozessstart
- den *überprüfbaren* Datenaustausch zwischen mehr als zwei Akteuren
- die automatische Identifizierung/Authentifizierung bei jedem Prozessschritt (inkl. der Prozessschritte zum Datenaustausch)
- vertrauenswürdige Prozesse ohne externe Vertrauensdienstleister
- flexible Identitätslösungen für Organisationen und deren Mitarbeiter inkl. der Abbildung von Rechten von Mitarbeitern und Organisationseinheiten in Verifiable Credentials
- die Einbindung aller Arten von Hardware (Server, PC, Mobile) an jeder Stelle eines Prozesses

Im Hinblick auf das Prozessdesign breitenwirksamer digitaler Anwendungen vereinfacht DIDComm damit sowohl den Vorgang als auch das Ergebnis des Prozessdesigns. Die Qualität einer Software steigt in dem Maße, wie man die Komplexität reduziert. Detaillierte Ausführungen hierzu enthält die erweiterte Fassung dieses Artikels (KAPRION, 2024).

6   Fazit/Ausblick

Für OpenID4VC wird oft argumentiert, dass diese Protokolle ausgereift sind, viele Entwickler sie kennen und damit ein guter Einstieg in die VC-Welt möglich wird. Wir konnten nachweisen, dass OpenID4VC bei weitem noch nicht so ausgereift ist, wie es durch die Referenzierung in der eIDAS2.0 suggeriert wird. Der Nutzen von DIDComm und die Vorteile gegenüber OpenID-Protokollen werden insbesondere bei konkreten Anwendungsszenarien sichtbar. Nur mithilfe der Verwendung von DIDs und DIDComm-Protokollen ist das im Kap. 17 zur RessortID avisierte Potenzial zur Automatisierung von Geschäfts- und Verwaltungsprozessen sowie das bei machine-readable Governance absehbare Potenzial für RegTech-Anwendungen erschließbar. Auch das im Kontext der ID-Wallets immer wieder avisierte Potenzial für Privatheit der Nutzer ist erst mit DIDs und DIDComm wirklich erschließbar. Insofern ist dringend anzuraten, die DIDComm-Protokolle in den Architecture Reference Frame (ARF) von eIDAS und in die EUDIW-Architektur zu integrieren, was eine zeitnahe Initiative zur Normung/Zertifizierung von DIDComm voraussetzt. Ohne eine solche Integration kann die EUDI-Wallet in absehbarer Zeit weder Prozessrelevanz noch Breitenwirksamkeit erlangen. Bei der aktuell vorliegenden Entwicklungsdynamik beider Spezifikationen muss es nicht auf eine Entweder-oder-Entscheidung hinauslaufen. Es sollte vielmehr darum gehen zu erkennen, welche Aufgaben beide Protokolle im künftigen Trustnet erfüllen können. Aktuell zeichnet sich ab, dass OpenID4VC zur Anbindung föderierter Identitäten (z. B. eID/PID) geeignet ist, DIDComm hingegen bei der Abbildung von Geschäftsprozessen klare Vorteile bietet. Als Protokoll für Kommunikation und Datenaustausch wird daher bei der IDealWallet von KAPRION Technologies nicht nur das zum Präsentieren der PID geforderte OpenIDconnect/OpenID4VC, sondern auch das flexiblere und prozesstaugliche DIDCommV2 u. a. mit der neu entwickelten did:kt-Methode angeboten. Die did:kt-Methode wird zeitnah als neuer Standard publiziert.

Literatur

Aman, A., et al. (2021). *WACI-DIDComm interop profile*. https://identity.foundation/waci-didcomm/. Zugegriffen am 24.09.2024.

BMI. (2024). *Architecture proposal for the German eIDAS implementation*. https://bmi.usercontent.opencode.de/eudi-wallet/eidas-2.0-architekturkonzept/. Zugegriffen am 24.09.2024.

Curren, S., et al. (2022). *DIDComm messaging v2.x editor's draft, 1.2. Specific requirements*. https://identity.foundation/didcomm-messaging/spec/#specific-requirements. Zugegriffen am 24.09.2024.

DIAC. (2021). *Trust framework*. https://diacc.ca/trust-framework/. Zugegriffen am 24.09.2024.

DIF, DCC, ToIP Foundation. (2024). *The security and privacy benefits of including decentralized identifiers (DIDs) in the European digital identity wallet architecture and reference framework*. https://github.com/decentralized-identity/org/blob/7c2abd75a4e79ecee102106b2ebea839b-ed0a32b/publications/DID_EUDIW_ARF-20240709.pdf. Zugegriffen am 24.09.2024.

DVB. (2024). *Betrugsfälle beim Kauf von Deutschlandtickets*. Dresdener Verkehrsbetriebe. https://www.dvb.de/de-de/meta/aktuelle-meldungen/archiv/2024/05/22/iban-betrug-deutschlandticket. Zugegriffen am 24.09.2024.

Fromm, M. (2024). *Deutschlandticket-Betrüger verursachen Millionenschaden*. Hessenschau. https://www.hessenschau.de/panorama/deutschlandticket-betrueger-verursachen-millionenschaden-beim-rmv%2D%2Dv1,rmv-betrug-deutschlandticket-100.html. Zugegriffen am 24.09.2024.

Fuhrland, M., Anke, J., Schröder, R., Röder, A., Schroll, L., Martin, M., & Landvogt, W. (2023). *Requirements for the development of the EUDI wallet from the perspective of the German showcase projects ONCE and ID-Ideal*. https://www.researchgate.net/publication/377656435_Requirements_for_the_development_of_the_EUDI_wallet_from_the_perspective_of_the_German_showcase_projects_ONCE_and_ID-Ideal. Zugegriffen am 24.09.2024.

Hammer, E. (2012). *oauth-2-0-and-the-road-to-hell*. Original: http://hueniverse.com/2012/07/oauth-2-0-and-the-road-to-hell/, Backup: https://gist.github.com/nckroy/dd2d4dfc86f7d13045ad715377b6a48f. Zugegriffen am 24.09.2024.

KAPRION Technologies. (2024). *Aufbruch in eine neue Welt – Wie DIDComm Prozess-Design vereinfacht*. Whitepaper. www.kaprion.de. Zugegriffen am 24.09.2024.

Lodderstedt, T., Yasuda, K., & Looker, T. (2024). *OpenID for verifiable credential issuance – Draft 13*. https://openid.net/specs/openid-4-verifiable-credential-issuance-1_0-13.html. Zugegriffen am 24.09.2024.

Longley, D., Zagidulin, D., & Sporny, M. (2022). *The did:key method v0.7 – A DID method for static cryptographic keys*. https://w3c-ccg.github.io/did-method-key/. Zugegriffen am 24.09.2024.

Menzer, C., Otto, S., & Burkhardt, T. (2023). *ID-ideal technical reference architecture for identity management 1.0*. https://architecture.id-ideal.de/. Zugegriffen am 24.09.2024.

Smith, S. (2019). *Key event receipt infrastructure (KERI) design*. https://github.com/SmithSamuelM/Papers/blob/master/whitepapers/KERI_WP_2.x.web.pdf. Zugegriffen am 24.09.2024.

Smith, S. (2023). *Key event receipt infrastructure (KERI)*. https://trustoverip.github.io/tswg-keri-specification/. Zugegriffen am 24.09.2024.

Terbu, O., Lodderstedt, T., Yasuda, K., & Looker, T. (2023). *OpenID for verifiable presentation – Draft 20*. https://openid.net/specs/openid-4-verifiable-presentations-1_0-20.html. Zugegriffen am 24.09.2024.

Trust over IP Foundation. (2023). *Announcing public review of the did:webs method specification*. https://trustoverip.org/news/2023/12/15/announcing-public-review-of-the-didwebs-method-specification/. Zugegriffen am 24.09.2024.

Trust over IP Foundation. (2024a). *ToIP announces the first implementers draft of the trust spanning protocol specification*. https://trustoverip.org/blog/2024/04/11/toip-announces-the-first-implementers-draft-of-the-trust-spanning-protocol-specification/. Zugegriffen am 24.09.2024.

Trust over IP Foundation. (2024b). *ToIP announces the implementers draft of the trust registry protocol specification V2.0*. https://trustoverip.org/blog/2024/04/03/toip-announces-the-implementers-draft-of-thetrust-registry-protocol-specification-v2-0/. Zugegriffen am 24.09.2024.

Trustnet Community Platform. (2024). *Verifiable credentials*. https://trustnet.community/p/uberprufbare-nachweise-verifiable-credentials. Zugegriffen am 24.09.2024.

Yasuda, K., Jones, M., & Lodderstedt, T. (2023). *Self-issued OpenID provider v2 – Draft 13*. https://openid.net/specs/openid-connect-self-issued-v2-1_0-13.html. Zugegriffen am 24.09.2024.

Open Access Dieses Kapitel wird unter der Creative Commons Namensnennung 4.0 International Lizenz (http://creativecommons.org/licenses/by/4.0/deed.de) veröffentlicht, welche die Nutzung, Vervielfältigung, Bearbeitung, Verbreitung und Wiedergabe in jeglichem Medium und Format erlaubt, sofern Sie den/die ursprünglichen Autor(en) und die Quelle ordnungsgemäß nennen, einen Link zur Creative Commons Lizenz beifügen und angeben, ob Änderungen vorgenommen wurden.

Die in diesem Kapitel enthaltenen Bilder und sonstiges Drittmaterial unterliegen ebenfalls der genannten Creative Commons Lizenz, sofern sich aus der Abbildungslegende nichts anderes ergibt. Sofern das betreffende Material nicht unter der genannten Creative Commons Lizenz steht und die betreffende Handlung nicht nach gesetzlichen Vorschriften erlaubt ist, ist für die oben aufgeführten Weiterverwendungen des Materials die Einwilligung des jeweiligen Rechteinhabers einzuholen.

Teil IV

Methoden und Gestaltungsansätze

Nach der grundlegenden technischen Betrachtung digitaler Identitäten und Nachweise widmet sich dieser Buchteil den auf die praktische Umsetzung ausgerichteten Methoden und Gestaltungsansätzen. Diese sind für die erfolgreiche Implementierung und Akzeptanz in den unterschiedlichsten Anwendungsfällen entscheidend.

Im ersten Beitrag wird das Agile Integration Framework vorgestellt, welches einen methodischen Rahmen für die der Digitalisierung von Verwaltungsprozessen mit Self-Sovereign Identities schafft. Anhand eines praktischen Beispiels wird gezeigt, wie dieses Framework bürgerzentrierte Anwendungsfälle unterstützen kann.

Der zweite Beitrag widmet sich der Credential Governance – einem Ansatz für die Entwicklung von Regelwerken für den vertrauenswürdigen Austausch von Nachweisen. Er präsentiert eine in der praktischen Anwendung entwickelte Governance-Schablone, illustriert deren Einsatz und nimmt Bezug auf die novellierte eIDAS-Verordnung.

Im dritten Kapitel wird die benutzbare Sicherheit und der benutzbare Datenschutz von Wallets untersucht. Hierbei werden neben den Grundlagen dieser Thematik auch konkrete Tools vorgestellt, die darauf abzielen, User Experience, Informationssicherheit und Privatsphäre in Einklang zu bringen.

Der vierte Beitrag zeigt, wie nutzerfreundliche Interaktionen für behördliche Antragsprozesse mit Wallets gestaltet werden können, um deren Akzeptanz zu steigern. Ein sogenannter Service Blueprint-Ansatz dient dabei als praktischer Leitfaden, der Anhand der Beantragung eines digitalen Sozialpass erläutert wird.

Zum Abschluss beleuchtet der fünfte Beitrag die Entwicklung neuer Standards für die Interoperabilität im europäischen Identitätsökosystem. Die Erfolge und Beiträge aus dem Schaufensterprogramm 'Sichere Digitale Identitäten' werden hierzu dargestellt und deren Abstimmung mit der europäischen Standardisierung und Gesetzgebung erläutert.

Digitalisierung von Verwaltungsprozessen mit Self-Sovereign Identities: Das Agile Integration Framework

22

Claudia Schindler und Stefan Hennig

Zusammenfassung

Der Artikel präsentiert mit dem *Agile Integration Framework* einen fundierten methodischen Rahmen, der darauf abzielt, die Herausforderungen der Digitalisierung insbesondere in der öffentlichen Verwaltung und Selbstbestimmten Identitäten zu bewältigen. Eingeleitet wird der Beitrag durch eine These, die den Bedarf an Digitalisierung hervorhebt, gefolgt von einer detaillierten Erörterung agiler Methoden und Ansätze, um deren Synergien und Potenziale aufzuzeigen. Im Mittelpunkt steht das Agile Integration Framework, welches anhand eines bürgerzentrierten Anwendungsfalls – der Beantragung und Ausstellung eines Sozialpasses – exemplarisch veranschaulicht wird. Der Artikel schließt mit einer Diskussion der Ergebnisse sowie einem Ausblick auf zukünftige Potenziale und weitere Anwendungsmöglichkeiten dieses Frameworks.

Schlüsselwörter

Digitalisierung · Methodik · Agiles Vorgehensmodell · Künstliche Intelligenz · Design Thinking · Liberating Structures · Selbstbestimmte Identitäten (Self Sovereign Identities) · Agile Integration Framework

---

C. Schindler (✉)
SQL Projekt AG, TRANSCONNECT Professional Services, Dresden, Deutschland
E-Mail: claudia.schindler@sql-ag.de
S. Hennig
ACP IT Solutions GmbH, Halle (Saale), Deutschland
E-Mail: stefan.hennig@acp.de

1 Digitalisierung als Projekt

Warum scheitern Digitalisierungsprojekte so oft? Diese Frage stellte das CIO-Magazin Mitte 2023 (Sacolick, 2023) und bezog sich dabei auf Studien von McKinsey (Garcia, 2022) und KPMG (Țîgai et al., 2023). Beide Studien kamen zu dem Ergebnis, dass rund 70 % aller Digitalisierungs- und Transformationsprojekte nicht die erwarteten Ergebnisse erzielen bzw. komplett scheitern. Als Gründe für dieses Scheitern werden die folgenden genannt, die in eigenen Befragungen bestätigt werden konnten:

1. Es fehlt oft eine übergreifende Vision, was dazu führt, dass die verschiedenen Projekte und Initiativen unzureichend ineinandergreifen und damit Insellösungen hervorbringen.
2. Unternehmen verzetteln sich in ihren digitalen Projekten. Sie verfolgen zu viele Projekte gleichzeitig, weil alle vermeintlich die gleiche Priorität haben.
3. Die Komplexität der einzelnen Projekte und Initiativen wird unterschätzt.
4. Relevante Stakeholder werden nicht im erforderlichen Maß einbezogen.
5. Kunden oder Partner bleiben außen vor, sodass die Digitalisierung eher zum Selbstzweck verkommt als zur Wertschöpfung beiträgt.

Eine interne Auswertung von mehr als 30 Projekten, die in den letzten drei Jahren (2021–2023) in Unternehmen unterschiedlicher Größe aus verschiedensten Branchen begleitet bzw. durchgeführt wurden, ergab, dass die tatsächliche Ursache weit tiefer liegt. Digitalisierung wird, und das zeigt oft schon die Begriffsbildung, als Projekt verstanden: Digitalisierungs- oder Transformationsprojekt. Also als abgeschlossene Initiative, die mit den Mitteln, Methoden und Werkzeugen des klassischen Projektmanagements initiiert, geplant, umgesetzt und idealerweise abgeschlossen wird.

Digitalisierung ist komplex, involviert zahlreiche externe sowie interne Stakeholder und ist – im Unterschied zu einem Projekt im klassischen Sinne – weder jemals abgeschlossen noch lässt es sich von anderen Vorhaben in der Organisation abgrenzen. Digitalisierung muss als dauerhafter, kontinuierlicher bzw. beständiger Prozess in einem Unternehmen verstanden werden. In einem solchen Prozess muss die Verantwortung für die nötigen Veränderungen – technologisch, prozessual, organisationsstrukturell – an „den Rand" des Unternehmens, also an die Stelle des größtmöglichen Marktkontakts gegeben werden. Denn erst wenn Digitalisierung aus dem Markt heraus entsteht und für den Markt gemacht wird, werden sich positive Veränderungen einstellen, die alle Mitarbeitenden verstehen, unterstützen und weitertragen.

Dazu sind neue Methoden und Werkzeuge erforderlich, neue Kompetenzen, ein hohes Maß an Eigenverantwortung sowie ein entsprechendes, tief in der Unternehmenskultur verwurzeltes Mindset. Der dazu passende Werkzeugkoffer umfasst Methoden wie das Design Thinking (Brown, 2009), agile Methoden aus der Softwareentwicklung (Martin, 2013) und auch die Gesprächs- und Interviewformate aus dem Fundus der Liberating Structures (Lipmanowicz & McCandless, 2014).

Die Adaption dieser Methoden für die Digitalisierung sowie deren Erweiterung um Fragestellungen zur Unternehmensvision und -strategie, Stakeholdern, der aktuellen Prozess-, System- und Datenlandschaft führte zu einem Rahmenwerk, das wir Agile Integration Framework nennen und das sich für zahlreiche Kunden bewährt hat. Der vorliegende Beitrag stellt das Vorgehen anhand einer Fallstudie vor und zeigt auf, dass die Digitalisierung kein singuläres Ereignis in der Unternehmensgeschichte ist.

2 Der agile Werkzeugkoffer

Der agile Werkzeugkoffer umfasst:

- Methoden und Ansätze für die kreative und innovative Problemlösung (nutzerzentriert),
- Methoden und Ansätze, um Zusammenarbeit, Interaktion und Engagement in Gruppen zu maximieren,
- Entwicklungsansätze für Kundenzufriedenheit, Flexibilität und iterative Fortschritte,
- Projektmanagementansatz zur Planung und Durchführung von Projekten, der auf flexiblen, iterativen Arbeitsweisen basiert.

Während Design Thinking (Abschn. 2.1) primär darauf abzielt, kreative Lösungen für spezifische Probleme zu entwickeln, konzentrieren sich Liberating Structures (Abschn. 2.2) darauf, die Dynamik und Interaktion in Gruppen zu verbessern, um Zusammenarbeit und Innovation zu fördern.

Agile Produkt- bzw. Softwareentwicklung (Abschn. 2.3) wie auch agiles Projektmanagement (Abschn. 2.4) basieren auf dem agilen Manifest. Beide setzen auf flexible, iterative Arbeitsweisen in selbstorganisierten Teams mit Orientierung auf den Kunden.

Durch die Kombination der strukturierten Kreativitätsprozesse von Design Thinking mit den inklusiven und interaktiven Methoden von Liberating Structures können Teams ihre Innovationskraft und Zusammenarbeit erheblich steigern. Umfeld und Rahmen lassen sich durch das agile Manifest gestalten und haben somit größten Einfluss auf die Maximierung der Wertschöpfung.

2.1 Design Thinking

Das Digitale Institut (*Digitales Institut*, 2024) definiert Design Thinking als „einen innovativen Ansatz, der sich darauf konzentriert, komplexe Probleme zu lösen und kreative Lösungen zu entwickeln. Es ist eine Denkweise und ein Prozess, der es ermöglicht, Herausforderungen aus verschiedenen Blickwinkeln zu betrachten und innovative Ideen zu generieren. Es basiert auf einem tiefen Verständnis der Bedürfnisse der Nutzer und folgt einem iterativen Prozess, um kreative und praxisnahe Lösungen zu entwickeln."

Die Grundprinzipien (Kelley & Kelley, 2013) des Design Thinking umfassen:

1. **Empathie**: Ein tiefes Verständnis und Mitgefühl für die Nutzer und ihre Bedürfnisse zu entwickeln.
2. **Definition**: Die Identifikation und klare Definition des Problems, das gelöst werden soll.
3. **Ideenfindung**: Generierung von möglichst vielen kreativen Ideen zur Lösung des Problems.
4. **Prototyping**: Schnelle und einfache Erstellung von Prototypen der besten Ideen, um sie greifbar zu machen.
5. **Testen**: Erprobung der Prototypen mit echten Nutzern, um Feedback zu sammeln und die Lösungen zu verbessern.

Design Thinking ist ein wirkungsvoller Ansatz zur Problemlösung, der besonders in komplexen und unsicheren Kontexten seine Stärken zeigt. Es fördert Innovation durch einen nutzerzentrierten, iterativen Prozess, der auf tiefem Verständnis der Bedürfnisse basiert. Dieser Ansatz ermöglicht es, kreative Lösungen zu finden, die oft unkonventionell, aber praxisnah sind.

2.2 Liberating Structures

Liberating Structures (*Liberating Structures*, 2024) sind eine Sammlung von 33 Mikrostrukturen, die die Zusammenarbeit und Kommunikation in Gruppen und Organisationen verbessern, indem sie alle Mitglieder zur aktiven Beteiligung einladen und so kreative, innovative Lösungen fördern (Lipmanowicz & McCandless, 2014).

Ein zentrales Prinzip von Liberating Structures ist die Förderung der Partizipation, um die kollektive Intelligenz zu nutzen und breit akzeptierte Lösungen zu finden. Ein zentrales Prinzip ist die umfassende Partizipation, um die kollektive Intelligenz zu nutzen und breit akzeptierte Lösungen zu finden. Beispiele sind „Nine Whys", um tiefer liegende Motivationen hinter Problemen zu verstehen, und „TRIZ", das schädliche Aktivitäten identifiziert und innovative Problemlösungen ermöglicht. Beide Methoden helfen, Missverständnisse zu klären und komplexe Herausforderungen systematisch zu bewältigen (*Liberating Structures*, 2024).

Die Anwendung dieser Methoden ist vielfältig und kann in verschiedenen Kontexten wie Workshops, Meetings, strategischen Planungen und großen Konferenzen eingesetzt werden. Die Flexibilität und Struktur von Liberating Structures ermöglichen es, komplexe Probleme effektiver zu lösen und die Dynamik und Kreativität in Teams zu steigern.

2.3 Agile Softwareentwicklung

Agile Softwareentwicklung ist ein Ansatz zur Softwareentwicklung, der sich auf Flexibilität, Kundenzufriedenheit und iterative Fortschritte konzentriert. Agile Methoden wurden als Reaktion auf traditionelle, oft starre Entwicklungsprozesse entwickelt, um komplexe, unüberschaubare Problemstellungen zu lösen sowie schneller und effizienter auf sich ändernde Anforderungen reagieren zu können. Die wichtigsten Prinzipien und Ansätze sind im agilen Manifest (Beck et al., 2024) verankert.

Grob zusammengefasst sind die wesentlichen Grundprinzipien des agilen Manifests:

- Kundenzufriedenheit wird durch frühe und kontinuierliche Auslieferung von wertvollen Projektständen erreicht
- Anforderungsänderungen sind stets willkommen (auch bei voran geschrittener Entwicklung) und werden zum Wettbewerbsvorteil genutzt
- Gleichmäßiges Tempo dauerhaft aufrechterhalten, fördert die nachhaltige Entwicklung.
- Selbstorganisierte Teams führen zu den besten Architekturen, Anforderungen und Entwürfen.
- Regelmäßige Reflexion und Anpassung des Verhaltens führen zur Verbesserung der Effektivität.

Agile Softwareentwicklung bietet hohe Flexibilität durch schnelle Anpassung an sich ändernde Anforderungen und verbessert die Kundenzufriedenheit durch enge Zusammenarbeit. Regelmäßige Tests und kontinuierliche Integration steigern die Softwarequalität, während ständige Kommunikation und klare Visualisierung des Fortschritts Transparenz fördern. Dies ermöglicht eine effizientere und effektivere Arbeitsweise in Entwicklungsteams (Martin, 2013).

2.4 (Agiles) Projektmanagement

Agiles Projektmanagement ist ein Ansatz zur Planung und Durchführung von Projekten, der auf flexiblen, iterativen Arbeitsweisen basiert. Im Gegensatz zu traditionellen, linearen Methoden wie dem Wasserfallmodell, setzt agile Projektmanagement auf kontinuierliche Anpassung und Verbesserung während des Projektverlaufs. Die wichtigsten Merkmale und Prinzipien des agilen Projektmanagements sind:

- **Iterative Entwicklung**: Projekte werden in kleinen, überschaubaren Abschnitten, sogenannten Iterationen oder Sprints, durchgeführt. Jede Iteration endet mit einem funktionsfähigen Produktinkrement.
- **Flexibilität und Anpassungsfähigkeit**: Auf Veränderungen und neue Anforderungen kann schnell reagiert werden, anstatt starr an einem vorab festgelegten Plan festzuhalten.
- **Kundenorientierung**: Kunden und Stakeholder sind eng in den Entwicklungsprozess eingebunden und geben regelmäßig Feedback, das direkt in die Weiterentwicklung einfließt.

- **Teamarbeit und Selbstorganisation**: Agile Teams sind cross-funktional und selbstorganisierend. Sie übernehmen die Verantwortung für die Planung und Durchführung ihrer Aufgaben und arbeiten eng zusammen.
- **Kontinuierliche Verbesserung**: Durch regelmäßige Retrospektiven reflektieren Teams ihre Arbeitsweise und Prozesse und suchen ständig nach Möglichkeiten zur Optimierung.
- **Transparenz und Kommunikation**: Ein hohes Maß an Transparenz und offener Kommunikation ist essenziell. Werkzeuge und Meetings wie Daily Stand-ups, Sprint Reviews und Retrospektiven unterstützen diesen Ansatz.

Zusammengefasst ist agiles Projektmanagement ein flexibler, kundenorientierter Ansatz, der es Teams ermöglicht, durch kontinuierliches Feedback und iterative Prozesse schnell und effektiv auf Veränderungen zu reagieren.

3 Agile Integration Framework

Das Agile Integration Framework (AIF) ist ein in zahlreichen eigenen Beratungsprojekten erprobtes Vorgehensmodell, das eine methodischen Rahmen für die Umsetzung der Digitalisierung sowie für Integrationsprojekte oder -produkte bereitstellt. Dabei bedient sich das Framework wesentlicher Elemente des Design Thinkings, der agilen Softwareentwicklung sowie der Liberating Structures. Weiterhin werden Fragestellungen zur Unternehmensstrategie und Stakeholdern adressiert, sowie die aktuelle Prozess-, System- und Datenlandschaft berücksichtigt. Abb. 22.1 gibt einen Überblick über das Vorgehensmodell.

In einem iterativen Prozess werden zunächst die Spezifikations- und dann die Konzeptionsarbeit geleistet. Jede Iteration startet mit einer Positionsbestimmung. Die aktuelle Situation – in der ersten Iteration die Ausgangslage und in jeder weiteren Iteration vergleichbar mit einer Retrospektive – wird bewertet und mit dem übergeordneten strate-

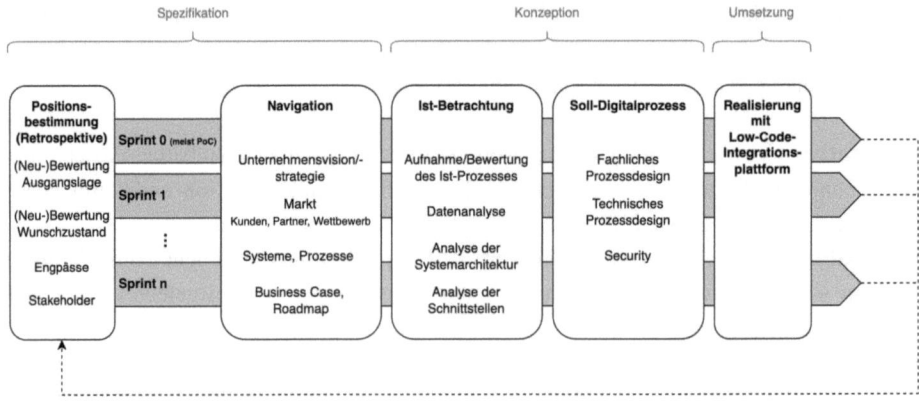

Abb. 22.1 Agile Integration Framework

gischen Ziel abgeglichen oder bei Bedarf angepasst. In einer systematischen Betrachtung wird auf oberster Leitungsebene des Unternehmens der Wunschzustand für die nächste Iteration herausgearbeitet. Hierbei hilft Design Thinking mit präzise auf die jeweiligen Unternehmen, Branchen und Märkte abgestimmten Gesprächsleitfäden.

Die folgende Liste zeigt einen Ausschnitt eines solchen Leitfadens in der Phase Positionsbestimmung.

IT-Landschaft

- Welche zentralen Systeme und Anwendungen kommen in Ihrem Unternehmen zum Einsatz, und wie erfolgt deren Bereitstellung?
- Wie ist die Netzwerkarchitektur aufgebaut und welche Sicherheitsmaßnahmen sind implementiert?

Datenmanagement

- Welches Datenaufkommen und welche Übertragungsfrequenz sind zu erwarten?
- Welche Anforderungen bestehen hinsichtlich Verfügbarkeit und Zugriff auf betriebsrelevante Daten?
- Wie werden Daten verwaltet und gesichert?

Stakeholderanalyse

- Welche Interessengruppen sind in die zentralen Geschäftsprozesse eingebunden?
- Welche Funktionen erfüllen sie bei Entscheidungsfindung, Datenanforderungen und operativer Durchführung der Geschäftsprozesse?

In der Navigationsphase wird der Wunschzustand mit allen relevanten Beteiligten in die Unternehmensvision eingeordnet, mit dem Marktbild abgeglichen und auf die Prozess- und Systemlandschaft abgebildet. Durch regelmäßige Iterationen wird kontrolliert, ob strategische Ziele erreicht und Hypothesen erfüllt werden. Workshops auf Basis der Liberating Structures sorgen für den passenden Rahmen, gezielte Schritte und aktive Partizipation aller Beteiligten.

Das Ergebnis der Navigationsphase ist ein fachlich spezifizierter Sollprozess, eine priorisierte agile Roadmap als User Story Map (siehe Abb. 22.2) und eine Business Case-Betrachtung. Der Projekt-Outcome wird in kleinere Nutzeninkremente zerlegt, die jeweils einen funktionierenden, produktiven Projektstand liefern, mit dem bereits produktiv gearbeitet werden kann. Damit werden einerseits frühzeitig spürbare Nutzeneffekte freigesetzt und andererseits können wichtige Erfahrungen gemacht werden, die wiederum in die Verfeinerung der Roadmap in einem der folgenden Zyklen einfließen. Damit wird eine optimale Ausrichtung am Markt und eine regelmäßige Reaktion auch auf geänderte Rahmenbedingungen ermöglicht.

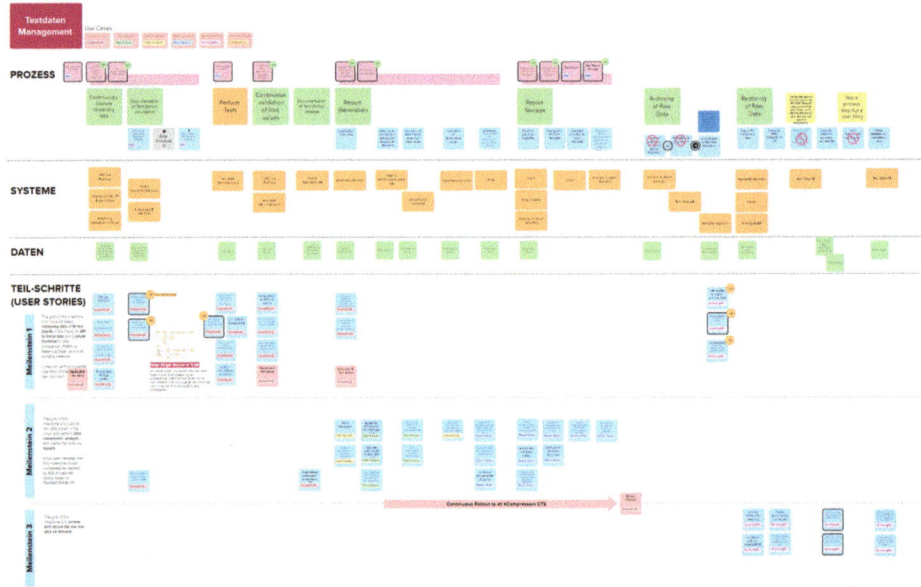

Abb. 22.2 Der vollständige Digitalprozess inkl. Meilensteine und zeitlicher Roadmap. (Die Abbildung soll ein Gefühl für den Umfang der Betrachtung rund um einen zu digitalisierenden Geschäftsprozess geben)

Nachgelagert erfolgt eine Ist-Betrachtung des in der Navigationsphase festgelegten Systemkontextes. Dies beinhaltet neben Soft- und Hardware-Architektur auch die Netzwerkarchitektur, Sicherheitsanforderungen, organisationsabhängige Regularien und Prozesse, um eine nachhaltige kohärenten Zielarchitektur zu entwickeln.

Der Soll-Digitalprozess beschreibt die fachliche Implementierung des Zielprozesses. Es wird ein Geschäftsprozess mit Prozessschritten und Verhalten Ende-zu-Ende aufgezeigt, beteiligte Systeme/Anwendungen, Daten/Dokumente und Schnittstellen in Zusammenhang gebracht und in eine Sicherheitsarchitektur eingeordnet. Meilensteine und Arbeitspakete/User Stories werden abgeleitet. Aufwände und notwendige Unterstützer zusammengetragen, um ein realistisches Zielbild zu schaffen.

Danach erfolgt die technische Realisierung des in der Navigationsphase definierten Nutzeninkrements. Je kleiner diese Nutzeninkremente gestaltet sind und deren Beitrag zum Gesamtziel, desto adaptiver ist das Vorgehensmodell mit sich ändernden Anforderungen oder geänderten Rahmenbedingungen. Im iterativen, sprint-basierten Prozess werden die Schritte regelmäßig wiederholt. Alle Informationen, Ergebnisse und Erkenntnisse werden zentral im Agile Integration Canvas dokumentiert.

4 Das AIF am Beispiel des Sozialpasses

Im Rahmen des Forschungsprojektes ID-Ideal (*ID-Ideal*, 2024) wurde der Einsatz von sicheren digitalen Identitäten (Ehrlich et al., 2021) so in bürgerzentrierten Verwaltungsprozessen unter Zuhilfenahme des AIF verprobt. Einer der ausgewählten Anwendungsfälle ist der Sozialpass (Dresden-Pass). Eine Möglichkeit, ökonomisch Benachteiligten die Teilhabe an öffentlichen, sozialen und kulturellen Angeboten mit Vergünstigungen zu gewähren.

Dieser Prozess ist ein klassischer analoger Prozess mit einem minimalen Einsatz von elektronischen Hilfsmitteln, die Aktenführung ist in Papierform. Seit Corona steht ein Online-Formular (PDF zum Herunterladen) zur Verfügung, es muss ausgedruckt und unterzeichnet werden. Die Prüfung erfolgt manuell und der Dresden-Pass wird händisch ausgestellt. Im Schnitt erhält der Bürger den Pass innerhalb von 14 Tagen nach Antragseinreichung. Die Bearbeitung nimmt ca. 15 min in Anspruch, 75.000 Anträge werden pro Jahr bearbeitet, Tendenz steigend. Das Potenzial der Digitalisierung ist hoch, der erwartete Nutzen sehr hoch.

Nachfolgend werden anhand dieses Szenarios die einzelnen Elemente des AIF erläutert.

4.1 Positionsbestimmung

Die Positionsbestimmung verschafft einen Überblick über den aktuellen Stand des Kunden, sein Ziel und seinen größten Engpass. Dies ermöglicht, die nachfolgenden Phasen optimal auf den Kunden zuzuschneiden und dadurch die Erfolgsaussichten zu maximieren.

In dieser Phase werden stets in einem Zeitfenster von 60 bis 90 min Ausgangslage, Wunschzustand, Anwendungslandschaft und Stakeholder erfasst, um Zusammenhänge und Hintergründe zu verstehen. Je konkreter das Problem und der Kontext formuliert sind, desto zielgerichteter werden die Analyse der Ursachen und die Lösungsentwicklung.

Im zweiten Schritt erfolgt die Ermittlung des Wunschzustandes. Werden mehrere Punkte identifiziert, muss eine Bewertung der zu erreichenden (strategischen) Ziele anhand individueller Werte erfolgen, aus denen eine Priorisierung abgeleitet wird. Der Soll-Digitalprozess ist thematisch identifiziert und kurz skizziert. Anschließend fasst der Projektleiter das Vorhaben schriftlich zusammen, um Missverständnisse zu vermeiden.

4.1.1 Ausgangslage

Im Antrag zum Sozialpass werden Informationen von den Antragstellenden und den notwendigen Leistungsbescheiden abgefragt. Zusätzlich ist ein Passbild einzureichen. Es liegt eine Schriftformerfordernis vor, der Antrag muss unterzeichnet werden. Die Sachbearbeitenden prüfen manuell die Anspruchsberechtigung und ob entsprechende Transferleistungen bezogen werden. Erfüllt der Antrag die Bedingungen, wird der Sozialpass auf Basis des längsten Leistungszeitraums maximal ein Jahr ausgestellt.

Der Engpass in diesem papiergetriebenen Prozess besteht darin, dass bereits geprüfte Angaben, die in Prozessen vertrauensvoller Herausgeber wie dem Meldeamt (Meldebescheinigung) oder Sozialamt (Wohnberechtigungsschein), erneut überprüft werden. Unter anderem werden durch die Sachbearbeitenden die Meldedaten aus dem Melderegister abgefragt und mit den Angaben auf den Antragsformularen, der Vorlage des Personalausweises sowie weiterer Bescheide überprüft. Dies führt zu einer vermeidbaren Mehrbelastung.

4.1.2 Wunschzustand

Die Stadt Dresden plant eine vollelektronische Antragstellung mit digitaler Verifizierung der Angaben. Ein automatisierter Abgleich von Informationen soll die Antragsbearbeitung und nachgelagerte Prozesse unterstützen. Der Antrags- und Abwicklungsprozess soll digital unter Verwendung üblicher Endgeräte und einer digitalen ID – eine digitale, vertrauliche und verifizierbare Ableitung der physischen Identität, zum Beispiel von den Daten eines zentralen Registers wie dem Melderegister oder der eID (elektronischer Personalausweis) – ermöglicht werden.

4.1.3 Lösungsweg

Der Prozess wird mithilfe der im Projekt ID-Ideal eingesetzten selbstbestimmten Identitäten (SSI) automatisiert. Ein Antragsassistent ermöglicht der Bürgerschaft und Sachbearbeitenden die digitale Bereitstellung aller Nachweise. Für die automatisierte Abfrage bestehender Nachweise ist die Integration des zu automatisierenden Prozesses in die Systemlandschaft der Landeshauptstadt Dresden erforderlich.

4.2 Navigationsworkshop

Der Navigationsworkshop ist Dreh- und Angelpunkt für die Umsetzung der auf die Systemlandschaft bezogenen strategischen Unternehmensziele und markiert den Beginn jedes Digitalisierungssprints (vgl. Abb. 22.1). Er bietet den Rahmen, um im Kontext des Sprintziels den Digitalprozess fachlich-inhaltlich neu zu denken, zu skizzieren und alle relevanten Aspekte zu berücksichtigen: die Herausforderungen und Erwartungen der Stakeholder, die wesentlichen Bereiche der Prozess- und IT-Systemlandschaft sowie deren Abgleich mit den Unternehmenszielen. Die Ergebnisse fließen in die Entwicklung der Roadmap und die Erarbeitung des Business Case ein und beantwortet, ob der nächste Sprint bzw. das Vorhaben ökonomisch eine positive Bilanz erzielt. Er bietet damit eine Entscheidungsgrundlage für die Priorisierung und weitere Richtung auf dem Pfad der Digitalisierung der Organisation.

Der Workshop sorgt für ein gemeinsames Verständnis aller Beteiligten – Mitarbeitende aus allen Teams, die von der Prozessänderung betroffen sind bzw. davon profitieren- und klärt Missverständnisse und setzt Prioritäten, indem Ansätze aus dem Design Thinking (siehe Abschn. 2.1) und Methoden aus Liberating Structures (siehe Abschn. 2.2) angewendet werden, um Partizipation, Kreativität und Inklusivität zu fördern.

4.2.1 Stakeholder

Zu klären ist, welches Interesse und welchen Einfluss jeder Stakeholder auf den Projekterfolg hat und welche Erwartungen oder Herausforderungen damit verbunden sind.

Im vorliegenden Fallbeispiel wurden die folgenden Stakeholder und Erwartungen identifiziert:

- Bürger und Bürgerinnen erwarten, dass die Beantragung des Sozialpasses mit üblichen Endgeräten binnen weniger Minuten vorgenommen werden kann und der Sozialpass sofort genutzt werden kann.
- Sachbearbeitende im Sozialamt wünschen eine automatische Prozessausführung und erwarten, dass sie lediglich die fachliche Pflege und Wartung des Prozesses zu verantworten haben.
- IT-Mitarbeitende erwarten, dass die technische Pflege und Wartung aufgrund der Verwendung von Standards minimalen Aufwand erfordert.

4.2.2 Inventur der Prozess- und Systemlandschaft

Geschäftsprozesse – ob analog oder digital – werden selten isoliert betrachtet. Für die fachliche Definition des Digitalprozesses ist es daher bedeutsam, dessen Kontext zu verstehen. Der Prozess Sozialpass basiert auf Nachweisen der Identität und des Anspruchs auf Transferleistung, die durch folgende Prozesse und IT-Systeme bereitgestellt werden:

1. Die Identität von Bürger und Bürgerinnen wird bereits durch die Prozesse des Meldeamts geprüft und sichergestellt. Die entsprechenden Daten liegen im Melderegister vor.
2. Als Nachweise für den Anspruch auf Transferleistung dienen entweder der Wohnberechtigungsschein, der durch die Prozesse des Sozialamts ausgestellt wird, oder ein Bescheid über den Bezug von ALG I oder Bürgergeld, der durch die Prozesse der Agentur für Arbeit ausgestellt wird. In beiden Fällen liegen die entsprechenden Dokumente lediglich in Papierform vor. Die Daten sind jedoch digital in den Fachverfahren der jeweiligen Ämter abgelegt.

Innerhalb der Betrachtung der Prozess- und Systemlandschaft werden mit den Formaten „Nine Whys" und „TRIZ" aus den Liberating Structures (vgl. Abschn. 3.2) frühzeitig und zuverlässig Hürden und Risiken, die die Umsetzung erschweren oder gar behindern, identifiziert und festgehalten:

1. Der Zugriff auf das Melderegister ist aufgrund besonderer Anforderungen an den Datenschutz mit Auflagen verbunden.
2. Die Überprüfung der in Papierform bzw. als Foto vorliegender Leistungsnachweise ist mit einem hohen technischen Aufwand bzw. hoher Fehlerquote verbunden.

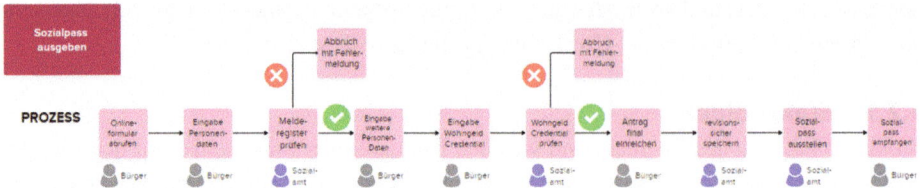

Abb. 22.3 fachlicher SOLL-Digitalprozess zur Ausstellung des Sozial-Passes

Aufgrund der Risiken und mit Blick auf das Gesamtziel, Amtsprozesse durchgängig mit SSI zu digitalisieren, wurde frühzeitig beschlossen, die erste Iteration als „Proof of Concept" (PoC) zu betrachten. Unter der Annahme, dass Leistungsnachweise als Verifiable Credentials vorliegen, die jedoch simuliert werden müssen. In den folgenden Iterationen müssen diese Prozesse angepasst werden, um Verifiable Credentials bereitzustellen.

4.2.3 Fachlicher Soll-Digitalprozess

Der Soll-Digitalprozess, wie in Abb. 22.3 dargestellt, wird über ein Onlineformular beschrieben. Bürgerinnen und Bürger geben Name, Anschrift, Geburtsdatum und den Leistungsnachweis (Wohngeldbescheid) als Verifiable Credential ein. Diese Daten werden mit dem Melderegister abgeglichen. Nach positiver Prüfung wird der Sozialpass ebenfalls als Verifiable Credential bereitgestellt, und alle Informationen werden rechtssicher als elektronische Dokumente im Dokumentenmanagementsystem (E-Akte) abgelegt.

4.2.4 Business Case

Auf Basis einer automatisierten Legitimations- und Plausibilitätsprüfung, automatisierter Aktenpflege und vollständiger Vermeidung manueller Tätigkeiten werden je Antrag 15 min Arbeitszeit eingespart. Bei 75.000 Anträgen jährlich sind das 18.750 h, was mehr als neun Sachbearbeitende für kritische, offene Personallücken verfügbar machen würde.

4.2.5 Fazit

Neben einem gemeinsamen Verständnis der strategischen Ziele und einem Plan zu deren Erreichung wurde insbesondere das Potenzial der Prozessautomatisierung im Sozialpass-Projekt nachgewiesen. Auch wenn der Prozess als Proof of Concept (PoC) gilt, beweist seine Umsetzung, dass Verwaltungsprozesse mit SSI automatisiert werden können. Nach erfolgreichem Abschluss der Iteration ist klar, dass die Automatisierung umliegender Prozesse folgen muss. Diese Transparenz wird durch ein systematisches und inklusives Vorgehen erreicht.

4.3 Systemanalyse

In der Systemanalyse werden Systeme und Schnittstellen untersucht, um Integrations- und Datenlücken zu identifizieren. Es soll ein Frontend bereitgestellt werden, wofür der Antragsassistent der Stadt Dresden genutzt werden kann.

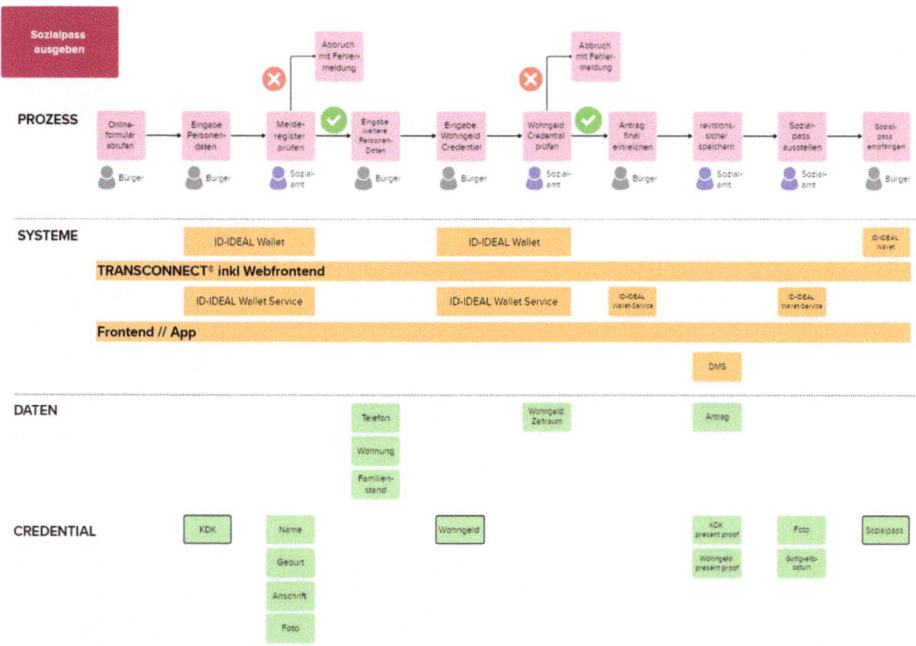

Abb. 22.4 fachlicher SOLL-Digitalprozess zur Ausstellung des Sozial-Passes mit System- und Datenzugriffen in einzelnen Prozessschritten

Zudem wird die SSI-Infrastruktur mit den Agenten und Wallets für den Abruf der Leistungsnachweise aufgebaut, ohne auf Fachverfahren zugreifen zu müssen. Somit kann ein dezentrales und standardisiertes IT-Ökosystem entstehen.

Lediglich der lokale Zugriff auf das Melderegister muss durch eine einzuführende Edge-Integrationslösung sichergestellt werden (siehe Abb. 22.4).

4.4 Technischer Soll-Digitalprozess mit User Stories

Der fachliche Sollprozess wird mit den Erkenntnissen aus der Systemanalyse zu einem technisch beschriebenen Soll-Digitalprozess spezifiziert. Für jeden Prozessschritt werden entsprechende User Stories erstellt. Abb. 22.5 zeigt den technischen Soll-Digitalprozess.

Auf dieser Grundlage wird der Aufwand ermittelt und mit dem Business Case abgeglichen. Die User Stories werden priorisiert, um den Nutzen im aktuellen Sprint zu maximieren. Beispielsweise wurden die Credentials vereinfacht und die Dokumentenablage zunächst auf dem Filesystem umgesetzt, statt in einem Dokumentenmanagementsystem.

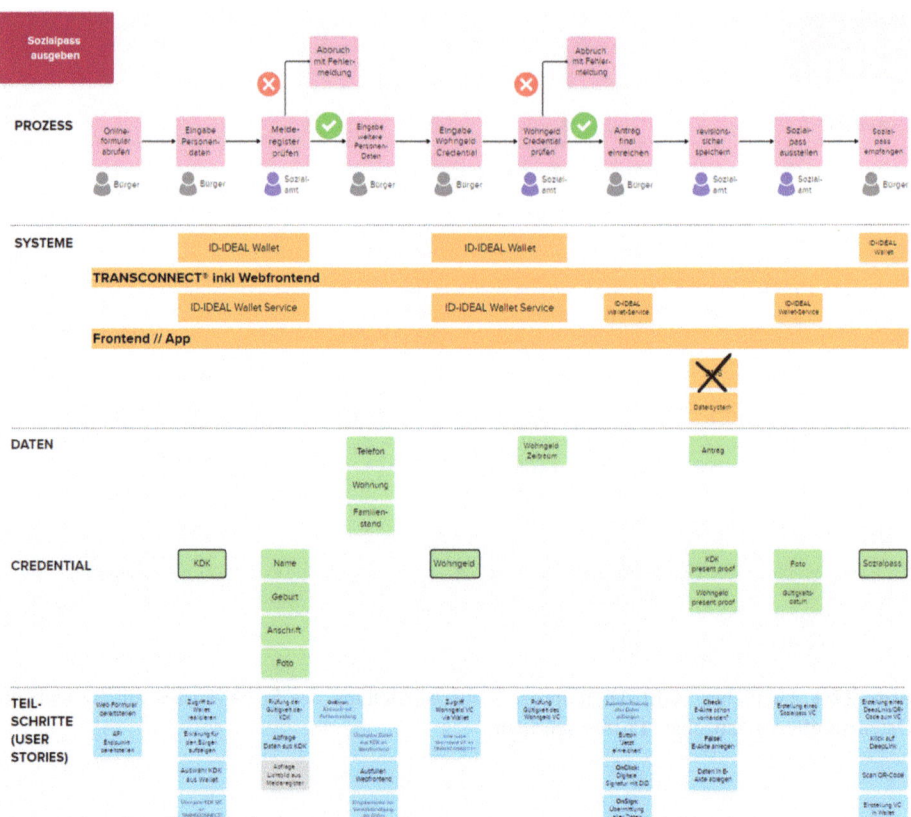

Abb. 22.5 technischer SOLL-Digitalprozess zur Ausstellung des Sozial-Passes

4.5 Realisierung

Die Realisierungsphase bildet mit ca. 20 % des Gesamtaufwandes den Abschluss jedes Sprints. Dank der Low-Code-Plattform ist dieses Verhältnis angemessen. Ein interdisziplinäres Team aus Entwicklern, Consultants und Domänenexperten setzt die User Stories um. Im Fallbeispiel wurde in der ersten Iteration die Infrastruktur aufgebaut und die Prozessumgebung simuliert. Die nötigen Credentials für Testanwender zur Überprüfung der Leistungsnachweise wurden erstellt.

Während der Umsetzung erschwerten Datenschutzbestimmungen den Zugriff auf das Melderegister, wodurch eine alternative Lösung gesucht wurde. Diese Alternative wird jedoch in der aktuellen Phase nicht weiterverfolgt, sondern zu Beginn der nächsten Iteration gemeinsam mit den relevanten Stakeholdern besprochen.

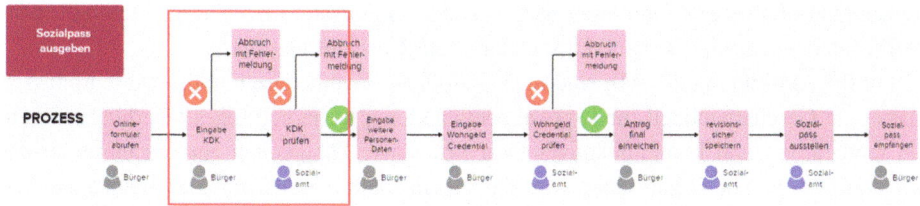

Abb. 22.6 aktualisierter fachlicher SOLL-Digitalprozess zur Ausstellung des Sozial-Passes

4.6 Iterationen

Der Entwicklungsprozess zur Digitalisierung von Organisationen folgt einem iterativen Ansatz, ähnlich der agilen Softwareentwicklung. Nach der Realisierungsphase von Iteration N erfolgt die Vorbereitung für Iteration N+1. Ergebnisse, Erkenntnisse und Herausforderungen werden bewertet und mit den aktuellen Rahmenbedingungen abgeglichen, da sich auch externe Faktoren geändert haben könnten.

Im Sozialpass-Prozess zeigte sich, dass der Zugriff auf das Melderegister mit besonderen Anforderungen an den Datenschutz, also weiteren Auflagen verbunden ist und nicht wie geplant realisiert werden kann. Daher wird zur Identitätsprüfung die Kommunale Datenkarte (KDK) als Alternative verwendet (siehe Kap. 9), was zu einer Prozessänderung führt (siehe Abb. 22.6).

Hürden und Risiken, die schon am Anfang identifiziert und deren Umgang frühzeitig diskutiert wird, stellen für den Verlauf in der Realisierungsphase keine große Herausforderung oder Stillstand im Projekt dar, sondern werden mit einer überschaubaren inhaltlichen Prozessanpassung gelöst.

5 Diskussion der Ergebnisse und Ausblick

Die Digitalisierung von Geschäfts- und Wertschöpfungsprozessen sowie ganzer Geschäftsmodelle ist ein fortwährender und iterativer Prozess. Das Fallbeispiel hat gezeigt, dass der Digitalprozess schrittweise erarbeitet wird und somit eine bestmögliche Adaptivität auf die vorherrschenden und sich ändernden Rahmenbedingungen erfolgen kann. Das AIF hilft dabei aufgrund seiner Systematik, die vorhandenen Daten und Erkenntnisse aus dem Markt, der Strategie und der Technologie in wertstiftende Nutzeninkremente zu überführen, ohne dabei das Gesamtziel bzw. die Unternehmensvision aus dem Blick zu verlieren. Nach jedem Sprint kann neu entschieden werden, worauf als nächstes der Fokus gelegt werden sollte. Dies kann auch ein anderer Prozess sein, wenn es eine Marktchance zu ergreifen gilt oder ein Risiko abzuwenden ist.

Aufgrund einer solchen Vorgehensweise kommen Organisationen in einen Modus, in dem sie Digitalisierung nicht mehr als Projekt verstehen, sondern ihr Geschäftsmodell und selbst die gesamte Organisation als Produkt. Die dafür nötige Prozess-, Daten- und

Systemlandschaft dient dann nicht mehr nur der Organisation bzw. deren Geschäft, sondern ist deren zentraler Bestandteil und damit der Kern des Geschäfts.

Für die Anwendung des AIF sind interdisziplinäre Kompetenzen nötig. Diese umfassen klassische Geschäftsmodell- und -prozessentwicklung, technologisches Überblickswissen, ein moderatives und kommunikatives Geschick sowie Fähigkeiten zur Organisationsentwicklung. Nicht jede Organisation wird jedoch ein solch interdisziplinäres Team aufstellen bzw. Kompetenzlücken dauerhaft durch Hinzuziehen externer Berater schließen können. Einen Ausweg aus dieser Situation versprechen Lösungen auf Basis von Plattformen und künstlicher Intelligenz.

Anwender können Unterstützung in ihren Tätigkeiten durch eine generative künstliche Intelligenz (GenKI) erhalten. So kann eine GenKI durch den gesamten Erstellungsprozess anhand der Methodik des AIF führen und den richtigen Personen zur richtigen Zeit die richtigen Fragen stellen. Sie kann Marktdaten einbeziehen, Verhalten von Stakeholdern voraussagen oder auch neue Geschäftsprozesse oder -modelle simulieren und automatisiert die zur Entscheidung nötigen Business Cases berechnen. Anschließend kann die GenKI die nötigen Daten aus den Systemen der Organisation erschließen und die nötigen Datenmappings zwischen diesen Systemen selbstständig ermitteln und vorschlagen. Nach der Umsetzung, die wiederum durch GenKI unterstützt wird, können aufgrund von Messungen und Bewertungen der Prozessdurchläufe wertvolle Aussagen zur Prozessqualität getroffen und Vorschläge zur Prozessoptimierung bzw. -beschleunigung abgeleitet werden.

Ein deutlich weiterführender Ansatz ist ein sogenannter Use Case Prompt. In einem Dialog mit einer GenKI wird beschrieben, was der neue digitale Use Case leisten soll. Im einfachsten Fall könnte ein Prompt wie folgt formuliert werden: „Alle Kunden sollen immer am Monatsersten eine Rechnung über die im Vormonat abgearbeiteten Aufträge per E-Mail erhalten. Rechnungen sollen nur erstellt werden, wenn die Summe der geleisteten Stunden > 0 ist." Ein deutlich komplexerer Prompt könnte lauten: „Wir wollen unser Geschäft auf den asiatischen Raum ausweiten. Welche Auswirkungen hat dies auf unsere Systemlandschaft? Welche Systeme müssen wie erweitert werden und welche Kosten werden dabei entstehen. Führe bitte eine Simulation durch und leite Chancen und Risiken ab."

Dafür sind weit mehr Daten nötig, als heutzutage in Organisationen vorhanden sind. Integrationsplattformen können diese Lücken schließen, mit denen sich die Daten zu den Prozessen aller Organisationen datenschutzkonform verwenden lassen und durch weitere Daten wie Marktdaten und -prognosen, Verkehrsdaten oder gar Wetterdaten erweitert werden können.

Literatur

Beck, K., Beedle, M., Bennekum, A. van Cockburn, A., Cunningham, W., Fowler, M., Grenning, J., Highsmith, J., Hunt, A., Jeffries, R., Kern, J., Marick, B., Martin, R. C., Mellor, S., Schwaber, K., Sutherland, J., & Thomas, D. (2024, Mai 30). *Manifest für agile Softwareentwicklung*. Manifest für agile Softwareentwicklung. https://agilemanifesto.org/iso/de/principles.html. Zugegriffen am 14.09.2024.

Brown, T. (2009). *Change by design: How design thinking creates new alternatives for business and society*. HarperBusiness.

Die Definition von Design Thinkings – Digitales Institut. (2024, August 22). Die definition von design thinkirngs – Digitales Institut. https://digitales-institut.de/die-definition-von-design-thinking/. Zugegriffen am 14.09.2024.

Ehrlich, T., Richter, D., Meisel, M., & Anke, J. (2021). Self-Sovereign Identity als Grundlage für universell einsetzbare digitale Identitäten. *HMD Praxis der Wirtschaftsinformatik, 58*(2), 247–270. https://doi.org/10.1365/s40702-021-00711-5

Garcia, J. (2022, März 29). *Common pitfalls in transformations: A conversation with Jon Garcia*. https://www.mckinsey.com/capabilities/transformation/our-insights/common-pitfalls-in-transformations-a-conversation-with-jon-garcia. Zugegriffen am 14.09.2024.

ID-Ideal. (2024, Mai 30). ID-Ideal. https://id-ideal.de/. Zugegriffen am 14.09.2024.

Kelley, T., & Kelley, D. (2013). *Creative confidence: Unleashing the creative potential within us all liberating structures – Innovation durch echte Zusammenarbeit*. https://liberatingstructures.de//. Zugegriffen am 30.05.2024

Liberating Structures – Innovation durch echte Zusammenarbeit. 2024, Mai 30. https://liberatingstructures.de/. Zugegriffen am 14.09.2024.

Lipmanowicz, H., & McCandless, K. (2014). *The surprising power of liberating structures: Simple rules to unleash a culture of innovation*. Liberating Structures Press.

Martin, R. C. (2013). *Agile software development: Principles, patterns, and practices*. Pearson.

Sacolick, I. (2023). *Warum digitale Projekte so oft scheitern*. https://www.cio.de/a/warum-digitale-projekte-so-oft-scheitern, 3712681.

Țîgai, I., Ciucioi, A., & Tănase, G. (2023). *CEO survey shows focus on digital transformation to stay competitive*. https://kpmg.com/ro/en/blogs/home/posts/2023/02/ceo-survey-shows-focus-on-digital-transformation-to-stay-competi.html. Zugegriffen am 14.09.2024.

Open Access Dieses Kapitel wird unter der Creative Commons Namensnennung 4.0 International Lizenz (http://creativecommons.org/licenses/by/4.0/deed.de) veröffentlicht, welche die Nutzung, Vervielfältigung, Bearbeitung, Verbreitung und Wiedergabe in jeglichem Medium und Format erlaubt, sofern Sie den/die ursprünglichen Autor(en) und die Quelle ordnungsgemäß nennen, einen Link zur Creative Commons Lizenz beifügen und angeben, ob Änderungen vorgenommen wurden.

Die in diesem Kapitel enthaltenen Bilder und sonstiges Drittmaterial unterliegen ebenfalls der genannten Creative Commons Lizenz, sofern sich aus der Abbildungslegende nichts anderes ergibt. Sofern das betreffende Material nicht unter der genannten Creative Commons Lizenz steht und die betreffende Handlung nicht nach gesetzlichen Vorschriften erlaubt ist, ist für die oben aufgeführten Weiterverwendungen des Materials die Einwilligung des jeweiligen Rechteinhabers einzuholen.

Credential Governance: Eine Schablone zur Erstellung von Regelwerken für digitale Nachweise

23

Daniel Richter, Jonas Hammer, Christopher Praas und Jürgen Anke

Zusammenfassung

Der Austausch von Nachweisdokumenten ist ein weitverbreiteter Mechanismus, um glaubwürdige Informationen bereitzustellen. Die Qualität eines Nachweises wird durch das Vertrauen in die jeweiligen Herausgeber und deren Praktiken bestimmt. Zusätzlich muss ein Nachweis Merkmale aufweisen, die diesen von einer Fälschung unterscheidbar machen. Der korrekte Umgang mit Nachweisen und Spezifikationen zu deren Struktur werden durch Governance-Prozesse bestimmt. Deren Ergebnis sind Regelwerke, welche einen vertrauenswürdigen Nachweisaustausch gewährleisten, indem sie als Referenz für die mit den regulierten Nachweisdokumenten interagierenden Akteuren dienen. Sowohl die Digitalisierung bestehender physischer Nachweisdokumente als auch die Gestaltung neuer digitaler Nachweise erfordert die Erarbeitung solcher Nachweisregelwerke. Im Rahmen des Schaufensterprojekts ID-Ideal ist eine Governance-Schablone entwickelt worden, die diesen Prozess entlang der Eigenschaften und Verwendungsmöglichkeiten von Nachweisen unterstützt. Anhand der

---

D. Richter (✉)
HTW Dresden, Arbeitsgruppe Digitale Dienstleistungssysteme, Dresden, Deutschland
E-Mail: daniel.richter@htw-dresden.de

J. Hammer
esatus AG, Compliance & Privacy Advisory, Langen, Deutschland
E-Mail: j.hammer@esatus.com

C. Praas · J. Anke
Hochschule für Technik und Wirtschaft Dresden, Arbeitsgruppe Digitale Dienstleistungssysteme, Dresden, Deutschland
E-Mail: christopher.praas@htw-dresden.de; juergen.anke@htw-dresden.de

Praxisbeispiele des Dresden-Passes und eines Beschäftigtenausweises wird in diesem Kapitel gezeigt, wie diese Governance-Schablone praktisch eingesetzt werden kann. Im Ausblick werden die Ergebnisse dieser Fallstudien hinsichtlich des neuen regulatorischen Rahmens der novellierten eIDAS-Verordnung diskutiert.

Schlüsselwörter

Credential · Nachweise · Governance · eIDAS · Authentic source

1 Einführung

Der Austausch von Informationen ist ein wichtiger Bestandteil vieler Geschäftsprozesse in Wirtschaft und Verwaltung. Ein übliches Mittel zur technischen Unterstützung dieses Austauschs sind Formulare, welche sowohl in Papierform als auch immer häufiger als digitale Schnittstelle eingesetzt werden (Scholta et al., 2020). Häufig genügt eine reine Selbstauskunft von Informationen in Formularen jedoch nicht, sondern es werden weitere Dokumente zum Nachweis der Angaben gefordert (Jürgenssen et al., 2022). Die zusätzliche Vorlage von Nachweisdokumenten (engl. credentials) ist eine gängige Methode, um die benötigten Informationen zu übermitteln und gleichzeitig deren Glaubwürdigkeit zu gewährleisten (Anke & Richter, 2023; Milliman & Fugate, 1988; Smith et al., 2020).

Da die meisten Nachweisdokumente derzeit in einem physischen Format als Papierdokument oder Scheckkarte vorliegen, ist eine Nachweiserbringung über digitale Schnittstellen erschwert. In der Praxis müssen daher Behelfslösungen eingesetzt werden. Dazu gehören bspw. das Anfertigen von digitalen Fotokopien der Originaldokumente oder die Überprüfung per Videochat (Richter & Anke, 2024a). Diese Methoden sind nicht nur teuer, da sie geschultes Personal und manuelle Arbeit erfordern, sondern auch risikobehaftet. Die für physische Nachweisdokumente üblichen Sicherheitsmerkmale wie Unterschriften, Siegel und Hologramme verlieren im digitalen Raum einen großen Teil ihrer Wirksamkeit. Fortschritte bei KI-gestützten Methoden der digitalen Bildbearbeitung erlauben die Erstellung von visuell nicht unterscheidbaren Fälschungen von Nachweisdokumenten (Chaos Computer Club, 2022). Perspektivisch bieten daher nur digitale Nachweise mit entsprechenden technischen Überprüfungsmechanismen die Möglichkeit, qualifizierte Informationen sicher im digitalen Raum bereitzustellen.

Hochwertige Überprüfungsmechanismen allein genügen jedoch nicht, um Vertrauen in digital übermittelte Informationen herzustellen (Richter et al., 2023). Wie bei physischen Nachweisdokumenten ist auch bei digitalen Nachweisen die Herstellung nach bekannten Standards durch autorisierte Herausgeber entscheidend. Das Vertrauen in den Herausgeber und seine Prozesse stellt die Grundlage für die Glaubwürdigkeit und Verlässlichkeit der in einem Nachweis aufgeführten Informationen dar (Richter et al., 2023). Sowohl die Digitalisierung bestehender Nachweise als auch die Einführung neuer digitaler Nachweise erfordert daher die Überarbeitung bzw. Erstellung von Regelwerken, welche die inhaltliche Struktur der digitalen Dokumente und einen verbindlichen Rahmen für deren Einsatz festlegen (Richter et al., 2023).

Ein wichtiger Schritt auf dem Weg zu einem vertrauenswürdigen Austausch digitaler Nachweise in den Mitgliedstaaten der Europäischen Union ist die Novellierung der sogenannten eIDAS-Verordnung (2024/1183). Im Zuge der eIDAS-Verordnung werden die digitalen Identitäten europaweit harmonisiert. Zusätzlich werden eine Reihe von Vertrauensdiensten definiert. Die Verordnung etabliert einen regulatorischen Rahmen für sichere digitale Identitäten, der sowohl öffentlichen Stellen als auch privatwirtschaftlichen Unternehmen nebst weiterer Vertrauensdienste die Möglichkeit zur Ausstellung von Nachweisen gibt. In der eIDAS-Verordnung handelt es sich dabei um sogenannte (Qualified) Electronic Attestations of Attributes (QEAAs) die im Rahmen eines neuen Vertrauensdienstes herausgegeben werden. Diese Herausgabe von digitalen Nachweisen ist auch ohne einen qualifizierten Vertrauensdienst möglich. Weitere Details zur genauen Differenzierung werden sich aus noch zu definierenden Durchführungsrechtsakte ergeben. Für weitere Ausführungen zur eIDAS-Verordnung sei auf Kap. 2 verwiesen.

Dieser Beitrag stellt ein im Schaufensterprojekt ID-Ideal entwickeltes Modell (Richter et al., 2023) vor, welches die bei digitalen Nachweisen zu regelnden Aspekte strukturiert und die Erstellung entsprechender Regelwerke unterstützt. Der folgende Abschnitt gibt eine allgemeine Einordnung von Governance für Nachweisdokumente. Daraufhin gibt Abschn. 3 einen Überblick über die Governance-Schablone und die damit einhergehenden Leitfragen für die Erstellung digitaler Nachweise. Abschn. 4 zeigt die Anwendung dieses Modells anhand der praktischen Beispiele eines kommunalen Sozialpasses sowie eines Beschäftigtenausweises. Abschließend werden im Ausblick die Auswirkungen der Novellierung der eIDAS-Verordnung auf die Erstellung von Regelwerken für digitale Nachweise diskutiert und Empfehlungen für Organisationen gegeben, die in die Digitalisierung von Nachweisen involviert sind oder dies planen.

2 Credential Governance: Multilateral und vielschichtig

Regelwerke für digitale Nachweise sind das Ergebnis verschiedener Prozesse, die als Credential Governance bezeichnet werden (Richter et al., 2023). Dabei ist Governance von strikter hierarchischer Regulatorik zu unterscheiden. Governance umfasst alle Prozesse der Regelung und Steuerung sozialer Strukturen. Sie ist gekennzeichnet durch ein Zusammenwirken verschiedener öffentlicher und privater Stakeholder vom lokalen bis zum inter- und transnationalen Level (Bevir, 2012).

Diese Eigenschaften sind auch bei Credential Governance wiederzufinden, welche den Einsatz von Nachweisdokumenten koordiniert. Die Gründe für die Nutzung eines Nachweisdokuments ergeben sich aus den Erfordernissen einer konkreten geschäftlichen Interaktion, welche selbst verschiedenen Regularien unterworfen ist (Richter & Anke, 2024b). Die Anmeldung bei einem Carsharing-Dienst etwa erfordert den Nachweis einer gültigen

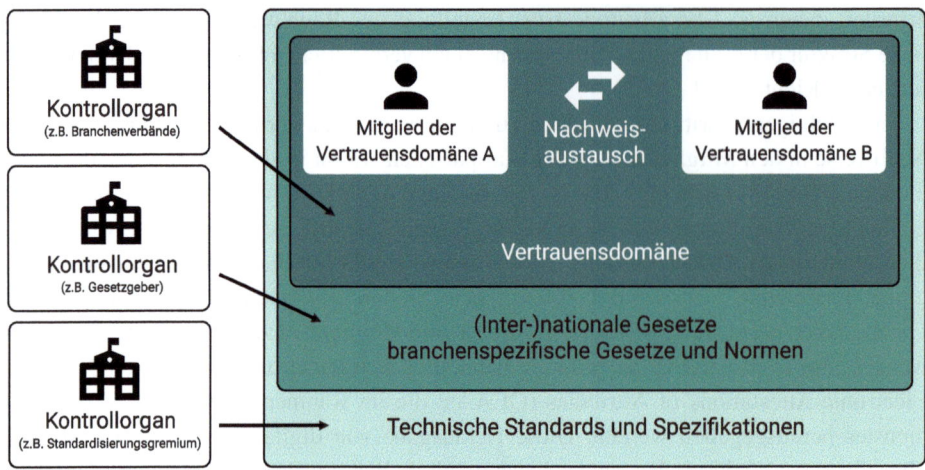

Abb. 23.1 Regelungen mit Einfluss auf die Governance in einer Vertrauensdomäne

Fahrerlaubnis, andernfalls droht eine Strafe aufgrund des Fahrens ohne Fahrerlaubnis gemäß § 21 Abs. 1 Nr. 2 des Straßenverkehrsgesetzes (StVG). Die Vorlage und Prüfung eines Führerscheins zum Nachweis dieser Fahrerlaubnis erfüllt damit die Compliance-Anforderungen des Carsharing-Anbieters als Fahrzeughalter. Konkrete Prüfmechanismen sind im Gesetz jedoch nicht vorgeschrieben, sodass die hierzu eingesetzten Mittel dem Risikokalkül des jeweiligen Anbieters unterliegen. Die Ausstellung und der Entzug von Führerscheinen hingegen sind durch das StVG geregelt. Dieses bezieht sich wiederum auf Abstimmungen auf Ebene der Europäischen Union bzw. des Europäischen Wirtschaftsraums zur Standardisierung des Formats und der Inhalte von Führerscheinen. Dieses Zusammenspiel verschiedener Kontrollorgane auf verschiedenen Ebenen zur Regelung des Nachweisaustauschs - Credential Governance - ist überblicksmäßig der Abb. 23.1 zu entnehmen.

3 Eine Schablone zur Entwicklung von Regelwerken für digitale Nachweise

In diesem Abschnitt erfolgt eine Erläuterung der Grundbestandteile. Im nachfolgenden Abschnitt wird die Schablone anhand zweier Praxisbeispiele dargestellt und erläutert.

Die im Rahmen des Schaufensterprojekts ID-Ideal entwickelte Schablone zur Strukturierung und Unterstützung der Erstellung von Regelwerken umfasst drei Hauptteile. Der zentrale Punkt im Modell ist der Nachweis mit seinen drei Hauptbestandteilen, die in Abb. 23.2 ersichtlich sind. Der Nachweis, ein Dokument, hat eine Darstellungsform, die wir als „Medium" definieren. Dies kann zum Beispiel ein bedrucktes Stück Papier, eine Plastikkarte oder eine elektronische Datei auf einem Gerät sein. Die Informationen, die ein Nachweis mit sich bringt, sind an das Medium gebunden, auf dem sie dargestellt wer-

Abb. 23.2 Eigenschaften eines Nachweises

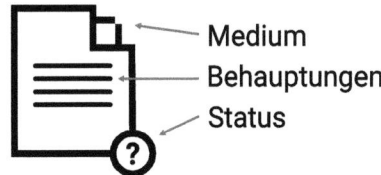

Abb. 23.3 Zusammenhang zwischen Nachweis und Nachweisvorlage

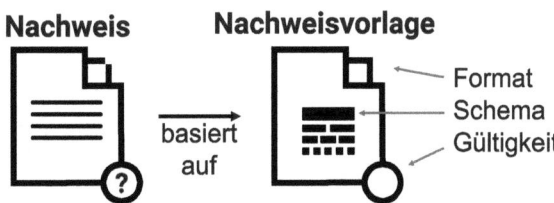

den. Diese Informationen können zum einen Behauptungen über jemanden oder über etwas beinhalten, zum anderen auch einen Status, welcher beschreibt, ob der Nachweis beispielsweise gültig ist. Letzteres kann auch eine Referenz sein, also eine Angabe, an welcher Stelle man herausfindet, wie der Status des Nachweises ist.

In der Regel ist jeder Nachweis mit einer abstrakten Vorlage assoziiert. Diese umfasst das *Format*, das *Schema* und die *Gültigkeit*. Ein Nachweis ist eine Instanz von diesem Blueprint. Dies ist in Abb. 23.3 dargestellt.

Das Format einer Nachweisvorlage beschreibt die Art und Weise, in der die Informationen geordnet und gespeichert werden. Das Schema spezifiziert die Struktur der Behauptungen. Die Gültigkeit bezeichnet die Tatsache, dass der Nachweis per Definition akzeptiert werden kann bzw. darf.

Mit anderen Worten: Eine Nachweisvorlage definiert, wie der Nachweis aussieht, was er beinhaltet und wie seine Gültigkeit festgehalten wird. Zudem können Nachweisvorlagen auf anderen Vorlagen aufbauen. Beliebig viele Nachweise können nach einer Vorlage erstellt werden, während der Nachweis selbst immer nur genau eine Vorlage hat.

3.1 Der Umgang mit Nachweisen

Ausgehend von dem Nachweis im vorigen Abschnitt definieren wir in unserer Schablone fünf verschiedene Vorgänge im Zusammenhang mit dem Umgang mit einem Nachweis. Eine Übersicht ist Abb. 23.4 zu entnehmen. An den definierten Vorgängen sind ein oder mehrere Akteure beteiligt.

- Die *Ausstellung* ist ein Vorgang, bei dem der Aussteller Behauptungen über jemanden oder etwas aufstellt, diese auf Grundlage der Nachweisvorlage mit Informationen füllt und diese auf das Medium schreibt. Der Nachweis wird anschließend dem neuen Inhaber übergeben. Ein Nachweis hat genau einen einzigen Ausstellungsvorgang.

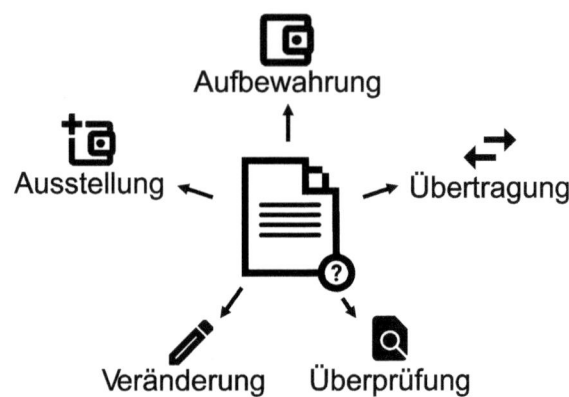

Abb. 23.4 Nachweis-Operationen

- Die *Aufbewahrung* beschreibt den Vorgang, durch den der Nachweis an den Kontrollbereich des Inhabers gebunden wird.
- Die *Übertragung* bezeichnet den Vorgang, durch den ein Nachweis aus der Domäne des Inhabers an einen anderen Inhaber weitergegeben wird. Der Verlust eines Nachweises stellt eine Übertragung auf einen unbekannten neuen Inhaber dar, da die physische Unversehrtheit und künftige Verwendung des Nachweises nicht ausgeschlossen werden können.
- Die *Überprüfung* ist ein Vorgang, bei dem der Inhaber einen Nachweis der Akzeptanzstelle vorlegt bzw. diesen der Akzeptanzstelle präsentiert. Anschließend prüft die Akzeptanzstelle den Nachweis auf seine Gültigkeit gemäß einer Reihe von geltenden Verwaltungsvorschriften.
- Die *Veränderung* beschreibt einen Vorgang, bei dem ein Modifikator das Medium, die Informationen und/oder die Gültigkeit des Nachweises verändert. Wir definieren darüber hinaus, dass das Zerstören eines Nachweises eine Form der Veränderung darstellt, indem dessen Status von „existiert" zu „existiert nicht mehr" verändert wird.

Auf Basis der genannten Vorgänge definieren wir *vier Rollen: Herausgeber, Inhaber, Akzeptanzstelle* und *Modifikator*. Eine Rolle wird von einer Entität eingenommen, die in mindestens einem Vorgang eine entscheidende Funktion bzw. Bedeutung hat. Im Lebenszyklus des Nachweises kann eine Entität verschiedene Rollen einnehmen. Der Aussteller kann jedoch nicht mehr geändert werden nachdem die Ausstellung erfolgt ist. Die Akteure hinter der Entität können delegiert werden. Dies bedeutet beispielsweise, dass eine Angestellte oder ein Angestellter im Namen einer juristischen Person, wie etwa eines Unternehmens, die Rolle des Ausstellers delegiert bekommen hat. Der Aussteller ist in diesem Fall die juristische Person, während der handelnde Akteur eine natürliche Person ist.

3.2 Das Nachweisregelwerk

Unter Regelwerken verstehen wir die Festsetzung von Regeln (oder Gesetzen) mit der einhergehenden Kontrolle dieser Regeln. Die Regeln zu Nachweisen werden derzeit in Doku-

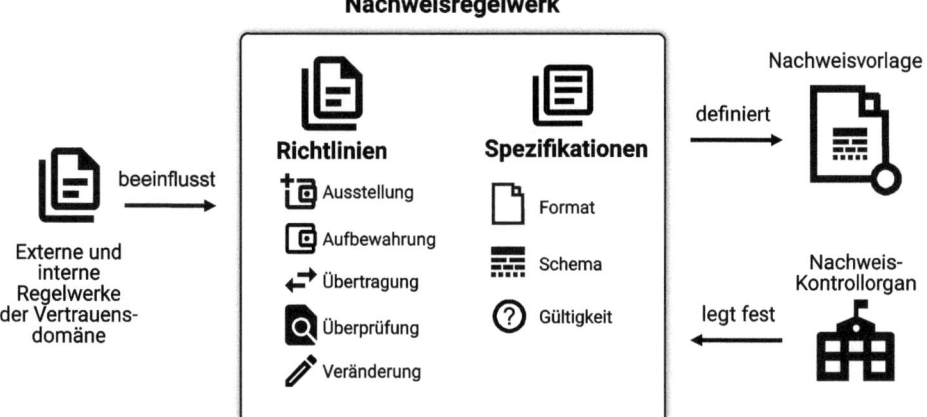

Abb. 23.5 Governance-Schablone

menten festgehalten oder mündlich übergeben und in der Praxis ausgeübt. Um die Digitalisierung von Nachweisen und deren Regelwerke zu erleichtern, haben wir im in Abb. 23.5 dargestellten Modell die wichtigsten Teile für die Verwaltung von Nachweisen definiert. Wir haben uns an der in den vorherigen Abschnitten etablierten Nachweisvorlage und dem Umgang mit Nachweisen orientiert. Ein Nachweis-Kontrollorgan legt dabei das Regelwerk an. Das Kontrollorgan kann bzw. teilweise muss sich auch auf andere, bestehende Nachweisregelwerke beziehen und diese einhalten. Nationale und internationale Gesetze sind beispielsweise regulatorische Rahmenbedingungen, die es einzuhalten gilt.

Um den Umgang mit Nachweisen zu ermöglichen, werden in dem Regelwerk Richtlinien und Spezifikationen definiert. Daraus resultiert die Nachweisvorlage, aus der die Nachweise entstehen können. Die Richtlinien zur Ausstellung, Aufbewahrung, Übertragung, Überprüfung und die Spezifikationen zum Format, dem Schema und der Gültigkeit sollten im Bestfall in Dokumenten niedergeschrieben werden. Denn nur so kann gewährleistet werden, dass die Regeln und deren Einhaltung korrekt digitalisiert und genutzt werden können.

3.3 Leitfragen für die Gestaltung von Nachweisen und deren Regelwerke

Die Übertragung eines Nachweises in die digitale Welt wirft viele Fragen auf. Mit den vorgestellten Teilen des Modells können u. a. folgende in Tab. 23.1 aufgeführte Fragen gestellt werden. Durch die Beantwortung dieser Leitfragen werden die notwendigen Informationen zu einem Nachweis erfasst, um diesen dann strukturiert in eine digitale Form zu überführen. Im folgenden Abschnitt werden zwei Beispiele beschrieben, die mit Hilfe des Modells und der Leitfragen analysiert wurden.

Tab. 23.1 Leitfragen für die Gestaltung von Nachweisen und deren Regelwerken

Leitfrage	Erläuterung
1. Welche Eigenschaften soll der Nachweis haben?	Mit der Festlegung des **Formats**, des **Schemas** und der **Gültigkeit** werden die *Spezifikationen* des Nachweises erfasst, die in einem Nachweisregelwerk festgehalten werden sollten.
2. Wie soll mit dem Nachweis umgegangen werden und welche Regeln existieren dazu?	Durch die Festlegung des Umgangs mit Nachweisdokumenten können relevante Regeln, Richtlinien, Einschränkungen, aber auch mögliche Sicherheitsvorkehrungen und neue Chancen entstehen. Dazu gehören: **Ausstellung, Aufbewahrung, Übertragung, Überprüfung, Veränderung.**
3. Welche Einsatzmöglichkeiten bzw. Anwendungsfälle bestehen oder sind denkbar?	Für die Festlegung weiterer Regeln und Richtlinien sind die geplanten Nutzungen ein Anhaltspunkt. Dabei sind auch Nachnutzungen oder ursprünglich nicht vorgesehene Nutzungsszenarien zu berücksichtigen. Mit diesen Gedanken können sich neue **Richtlinien** und **Spezifikationen** ergeben.
4. Welche Strukturen und Rollen müssen für die Nutzung eingerichtet werden?	Um z. B. den Nachweis auszustellen oder die Regeln zu kontrollieren, sind *Strukturen*, *Personen* und *Systeme* erforderlich. Über den gesamten Prozess von der Ausstellung bis zur Löschung oder Statusänderung „nicht gültig" des Nachweises ist zu betrachten, was vorhanden sein muss, um die Prozesse durchgängig zu ermöglichen.
5. Welche internen und externen Regelwerke müssen aufgestellt bzw. berücksichtigt werden?	**Externe Regelwerke** sind beispielsweise Gesetze oder übergeordnete Regelwerke, während **interne Regelwerke** selbstständig (innerhalb des Gültigkeitsbereichs) festgelegt werden können.

4 Anwendung der Schablone in Praxisbeispielen

Um die Anwendung der Governance-Schablone zu zeigen, werden im folgenden Abschnitt zwei Praxisbeispiele von Nachweisen aus den Schaufensterprojekten im Detail dargestellt. Als erstes Beispiel dient der Dresdner Sozialpass „Dresden-Pass". Dieser Nachweis ermöglicht Ermäßigungen und besondere Leistungen für sozioökonomisch benachteiligte Menschen innerhalb der Stadt. Das bereits existierende Nachweisregelwerk des Dresden-Passes wird anhand der Governance-Schablone analysiert. Darüber hinaus werden regulatorische Lücken für dessen Digitalisierung hervorgehoben. Im folgenden Abschnitt wird ein noch zu erstellender digitaler Beschäftigtenausweis vorgestellt. Anhand der oben dargestellten Leitfragen werden Anforderungen an diesen Nachweistyp abgeleitet. Mithilfe der beiden Beispiele werden Nachweise aus den öffentlich-regulierten und privatwirtschaftlichen Sektoren und die Anwendung der Governance-Schablone für bereits existierende bzw. neu zu erstellende Nachweise dargestellt.

4.1 Praxisbeispiel Dresden-Pass

Der Dresden-Pass ist eine seit 1993 bestehende Leistung der Landeshauptstadt Dresden, die berechtigten Personen eine bessere gesellschaftliche Teilhabe ermöglicht. Personen mit Dresden-Pass können etwa Vergünstigungen für Nahverkehrsangebote, in kulturellen und sportlichen Einrichtungen sowie eine kostenfreie Mietrechtsberatung in Anspruch nehmen. Ähnliche Leistungen - häufig als Sozialpass zusammengefasst - werden von einer Vielzahl von Kommunen und Landkreisen in Deutschland freiwillig angeboten, so etwa der Leipzig-Pass oder Karlsruher-Pass. Derzeit besitzen ca. 32.000 Personen einen Dresden-Pass, was einem Anstieg zum Vorjahr von über 18 % entspricht (Landeshauptstadt Dresden, 2024).

Aktuell werden Dresden-Pässe als Papierkarte ausgegeben. Herausgabe und Verlängerung sind damit an den Postweg bzw. an einen Besuch im Sozial- oder Bürgeramt gebunden. Auch die Verwendung beschränkt sich durch die physische Form auf analoge Angebote, da der Dresden-Pass nicht digital geprüft werden kann. Im Rahmen des Schaufensterprojekts ID-Ideal ist ein Prototyp eines digitalen Dresden-Passes entstanden, welcher durch die Einbindung von digitalen Nachweisen zur Identitäts- und Anspruchsprüfung automatisiert in eine digitale Brieftasche ausgestellt werden kann. In den anschließenden Abschnitten werden die bisherigen Regelungen zum physischen Dresden-Pass mithilfe der in ID-Ideal entwickelten Governance-Schablone strukturiert dargestellt und Hinweise für die Weiterentwicklung des digitalen Prototyps gegeben. Einen Überblick hierzu gibt Tab. 23.2.

Tab. 23.2 Richtlinien und Spezifikationen des Dresden-Passes

Regeltyp	Konkrete Vorgaben
Ausstellung	**Kommunalrichtlinie:** ● Antragsberechtigte: Volljährige Einwohnerinnen und Einwohner von Dresden mit Katalogleistungsbezug, deren Kinder und Angehörige, die in deren Bedarfs-/Einstandsgemeinschaft bzw. Haushalt leben ● Formgebundener Antrag, z. B. Online-Antrag ● Vorlegen von benötigten Unterlagen ● Landeshauptstadt stellt Dresden-Pass aus **Praxis:** ● Mitarbeitende des Sozialamts füllen Dresden-Pass mit Daten aus, ● siegeln und stanzen Dresden-Pass, ● Versenden per Post an Antragsteller oder Bürgerbüro
Aufbewahrung	Keine Regelungen
Übertragung	**Kommunalrichtlinie:** ● Nicht übertragbar
Überprüfung	**Praxis:** ● Passbild als Abgleich ● Vergleich mit einem Dresden-Pass-Muster

(Fortsetzung)

Tab. 23.2 (Fortsetzung)

Regeltyp	Konkrete Vorgaben
Veränderung	**Kommunalrichtlinie:** ● Auf Antrag verlängerbar **Praxis:** ● Maximal zweimal Eintragung von Verlängerungsdaten und amtlichen Siegeln
Format	**Praxis:** ● Gelbe Karte aus Fotokarton ● Vorder- und Rückseite ● gestanzt
Schema	**Praxis:** ● Passbild und amtliches Siegel ● Name und Vorname ● Straße, Hausnummer, Postleitzahl ● Geburtsdatum ● Unterschrift des Inhabers ● Dresden-Pass-Nummer ● Dreifach: Gültigkeitsdaten und amtliches Siegel
Gültigkeit	**Kommunalrichtlinie:** ● Änderungen sind Sozialamt mitzuteilen ● Gültigkeit an Leistungsbezug gebunden ● Verlängerung um je maximal ein Jahr ● Gültig ab Tag der Ausstellung ● Missbrauch führt zu Entzug

4.1.1 Spezifikationen zur Struktur und Gültigkeit des Dresden-Passes

Die Rechtsgrundlage des Dresden-Passes stellt die durch den Dresdner Stadtrat beschlossene „Richtlinie zur Gewährung des Dresden-Passes für Einwohnerinnen und Einwohner der Landeshauptstadt Dresden" dar. Diese ist das Nachweisregelwerk für den Dresden-Pass und regelt hauptsächlich dessen Gültigkeitsbereich und Ausstellungsbedingungen.

Der Dresden-Pass ist aktuell ein physisches Nachweisdokument. Die oben genannte Richtlinie macht allerdings keine Vorgaben zum Format. Es wird lediglich festgehalten, dass der Dresden-Pass nummeriert auf den Namen der berechtigten Personen auszustellen ist sowie die Ausstellungs- und Ablaufdaten zu beinhalten hat. In der Praxis des Sozialamts, welches mit der operativen Verwaltung des Dresden-Passes betraut ist, hat sich das in Abb. 23.6 ersichtliche Format einer Papierkarte durchgesetzt. Auf dieser sind noch weitere als in der Richtlinie aufgeführte Daten zu finden. Ein Muster dieses Formats ist in der Richtlinie nicht aufgeführt, was die Prüfbarkeit des Dresden-Passes erschwert.

Mit der Ausstellung des Dresden-Passes gehen für dessen Inhaber bestimmte Rechte einher, die an die Gültigkeit und den Besitz des Nachweises gekoppelt sind. Dazu zählen bspw. Vergünstigungen für das Deutschlandticket bei den Dresdner Verkehrsbetrieben, kostenfreie Mietrechtsberatungen und Ermäßigungen in städtischen Sport- und Kulturstätten. Die Gültigkeit des Dresden-Passes ist an die Dauer des Bezugs der zum Anspruch

Abb. 23.6 Schematische Vorder- und Rückseite des Dresden-Passes

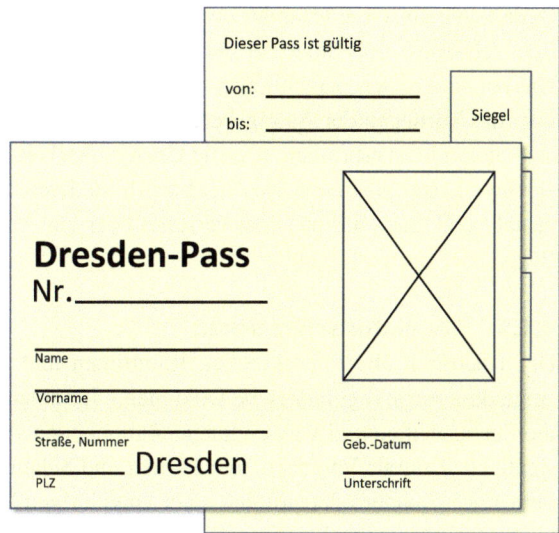

berechtigenden Leistungen gebunden. Diese beträgt in der Regel ein Jahr und kann bei Fortbestehen der Voraussetzungen um diese Dauer verlängert werden. Hierfür wird die jeweils aktuelle Gültigkeitsdauer auf der Rückseite vermerkt und durch ein amtliches Siegel bestätigt. Bei Wegfall der Voraussetzungen sind Dresden-Pässe unaufgefordert an das Sozialamt zurückzugeben. Diese Regelung ist praktisch aber kaum durchzusetzen, da lediglich das Wohngeld als Anspruchsberechtigung für den Dresden-Pass beim Sozialamt selbst bearbeitet wird. Sollten Betrugsfälle mit dem Dresden-Pass bekannt werden, so ist es auch den Ermäßigung gewährenden Stellen gestattet, diesen zu entziehen und damit die Ausübung der mit dem Nachweis einhergehenden Rechte zu unterbinden. Diese Regelung ist jedoch nicht Teil der durch den Stadtrat beschlossenen Richtlinie, sondern basiert den Aussagen von Beschäftigten des Sozialamts zufolge auf Absprachen zwischen dem Sozialamt und den offiziellen Akzeptanzstellen des Dresden-Passes.

4.1.2 Verwendungsrichtlinien des Dresden-Passes

In der Verwendung des Dresden-Passes sind lediglich die Ausstellung sowie die Übertragung explizit geregelt. Ausstellungsrichtlinien machen den größten Teil der oben genannten Richtlinie des Dresdner Stadtrats aus. Dabei lässt sich zwischen Regelungen zur Anspruchsberechtigung für einen Dresden-Pass und solchen, die sich auf die konkrete Bearbeitung beziehen, unterscheiden. Weder die grundsätzliche Zuständigkeit des Sozialamts noch die verschiedenen Antragswege werden in der Richtlinie definiert, sondern sind lediglich auf einer Website der Landeshauptstadt Dresden zu finden.

Einen Dresden-Pass beantragen können volljährige Einwohnerinnen und Einwohner von Dresden, welche ökonomisch benachteiligt sind und die eine der im Katalog aufgeführten Leistungen beziehen. Dazu zählen bspw. Wohngeld, Bürgergeld, Sozialhilfe oder Kinder- und Jugendhilfe. Der Antrag kann auch für Kinder und andere in der

Bedarfsgemeinschaft lebende sowie betreute Personen gestellt werden. Dies kann persönlich, schriftlich oder über ein Online-Formular der Landeshauptstadt Dresden erfolgen. Hierbei sind neben persönlichen Angaben unter anderem ein Passbild sowie Nachweise über das Vorliegen der Antragsberechtigung einzureichen. Alle Nachweise sind lediglich als Fotokopie zu erbringen, was die Überprüfbarkeit der zugrunde liegenden Sachverhalte erschwert. Bei positivem Bescheid wird der Dresden-Pass händisch im Sozialamt hergestellt und entweder per Post versandt oder zur Abholung im Sozialamt oder in einem Bürgerbüro zur Verfügung gestellt.

4.1.3 Regulatorische Lücken

Der Überblick über die aktuellen Richtlinien und Spezifikationen des Dresden-Passes zeigt, dass selbst regulatorische Dokumente für einen spezifischen Nachweis derzeit nicht die Eigenschaften und Verwendungsmöglichkeiten von Nachweisen systematisch berücksichtigen. Zentrale Vorgaben zum Format und Schema des Dresden-Passes sind nicht dokumentiert, sondern entspringen einer langjährigen Verwaltungspraxis. Während der manuelle Umgang mit physischen Dokumenten durch Menschen mit Ermessensspielraum die Nutzung von implizitem Wissen toleriert, erfordert die Digitalisierung von Nachweisen und die Automatisierung des Umgangs mit diesen eine Explikation und Strukturierung dieser Angaben.

4.2 Praxisbeispiel Beschäftigtenausweis

Der Beschäftigtenausweis ist ein Konstrukt zur Digitalisierung des Mitarbeiternachweis und hat sowohl eine interne und externe Ebene, je nachdem, ob sich der Vorgang innerhalb des Unternehmens oder außerhalb des Unternehmens zwecks der Nachweisbarkeit gegenüber Dritten abspielt.

Begrifflich lässt sich der Beschäftigtenausweis ebenfalls differenzieren. So spricht der BITKOM in seinem aktuellen Leitfaden zur eIDAS-Verordnung von einem „Arbeitsverhältnis-Nachweis" (Deimel et al., 2024). Diese Bezeichnung zielt primär auf die externe Ebene ab und wird genutzt, um ein allgemeines Anstellungsverhältnis nachweisen zu können. Im Rahmen dieses Beitrags wird vorrangig die interne Ebene betrachtet, zur Nutzung des Nachweises innerhalb des Unternehmens, mit dem Ziel, explizit den Personennachweis zu erbringen. Mithin wird nachfolgend der Begriff Beschäftigtenausweis oder -Nachweis vorzugswürdig verwendet.

Welche Eigenschaften soll der Nachweis haben?
Einheitliche Vorgaben zum inhaltlichen und technischen Design des Nachweises existieren nicht. Entsprechende unternehmensspezifische Vorgaben können sich aus externen regulatorischen Vorgaben, aus dem Arbeitsvertrag oder aus internen Policen ergeben. Folgende in Tab. 23.3 aufgeführte inhaltliche Bausteine könnten bzw. sollten in einem entsprechenden Nachweis verankert sein:

Tab. 23.3 Inhalte eines digitalen Beschäftigtennachweises

berufsbezogene Inhalte	Vorname und Familienname
	Arbeitgeber
	Handelsregisternummer
	betriebliche E-Mail-Adresse des Arbeitnehmers
	Mitarbeiter ID
	Ausgabedatum und ggf. Ablaufdatum
	interne Stufe, Rolle und Berechtigungslevel
	Teamzugehörigkeit
	Vertragsart
technische Inhalte	Credential-ID und Format

Tab. 23.4 Nutzungsmöglichkeiten eines digitalen Beschäftigtennachweises

Nutzung innerhalb des Unternehmens (intern)	Zugangskontrolle
	Zugangsmanagement
	Weisungsbefugnisse
	Anmeldung interner Systeme
Nutzung außerhalb des Unternehmens (extern)	Beschäftigungsnachweis
	Vertretungsberechtigung
	Arbeitgebernachweis
	Berufsnachweis und verbundene Berechtigungen

Bei diesem Nachweis handelt es sich um einen Nachweis mit Personenbindung, mithin einem Nachweis, der nur für eine spezifische Person ausgestellt wird und nicht übertragbar ist. Entsprechende Vorgaben müssen in einem internen Governance-Framework verankert werden, das ebenfalls im Rahmen dieses Beitrags grundlegend erklärt wird.

Darüber hinaus sollte der Nachweis technische Angaben hinsichtlich der jeweiligen Credential Definition und Credentialschemas machen, um dessen Integrität und Gültigkeit auch auf technischem Wege nachweisbar zu machen. Im Rahmen dieses Beitrags wird die technische Ebene des Netzwerks und die Erläuterung weiterer technischer Spezifikation bewusst ausgeklammert, um so den Fokus auf das Verständnis für das Gesamtkonstrukt zu legen. Diese Darstellung erfüllt die Elemente des *Formats*, *Gültigkeit* und *Schemas* dieses Nachweises nach Maßgabe der Tab. 23.2.

Welche Nutzungsmöglichkeiten bestehen oder sind denkbar?
Grundlegend lassen sich die Nutzungsmöglichkeiten zwischen der internen und der externen Ebene differenzieren. Einen Überblick hierzu gibt die nachfolgende Tab. 23.4.

Weitere Anwendungsfälle ergeben sich im Rahmen der Nutzung als eIDAS-Vertrauensdienst unter Zuhilfenahme einer authentischen Quelle (engl. authentic source), vgl. Art. 3 Nr. 47 eIDAS-VO. Auf diesem Wege kann beispielsweise nach Maßgabe des Handelsregisters entsprechende Vertretungsmacht des betroffenen Mitarbeiters festgestellt werden. Diese Darstellung erfüllt die Elemente der *Spezifikationen und Richtlinien und mithin alle Elemente der Tabelle* dieses Nachweises nach Maßgabe der Tab. 23.2.

Welche Strukturen und Rollen müssen für die Nutzung eingerichtet werden?
Folgende Strukturen und Gremien müssen innerhalb des Unternehmens verankert werden:
    Kontrollgremium: Überwachung des Prozesses, Steuerung der Regelwerke. Erfüllbar ist dies durch den Vorstand oder die Compliance-Abteilung des Unternehmens.
    Ausgabestelle: Konkrete Ausgabe des Beschäftigten-Nachweises und Kommunikationspunkt für die Mitarbeitenden. Hier bietet sich bspw. die Personalabteilung an, da an dieser Stelle die Beschäftigtendaten direkt vorhanden sind und entsprechend für den Nachweis verwendet werden können. Diese Darstellung erfüllt die Elemente der *Ausstellung, Überprüfung* und *Veränderung* dieses Nachweises nach Maßgabe der Tab. 23.2.

Wie gestaltet sich der Ausgabe- oder Veränderungsprozess für den Beschäftigtenausweis?
Hierfür ist es erforderlich, zwischen den unterschiedlichen Perspektiven zu differenzieren. Zum einen besteht die Perspektive der Digitalisierung von bestehenden Credentials und zum anderen die Perspektive neuer Credentials im Rahmen eines Informationsprozesses; ein Prozess, der beispielsweise über das Handelsregister ermöglicht wird. Für den zweiten Fall erfolgt nachfolgend keine detaillierte Darstellung, da hierzu weitere Ausführungen zur eIDAS-Verordnung notwendig sein würden. Bei diesem Prozess handelt es sich um einen offiziell geregelten Prozess, bei dem über qualifizierte Vertrauensdienste qualifizierte digitale Nachweise ausgegeben werden, die auf Basis des Handelsregisters die Vertretungsmacht der erhaltenen Person bescheinigen. Hierzu ist auf den Beitrag zum Thema Recht (Kap. 2) zu verweisen.

Im Rahmen der Digitalisierung von Credentials gestalten sich die Prozesse analog zu den Nicht-digitalen Prozessen. Die Ausgabe der digitalen Beschäftigtenausweise erfolgt im Zuge des Onboardings eines neuen Mitarbeiters. Hierfür ist die Personalabteilung des Unternehmens verantwortlich, die dem Mitarbeiter auf Basis seiner Stammdaten und unternehmensinternen Daten ein Credential ausgibt. Dieses Credential kann durch den Mitarbeiter in dessen Wallet gespeichert werden und bei Bedarf unternehmensintern zum Einsatz kommen. Sollten sich die Daten des Mitarbeiters geändert haben, besteht insoweit eine Mitteilungspflicht gegenüber der Personalabteilung zur Ausgabe eines neuen Credentials. Hierzu erfolgt ein Widerruf des alten Credentials und ein neues Credential wird seitens der Personalabteilung an den Mitarbeiter versendet. Der gleiche Prozess erfolgt bei einer Änderung der internen Rolle des Mitarbeiters oder beim Beginn einer neuen Abteilung. Sollte es zu einem Verlust des Smartphones kommen besteht ebenfalls eine Mitteilungspflicht an die Personalabteilung, um die betroffenen Credentials zurückzuziehen. Gleichzeitig ist der Mitarbeiter gut beraten, ein Backup seiner Wallet vorzuhalten, um die Prozesse leichter zu gestalten und eine verlängerte Übergangsphase zur Ausgabe neuer Credentials zu vermeiden.

Im Rahmen des Offboarding-Prozesses eines Mitarbeiters ist der Prozess des Widerrufs der ausgegebenen Credentials ebenfalls zu inkludieren. Diese Darstellung erfüllt ebenfalls die Elemente der *Ausstellung, Überprüfung* und *Veränderung* dieses Nachweises nach Maßgabe der Tab. 23.2.

Welche Regelwerke existieren hierzu?
Die Regelwerke sind jeweils zu differenzieren zwischen unternehmensinternen Regelwerken und den entsprechenden Vorgaben, die durch externe Regulatorik, Normen und Standards berücksichtigt werden müssen.

Im besten Fall wird das interne Regelwerk so ausgestaltet, dass die externen Faktoren und Einflüsse bereits vollständig berücksichtigt werden. Hier ist auf das entsprechende Ebenenmodell in Abb. 23.1 zu verweisen.

Innerhalb des Unternehmens wird ein entsprechendes Governance-Framework benötigt, um die notwendigen Rollen und Prozesse zu verankern. Hierzu kann die eIDAS-Verordnung als Orientierung dienen. Insbesondere im Falle der Nutzung offizieller Nachweise für bestimmte Berufsgruppen können entsprechende Vorgaben im Rahmen der qualifizierten elektronischen Nachweise genutzt werden. Diese Darstellung erfüllt die Elemente der *Spezifikationen und Richtlinien und mithin alle Elemente der Tabelle* dieses Nachweises nach Maßgabe der Tab. 23.2.

Wie sieht diesbezüglich die Zukunft aus; wie können wir Beschäftigtenausweise nutzen?
Beschäftigtenausweise können auf verschiedene Arten genutzt werden. Zum einen bietet sich eine Nutzung für die Zugangskontrolle an. Dies kann sowohl der physische Zugang zu Geländen oder Gebäuden sein, mittels einer elektronischen Tür, als auch der Zugriff auf interne Systeme im Zuge des Internen Identity Access Managements. Bei letzterem bietet sich insbesondere an, unterschiedliche Beschäftigtenausweise mit unterschiedlichen Berechtigungen herauszugeben. Auf diesem Wege kann das Need-to-know-Prinzip eingehalten werden und die Zugriffe auf Geschäftsgeheimnisse oder besonders schützenswerte Daten beschränkt werden. Mithin ergibt sich eine Erforderlichkeit, rollenbasierte Credentials in Form der Beschäftigtenausweise einzuführen. Hierfür ist ein internes Governance-Framework erforderlich, das die Inhalte und die Ausgabe regelt.

Fraglich ist in diesem Zusammenhang auch die Relevanz der Nachweise im Kontext der Vertretungsmacht. Grundsätzlich kann ein digitaler Nachweis auch zum Nachweis der Vertretungsmacht genutzt werden, sofern die Ausstellung auf Basis einer authentischen Quelle erfolgt und diese das Handelsregister ist. Weiterführend ist auf das Kap. 2 zum Thema „Digitale Identitäten im Rechtsverkehr" zu verweisen.

eIDAS-Vertrauensdienste
Fraglich ist, ob stets die Nutzung eines Vertrauensdienstes nach Maßgabe der eIDAS-Verordnung für die Ausstellung eines Beschäftigtenausweises erforderlich ist. Genutzt werden kann ein Vertrauensdienst, der nach der eIDAS-Verordnung reguliert ist und (Q)

EAAs ausgeben kann. Die Attribute können sich aus einer authentischen Quelle ergeben. Fraglich ist dies hinsichtlich der Personaldaten. Hier wird man nicht von einer authentischen Quelle im Rahmen eines einzelnen Unternehmens ausgehen können. Folglich müssen die Daten aus anderen Quellen genutzt und authentifiziert werden.

Für eine ausschließlich organisationsinterne Nutzung eines digitalen Beschäftigtenausweises ist die Einbindung eines eIDAS-Vertrauensdienstes nicht erforderlich. Eine Erforderlichkeit besteht lediglich bei extern zu verwendenden Nachweisen und in hoch regulierten Anwendungsfällen. Diese sind insbesondere dann gegeben, wenn dem Mitarbeitenden ein besonderes hohes Maß an Vertrauen entgegengebracht werden muss oder dieser Zugang bei Dritten benötigt und diese Dritten keine eigenen Nachweise herausgeben könnten. Eine genaue Regelung existiert hierzu nicht und ergibt sich nach Maßgabe des Einzelfalles. Weiterhin ist die Nutzung von eIDAS-Vertrauensdiensten denkbar bei geschützten Berufen im Zuge des Nachweises akademischer Abschlüsse, die durch Hochschulen ausgestellt werden. Hier ist eine externe authentische Quelle erforderlich, die über die internen Ressourcen des jeweiligen Arbeitgebers nicht rechtswirksam erbracht werden könnte.

Regulatorische Lücken beim digitalen Beschäftigtenausweis
Im Gegensatz zum Beispiel der Digitalisierung des Dresden-Passes bestehen beim digitalen Beschäftigtenausweis derzeit keine expliziten Regelungslücken. Da sich der Anwendungsfall rein in der privatwirtschaftlichen Praxis abspielt, kann die Privatwirtschaft selbstständig entsprechende Vorgaben machen. Gestützt werden diese Vorgaben auf zivilrechtlichen Grundsätzen und die neue eIDAS-Verordnung.

Fazit
Langfristig bestehen enorme Anwendungspotenziale für digitale Beschäftigtenausweise. Dies wird insbesondere in der Entwicklung der eIDAS-Verordnung und der Etablierung von QEAAs deutlich. Diese schaffen eine gemeinsame technologische und rechtliche Basis für die organisationsinterne wie -übergreifende Nutzung solcher Nachweise. Hinsichtlich der weiter zu definierenden Regulatorik und einheitlicher technischer, organisatorischer und rechtlicher Standards für digitale Nachweise ergibt sich eine entsprechende Komplexität für einen schnellen Einsatz und eine Anerkennung dieser in der Praxis. Zusätzlich ist das zwingende Erfordernis von internen Regelungen und Policen auf der Ebene des jeweiligen Arbeitgebers absehbar.

5 Ausblick

Die vorangegangenen Ausführungen zeigen die Komplexität der Etablierung einer Governance im Hinblick auf digitale Nachweise auf. Diese Komplexität wird insbesondere durch die noch nicht vollständige Rechtslage weiter verschärft.

Ein erstes rechtliches Governance-Framework ist im Rahmen der neuen eIDAS-Verordnung umsetzbar. Für die Umsetzung der eIDAS-Verordnung sind weitere Durchführungsakte erforderlich. Mit deren Umsetzung ist in den nächsten sechs bis zwölf Monaten nach Inkrafttreten zu rechnen. So sind erste Durchführungsrechtsakte für Vertrauensdiensteanbieter im November 2024 zu erwarten. Insbesondere die Festlegung der Details zur technischen Implementierung steht jedoch noch aus. Mit der eIDAS-Verordnung entsteht das Potenzial, rechtssichere digitale Nachweise ausgeben zu können. Damit wird die Möglichkeit geschaffen, regulierte Ökosysteme aufzubauen bzw. digitale Nachweise im regulierten Bereich einzusetzen.

Gleichermaßen muss in diesem Zuge geprüft werden, ob der eigene Anwendungsfall den Anwendungsbereich der eIDAS-Verordnung eröffnet oder ob sich der Anwendungsfall innerhalb eines unregulierten Ökosystems abbilden lässt. Dies ist insbesondere dann der Fall, wenn die benötigten Nachweise nur ein begrenztes Maß an Vertrauen oder kein hohes Vertrauensniveau benötigen. Mithin sind unterschiedliche Vertrauensebenen denkbar, für die unterschiedliche Anforderungen gelten, ohne dass immer die strengen Vorgaben der eIDAS-Verordnung einschlägig sind. Gleichermaßen bietet die eIDAS-Verordnung die große Chance eine Rechtswirkung für digitale Nachweise rechtlich zu verankern, auf die sich alle beteiligten Parteien gleichermaßen berufen können.

Im Gesamtergebnis bleibt es Aufgabe der jeweiligen Kommune und des jeweiligen Unternehmens zu prüfen, ob sie von der eIDAS-Verordnung betroffen sind und inwieweit sie ihre eigenen Governance-Strukturen anpassen müssen. Die Abstimmung der eigenen Governance im Zuge der Festlegung eines Governance-Frameworks für herauszugebende digitale Nachweise kann auf die zu erwartenden Vorgaben der eIDAS-Verordnung vorbereiten und eventuelle Regelungslücken beseitigen. Folglich gilt es den Status quo kritisch zu hinterfragen und eventuelle Nachweisregelwerke aufzusetzen bzw. zu überprüfen, um diese hinsichtlich vorhandener Regulationslücken bzw. -redundanzen zu verbessern.

Literatur

Anke, J., & Richter, D. (2023). Digitale Identitäten. *HMD Praxis der Wirtschaftsinformatik, 60*(2), 261–282. https://doi.org/10.1365/s40702-023-00965-1

Bevir, M. (2012). *Governance: A very short introduction.* Oxford University Press.

Chaos Computer Club. (2022, August 10). *Chaos Computer Club hackt Video-Ident* [Pressemitteilung]. https://www.ccc.de/de/updates/2022/chaos-computer-club-hackt-video-ident. Zugegriffen am 28.09.2024.

Deimel, D., Drescher, W., Gericke, C., Granc, F., Lingl, B., Lenz, J., Lusser, K., Rosskopp, P., Schwalm, S. & Wand, A. (2024). *eIDAS Leitfaden.* https://www.bitkom.org/sites/main/files/2024-05/240521bitkomeidasleitfaden.pdf. Zugegriffen am 28.09.2024.

Jürgenssen, O., Richter, D., & Anke, J. (2022). Selbstbestimmte digitale Identitäten in der Smart City: Potenziale und Grenzen. In T. Köhler, E. Schoop, N. Kahnwald, & R. Sonntag (Hrsg.), *Gemeinschaften in Neuen Medien.: 25. Workshop GeNeMe ‚22 Gemeinschaften in Neuen Medien'* (Bd. 25, S. 148–158). TUDpress – Verlag der Wissenschaften.

Landeshauptstadt Dresden. (2024, Mai 07). *Der Dresden-Pass, ein Sozialpass – viele Möglichkeiten!* [Pressemitteilung]. https://www.dresden.de/de/rathaus/aktuelles/pressemitteilungen/2024/05/pm_032.php. Zugegriffen am 28.09.2024.

Milliman, R. E., & Fugate, D. L. (1988). Using trust-transference as a persuasion technique: An empirical field investigation. *The Journal of Personal Selling and Sales Management, 8*(2), 1–7. https://www.jstor.org/stable/20832449

Richter, D., & Anke, J. (2024a). Entangled: A case study of data exchange and actor relationships in a mobility ecosystem. In F. Bieker, S. de Conca, N. Gruschka, M. Jensen, & I. Schiering (Hrsg.), *Privacy and identity management. Sharing in a digital world* (S. 211–226). Springer Nature Switzerland.

Richter, D. & Anke, J. (2024b). Getting to know your customer: Onboarding in an urban mobility Ecoystem. In *19th International Conference on Wirtschaftsinformatik*, Würzburg, Germany.

Richter, D., Krauß, A.-M., Ebert, S. & Handke, S. (2023). On the search for trust: Self-sovereign identity and the public sector. In G. Auth & T. Pidun (Hrsg.), *6. Fachtagung Rechts- und Verwaltungsinformatik (RVI 2023)* (S. 42–54). Gesellschaft für Informatik e.V. https://doi.org/10.18420/RVI2023-024

Richter, D., Praas, C. R. & Anke, J. (2023). Beyond paper and plastic: A meta-model for credential use and governance. In *European Conference on Information Systems*. Symposium im Rahmen der Tagung von Association for Information Systems, Kristiansand, Norway. https://aisel.aisnet.org/ecis2023_rp/371/. Zugegriffen am 28.09.2024.

Scholta, H., Balta, D., Räckers, M., Becker, J., & Krcmar, H. (2020). Standardization of forms in governments. *Business & Information Systems Engineering, 62*(6), 535–560. https://doi.org/10.1007/s12599-019-00623-1

Smith, B., Loddo, O. G., & Lorini, G. (2020). On credentials. *Journal of Social Ontology, 6*(1), 47–67. https://doi.org/10.1515/jso-2019-0034

Open Access Dieses Kapitel wird unter der Creative Commons Namensnennung 4.0 International Lizenz (http://creativecommons.org/licenses/by/4.0/deed.de) veröffentlicht, welche die Nutzung, Vervielfältigung, Bearbeitung, Verbreitung und Wiedergabe in jeglichem Medium und Format erlaubt, sofern Sie den/die ursprünglichen Autor(en) und die Quelle ordnungsgemäß nennen, einen Link zur Creative Commons Lizenz beifügen und angeben, ob Änderungen vorgenommen wurden.

Die in diesem Kapitel enthaltenen Bilder und sonstiges Drittmaterial unterliegen ebenfalls der genannten Creative Commons Lizenz, sofern sich aus der Abbildungslegende nichts anderes ergibt. Sofern das betreffende Material nicht unter der genannten Creative Commons Lizenz steht und die betreffende Handlung nicht nach gesetzlichen Vorschriften erlaubt ist, ist für die oben aufgeführten Weiterverwendungen des Materials die Einwilligung des jeweiligen Rechteinhabers einzuholen.

24. Benutzbare Sicherheit und Benutzbarer Datenschutz von Wallets: Anforderungen und Bewertungsmethodik

Max Sauer , Nikolai Lenski , Sarah Ebert ,
Anna-Magdalena Krauß und Simon Pfeifer

Zusammenfassung

In Digital Identity Wallets lassen sich digitale und verifizierbare Nachweise speichern und verwalten. Studien zeigen, dass existierende Wallets erhebliche Schwächen in den Bereichen User Experience, Informationssicherheit und Privatsphäre aufweisen. Beispielsweise stehen Nutzende vor Herausforderungen, die Funktionsweise oder die zu technische Terminologie von Wallets zu verstehen. Dies kann dazu führen, dass sensible Daten unzureichend sicher gespeichert werden oder versehentlich an nicht vertrauenswürdige Parteien weitergegeben werden. Daraus folgt, dass die drei Qualitätsattribute User Experience, Informationssicherheit und Privatsphäre auf ein ausreichendes Niveau verbessert werden müssen. Dabei ist es wichtig, diese Attribute nicht separat zu evaluieren und verbessern, da sie sich gegenseitig positiv oder negativ beeinflussen können. Dieser Beitrag geht im ersten Teil zunächst auf den benutzbaren Datenschutz von Wallets ein, indem insbesondere Datenschutz-Anforderungen aus Nutzendensicht und eine benutzbare Inanspruchnahme der Betroffenenrechte vorgestellt werden. Darüber hinaus wird ein Entscheidungsmodell präsentiert, mit dem Nutzende informierte Entscheidungen über die Weitergabe ihrer Daten treffen können. Im

---

M. Sauer (✉) · S. Pfeifer
FZI Forschungszentrum Informatik, Karlsruhe, Deutschland
E-Mail: sauer@fzi.de; pfeifer@fzi.de

N. Lenski
Fraunhofer-Institut für Angewandte und Integrierte Sicherheit (AISEC),
Garching bei München, Deutschland
E-Mail: nikolai.lenski@aisec.fraunhofer.de

S. Ebert · A.-M. Krauß
Hochschule für Technik und Wirtschaft Dresden, Dresden, Deutschland
E-Mail: anna-magdalena.krauss@htw-dresden.de

© Der/die Autor(en) 2025
J. Anke et al. (Hrsg.), *Digitale Identitäten und Nachweise*,
https://doi.org/10.1007/978-3-658-47708-0_24

zweiten Teil wird auf die benutzbare Sicherheit von Wallets eingegangen, indem zunächst der Zusammenhang von User Experience und Informationssicherheit erläutert und darauf aufbauend auf diesbezügliche Heuristiken von Wallets eingegangen wird. Schlussendlich wird eine Methode beschrieben, mit der sich User Experience und Informationssicherheit (unter Berücksichtigung deren Zusammenhangs) von Wallets bewerten und verbessern lassen.

Schlüsselwörter

User Experience · Usable Security · Usable Privacy · Informationssicherheit · Privatsphäre · Digital Identity Wallet

1 Einleitung

Wallets ermöglichen die Verwaltung digitaler Identitäten und verifizierbarer Nachweise, wie beispielsweise Zeugnisse oder den Führerschein. Mit der Selbstverwaltung dieser Nachweise geht auch die Verantwortung, die Daten adäquat zu schützen einher. Da diese Aufgabe bei den Nutzenden liegt, sollten sie möglichst gut dabei unterstützt werden, ihre Ziele bezüglich Sicherheit und Privatsphäre zu erreichen. Beim Entwurf von Wallets ist daher neben der Erfüllung gesetzlicher Vorgaben (Datenschutz-Grundverordnung (DSGVO), Bundesdatenschutzgesetz (BDSG) sowie weitere landesrechtliche Vorschriften) die Berücksichtigung von Kriterien der Benutzbarkeit von großer Relevanz. Dies ist nicht nur Teil der gesetzlichen Anforderungen, welche beispielsweise mit Transparenz, Verständlichkeit und Einfachheit zur Verfügung gestellter Informationen bereits einige Anforderungen der Nutzenden berücksichtigen, sondern dient auch der Steigerung des Vertrauens und der Akzeptanz durch die Nutzenden.

Forschungsergebnisse zeigen, dass aktuell existierende Wallets signifikante Schwächen der User Experience (UX), Informationssicherheit sowie Privatsphäre aufweisen: Nutzende haben unter anderem Schwierigkeiten, das Konzept von Wallets zu verstehen, da beispielsweise keine intuitive Terminologie verwendet wird oder es an Hilfsoptionen mangelt (Sartor et al., 2022). Außerdem stehen Nutzende vor Herausforderungen bei der Verwaltung (insbesondere bei der Sicherung, Wiederherstellung und Löschung) von digitalen Nachweisen in einem dezentralen System. Die mentalen Modelle der Nutzenden unterscheiden sich oft von denen der Entwickelnden, was es den Nutzenden erschwert, sich in komplexen Systemen zurechtzufinden, wie beispielsweise Public-Key-Infrastrukturen oder elektronische Signaturen (Khayretdinova et al., 2022).

Die UX, Informationssicherheit und Privatsphäre beim Einsatz von Wallets sollten also auf ein adäquates Niveau verbessert werden. Dabei ist es wichtig, dass diese drei Software-Qualitätsattribute nicht separat evaluiert und verbessert, sondern gemeinsam betrachtet werden, da sie sich gegenseitig beeinflussen können. Beispielsweise kann aus einer Erhöhung der Informationssicherheit eine schlechtere UX resultieren – vice versa (Distler et al., 2020; Sauer et al., 2024c, 2024; Whitten & Tygar, 1999).

Dieser Beitrag geht in Abschn. 2 zunächst auf den benutzbaren Datenschutz von Wallets ein, indem in Abschn. 2.1 Datenschutz-Anforderungen aus Nutzendensicht und in Abschn. 2.2 eine benutzbare Inanspruchnahme der Betroffenenrechte vorgestellt werden. Darüber hinaus wird ein Entscheidungsmodell in Abschn. 2.3 präsentiert, mit dem Nutzende informierte Entscheidungen über die Weitergabe ihrer Daten treffen können. In Kap. 3 wird auf die benutzbare Sicherheit von Wallets eingegangen, indem in Abschn. 3.1 zunächst der Zusammenhang von UX und Informationssicherheit beschrieben und darauf aufbauend in Abschn. 3.2 auf abgeleitete Heuristiken für Wallets eingegangen wird. Schlussendlich wird in Abschn. 3.3 eine Methode erläutert, mit der sich UX und Informationssicherheit (unter Berücksichtigung deren Zusammenhangs) von Wallets bewerten und verbessern lassen.

2 Benutzbarer Datenschutz von Wallets

Abschn. 2 geht auf die UX und Privatsphäre beim Einsatz von Wallets ein. Zunächst werden in Abschn. 2.1 Anforderungen von Nutzenden an den Datenschutz erläutert sowie Maßnahmen für deren Umsetzung beschrieben. In Abschn. 2.2 wird anschließend eine Möglichkeit erläutert, welche die benutzbare Inanspruchnahme von Betroffenenrechten direkt aus der Historie einer Wallet heraus ermöglichen soll. Abschn. 2.3 stellt ein Modell vor, welches das Bedrohungspotenzial einer Datenanfrage anhand verschiedener Einflussfaktoren ermittelt.

2.1 Datenschutz-Anforderungen aus Nutzenden-Sicht

Im Folgenden werden einige Anforderungen an die Benutzbarkeit des Datenschutzes von Wallets erläutert. Neben der Einhaltung rechtlicher Anforderungen ist die Berücksichtigung der Nutzendenanforderungen ein wesentlicher Faktor des Datenschutzes und dient der Sicherstellung der UX, welche unter anderem einen erheblichen Einfluss auf die Akzeptanz durch die Nutzenden haben kann. Weiterhin wird somit auch die Einhaltung einiger Anforderungen der DSGVO ermöglicht, da diese bereits Aspekte der Benutzbarkeit fordert. So wird beispielsweise in Art. 12 DSGVO gefordert, dass betroffene Personen (die Nutzenden) transparent, präzise, verständlich und leicht zugänglich über die Verarbeitung sie betreffender Daten aufgeklärt werden. Hier wird des Weiteren die Verpflichtung beschrieben, die betroffene Person verständlich über ihre Rechte gemäß Kap. 3 DSGVO zu informieren, sowie deren Ausübung durch die betroffene Person zu erleichtern. Artikel 25 DSGVO verlangt zudem die Verwendung datenschutzfreundlicher Voreinstellungen.

Die folgenden Empfehlungen basieren sowohl auf Erfahrungen im Umgang mit Nutzenden zur Erforschung ihrer Anforderungen an den Datenschutz als auch auf konkreten Ergebnissen aus Nutzerstudien, welche im Projekt ONCE[1] zur Anwendung einer Wallet durchgeführt wurden.

---
[1] https://once-identity.org, zugegriffen am 22.08.2024

2.1.1 Anforderung 1: Transparenz

In den genannten Studien wiederholt als womöglich wichtigster Aspekt des benutzbaren Datenschutzes aufgekommen, ist die Anforderung an Transparenz. Nutzende legen hierbei großen Wert darauf, zu erfahren, welche Daten erhoben werden, wo diese gespeichert werden als auch durch wen, wie und zu welchem Zweck sie verarbeitet werden. Der Speicherort wurde hierbei in den Studien des Projekts ONCE regelmäßig als äußerst wichtiges Kriterium für das Vertrauen genannt. Insbesondere wenn die Daten ausschließlich auf dem Smartphone der Nutzenden gespeichert werden, kann es daher für das Vertrauen von Vorteil sein, diesen Aspekt deutlich hervorzuheben. An den Stellen, an denen Daten mit Dritten geteilt werden, ist es von großer Wichtigkeit, eindeutig und klar darzustellen, welche Daten genau an wen übermittelt und ob diese dort gespeichert werden.

Der klaren Kommunikation der Verwendungszwecke sollte eine hohe Priorität beigemessen werden. Die Auswertung von persönlichen Daten zu von den Nutzenden ungewünschten Zwecken zählt zu den am häufigsten genannten Datenschutz-Bedenken im Rahmen der durchgeführten Befragungen. Hier hat sich gezeigt, dass Nutzende großen Wert darauflegen, die Verwendungszwecke nachvollziehen zu können. Daher kann es gegebenenfalls auch nötig sein, die Zwecke nicht nur zu nennen, sondern auch zu erläutern, um Nutzenden ihre Notwendigkeit verständlich zu machen.

Insbesondere bei kritischen Daten zeigen Nutzende außerdem Interesse an der Frage, wie diese vor Missbrauch oder Fremdzugriffen geschützt werden. Hierbei ist zu erwähnen, dass sich die von Nutzenden als kritisch angesehenen Daten nicht auf die Kategorien besonders schützenswerter Daten gemäß Art. 9 DSGVO (im Folgenden „sensible Daten") beschränken. Zahlreiche weitere Daten, wie beispielsweise Bankinformationen, werden ebenfalls als kritisch, teils sogar als kritischer als andere „sensible Daten", betrachtet. Bei solchen Daten sollten also ebenfalls weitreichende Informationen über deren Schutz zur Verfügung gestellt werden.

Die transparente Darstellung der oben beschriebenen Aspekte ist Anforderung der DSGVO (siehe Art. 12 und Informationspflichten gemäß Art. 13 ff. DSGVO). Eine gründliche Erfüllung dieser rechtlichen Anforderungen kann also auch ein starkes Vertrauen durch die Nutzenden schaffen.

2.1.2 Anforderung 2: Wallet-Betreibende

Als weiterer wesentlicher Faktor für das Vertrauen haben sich auch die Betreibenden der Wallet herausgestellt. In einer ebenfalls im Rahmen von ONCE durchgeführten Studie mit über 300 Teilnehmenden hat sich gezeigt, dass hier bekannten deutschen Privatunternehmen sowie der deutschen Regierung das meiste Vertrauen entgegengebracht wird. An dritter Stelle folgten hier bekannte Gruppierungen, wie beispielsweise der Chaos Computer Club (CCC). Dies ist auch insofern von Relevanz, da in Fokusgruppen mit Nutzenden der Vorschlag aufkam, eine Wallet durch solche unabhängige Dritte prüfen zu lassen. Als Beispiel für ein solches Vorgehen wurde hier die Corona-Warnapp genannt. So wurde erklärt, dass bei einer Offenlegung des Quellcodes oder der Möglichkeit zur Einsichtnahme durch unabhängige Gruppierungen die tatsächlichen Betreibenden der Wallet nicht mehr von so großer Bedeutung wären. Gleichermaßen könnte ein verbessertes Vertrauen durch unabhängige Zertifizierungen oder Güte-Siegel erreicht werden.

2.1.3 Anforderung 3: Schutz des Wallet-Zugangs

Ebenfalls in den Fokusgruppen aufgebracht und durch die Befragung von über 300 Nutzenden bestätigt, wurde die Relevanz, den Zugang zur Wallet zu schützen. Hierbei muss dafür gesorgt werden, dass die Daten innerhalb der Wallet vor unbefugtem Zugriff geschützt sind. Um das Vertrauen zu steigern, sollten diese Sicherheit und die hierfür ergriffenen Maßnahmen den Nutzenden kommuniziert werden. Allerdings wünschen sich Nutzende, dass die Daten ebenfalls vor ungewolltem Zugriff vom eigenen Smartphone aus geschützt sind, sodass die Daten auch im Fall eines Diebstahls oder des kurzzeitigen Verleihens des Smartphones weiterhin sicher sind. Hierfür kommt üblicherweise eine PIN zum Einsatz, aber auch biometrische Verfahren werden von den Nutzenden gewünscht. Diese wurden aus einer Auswahl an möglichen Funktionen als zweitwichtigste eingestuft, direkt nach der Möglichkeit, Daten aus der Wallet wieder zu löschen. In diesem Zusammenhang wurde zudem die Sorge geäußert, Daten könnten an eine nicht-vertrauenswürdige Partei übermittelt werden. Die Dienstanbietenden, an welche Nutzende ihre Daten übermitteln, müssen daher ebenfalls verifiziert werden. Dies muss den Nutzenden außerdem hinreichend erläutert werden, damit diese das nötige Vertrauen aufbauen, dass ihre Daten ausschließlich an Parteien übermitteln werden, bei denen sie sich aktiv dafür entschieden haben.

2.1.4 Anforderung 4: Historie

Ein weiterer Wunsch der Nutzenden war die Möglichkeit zum Nachvollziehen durchgeführter Transaktionen. Hierzu sollte die Wallet eine Historie besitzen, in welcher jede vergangene Transaktion einsehbar ist. Dies sollte mindestens beinhalten, welche Daten an wen übermittelt wurden, zu welchen Zwecken diese benötigt wurden sowie für welche Dauer diese beim Empfänger vorgehalten werden sollen. Dies sind Informationen, welche laut DSGVO ohnehin bei der Erfassung personenbezogener Daten geliefert werden müssen (siehe Art. 13 bzw. 14 DSGVO). Es wäre also möglich, diese direkt in der Anfrage, mit welcher die Daten aus der Wallet abgefragt werden, zu liefern und somit in der Historie der App zu hinterlegen. Eine Möglichkeit, diese Historie zur benutzerfreundlichen Gewährleistung der Betroffenenrechte zu nutzen, wird in Abschn. 2.2 weiter ausgeführt.

2.1.5 Anforderung 5: Aufklärung über Betroffenenrechte

Ebenfalls von der DSGVO gefordert, ist die Aufklärung über die Betroffenenrechte, welche durch die DSGVO gewährt werden (Verpflichtung gemäß Art. 12 DSGVO; für eine ausführliche Darstellung der Betroffenenrechte siehe insbesondere DSGVO, Kap. 3, „Rechte der betroffenen Person"). Auch dies wurde von Nutzenden gewünscht, da ihnen die Rechte weitestgehend unbekannt waren. Allerdings muss hierbei darauf geachtet werden, dass die Nutzenden nicht daran gehindert werden, ihr aktuelles Ziel zu erreichen. Eine solche Aufklärung sollte daher überspringbar sein und zu einem späteren Zeitpunkt erneut aufgerufen werden können. Bei der Anfrage von Daten aus der Wallet sind die anfragenden Dienstanbietenden als datenschutzrechtlich Verantwortliche ohnehin verpflichtet, eine erneute Aufklärung vorzunehmen.

2.1.6 Anforderung 6: Backup und Schutz vor Daten-Missbrauch bei Diebstahl

Als letztes soll hier noch die von Nutzenden häufig genannte Sorge des Verlustes der digitalen Identitäten aufgegriffen werden. So wurde beispielsweise wiederholt die Sorge genannt, dass bei Verlust des Smartphones auch alle digitalen Identitäten verloren gehen und womöglich sogar missbraucht werden könnten. Um den Verlust der Identitäten zu vermeiden, sollte es daher Funktionen zum Erstellen eines Backups und Wiederherstellen der Identitäten geben. Diese sollten ebenfalls bereits in der Wallet erläutert werden. Um den Missbrauch zu vermeiden wäre es denkbar, digitale Credentials ebenso wie physische Karten sperren zu lassen. Außerdem spielt auch hier wieder der Schutz des Zugangs zur Wallet mittels einer PIN oder biometrischer Verfahren eine Rolle. Um das Vertrauen zu steigern, sollten Nutzende daher an geeigneter Stelle auf diese Funktionen zum Schutz der Daten hingewiesen werden.

Wie aus den Erläuterungen der Vorschläge bereits hervorgeht, werden viele der vorgeschlagenen Maßnahmen bereits durch die DSGVO gefordert. Bei einer gewissenhaften Einhaltung der gesetzlichen Vorgaben gilt es also nur, in Fragen der genauen Umsetzung die UX zu berücksichtigen. Auf diese Weise kann ein benutzbarer Datenschutz erreicht und somit unter anderem auch eine bessere Akzeptanz erzielt werden.

2.2 Nutzung der Historie zur benutzbaren Inanspruchnahme der Betroffenenrechte

In Abschn. 2.1.4 wurde die Anforderung an eine ausführliche Historie beschrieben, welche Informationen zu durchgeführten Transaktionen enthält. Hier sollte mindestens abgedeckt werden, welche Daten an wen übermittelt wurden, zu welchen Zwecken diese angefragt wurden sowie für welche Dauer diese beim Empfänger gespeichert werden. Eine solche Historie bietet die ideale Grundlage für eine benutzerfreundliche Umsetzung der Betroffenenrechte gemäß Kap. 3 der Datenschutz-Grundverordnung (DSGVO). Bedingung hierfür wäre, dass die Kontaktmöglichkeiten zum Verantwortlichen (gemäß Art. 4 Nr. 7 DSGVO) oder Stelle der Daten-Verarbeitenden bereits in deren Datenanfrage enthalten sind. Die DSGVO fordert hierbei generell, dass die Kontaktinformationen von Verantwortlichen leicht auffindbar sind. Deren Hinterlegung in der Historie würde ermöglichen, die Betroffenenrechte direkt aus der Historie heraus in Anspruch nehmen zu können. Hierfür sind für die zahlreichen Betroffenenrechte verschiedene Umsetzungen denkbar. Im Folgenden sollen nur ein paar beispielhafte Möglichkeiten aufgeführt werden:

Artikel 7 Absatz 3 der DSGVO erlaubt es der betroffenen Person, eine gegebene Einwilligung in die Verarbeitung der sie betreffenden personenbezogenen Daten jederzeit zu widerrufen. Insbesondere wenn diese Einwilligung mit der Übermittlung der Daten gegeben wurde, könnte hier aus der Historie heraus direkt ein Widerruf derselben Einwilligung per Knopfdruck automatisch generiert und an die Verantwortlichen übermittelt werden. Dies würde auch dem Anspruch der DSGVO genügen, dass das Widerrufen einer Einwilligung mindestens ebenso einfach sein muss, wie deren Erteilung. Ein äquivalenter Prozess wäre beispielsweise auch für die Löschung der übermittelten Daten denkbar, welche durch das Recht auf Löschung in Artikel 17 der DSGVO geregelt wird. Hierbei wäre allerdings noch zu klären, ob die Löschung nur die Daten betrifft, welche durch die, in der Historie festgehaltene, Transaktion übermittelt wurden oder ob jegliche Daten der betroffenen Person bei den Daten-Verarbeitenden gelöscht werden sollen.

Weiterhin wäre es beispielsweise möglich, automatisiert Anfragen zur Erteilung der Auskunft (gemäß Artikel 15 der DSGVO), der Berichtigung falscher oder veralteter Daten (gemäß Artikel 16 der DSGVO) oder der Einschränkung der Verarbeitung (gemäß Artikel 18 der DSGVO) direkt aus der betroffenen Transaktion innerhalb der Historie heraus zu generieren. Dies würde nicht nur der Erfüllung der Betroffenenrechte dienen, sondern, zum Beispiel im Fall der Korrektur falscher Daten, auch die Verantwortlichen in ihrer Pflicht gemäß dem Grundsatz der Richtigkeit (siehe Artikel 5 der DSGVO) unterstützen. Zudem kann es sowohl für die betroffene Person als auch für die Daten-Verarbeitenden von Vorteil sein, wenn hier stets die aktuellen Daten zur Verfügung stehen. Sollte die automatisierte Generierung von Anfragen nicht möglich oder nicht gewollt sein (um beispielsweise den Missbrauch zu vermeiden), könnte in der Historie stattdessen auch ein direkter Verweis zu den entsprechenden Formularen oder Kontaktmöglichkeiten der Daten-Verarbeitenden hinterlegt werden.

Generell wäre es erstrebenswert, eine direkte Kontaktaufnahme zum Verantwortlichen oder Stelle der Daten-Verarbeitenden aus der Historie heraus zu ermöglichen oder zumindest entsprechende Kontaktmöglichkeiten zu hinterlegen. Dies wäre beispielsweise wertvoll, wenn Nutzende als betroffene Person DSGVO-konforme Anliegen haben, für welche noch keine Funktion vorgesehen wurde. Auch dies würde die oben bereits erwähnte Anforderung der DSGVO erfüllen, nach welcher die Kontaktinformationen der Verantwortlichen leicht auffindbar sein müssen.

Auch für die hier nicht aufgeführten Betroffenenrechte wären ähnliche Umsetzungen denkbar. Durch den vorgestellten Ansatz, für ausgewählte oder auch jegliche Betroffenenrechte die direkte und einfache Inanspruchnahme direkt aus der Historie heraus zu ermöglichen, kann also nicht nur das Vertrauen und die Akzeptanz der Nutzenden gestärkt werden, sondern gleichzeitig DSGVO Konformität erreicht werden.

2.3 Entscheidungsmodell zur Bestimmung des Bedrohungspotenzials von Datenanfragen

Die Datenanfrage ist im Bereich der SSI der Punkt, an dem die Nutzenden ihre Daten an Anbietende senden. Um ihre Privatsphäre schützen zu können, sollten die Nutzenden in die Lage versetzt werden, informierte Entscheidungen über die Weitergabe ihrer Daten zu treffen. Eine Möglichkeit, die Nutzenden dabei zu unterstützen, besteht darin, sie durch Warnungen über drohende Gefahren zu informieren. Voraussetzung dafür ist allerdings, vorher das Bedrohungspotenzial der Datenanfragen zu ermitteln. Die Grundlage dafür bildet ein von Ebert et al. (2023) entwickeltes Modell. Dieses Entscheidungsmodell bewertet das Bedrohungspotenzial unter Berücksichtigung verschiedener Einflussfaktoren, die unter anderem auf Basis der DSGVO ermittelt wurden. Im Entscheidungsmodell wird eine differenzierte Evaluation der Datenanfrage auf Grundlage von drei Teilmodellen vorgenommen:

1. Die Bewertung des Datenwertes in hoch, mittel oder gering
2. Die Bewertung der Vertrauenswürdigkeit der Akzeptanzstelle in vertrauenswürdig bzw. nicht vertrauenswürdig
3. Die Bewertung der Rechtmäßigkeit der Datenanfrage in rechtmäßig oder nicht rechtmäßig

Die Ergebnisse dieser Teilentscheidungsmodelle werden kombiniert, sodass eine der drei Bedrohungsstufen abgeleitet werden kann: Niedrig, mittel oder hoch (siehe Abb. 24.1).

Das übergeordnete Ziel des Entscheidungsmodells ist es, Nutzenden zu ermöglichen, informierte Entscheidungen über die Weitergabe ihrer Daten zu treffen, ohne dass ein hohes Maß an technischem Verständnis z. B. in Bezug auf SSI erforderlich ist. Die Bewertung des Bedrohungspotenzials und damit die Bestimmung der Bedrohungsstufen soll dabei automatisiert durch die von Nutzenden verwendeten Wallet. Eine zentrale Aufgabe der Wallet besteht folglich darin, die Nutzenden über das Ergebnis des Entscheidungsmodells, also das aktuelle Bedrohungspotenzial, zu informieren. Die verschiedenen

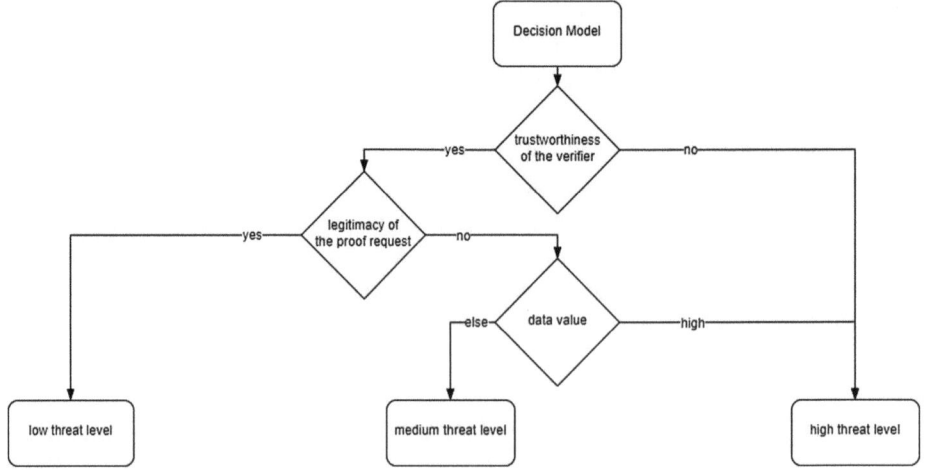

Abb. 24.1 Entscheidungsmodell zur Bewertung des Bedrohungspotenzials von Datenanfragen und den daraus resultierenden Bedrohungsstufen. (Ebert et al., 2023)

Bedrohungsstufen dienen dabei als Grundlage für die Erstellung adaptiver Interaktionsabläufe, die entsprechende Sicherheitsinformationen und Handlungsempfehlungen enthalten können. Zukünftig sollen etwa UI-Komponenten erstellt werden, die den Nutzenden Sicherheitshinweise bzw. Warnungen zu der jeweiligen Datenanfrage geben und sie bei der Entscheidung unterstützen, ihre Daten mit der Akzeptanzstelle zu teilen oder nicht. Denkbar wären in diesem Zusammenhang etwa aktive Warnungen, Inline-Hinweise und Nudging durch das Hervorheben empfohlener Aktionen. Entsprechend des durch die Wallet evaluierten Bedrohungspotenzials können dann UI-Komponenten aktiviert und an die jeweilige Bedrohungsstufe angepasst für die Nutzenden angezeigt werden. Darüber hinaus sind auch weitergehende Maßnahmen, wie das automatische Blockieren von Datenanfragen mit hohem Bedrohungspotenzial, denkbar.

Weiterführende Forschung ist notwendig, um nutzerfreundliche Design Patterns für die jeweilige Bedrohungsstufe entwickeln zu können.

3 Benutzbare Sicherheit von Wallets

Abschn. 3 geht auf die UX und Informationssicherheit beim Einsatz von Wallets ein. Zunächst wird der Zusammenhang von UX und Informationssicherheit in Abschn. 3.1 erläutert. Danach werden entwickelte Heuristiken der UX und Informationssicherheit für Wallets in Abschn. 3.2 ausgeführt. Anschließend wird eine entwickelte Methode in Abschn. 3.3 beschrieben, mit der sich die UX und Informationssicherheit von Wallets bewerten und verbessern lässt.

3.1 Zusammenhang von UX und Informationssicherheit

UX und Informationssicherheit sollten nicht separat bewertet und verbessert werden, da sich beide Aspekte beeinflussen können. Die UX kann die Informationssicherheit negativ beeinflussen, indem beispielsweise Nutzende dazu verleitet werden, dass sie Sicherheitsmechanismen übersehen oder fehlerhaft verwenden (Whitten & Tygar, 1999). Ferner kann die Informationssicherheit die UX negativ beeinflussen, indem die Bedienung von Software-Systemen für Nutzende durch komplizierte Sicherheitsmechanismen erschwert wird (Distler et al., 2020). Es ist jedoch auch möglich, die UX oder Informationssicherheit zu verbessern, ohne negativen Einfluss auf das jeweils andere Attribut auszuüben. Beispielsweise evaluierten Zhang et al. (2021) verschiedene Muster von grafischen Authentisierungsverfahren und stellten fest, dass ein Authentisierungsverfahren eine höhere Informationssicherheit besitzt als die anderen, sich aber die UX nicht nennenswert veränderte.

Konkret beim Einsatz von Wallets haben Sauer et al. (2024b) festgestellt, dass 22 der 24 Probanden einen Sicherheitshinweis (Issuer war nicht verifiziert) beim Speichern eines Credentials nicht wahrgenommen haben, was zu einer Abnahme der Informationssicherheit führt.

Um UX und Informationssicherheit von Wallets auf ein ausreichendes Niveau zu erhöhen, ist es also wichtig, dass UX und Informationssicherheit gemeinsam unter Berücksichtigung einer potenziellen Beeinflussung untereinander evaluiert und verbessert werden.

3.2 Heuristiken der UX und Informationssicherheit für Wallets

Die Qualität eines Software-Systems kann mithilfe von Heuristiken bewertet werden (Nielsen & Molich, 1990). In diesem Kontext liefern Heuristiken Richtlinien für Qualitätsaspekte wie UX und Informationssicherheit, die von Software-Systemen bis zu einem gewissen Grad erfüllt werden können. Solche Heuristiken können im Requirements Engineering verwendet werden, um Anforderungen zu spezifizieren oder um bereits bestehende Software-Systeme zu bewerten. Im Kontext UX entwickelte Nielsen (1994) Heuristiken, wie beispielsweise, dass ein Software-System ein ästhetisches und minimalistisches Design besitzt und Endnutzende vor fehleranfälligen Situationen warnt. Im Kontext Informationssicherheit entwickelten Realpe et al. (2016) Heuristiken, wie beispielsweise, dass die Authentisierung in einem Software-System bei mehreren ungültigen Zugriffsversuchen gesperrt wird.

Bei einer heuristischen Evaluation durchlaufen Expertinnen und Experten von Software-Qualitätsaspekten (wie beispielsweise Expertinnen und Experten der UX) ein Software-System und bewerten, ob und inwiefern Heuristiken erfüllt sind (Nielsen & Molich, 1990). Heuristiken der UX und Informationssicherheit von Wallets können somit in einer heuristischen Evaluation zur Bewertung der UX und Informationssicherheit von Wallets verwendet werden.

Da in der Literatur keine Heuristiken der UX und Informationssicherheit konkret für Wallets identifiziert werden konnten (sondern lediglich generelle Heuristiken für Software-Systeme oder andere Domänen), entwickelten Sauer et al. (2024b) neue Heuristiken für Wallets:

Hierzu wurde zunächst die Methode von Rusu et al. (2011) zur Entwicklung von Heuristiken der UX adaptiert, sodass auch Heuristiken der Informationssicherheit entwickelt werden konnten. Das heißt konkret, dass alle Schritte für die UX auch für die Informationssicherheit durchgeführt wurden:

Phase 1: Explorationsphase
In Phase 1 wurde eine Literaturrecherche durchgeführt, um relevante Definitionen für Wallets, UX und Informationssicherheit zu identifizieren. Ferner wurden relevante Wallet-Funktionen und Attribute der UX und Informationssicherheit (wie Barrierefreiheit als UX-Attribut oder Vertraulichkeit als Informationssicherheit-Attribut) gesammelt. Außerdem wurde nach bereits bestehenden Heuristiken der UX und Informationssicherheit recherchiert.

Phase 2: Deskriptive Phase
In Phase 2 wurden die recherchierten Erkenntnisse aus der ersten Phase priorisiert und gefiltert.

Phase 3: Korrelationsphase
In Phase 3 wurden die recherchierten Heuristiken den ermittelten Wallet-Funktionen zugeordnet.

Phase 4: Selektierungsphase
In Phase 4 wurden die bestehenden Heuristiken aus Phase 3 dahingehend klassifiziert, ob sie angepasst, beibehalten oder gelöscht werden müssen. Für diejenigen Wallet-Funktionen, denen in Phase 3 noch keine Heuristik zugeordnet werden konnten, wurde vermerkt, dass entsprechende Heuristiken erstellt werden mussten.

Phase 5: Spezifikationsphase
In Phase 5 wurden die Heuristiken anhand der Klassifizierung aus Phase 4 spezifiziert, d. h. angepasst, beibehalten, gelöscht oder neu erstellt.

Phase 6: Erste Validierungsphase
In Phase 6 erfolgte die erste Evaluation mithilfe von Interviews mit Expertinnen und Experten aus den Bereichen UX und Informationssicherheit.

Phase 7: Überarbeitungsphase
In Phase 7 wurden die Erkenntnisse der Interviews aus Phase 6 in die Heuristiken eingearbeitet.

Phase 8: Zweite Validierungsphase
In Phase 8 wurde eine zweite Evaluation der UX-Heuristiken durchgeführt. Dazu wurden eine Kontrollgruppe und eine Versuchsgruppe gebildet, die aus Expertinnen und Experten der UX bestanden. Die Kontrollgruppe verwendete die UX-Heuristiken von Nielsen Nielsen (1994) und evaluierte einen Wallet-Prototyp mithilfe einer heuristischen Evaluation (Nielsen & Molich, 1990). Die Versuchsgruppe verwendete die entwickelten UX-Heuristiken und evaluierte denselben Wallet-Prototypen in gleicher Form. Die Versuchsgruppe bzw. die entwickelten Heuristiken identifizierten mehr UX-Schwächen als die Kontrollgruppe bzw. die Heuristiken von Nielsen für den Wallet-Prototypen.

Insgesamt wurden zwölf Heuristiken der UX und sechs Heuristiken für Wallets entwickelt. Die entwickelten Heuristiken lassen sich unter (Sauer & Schork, 2024) einsehen.

Heuristiken allein reichen allerdings nicht aus, um die UX und Informationssicherheit von Wallets zu bewerten und verbessern, da eine potenzielle Beeinflussung untereinander nicht berücksichtigt wird. Inwiefern die Evaluation und die Verbesserung beider Eigenschaften erreicht werden kann, wird in Abschn. 3.3 beschrieben.

3.3 Methode zur Bewertung und Verbesserung der UX und Informationssicherheit

UX und Informationssicherheit sollten nicht separat bewertet und verbessert werden, da sie sich beeinflussen können (siehe Abschn. 3.1). Es sollte also nicht nur eine heuristische Evaluation mithilfe der entwickelten Heuristiken der UX und Informationssicherheit für Wallets (siehe Abschn. 3.2) durchgeführt werden, da sich hiermit lediglich UX und Informationssicherheit separat bewerten lassen. Vielmehr sollte zusätzlich die Beeinflussung von UX und Informationssicherheit bewertet werden (unter anderem die Zusammenhänge der UX- und Informationssicherheit-Heuristiken). Deshalb entwickelten Sauer et al. (2024a) eine Methode, mit der sich die UX und Informationssicherheit bewerten und verbessern lassen, insbesondere unter Berücksichtigung der Beeinflussung dieser Qualitätsattribute:

Zunächst wurde eine systematische Literaturrecherche (Sauer et al., 2023) durchgeführt, um bereits bestehende Verfahren zur Bewertung des Zusammenhangs von UX und Informationssicherheit zu identifizieren. Keines der identifizierten Verfahren kann den Zusammenhang von UX und Informationssicherheit vollständig bewerten. Allerdings wurden basierend auf der Literaturrecherche in (Sauer et al., 2023) Empfehlungen für Verfahren gegeben, auf denen aufgebaut wurde:

Bei einem Heuristic Walkthrough (Sears, 1997) wird im ersten Schritt ein Cognitive Walkthrough (Wharton et al., 1994) durchgeführt. Bei einem Cognitive Walkthrough versetzen sich Expertinnen und Experten der UX in potenzielle Endnutzende und sammeln UX-Schwächen in einem Software-System anhand vordefinierter Interaktionsabläufe. Im zweiten Schritt eines Heuristic Walkthroughs wird eine heuristische Evaluation durchgeführt (siehe Abschn. 3.2). Diese erfolgt als Freiform-Evaluation, d. h. nicht anhand vordefinierter Interaktionsabläufe. Die Ergebnisse aus dem ersten Schritt des Cognitive Walkthrough können allerdings zur Hilfe bei der heuristischen Evaluation verwendet werden, konkret für die Prüfung des Erfüllungsgrads der Heuristiken. Da die Meinung von Expertinnen sowie Experten und tatsächlichen Endnutzenden variieren können (Jaspers, 2009), wurde der Cognitive Walkthrough im ersten Schritt durch die nutzendenbasierte UX-Evaluationsmethode Thinking aloud (Nielsen, 1993) ersetzt. So werden tatsächliche Endnutzende in die Evaluation miteinbezogen und nicht nur Expertinnen und Experten, die sich in Endnutzende hineinversetzen. Als Heuristiken können die entwickelten Heuristiken aus Abschn. 3.2 verwendet werden. Da die Heuristiken jeweils einem oder mehreren Attributen der UX und Informationssicherheit (beispielsweise Barrierefreiheit als Attribut der UX oder Vertraulichkeit als Attribut der Informationssicherheit) zugeordnet sind, kann mithilfe der Heuristiken zunächst ein Score auf Ebene der Attribute bestimmt werden. Anschließend können die Scores der Attribute zu einem Score für die UX und einem Score für die Informationssicherheit aggregiert werden. Zusätzlich ist es relevant, die gegenseitige Beeinflussung zu bewerten. Dazu wurde eine Zielbeziehungsmatrix (Nechansky, 2016) in die Methode integriert, mit der den Heuristiken Zielbeziehungseigenschaften zugeordnet werden können. So kann bewertet werden, ob sich Heuristiken positiv beeinflussen (komplementär), ob sie sich negativ beeinflussen (konkurrierend) oder ob sie sich nicht beeinflussen (indifferent). Auf Basis dessen lassen sich Lösungsvorschläge entsprechend der Zielbeziehungseigenschaft finden:

Für konkurrierende Heuristiken sollte geprüft werden, ob sich Konfliktlösungen finden lassen. Wenn dies nicht der Fall ist, muss entweder UX oder Informationssicherheit priorisiert werden. Komplementäre und indifferente Heuristiken dienen unmittelbar als Lösungsvorschläge, da sie sich nicht negativ beeinflussen.

So entstanden acht Schritte der Methode, die im Folgenden grob erläutert und unter (Sauer, Becker, Oberweis, Pfeifer, & Sürmeli, 2024) detailliert erklärt werden. Die Methode involviert vier Rollen: Expertinnen und Experten der UX (UXE) oder der Informationssicherheit (ISE), Wallet-Nutzende (WU) und Methoden-Anwendende (MA).

Schritt 1: Definition des Evaluationsobjekts
Zunächst werden die zu evaluierenden Wallet-Funktionen mithilfe einer vorgegebenen Liste an Wallet-Funktionen (Krauß et al., 2023; Podgorelec et al., 2022) durch MA festgelegt. Anschließend werden die sicherheitsrelevanten Komponenten und potenziellen Angreifenden durch ISE und MA identifiziert. Danach wird der Umfang der Informationssicherheits-Evaluation durch ISE und MA definiert. Output ist der definierte Evaluationsgegenstand.

Schritt 2: Vorbereitung der Nutzenden-basierten Evaluation
Nun wird die Durchführung der UX-Evaluation mittels Thinking aloud (Nielsen, 1993) vorbereitet. Dazu werden die Anzahl und Eigenschaften der WU definiert und Testfälle der Wallet-Funktionen festgelegt. Anschließend werden die WU eingeladen und die Wallet sowie die Testfälle auf den Endgeräten eingerichtet. Output ist somit die vorbereitete User-basierte Evaluation.

Schritt 3: Durchführung der Nutzenden-basierten Evaluation
Zunächst werden die Aufnahmen des Thinking aloud (Smartphone-Screens und Gesicht der WU) durch den MA gestartet. Danach wird das Thinking aloud durchgeführt (WU und MA) und die Aufnahmen gestoppt sowie gesichert (MA). Output sind Aufnahmen des Thinking aloud der WU.

Schritt 4: Auswertung der Nutzenden-basierten Evaluation
MA, ISE und UXE betrachten die Aufnahmen des Thinking aloud und sammeln Stärken/Schwächen der UX sowie Informationssicherheit. Die tiefgreifendere Evaluation der Informationssicherheit erfolgt in Schritt 6, allerdings können hier schon Implikationen der UX und Informationssicherheit ersichtlich werden. Danach werden Heuristiken der UX und Informationssicherheit aus den Stärken/Schwächen der UX und Informationssicherheit abgeleitet (MA, ISE und UXE). Output sind Heuristiken der UX und Informationssicherheit.

Schritt 5: Vorbereitung der Expertinnen- und Experten-basierten Evaluation
Zunächst besteht die Möglichkeit, weitere relevante Heuristiken aus einer externen Sammlung an Heuristiken (beispielsweise Heuristiken aus Abschn. 3.2) zu selektieren (MA, ISE und UXE). Zusätzlich kann eine Literaturrecherche nach Heuristiken durchgeführt werden, falls die anfangs festgelegten Wallet-Funktionen nicht durch Heuristiken abgedeckt sind (ISE und UXE). Anschließend wird ggfs. die Liste der sicherheitsrelevanten Komponenten der Wallet und der Umfang der Informationssicherheit-Evaluation angepasst (MA. ISE), wenn sich der Bedarf nach dem Hinzufügen der neuen Heuristiken ergibt. Abschließend werden die Heuristiken priorisiert (MA, ISE, und UXE). Output sind gewichtete Heuristiken der UX und Informationssicherheit.

Schritt 6: Durchführung der Expertinnen- und Experten-basierten Evaluation
Nun werden die Wallet-Funktionen durch ISE und UXE mithilfe der Heuristiken bewertet, indem jeder Heuristik ein Score von 1 (nicht erfüllt) bis 5 (in vollem Umfang erfüllt) zugeordnet wird. Zudem werden die Heuristiken in eine Zielbeziehungsmatrix (Nechansky, 2016) aufgenommen und Zielbeziehungseigenschaften (komplementär, konkurrierend und indifferent) durch Diskussion der ISE und UXE zugeordnet. Output sind die bewerteten Heuristiken und die erstellte Zielbeziehungsmatrix.

Schritt 7: Auswertung und Validierung der Expertinnen- und Experten-basierten Evaluation
Die Scores der Heuristiken werden zunächst auf Attributs-Ebene aggregiert (MA). So kann beispielsweise ein Score für die Barrierefreiheit (Attribut der UX) und für die Nützlichkeit (Attribut der UX) sowie für die Vertraulichkeit (Attribut der Informationssicherheit) und Verfügbarkeit (Attribut der Informationssicherheit) aggregiert werden. Anschließend werden die Scores der Attribute zu einem Score für die UX und einem Score für die Informationssicherheit aggregiert (MA). Falls Anpassungsbedarf an den Heuristiken während Schritt 6 aufgekommen ist, können die Heuristiken entsprechend angepasst und Schritt 6 wiederholt werden (MA, ISE und UXE). Output sind ein Score für die UX und ein Score für die Informationssicherheit.

Schritt 8: Verbesserung der UX und Informationssicherheit
Zunächst werden Lösungen für konkurrierende Heuristiken gesucht (MA, ISE und UXE). Wenn sich keine Konfliktlösungen finden lassen, muss entweder die UX oder die Informationssicherheit priorisiert werden (MA, ISE und UXE). Anschließend können die komplementären und indifferenten Heuristiken als Lösungsvorschläge verwendet werden, da sie sich nicht negativ beeinflussen (MA, ISE und UXE). Output sind Verbesserungsvorschläge für die UX und Informationssicherheit der Wallet.

Das gesamte Vorgehensmodell lässt sich unter (Sauer & Pfeifer, 2024) einsehen.

4 Zusammenfassung und zukünftige Arbeiten

UX, Informationssicherheit und Privatsphäre sind wichtige Qualitätsattribute von Wallets. Existierende Wallets weisen allerdings erhebliche Defizite dieser drei Qualitätsattribute auf. Ferner können sich die drei Qualitätsattribute beeinflussen, sodass sie immer unter gemeinsamer Betrachtung evaluiert und verbessert werden sollten. In diesem Beitrag wird im ersten Teil auf den benutzbaren Datenschutz von Wallets eingegangen: Datenschutz-Anforderungen werden aus Sicht von Nutzenden beschrieben sowie eine benutzbare Inanspruchnahme der Betroffenenrechte diskutiert. Zusätzlich wird ein Entscheidungsmodell erläutert, mit dem Nutzende informierte Entscheidungen über die Weitergabe ihrer Daten treffen können. Im zweiten Teil wird auf die benutzbare Sicherheit von Wallets eingegangen: Zunächst wird der Zusammenhang von UX und Informationssicherheit diskutiert. Anschließend wird auf Design-Guidelines, sogenannte Heuristiken, der UX und Informationssicherheit von Wallets eingegangen. Darauf aufbauend wird eine Methode erläutert, mit der sich UX und Informationssicherheit (insbesondere deren Zusammenhang) von Wallets evaluieren und verbessern lassen.

Zukünftig soll die entwickelte Methode zur Bewertung und Verbesserung der UX und Informationssicherheit von Wallets (siehe Abschn. 3.3) auf die Hidy-Wallet[2] angewendet und evaluiert werden. Zur Anwendung der Methode sollen unter anderem die entwickelten Heuristiken der UX und Informationssicherheit für Wallets (siehe Abschn. 3.2) verwendet werden. Ferner soll evaluiert werden, ob sich die entwickelte Methode auch auf andere Software-Systeme (als Wallets) anwenden lässt.

Danksagung Die Inhalte dieses Beitrags sind Ergebnisse des Schaufensterprogramms „Sichere digitale Identitäten". Ziel des Schaufensterprogramms ist es, mithilfe digitaler Identitäten, Menschen, Organisationen und Prozesse zu verbinden. Das Schaufensterprogramm wird vom Bundesministerium für Wirtschaft und Klimaschutz (BMWK) gefördert.

Literatur

Distler, V., Lenzini, G., Lallemand, C., & Koenig, V. (2020). The framework of security-enhancing friction: How UX can help users behave more securely. *New Security Paradigms Workshop (NSPW '20)*, 45–58. https://doi.org/10.1145/3442167.3442173

Ebert, S., Krauß, A.-M., & Anke, J. (2023). Towards informed choices: A decision model for adaptive warnings in self-sovereign identity. *Mensch und Computer (MuC'23). 9. Usable Security und Privacy Workshop*. Mensch und Computer (MuC'23). 9. Usable security und privacy workshop. https://doi.org/10.18420/MUC2023-MCI-WS11-322

Jaspers, M. W. M. (2009). A comparison of usability methods for testing interactive health technologies: Methodological aspects and empirical evidence. *International Journal of Medical Informatics, 78*(5), 340–353. https://doi.org/10.1016/j.ijmedinf.2008.10.002

---

[2] https://hidy.eu/de

Khayretdinova, A., Kubach, M., Sellung, R., & Roßnagel, H. (2022). Conducting a usability evaluation of decentralized identity management solutions. In M. Friedewald, M. Kreutzer, & M. Hansen (Hrsg.), *Selbstbestimmung, Privatheit und Datenschutz* (S. 389–406). Springer Fachmedien Wiesbaden. https://doi.org/10.1007/978-3-658-33306-5_19

Krauß, A.-M., Sellung, R. A., & Kostic, S. (2023). Ist das die Wallet der Zukunft? *HMD Praxis der Wirtschaftsinformatik, 60*(2), 344–365. https://doi.org/10.1365/s40702-023-00952-6

Nechansky, H. (2016). The interaction matrix: From individual goal-setting to the four modes of coexistence. *Kybernetes, 45*, 87–106. https://doi.org/10.1108/K-09-2014-0192

Nielsen, J. (1993). *Usability engineering* (1. Aufl.). Morgan Kaufmann.

Nielsen, J. (1994). Enhancing the explanatory power of usability heuristics. *Proceedings of the SIGCHI Conference on Human Factors in Computing Systems Celebrating Interdependence (CHI '94)*, 152–158. https://doi.org/10.1145/191666.191729

Nielsen, J., & Molich, R. (1990). Heuristic evaluation of user interfaces. *Proceedings of the SIGCHI Conference on Human Factors in Computing Systems Empowering People – CHI '90*, 249–256. https://doi.org/10.1145/97243.97281

Podgorelec, B., Alber, L., & Zefferer, T. (2022). What is a (Digital) identity wallet? A systematic literature review. *Proceedings of the 46th Annual Computers, Software, and Applications Conference (COMPSAC)*, 809–818. https://doi.org/10.1109/COMPSAC54236.2022.00131

Realpe, P. C., Collazos, C. A., Hurtado, J., & Granollers, A. (2016). A set of heuristics for usable security and user authentication. *Proceedings of the 17th International Conference on Human Computer Interaction*, 1–8. https://doi.org/10.1145/2998626.2998662

Rusu, C., Roncagliolo, S., Rusu, V., & Collazos, C. (2011, Januar 1). A methodology to establish usability heuristics. *Proceedings of the 4th International Conference on Advances in Com-puter-Human Interactions (ACHI) 2011*.

Sartor, S., Sedlmeir, J., Rieger, A., & Roth, T. (2022). Love at first sight? A user experience study of self-sovereign identity wallets. *Proceedings of the 30th European Conference on Information Systems (ECIS 2022)*.

Sauer, M., Alpers, S., & Becker, C. (2023). Comparison of methods for analyzing the correlation of user experience and information security. *Proceedings of the 5th International Conference on Software Engineering and Development (ICSED '23)*. https://doi.org/10.1145/3637792.3637794

Sauer, M., & Pfeifer, S. (2024). *MEUSec – Method for enhancing user experience and information security* [Dataset]. Zenodo. https://doi.org/10.5281/ZENODO.10529247

Sauer, M., & Schork, S. (2024). *User experience and information security heuristics for digital identity wallets* [Dataset]. Zenodo. https://doi.org/10.5281/ZENODO.10865961

Sauer, M., Becker, C., Oberweis, A., Pfeifer, S., & Sürmeli, J. (2024a). MEUSec – Method for enhancing user experience and information security. *Proceedings of the 22nd International Conference on Advances in Mobile Computing & Multimedia Intelligence (MoMM '24)*.

Sauer, M., Becker, C., Oberweis, A., Schork, S., & Sürmeli, J. (2024b). User Experience and information security heuristics for digital identity wallets. *Proceedings of the 8th International Conference on Computer-Human Interaction Research and Applications (CHIRA '24)*.

Sauer, M., Pfeifer, S., Sürmeli, J., Siebert, E., & Woytal, I. (2024c). *User-friendly integration of identity wallets and mobility platforms: A user experience study conducted in the SDIKA project*. https://doi.org/10.13140/RG.2.2.12412.55682

Sears, A. (1997). Heuristic walkthroughs: Finding the problems without the noise. *International Journal of Human – Computer Interaction, 9*(3), 213–234. https://doi.org/10.1207/s15327590ijhc0903_2

Wharton, C., Rieman, J., Lewis, C., & Polson, P. (1994). The cognitive walkthrough method: A practitioner's guide. In *Usability Inspection Methods* (S. 105–140). John Wiley & Sons, Inc.

Whitten, A., & Tygar, J. (1999). Why Johnny can't encrypt: A usability evaluation of PGP 5.0. *Proceedings of the 8th conference on USENIX Security Symposium.*

Zhang, L., Guo, Y., Guo, X., & Shao, X. (2021). Does the layout of the Android unlock pattern affect the security and usability of the password? *Journal of Information Security and Applications, 62.* https://doi.org/10.1016/j.jisa.2021.103011

Open Access Dieses Kapitel wird unter der Creative Commons Namensnennung 4.0 International Lizenz (http://creativecommons.org/licenses/by/4.0/deed.de) veröffentlicht, welche die Nutzung, Vervielfältigung, Bearbeitung, Verbreitung und Wiedergabe in jeglichem Medium und Format erlaubt, sofern Sie den/die ursprünglichen Autor(en) und die Quelle ordnungsgemäß nennen, einen Link zur Creative Commons Lizenz beifügen und angeben, ob Änderungen vorgenommen wurden.

Die in diesem Kapitel enthaltenen Bilder und sonstiges Drittmaterial unterliegen ebenfalls der genannten Creative Commons Lizenz, sofern sich aus der Abbildungslegende nichts anderes ergibt. Sofern das betreffende Material nicht unter der genannten Creative Commons Lizenz steht und die betreffende Handlung nicht nach gesetzlichen Vorschriften erlaubt ist, ist für die oben aufgeführten Weiterverwendungen des Materials die Einwilligung des jeweiligen Rechteinhabers einzuholen.

25

Gestaltung nutzerfreundlicher Interaktionen für behördliche Antragsprozesse mit Wallet: Ein Service Blueprint-Ansatz

Sarah Ebert ⓘ, Sandra Kostic ⓘ, Anna-Magdalena Krauß ⓘ, Max Sauer ⓘ und Rachelle A. Sellung ⓘ

> **Zusammenfassung**
>
> Die Nutzerfreundlichkeit und Verständlichkeit von digitalen Identitäten und Wallets beeinflusst maßgeblich die Akzeptanz, die Nutzungsbereitschaft sowie das Vertrauen in solche Lösungen. Da aktuelle Forschungsergebnisse deutliche Defizite bestehender Wallets in Bezug auf die User Experience aufzeigen, besteht die Notwendigkeit, diese zu verbessern. In diesem Beitrag werden die Ergebnisse der Entwicklungsarbeiten für einen nutzerfreundlichen Antragsprozess mittels Wallets vorgestellt. Mithilfe eines sogenannten Service Blueprints veranschaulicht die Arbeitsgruppe *Nutzerakzeptanz*, bestehend aus Expertinnen und Experten auf den Gebieten User Experience, Usable Security (benutzbare Sicherheit) und verwandten Gebieten aus Forschung und Industrie, wie z. B. ein digitaler Sozialpass beantragt werden kann. Dabei folgt der Service Blueprint nicht nur den offiziellen Standards für die Anforderungen an eine nutzerfreundliche Interaktion, sondern greift auch auf die gesammelten Erfahrungen aus dem

---

S. Ebert · A.-M. Krauß
Hochschule für Technik und Wirtschaft Dresden, Dresden, Deutschland
E-Mail: anna-magdalena.krauss@htw-dresden.de

S. Kostic
Fraunhofer Institute for Applied and Integrated Security AISEC,
Garching bei München, Deutschland
E-Mail: sandra.kostic@aisec.fraunhofer.de

M. Sauer (✉)
FZI Forschungszentrum Informatik, Karlsruhe, Deutschland
E-Mail: sauer@fzi.de

R. A. Sellung
Fraunhofer Institute for Industrial Engineering IAO, Stuttgart, Deutschland
E-Mail: rachelle.sellung@iao.fraunhofer.de

vom Bundesministerium für Wirtschaft und Klimaschutz geförderten Schaufensterprojekt „Sichere digitale Identitäten" zurück. Der Service Blueprint dient nicht nur als Vorlage für alternative Antragsprozesse, sondern adressiert auch die identifizierten Herausforderungen im Umgang mit Wallets, digitalen Identitäten sowie allgemeinen Antragsprozessen und bereitet diese gebündelt auf.

Schlüsselwörter

User Experience · Usability · Digital Identity Wallet · Nutzerakzeptanz · Usable Security · SSI

1 Einleitung

Eine gute User Experience (UX) ist entscheidend für die Akzeptanz der Nutzenden von digitalen Identitäts-Wallets (im Folgenden Wallets genannt). Durch eine gute UX wird z. B. die Fehlerrate verringert und die Effektivität sowie Effizienz der Nutzung erhöht.

Aktuelle Forschungen zeigen allerdings, dass existierende Wallets diverse Schwächen hinsichtlich der UX aufweisen, z. B. durch die Verwendung unverständlicher Terminologien, fehlende Hilfsoptionen und unintuitive Back-up-Funktionen auf (Khayretdinova et al., 2022; Sartor et al., 2022). Es wird deutlich, dass die UX von Wallets verbessert werden sollte, damit sie für Nutzende einfach verwendbar sind. Ferner sollten Anwendungsfallübergreifende Design Patterns geschaffen werden, damit Nutzende ihre Wallets in unterschiedlichen Anwendungsfällen ohne hohen kognitiven Aufwand verwenden können. Diese und weitere Ziele verfolgt die „Arbeitsgruppe Nutzerakzeptanz".

Die AG Nutzerakzeptanz formierte sich im Rahmen des Innovationswettbewerbs „Schaufenster Sichere Digitale Identitäten" (gefördert vom Bundesministerium für Wirtschaft und Klimaschutz, 2020), bestehend aus den vier Projekten ID-Ideal, IDunion, ONCE und SDIKA. Da alle vier Projekte unter anderem das Ziel verfolgen, eine gute UX beim Einsatz von ID-Lösungen zu schaffen und somit ähnliche Fragestellungen aufgekommen sind, bildete sich die AG Nutzerakzeptanz. Diese vereint Experten und Expertinnen der UX und verwandten Aspekten, z. B. Usable Security und Privacy, aus Wissenschaft sowie Wirtschaft, um relevante Erkenntnisse zu konsolidieren und gemeinsam an diversen Fragestellungen zu arbeiten. Zur Bündelung der gesammelten Erkenntnisse der Experten und Expertinnen wurde im Rahmen der AG Nutzerakzeptanz ein nutzerfreundlicher Antragsprozess in Form eines Service Blueprints (Potthoff et al., 2018) erstellt.

Der Antragsprozess wurde exemplarisch anhand des Anwendungsfalls „Verwaltungsdienstleistung" erarbeitet. Grund hierfür war zum einen, dass bei Verwaltungsdienstleistungen eine hoheitliche ID zur Identifikation der Antragstellenden eingesetzt wird. Zum anderen werden behördliche Antragsprozesse in den Schaufensterprojekten intensiv behandelt, sodass nicht nur Informationen aus den Projekten in den zu entwickelnden Antragsprozess einfließen konnten, sondern gleichzeitig auch Erkenntnisse in die Projekte zurückgespielt werden konnten.

Ziel des Service Blueprints ist es, als Vorlage für alle Antragsprozesse (auch außerhalb der Verwaltung) zu dienen, um die standardisierte und nutzerfreundliche Verwendung von digitalen Identitäten und Wallets zu unterstützen und potenzielle Hürden zu identifizieren.

Der entwickelte Antragsprozess am Beispiel des „Digitalen Sozialpasses" wird in diesem Beitrag detailliert vorgestellt.

2 Bisherige Arbeiten der AG Nutzerakzeptanz

2.1 Anforderungen und Nutzungsszenarien

Um Konzepte zur besseren Integration von UX-Perspektiven in den Prozess von der Konzeption bis zur Implementierung digitaler Anwendungen zu fördern, wurden Forschungsarbeiten zur Definition und Beschreibung dieser Aspekte durchgeführt und veröffentlicht.

Krauß et al. (2023b) schlagen ein Konzept für eine nutzerfreundliche Wallet der Zukunft vor, welches auf einer Wallet-Analyse und UX-Anforderungen basiert. Das Konzept sieht einen größeren Funktionsumfang als bisher existierende Wallets vor, um den Bedürfnissen der Nutzenden besser gerecht zu werden. Krauß et al. (2023b) geben einen Überblick über die Hürden (z. B. Erlernbarkeit der Funktionalität), die mit der Nutzung von heutigen digitalen Dienstleistungen und aktuellen Wallet-Lösungen verbunden sind. Ergänzend präsentierten Krauß et al. (2023a) das erweiterte Konzept einer Wallet von Krauß et al. (2023b) aus der Perspektive Nutzender anhand von Nutzerszenarien. Diese Szenarien veranschaulichen die vielfältigen Einsatzmöglichkeiten von Wallets, darunter die Übertragung von Daten zwischen Wallets, die Verwaltung von Daten in Vertretung für andere Personen und Selective Disclosure von Informationen zum Schutz der Privatsphäre.

2.2 UX-Evaluationen von Wallets

Die Studie von Ebert (2023) konzentriert sich auf die Anzeige von Sicherheitsinformationen und untersucht die Adaptierbarkeit der bestehenden Usable Security Patterns für SSI anhand eines Mockups und eines Usability-Tests mit 10 Teilnehmenden. Die Auswertung zeigt, dass die nach den Security-Patterns gestalteten Warnhinweise wahrgenommen und verstanden wurden. Verbesserungsvorschläge wie eine konsistentere Darstellung und bessere Handlungsempfehlungen wurden identifiziert. Insgesamt wurde das Mockup als vielversprechender Ansatz zur Vermittlung von Sicherheitsinformationen bewertet, was die Bedeutung ausreichender Sicherheitsinformationen unterstreicht und die positiven Effekte der Berücksichtigung von Usable Security Patterns auf die Verständlichkeit und Wahrnehmbarkeit von Warnhinweisen verdeutlicht.

In einem weiteren Beitrag von Sauer et al. (2024c) wurde die UX und Implikationen zur Informationssicherheit eines Prototyps mittels den von Sauer et al. (2023) identifizierten Evaluationsverfahren evaluiert. Der Prototyp demonstrierte die Verwendung einer Wallet in Verbindung mit einer Mobilitätsplattform. Die Evaluation erfolgte mit 24 Teilnehmenden. Der Wallet-Prototyp lag in vier Varianten vor, die sich hinsichtlich ihres Authentifizierungsverfahrens unterschieden (4-stelliger Pin, 6-stelliger Pin, Passwort und Fingerscan). Die Teilnehmenden wurden in 4 Gruppen eingeteilt, die jeweils eine Prototyp-Variante mit einem Authentifizierungsverfahren. Unter anderem wurde deutlich, dass sich das Konzept und die Funktionsweise von Wallets insbesondere für die nicht IT-affinen Teilnehmenden als unverständlich erwies. Ferner kam der Wunsch auf, dass die Wallet mehr Rückmeldungen gibt, z. B. beim erfolgreichen Speichern oder Senden von Daten. In der Wallet wurde absichtlich ein in Rot gefärbter Sicherheitshinweis „Kontakt ist nicht verifiziert" beim Speichern des Führerscheins in der Wallet präsentiert. Nur 5 der 24 Teilnehmenden haben den Sicherheitshinweis wahrgenommen. Zudem wurde für die Teilnehmenden nicht deutlich, was „nicht verifiziert" bedeutet und wer dies klassifiziert. Generell wurde das Wording bemängelt, wie z. B. beim Speichern von Nachweisen in der Wallet („Ja, Karte hinzufügen"; „Kontakt ist nicht verifiziert"). Zudem schnitt die Variante des Wallet-Prototyps mit einem Passwort als Authentifizierungsverfahren am schlechtesten ab (hinsichtlich Fragebögen und Login-Zeiten). Darauf aufbauend entwickelten Sauer et al. (2024b) 12 UX- und 6 Informationssicherheit-Heuristiken für Wallets. Zudem wurde eine Methode (Sauer et al., 2024a) entwickelt, mit der sich die UX und Informationssicherheit (insbesondere deren Beeinflussung) von Wallets bewerten lässt.

2.3 Vertrauenswürdigkeit

Um auch verständliche und vertrauenswürdige Interaktionen zwischen Nutzenden und der Verwaltung zu untersuchen, wurden Nutzerstudien im Projekt ID-Ideal[1] zur Evaluierung protypischer Umsetzungen verschiedener Anwendungsfälle durchgeführt, darunter Bürgerbegehren, Volkshochschule und Bibliothek.

An den Tests mit vorwiegend qualitativer Ausrichtung nahmen jeweils 9 bis 12 Personen teil. Die Teilnehmenden sollten dabei mithilfe einer Wallet Aufgaben bewältigen, wie die Initiierung und Unterstützung eines Bürgerbegehrens, das Buchen und Bezahlen von Volkshochschulkursen und das digitale Beantragen eines Bibliotheksausweises. Dabei wurde deutlich, dass der Wechsel zwischen den Anwendungen – Webseite im mobilen Browser zur Wallet und umgekehrt – auf einem Gerät Optimierungsbedarf aufweist. Insbesondere wurde kritisiert, dass es keine Weiterleitungen innerhalb des Antragsprozesses zwischen Wallet und Webseite gab, z. B. nach dem Senden der Daten in der Wallet.

Im Test zum Bürgerbegehren nahmen die Nutzenden außerdem an, es sei möglich, den QR-Code wie gewohnt mit der Smartphone-Kamera statt mit der Wallet-App zu scannen, was zu Verwirrung und Frustration führte. Des Weiteren wurden auf der kommunalen Webseite Verwaltungsfachtermini, wie z. B. „Vertrauensperson" verwendet, die von den Nutzenden nicht verstanden wurden und sich negativ auf die Nutzung der Anwendung

---
[1] https://id-ideal.de/ Zugriff: 26.04.2023.

auswirkten. Im Rahmen aller Tests wurde zudem deutlich, dass die Verwendung von SSI-spezifischen Begriffen, z. B. „Wallet", ebenfalls zu Problemen auf Seiten der Nutzenden führte. Insbesondere dann, wenn diese anwendungsübergreifend inkonsistent verwendet wurden, z. B. „Datenfreigabe" auf der Webseite und „Datenabfrage" in der Wallet. Die Nutzenden gaben an, dass somit entsprechendes Vorwissen für die Nutzung der Anwendungen vorausgesetzt werde und Erläuterungen fehlten.

In allen Tests zeigten sich sowohl negative als auch positive Auswirkungen auf die Vertrauenswürdigkeit der digitalen Anwendungen gegenüber Nutzenden. Als negative Auswirkungen wurden z. B. fehlende Informationen in Bezug auf die anfragende Gegenstelle (Wer ist das und ist dieser zur Anfrage berechtigt?), das Senden der eigenen Daten (Zu welchem Zweck werden welche Daten an wen gesendet?) und die anschließende Verarbeitung dieser Daten (Was passiert nach dem Senden damit?) erkannt. Insbesondere negativ wurde zudem wahrgenommen, wenn eine Diskrepanz zwischen Informationen auf der Webseite und in der Wallet deutlich wurde, was sich auch mit den Erkenntnissen von Ebert (2023) deckt. Etwa wenn sich die Auflistung der angefragten Daten auf der Webseite von der in der Wallet unterschied. Zuletzt verunsicherte ein Hinweis in der Wallet die Nutzenden, der sie dazu anhielt, achtsam zu sein, wenn sie ihre Daten senden und erzielte somit den gegenteiligen Effekt – keine Vertrauenswürdigkeit.

Dem gegenüber wirkten sich allerdings die Verwendung des vertrauten Designs sowie Layouts (Corporate Identity) der jeweiligen Stadt und, im Falle des Tests mit zwei Geräten, die Verwendung des Smartphones zusätzlich zum Laptop „durch das Gefühl der Benutzung eines zweiten Faktors" und damit erhöhter Sicherheit, positiv auf die Vertrauenswürdigkeit aus. Insbesondere scheint die Verwaltung durch die Nutzenden einen Vertrauensbonus zu genießen, da diese u. a. mit hohen Datenschutzstandards assoziiert wird. Dies wirkt sich auch auf die verwendete Wallet aus, da die Nutzenden erwarten, dass, wenn die Wallet mit dem jeweiligen kommunalen Service kompatibel ist, diese auch von der Behörde im Vorfeld geprüft wurde.

Neben den genannten Erkenntnissen zeigt die Forschung auch, dass die Wahl des Betreibers einer Wallet einen entscheidenden Einfluss auf das Nutzervertrauen hat.

So deutet eine Veröffentlichung darauf hin, dass die Nutzenden im Laufe der Jahre eine Präferenz für einen staatlichen Betreiber einer Wallet zeigen (Kostic & Poikela, 2023a). Um dies zu ermitteln, wurde 2020 ein Konzept für eine Wallet entwickelt und mit Hilfe von Nutzerstudien evaluiert. 16 Teilnehmende wurden befragt, um nicht nur die Bereitschaft, sondern auch das Vertrauen in ein solches Konzept zu bewerten. Die Teilnehmenden standen der Nutzung der Wallet offen gegenüber und waren von dem Konzept überzeugt. Was das Vertrauen angeht, bevorzugten etwa die Hälfte der Teilnehmenden die Regierung als Betreiber der Wallet, während die übrigen Teilnehmenden ein privates Unternehmen favorisierten. Ein überarbeitetes Konzept der Wallet wurde im Jahr 2022 erneut mit 12 Studienteilnehmenden getestet. Die Teilnehmenden der Studie zeigten weiterhin eine hohe Bereitschaft, die Wallet zu nutzen. Allerdings änderten sich die Ergebnisse zum Vertrauen. Sie zeigen, dass nur eine Person ein privates Unternehmen für den Betrieb der Wallet bevorzugt, während die übrigen Teilnehmenden den Staat favorisieren.

Die Veröffentlichung von Kostic und Poikela (2023b) baut auf der Veröffentlichung von Kostic und Poikela (2023a) auf und behandelt eine exakte Wiederholung der Studie aus dem Jahr 2020, um herauszufinden, ob der Zeitpunkt (2020 vs. 2022) oder das überarbeitete Konzept einen Einfluss darauf hatte, dass die Teilnehmenden der Studie nun eine deutliche Präferenz für einen staatlichen Betreiber zeigten. Die Ergebnisse der Studie deuten darauf hin, dass der Zeitpunkt und nicht die Darstellung des Konzepts die Präferenz beeinflusst hat.

3 Methodik zur Erstellung eines User Flows für die Beantragung eines Sozialpasses

Um den Ablauf eines idealen User Flows zu visualisieren und potenzielle Hürden zu identifizieren, wurde ein Service Blueprint erstellt. Service Blueprinting ist eine Methode zur Visualisierung und Beschreibung von Serviceprozessen. Dabei werden alle Aspekte des Services aus der Perspektive aller beteiligter Parteien betrachtet (Lynn Shostack, 1982; Potthoff et al., 2018). Ein Service Blueprint bietet eine ganzheitliche Übersicht über den gesamten Service, um Schwachstellen und Probleme schnell zu erkennen. Die klare Struktur ermöglicht eine schnelle Visualisierung und kollaborative Entwicklung von Ideen, wodurch sie besonders für den Einsatz im Design Thinking-Kontext geeignet sind (Potthoff et al., 2018).

Für die Entwicklung des in dieser Arbeit thematisierten Service Blueprints wurden zunächst die Interaktionsschritte und festgelegten Inhalte basierend auf vorherigen Arbeiten ermittelt (siehe Abschn. 3). Der Fokus liegt hierbei auf der Interaktion zwischen Wallet und Webseite. Der erstellte Service Blueprint stellt den „Happy Path" dar – die einfachste und ideale Interaktion ohne Berücksichtigung von Fehlerzuständen am Beispiel des Sozialpasses basierend auf festgelegten Annahmen.

Der Service Blueprint wurde iterativ im Expertenkreis aller vier Schaufensterprojekte diskutiert bzw. verfeinert und neue Ereignisse (European Union, 2024) berücksichtigt. Potenzielle Hürden und offene Fragen wurden gesammelt und in einer großen Expertenrunde diskutiert. Parallel dazu wurden weitere Service Blueprints erstellt, z. B. für die ausschließliche Interaktion mit dem Smartphone und Sonderfälle. Im Anschluss wurde der „Happy Path" im Rahmen eines Workshops auf der Konferenz authenticon 2024[2] vorgestellt und diskutiert.

4 Vorstellung der nutzerfreundlichen Interaktion anhand eines Service Blueprints

Die Beantragung und Ausstellung des Sozialpasses erfolgt auf der Webseite des Sozialpass-Anbieters, die auf einem zweiten Gerät (z. B. Laptop) geöffnet wird. Die Wallet wird auf dem Smartphone verwendet.

---

[2] https://authenticon.io.

Für den „Happy Path" wird angenommen:

- Die Nutzenden wissen vom Angebot des Sozialpasses und der Weg zur Website ist ihnen bekannt.
- Alle Inhalte auf der Webseite und in der Wallet sind barrierefrei. (inkl. Vermeidung von Verwaltungsfachtermini im Antragsprozess)
- Die Nutzenden sehen einen Vorteil im Online-Antragsprozess mit Wallet.
- Die Nutzenden verfügen über 2 verschiedene Geräte (Laptop mit Antragsstrecke, Smartphone mit Wallet)
- Die Wallet ist auf dem Smartphone der Nutzenden mit den erforderlichen Nachweisen installiert und eingerichtet.
- Der Sozialpass wird unmittelbar nach Vorlage der notwendigen Nachweise von der Behörde ausgestellt.
- Die User Flows wurden vor der Umsetzung der Anwendung mit Nutzenden evaluiert.

Neben dem Service Blueprint werden diverse Hürden sowie Fragestellungen der UX beschrieben. Aus Gründen der Übersicht wurde dieser Service Blueprint in fünf Subprozesse zerlegt: Startseite der Sozialpass-Webseite (siehe Abschn. 4.1), Startseite der Antragsstrecke – Infoseite Antrag und Infoseite der Nachweise (siehe Abschn. 4.2), Nachweise aus der Wallet vorweisen (siehe Abschn. 4.3), Nachweis erhalten (siehe Abschn. 4.4) und Bestätigung und Abschluss des Prozesses (siehe Abschn. 4.5).

Bevor die fünf Subprozesse in den einzelnen Abschn. 4.1 bis 4.5 detailliert ausgeführt werden, wird zunächst der Gesamtprozess (siehe Abb. 25.1) beschrieben:

Zur Beantragung eines Sozialpasses gelangen die Nutzenden zuerst auf die Startseite der Sozialpass-Webseite, auf der sie z. B. Möglichkeiten zur Ausstellung des Passes erhalten. Wenn Nutzende sich hierbei für den Online-Antrag entscheiden, werden sie zur Startseite der Antragsstrecke – Infoseite des Antrags weitergeleitet. Dort finden sie z. B. Erklärungen zu Wallets vor. Anschließend gelangen die Nutzenden auf die Infoseite zu den Nachweisen, auf der z. B. alle Nachweise aufgelistet werden, mit denen Antragsstellende berechtigt einen Antrag auf Sozialpass stellen können. Nun sollen die Nutzenden ihre Nachweise aus der

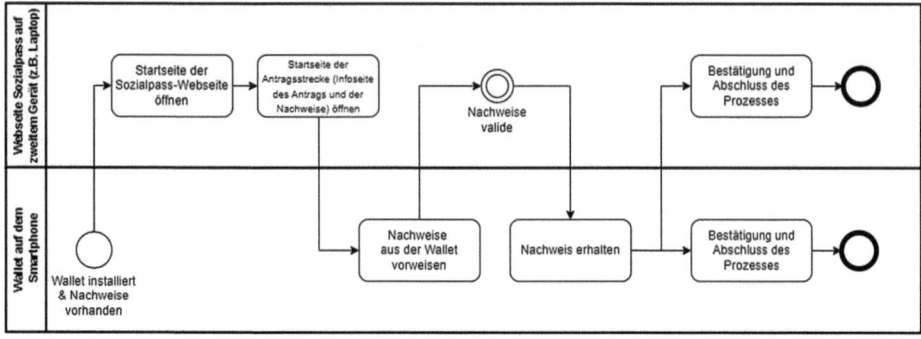

Abb. 25.1 Gesamtprozess

Wallet vorweisen. Dazu scannen die Nutzenden den auf der Seite des Dienstanbietenden angezeigten QR-Code mit ihrem Smartphone und bestätigen in ihrer Wallet, dass die Nachweise dem Dienstanbietenden vorgewiesen werden dürfen. Soweit alles funktioniert hat, erhalten die Nutzenden ihren Nachweis des Sozialpasses. Dazu erscheint erneut ein QR-Code auf der Webseite des Dienstanbietenden, damit die Nutzenden diesen scannen und den Sozialpass in ihrer Wallet speichern können. Zur Bestätigung und zum Abschluss des Prozesses erhalten die Nutzenden sowohl auf der Webseite des Dienstanbietenden als auch in der Wallet Rückmeldung, dass der Prozess erfolgreich abgeschlossen wurde.

Der gesamte Service Blueprint für den „Happy Path" mit zwei Geräten kann unter (Ebert et al., 2024) eingesehen werden.

Im Folgenden wird auf die fünf Subprozesse detaillierter eingegangen und jeweils Hürden und Fragestellungen der UX diskutiert.

4.1 Startseite der Sozialpass-Webseite

Zuerst gelangen die Bürger*innen auf die Startseite des Sozialpasses (siehe Abb. 25.2). Dort können sie sich zunächst über die Vorteile des Sozialpasses informieren, die Leistungen, die sie mit diesem in Anspruch nehmen können und die generellen Rahmenbedingungen, wie z. B. die Antragskosten, die Gültigkeit des Sozialpasses sowie dessen

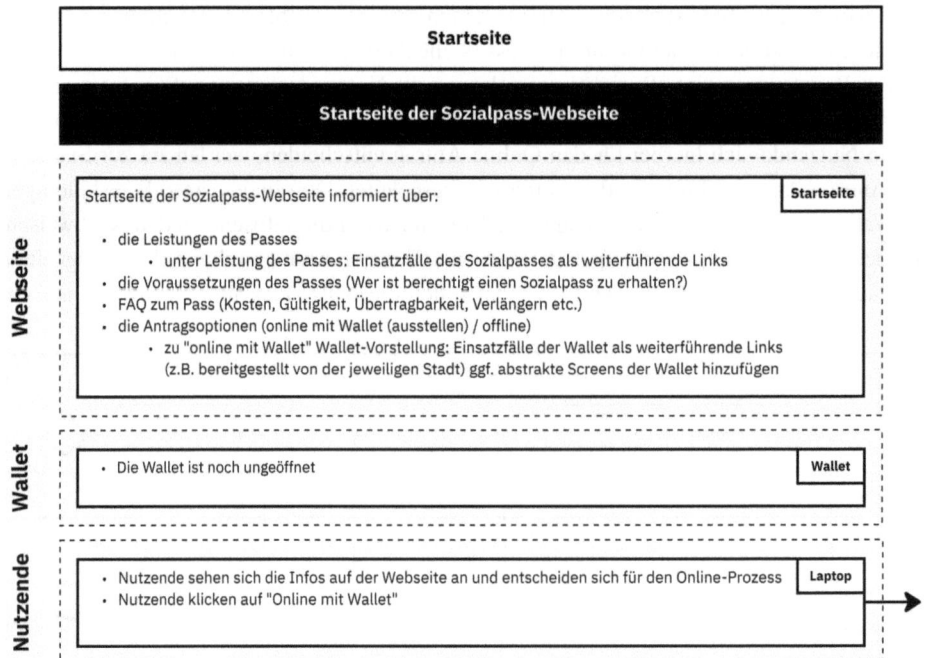

Abb. 25.2 Service Blueprint: Abschnitt „Startseite des Sozialpass – Webseite", adaptiert von Ebert et al. (2024)

Übertragbarkeit. Darüber hinaus können sie prüfen, ob sie die Voraussetzungen für den Erhalt des Sozialpasses erfüllen. Anschließend sehen sich die Bürger*innen an, welche Antrags- und Ausstellungsmöglichkeiten es für den Sozialpass gibt und entscheiden sich, dies mit ihrer Wallet zu tun. Dafür klicken die Nutzenden auf den Online-Antrag mit Wallet.

Es gibt einige potenzielle Herausforderungen, die sich für die Nutzenden ergeben könnten. Darunter fallen folgende:

- Die Nutzenden verfügen über ein unterschiedliches Verständnis für bzw. Vorwissen zu SSI und Wallets sowie die damit verbundenen Prozesse.
  – Welche Informationen müssen wie präsentiert werden, um die Bedürfnisse aller Nutzenden bestmöglich zu erfüllen und den Mehrwert des Online-Antrags sichtbar zu machen?
- Wie können Nutzende bei der Überprüfung der Voraussetzungen für den Sozialpass optimal unterstützt werden?
  – z. B. durch eine automatische Überprüfung der Nachweise in der Wallet durch die Nutzenden vor Prozessstart, um sie kognitiv zu entlasten und eine manuelle Suche der Nachweise in der Wallet zu vermeiden
    - Folge: Daten werden bereits vor Prozessstart übermittelt und ein redundanter Interaktionsschritt für die Nutzenden kommt hinzu.

4.2 Startseite der Antragsstrecke – Infoseite des Antrags und Infoseite der Nachweise

Nachdem die Nutzenden sich auf der Startseite für den Online-Antragsprozess mit Wallet entschieden haben, gelangen sie nun auf die erste Seite der Antragsstrecke (siehe Abb. 25.3).

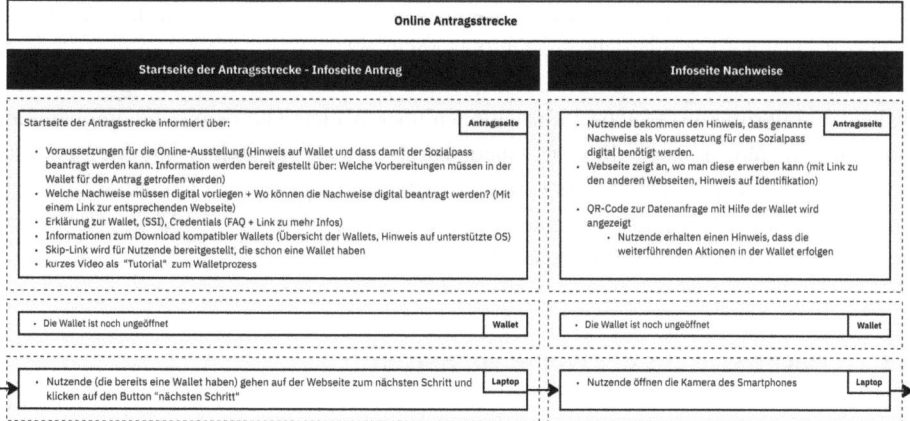

Abb. 25.3 Service Blueprint: Abschnitt „Startseite der Antragsstrecke – Infoseite des Antrags und Infoseite der Nachweise", adaptiert von Ebert et al. (2024)

Nun prüfen die Nutzenden, ob ihre auf dem Smartphone installierte Wallet mit der Dienstleistung kompatibel ist. Nachdem die Nutzenden festgestellt haben, dass sie eine kompatible Wallet besitzen, gehen die Nutzenden nun weiter zum nächsten Schritt im Prozess.

Sie sehen, welche digitalen Nachweise für die erfolgreiche Beantragung des Sozialpasses benötigt werden. Weiterhin wird ihnen ein QR-Code angezeigt mit der Aufforderung, diesen zu scannen, um ihre Nachweise aus der Wallet vorzuweisen. Zusätzlich werden sie darauf hingewiesen, dass der Antragsprozess nun in ihrer Wallet fortgesetzt wird.

Ohne Berücksichtigung der in Abschn. 4 genannten Annahmen des „Happy Path" ist die Umsetzung dieser Schritte mit einigen Herausforderungen verbunden. Dazu gehören folgende:

- Die Nutzenden haben keine Wallet installiert.
  - Folge: hohes Abbruchrisiko durch großen Aufwand der Einrichtung der Wallet
  - Nutzende benötigen einen Anreiz, um den Aufwand zu betreiben.
- Es ist unklar, welche Mehrwerte für die Nutzenden entscheidend sind, um eine Wallet zu installieren.
- Eine bereits installierte Wallet ist möglicherweise nicht mit dem Antragsprozess kompatibel.
  - Wie kann diese fehlende Kompatibilität den Nutzenden kommuniziert werden, damit es nicht zu einem Abbruch kommt?

Wenn die Nutzenden noch keine (kompatible) Wallet installiert haben, sind viele Punkte zu adressieren. Wie können die Nutzenden bei der Auswahl der für sie passenden Wallet unterstützt werden? Welche Informationen sollten dafür aufbereitet und als besonders relevant erachtet werden? Eine weitere Herausforderung in diesem Zusammenhang besteht darin, wie die Nutzenden dabei unterstützt werden können, die relevantesten Nachweise in der Wallet zu erhalten. Wie können Nutzende die ersten Nachweise erhalten? Werden sie von den Behörden bereitgestellt? Wie soll die Identifizierung erfolgen, damit die berechtigten Nutzenden die Nachweise als verifiziertes Dokument in ihrer Wallet erhalten? Könnte hierfür eine Selbstauskunft ausreichen?

Schließlich besteht eine große Herausforderung darin, die Nutzenden generell über Wallets zu informieren. Welche Informationen über Wallets und deren Nutzung sind am relevantesten? Wie können diese in einem kurzen Video aufbereitet werden? Es wird davon ausgegangen, dass Nutzende Videoinhalte besser und einfacher aufnehmen können. Aus diesem Grund sollen die Informationen nicht nur in Textform, sondern auch in Form eines kurzen Videos zur Verfügung gestellt werden.

4.3 Nachweise aus der Wallet vorweisen

Um den Antragsprozess fortzuführen, scannen die Nutzenden den QR-Code mit der Kamera ihres Smartphones, öffnen und entsperren eine installierte kompatible Wallet. In der Wallet erscheint eine Datenanfrage.

25 Gestaltung nutzerfreundlicher Interaktionen für behördliche Antragsprozesse …

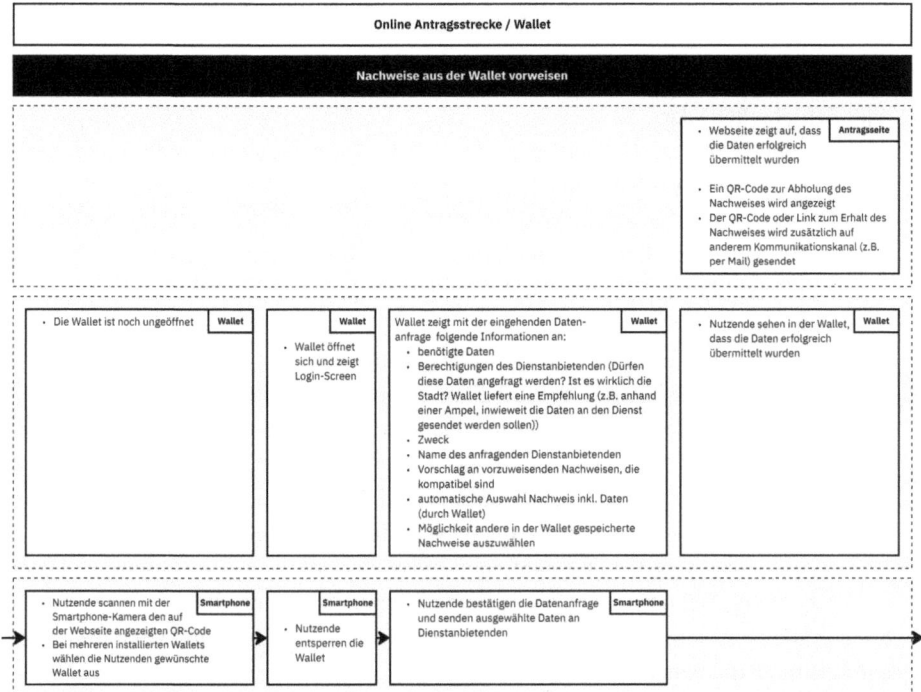

Abb. 25.4 Service Blueprint: Abschnitt „Nachweise aus der Wallet vorweisen", adaptiert von Ebert et al. (2024)

Diese ist die Hauptinteraktion im Antragsprozess, da an dieser Stelle personenbezogene Daten übermittelt werden sollen. Um die Nutzenden bestmöglich zu unterstützen, beinhaltet die Datenanfrage die in Abb. 25.4 dargestellten Kategorien an Informationen.

Aus der Wallet der Nutzenden werden automatisch passende Nachweise mit den zugeordneten Daten vorausgewählt; diese können jedoch bei Bedarf gewechselt werden. Wichtig ist, dass die Nutzenden alle Daten, die übermittelt werden sollen, den Verwendungszweck der Daten und Informationen zum Dienstanbietenden (wie Berechtigungen) sehen können, um zu überprüfen welche Daten sie zu welchem Zweck senden und entscheiden zu können, ob diese Daten wirklich diesem Dienstanbietenden übermittelt werden sollen. Um die Nutzenden bei der Entscheidung zu unterstützen, wird die Datenanfrage anhand der genannten Faktoren bewertet und eine Handlungsempfehlung dargestellt, wie mit der Datenanfrage verfahren werden sollte. Im idealen Fall sind die angeforderten Daten dem Zweck angemessen und der Dienstanbietende vertrauenswürdig, sodass die Annahme der Datenanfrage empfohlen wird. Nach Bestätigen der Datenanfrage werden die Daten an den Dienstanbietenden übermittelt und die Nutzenden erhalten sowohl in der Wallet als auch auf der Webseite diesbezüglich Feedback. Zusätzlich sehen die Nutzenden nun auf der Webseite einen QR-Code, mit der Aufforderung, diesen zu scannen, um den Nachweis „Sozialpass" in ihre Wallet zu übertragen.

In diesem Interaktionsschritt ergeben sich einige Hürden und Herausforderungen:

- QR-Codes stellen eine Hürde für Menschen mit Beeinträchtigung (z. B. in Motorik oder Sehfähigkeit) dar.
  - Potenzielle Lösung: Alternative zu den QR-Codes bereitstellen, z. B. einen Deeplink, der kopiert werden kann.
- Darstellung der angeforderten Daten.
  - Vielzahl von Daten bzw. angeforderten Nachweisen erschwert die Darstellung auf einem Smartphone-Bildschirm auf Grund der begrenzten Größe.
  - Art und Weise der Darstellungsreihenfolge ist offen (z. B. Faktor Priorität).
- Gewährleistung von Usable Security von Datenanfragen:
  - Informationen zur Vertrauenswürdigkeit der Dienstanbietenden, den angegebenen Zweck, für den die Daten der Nutzenden verwendet werden dürfen und eine Handlungsempfehlung darstellen, wie mit der Datenanfrage umgegangen werden sollte.
  - Art und Weise der Darstellung dieser Informationen entscheidend, z. B. in Form von Warnungen ohne Alarmmüdigkeit hervorzurufen (Akhawe & Felt, 2013).
  - Zweckbeschreibung für Datenanfragen muss klar definiert sein (Grund für Datenverarbeitung, Detailgrad der Zweckbeschreibung bisher ungeklärt).
- Sonderfälle beachten, z. B. wie der Prozess fortgesetzt werden soll, wenn die Datenanfrage durch die Nutzenden abgelehnt wird.

4.4 Nachweis erhalten

Im nächsten Schritt scannen die Nutzenden den auf der Webseite dargestellten QR-Code mit der Kamera ihres Smartphones oder direkt über die Wallet (siehe Abb. 25.5).

Daraufhin erhalten sie in ihrer Wallet ein Nachweisangebot. Nachdem sie geprüft haben, wer ihnen welchen Nachweis ausstellen möchte, bestätigten sie dieses und erhalten sofort die Rückmeldung, dass der Nachweis "Sozialpass" erfolgreich in ihrer Wallet gespeichert wurde. Auf der Webseite erhalten die Nutzenden ebenfalls Feedback darüber.

In diesem Abschnitt des Service Blueprints wird erneut deutlich, dass barrierefreie Alternativen zum QR-Code notwendig sind, um niemanden von der Nutzung eines digitalen Dienstes auszuschließen. Ein weiterer zentraler offener Punkt ist die tatsächliche Zeitspanne zwischen der Online-Beantragung und der Ausstellung des digitalen Nachweises. Aktuell ist diese Dauer unklar und hängt von den Prozessen der Dienstleistenden ab. Beispielsweise kann die Zeitspanne von sofort bei voll automatisierten Prozessen (hier angenommen) bis zu Wochen bei manuellen Prozessen variieren. Es stellen sich daher folgende Fragen:

- Wie lange würden Nutzende darauf warten?
- Und wie sollen sie darüber informiert werden, dass der Nachweis nun zur Ausstellung zur Verfügung steht?
- Wenn Nutzende das Nachweisangebot ablehnen, wie wird der Prozess fortgesetzt?

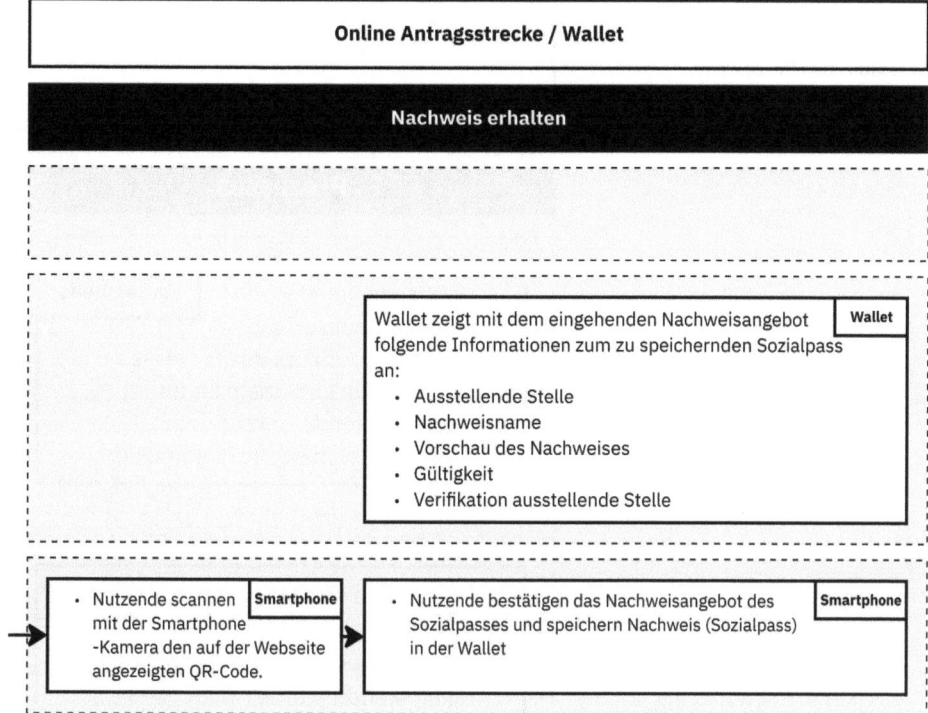

Abb. 25.5 Service Blueprint: Abschnitt „Nachweis erhalten", adaptiert von Ebert et al. (2024)

4.5 Bestätigung und Abschluss des Prozesses

Nachdem die Nutzenden ihren Sozialpass erhalten und in der Wallet gespeichert haben, werden sie nun auf der Webseite darüber informiert, dass der Prozess erfolgreich abgeschlossen wurde (siehe Abb. 25.6).

Zudem können die Nutzenden Feedback bzgl. des gesamten Prozesses an die Dienstanbietenden geben. Dadurch kann der Prozess verbessert und eine positive UX bei den Nutzenden hervorgerufen werden. Zuletzt informieren sich die Nutzenden in diesem Schritt über beispielhafte Einsatzfälle des Sozialpasses und können diese über einen Link direkt aufrufen.

Eine offene UX-Fragestellung in diesem Schritt ist, ob Nutzende in der Wallet nach Ausstellung des Nachweises noch Nachrichten des Dienstanbietenden erhalten wollen (z. B. neue Anwendungsfälle des Sozialpasses). So würde beispielsweise auch das erneute Scannen des QR-Codes zum Erhalt des Nachweises entfallen.

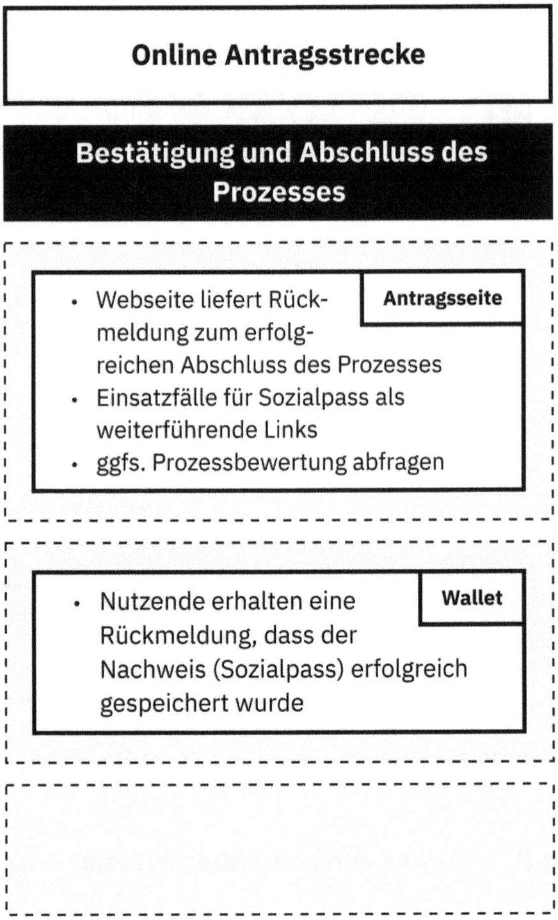

Abb. 25.6 Service Blueprint: Abschnitt „Bestätigung und Abschluss des Prozesses", adaptiert von Ebert et al. (2024)

Online Antragsstrecke

Bestätigung und Abschluss des Prozesses

- Webseite liefert Rückmeldung zum erfolgreichen Abschluss des Prozesses
- Einsatzfälle für Sozialpass als weiterführende Links
- ggfs. Prozessbewertung abfragen

Antragsseite

- Nutzende erhalten eine Rückmeldung, dass der Nachweis (Sozialpass) erfolgreich gespeichert wurde

Wallet

4.6 Generelle Herausforderungen

Generell besteht über alle Interaktionsschritte die Herausforderung der Terminologie. Dabei geht es um die Verwendung einheitlicher, verständlicher und mit Nutzenden evaluierter Begriffe auf Webseite und Wallet, insbesondere bei Fachbegriffen im Bereich SSI, wie z. B. „Wallet" und „digitaler Nachweis". Aktuell existiert diesbezüglich noch keine klare Vereinbarung, auch durch fehlende Nutzerevaluation.

Eine große Herausforderung ist auch der ständige Wechsel zwischen den Anwendungen Webseite und Wallet. Insbesondere bei der Nutzung eines Geräts entsteht durch diesen Kontextwechsel ein Problem, da jeweils nur Webseite oder Wallet für die Nutzenden sichtbar sind. Eine mögliche Lösung bei einem Gerät könnte ein Overlay der Wallet im Browser (ähnlich zur Apple-Wallet) oder Push-Benachrichtigungen der Wallet sein, um Nutzende bei häufigem Wechsel zwischen den Anwendungen zu unterstützen und sie zu führen.

Darüber hinaus stellt die Berücksichtigung der Übergangsphase von der aktuellen Situation hin zum Umstieg auf Wallets eine Herausforderung dar. Beispielsweise werden benötigte Nachweise analog ausgestellt und liegen somit nicht verifiziert in der Wallet vor. Es ist daher notwendig, Alternativen neben dem Wallet-Prozess anzubieten, um sicherzustellen, dass niemand von der Nutzung des digitalen Dienstes ausgeschlossen wird. Dies erfordert eine Abstimmung der herkömmlichen analogen Prozesse sowie der digitalen Prozesse mit und ohne Wallet.

Es stellt sich außerdem die Frage, wie mit den Spezialfällen abseits des „Happy Path" umgegangen werden soll. Beispielsweise im Fall fehlender Nachweise im Prozess. Sollen diese im Nachhinein ergänzt werden können und wenn ja, wie? Möglicherweise müssen noch fehlende Daten nachträglich angefordert werden können.

5 Diskussion

Der erarbeitete Service Blueprint verdeutlicht den Bedarf, UX-Methoden frühzeitig in den Entwicklungsprozess zu integrieren, um sicherzustellen, dass Systeme angepasst an die Fähigkeiten und Bedürfnisse von Nutzenden entwickelt werden. Häufig werden jedoch bei aktuellen Entwicklungsprozessen zunächst Technologie und Implementationen priorisiert, während UX-Maßnahmen nachgelagert erfolgen. Dies erschwert die Erstellung von nutzerfreundlichen Interaktionen und vernachlässigt oft weitere Aspekte, wie Vertrauen und Sicherheit, die über Usability hinausgehen. Eine weitere Herausforderung liegt in der Abhängigkeit von aktuellen technologischen und politischen Entwicklungen, wie sie z. B. in eIDAS2 (European Union, 2024) vorgegeben sind. Dies kann zu bestimmten Interaktionsmustern und technologischen Einschränkungen führen, wie etwa der Notwendigkeit, den physischen Ausweis weiterhin an das Smartphone zu halten, um Ausweisdaten auszulesen aufgrund der Einstellung der Smart-eID (Steiner, 2023).

Die bisherigen Limitationen des Service Blueprints umfassen die fehlende detaillierte Betrachtung der Barrierefreiheit und das Fehlen von Nutzertests. Das dargestellte Szenario ist hypothetisch, da es noch keine umgesetzten, rechtlich zugelassenen Anwendungsfälle gibt und somit auch keine Referenzimplementierungen existieren. Der gezeigte Interaktionsablauf ist zudem auf den „Happy Path", also den möglichst nutzerfreundlichen Prozess, beschränkt und berücksichtigt nicht die Übergangsphase vom Ist-Zustand zu den digitalen Prozessen sowie mögliche Edge Cases (Betrachtungen von Ausnahmen oder Fehlerzuständen). Hieraus ergeben sich ggf. weitere Hürden und offene Fragen. Des Weiteren ist der „Happy Path" momentan allgemein gehalten und nicht an die Bedürfnisse spezieller Nutzergruppen angepasst. Weitere Forschung ist daher erforderlich, um diese Aspekte zu adressieren und auf Basis des Service Blueprints allgemeingültige Design Patterns zu entwickeln.

6 Zusammenfassung und zukünftige Arbeiten

Die vorliegende Arbeit präsentiert einen Service Blueprint, der im Hinblick auf digitale Identitäten und Wallets als Diskussionsgrundlage und Vorlage für die standardisierte sowie nutzerfreundliche Gestaltung von Antragsprozessen digitaler Dienste fungiert. Im Rahmen dessen wurde ein idealtypischer Interaktionsablauf visualisiert sowie die zentralen Herausforderungen identifiziert und analysiert, für die es noch eine Lösung bei der Umsetzung zu finden gilt. Zukünftig sollen die Service Blueprints für die Sonderfälle und die ausschließliche mobile Interaktion finalisiert und aus den gewonnenen Erkenntnissen spezifische Heuristiken für SSI-Anwendungen abgeleitet werden, die als Richtlinien für die Gestaltung und Entwicklung dieser Anwendungen dienen sollen. Zudem sollen erste visuelle Konzepte, z. B. in Form von Wireframes, erarbeitet werden, die als Design Patterns anwendungsfallübergreifend eingesetzt werden können. Dabei sollen auch Aspekte, wie die Integration von Sicherheitsinformationen und die Umsetzung der Datenschutzgrundverordnung berücksichtigt werden.

Danksagung Wir danken den weiteren Mitgliedern der Arbeitsgruppe Nutzerakzeptanz: Anna Wilsch (ING), Gabriele Förster (ING), Adrian Doerk (Lissi GmbH) und Nikolai Lenski (Fraunhofer AISEC) für die Unterstützung bei der Erstellung und Diskussion des Service Blueprints. Ferner danken wir Sasha Becker (Stadt Leipzig) für die Durchführung der Nutzerstudie und Bereitstellung der Ergebnisse zu den Use Cases: Buchen und Bezahlen von Volkshochschulkursen und das digitale Beantragen eines Bibliotheksausweises.

Literatur

Akhawe, D., & Felt, A. P. (2013). Alice in Warningland: A large-scale field study of browser security warning effectiveness. *22nd USENIX Security Symposium (USENIX Security 13)*, *22*, 257–272.

Bundesministerium für Wirtschaft und Klimaschutz. (2020). *Schaufensterprojekte*. https://www.digitale-technologien.de/DT/Navigation/DE/ProgrammeProjekte/AktuelleTechnologieprogramme/Sichere_Digitale_Identitaeten/Projekte_Umsetzungsphase/projekte_umsetzungsphase.html. Zugegriffen am 20.09.2024.

Ebert, S. (2023). *Adaption von Usable Security Patterns für Anwendungen im Kontext von Self-Sovereign Identity*. https://doi.org/10.5281/ZENODO.11029414

Ebert, S., Doerk, A., Foerster, G., Kostic, S., Krauß, A.-M., Lenski, N., Sauer, M., Sellung, R. A., & Wilsch, A. (2024). *Service Blueprint eines nutzerfreundlichen Prozesses zur Beantragung einer behördlichen Dienstleistung* (Version 1). Zenodo. https://doi.org/10.5281/ZENODO.11385371

European Union. (2024). *Regulation – EU – 2024/1183 – EN – EUR-Lex*. https://eur-lex.europa.eu/eli/reg/2024/1183/oj. Zugegriffen am 20.09.2024.

Khayretdinova, A., Kubach, M., Sellung, R., & Roßnagel, H. (2022). Conducting a usability evaluation of decentralized identity management solutions. In M. Friedewald, M. Kreutzer, & M. Hansen (Hrsg.), *Selbstbestimmung, Privatheit und Datenschutz* (S. 389–406). Springer Fachmedien. https://doi.org/10.1007/978-3-658-33306-5_19

Kostic, S., & Poikela, M. (2023a). Der Wandel von Vertrauen in eine digitale Identität? – Einblicke in eine Nutzerstudie. *HMD Praxis der Wirtschaftsinformatik*, *60*(2), 322–343. https://doi.org/10.1365/s40702-023-00951-7. Zugegriffen am 20.09.2024.

Kostic, S., & Poikela, M. (2023b). The state or private enterprise? – The shift in users' preference for the provider of an identity wallet. *USENIX*. Soups, Rapperswil (SG). https://www.usenix.org/system/files/soups2023-poster74_kostic_abstract_final.pdf. Zugegriffen am 20.09.2024.

Krauß, A.-M., Kostic, S., & Sellung, R. A. (2023a). *A more user-friendly digital wallet? User scenarios of a future wallet.* 73–84. https://dl.gi.de/handle/20.500.12116/41694. Zugegriffen am 20.09.2024.

Krauß, A.-M., Sellung, R. A., & Kostic, S. (2023b). Ist das die Wallet der Zukunft? *HMD Praxis der Wirtschaftsinformatik, 60*(2), 344–365. https://doi.org/10.1365/s40702-023-00952-6

Lynn Shostack, G. (1982). How to design a service. *European Journal of Marketing, 16*(1), 49–63. https://doi.org/10.1108/EUM0000000004799

Potthoff, T., Siemon, D., Wilms, K., Möser, S., Hellmann, M., Stieglitz, S., & Robra-Bissantz, S. (2018). Collaborative service blueprinting for design thinking: Evaluation of a digital prototype. *Proceedings of the 51st Hawaii International Conference on System Sciences.*

Sartor, S., Sedlmeir, J., Rieger, A., & Roth, T. (2022). Love at first sight? A user experience study of self-sovereign identity wallets. *Proceedings of the 30th European Conference on Information Systems (ECIS 2022).*

Sauer, M., Alpers, S., & Becker, C. (2023). Comparison of methods for analyzing the correlation of user experience and information security. *Proceedings of the 5th International Conference on Software Engineering and Development (ICSED 2023).* https://doi.org/10.1145/3637792.3637794

Sauer, M., Becker, C., Oberweis, A., Pfeifer, S., & Sürmeli, J. (2024a). MEUSec – Method for enhancing user experience and information security. *Proceedings of the 22nd International Conference on Advances in Mobile Computing & Multimedia Intelligence (MoMM2024).*

Sauer, M., Becker, C., Oberweis, A., Schork, S., & Sürmeli, J. (2024b). User experience and information security heuristics for digital identity wallets. *Proceedings of the 8th International Conference on Computer-Human Interaction Research and Applications (CHIRA 2024).*

Sauer, M., Pfeifer, S., Sürmeli, J., Siebert, E., & Woytal, I. (2024c). *User-friendly integration of identity wallets and mobility platforms: A user experience study conducted in the SDIKA project.* https://doi.org/10.13140/RG.2.2.12412.55682

Steiner, F. (2023). Smarte eID: Online-Ausweis wegen Haushaltslage vorerst gestoppt. *Heise online.* https://www.heise.de/news/Smarte-eID-Online-Ausweis-wegen-Haushaltslage-vorerst-gestoppt-9576180.html. Zugegriffen am 20.09.2024.

Open Access Dieses Kapitel wird unter der Creative Commons Namensnennung 4.0 International Lizenz (http://creativecommons.org/licenses/by/4.0/deed.de) veröffentlicht, welche die Nutzung, Vervielfältigung, Bearbeitung, Verbreitung und Wiedergabe in jeglichem Medium und Format erlaubt, sofern Sie den/die ursprünglichen Autor(en) und die Quelle ordnungsgemäß nennen, einen Link zur Creative Commons Lizenz beifügen und angeben, ob Änderungen vorgenommen wurden.

Die in diesem Kapitel enthaltenen Bilder und sonstiges Drittmaterial unterliegen ebenfalls der genannten Creative Commons Lizenz, sofern sich aus der Abbildungslegende nichts anderes ergibt. Sofern das betreffende Material nicht unter der genannten Creative Commons Lizenz steht und die betreffende Handlung nicht nach gesetzlichen Vorschriften erlaubt ist, ist für die oben aufgeführten Weiterverwendungen des Materials die Einwilligung des jeweiligen Rechteinhabers einzuholen.

26

Entwicklung neuer Standards für Interoperabilität im europäischen Identitätsökosystem: Beiträge aus dem Schaufensterprogramm Sichere digitale Identitäten

Franziska Granc, Rolf Peters und Arno Fiedler

Zusammenfassung

Dieses Kapitel beleuchtet die Arbeiten und Erfolge hinsichtlich Interoperabilität im Rahmen des Schaufensterprogramms „Sichere Digitale Identitäten". Im Fokus stehen die Ergebnisse Taskforce Interop-Matrix, welche vom Fachteam Technologie und Standardisierung der Begleitforschung initiiert wurde. In den letzten Jahren gelang es den Schaufensterprojekten, verschiedene Standards für digitale Identitäten zu erproben und ihre verschiedenen Lösungen untereinander interoperabel zu machen. Dabei wurden im Verlauf des Programms wurden verschiedene Phasen durchlaufen, in denen Technologien und Standards aufeinander abgestimmt und erprobt wurden, um international interoperable und nachhaltige Lösungen zu schaffen, die mit den Entwicklungen auf EU-Ebene, insbesondere der eIDAS-Verordnung, in Einklang stehen. Den Schaufensterprojekten haben an den heute per europäischem Gesetz vorgeschriebenen Protokolle und Formate für digitale Identitäten aktiv mitgewirkt und somit die technologische Landschaft für digitale Identitäten in Europa nachhaltig geprägt.

Schlüsselwörter

eIDAS · EUDI Wallet · Self-Sovereign Identity · Interoperabilität · Standardisierung

---

F. Granc (✉) · A. Fiedler
Nimbus Technologieberatung GmbH, Berlin, Deutschland
E-Mail: franziska.granc@nimbus.berlin; arno.fiedler@nimbus.berlin

R. Peters
Nimbus Technologieberatung GmbH, Berlin, Deutschland

Peters IT-Consult GmbH, Tecklenburg, Deutschland
E-Mail: rp@nimbus-berlin.com

© Der/die Autor(en) 2025
J. Anke et al. (Hrsg.), *Digitale Identitäten und Nachweise*,
https://doi.org/10.1007/978-3-658-47708-0_26

1 Einleitung

Bei der Entwicklung neuer Technologien sind harmonisierte Standards und interoperable Lösungen die entscheidenden Erfolgskriterien für Akzeptanz und eine breite Reichweite an Nutzenden. Im Kontext des Einsatzes selbstsouveräner Identitäten ist der nahtlose Austausch von Daten zwischen verschiedenen Systemen und Ländern im Kernkonzept verankert. Diesbezüglich wiesen die Schaufensterprojekte großes Potenzial auf, da sie aufgrund der verfügbaren Ressourcen, der umfangreichen Expertise innerhalb der Konsortien sowie einer Laufzeit von vier Jahren in der Lage waren, verschiedenste Technologien zu erproben und ihre Erfahrungen in die internationale Standardisierung einzubringen.

Mit dem Beginn der Implementierungsphase des Schaufensterprogramms „Sichere Digitale Identitäten" wurde der formale Wettbewerb um die erfolgversprechendste und innovativste Lösung beendet. Folglich hatten sich alle vier Projekte für die Umsetzung und Erprobung der von ihnen vorgeschlagenen Lösungswege und Anwendungsfälle qualifiziert. Mit Beginn dieser Phase wurde zudem ein Austausch zwischen den Projekten initiiert, um eine koordinierte Vorgehensweise sicherzustellen. Auf technischer Ebene war das Ziel klar definiert: Die zunächst unabhängig voneinander entwickelten Lösungsansätze sollten langfristig miteinander kompatibel sein, im Idealfall sogar miteinander Interoperabilität aufweisen. Die Aufgabe der Koordination wurde dem Fachteam Technologie und Standardisierung der Begleitforschung übertragen. Bereits in der ersten Fachgruppensitzung im Juni 2021, also zwei Monate nach Beginn der Umsetzungsphase, wurde die Gründung einer Taskforce zur technischen Interoperabilität beschlossen. Zu diesem Zeitpunkt waren die Novellierung der eIDAS-Verordnung noch nicht ausgereift und die Diskussion um die Ausgestaltung der eIDAS Toolbox nicht abgeschlossen. Daher entschieden sich die Projekte, zunächst den Fokus auf die Interoperabilität untereinander zu legen und die gemachten Erfahrungen dann in den eIDAS-Toolbox-Prozess einzubringen. Die Umsetzung der Interoperabilitätsbestrebungen innerhalb der Schaufensterprojekte wäre durch eine zu lange Wartezeit auf genaue Vorgaben der EU mit hoher Wahrscheinlichkeit stark beeinträchtigt worden. Dennoch wurde von einigen Projektpartnern auch eine Skepsis im Hinblick auf die parallelen Entwicklungen auf EU-Ebene artikuliert, da ein gewisses Risiko bestand, dass die Schaufensterlösungen am Ende nicht mit dem eIDAS-Tech-Stack kompatibel sein würden. Die Schaufensterprojekte orientierten sich daher von Beginn an den Entwicklungen innerhalb der EU mit dem Ziel möglichst nachhaltige und interoperable Lösungen zu schaffen.

Der Beginn der Laufzeit der Schaufensterprojekte im April 2021 ermöglichte allen Projektbeteiligten von Anfang an die Mitwirkung und Verfolgung an der Entwicklung von eIDAS. Dies ermöglichte ihnen, eine aktive Rolle bei der Gestaltung der Aktivitäten Bereich der Sicheren Digitalen Identitäten (SDI) und Self-Sovereign-Identity (SSI) einzunehmen und die Interoperabilität zu gewährleisten. Ziel der Taskforce Interop-Matrix war unter anderem international Innovationsdruck auszuüben und das Thema voranzutreiben.

Erst 2023 wurden seitens der Kommission die Pläne und technischen Vorgaben für die EUDIW-Umsetzung konkreter. Dabei beteiligten sich einige der Schaufenster-Akteure auch aktiv an der Öffentlichkeitsarbeit für die in den Schaufensterprojekten erprobten Lösungen und an der Entwicklung der Standards für die European Digital Identity Wallet (EUDIW). Die 2023 veröffentlichte Version des Architecture and Reference Frameworks der EUDIW (ARF) und die heute per Gesetz geltende novellierte eIDAS Verordnung referenzieren und mandatieren den Einsatz von Standards, an deren Entwicklung Vertreter der Schaufensterprojekte aktiv mitgewirkt haben.

2   Vorgehensweise zur Erlangung von Interoperabilität

Zunächst wurde von den Schaufensterprojekten abgestimmt, welche Ziele im Hinblick auf Interoperabilität verfolgt werden sollen. Um Interoperabilität zu erlangen, gibt es verschiedene Möglichkeiten. Das Fachteam Technologie und Standardisierung der Begleitforschung stellte drei Optionen vor:

Variante A: Eine einheitliche, von „oben" vorgegebene Lösung

Hierbei würden alle Projekte dieselbe Software einsetzen. Diese Option wurde schnell ausgeschlossen, da es gegen das übergeordnete Ziel des Schaufensterprogramms, verschiedene Technologien und Lösungswege zu erproben, stand.

Variante B: Interoperabilität zwischen verschiedenen Lösungen

Diese Option bezog sich auf die Nutzung einheitlicher Formate und Protokolle bei der Entwicklung eigener Software, um eine übergreifende Kommunikation und den Austausch digitaler Nachweise schaufensterübergreifend zu ermöglichen.

Variante C: Einsatz einer „Drehscheibe"

Im Gegensatz zu den Optionen A und B würde hier eine Art Adapter oder Konnektor zwischen den Lösungen gebaut werden, welcher den Einsatz unterschiedlicher Technologien und Standards in den Schaufensterprojekten zulässt und bei dem Austausch von digitalen Nachweisen zwischen den unterschiedlichen Systemen übersetzt.

Zu Beginn des Programms wurde Variante B favorisiert, da die Auswirkungen politischer Ereignisse – wie beispielsweise der Novellierung der eIDAS-Verordnung – bereits absehbar waren. Dabei war wichtig, dass die Schaufensterprojekte agil blieben, um sich der stetig verändernden technologischen Landschaft anzupassen und somit über mehrere Jahre und konsortienübergreifend zusammenzuarbeiten.

Die folgende Abb. 26.1 diente als Grundlage, um die verschiedenen Stufen von Interoperabilität zu veranschaulichen und dabei die einzelnen Layer klar voneinander abzugrenzen und die einzelnen Stufen zur Erlangung von Interoperabilität zu unterscheiden.

Generell gibt es 4 Stufen der Interoperabilität:

1. Strukturelle Interoperabilität (Austausch von Datenströmen über Anschlüsse mit definierten Protokollen); z. B. Protokolle zum Anfragen und Versenden von Verifiable Presentations
2. Syntaktische Interoperabilität (Interpretation der Nutzdaten unabhängig von den Kommunikationsdaten mit definierten Regelungen und Formaten); z. B. für die Verifizierung digitaler Signaturen

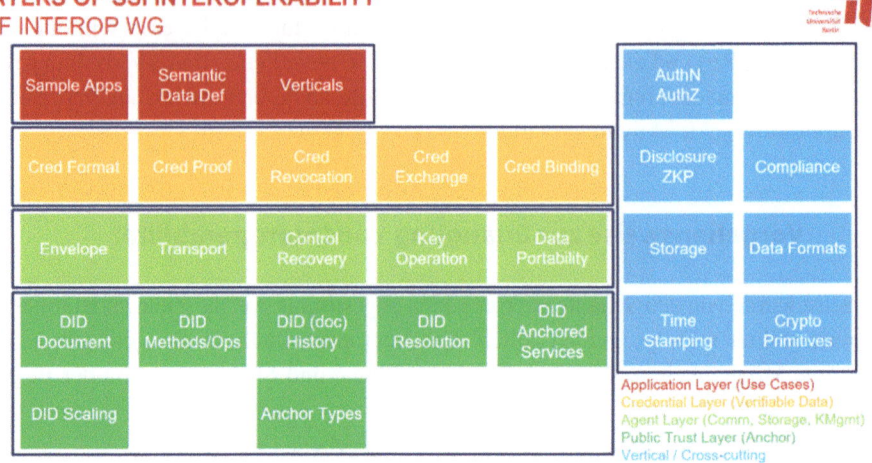

Abb. 26.1 nach. (Yildiz, 2021)

3. Semantische Interoperabilität (Gemeinsames Verständnis der übermittelten Informationen zwischen Sender und Empfänger, um die Daten korrekt zu interpretieren); z. B. Bezeichnung und Format des Geburtsdatums
4. Organisatorische Interoperabilität (Übergreifende organisierte Form der Kommunikation, wechselseitiges aufeinander Einwirken von Akteuren und Systemen); z. B. Governance für Vertrauen in Trust Registries

Auf technischer Ebene stand die schaufensterübergreifende Definition eines „Interoperability Profiles" (IP) im Vordergrund. Dazu gehörte die Auswahl zu unterstützender Standards, Technologien und Methoden.

Bezüglich der semantischen Interoperabilität wurden schaufensterübergreifende Definitionen und Umsetzungen von Schemata bzw. *Vocabularys* für (häufig verwendete) digitale Nachweise und allgemeine Attribute abgestimmt.

Organisatorisch und syntaktisch gesehen stand die Entwicklung eines gemeinsamen Vertrauensraums im Vordergrund. Unter Berücksichtigung des eIDAS Vertrauensraums entwickelten die Projekte auch eigene Lösungen, beispielsweise ID-Ideal mit dem TrustNet, ONCE mit TRAIN oder IDunion mit der Gründung einer europäischen Genossenschaft.

3 Technische Umsetzung

Die Taskforce Interop-Matrix tagte insgesamt neunmal. Zusätzlich fanden Treffen in kleinerer Runde zwischen den Projekten statt. In den offiziellen Fachgruppensitzungen wurden die aktuellen Entwicklungen bezüglich Interoperabilität in großer Runde besprochen. Die Aufteilung in drei Phasen ist daher als eine Gruppierung von Meilensteinen, in denen durch bestimmte Faktoren größere Änderungen aufgetreten sind, zu verstehen. Die Interop-Matrix war ein sich laufend aktualisierendes Dokument, an dem seitens aller beteiligten Projektpartner kontinuierlich gearbeitet wurde.

3.1 Phase 1 der Taskforce Interop-Matrix

Ziel war es, für den SSI-Stack ein Zielbild zu definieren, das alle Schaufensterprojekte unterstützen und nutzen können. Das Interoperabilitätsprofil sollte sich zunächst an der Arbeit aus dem Hyperledger-Aries-Projekt orientieren. Hierbei stand das Aries Interoperabilitätsprofil 2.0 in Kombination mit dem DIDComm 2.0 Protokoll im Fokus. Frühzeitige, schaufensterübergreifende Tests sollten eine breite Auswahl und Verwendung verschiedener Implementierungen ermöglichen. Tab. 26.1 veranschaulicht die verschiedenen technischen Ausprägungen der Schaufensterprojekte zu Beginn des Projekts.

In der initialen Interop-Phase wurde seitens der Schaufensterprojekte die Entscheidung getroffen, das JSON-LD Credential-Format zu implementieren. Ein Argument für den Einsatz von JSON-LD Credentials war, dass JSON-LD im Vergleich zu XML-basierten Standards ein höheres Maß an Flexibilität und Unterstützung für das Semantic Web bietet. Zudem ist JSON ein häufig genutzter Standard für etablierte Protokolle im Identitätsmanagement, wie etwa OpenID Connect. Des Weiteren existierten für JSON-LD-Credentials bereits kompatible Lösungen, welche auf den in Smartphones unterstützen Signaturverfahren basierten, sodass eine Umsetzung dieser Credential-Formate mit geringem Zeitaufwand möglich war. Die Taskforce Interop-Matrix arbeitete stets unter der Prämisse, bestehende Lösungen und Konzepte zu berücksichtigen. Da bei dem Einsatz von JSON-LD mit LD-Signaturen jedoch keine datenschutzfreundliche Revozierung mit kryptografischen Akkumulatoren implementiert waren, entschied man sich diese Themen erst ab der nächsten Phase anzugehen. Langfristig

Tab. 26.1 SSI-Stack der Projekte zu Projektbeginn

Status Quo zu Beginn des Projekts					
Project Partner	VC Format	DID Method	Ledger/ Storage	Communication	Wallet Solutions
IDunion	Verifiable Credentials ZKP with CL-Signatures	did:indy	Indy – IDunion	DIDcomm V1	-
ID-Ideal	Verifiable Credentials JSON-LD with LD Signatures	did:jolo did:un …& others	ETH – pub / permissioned …& others	Custom Jolocom …& others	-
ONCE	Verifiable Credentials JSON-LD with LD Signatures	did:jolo did:un	ETH – pub / permissioned	Custom Jolocom	-
SDIKA	Verifiable Credentials JSON-LD with LD Signatures	did:jolo did:un	ETH – pub / permissioned	Custom Jolocom	-

sollte dann zu BBS+ Credentials gewechselt werden, für die zwar ebenso noch keine Revozierung mittels Akkumulatoren implementiert war, diese jedoch bereits schon aktiv diskutiert wurden und für die auch die Möglichkeit besteht, diese in den Hyperledger AnonCreds implementierten RSA-Akkumulatoren zu übernehmen.

Für die Kommunikation sollten zunächst sollen DIDcomm Protokolle verwendet werden, Ziel war es aber bereits in Phase 1, langfristig die Nutzung von OpenID Connect aufgrund seiner großen Verbreitung in bestehenden Identitätsmanagementlösungen (wie föderiertem Identitätsmanagement) anzustreben.

Aufgrund der Größe und Heterogenität der Konsortien wurden die Festlegungen jedoch stets unter dem Vorbehalt gemacht, dass interne Abstimmungen mit den jeweiligen Projektpartnern gerade zu Beginn noch nicht abgeschlossen waren und unter Umständen, auch aufgrund von politischen Entwicklungen, noch Änderungen zu erwarten sind.

3.2 Phase 2 der Taskforce Interop-Matrix

In Phase 2 der Taskforce Interop-Matrix führten die oben genannten politischen Entwicklungen sowie Änderungen innerhalb der Projektkonsortien zu vorher nicht absehbaren Anpassungen, etwa hinsichtlich des Tech-Stacks.

Folgendes Interoperabilitätsprofil 1.0 wurde in drei von vier Projekten erfolgreich umgesetzt:

- VC exchange protocol: Aries RFC 0453 — Issue Credential V2
- Attachment Format: Aries RFC 0593: JSON-LD
- Presentation-Exchange Attachment: Aries RFC 0510
- Credential-Manifest Attachment Format: Aries RFC 0511

Bezüglich der Kommunikationsprotokolle wurde in allen vier Projekten DIDCommV2 unterstützt und OpenID Connect angestrebt. Alle vier Projekte einigten sich auf die Nutzung der folgenden did-Methoden: did:keri, did:indy sowie did:key. Unterschiede gab es hinsichtlich der Credential Formate, drei von vier Projekten nutzten BBS+ Credentials, während ein Projekt AnonCreds verwendete. Zu diesem Zeitpunkt war die Standardisierung von AnonCreds noch nicht abgeschlossen, sodass die gemachten Erfahrungen diesbezüglich eingebracht werden sollten. Ziel sollte es sein, beweistypenübergreifende Lösungen zu entwickeln, die eine einheitliche Anwendung und Integration verschiedener Arten von kryptografischen Beweisen ermöglichen.

Hinsichtlich der Entwicklung verschiedener Wallets in den Schaufensterprojekten wurden von den Projekten Lösungen entwickelt, um eine Wallet-unabhängige Kommunikation zu ermöglichen. Als Beispiel hierfür dient der SDI-X Adapter (siehe Kap. 20), durch den es dem Verifier möglich ist, einen digitalen Nachweis zu überprüfen, unabhängig aus welcher Wallet es stammt. Dieser Ansatz von Interoperabilität entspricht der im Vorgehen beschriebenen Variante C, also dem Einsatz einer „Drehscheibe", um unterschiedliche Formate und Protokolle zu übersetzen und somit wallet-übergreifend lesbar zu machen.

Nach dem Ausstieg des Haupt-Wallet-Providers für drei der vier Projekte ergaben sich zunächst einige Herausforderungen, da die die geplanten Lösungsansätze auf der Technologie des besagten Herstellers beruhten. Zu diesem Zeitpunkt erwiesen sich die Taskforce Interop-Matrix und die regelmäßigen Austausche als sehr hilfreich, da dadurch vergleichsweise schnell die Integration eines anderen Herstellers aus einem anderen Projekt erfolgen konnte. Infolgedessen konnten einige der Use Cases dennoch evaluiert werden, obwohl ein Wechsel der DID-Methode und anderer Protokolle erforderlich war. Die zweite Phase der Interop-Matrix beinhaltete also zum einen die Umstellung auf einen anderen Tech-Stack für bestimmte Use Cases. Zum anderen standen auch komplexe Themen wie Wallet-Sicherheit und Revozierung im Vordergrund. Projekte außerhalb des Schaufensterprogramms, wie beispielsweise das 2021 gelaunchte „ID Wallet" des Bundeskanzleramts, verdeutlichten, dass Sicherheit und Datenschutz nicht zu vernachlässigen sind. Nach kürzester Zeit musste das „ID Wallet" aufgrund erheblicher Sicherheitsbedenken wieder aus dem App-Store entfernt werden. In Phase zwei der Interop-Matrix standen diese Themen deshalb im Fokus und es wurde eine weitere Taskforce zur Wallet-Sicherheit gegründet.

Eine Revozierung von Credentials ist zum Beispielbei beim Use Case Führerschein (mDL) wichtig. Wird die Fahrerlaubnis als Credential vorgezeigt, so muss bewiesen werden können, dass diese noch gültig ist. In der novellierten eIDAS-Verordnung ist Revozierung nun auch per Gesetz vorgegeben. Das Vorhandensein schneller und effektiver Revozierung war bereits in der ursprünglichen eIDAS- Verordnung notwendig für das Erreichen der Vertrauensniveaus „substanziell" und „hoch" und ist damit ein wesentlicher Aspekt für zahlreiche digitale Nachweise im regulierten Umfeld.

In Tab. 26.2 sind bereits einige Änderungen in der technischen Ausrichtung zu erkennen. Unter anderem ist ersichtlich, dass das Projekt ONCE nach dem Ausstieg des zentralen Partners für Erprobung einzelner Use Cases den Tech-Stack von IDunion nutzte. Zu

Tab. 26.2 SSI-Stack der Projekte im Frühjahr 2023

Status Quo zu Frühjahr 2023					
Project Partner	VC Format	DID Method	Ledger/ Storage	Communication	Wallet Solutions
IDunion	AnonCreds SD-JWT	Did:indy Did:web	Hyperledger Indy/(Aries)	DIDComm-V2 OpenID4VC	Lissi IDunion SCE (Sociedad Cooperativa Europea)
ID-Ideal	JSON-LD BBS+	Did:key Did:keri Did:ethr	-	DIDComm V2 OpenID4VC	HSM Wallet Lissi Wallet
ONCE	AnonCreds mDoc	Did:indy Did:web	-	DIDComm V1 Tbd. DIDComm V2	Lissi
SDIKA	BBS+ JSON-LD	did:key Tbd. did:keri	Hyperledger Indy	DIDComm V2 OpenID connect	SDI-X-Adapter HSMW Wallet Library (in development) CAS Wallet

diesem Zeitpunkt konkretisierten sich die Vorgaben in dem ARF von eIDAS 2.0 bereits, sodass auch die Projekte begannen, die vorgesehenen Protokolle und Formate einzubauen. Die meisten Use Cases basierten jedoch noch auf abweichenden Technologien. Grund hierfür war der plötzliche Handlungsbedarf durch den Wegfall des Projektpartners für die Wallet Entwicklung.

3.3 Phase 3 der Taskforce Interop-Matrix

Die dritte Phase der Taskforce Interop-Matrix war maßgeblich von den aktuellen eIDAS-Entwicklungen geprägt. Nachdem der finale Gesetzestext beschlossen wurde und auch die Versionen des ARF immer spezifischer wurden, konnten die Schaufensterprojekte mit hoher Verlässlichkeit auch ihre Tech-Stacks entsprechend an die eIDAS-Vorgaben anpassen. Einige Projekte stellten ihren gesamten Technologie-Stack um, um ihre Use Cases mit den eIDAS-Technologien umzusetzen. Andere Projekte forschten weiter auch an anderen Technologien. Dies war insofern sinnvoll, als dass die eIDAS-Verordnung weitere Protokolle und Formate für die Attributs-Bescheinigungen zulässt und damit für einige der Use Cases, insbesondere im kommunalen Umfeld, eine kurzfristige Umsetzung noch vor der Etablierung von EUDI Wallets möglich war. Die seit über drei Jahren untersuchten verschiedenen Technologiestränge ermöglichen es den Schaufensterprojekten, Wallet-Lösungen zu entwickeln, welche eine Reihe an verschiedenen Berechtigungsformaten unterstützen, unter anderem die von eIDAS vorgegeben Formate mDoc und SD-JWT, aber auch weitere wie z. B. AnonCreds, LD-Proofs mit BBS+ und JWT-VC.

Auch bei den Kommunikationsprotokollen blieben die Schaufensterprojekte agil hinsichtlich der technischen Ausgestaltung ihrer Lösungen. So wurden zunächst in allen Projekten die DIDCommV2-Protokolle genutzt. Nachdem auf EU-Ebene nur der Einsatz von OpenID4VC/ VP vorgeschrieben wurde, setzten die Projekte auch dieses Protokoll um. Die Schaufensterprojekte gehörten zu einen der ersten Projekte, welche durch die Organisation mehrerer Hackathons die erste die erste Demonstration zum Einsatz von OpenID4VC Credentials vorzeigen konnten. Auch an der Entwicklung und den anschließenden Tests des ISO 18013-5 Standards für die mDL waren die Schaufensterprojekte aktiv beteiligt. Diese Agilität bei der Nutzung und Erprobung verschiedener Technologien zeigt sich auch in der letzten Interop-Tabelle, in denen sowohl die von der EU vorgeschriebenen als auch weitere technische Ausprägungen genutzt werden. Dabei wurde insbesondere auch der Stand der technologischen Reife (Technology Readiness Level) (European Commision, 2024) der einzelnen Formate und Methoden berücksichtigt.

Nichtsdestotrotz konnten die Schaufensterprojekte ihre Erfahrungen mit den DIDComm-Protokollen und den verschiedenen Berechtigungsformaten auch in die internationale Community spiegeln und somit nachhaltig die Forschung zu neueren Protokollen mitprägen. Zudem Weiteren wurden erfolgreiche Interoperabilitätstests zwischen den Projekten durchgeführt, die den Austausch von Credentials zwischen verschiedenen Wallets demonstrierten (Tab. 26.3).

Tab. 26.3 SSI-Stack der Projekte im Frühjahr 2024

Status Quo Frühjahr 2024					
Project Partner	VC Format	DID Method	Communication	Wallet Solutions	Interoperability
IDunion	SD-JWT	-	OpenID4VC/VP ISO18013-5	Lissi IDunion SCE	Lissi IDunion SCE
ID-Ideal	JSON-LD SD-JWT Mdoc	Did:keri Did:key Did:web	DIDCommV2 OpenID4VC ISO18013-5	HIDY Wallet Ideal Wallet Lissi Wallet	Interop-Test with Hidy using Keri EECC (website log in for accessing studies)
ONCE	AnonCreds mDoc	Did:indy Did:web	DIDComm V1 Tbd. DIDComm V2	Lissi	Lissi
SDIKA	JSON-LD	-	OpenID4VC	SDI-X-Adapter: CAS Cloud Wallet HIDY wallet	Interoperable with Hidy

Zusammenfassend wird deutlich, dass alle drei Phasen von politischen Entwicklungen sowie Änderungen innerhalb der Konsortien geprägt waren. Kern des Schaufensterprogrammes war es, die Potenziale und verschiedenen Umsetzungsmöglichkeiten von Self-Sovereign-Identities zu erproben. Die Schaufensterprojekte untersuchten mehrere technologische Varianten, um sichere, Privatsphäre freundliche und skalierbare digitale Nachweise zu entwickeln. Dabei erwiesen sich einige Protokolle und Formate erfolgsversprechender als andere. Die Diskussionen im öffentlichen Raum zu Blockchain-Technologien und der laufende Prozess der eIDAS-Verordnung beeinflussten auch das Schaufensterprogramm. Auf der einen Seite konnten die Projekte ihre Erfahrungen aus der Interop-Matrix sehr gut in die Diskussionen miteinbringen und die Standardisierung mitvorantreiben. Auf der anderen Seite stellte man fest, dass die Standardisierung insbesondere bezüglich neuerer Protokolle wie DIDCommV2 oder Formate wie AnonCreds noch nicht die nötige Aufmerksamkeit und Unterstützung erhielten. Die technologische Landschaft ist immer auch mitgeprägt von politischer Akzeptanz und Offenheit gegenüber neuen Technologien. Mit Aufsetzen des Schaufensterprogramms Sichere Digitale Identitäten in Deutschland sollte das Potenzial von Selbst-souveränen Identitäten und der verschiedenen Technologien für die Umsetzung erprobt werden. Letzteres erfordert immer auch eine entsprechende Subventionierung für die Standardisierung neuer technologischer Ansätze. Im Rahmen des Schaufensterprogramms waren daher auch Ressourcen dafür eingeplant, sodass die Projekte einen entscheidenden Beitrag zur Weiterentwicklung neuer technischer Standards leisten konnten. Die EU wählte kurze Zeit darauf einen ähnlichen Weg, nachdem mit der Novellierung der eIDAS-Verordnung auch Large Scale Pilots für die Erprobung und Standardisierung neuer Technologien für die European Digital Identity Wallet ausgeschrieben wurden.

4 Semantische Interoperabilität

Die Taskforce Semantische Interoperabilität der Schaufensterprojekte erstellte unter Beteiligung der Begleitforschung ein gemeinsames Credential Repository zum Abgleich und zur regelmäßigen Aktualisierung der Entwicklungen bei gleichen oder ähnlichen Verifiable Credential Standards. Das Repository enthält die verwendeten Methoden und Formate und ermöglicht es, die einzelnen VCs zu bewerten, einzuordnen, Überschneidungen festzustellen und gegebenenfalls Weiterentwicklungen bei Methoden und Formaten der VCs bilateral/multilateral zwischen den Schaufensterprojekten abzustimmen.

Gleiche und ähnliche Use Cases oder Credentials wurden durch die Begleitforschung gekennzeichnet und die Ergebnisse den Projektpartnern zur multilateralen Abstimmung und Koordination überlassen (Tab. 26.4).

Tab. 26.4 Repository der einzelnen Use Cases

Bezeichnung					Wert		
Verifiable Credential – Nr.							
Name Verifiable Credential							
Use Case							
Ausstellung an							
Beschreibung des Inhalts							
Aussteller							
Datenquelle zur Erstellung							
Issuer-DID Methode							
Issuer Netzwerk							
VC-Format							
Revocation							
Communication							
Trust Framework							
Schema							
Angezeigte Daten	Beispiel	Definition	Format	Erläuterung Semantik		Begründung/Herkunft Semantik	
-	-	-	-	-		-	
Funktionsumfang (Use Case Beschreibung)				Anmerkungen			
-				-			
				Weitere Angaben/Zeichensatz		Anmerkungen	
Herkunft Credential Definition				-		-	
Zeichensatz				-		-	

5 Kooperationen mit internationalen Organisationen und Standardisierungsgremien

Zu Beginn des Schaufensterprogramms erstellte das Fachteam Technologie und Standardisierung eine Matrix mit den für die Schaufensterprojekte relevanten Gremien. Dabei wird die Relevanz des Gremiums anhand von zwei wesentlichen Achsen dargestellt: Effizienz in Bezug auf Standardsetzung für SDI sowie die Größe der Organisation, die durch den Durchmesser symbolisiert wird. Die x-Achse repräsentiert die Relevanz, welche das Gremium für die Schaufensterprojekte aufweist. Eine höhere Platzierung auf dieser Achse deutet auf eine größere Relevanz. Die y-Achse hingegen zeigt die allgemeine Präsenz des Gremiums bei der Implementierung von Standards für digitale Identitäten. Ein größerer Durchmesser deutet auf größere, internationale Organisationen hin, die ich diesem Bereich aktiv sind. Diese Visualisierung diente dazu, die Schlüsselakteure und ihre Beiträge zur Erreichung der Ziele des Schaufensterprogramms klar zu identifizieren und zu bewerten (Abb. 26.2).

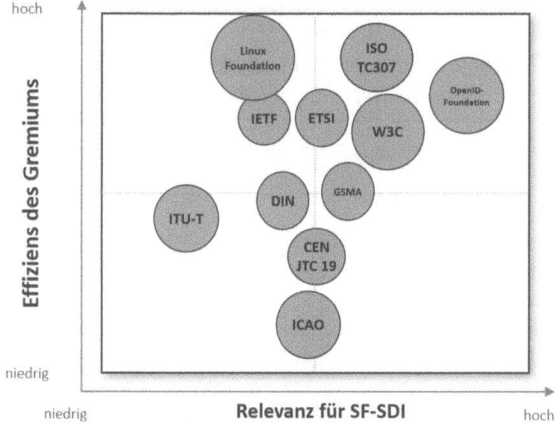

Abb. 26.2 (Globale) Etablierte Normungsgremien im Kontext DLT und SSI
Legende:
- ISO/TC 307 „Blockchain and DLT" mit „Smart Contracts" und „Trust Anchor"
- W3C: hier werden Decentralized Identifiers (DIDs) und Verifiable Credentials (VCs) spezifiziert
- CEN JTC 19 „Decentralised IDM" soll europäisches „Spiegelgremium" zu ISO TC 307 werden
- DIN: Normungsausschuss 043-02-04 AA „Blockchain und Technologien für verteilte elektronische Journale" wird deutsches „Spiegelgremium", Industrie 4.0 und DSGVo
- ETSI ESI: Technical Committee (TC) Electronic Signatures and Trust Infrastructures (ESI)
- GSMA: definiert eSIM bzw. eUICC Personalisierungsprozesse als Sicherheitsanker• IETF: Krypto- und Kommunikationsprotokolle
- ICAO: Globale Luftverkehrsorganisation, definiert Datenformate für elektronische Reisedokumente
- Linux Foundation (2): „Trust over IP" Architektur mit „Governance" des ID-Systems
- OpenID-Foundation unterstützt nun „Self-issued OpenID Provider (SIOP)"International

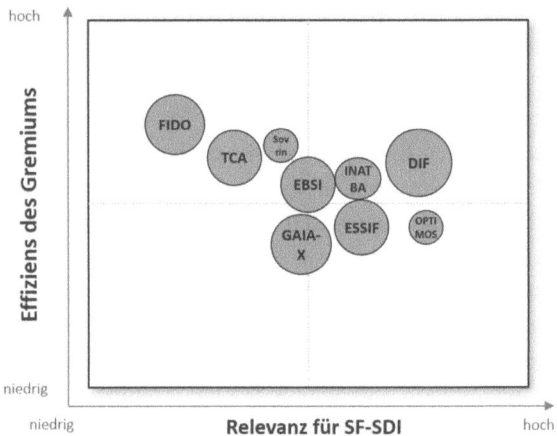

Abb. 26.3 Neue Normungsgremien im Kontext DLT und SSI

Legende:
- EBSI: Die „European Blockchain Services Infrastructure" ist eine gemeinsame Initiative der Europäischen Kommission und der European Blockchain Partnership (EBP) und wird über CEF gefördert
- ESSIF: „European Self Sovereign Identity Framework" mit Fokus auf SSI Bürgerdienste
- Linux Foundation (1): entwickelt „Hyperledger Fabric" als Open Source Basis für geschlossene, verteilte DLT
- DIF: „Decentralized Identity Foundation" definiert die Kommunikationsschicht DIDComm für Interop
- OPTIMOS Interest Group
- TCA: Trusted Connectivity Alliance; eSIMs für IoT
- GAIA-X: BMWK-Förderprojekt „Innovative und praxisnahe Anwendungen und Datenräume im digitalen Ökosystem GAIA-X"
- INATBA: „Association of Trusted Blockchain Applications" vertritt Interessen bei der EU
- Sovrin Foundation betreibt gemeinnützig ein Netzwerk für SSI

Zusätzlich wurde eine Matrix mit denselben Kriterien für neuere Gremien und Foren erstellt (Abb. 26.3).

Im Folgenden wird nun genauer auf einige Kooperationen und Austausche eingegangen, die sich aus der Auswertung ergeben haben. Innerhalb der verschiedenen Taskforce-Sitzungen sowie bei den Fachgruppensitzungen wurden regelmäßig Vertreter:innen der oben genannten Normungsgremien eingeladen, um von ihren Aktivitäten zu berichten und mögliche Synergien mit den Schaufensterprojekten aufzudecken.

Schaufensterprojekte X EBSI/ESSIF

Die European Services Blockchain Infrastructure (EBSI) und das direkt verknüpfte Early Adopter Programme European Self-Sovereign Identity Framework (ESSIF) waren von Beginn an wichtige Gesprächspartner für die Schaufensterprojekte. Einerseits forschte man auf technologischer Ebene an ähnlichen Themen; der Einsatz von Blockchain bei der Implementierung selbstsouveräner Identitäten (SSI) war etwa auch bei den Schaufensterprojekten zu

Beginn ein untersuchter Ansatz. Andererseits war die Synchronisierung mit einem EU-Projekt eine gute Gelegenheit für die Schaufensterprojekte, die Entwicklungen außerhalb von Deutschland mitzuverfolgen und über gemeinsame Treffen auch ihre Erfahrungen in die europäische Ebene einzubringen. Technisch stellte man früh fest, dass der ESSIF Ansatz von den in den Schaufensterprojekten favorisierten DIF und Aries 2.0 Ansatz abwich. Man entschied sich dennoch, weiterhin im Austausch zu bleiben und insbesondere im Hinblick auf die Entwicklungen bezüglich eIDAS 2.0 eine Interoperabilität langfristig nicht auszuschließen.

Schaufensterprojekte X Gaia-X
Die Entwicklungen zu Gaia-X waren im Schaufensterprogramm mit zu berücksichtigen. Im Rahmen der Begleitforschung wurde 2022 eine Kurzstudie zur Relevanz des Gaia-X Vorhabens für die „Schaufenster Sichere Digitale Identitäten" erarbeitet. Ziel dieser nicht publizierten Kurzstudie war es, für SDI-Projekte eine einfache Einführung und „Handreichung" zu Gaia-X zu schaffen und umgekehrt auch Gaia-X-relevante Aspekte der SDI-Projekte an die Gaia-X-Community zu kommunizieren.

Die Kurzstudie enthält Aspekte der technischen Interoperabilität im Zusammenhang mit Identifizierung und Authentisierung, sofern dies in den frühen Phasen von Gaia-X und der SDI-Projekte möglich war. Zudem wurden Schnittstellen zwischen den SDI-Schaufenstern und Gaia-X sowie mögliche Vorteile bei einer Zusammenarbeit diskutiert. Wesentliche Punkte dabei waren die Themen Identity und Trust, Trust Framework, Föderiertes Trust Model, Access Control und die Implementierung föderierter Services.

Konkret wurden nachstehende Vorgehensweisen und Maßnahmen empfohlen:

- Sowohl die SDI-Projekte als auch die Gaia-X Community sollten gemeinsam an der Definition einer Governance Struktur arbeiten (Verstehen / Einführen / Mitwirken an) der Governance Struktur
- Dabei müssen gegebene Standards und Verordnungen, insbesondere eIDAS 2.0, von Anfang an mitberücksichtigt werden
- Prüfung der Möglichkeit und ggf. Initiierung eines gemeinsamen Testlabors durch SDI-Projekte und GAIA-X Community bzw. Nutzung bestehender Testbeds von Gaia-X
- Vereinheitlichung der Bewertung der verschiedenen Sicherheitsniveaus von digitalen Identitäten in den unterschiedlichen Projekten (auf der Basis der eIDAS 2.0 VO)

Schaufensterprojekte X OpenID Foundation
Einige Vertreter aus den Schaufensterprojekten waren zeitgleich direkt in der OpenID Foundation aktiv. Noch bevor das OpenID4VC Protokoll zum offiziellen Standard für die Umsetzung der EUDI Wallet ausgewählt wurde, haben sich die Schaufensterprojekte dazu entschieden, langfristig auf SIOP und OpenID connect zu setzen. Eine enge Zusammenarbeit und Mitverfolgung der Aktivitäten bei OpenID war daher von Anfang an gegeben. OpenID for Verifiable Credentials (OpenID4VC) ist eine Reihe von Standards der OpenID Foundation für die Ausstellung und Verwendung von digitalen Berechtigungs-nachweisen

in Online-Szenarien. IDunion hat die Software-Suite von OpenID4VC getestet und seit 2021 zu ihrer Weiterentwicklung beigetragen.

Schaufensterprojekte X ETSI ESI

Das Technical Committee (TC) Electronic Signatures and Trust Infrastructures (ESI) ist die zentrale Arbeitsgruppe für die Standardisierung elektronischer Vertrauensdienste in der EU. Mit dem Vorschlag der eIDAS Novellierung war schnell klar, dass dieses Gremium auch für die Standardisierung neuer Vertrauensdienste eine zentrale Rolle spielen würde. Über das Fachteam Technologie der Begleitforschung erfolgte regelmäßig ein Austausch zu den aktuellen Aktivitäten bei ETSI ESI. Arbeiten aus den Schaufensterprojekten, wie zum Beispiel die Credential Format Comparison Darstellung wurde bei ETSI ESI eingebracht und dort als zentrales Dokument genutzt, um die Vor- und Nachteile verschiedener Formate für (Q)EAAs zu sichten und über das geeignetste Format abzustimmen. Zudem wurden auch einzelne Vertreter der Normungsorganisation eingeladen, um sich zu konkreten Themen wie beispielsweise Selective Disclosure mit den Projekten auszutauschen.

Schaufensterprojekte X ISO

Einige Vertreter aus den Schaufensterprojekten waren aktiv an der Standardisierung des ISO 18013-5 Standards beteiligt. Dieses wurde neben OpenID4VC für den Führerschein Use Case als verpflichtender Standard ausgewählt. Einige der Entwicklungen dazu flossen anschließend auch in den deutschen Large Scale Pilot POTENZIAL mit ein. Somit konnten die Schaufensterprojekte den Grundbaustein setzen, um in Deutschland den Führerschein auf Basis des ISO-Standards in die Wallet abzulegen.

6 Fazit und Ausblick

Die kontinuierlichen Arbeiten und Abstimmungen in der Taskforce Interop-Matrix führten dazu, dass die gemachten Erfahrungen bezüglich verschiedener Technologien und die implementierten Lösungen sowohl auf nationaler als auch auf europäischer Ebene maßgeblich dazu beitrugen, ein europaweit harmonisiertes Ökosystem für sichere digitale Identitäten zu schaffen.

Mit dem Start der Umsetzungsphase der Schaufensterprojekte begann auch eines der wichtigsten und weitreichendsten Digitalisierungsprojekte der EU: die eIDAS Novellierung. Die Novellierung der eIDAS-Verordnung lenkte die politische und wirtschaftliche Aufmerksamkeit auf das Thema digitale Identitäten, sodass sowohl auf nationaler als auch auf europäischer Ebene viele Parallelprojekte ins Leben gerufen wurden. Die Schaufensterprojekte konnten sich in diversen Foren und Gremien einbringen und ihre Expertise und Erfahrungen über das Schaufensterprogramm hinaus teilen. Beispiele hierfür sind die aktive Beteiligung am deutschen Konsultationsprozess für die Entwicklung der deutschen EUDI-Wallet oder die Repräsentanz der Schaufenster im GovLab. Auf europäischer Ebene haben sich die Projekte teils in ähnlicher Konstellation, teils durch Überführung ihrer Ergebnisse in die Large Scale Pilots, eingebracht.

Ähnlich wie die elektronischen Attributsbestätigungen gemäß der eIDAS-Verordnung sollen die digitalen Nachweise bei den Schaufensterprojekten als Verifiable Credentials in Wallets abgelegt und präsentiert werden können. Dabei erwiesen sich manche Protokolle und Formate für den Aufbau der Credentials als besser geeignet als andere. Bei dieser Bewertung haben die Schaufensterprojekte eine zentrale Rolle gespielt und ihre Expertise in den eIDAS-Toolbox-Prozess einbringen können. Dies erfolgt weiterhin durch Stellungnahmen zum ARF, welche an die Kommission übermittelt werden. Durch das „Memorandum of Understanding" zwischen OpenID und ETSI ESI werden nun technische Entwicklungen der Schaufensterprojekte sowohl europäisch als auch global verstetigt.

Zusammenfassend haben die kontinuierlichen Abstimmungen in der Taskforce Interop-Matrix und die gebündelte Expertise die Landschaft der sicheren digitalen Identitäten sowohl in Deutschland, in Europa als auch darüber hinaus maßgeblich mitgeprägt.

Literatur

European Commission. (2024). *Architecture and reference framework: European digital identity wallet*. Github. https://github.com/eu-digital-identity-wallet/eudi-doc-architecture-and-reference-framework/blob/main/docs/arf.md. Zugegriffen am 20.09.2024.

European Union. (2024). *Regulation (EU) 2024/1183 of the European Parliament and of the Council of 11 April 2024 amending Regulation (EU) No 910/2014 as regards establishing the European Digital Identity Framework*. EUR-LEX. https://eur-lex.europa.eu/legal-content/EN/TXT/?uri=OJ:L_202401183. Zugegriffen am 20.09.2024.

Netzpolitik.org. (2021). ID Wallet. Ein emotionaler IT-Sicherheitsbericht fürs Kanzleramt. https://netzpolitik.org/2021/id-wallet-ein-emotionaler-it-sicherheitsbericht-fuers-kanzleramt/. Zugegriffen am 20.09.2024.

Schaufenster Digitale Identitäten (2021). *SSI Stack Zielbild – Diskussionsmatrix*. Google Docs. https://docs.google.com/spreadsheets/d/1R0Y4ec1KVYErkcEgC3Qww7VR4CsCY2Lv2Bt-gfryEdw/edit#gid=0. Zugegriffen am 20.09.2024.

Yilidiz, H. (2021). DIF, Layers of SSI Interoperability. https://identity.foundation/faq/. Zugegriffen am 19.09.2025.

Open Access Dieses Kapitel wird unter der Creative Commons Namensnennung 4.0 International Lizenz (http://creativecommons.org/licenses/by/4.0/deed.de) veröffentlicht, welche die Nutzung, Vervielfältigung, Bearbeitung, Verbreitung und Wiedergabe in jeglichem Medium und Format erlaubt, sofern Sie den/die ursprünglichen Autor(en) und die Quelle ordnungsgemäß nennen, einen Link zur Creative Commons Lizenz beifügen und angeben, ob Änderungen vorgenommen wurden.

Die in diesem Kapitel enthaltenen Bilder und sonstiges Drittmaterial unterliegen ebenfalls der genannten Creative Commons Lizenz, sofern sich aus der Abbildungslegende nichts anderes ergibt. Sofern das betreffende Material nicht unter der genannten Creative Commons Lizenz steht und die betreffende Handlung nicht nach gesetzlichen Vorschriften erlaubt ist, ist für die oben aufgeführten Weiterverwendungen des Materials die Einwilligung des jeweiligen Rechteinhabers einzuholen.

Teil V
Perspektiven und Potenziale digitaler Identitäten und Nachweise

Quo vadis digitale Identität? Wie geht es weiter? Welche Rolle werden digitale Identitäten zukünftig einnehmen? Welche Wechselwirkungen ergeben sich mit der Gesetzgebung und der gesellschaftlichen Entwicklung? Dies sind Fragen, die zum heutigen Zeitpunkt nicht mit Sicherheit beantwortet werden können. In diesem Buchteil wagen wir dennoch einen Blick in die Zukunft: Zusammenhänge mit Gesetzgebung und gesellschaftlicher Entwicklung werden beleuchtet, neue Fragen aufgeworfen und Visionen vorgezeichnet.

Der erste Beitrag widmet sich hierbei der Frage, wie heutige Gesetze, die ohne digitale Identitäten im Hinterkopf entstanden sind, zu den in diesem Sammelband vorgestellten Lösungen passen. Der zweite Beitrag ordnet digitale Identitäten in gesellschaftliche Entwicklungen und die digitale Transformation ein. Dass sich die Verwaltung verändern wird, zeigten schon Beiträge aus vorherigen Buchteilen auf. Wie das in Zukunft aussehen könnte, beschreibt der dritte Beitrag. Der letzte Beitrag dieses Buchteils und Bandes stellt das Trustnet als eine Erweiterung des Internets vor, in der vertrauenswürdige Interaktion möglich werden soll.

Verifiable Credentials und Strafrecht: Eine Betrachtung aus Sicht der Urkundendelikte

Antonio Scaduto und Aline Vugrincic

Zusammenfassung

Im vorliegenden Beitrag wird die Anwendbarkeit der Urkundendelikte, §§ 267 ff. StGB auf die Verwendung von Verifiable Credentials gutachterlich überprüft. Die Begutachtung wird anhand konkreter Beispielsachverhalte erörtert. Sinn und Zweck davon ist die Aufdeckung potenzieller Strafbarkeitslücken im alltäglichen Umgang mit Credentials. Da die Architektur und Arbeitsweise der EUDI-Wallet noch nicht vollständig durch die eIDAS Expert Group erarbeitet wurde, stützen sich die vorliegenden Sachverhalte auf einen eigens modellierten sowie vereinfachten Umgang mit einer Wallet.

Schlüsselwörter

Strafrecht · Verifiable Credentials · Urkundendelikte · Datenurkunde · Amtliches Ausweispapier

1 Einleitung

Die fortschreitende Digitalisierung und Vernetzung unserer Gesellschaft führen zu einer zunehmenden Verflechtung von Technologie und Rechtswissenschaft.

A. Scaduto (✉) · A. Vugrincic
FZI Forschungszentrum Informatik, Cybersecurity and Law, Karlsruhe, Deutschland
E-Mail: scaduto@fzi.de; vugrincic@fzi.de

Auch Deutschland befasst sich seit geraumer Zeit mit elektronischen Identitätslösungen,[1] wenn auch mit bezweifelbarem Erfolg. Die Ursachen hierfür sind komplex und reichen von mangelnden Anwendungsfällen über fehlendes Marketing bis hin zur prominenten PIN-Problematik des Personalausweises.[2] Der jüngste Versuch der Bundesrepublik, den Ausweis auf die mobilen Endgeräte der Bürger*innen zu bringen, scheint auch dieses Mal leider gescheitert zu sein. Die Nutzungszahlen bundesweiter eID-Lösungen sind im internationalen Vergleich nicht einmal ansatzweise zu vergleichen.[3]

Die Einführung der sogenannten „EUDI-Wallet"[4] (European Digital Identity Wallet) im Zuge der eIDAS-Novelle bringt erneut Licht in das – zumindest in Deutschland – eher nachlässig behandelte Thema der digitalen Identitätslösungen. Dies ist daher ein guter Zeitpunkt, um sich mit den vielschichtigen Fragestellungen zwischen Recht und digitalen Identitäten auseinanderzusetzen.

2 Recht & Digitale Identitätslösungen

Durch den Ausruf der digitalen Dekade der EU, welche auf den Beschluss (EU) 2022/2481 zurückgeht, wurde der Grundstein für den digitalen Wandel von Wirtschaft und Gesellschaft in der Union gelegt.[5]

In dem Beschluss ist die Einführung einer „vertrauenswürdigen, freiwilligen von den Nutzern kontrollierten digitalen Identität, die unionsweit anerkannt wird und es jedem Nutzer ermöglicht, seine Daten und seine Präsenz in Online-Interaktionen zu überwachen" enthalten, ErWG[6] 3, Art. 4 Abs. 1, Nr. 4 lit c), Beschluss (EU) 2022/2481.

---

[1] Begonnen hat dies mit der Ausgabe des Personalausweises mit integriertem RFID-Chip im Jahre 2010, https://www.bsi.bund.de/DE/Themen/Oeffentliche-Verwaltung/Elektronische-Identitaeten/Elektronische-Ausweisdokumente/Der-Personalausweis/der-personalausweis_node.html

[2] Aufgrund der mangelnden Alltagsrelevanz vergaßen viele Bundesbürger*innen die PIN für die Online-Funktion des Personalausweises. Im Zeitraum von Februar 2022 bis Dezember 2023 wurden Bundesbürger*innen daher auf Anfrage eine neue PIN für die Online-Funktion des Ausweises zugesandt. Die Gesamtkosten hierfür beliefen sich für auf ca. 29,1 Mio. €. Dieser Service wurde zum 31.12.2023 eingestellt. Nun ist dafür ein Gang auf die Behörde notwendig, https://dserver.bundestag.de/btd/20/103/2010315.pdf

[3] In Deutschland wurde im Jahr 2020 lediglich 2,5–3 Mio. eID-Transaktionen durchgeführt, in Estland wurden 2019 bis zu 344 Mio. bei rund 1 Mio. registrierten Nutzer*innen gemessen, https://web-assets.bcg.com/43/c6/6101a4034a958228b6cce70229e8/bcg-zehn-jahre-elektronischer-personalausweis.pdf

[4] Das European Digital Identity Wallet ist eine persönliche digitale Brieftasche, mit der sich Bürgerinnen und Bürger sowie Organisationen künftig digital ausweisen können sollen, https://www.bmi.bund.de/SharedDocs/pressemitteilungen/DE/2023/11/digitale-brieftasche.html

[5] https://eur-lex.europa.eu/legal-content/DE/TXT/?uri=CELEX%3A32022D2481

[6] Mit der Abkürzung „ErWG" ist Erwägungsgrund gemeint.

Umsetzen möchte dies die Union mithilfe einer Novellierung der eIDAS-Verordnung (eIDAS-VO). Die Abkürzung eIDAS steht für „*electronic IDentification Authentication and Trust Services*".[7]

Die Intention der ursprünglichen eIDAS-VO von 2014 liegt in dem Entwurf eines unionsweiten Standards für elektronische Signaturen. Ziel war es, ein Umfeld für elektronische Signaturen zwischen Privatpersonen, Unternehmen und Behörden einzuführen, mittels derer elektronische Transaktionen erleichtert werden sollten. Nach einer Evaluation durch die Kommission war evident, dass zu wenige Mitgliedsstaaten überhaupt Anwendungsmöglichkeiten für die Verwendung dieser Signaturen geschaffen hatten. Daher wurde eine Überarbeitung der Verordnung durch die Kommission vorgeschlagen.

Neues Kernstück der Novelle ist die bereits angesprochene EUDI-Wallet. Diese soll es den Bürger*innen ermöglichen, sich gegenüber privatwirtschaftlichen und Verwaltungsdienstleistungen unionsweit zu authentifizieren. Die Mitgliedstaaten sind der Verordnung nach dazu verpflichtet, ihren Bürger*innen eine EUDI-Wallet bis Ende des Jahres 2026 anzubieten. Die Wallet basiert auf Grundprinzipien wie der Nutzerkontrolle (Art. 5a Abs. 1, ErWG 13 eIDAS-VO[8]), Datenschutz und Sicherheit (Art. 5a Abs. 17, ErWG 30 eIDAS-VO) sowie Transparenz (Art. 5a Abs. 4, ErWG 33 eIDAS-VO). So soll ermöglicht werden, dass Unionsbürger*innen durch die Verwendung der Wallet nicht zurückverfolgt und korreliert werden können.

3 Architektur

Zentraler Dreh- und Angelpunkt ist vorliegend ebenfalls das Credential, ein digitales Gegenstück zu einem analogen Nachweis, wie beispielsweise einem Zeugnis oder einer Konzertkarte.[9] Der Lebenszyklus eines Credentials reicht von dessen Erstellung über die Verwaltung durch den Verwender bis zur Nutzung bei einer Akzeptanzstelle und dessen Ende (Gültigkeit, Sperrung).

Die im vorliegenden Beitrag für die Konzipierung der Sachverhalte zugrunde gelegte Architektur umfasst die Rollen Holder,[10] Issuer[11] und Verifier[12] (auch Akzeptanzstellen genannt).

In der hier begutachteten Beispiel-Wallet wird die Erstellung eines Credentials durch den Issuer vorgenommen. Der Issuer ist dafür verantwortlich, dass die Credentials vertrau-

---

[7] Titel auf Deutsch: „Verordnung über elektronische Identifizierung und Vertrauensdienste für elektronische Transaktionen" https://eur-lex.europa.eu/legal-content/EN/TXT/?uri=CELEX%3A02014R0910-20240520

[8] Mit der Bezeichnung „eIDAS-VO" ist die novellierte eIDAS-Verordnung gemeint;

[9] Vgl. Glossar

[10] Vgl. Glossar

[11] Vgl. Glossar

[12] Vgl. Glossar

enswürdig erstellt werden. Es ist in den Sachverhalten davon auszugehen, dass sich *alle* vom Issuer erstellten Credentials am Sicherheitsniveau „hoch" orientieren, sowie ebenfalls als qualifizierte elektronische Attributsbescheinigungen eingestuft werden, Art. 8 Abs. 2 lit. c), Art. 3 Nr. 45 eIDAS-VO.

Die Übertragung der Credentials wird im vorliegenden Beitrag so verstanden, dass der Holder mittels eines individuellen vom Issuer erstellten QR-Codes die Credentials in seine Wallet hinzufügen kann. Bei amtlichen Ausweisen wie dem Personalausweis oder dem Führerschein, kann dies durch eine Verifizierung bei den zuständigen Behörden vorgenommen werden.

Beispiel.: A möchte seinen Personalausweis in die Wallet transferieren. Dafür geht er zur Stadtverwaltung/ins Bürgerbüro, verifiziert sich dort mittels seines Personalausweises und bekommt von der Behörde einen individuellen QR-Code ausgestellt. Beim Scannen dieses QR-Codes wird der Personalausweis in die Wallet des A transferiert. In der Wallet wird der Personalausweis wie in seiner analogen Form dargestellt. Bei einem Klick auf den Ausweis zeigt dieser die Rückseite.

Möchte man die Beispiel-Wallet nun verwenden, werden bei einem Verifizierungsvorgang die Daten mittels eines Auflegens des mobilen Endgerätes auf eigens für diesen Zweck geschaffene Lesegeräte ausgetauscht. Diese Lesegeräte sind dafür konzipiert je nach Nutzung abhängige Anfragen an das mobile Endgeräte und die Wallet zu senden.

Beispiel: A möchte bei einer Supermarktkette seine Kundenkarte nachweisen, um einen Rabatt zu erlangen. An der Kasse legt er sein Smartphone auf das Lesegerät. Das Lesegerät sendet eine Anfrage an das Smartphone, ob eine Kundenkarte nachgewiesen werden kann. Diese Anfrage wird in der Wallet-Applikation dem A angezeigt. Daraufhin wird A durch ein Pop-up Fenster aufgefordert die angefragten Credentials mit dem Supermarkt zu teilen. A bestätigt und der Rabatt wird gewährt.

Um ein hohes Maß an Datenschutz zu gewährleisten und dem Datenminimierungsgrundsatz der DSGVO aus Art. 5 lit. c) Rechnung zu tragen, verfolgt die betrachtete Wallet dem sogenannten Zero-Knowledge Proof,[13] ErWG 14 eIDAS-VO. Dieser ist eine Art Beweis, bei dem nachgewiesen werden kann, dass der Holder ein Attribut besitzt, ohne auszulesen, woher dieses stammt.

Beispiel: Die Akzeptanzstelle möchte überprüfen, ob A über 18 Jahre alt ist. Anstatt das Geburtsdatum auszulesen, wird lediglich ein Nachweis darüber gefordert sowie von der Wallet beantwortet, ob die betroffene Person volljährig ist.[14]

Im vorliegenden Beitrag ist der Holder für die Verwaltung seiner Credentials überwiegend selbst verantwortlich; sie können allerdings auch vom Issuer aufgrund von Ungültigkeit widerrufen werden.Die Akzeptanzstelle ist nicht dazu fähig, Credentials auf deren Gültigkeit zu überprüfen. Das bedeutet, dass ein Credential, sofern es nicht vom Issuer widerrufen wird, bei einer Überprüfung (durch eine Akzeptanzstelle) als gültig anerkannt wird.

---

[13] Vgl. Glossar
[14] ebd.

4 Falllösung

Die Verwendung digitaler Nachweise bietet nebst diversen Vorteilen, wie der Möglichkeit, verschiedene Eigenschaften einfach, schnell und bestenfalls datensparsam nachweisen zu können, auch ein Missbrauchspotenzial. Beispielsweise können digitale Nachweise von nicht oder nicht mehr berechtigten Personen verwendet werden. Das deutsche Strafrecht hat allerdings wenige Straftatbestände formuliert, welche sich mit der Strafbarkeit im Bereich des Digitalen und dessen Manipulation beschäftigen. Dazu gehört beispielsweise das Fälschen beweiserheblicher Daten (§ 269 StGB). Zu prüfen ist, ob bestehende Straftatbestände die neuen Möglichkeiten des Nachweises der Identität und einzelner Eigenschaften, im Falle des Missbrauchs ausreichend abdecken oder ob sich ein Nachbesserungsbedarf abzeichnet. Exemplarisch soll in den nachfolgenden Falllösungen gezeigt werden, wie digitale Nachweise auf missbräuchliche Art verwendet werden könnten und wie diese nach dem aktuellen Strafrecht zu bewerten wären.

Um die Art und Weise der juristischen Falllösungen besser nachvollziehen zu können, wird diese hier kurz erklärt:

Es handelt sich bei dem so genannten Gutachtenstil um einen viergliedrigen Aufbau. Dieser beginnt mit einem Obersatz und wirft die Frage auf, unter welchen Umständen die Strafbarkeit der entsprechenden Norm in Betracht kommt. Als zweiter Schritt werden die verschiedenen Tatbestandsvoraussetzungen und die entsprechenden Definitionen genannt. Der dritte Schritt ist die sogenannte Subsumtion, wobei geprüft wird, ob sich der gestellte Sachverhalt unter die erforderlichen Tatbestandsmerkmale einordnen lässt. Als finaler Schritt wird ein Ergebnissatz formuliert, welcher zusammenfasst, ob sich der Täter nun gemäß dem jeweils geprüften Paragrafen strafbar gemacht hat oder nicht. Im Gutachtenstil wird das Ergebnis explizit nicht vorweggenommen, sondern bildet sich im Lauf der Prüfung.[15]

Bei der Prüfung des Tatbestandes wird zwischen dem objektiven und dem subjektiven Tatbestand unterschieden. Der objektive Tatbestand befasst mit den Voraussetzungen, die laut Gesetz erfüllt sein müssen, sodass eine Tat als strafbar eingestuft und von der Außenwelt wahrgenommen werden kann. Beispielsweise sind bei einer Sachbeschädigung im Sinne des § 303 Abs. 1 StGB die objektiven Tatbestandsmerkmale „fremd", „Sache" und „beschädigt oder zerstört". Der subjektive Tatbestand behandelt die Frage der inneren Gesinnung des Täters. Dies meint, ob der Täter die Tat beispielsweise vorsätzlich verwirklichen wollte und sich über sein Vorgehen auch bewusst war.[16] Im Rahmen der Rechtswidrigkeit und Schuld wird geprüft, ob Gründe im Sachverhalt angelegt sind, die das Handeln des Täters möglicherweise rechtfertigen oder entschuldigen würden, auch wenn der Tatbestand objektiv und subjektiv verwirklicht wurde.

---

[15] vertiefend dazu: Biallauch & Wernert, 2018 oder auch verkürzt: https://www.defactojura.de/gutachtenstil.

[16] Hinweis: Eine Tat kann auch fahrlässig begangen werden. Dies muss allerdings ausdrücklich im StGB geregelt sein. Beispiel hierfür: Fahrlässige Körperverletzung, § 229 StGB

4.1 Sachverhalt 1

A war bis vor kurzem Mitglied des privaten Schwimmvereines S e.V., hat diese Mitgliedschaft aber inzwischen aufgekündigt. Alle Mitglieder von S haben einen Mitgliedsausweis, welcher den Namen des Mitgliedes, den Namen des Schwimmvereines und das Gültigkeitsdatum angibt. Der Mitgliedsausweis wurde von A als Credential in As Wallet auf seinem Smartphone gespeichert. Mittels Vorzeigens des Ausweises bzw. des Credentials erhalten die Vereinsmitglieder im örtlichen Freibad eine Ermäßigung auf den Eintrittspreis. Für gewöhnlich wird das Credential bei Beendigung der Vereinsmitgliedschaft automatisch als ungültig angezeigt und kann dann auch nicht mehr verwendet werden. Aufgrund eines Systemfehlers, dessen Ursache unbekannt ist, wird das Credential weiterhin in As Wallet als gültig angezeigt. A weiß, dass das Credential von ihm nicht mehr benutzt werden darf, da er kein Mitglied des Vereines mehr ist. Dennoch möchte er einen vergünstigten Eintritt erhalten. A wählt daher, bevor er zur Kasse gelangt, in seiner Wallet das Credential „Mitgliedsausweis S e.V." aus. An der Kasse hält A sein Smartphone an ein Lesegerät, welches den Nachweis „rabattberechtigt" aus der Wallet und dem Credential auslesen kann. Weitere Daten werden nicht abgefragt oder gespeichert. A bezahlt den rabattierten Eintrittspreis und genießt den Tag im Freibad.

Wie hat sich A nach dem 23. Abschnitt des StGB strafbar gemacht?

Hinweis: Alle erforderlichen Strafanträge sind gestellt.

Strafbarkeit gemäß § 267 Abs. 1 StGB[17]
A könnte sich wegen des Gebrauchens einer unechten Urkunde gem. § 267 Abs. 1 StGB strafbar gemacht haben, indem er das Credential „Mitgliedsausweis" nutzte, obwohl dies nicht mehr gültig war.

Strafbarkeit gemäß § 267 Abs. 1 StGB → Tatbestand
Dazu müsste A den objektiven und subjektiven Tatbestand des § 267 Abs. 1 erfüllt haben.
Das Credential muss zunächst eine Urkunde darstellen.

Strafbarkeit gemäß § 267 Abs. 1 StGB → Tatbestand → Begriff der Urkunde
Eine Urkunde ist eine verkörperte Gedankenerklärung, die allgemein oder für Eingeweihte verständlich ist, einen Aussteller erkennen lässt und die zum Beweis einer rechtlich erheblichen Tatsache geeignet und bestimmt ist (Heger, 2023a, Rn. 2).

Strafbarkeit gemäß § 267 Abs. 1 StGB → Tatbestand → Begriff der Urkunde → Aussteller
Aussteller ist der, von dem eine Urkunde herrührt und der, welcher für die beurkundeten Erklärung einsteht (Heine & Schuster, 2019a, Rn. 16).

---

[17] alle folgenden §§ ohne Gesetzesangabe sind solche des StGB.

Aussteller ist hier der Schwimmverein S, der mittels der Mitgliedsausweise bestätigt, dass die entsprechenden Personen Mitglieder des Vereines sind. Diese Ausstellerinformation wird auch auf dem Mitglieds-Credentials ausgewiesen. Fraglich ist, ob der Aussteller erkennbar ist, da das Lesegerät lediglich die Information aus As Wallet ausliest, dass er rabattberechtigt ist. Aussteller oder Grund für die Ermäßigung werden nicht geteilt.

Dieses Vorgehen wird durch Art. 5a Abs. 4 lit. a eIDAS-VO ermöglicht. Es soll hierdurch sichergestellt sein, dass Nutzende der Europäischen Wallet (EDUI-Wallet) lediglich die Daten mit einer anderen Stelle teilen, welche für den konkreten Fall von Relevanz sind. Andere Daten sollen aufgrund des Grundsatzes der Datenminimierung, welcher in Art. 5 Abs. 1 lit. c DSGVO niedergeschrieben wurde, nicht geteilt werden.

An der Kasse des Freibades ist es nur relevant, ob man berechtigt ist, für das Eintrittsticket eine Ermäßigung zu erhalten. Diese könnte sich aus verschiedenen Gründen, wie beispielsweise aufgrund einer Studierendeneigenschaft oder einer Behinderung, ergeben. Dies ist für den Betreiber des Freibades nicht relevant, was daran erkennbar ist, dass er nicht mehr Daten einfordert, um die Ermäßigung zu bewilligen.

Grundsätzlich ist der Aussteller auf dem Credential, ebenso wie auf dem analogen Mitgliedsausweis, weiterhin angegeben, die Information wird hier jedoch nicht gefordert. Man könnte diese Information im Zweifel, wenn dies begründet werden würde, durch Vorzeigen des vollständigen Credentials oder Mitgliedsausweises oder alternativ durch das Teilen der Rabattberechtigung und des Namens des Ausstellers, hier Schwimmverein S, preisgeben. In diesem Fall wäre der Aussteller offensichtlich gemacht.

Es schadet insofern nicht, dass der Aussteller hier nicht angezeigt wird, da der Aussteller auf dem Credential, wenn dies vollständig geteilt werden würde, erkennbar wäre.

Strafbarkeit gemäß § 267 Abs. 1 StGB → Tatbestand → Begriff der Urkunde → Rechtlich erhebliche Tatsache

Die Gedankenerklärung muss zum Beweis einer rechtlich erheblichen Tatsache geeignet und bestimmt sein.

Die Beweiseignung liegt vor, wenn durch die Urkunde auf die Überzeugungsbildung des Adressaten eingewirkt werden kann. Die Urkunde muss dazu bestimmt sein, für ein Rechtsverhältnis Beweis zu erbringen (Maier, 2020a, Rn. 16 ff.).

Durch das Credential kann der Beweis erbracht werden, Mitglied des Schwimmvereins S zu sein, wodurch ein Rabatt durch das System bewilligt wird. Es wird insofern auf die Überzeugungsbildung des Systems eingewirkt. Die Beweisfunktion des Credentials liegt demnach vor.

Strafbarkeit gemäß § 267 Abs. 1 StGB → Tatbestand → Begriff der Urkunde → Verkörperte Gedankenerklärung

Eine Urkunde erfordert das Vorliegen einer verkörperten Gedankenerklärung.

Dies bedeutet zunächst, dass die Urkunde einen menschlichen Gedanken beinhaltet, also geeignet ist, in einem anderen eine bestimmte Vorstellung über einen Sachverhalt hervorzurufen (Weidemann, 2024a, Rn. 5).

Der menschliche Gedanke liegt durch die Bestätigung des Vereines S, dass man Mitglied ist, vor. Der Schwimmverein ist ein nichtwirtschaftlicher eingetragener Verein im Sinne des § 21 BGB und demnach eine juristische Person, somit kein Mensch, der einen menschlichen Gedanken formulieren kann. Gemäß § 26 BGB wird der Verein vom Vorstand vertreten, der aus einer oder mehreren natürlichen Personen bestehen kann. Diese Personen können einen menschlichen Gedanken formulieren und in ihrem Namen für den Verein abgeben.

Die Gedankenerklärung muss weiterhin mit einer körperlichen Sache fest verbunden sein, sodass eine stoffliche Fixierung von gewisser Dauerhaftigkeit vorliegt (Heine & Schuster, 2019a, Rn. 3 ff.). Die Verkörperung bietet im Rechtsverkehr eine Garantie des Erklärenden bezüglich des Inhaltes (Erb, 2022a, Rn. 21).

Bezüglich des herkömmlichen Mitgliedsausweises ist dies ohne weiteres zu bejahen, indem die Mitgliedseigenschaft auf einem Papier oder einer Plastikkarte niedergeschrieben oder aufgedruckt ist, sodass eine stoffliche Fixierung der Gedankenerklärung vorliegt. Das Credential liegt hingegen in digitaler Form in der Wallet auf As Smartphone vor. Fraglich ist, ob dies eine stoffliche Fixierung darstellt.

Das Credential wird als Nachweis in der Wallet auf dem jeweiligen Endgerät gespeichert. Dies allerdings nicht in einer für den Menschen wahrnehmbaren Form, sondern vielmehr als ein maschinenlesbarer Code. Ohne die notwendigen Zwischenschritte einer „Übersetzung" des Endgeräts beziehungsweise die visuelle Darstellung in der Wallet, spricht das Credential und dessen Informationsgehalt nicht für sich selbst. Es ist darauf angewiesen, grafisch dargestellt zu werden.

Die Gedankenerklärung muss derart verfestigt sein, dass sie für eine gewisse Zeit oder auf Dauer in einer Sache inhaltlich fixiert ist, also selbst eine Sache ist. (Schuhr, 2022, Rn. 6). Ein digitales Dokument ist nicht auf einem Material dauerhaft verkörpert, solange es nur im Speicher oder auf dem Bildschirm existiert (OLG Köln (1. Strafsenat), Beschl. v. 01.10.2013 – 1 RVs 191/13).

Das Credential ist aus sich heraus nicht sichtbar, sondern wird nur durch das auf dem Smartphone befindliche System sichtbar und für alle leserlich gemacht.

Das Credential ist damit selbst keine Sache, ist nicht inhaltlich fixiert und demnach keine Urkunde.

Strafbarkeit gemäß § 267 Abs. 1 StGB → Tatbestand → Zwischenergebnis
Das Credential ist keine Urkunde.

Strafbarkeit gemäß § 267 Abs. 1 StGB → Ergebnis
A hat sich nicht gem. § 267 Abs.1 strafbar gemacht.

Strafbarkeit gem. § 269 Abs. 1
A könnte sich wegen der Fälschung beweiserheblicher Daten gem. § 269 Abs. 1 strafbar gemacht haben, indem er das nicht mehr gültige Credential „Mitgliedsausweis" an der Freibadkasse vorzeigte.

Strafbarkeit gem. § 269 Abs. 1 → Tatbestand
Der Tatbestand des § 269 Abs. 1 müsste erfüllt sein.

Strafbarkeit gem. § 269 Abs. 1 → Tatbestand → Beweiserhebliche Daten
Fraglich ist, ob es sich bei dem Credential „Mitgliedsausweis" um beweiserhebliche Daten handelt..

Strafbarkeit gem. § 269 Abs. 1 → Tatbestand → Beweiserhebliche Daten → Daten
Daten sind visuell nicht unmittelbar wahrnehmbar (Weidemann, 2024b, Rn. 4) und stellen Informationen dar, die in einer primär für die maschinelle Verarbeitung bestimmten Form als eine bestimmte Abfolge von Signalen codiert sind, um eine automatisierte Erfassung, Übertragung oder Bearbeitung der Informationen zu ermöglichen oder zu erleichtern (Bär, 2024, Rn. 6).

Das Credential wird erst durch das auf dem Smartphone des A liegende System wahrnehmbar gemacht, stellt ansonsten eine bestimmte codierte Abfolge von Signalen dar. Folglich ist der Datenbegriff zu bejahen.

Strafbarkeit gem. § 269 Abs. 1 → Tatbestand → Beweiserhebliche Daten → Beweiserheblich
Diese Daten müssten zudem beweiserheblich sein.

Daten müssen, ebenso wie die Gedankenerklärung einer Urkunde, dazu bestimmt und geeignet sein, einen Nachweis zu erbringen (Erb, 2022b, Rn. 12). Hier kann auf die Ausführungen bezüglich der Geeignetheit und Bestimmtheit in der Prüfung des § 267 verwiesen werden.

Das Credential soll als eine Art „digitales Ebenbild" der herkömmlichen analogen Nachweise verwendet werden und eine automatische Übertragung der dort hinterlegten Informationen ermöglichen.

Die Daten sollen dabei ebenso wie Urkunden die Sicherheit und Zuverlässigkeit des Beweisverkehrs schützen (Heger, 2023b, Rn. 1). Dieser Schutz wird auch durch das digitale Credential gewahrt, zumal Art. 45b Abs. 2 eIDAS-VO den elektronischen Attributsbescheinigungen dieselbe Rechtswirkung zukommen lässt wie rechtmäßig ausgestellten Bescheinigungen in Papierform.

Demnach sind die Daten auch beweiserheblich.

Strafbarkeit gem. § 269 Abs. 1 → Tatbestand → Beweiserhebliche Daten → Erkennbarkeit des Ausstellers
Zudem muss der Aussteller der Daten erkennbar sein (Heine & Schuster, 2019b, Rn. 11). Das Credential wird mit einer Signatur versehen, die den Aussteller erkennen lässt. Auch wenn dieser nicht zwangsläufig geteilt werden muss, dies wurde bei der Prüfung zum § 267 bereits erläutert, ist der Aussteller dennoch auf dem Credential erkennbar.

Folglich liegen beweiserhebliche Daten vor, deren Aussteller erkennbar ist.

Die Daten müssten bei einer Wahrnehmbarmachung eine unechte Urkunde im Sinne des § 267 darstellen. Eine unechte Urkunde liegt vor, wenn mit ihrer Hilfe das Vorhandensein einer echten Urkunde vorgespiegelt wird (Heine & Schuster, 2019a, Rn. 48).

Wahrnehmbar könnte man das Credential beispielsweise durch einen Ausdruck machen. Während A noch Vereinsmitglied war, wäre das Credential als Ausdruck eine echte Urkunde gewesen. Als A jedoch die Mitgliedschaft beendet hat, wurde das Credential somit ungültig und wurde nur aufgrund eines Systemfehlers weiterhin als gültig angezeigt. Das nunmehr ungültige Credential ist nicht mehr geeignet und dazu bestimmt, den Beweis der Mitgliedschaft des A zu erbringen, wäre folglich eine unechte Urkunde.

Die Daten sind auch in As Wallet hinterlegt, sodass es möglich ist, die Daten abzurufen (Weidemann, 2024b, Rn. 8) und somit bereits gespeichert.

Somit stellt das Credential beweiserhebliche Daten dar, die bei ihrer Wahrnehmung eine unechte Urkunde wären.

Das Credential stellt somit beweiserhebliche Daten im Sinne des § 269 dar.

Strafbarkeit gem. § 269 Abs. 1 → Tatbestand → Tathandlung
A müsste diese Daten auch gebraucht haben, um im Rechtsverkehr zu täuschen.

Strafbarkeit gem. § 269 Abs. 1 → Tatbestand → Tathandlung → Gebrauchen
Gebrauchen liegt vor, wenn die Daten einem anderen zugänglich gemacht werden (Heine & Schuster, 2019b, Rn. 21).

A zeigt das Credential hier keiner Person vor, sondern lässt die Information „rabattberechtigt" durch das Lesegerät auslesen. So werden die Informationen an das EDV-System des Freibades weitergeleitet, das die Rabatteigenschaft akzeptiert. Einem anderen werden die Daten insofern nicht zugänglich gemacht, sondern lediglich einem EDV-System.

Vorliegend kann auf § 270 verwiesen werden, da es sich um einen Gebrauch gegenüber eine EDV-Anlage handelt, welche die aufgrund der automatisierten Weiterverarbeitung rechtserhebliche Dispositionen trifft (Bär, 2024, Rn. 14).

Durch das Auslesen wurde das EDV-System des Freibades dazu veranlasst, A den Rabatt automatisch zu gewähren, sodass A nur den ermäßigten Preis bezahlen musste.

Ein Gebrauchen liegt demnach in Verbindung mit § 270 vor.

Strafbarkeit gem. § 269 Abs. 1 → Tatbestand → Vorsatz
A müsste auch vorsätzlich gehandelt haben.

Vorsatz liegt vor, wenn der Täter bezüglich der objektiven Tatbestandsmerkmale wissentlich und willentlich handelt (Rönnau, 2010, Rn. 675).

A wusste, dass das Credential nicht mehr gültig war und nicht von ihm verwendet werden durfte, um den Rabatt zu bekommen, tat dies dennoch und handelte somit vorsätzlich.

Des Weiteren müsste A mit Täuschungsabsicht gehandelt haben.

Zur Täuschung müsste durch den Gebrauch des Credentials bei einem anderen ein Irrtum hervorgerufen worden sein (Maier, 2020b, Rn. 25).

A zeigt das Credential jedoch keiner Person, sondern lässt dies auslesen. Folglich wird bei keinem anderen ein Irrtum hervorgerufen und eine Täuschung ist zu verneinen.

Der Täuschung steht jedoch die fälschliche Beeinflussung im Datenverkehr im Sinne des § 270 gleich.

Wird durch die Handlung auf eine EDV-Anlage eingewirkt, sodass die Datenverarbeitung manipuliert ist, so liegt eine der Täuschung entsprechende Beeinflussung einer Datenverarbeitung vor (Heine & Schuster, 2019b, Rn. 22).

Folglich liegt im Vorzeigen des Credentials eine der Täuschung gleichstehende fälschliche Beeinflussung einer Datenverarbeitung vor.

Strafbarkeit gem. § 269 Abs. 1 → Rechtswidrigkeit und Schuld
A handelte rechtswidrig und es liegen keine Entschuldigungsgründe vor.

Strafbarkeit gem. § 269 Abs. 1 → Ergebnis
A hat sich gem. § 269 Abs. 1 in Verbindung mit § 270 strafbar gemacht.

4.2 Variante zu Sachverhalt 1

A ist Mitglied des örtlichen Schwimmvereines S e.V. und hat den Mitgliedsausweis als gültiges Credential in seiner Wallet hinterlegt. Das Credential ist nicht an andere Personen übertragbar. Sein bester Freund B hingegen ist kein Mitglied des S, möchte aber gerne vergünstigt das örtliche Freibad besuchen. A gibt dem B dazu bereitwillig sein Smartphone und teilt ihm die entsprechenden PINs und Zugangspasswörter mit, um das Smartphone und die Wallet entsperren und nutzen zu können. B nutzt As Smartphone und das Credential, um rabattierten Eintritt im örtlichen Freibad zu bekommen. An der Kasse weist er „seine" Eigenschaft als Vereinsmitglied mittels des hinterlegten Mitgliedsausweises vor und erhält den rabattierten Eintrittspreis.
  Wie haben sich A und B gem. § 274 StGB strafbar gemacht?
  Hinweis: Alle erforderlichen Strafanträge sind gestellt.

Strafbarkeit des A und B gem. §§ 274 Abs.1 Nr. 2, 25 Abs. 2
A und B könnten sich als Mittäter wegen der Unterdrückung beweiserheblicher Daten gem. §§ 274 Abs. 1 Nr. 1, 25 Abs. 2 strafbar gemacht haben, indem A dem B sein Smartphone inklusive des Zugangs zur Wallet und des Credentials ermöglichte und B dieses an der Freibadkasse verwendete.

Eine Mittäterschaft ist bei § 274 grundsätzlich möglich (Erb, 2022c, Rn. 34).

Strafbarkeit des A und B gem. §§ 274 Abs.1 Nr. 2, 25 Abs. 2 → Tatbestand
Die Datenunterdrückung müsste gemeinschaftlich von A und B unternommen worden sein.

Strafbarkeit des A und B gem. §§ 274 Abs.1 Nr. 2, 25 Abs. 2 → Tatbestand → Tatobjekt

Das Credential stellt, wie oben bereits geprüft, beweiserhebliche Daten dar.

Über diese Daten dürften A und B nicht oder nicht ausschließlich verfügen dürfen.

Dazu dürfte der Täter kein Beweisführungsrecht an den Daten besitzen (Heger, 2023c, Rn. 2). Das Beweisführungsrecht steht dabei dem Inhaber oder der Person zu, die die Herausgabe oder Vorlage des Beweismittels von dessen Besitzer verlangen kann. Dies kann durch Vereinbarung mit demjenigen, von dem die Urkunde herrührt, entstehen (Maier, 2020c, Rn. 8).

Der Schwimmverein gestattet lediglich den Vereinsmitgliedern, den Mitgliedausweis bzw. das Credential im Rahmen eines Beweisführungsrechtes zu verwenden. Andere Personen sind hierzu nicht berechtigt. A darf den Ausweis auch nicht anderen Personen zur Verfügung stellen, um diesen zu nutzen.

B darf nicht über das Credential verfügen, da der Ausweis nicht auf ihn ausgestellt ist.

Folglich durften weder A noch B über das Credential verfügen.

Strafbarkeit des A und B gem. §§ 274 Abs.1 Nr. 2, 25 Abs. 2 → Tatbestand → Tathandlung

A und B müssten die Daten unterdrückt haben und zudem mittäterschaftlich gehandelt haben.

Ein Unterdrücken liegt vor, wenn dem Berechtigten die Benutzung der Datenurkunde zumindest zeitweise entzogen oder vorenthalten wird (Heine & Schuster, 2019c, Rn. 9 f.). Indem B das Credential des As verwendet, kann A selbst es nicht mehr verwenden, sodass ein Unterdrücken vorliegt.

Die Tat der Urkundenunterdrückung müsste gemeinschaftlich von A und B unternommen worden sein.

Es ist dabei nicht notwendig, dass die Tat tatsächlich gemeinsam ausgeführt wird, es reicht aus, wenn die einzelnen Beiträge zur Tatbestandsverwirklichung in einer Qualität vorliegen, dass das Zusammenspiel die Verwirklichung erst ermöglicht hat (Haas, 2020, Rn. 78).

Durch die Zurverfügungstellung des Smartphones und der Zugangsdaten zur Wallet hat A dem B die Tat ermöglicht, sodass B die Tat ausführen konnte. Auch wenn A selbst berechtigt war, das Credential zu nutzen, durfte er dies dennoch nicht B zur Verfügung stellen.

Insofern lag eine gemeinschaftliche Tatbegehung durch A und B vor.

Strafbarkeit des A und B gem. §§ 274 Abs.1 Nr. 2, 25 Abs. 2 → Tatbestand → Vorsatz

A und B müssten jeweils vorsätzlich gehandelt haben. Außerdem muss der Entschluss zur gemeinschaftlichen Tatbegehung gegeben sein.

A wusste, das B mittels des Credentials das Freibad vergünstigt besuchen wollte und gab ihm dafür das Smartphone und die Zugangsdaten.

B wollte das Freibad vergünstigt besuchen und nutzte dafür das Credential des A.

Folglich handelten beide vorsätzlich.

A und B müssen in der Absicht gehandelt haben, einem anderen einen Nachteil zuzufügen.

Eine Nachteilszufügungsabsicht liegt vor, wenn der Täter im Bewusstsein handelt, einem anderen einen Nachteil zuzufügen (Heine & Schuster, 2019c, Rn. 14).

Durch die Zahlung des ermäßigten Preises erhält der Freibadbetreiber nicht den eigentlich von B zu bezahlenden Eintrittspreis. Dadurch entsteht dem Freibadbetreiber ein finanzieller Nachteil. A und B sind sich dessen bewusst, dass durch ihre Handlung ein Nachteil entsteht.

Demnach ist die Nachteilszufügungsabsicht bei A und B zu bejahen

Ein gemeinschaftlicher Tatentschluss muss außerdem gegeben sein, was auch in Form eines stillschweigenden Einvernehmens vorliegen kann (Kudlich, 2024, Rn. 49). A und B wollten die Tat insofern gemeinsam verwirklichen, als das A Bs Handlung zumindest stillschweigend guthieß und B die Tat durch die Bereitstellung des A verwirklichen wollte.

Folglich handelten A und B mit Vorsatz bezüglich der gemeinschaftlichen Tatbegehung.

Strafbarkeit des A und B gem. §§ 274 Abs.1 Nr. 2, 25 Abs. 2 → Rechtswidrigkeit und Schuld

A und B handelten rechtswidrig und schuldhaft.

Strafbarkeit des A und B gem. §§ 274 Abs.1 Nr. 2, 25 Abs. 2 → Ergebnis

A und B haben sich demnach wegen mittäterschaftlicher Unterdrückung beweiserheblicher Daten gem. §§ 274 Abs. 1 Nr. 1, 25 Abs. 2 strafbar gemacht.

4.3 Sachverhalt 2

A ist bereits mehrfach durch die Fahreignungsprüfung der Klasse B gefallen. Nach einem erneuten erfolglosen Anlauf ist er so deprimiert, dass er nicht mehr an einer weiteren Prüfung teilnehmen möchte. Um sich endlich den Traum vom eigenen Führerschein zu erfüllen, kommt er zu einer genialen Idee. Er fragt seinen zum Verwechseln ähnlichem Bruder B, ob er sich für ein paar Spritztouren nicht einfach dessen Smartphone ausleihen könne, da dieser über einen gültigen Führerschein verfügt. Ebenfalls hat B diesen als Credential in seine Wallet transferiert. Nachdem B dem A das Smartphone und dessen Entsperrcode überlassen hat, fährt er einige Stunden mit dem Auto und hat dabei das Smartphone des B in seiner Tasche.

Strafbarkeit des B nach § 281[18]

B könnte sich gemäß § 281 strafbar gemacht haben, indem er seinem Bruder sein Smartphone überlässt, um nachweisen zu können, dass J. über eine Fahrerlaubnis verfügt.

Strafbarkeit des B nach § 281 → Tatbestand

---

[18] Vorliegend wird lediglich eine Prüfung des § 281 vorgenommen, da sich der Fokus auf die Vereinbarkeit von Verifiable Credentials und dem Begriff des „Ausweispapier" richten soll. Exemplarisch soll dies dadurch aufgezeigt werden.

Strafbarkeit des B nach § 281 → Tatbestand → Tatobjekt
Zunächst müsste das Führerschein-Credential ein taugliches Tatobjekt im Sinne des § 281 darstellen.

Nach § 281 Abs. 1 ist ein taugliches Tatobjekt ein Ausweispapier. Ein Ausweispapier ist eine öffentliche Urkunde, die von ihrem Aussteller jedenfalls auch zum Identitätsnachweis für eine Person bestimmt wurde (Hoyer, 2019, Rn. 2). Dazu zählt auch der Führerschein (Erb, 2022d, Rn. 3).

Das Credential fällt nicht unter den Begriff des Ausweispapiers nach § 281 Abs. 1, da es kein analoges Dokument ist.

Fraglich ist, ob das Credential dennoch ein taugliches Tatobjekt im Sinne des § 281 Abs. 2 sein könnte. § 281 Abs. 2 erweitert durch den Begriff „andere Urkunden" den Kreis des Tatobjekts um beliebig andere Urkunden, die im Rechtsverkehr als Ausweis verwendet werden. Jedoch werden reine Datenurkunden, wie es das vorliegende Credential ist, nicht von § 281 Abs. 2 umfasst, da dieser lediglich andere „Urkunden" im Sinne des § 267 meint (Erb, 2022e, Rn. 6). Da das Credential keine Urkunde im Sinne des § 267 ist (vgl. Prüfung des § 267 in Sachverhalt 1, Variante 1, S. 8), liegt kein taugliches Tatobjekt vor.

Strafbarkeit des B nach § 281 → Ergebnis
B hat sich nicht nach § 281 strafbar gemacht.

Hinweis: Der Straftatbestand des § 276, Verschaffen von amtlichen Ausweisen, setzt als taugliches Tatobjekt ebenfalls einen „amtlichen Ausweis" voraus. Die Definition eines amtlichen Ausweises setzt ebenfalls eine Urkunde im Sinne des § 267 voraus.

5 Fazit

Als Ergebnis lässt sich festhalten: Credentials fallen als Datenurkunden unter § 269. Aufgrund ihrer mangelnden unmittelbaren Wahrnehmbarkeit lassen sie sich nicht unter den Urkundenbegriff des § 267 subsumieren. Das Vorzeigen eines nicht mehr gültigen oder „verfälschten" Credentials ist gemäß § 269 Fälschung beweiserheblicher Daten strafbar. Eine derartige Regelungslücke hinsichtlich Verifiable Credentials ist in den Urkundendelikten nicht zu finden.[19]

Sicherlich spannend ist vor diesem Hintergrund allerdings der bisher nicht auf die Datenurkunden erweiterte Begriff des Ausweispapiers aus § 281. Vergegenwärtigt man sich den Sinn und Zweck der Wallet, der in der digitalen Authentifizierung der Identität liegt, erscheint es widersprüchlich einem analogen und einem digitalen Ausweis mit gleichen Funktionen unterschiedliche Schutzwirkungen im Rechtsverkehr zukommen zu lassen. Unter Berücksichtigung der vorangehend dargelegten Erwägungen ist es daher geboten, den Begriff des Ausweispapiers auf bestimmte, qualifizierte Datenurkunden auszuweiten. Dies würde eine Straflosigkeit im Falle des Vorzeigens eines digitalen „Ausweis-Credentials" zu

---

[19] 23. Abschnitt des StGB, §§ 267–282

Täuschungszwecken verhindern. Ein Beispiel könnte sich der Gesetzgeber dabei an § 22 Abs. 1 Nr. 5 IFSG nehmen, der die Gültigkeit von Impfzertifikate auch in elektronischer Form vorsieht.

Es ist wichtig darauf hinzuweisen, dass das Spannungsfeld zwischen dem Strafrecht und digitalen Identitäten im Fachdiskurs noch nicht ausreichend beleuchtet worden ist. Sicherlich bieten auch zahlreiche weitere Delikte aus dem StGB eine gute Grundlage, um sich mit der Manipulation und „abgreifen" von Daten im vorliegenden Kontext auseinanderzusetzen. Dabei stehen insbesondere die §§ 202a StGB im Fokus.

Literatur

Kommentare

Bär, W. (2024). § 269. In J. P. Graf, M. Jäger, & P. Wittig (Hrsg.), *Wirtschafts- und Steuerstrafrecht* (3. Aufl.). C.H. Beck oHG.
Erb, V. (2022a). § 267. In V. Erb & J. Schäfer (Hrsg.), *Münchener Kommentar* (Bd. 5, 4. Aufl.). C.H. Beck oHG.
Erb, V. (2022b). § 269. In V. Erb & J. Schäfer (Hrsg.), *Münchener Kommentar* (Bd. 5, 4. Aufl.). C.H. Beck oHG.
Erb, V. (2022c). § 274. In V. Erb & J. Schäfer (Hrsg.), *Münchener Kommentar* (Bd. 5, 4. Aufl.). C.H. Beck oHG.
Erb, V. (2022d). § 275. In V. Erb & J. Schäfer (Hrsg.), *Münchener Kommentar* (Bd. 5, 4. Aufl.). C.H. Beck oHG.
Erb, V. (2022e). § 281. In V. Erb & J. Schäfer (Hrsg.), *Münchener Kommentar* (Bd. 5, 4. Aufl.). C.H. Beck oHG.
Haas, V. (2020). § 274. In H. Matt & J. Renzikowski (Hrsg.), *Strafgesetzbuch Kommentar* (2. Aufl.). Franz Vahlen.
Heger, M. (2023a). § 267. In K. Lackner, K. Kühl, & M. Heger (Hrsg.), *Lackner/Kühl/Heger* (30. Aufl.). C.H. Beck oHG.
Heger, M. (2023b). § 269. In K. Lackner, K. Kühl, & M. Heger (Hrsg.), *Lackner/Kühl/Heger* (30. Aufl.). C.H. Beck oHG.
Heger, M. (2023c). § 274. In K. Lackner, K. Kühl, & M. Heger (Hrsg.), *Lackner/Kühl/Heger* (30. Aufl.). C.H. Beck oHG.
Heine, G., & Schuster, F. (2019a). § 267. In A. Schönke & H. Schröder (Hrsg.), *Strafgesetzbuch Kommentar* (30. Aufl.). C. H. Beck oHG.
Heine, G., & Schuster, F. (2019b). § 269. In A. Schönke & H. Schröder (Hrsg.), *Strafgesetzbuch Kommentar* (30. Aufl.). C. H. Beck oHG.
Heine, G., & Schuster, F. (2019c). § 274. In A. Schönke & H. Schröder (Hrsg.), *Strafgesetzbuch Kommentar* (30. Aufl.). C. H. Beck oHG.
Hoyer, A. (2019). § 281. In J. Wolter & A. Hoyer (Hrsg.), *Systematischer Kommentar zum Strafgesetzbuch: Bd. V* (9. Aufl.). Carl Heymanns.
Kudlich, H. (2024). § 25. In H. Kudlich & B. von Heintschel-Heinegg (Hrsg.), *Beck'scher Online-Kommentar zum StGB* (4. Aufl.). C.H. Beck oHG.
Maier, S. (2020a). § 267. In H. Matt & J. Renzikowski (Hrsg.), *Strafgesetzbuch Kommentar* (2. Aufl.). Franz Vahlen.

Maier, S. (2020b). § 269. In H. Matt & J. Renzikowski (Hrsg.), *Strafgesetzbuch Kommentar* (2. Aufl.). Franz Vahlen.

Maier, S. (2020c). § 274. In H. Matt & J. Renzikowski (Hrsg.), *Strafgesetzbuch Kommentar* (2. Aufl.). Franz Vahlen.

Schuhr, J. C. (2022). § 267. In A. Spickoff (Hrsg.), *Beck'scher Kurz-Kommentar Medizinrecht* (4. Aufl.). C. H. Beck oHG.

Weidemann, M. (2024a). § 267. In H. Kudlich & B. von Heintschel-Heinegg (Hrsg.), *Beck'scher OnlineKommentar zum StGB* (4. Aufl.). C.H. Beck oHG.

Weidemann, M. (2024b). § 269. In H. Kudlich & B. von Heintschel-Heinegg (Hrsg.), *Beck'scher OnlineKommentar zum StGB* (4. Aufl.). C.H. Beck oHG.

Zeitschriften

Rönnau, T. (2010). Grundwissen – Strafrecht: Vorsatz. *Juristische Schulung (JuS)*, 675–678.

Bialluch, M., & Wernert, L. (2018). Grundlagenwissen: Gesetzesbezogene Fallbearbeitung. *Juristische Schulung (JuS)*, 326–330.

Open Access Dieses Kapitel wird unter der Creative Commons Namensnennung 4.0 International Lizenz (http://creativecommons.org/licenses/by/4.0/deed.de) veröffentlicht, welche die Nutzung, Vervielfältigung, Bearbeitung, Verbreitung und Wiedergabe in jeglichem Medium und Format erlaubt, sofern Sie den/die ursprünglichen Autor(en) und die Quelle ordnungsgemäß nennen, einen Link zur Creative Commons Lizenz beifügen und angeben, ob Änderungen vorgenommen wurden.

Die in diesem Kapitel enthaltenen Bilder und sonstiges Drittmaterial unterliegen ebenfalls der genannten Creative Commons Lizenz, sofern sich aus der Abbildungslegende nichts anderes ergibt. Sofern das betreffende Material nicht unter der genannten Creative Commons Lizenz steht und die betreffende Handlung nicht nach gesetzlichen Vorschriften erlaubt ist, ist für die oben aufgeführten Weiterverwendungen des Materials die Einwilligung des jeweiligen Rechteinhabers einzuholen.

Die Rolle überprüfbarer digitaler Nachweise für die gesellschaftliche Entwicklung

28

Benjamin Burde und Jan Sürmeli

Zusammenfassung

Überprüfbare digitale Nachweise (engl. Verifiable Credentials) stellen nicht nur eine technologische Innovation dar, sondern haben das Potenzial die Sichtweise auf und den Umgang mit persönlichen Daten grundlegend zu verändern. Dies lässt sich beispielsweise im Bildungsbereich an den Bemühungen der Europäischen Union, klassische Bildungsnachweise durch Microcredentials zu ersetzen und den daraus resultierenden Veränderungspotenzialen, deutlich ablesen. Im Beitrag wird die Rolle überprüfbarer digitaler Nachweise in der digitalen Transformation – und darauf aufbauend zur gesellschaftlichen Entwicklung – betrachtet.

Schlüsselwörter

Digitale Identität · Verifiable Credential · Digitale Transformation · Kulturwandel · Wallet

1 Einleitung

Auch wenn bereits existente Strukturen und Anwendungsfälle heute als Leitlinie für digitale Nachweise dienen, so markiert dies erst den Beginn einer Entwicklung, in der sich neue Anwendungen entfalten könnten, welche sich verändernd auf die Gesellschaft in ihrer Gesamt-

B. Burde (✉)
esatus AG, Langen, Deutschland
E-Mail: b.burde@esatus.com

J. Sürmeli
FZI Forschungszentrum Informatik, Berlin, Deutschland
E-Mail: suermeli@fzi.de

heit auswirken. Diese grundlegende Veränderung erscheint heute schwer vorstellbar, wenn es bereits mehr als fordernd erscheint bestehende Prozesse, beispielsweise in der öffentlichen Verwaltung (siehe das Beispiel der Umsetzung des Online-Zugangsgesetzes, OZG), in eine digitalisierte Kommunikationswelt zu gießen. Doch genau hier liegt ein interessanter Aspekt und auch Umbruch. Denn mit der Einführung digitaler Nachweise und Identitäten werden aktuelle Vorstellungen von Nachweisen durchbrochen und neu konstituiert:

- Attribute, wie sie heute in der Dokumentenstruktur von Nachweisen hinterlegt sind, werden einer Mehrfachnutzung zugeführt. Hierzu müssen Datenbanken teils neu aufgebaut, teils miteinander vernetzt werden. Ziel ist es die Mehrfacherhebung wie Speicherung zu minimieren.
- Vorgenannte Schritte ermöglichen es die heutige Dokumentenstruktur von Nachweisen, d. h. die Notwendigkeit sämtliche Attribute in einem Dokument auszustellen und zu präsentieren, aufzulösen, ohne die Integrität der Daten zu beschädigen. Dies schafft die Basis zur selektiven Weitergabe von Attributen.

Mithin wird aktuell eine neue Basis gelegt, und nicht nur der bisherige Datenaustausch lediglich auf eine neue Technologie umgestellt.

Um vorgenannte Punkte umzusetzen, sind nicht nur juristische Fragen zu klären und Anwendungen auf ihre Skalierbarkeit, Sicherheit, Interoperabilität, Governance und Kosten zu prüfen. Dahinter liegen auch weitreichendere Entwicklungen, wenn wir in diesem Sammelband beispielsweise von nutzerzentrierten, oder im Rahmen des OZG, von „nutzerorientierten" Systemen sprechen.[1] Werden damit auch bereits Entwicklungen umschrieben, die über die rein technischen Aspekte hinausgehen und auch kulturelle und damit gesamtgesellschaftliche Wirkung entfalten?

Welche Aspekte für eine solche Veränderung sprechen und wie diese aussehen könnte, wollen wir in diesem Artikel auf Basis der Themenkreise digitaler Nachweise und Identitäten beleuchten.

2 Von der Digitalisierung zur digitalen Transformation

Die Art und Weise, wie wir digitale Identitäten („Wer bin ich?") und Nachweise („Welche Eigenschaften habe ich?") verstehen, gestalten und interpretieren, befindet sich in einem steten Wandel, geht Hand in Hand mit gesellschaftlichen Entwicklungen und beeinflusst diese selbst maßgeblich.

In der wissenschaftlichen Literatur wird dieser Wandel beispielsweise durch die Phasen von „isolierten Identitäten" über „föderierte Identitäten" zu „selbstbestimmte Identitäten" beschrieben (u. a. Ehrlich et al., 2021). Diese Einteilung setzt digitale Identitäten und

---

[1] „Die Nutzerorientierung soll als oberstes Prinzip bei der Digitalisierung von Leistungen verfolgt werden." Aus: (Bundesministerium des Innern und für Heimat, 2018), S. 2

Nachweise in den Mittelpunkt und unterscheidet die verschiedenen Ansätze primär auf Basis der zum Einsatz kommenden technischen und organisatorischen Architekturen.

Im Folgenden soll der Blick auf Vorgänge der digitalen Transformation geweitet werden. Digitale Identitäten und Nachweise selbst weichen als Untersuchungsgegenstand der Betrachtung ihrer Wechselwirkungen mit kulturellen Entwicklungen und des Wandels des Verständnisses und der Nutzung von Daten und Attributen. Zu diesem Zweck wird zunächst der Dreiklang aus Technologie, Daten und Kultur beleuchtet (vgl. Abschn. 2.1) und anschließend ein Stufenmodell abgeleitet (vgl. Abschn. 2.2).

2.1 Digitale Transformation: Technologie, Daten, Kultur

Obwohl die Bedeutung der digitalen Transformation der Gesellschaft vielfältig betont wird, gibt es noch eine Lücke im Verständnis der tatsächlichen Prozesse, die zu dieser Transformation führen (Mergel et al., 2019). Unabhängig von der Klärung dieser Frage kann davon ausgegangen werden, dass aktuelle technologische Entwicklungen, wie digitale Nachweise und Identitäten, einen maßgeblichen Anteil an diesen Prozessen haben werden, so wie auch Künstliche Intelligenz (KI) und ihre Anwendungen.

Da wir uns im Rahmen dieses Artikels mit den Auswirkungen der Einführung digitaler Identitäten und Nachweise auseinandersetzen, ist es notwendig die Basis, nämlich Digitalisierung, näher zu bestimmen. In der ersten Phase der Digitalisierung, als Systeme und Hardware aufgrund der Abwesenheit des Internets noch nicht vernetzt waren, war es naheliegend, Digitalisierung als Technologie einzuordnen. Seit der globalen Vernetzung von Daten und Informationen, entwickelte sich die Digitalisierung immer mehr zu einer neuen wie prägenden Determinante der analogen Gesellschaft.

Der Begriff Digitalisierung ist daher heute nur vollständig, wenn mehrere Ebenen und ihre Interdependenz Berücksichtigung finden:

- *Technologie:* im Kontext dieses Sammelbandes die Trägertechnologien und Architekturen für digitale Identitäten und Nachweise
- *Daten:* Austausch von Daten und Attributen zwischen digitalen Identitäten, unabhängig von ihrer juristischen Gestalt, als auch ihre aktive Nutzung/Auswertung, zum Zwecke der Optimierung
- *Kultur:* Technologie und Daten stehen in einem Wechselspiel welche sich auf die analoge Kultur auswirken (Determinante). Im Kontext dieses Sammelbandes sind beispielsweise die Dezentralisierung von Daten sowie Datentransparenz und Datenhoheit neue Werte, welche in die Gesellschaft einfließen und auf andere Bereiche ausstrahlen.

Der Digitalisierungsbegriff ist unvollständig, wenn seine Wirkungen auf die analoge Gesellschaft unberücksichtigt bleiben, und von diesem abgetrennt werden. Hierfür findet sich in Abschn. 2.3 ein aussagekräftiges Beispiel, welches im Kern bedeutet, dass die Neugestaltung digitaler Nachweise dem Individuum auch die Möglichkeit eröffnet, digitale

Nachweise selbst zu erstellen, in dem vorliegende Attribute kombiniert werden. Dies stellt ein Novum dar und es ist angemessen, dieser Entwicklung einen Wert beizumessen, der über den reinen technischen Sachverhalt hinausgeht.

2.2 Drei Entwicklungsstufen der Digitalisierung

Wir betrachten drei Entwicklungsstufen der Digitalisierung, die sich im täglichen Leben beobachten lassen:

1. Analoge Systeme ohne Vernetzung. Digitale Systeme sind sekundär, z. B. zur Archivierung. Daten werden manuell oder über maschinelle Lesegeräte eingepflegt.
2. Vernetzte, digitale Daten und Systeme. Daten sind zweckgebunden abgelegt, Systeme werden zweckgebunden vernetzt, um konkrete Prozesse effizienter zu gestalten.
3. Nutzerzentrierung und Datenvernetzung durch überprüfbare, zweckneutrale digitale Identitäten und Nachweise.

Die dritte Stufe wird weitere Entwicklungen anstoßen.

Im Folgenden werden zwei wichtige Entwicklungsstränge der Digitalisierung beschrieben, die maßgeblich zum Erreichen der, in weiten Teilen heute erreichten, zweiten Entwicklungsstufe beitrugen. Abschließend wird ein mögliches Erreichen der dritten Ausbaustufe skizziert, anhand des Beispiels von Bewerbungsprozessen und laufender europäischer Entwicklungen im Bereich der Bildungsnachweise.

Der Begriff der „Digitisierung" meint, dass analoge Daten, Prozesse oder Systeme direkt ins Digitale übertragen werden, ohne dabei deren Nutzung signifikant zu verändern. Dies ließ sich auch bei der Digitisierung des Identitäts- und Nachweiswesens beobachten.

Dieser Übergang ist in Abb. 28.1 mit dem Übergang in die Stufe 2 gekennzeichnet. Der Papierbeleg weicht einem Kunststoff-Pendant mit eingebautem Mikrochip, das den digitalen Zugriff auf Daten durch Maschinen ermöglicht.

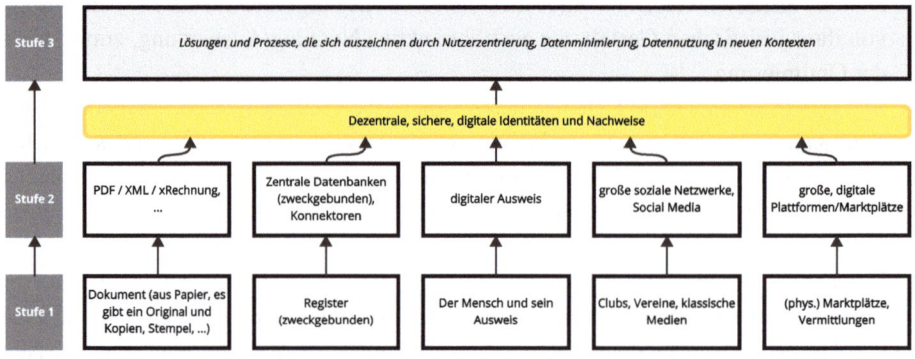

Abb. 28.1 Entwicklungsstränge der Digitalisierung

Dieser Schritt ermöglicht auch die Sammlung von Datenpunkten über verschiedene Systeme hinweg. Dies lässt sich auch in wirtschaftlichen Anwendungsfällen beobachten, wie bei der Einführung Kundenkarten, die eine gezielte Analyse des Kaufverhaltens und individualisierte Werbung erleichtern. Auch dies ordnen wir dem Übergang der Stfufe1 zur Stufe 2 zu.

Geht es bei Ausweisen primär um die Identität und ihre Attribute, können *Nachweise* komplexer ausfallen. Ein Beispiel sind Zeugnisse, die bis dato in einer Dokumentstruktur gedacht werden, um für *einen* bestimmten Zweck eingesetzt zu werden. In Stufe 2 der Darstellung greifen ehemalige Papierprozesse bereits auf ein maschinenlesbares Pendant zurück: ein digitales System kann den Inhalt des Nachweises in einem vorher festgelegten Kontext interpretieren und verifizieren. So kann an ein menschenlesbares Zeugnis eine XML-Datei angehängt sein (vgl. ELMO/EMREX[2]), um automatisiert die Echtheit zu prüfen und die Daten direkt zu verarbeiten. Teilweise kommen hierbei auch für die in diesem Sammelband beschriebenen Identitäten grundlegende Mechanismen zur Anwendung, wie die Gewährleistung von Integrität und Echtheit durch kryptografische Signaturen.

Mit dem Thema digitaler Nachweise eng verbunden ist die Digitalisierung von *Registern*, wie dem Handelsregister. Hier werden Daten zweckgebunden abgelegt: Das unterliegende Datenmodell ist für die Nutzung in bestimmten Prozessen ausgelegt. Werden mehrere solche Register verbunden, tritt das Problem auf, dass die Datenmodelle nicht übereinstimmen. Auch aufgrund der unterschiedlichen Nutzungszwecke sind Datensätze unterschiedlich aufgebaut, variieren in Form und Umfang. Das gleiche Attribut kann in zwei Registern sogar verschiedene Bedeutungen haben. Die Zusammenführung von Datenbeständen erfordert daher Sorgfalt. Werden Daten respektive Attribute in neuen Prozessen „zweckentfremdet", liegen die Daten ebenfalls möglicherweise nicht in der benötigten Form vor, und müssen erst überprüft und angereichert werden. Je nach Anwendung muss auch die konkrete Herkunft der Daten, ihre Integrität und Echtheit sichtbar sein. Der schnelle Zugriff und andere Vorteile zentraler und zweckgebundener Datenhaltung werden geschmälert.

Dies ist jene Stufe der Anpassung, welche im dargestellten Modell den Übergang von der zweiten zur dritten Stufe markiert, der erst durch die Ablösung föderierter Identitäten und die Einführung und Nutzung selbstbestimmter Identitäten möglich wird.

Anstatt zweckgebundene Daten in Datensilos zu speichern und eine Dokumentenstruktur in anderer Form aufrechtzuerhalten, ist es im Kontext digitaler Nachweise zukünftig notwendig, diese Gegebenheiten neu zu betrachten und auch zu ordnen:

- Nicht die Dokumentenstruktur ist zukünftig maßgeblich, sondern zunächst die Verfügbarkeit der Einzelattribute, aus denen sich diese zusammensetzt. Hierzu ist die ursprüngliche Idee der Erfassung und Speicherung dieser Daten für einen bestimmten Zweck aufzugeben.

---

[2]ELMO (Emrex-Eu, o. J.) ist ein XML-Format basierend auf Standard „European Learner Mobility – Achievement information (EuroLMAI)" (DIN Deutsches Institut für Normung e. V., 2011). Die Emrex User Group ist ein Netzwerk zur Stärkung der Datenportabilität für Studierende, https://emrex.eu/

- Das bisherige Verständnis von Nachweisen als einer Gesamtheit von Attributen, welche einem spezifischen Zweck dienen, wird durchbrochen – komplexe Nachweis weichen verifizierbaren Einzelattributen.
- Mit dieser Entwicklung werden die Einsatzmöglichkeiten digitaler Nachweise über die bisher definierten Einsatzbereiche hinaus geöffnet.
- Die Möglichkeit verifizierbare Einzelattribute vielfältig zu kombinieren, kommt einem Kulturwandel gleich, der zeigt, dass der Begriff der Selbstbestimmung im Identitätsmanagement weit mehr als eine technologische Entwicklung darstellt.

Der zukünftig mögliche Einsatz verifizierbarer Einzelattribute wird im folgenden Abschnitt in einem konkreten Anwendungsfall beschrieben, um Potenziale und Herausforderungen zu diskutieren.

2.3 Zeugnis- und Bewerbungsprozesse der nahen Zukunft

Die Veränderungspotenziale für Prozesse durch digitale Identitäten und Nachweise, wie sie in diesem Sammelband beschrieben werden und sich durch Nutzerzentrierung, Überprüfbarkeit und Zweckneutralität auszeichnen (vgl. Abschn. 3.1), sind vielfältig. Dies soll im Folgenden anhand der Modernisierung von Zeugnis- und Bewerbungsprozessen verdeutlicht werden.

Heute besteht eine Bewerbung auf eine Arbeitsstelle aus einer Dokumentsammlung. Einige dieser Dokumente mögen maschinenlesbar sein, andere nur für Menschen. Außer dem selbst verfassten Anschreiben und Lebenslauf werden Struktur und Umfang der Zeugnisse durch die Bildungsanbieter festgelegt. Als sich bewerbende Person habe ich keinen Einfluss darauf, wie zum Beispiel mein Abschlusszeugnis aufgebaut ist und welche Noten darin wie verzeichnet sind. Hervorhebungen sind nur in Form von Begleitschreiben möglich, Auslassungen nur zu Lasten der Überprüfbarkeit. Auch ein Perspektivwechsel zu potenziellen Arbeitgebenden zeigt Probleme: Die Bewerbung besteht aus lediglich einem individualisierten Teil, der durch die sich bewerbende Person verfasst wurde, und einem durch die Bildungsanbietenden verfassten Teil. Eine Herausforderung besteht darin, den Zusammenhang zwischen dem ersten und dem zweiten Teil herzustellen. Zudem enthält der zweite Teil Informationen, die keine Relevanz haben, und solche, die eine hohe Relevanz hätten, aber untergehen.

Diese Grundlagen führen auch zu Prozessen mit hohem manuellen Aufwand, die weder die Erwartungen von Bewerbenden noch von Arbeitgebenden erfüllen.

Wie in Abschn. 2.3 dargestellt, geht es zukünftig darum die Dokumentenstruktur von Nachweisen aufzulösen. Anstatt ein sogenanntes Megacredential, wie das Abiturzeugnis oder Abschluss einer Berufsausbildung, in Form eines Dokuments vorzulegen, wird es in Zukunft möglich sein, einzelne Attribute aus dem Nachweis herauszulösen, während die Verknüpfung des Attributs zum ursprünglichen Nachweis bestehen bleibt. Hierzu werden diese Gesamtnachweise in kleinere Einheiten, sogenannte Microcredentials, zerlegt die

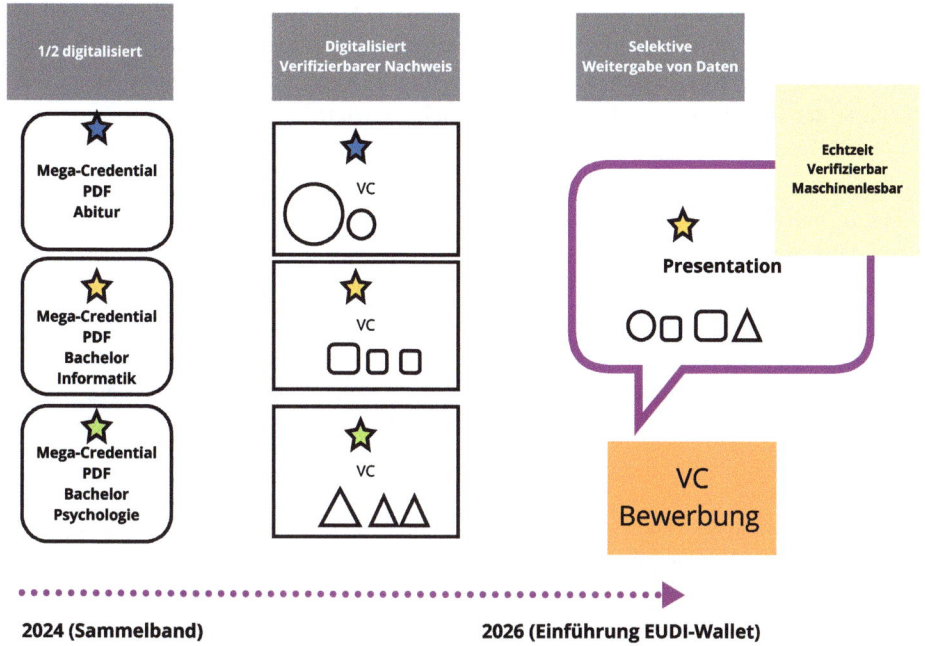

Abb. 28.2 Evolution von Bildungsnachweisen und ihrem Einsatz in Bewerbungsprozessen. VC steht hierbei für „Verifiable Credential". (Engl. für überprüfbare digitale Nachweise)

einzelne Lernerfolge oder Leistungen nachweisen. Dies könnte den aktuellen Prozess völlig verändern (vgl. Abb. 28.2).

Wie in Abb. 28.2 und 28.1 dargestellt, wurde bis dato in „1/2 digitalisierten" Bewerbungsprozessen der Vorlage von Dokumentenstrukturen Folge geleistet, auch wenn diese nicht mehr in Papierform vorgelegt werden, und teilweise eine digitale Signatur aufweisen, die ihre Echtheit bestätigen.

Die Möglichkeit zukünftig einzelne Attribute zu nutzen, eröffnet neue Wege. Meine eigene Bewerbung kann ich für eine konkrete Stelle individuell zusammenstellen. Den Fokus wähle ich selbst und entscheide, welche Attribute ich einbinde, was zur Datenminimierung beiträgt. Nachweise werden damit zu einer Sammlung von Argumenten. Dies kann auch die Chancen von Bewerbenden stärken, in dem deren Eignung für eine Position stärker auf Basis konkreter einzelner Lernabschnitte und auch Arbeitserfahrungen (Praktikumszeugnis etc.) beurteilt werden, anstelle von Erfolgen oder Misserfolgen im System der Formalen Bildung. Das heißt auch das ein Studienabbruch oder auch das Scheitern an einer formalen Prüfung die Möglichkeit zur Bewerbung weniger hindern werden, als dies aktuell der Fall ist. Dies da auch Arbeitgebenden ihre Ausschreibungen weniger auf die Belegstruktur, also die Vorlage von Bestätigungen im Sinne des Erreichens formaler Bildungsabschlüsse ausrichten müssen, sondern eher auf konkrete Anforderungen, also Fähigkeiten und Fertigkeiten.

Ein weiterer Vorteil liegt darin, dass die digitalen Nachweise maschinenlesbar sind und mit Algorithmen beispielsweise Checklisten bewertet werden können. Der manuelle Aufwand des Matching zwischen individualisiertem Teil und den von Bildungsanbietenden ausgestellten Zeugnissen wird damit maßgeblich reduziert.[3]

Diese Synthese der vorher beschriebenen Bestandteile einer Bewerbung ist zu Nutzen aller. Sie ist mit einer starken Kuluränderung verbunden, da Bewerbende selbst gestalten und ihre Individualität in den Vordergrund tritt, anstatt in das durch Bildungsanbietende vorgeschriebene Korsett gezwungen zu werden. Auch hier erscheint die Nutzerzentrierung respektive ein Paradigmenwechsel, der den Fokus mehr auf das Individuum und seine Perspektive legt und weniger auf Institutionen und industrielle Bildungsstrukturen. Die Vermischung von Nachweisen aus Formaler und non-formaler Bildung kann zu einem natürlichen, für Bewerbende und Arbeitgebende gleichermaßen transparenten Prozess werden. Dies kann adaptive Bildungsbiografien und lebenslanges Lernen fördern und wird durch demografischen Wandel und Fachkräftemangel zu einer Notwendigkeit.

Dieses Beispiel verdeutlicht die auch determinierende Wirkung der Digitalisierung als gestaltendes Element der Gesellschaft und ihrer Kultur. Denn eine Auflösung der Dokumentenstruktur aktueller Bildungsnachweise in feingranulare Microcredentials, die auch als Tokenisierung umschrieben werden kann, bedeutet eine weitreichende Umstellung nicht nur für die Bildungsanbieter. Gerade in der Formalen Bildung ist dies mit umfassenden Veränderungsprozessen – Bildungsvermittlung, Curricula, Zugang zu Bildungsangeboten – verbunden. Diese Umstellung ist von Seiten der EU bereits adressiert und auch angestoßen (vgl. hierzu Empfehlung des Rates über einen europäischen Ansatz für Microcredentials für lebenslanges Lernen und Beschäftigungsfähigkeit und Kap. 10 „Digitale Nachweise in der Formalen Bildung"). Neben solch extrinsischen Anforderungen, entstehen auch für die Bildungsanbieter selbst Vorteile, wenn diese mit anderen Bildungsanbietern kooperieren möchten, beispielsweise in Form „Europäischer Universitäten". Anstatt die eigenen Notenregister mit denen der kooperierenden Hochschulen synchronisieren zu müssen, können die Nachweise als Microcredentials an die Studierenden ausgegeben werden, die souverän die eigenen Nachweise selbst zusammenführen und präsentieren können.

3 Veränderungspotenziale

Ziel dieses Abschnitts ist die weitergehende Ableitung potenzieller Veränderungen, welche die Einführung digitaler Identitäten und Nachweise bedeutet. Da diese, wie sie in diesem Sammelband beschrieben werden, noch nicht in der Gesellschaft verbreitet sind, handelt es sich hierbei um Prognosen.

---

[3] Ein Vorreiter dieser Entwicklung ist die Velocity Foundation mit dem Ziel insbesondere den Arbeitsmarkt stärker zu internationalisieren. Dies auf Basis verifizierbarer digitaler Nachweise, respektive den darin enthaltenen Informationen. https://www.velocitynetwork.foundation/

3.1 Wesentliche Konzepte

Der Einsatz verifizierbarer Identitäten und Nachweise als neuer Vertrauensanker legt auch die Basis dafür, Prozesse direkt und ohne Intermediäre zu gestalten (Vergleiche hierzu auch die dritte Stufe in Abb. 28.1). Dies innerhalb wie außerhalb des Bereichs hoheitlicher Identitäten. Auch Individuen werden nun in die Lage versetzt, beispielsweise Onlinebasierte Identitätsnetzwerke aufzubauen. Bereits heute besteht diese Möglichkeit und auch der Aufbau eigener souveräner Social-Media-Kanäle ist bereits jetzt via Diensten wie mastodon[4] möglich.

Das zugrunde liegende Element der Dezentralisierung und Direktheit (Peer-to-Peer) wird sich in vielen gesellschaftlichen Bereichen und parallel in Technologie und ihren Anwendungen widerspiegeln.

Der thematisierte *Abbau der Zweckbindung von digitalen Nachweisen* verspricht, dass Daten und Attribute in neuen Kontexten genutzt werden können. Dies ermöglicht eine *gestaltende (proaktive)* Nutzung des Internets. Hier kommt dem Begriff der Nutzerzentrierung eine maßgebliche Rolle zu. Obgleich unscharf und in vielfältigen Kontexten genutzt, ist er quasi der Schlüsselbegriff des Paradigmenwechsels, welche die digitale Transformation bedeutet. Nicht Institutionen, Organisationen also Entitäten bilden zwingend das Zentrum, an dem der Einzelne partizipiert und von denen er abhängig ist. Vielmehr tritt das Individuum nun stärker hervor. Dies aufgrund der neuen Determinante Digitalisierung, auf die es Zugriff hat. Es erwachen neue Gestaltungsräume. In dieser Entwicklung partizipiert das Individuum stärker im Sinne einer Bewusstwerdung des Wertes seiner Daten und seiner Vernetztheit.

Die Technologie überprüfbarer Nachweise wird es auch ermöglichen als „Issuer", also als Herausgeberin oder Herausgeber von digitalen Identitäten und Nachweisen, aufzutreten. Auch wenn dies so noch nicht verbreitet ist, könnten sich aufgrund der zunehmenden Relevanz von Daten und ihrer Manipulierbarkeit zukünftig entsprechende Notwendigkeiten ergeben, zum Beispiel bei der Ausgabe von Vollmachten.

Um auch weiterhin Daten und Informationen zu teilen, wird auch die Frage neu verhandelt, welchen Wert die Mitwirkung von Individuen beispielsweise am Marketing und der Verbesserung von Waren und Dienstleistungen darstellt. Diese Sensibilität des Einzelnen gegenüber dem Wert eigener Daten und Möglichkeiten diese durch Mitwirkung zu monetarisieren könnte ein Seiteneffekt der digitalen Nachweise und Identitäten sein. Eine vergleichbare Entwicklung ist bereits im Web3 Anwendungen im Bereich DePIN zu erkennen.[5]

---

[4] https://joinmastodon.org/

[5] DePIN steht für „Decentralized Physical Infrastructure Networks". Es sind Peer-to-peer Netzwerke in denen Menschen („Physical" in DePIN) direkt miteinander in Verbindung treten (Peer-to-Peer), um Hardware wie Computer, Energienetze, Ressourcen und Speicher über offene und dezentrale Marktplätze zu teilen und nutzen. Die Gestaltungsmöglichkeiten sind äußerst vielschichtig. Der Begriff DePIN ist aktuell nicht einheitlich definiert.

Ihr Kern ist die Dezentralisierung, welche als wichtige Determinante der aktuellen Digitalisierungsentwicklung angesehen werden kann.

Verifizierbare Nachweise und äquivalent gestaltete Lösungen ermöglichen auch eine Reduktion der Abhängigkeit von großen Entitäten im Bereich Konsum oder Social Media. Während sogenannte föderierte Identifier zu einem kontinuierlichen, unbewussten Abfluss unterschiedlicher Nutzendendaten führen, ermächtigen digitale Identitäten und Nachweise den Nutzenden theoretisch dazu, Barrieren zu errichten.

3.2 Vertrauen als Ware

Nutzerzentrierung im Verständnis dieses Beitrags bedeutet zum einen, dass Individuen mehr Kontrolle über ihre Daten, respektive die Nutzung ihrer Daten durch Dritte, erhalten. Ein weiterer Aspekt der Nutzerzentrierung ist jener des Vertrauens. Die Frage lautet, wann Individuen oder Entitäten bereit sind, Daten zur Verfügung zu stellen.

Hier wird die These vertreten, dass es nicht nur um gewachsenes Vertrauen geht, also beispielsweise aufgrund jahrelanger positiver Erfahrung. Im Kontext Daten und Nutzerzentrierung kann Vertrauen als Handelsgut interpretiert werden. Wenn Nutzende Daten bereitstellen, tun sie dies in Erwartung eines Mehrwerts. Im Sinne des Web2 sind Individuen bereit, für die Nutzung einer Social Media Plattform mit persönlichen Daten und Informationen zu bezahlen. Je mehr sich ein tieferes Verständnis des tatsächlichen Werts dieser Daten entwickelt – im Rahmen der besseren Edukation im Kontext Digitalisierung – desto mehr wird sich der Anspruch der Nutzenden erhöhen: sowohl im Hinblick auf die Transparenz, also was mit ihren Daten und Informationen geschieht, als auch in Hinblick auf den Marktwert, den sie einfordern können. Parallel dürfte sich auch der Wert geschützter Räume erhöhen, die den Handel mit Nutzendeninformationen ausschließen.

Betrachtet man den Datenaustausch der Zukunft so könnte sich eine Entwicklung abzeichnen, welche die Position von Individuen stärkt. Vorausgesetzt es wird verstanden, das Daten grundsätzlich einen Wert besitzen, wie nichtig diese auch auf den ersten Blick erscheinen mögen.

4 Schlussbetrachtung

Digitalisierung ist eine Determinante der Gesellschaft und ihrer analogen Kultur, die durch Technologie und Daten gestaltet wird, und als ihre Kernattribute definiert werden können. Der Wandel von „isolierten Identitäten" über „föderierte Identitäten" zu „selbstbestimmten Identitäten" (u. a. Ehrlich et al., 2021), die sich in den kommenden Jahren manifestieren werden, markiert eine gravierende Veränderung, deren Gesamtauswirkungen unklar sind.

Der Mangel an Aufmerksamkeit, den digitale Identitäten und Nachweise aktuell in der Gesellschaft „erfahren", kann in der Gegebenheit gesehen werden, dass Applikationen eher in Theorie verfügbar sind und damit nicht real. Auch die verändernde wie gestaltende Wirkung von KI war eher abstrakt, bevor ihre Anwendungen verdeutlichten, wie weitreichend die Veränderungen für Gesellschaft, Bildung und Wirtschaft jetzt und in Zukunft sein werden.

Durch die Einführung digitaler Nachweise und Identitäten wird die Unterteilung in Sektoren und generell Institutionen zentriertes Denken voraussichtlich neu zu bewerten sein. Die Umstellung auf die selektive Weitergabe einzelner Attribute und deren Mehrfachnutzung in sehr unterschiedlichen Kontexten bilden hier den Kern der Kulturveränderung. Daten werden zum Zentrum und Ausgangspunkt, und nicht die Bereiche und Sektoren, in denen diese genutzt werden. Denn Entitäten sind zukünftig nur funktional und auch kompetitiv, wenn sie vielfältige und unterschiedliche Daten zur Verfügung haben, um ihre Prozesse zu optimieren. Die heutige Dokumentenstruktur und Zweckbindung von Nachweisen setzt hingegen nicht die Daten und ihre Nutzung, sondern die Sektoren und Institutionen in das Zentrum, weshalb es zur Mehrfacherhebung und Speicherung in Datensilos kommt, die nicht vernetzt sind und Netzwerkeffekte damit nicht ausschöpfen können. Darüber hinaus erhält das Thema Daten eine neue Relevanz, da auch Individuen diese dank selektiver Weitergabe von Attributen selbst aktiv nutzen können, wie unser Beispiel eines Bewerbungsprozesses gezeigt hat. Das Individuum verwaltet nicht mehr nur passiv Dokumente, es gestaltet und agiert auf Augenhöhe im Datenverkehr.

Voraussetzung hierfür ist ein kontinuierlicher Selbstedukationsprozess (lifelong learning) und die Ausübung von Selbstverantwortung. Je mehr Individuen wie Entitäten den Wert und die Bedeutung von Daten erkennen, bei gleichzeitiger höherer Komplexität der Datenströme, desto mehr Wert wird perspektivisch auch auf Transparenz gelegt.[6] Transparenz wird zu einem positiven Wert über die Technologieebene hinaus.

Die Möglichkeit unterschiedliche Attribute in Sekunden zu verifizieren, wird zu weiterer Flexibilisierung führen müssen und den Weg in eine 24/7-Gesellschaft vertiefen. Auch hier ist der Kulturwechsel offensichtlich: Individuen werden es in Zukunft auch einfordern, sich 24/7 und nicht nur zu bestimmten Fristen, um Stipendien, Plätze an Bildungseinrichtungen etc. zu bewerben und das Ergebnis binnen Stunden zu erhalten.

Die beliebig hohe Komplexität des Themas digitale Nachweise und Identitäten verstärkt die Notwendigkeit zu Kooperation und Austausch. Die Integration digitaler Technologie ist nicht ausreichend, um wettbewerbsfähig zu bleiben und um strategische Entscheidungen zu treffen. Ein umfassendes Verständnis von Digitalisierung wird zu einer Basis-Kompetenz, die erst den differenzierten Austausch und das Kuratieren von Prozessen ermöglicht.

---

[6] Eine interessante Diskussion zum Thema Daten und Transparenz führen die estnischen Autoren in (Andres Kõnno, 2021). Estland gilt als Pionier der Digitalisierung und Vertreterinnen des Landes setzen sich intensiv mit den Veränderungen auseinander, welche diese für die Gesellschaft und ihre Kultur bedeutet.

Literatur

Andres Kõnno. (2021). *A new paradigm in cultural data: Focus on user needs instead of mass digitization.* | data.europa.eu. https://data.europa.eu/en/publications/country-insights/estonia/new-paradigm-cultural-data-focus-user-needs-instead-mass. Zugegriffen am 15.09.2024.

Bundesministerium des Innern und für Heimat. (2018). *OZG-Umsetzungskonzept*. Bundesministerium des Innern und für Heimat. https://www.bmi.bund.de/SharedDocs/downloads/DE/publikationen/themen/moderne-verwaltung/ozg-umsetzungskonzept.pdf;jsessionid=D3F80896C7A3506C342073777FA0E3A2.live872?__blob=publicationFile&v=4. Zugegriffen am 15.09.2024.

DIN Deutsches Institut für Normung e. V. (2011). *DIN EN 15981:2011-07 European Learner Mobility – Achievement information (EuroLMAI); German version EN 15981:2011.*

Ehrlich, T., Richter, D., Meisel, M. et al. Self-Sovereign Identity als Grundlage für universell einsetzbare digitale Identitäten. HMD 58, 247–270 (2021). https://doi.org/10.1365/s40702-021-00711-5

Emrex-Eu. (o.J.). *GitHub – emrex-eu/elmo-schemas: ELMO Schemas.* GitHub. https://github.com/emrex-eu/elmo-schemas. Zugegriffen am 15.09.2024.

Mergel, I., Edelmann, N., & Haug, N. (2019). Defining digital transformation: Results from expert interviews. *Government Information Quarterly, 36*(4), 101385. https://doi.org/10.1016/j.giq.2019.06.002

Open Access Dieses Kapitel wird unter der Creative Commons Namensnennung 4.0 International Lizenz (http://creativecommons.org/licenses/by/4.0/deed.de) veröffentlicht, welche die Nutzung, Vervielfältigung, Bearbeitung, Verbreitung und Wiedergabe in jeglichem Medium und Format erlaubt, sofern Sie den/die ursprünglichen Autor(en) und die Quelle ordnungsgemäß nennen, einen Link zur Creative Commons Lizenz beifügen und angeben, ob Änderungen vorgenommen wurden.

Die in diesem Kapitel enthaltenen Bilder und sonstiges Drittmaterial unterliegen ebenfalls der genannten Creative Commons Lizenz, sofern sich aus der Abbildungslegende nichts anderes ergibt. Sofern das betreffende Material nicht unter der genannten Creative Commons Lizenz steht und die betreffende Handlung nicht nach gesetzlichen Vorschriften erlaubt ist, ist für die oben aufgeführten Weiterverwendungen des Materials die Einwilligung des jeweiligen Rechteinhabers einzuholen.

Die Verwaltung der Zukunft

Matthias Fuhrland, Jan Hauptmann und Robert Schröder

Zusammenfassung

Die Verwaltung der Zukunft ist eine überwiegend digitale Verwaltung. Die digitalen Vertrauensmechanismen des Trustnets bieten künftig die Möglichkeit, personalaufwändige bürokratische Prozesse einfach „wegzudigitalisieren". Doch auf dem Weg dorthin stehen verschiedene Innovationsbarrieren. Wie die konkret aussehen und wie die zu beseitigen sind, lesen Sie hier.

Schlüsselwörter

Verwaltungsdigitalisierung · Innovationskultur · Prozessinnovationen · Governance · Rechtsrahmen · Digitalpolitik

1 Der Gamechanger für den Status Quo

Die Verwaltungsdigitalisierung in Deutschland schreitet nur langsam voran, was sowohl tiefgreifende Ursachen als auch weitreichende Konsequenzen hat. In der wissenschaftlichen Diskussion werden verschiedene Gründe für die Herausforderungen bei der Umsetzung des Onlinezugangsgesetzes (OZG) angeführt (Wegweiser Media & Conferences GmbH, 2024; Handke & Rovner, 2023). Einige Stimmen machen den Föderalismus für die Schwierig-

---

M. Fuhrland (✉)
HTW Dresden, Dresden, Deutschland
E-Mail: matthias.fuhrland@htw-dresden.de

J. Hauptmann · R. Schröder
Landeshauptstadt Dresden, Eigenbetrieb IT, Dresden, Deutschland
E-Mail: JHauptmann@dresden.de; RSchroeder1@Dresden.DE

keiten verantwortlich, während andere die fehlende oder fragmentierte Zuständigkeit für Digitalisierung innerhalb der Bundesministerien als hinderlich betrachten (Kussel et al., 2024). Ein weiteres Argument bezieht sich auf die hohen Anforderungen an die Daten- und Fälschungssicherheit in der digitalen Verwaltung, die im Vergleich zur analogen Verwaltung als deutlich anspruchsvoller wahrgenommen werden (Hoeppner et al., 2019). Zudem wird häufig ein Mangel an Standardisierung als Problem identifiziert (Kussel et al., 2024). Alle diese Argumente enthalten zutreffende Aspekte, doch die jüngsten Erkenntnisse aus den groß angelegten Schaufensterprojekten bieten neue Einsichten in die Problematik.

> **Es erfordert mit dem *Trustnet* eine gesellschaftliche Innovation, nichts geringeres als die nächste Evolutionsstufe des Internets, um die stetig wachsenden Herausforderungen der Verwaltungsdigitalisierung in Deutschland nachhaltig zu meistern.**

Die digitalen Vertrauensmechanismen des Trustnets bieten künftig die Möglichkeit, personalaufwändige bürokratische Prozesse einfach „wegzudigitalisieren", indem Identitäten handelnder Akteure sowie Informationen in und zu digitalen Nachweisen automatisch überprüft werden können. Dem gegenüber steht allerdings auch weiterhin die Hürde der nicht ohne weiteres algorithmierbaren Auslegung von Gesetzen, da rechtliche Regeln oft ambivalent, defizitär und unvollständig sind (Schmid, 2021). Vertrauen entsteht im Trustnet nicht in erster Linie durch IT-Sicherheit, sondern durch automatische Überprüfbarkeit von Informationen. Eine der rechtlichen Voraussetzungen dafür ist der § 35a Verwaltungsverfahrensgesetz: „Ein Verwaltungsakt kann vollständig durch automatische Einrichtungen erlassen werden, sofern dies durch Rechtsvorschrift zugelassen ist und weder ein Ermessen noch ein Beurteilungsspielraum besteht." Bei Prozessen mit Ermessensspielraum ist zumindest eine Teilautomatisierung denkbar, um die Entscheidungsfindung effizienter um eindeutiger gestalten zu können.

Die vielfältige Kritik an der kommunalen Verwaltungsdigitalisierung hat auch ein dringend erforderliches Umdenken in Gang gesetzt (OZG 2.0). Doch über diese Anpassung hinaus, fehlt es an Alternativen, die weitreichender sind als lediglich eine Revision des OZG, welche nach wie vor zu wenig die Ursachen des Dilemmas der öffentlichen Verwaltung berücksichtigt: Bei der Frage nach den Ursachen wurde klar, dass die Voraussetzungen für eine alternative Umsetzung bislang überhaupt nicht gegeben waren/sind. Die historisch gewachsene Bürokratie in Deutschland wirkt zwar einerseits als Vertrauensanker zwischen Staat und Gesellschaft, hier aber auch als gesellschaftliche Innovationsbarriere. Durch die 1:1-Übertragung analoger Dokumente und bürokratischer Vorgänge in den digitalen Raum gab es bislang so gut wie keine Prozesserleichterung, teilweise sogar Mehraufwand für die öffentliche Verwaltung. Das ist weder nachhaltig, noch sinnvoll. Die Lehre daraus ist simpel: Digitalisierung ist nicht länger als Digitalisierung von Dokumenten zu begreifen. Ziel sollte es sein, die Digitalisierung und Automatisierung von Prozessen anzustreben.

> Ohne die Automatisierung von Prozessen kann die Digitalisierung ihr eigentliches ökonomisches, ökologisches und gesellschaftliches Potenzial nicht entfalten.

Die dringende Notwendigkeit dafür ist allein durch aktuellen Fachkräftemangel in der Verwaltung gegeben. Die Lage wird sich in Anbetracht der Verrentungs- und Pensionierungswelle der nächsten Jahre nicht entspannen, im Gegenteil. Wird die Lücke ungebremst größer, fehlen dem öffentlichen Sektor nach einer Studie von PWC bis 2030 840.000 Vollzeitfachkräfte (Bernat et al., 2024). Die Folgen könnten fatal sein: Arbeitsrückstände bauen sich auf, die Arbeitslast auf die vorhandenen Mitarbeitenden steigt, die Krankmeldungen durch die Arbeitsverdichtung ebenso. Damit ist ein Teufelskreis in Gang gesetzt und die Kommunen wären dann schlimmstenfalls irgendwann nicht mehr fähig, einige ihrer Kernaufgaben zu erfüllen. Die Reduzierung der Fachkräftenachfrage insbesondere in der öffentlichen Verwaltung und bei kommunalen Unternehmen durch Automatisierung von Verwaltungsprozessen ist eine ausdrückliche Empfehlung der PWC-Studie und betrifft sämtliche automatisierbare Verwaltungsprozesse, unabhängig von Fachbereich oder Branche. Exemplarisch kann hier der in Dresden entwickelte Prozess des digitalen Bürgerbegehrens genannt werden. Die Analyse des Business Cases ergab, dass im Fall eines Bürgerbegehrens mehrere Mitarbeitende der Landeshauptstadt Dresden abgestellt und wochenlang ausschließlich mit der händischen Prüfung der Unterschriften von Bürgerbegehren beschäftigt sind. Diese fehlen für andere Aufgaben der Kommune. Und das ist nur ein Prozess von vielen, die in allen deutschen Kommunen/Gemeinden und Landkreisen anfallen.

2 Die Vision

Unsere Vision der Verwaltung der Zukunft sieht wie folgt aus:

1. Die Verwaltung der Zukunft ist eine **überwiegend digitale Verwaltung**, die sich durch Effizienz, Transparenz, Service- und Bürgerorientierung auszeichnet. Sie nutzt digitale Technologien, um den Bürgern und Bürgerinnen einen schnellen und einfachen Zugang zu öffentlichen Dienstleistungen zu ermöglichen.
2. Alle öffentlichen **Dienstleistungen sind auch online verfügbar**, die zugehörigen Prozesse sind durchgehend digitalisiert und soweit rechtlich möglich automatisiert. Die Bürgerschaft kann diese Dienstleistungen jederzeit und von überall aus in Anspruch nehmen.
3. Die Bürgerschaft hat Vertrauen in die digitale Verwaltung, weil alle handelnden digitalen **Akteure sicher identifizierbar**, die Authentizität digitaler Dokumente verifizierbar und die digitalen Prozesse innerhalb der Verwaltung und in der Interaktion mit der Bürgerschaft sicher und nutzerfreundlich sind.

4. **Künstliche Intelligenz (KI) wird genutzt**, um die Effizienz der Verwaltung zu steigern, Entscheidungsprozesse zu unterstützen und bürgernahe Dienstleistungen anzubieten. Dabei besteht eine Balance zwischen der Nutzung der Vorteile von KI und dem Schutz öffentlicher Interessen und Rechte
5. Verwaltungsstrukturen setzen verstärkt auf Open-Data-Initiativen und Vertrauensinfrastrukturen, um **Transparenz und Nachvollziehbarkeit von Prozessen** und getroffenen Verwaltungsentscheidungen zu erhöhen. Die Bürgerschaft ist in der Lage die Arbeit der Verwaltung im Bedarfsfall zu verstehen und zu überprüfen. Die Verwaltung ist in der Lage, ihre Rechenschaftspflicht gegenüber der Bürgerschaft zu erfüllen.
6. Digitale Plattformen ermöglichen es den **Bürgerinnen und Bürgern**, sich **aktiv** an der Gestaltung von Politik und Verwaltung zu **beteiligen**. Sie können Vorschläge einreichen, an Umfragen teilnehmen und Feedback zu öffentlichen Dienstleistungen geben.
7. Die digitale Verwaltung trägt durch Green IT zur **Nachhaltigkeit** bei, indem sie effiziente, ressourcenschonende Prozesse fördert und fordert.

In dieser Vision steht die Bürgerschaft im Mittelpunkt der Verwaltungsprozesse. Digitale Technologien sind nicht nur Werkzeuge, sondern auch Grundlage für die Verwaltung der Zukunft. Das heißt, eine wesentliche Grundlage zur Realisierung dieser Vision bildet das Trustnet. Sichere digitale Identitäten und die automatische Überprüfbarkeit maschinenlesbarer Credentials ermöglichen Prozessautomatisierung und die Übertragung organisatorischer Vertrauensanker in den digitalen Raum. Das Wissen über die Nutzung der neuen Basistechnologie (überprüfbare digitale Nachweise) wird auch in der Verwaltung eine Innovationskaskade in Gang setzen. Diese **Innovationskaskade** (Abb. 30.7 in Kap. 30) beginnt mit der Schaffung **von Produkt- und Dienstleistungsinnovationen**, die wiederum die Basis für **Prozessinnovationen** u. a. im Kontext der Verwaltungsdigitalisierung bilden. Es ist bereits abzusehen, dass die transformative Kraft digitaler Nachweise als fundamentaler Mechanismus für Vertrauen im digitalen Raum mittel- bis langfristig das Potenzial zu einer **gesellschaftlichen Innovation** (Trustnet) hat. Aber umgekehrt ist die Entwicklung des Trustnets auch von der Verwaltung abhängig. Die Vertrauenskaskade (Abb. 30.6 in Kap. 30) zeigt, dass die Entwicklung des Trustnets bei den Gebietskörperschaften und Behörden beginnen muss.

3 Die Innovationsbarrieren

Eine wirklich nachhaltige Verwaltungsdigitalisierung ist in Deutschland vermutlich schwerer zu bewerkstelligen als die Energiewende. Die gesellschaftliche Innovationsbarriere, die der Verwaltungsdigitalisierung entgegensteht, setzt sich zusammen aus sozialpolitischen, juristischen und verwaltungsorganisatorischen Komponenten. Alle haben etwas mit Vertrauen zu tun. Die **sozialpolitische Innovationsbarriere** besteht in der Sicht des Staates auf seine Bürger und seinem Selbstverständnis. Steht der Bürger unter Generalverdacht, unberechtigte Ansprüche durchsetzen zu wollen, oder ist er ein prinzipiell vertrauenswürdiger Kunde? Versteht sich die Verwaltung wirklich als Dienstleister des Bürgers? Der Widerspruch zwischen Verwaltungslogik und Service-Logik lässt sich sehr schön am Vergleich von Deutschland und Estland festmachen. In Estland und Österreich beispielsweise muss nach der Geburt eines Kindes niemand einen Antrag auf Kindergeld stellen und dabei eine Kopie der amtlichen Geburtsurkunde vorlegen (Halsbenning et al., 2021). Das Amt meldet sich nach der Geburt proaktiv bei den Eltern und fragt in Anbetracht des offensichtlichen Anspruchs lediglich ab, auf welches Konto das Kindergeld überwiesen werden soll (Miŕkk, 2018). Hier muss sich die gesamte Bevölkerung, z. B. in einem Volksentscheid, die Frage stellen: Wollen wir einen Staat mit Dienstleistungsmentalität? Ein „Ja" als Ergebnis dürfte vermutlich im Grundgesetz zu verankern sein, weil es eine ganze Kaskade an juristischen und verwaltungsorganisatorischen Folgen hat. Denn jeder Verwaltungsprozess ist bis ins Detail gesetzlich geregelt. Im konkreten Beispiel ist der deutsche Föderalismus die Ursache, da die Zuständigkeit und Verantwortung für die Ausstellung der Geburtsurkunde auf Seiten der Kommune liegen, die Zuständigkeit für das Kindergeld jedoch bei der Familienkasse der Bundesagentur für Arbeit. Die aktuelle föderale Verteilung von Zuständigkeiten und eine fehlende Neuordnung dieser ist auch eine der größten Herausforderungen bei der Umsetzung des Onlinezugangsgesetzes (OZG) (Kussel et al., 2024). Also gilt es entweder, die Zuständigkeiten prozessabhängig neu zu regeln oder aber ressortübergreifende Lösungen für automatisierte Prozesse zu entwickeln, um die Service-Logik zu realisieren.

Damit wird es notwendig auch die **juristischen Innovationsbarrieren** zu benennen. Zu diesen gehören Gesetze, Verordnungen und Verwaltungsvorschriften auf Bundes-, Landes und kommunaler Ebene. Sie stehen der Verwaltungsdigitalisierung im Weg. Denn der historisch gewachsene Rechtsrahmen ist teils nicht auf Digitalisierung ausgelegt (weil er zum Teil in einer Zeit entwickelt wurde, als es noch gar keine Digitalisierung gab), teils soll er sie auch gezielt verhindern. Insbesondere Formvorschriften stehen Digitalisierung und Automatisierung im Weg. Beispiel: Gegen die Pilotierung des digitalen Bürgerbegehrens in Dresden finden sich auf Ebene des Landes (Sächsische Gemeindeordnung), und ursprünglich auch auf Ebene der Kommune (kommunale Satzung) Formulierungen, die die elektronische Form explizit ausschließen. Dies bedeutet in der Erprobungsphase muss die entsprechende Gesetzespassage in der Sächsischen Gemeindeordnung per Reallabor außer Kraft gesetzt und dann nach erfolgreicher Erprobung geändert oder neu beschlossen werden. Nach einer Untersuchung der HTW Dresden finden sich zudem allein in den sächsischen Rechtsvorschriften an tausenden Stellen die Begriffe „Schriftform", „schriftlich" oder sinngleiche Formulierungen zu Schriftformerfordernissen. Generell kann zwar eine durch Rechtsvorschrift angeordnete Schriftform durch die elektronische Form ersetzt werden, soweit durch Rechtsvorschrift nichts anderes bestimmt ist (SächsEGovG, 2024), die elektronische Form setzt dabei jedoch ein elektronisches Dokument voraus, das mit einer qualifizierten elektronischen Signatur (QES) versehen ist. Eine QES ist in Deutschland aktuell nicht flächendeckend und leicht nutzbar in den Händen der Bürger. Nachteil daran ist, dass es beim Design der QES nur um Digitalisierung von Dokumenten ging, nicht um Automatisierung von Anwendungsprozessen. Hier erlaubt der Rechtsrahmen trotz Erneuerung noch keine Sprunginnovationen.

Doch selbst wenn all diese juristischen Innovationsbarrieren mit Hilfe von Reallaboren und Gesetzesänderungen ausgeräumt werden, bleibt immer noch die **Organisation der Verwaltung als Innovationsbarriere**, die sich nahezu komplett neu erfinden muss. Dies beginnt bei der kundenzentrierten Darbietung der Serviceangebote nach Lebensereignissen, geht über die konzeptionelle Transformation bestehender analoger oder hybrider Prozesse hin zu teil- oder voll automatisierten Prozessen und endet bei der technischen und technologischen Aufrüstung, die es den Kommunen erlaubt, die Transformation zunächst in Testräumen zu erproben, erforderliche Dateninfrastrukturen und Werkzeuge zu entwickeln und sie anschließend in die IT-Produktivumgebung zu übertragen. Dies erfordert nicht nur Innovationsoffenheit, sondern wegen der vielen Prozess-, Service- und Produktinnovationen sogar die Etablierung einer eigenen Innovationskultur in der öffentlichen Verwaltung (Kussel et al., 2024; Prochazka et al., 2020). Mit beidem tun sich die Kommunen und auch die Landesbehörden in Ermangelung von Budget und Fachpersonal schwer. Dass Kommunen bei Forschungs- & Entwicklungs- Förderprogrammen von Bund und Ländern förderwürdig sind, ist bislang eher die Ausnahme als die Regel. Aber auch hier geht es letztlich um Vertrauensfragen, z. B. um die Frage, ob man Gebietskörperschaften Kompetenz in Sachen Forschung, Entwicklung und Innovation zutraut.

Im Zuge der Entwicklung des Trustnets haben die Kommunen die Chance, mit vielen kleinen gemeinsamen Schritten all diese Innovationsbarrieren zu überwinden. Aus der Vision und der Kenntnis der Innovationsbarrieren lassen sich zunächst grundlegende Maßnahmenfelder und Ziele für die Entwicklung der Verwaltung der Zukunft ableiten.

4 Technologische Entwicklungsziele

Maßnahmenfeld 1: Technologie des ID-Ökosystems
Im Rahmen kommunaler Prozesse besteht die Herausforderung, dass die jeweils relevanten Vertrauensfragen klar beantwortet werden müssen. Entsprechend muss zunächst die Technologie des ID-Ökosystems ausgelegt werden. Die Ebenen 1 bis 3 des Trustnet-Stacks (Abb. 30.5 in Kap. 30) erläutern die zugehörigen Fragestellungen und Werkzeuge zur Entwicklung des ID-Ökosystems. Generell ist im Kontext kommunaler Anwendungen die **Analyse** erforderlich, welche Vertrauensfragen im Rahmen der zugehörigen digitalen Prozesse zu beantworten sind. Danach muss sich die Ableitung der erforderlichen Dateninfrastrukturen (Vertrauensregister), die Ausgestaltung der Credential-Schemata und die Entwicklung der ID-Lösungen und digitalen Werkzeuge richten.

Welche technologischen Erfordernisse und notwendigen Entwicklungsschritte ergeben sich?

- *Identitätslösung für Gebietskörperschaften und andere Körperschaften des öffentlichen Rechts:* Zunächst muss eine Identitätslösung für Gebietskörperschaften und andere Körperschaften des öffentlichen Rechts entwickelt und in die Praxis gebracht werden, die einerseits die Verwaltungshierarchie und sowie die Rechte von Organisationsstruktureinheiten und ihren Mitarbeitern überprüfbar digital abbildet und andererseits die Digitalisierung und Automatisierung von Verwaltungsprozessen technologisch unterstützt (siehe Artikel zur RessortID und zu DIDComm). Diese ID-Lösung muss zudem sicherstellen, dass die Identitäten und Nachweise der hoheitlichen Akteure eindeutig, kopier- und fälschungssicher sind.

- *Identitätslösungen für Unternehmen/Organisationen:* In Analogie zur Identitätslösung für Gebietskörperschaften sind hierarchische Identitätslösungen für Unternehmen/Organisationen und deren Vertretungsberechtigte, Organisationsstruktureinheiten und Mitarbeiter zu entwickeln und in die Praxis zu bringen (siehe Artikel zur RessortID). Als Root-Register können hier neben GLEIF (Global Legal Entity Identifier Foundation, 2024) auch amtliche Register der Gebietskörperschaften dienen. Wichtig aus Verwaltungssicht ist die Überprüfbarkeit von Identitäten und Rechten der digital handelnden Akteure im Kontext der digitalen/automatisierten Verwaltungsinteraktion.
- *Identitätslösungen für natürliche Personen:* Die Digitalisierung und Automatisierung kommunaler Verwaltungsprozesse erfordert eine ID-Lösung für natürliche Personen, die automatisierte Prozesse und umfassende Überprüfbarkeit der für diese Prozesse relevanten Identitätsattribute unterstützt, ohne externe Kosten und Abhängigkeiten zu verursachen. Solange die Entwicklung von eID/PID nicht erkennen lässt, dass diese Anforderungen erfüllt sind, sollte zur Unterstützung kommunaler Prozesse eine universelle kommunale ID-Lösung (Basis-Credential, siehe Kap. 8 zum KommPass) entwickelt und in die Praxis gebracht werden.
- *ID-Wallet-Lösungen für natürliche Personen und Organisationen jedweder Art:* Darüber hinaus müssen ID-Wallet-Lösungen für natürliche Personen und Organisationen jedweder Art (inkl. Gebietskörperschaften und andere hoheitliche Akteure) entwickelt werden. Die ID-Wallets dienen als sichere Speicherorte für digitale Bescheinigungen (Verifiable Credentials), die eine bestimmte Information oder Berechtigung verifizieren. Die ID-Wallet-Lösungen inkl. der zugehörigen Hardware-Sicherheitsmodul-Lösung (HSM) müssen auf jeder Art von digitalem Endgerät inkl. PC und Server laufen können.
- *Werkzeuge und Lösungen zur Erzeugung von Registerauszügen und Bescheiden in Form von Verifiable Credentials:* Werkzeuge und Lösungen zur Erzeugung von Registerauszügen und Bescheiden in Form von Verifiable Credentials sind ebenfalls unerlässlich. Nur so kann ermöglicht werden, dass Dokumente wie Geburtsurkunden, Meldebescheinigungen oder Unternehmensregister-auszüge digital und sicher erstellt und verifiziert werden können.
- *dezentrale und zentrale Dateninfrastruktur Vertrauensregister:* Um die Integrität und Authentizität digitaler Identitäten und Nachweise gewährleisten zu können, ist es unabdingbar, eine robuste Dateninfrastruktur in Form von Vertrauensregistern zu etablieren. Ein weiterer entscheidender Aspekt ist die Implementierung einer zentralen Dateninfrastruktur, welche alle nachgelagerten dezentralen Register konsistent hält.

Die Umsetzung dieser technologischen Erfordernisse bildet die Grundlage für ein vertrauenswürdiges und effizientes ID-Ökosystem in der digitalen Verwaltung. Weitere Herausforderungen in den Kommunen sind u. a. die Einbettung der technischen Lösungen in die bestehenden Sicherheitskonzepte architektonisch, technisch und rechtskonform. Dabei steht das existierende Paradigma, dass Register nur kommunenintern genutzt und angesteuert werden, dem nun geänderten Paradigma entgegen, wobei der Zugriff auf die Registerdaten vom Bürger, also von außerhalb der Kommune, angefordert wird. Es gilt also die kommunalen Register von Grund auf zu modernisieren. Eine ebenso große Herausforderung diesbezüglich ist der Spagat zwischen einer geforderten synchronen Datenabfrage (bei der ein Nutzer eines Dienstes sofortiges Feedback auf eine konkrete Datenanfrage erwartet) und der Umsetzung mittels entkoppelter Kommunikation, die trotz ihrer asynchronen Natur eine quasi-synchrone Reaktion ermöglicht.

Maßnahmenfeld 2: Technologie der Anwendungsökosysteme
Im zweiten Maßnahmenfeld, der Technologie der Anwendungsökosysteme, steht die Digitalisierung und Automatisierung von Anwendungsprozessen im Fokus. Eine wirklich dienstleistungsorientierte Verwaltung kann nur erreicht werden, wenn Antragsverfahren und Verwaltungsprozesse weitgehend digitalisiert und automatisiert sind. Beispielsweise sollte es möglich sein, dass nach der Geburt eines Kindes automatisch alle relevanten Stellen informiert werden und der Anspruch auf Kindergeld proaktiv geprüft und genehmigt wird, ohne dass die Eltern manuell Anträge stellen müssen. Die Automatisierung dieser und vieler weiterer Verwaltungsprozesse setzt jedoch voraus, dass die zugrunde liegenden technologischen Lösungen nahtlos integriert sind und zuverlässig funktionieren. Daraus leiten sich nachfolgende generalisierte Ziele und Maßnahmen zu deren Erreichung ab:

Vollständige Digitalisierung der Antragsverfahren von Verwaltungsprozessen

- Bestandsaufnahme und Priorisierung: Identifikation und Analyse aller vorhandenen Antragsverfahren in der Kommune. Priorisierung der Prozesse, die am dringendsten digitalisiert werden müssen
- Entwicklung digitaler Formulare: Erstellung benutzerfreundlicher digitaler Formulare, die online zugänglich sind. Diese Formulare müssen alle notwendigen Informationen erfassen und eine automatische Weiterleitung an die zuständigen Stellen ermöglichen.
- Es muss gewährleistet sein, dass die neu entstehenden Prozesse die sich bietenden Möglichkeiten von Verifiable Credentials nutzen und eine automatische Datenübernahme aus diesen Nachweisen in die Antragsverfahren ermöglichen.
- Durchführung von Schulungen und Akzeptanzkommunikation für Verwaltungsmitarbeiter zur Nutzung der neuen digitalen Systeme und Formulare.

Automatisierung von Verwaltungsprozessen

- Durchführung detaillierter Analysen der bestehenden Prozesse, um Automatisierungspotenziale zu identifizieren und Optimierungsmöglichkeiten zu erschließen und Bereiche zu identifizieren, in denen Automatisierung den größten Nutzen bringt.

- Implementierung Künstlicher Intelligenz (KI) zur Automatisierung repetitiver Aufgaben und zur Unterstützung komplexer Entscheidungsprozesse. Beispiel "Geburtsurkunde": Automatisierte Benachrichtigung relevanter Stellen (z. B. Meldeamt, Kindergeldstelle) nach der Geburt eines Kindes. Proaktive Prüfung und Genehmigung des Kindergeldanspruchs ohne manuellen Antrag der Eltern
- Darüber hinaus ist die Implementierung von Data-Analytics-Tools zur Unterstützung datengestützter Entscheidungen, die Implementierung von Softwarelösungen zur Unterstützung der Verwaltungsführung und die Nutzung von Dashboard-Lösungen zur Überwachung und Steuerung von Verwaltungsprozessen anzuregen

Nahtlose Integration von Systemen

- Entwicklung und Implementierung standardisierter Schnittstellen zur Gewährleistung einer nahtlosen Kommunikation zwischen den verschiedenen Systemen und Abteilungen. Das Ziel muss es sein, den bestehenden Flickenteppich von hunderten Softwareanwendungen und sonstigen Systemen sowie Daten aus Datensilos so miteinander zu verbinden, dass ein einfacher und schneller Datenaustausch möglich wird.
- Harmonisierung der Softwarelandschaft: Konsolidierung und Integration der verschiedenen Softwarelösungen und Systeme, um eine einheitliche IT-Architektur zu schaffen, was die Komplexität der Architektur reduziert und die Implementierung neuer Technologien und Prozesse erleichtert
- Verfügbarkeit überprüfbarer Daten: Es müssen verschiedenste Arten von Daten (Personen-, Geometrie-, Topografie-, Umwelt-, Verkehrsdaten, Daten mit x-verschiedenen fachlichen Bezügen) in einer überprüfbaren Form verfügbar gemacht werden. Dies schließt auch die Implementierung von Lösungen zur Verifizierung und sicheren Speicherung von Daten ein.
- Datenintegration: Schaffung einer durchgängigen Datenintegration, die sicherstellt, dass alle relevanten Informationen in nahezu Echtzeit verfügbar sind und genutzt werden können.
- Dies kann durch die Implementierung von Schnittstellen und Datendrehscheiben zur effizienten Datenverteilung und Schaffung einer durchgängigen Datenintegration erreicht werden. Eine nahtlose Datenintegration ist die Grundlage für effiziente und automatisierte Prozesse, die auf verifizierbaren Daten basieren.

Pilotprojekte
Durchführung von Pilotprojekten zur Testung und Validierung der Integrationstechnologien und -prozesse um diese in einem kontrollierten Umfeld zu testen und zu optimieren, bevor sie flächendeckend implementiert werden. Aus der **Perspektive der Kommunen** bedeutet die Umsetzung dieser Maßnahmen, dass erhebliche Anstrengungen unternommen werden müssen, um die Vision einer digitalen und automatisierten Verwaltung zu realisieren. Es ist notwendig, interne Ressourcen zu mobilisieren, externe Expertise hinzuzuziehen und umfassende Schulungsprogramme für die Mitarbeiter zu entwickeln. Darüber hinaus erfordert die Anpassung der rechtlichen Rahmenbedingungen eine aktive Mit-

wirkung an politischen Prozessen und eine enge Zusammenarbeit mit übergeordneten Stellen. Die Kommunen müssen sicherstellen, dass die technologischen Lösungen nicht nur effizient und zuverlässig sind, sondern auch benutzerfreundlich und für die Bürger leicht zugänglich. Dies erfordert eine kontinuierliche Überwachung und Verbesserung der Systeme sowie eine proaktive Kommunikation mit der Bürgerschaft, um deren Bedürfnisse und Feedback in die weiteren Entwicklungen einzubeziehen.

Aspekte der technischen Entwicklungen sind
- Datensicherheit und Datenschutz
- Schnittstellen und Standards für technische und semantische Interoperabilität
- Skalierbarkeit

Konkrete Anforderungen aus Sicht der Kommunen an die technische Entwicklung wurden im Rahmen eines Positionspapiers (Fuhrland, et al., 2024) formuliert, welches in den Konsultationsprozess zur EUDI-Wallet zwar Eingang, aber noch kein Gehör fand.

5 Verwaltungspolitische Entwicklungsziele

Maßnahmenfeld 3: Innovationskultur in der öffentlichen Verwaltung
Die flächendeckende Realisierung von Prozessautomatisierung und Dienstleistungsmentalität in der öffentlichen Verwaltung erfordert eine tiefgreifende Änderung der gesellschaftlichen und administrativen Struktur. Ein solcher Wandel würde bedeuten, dass jeder betroffene Verwaltungsprozess organisatorisch und ggf. auch gesetzlich neu geregelt wird. Dies erfordert nicht nur technologische Innovation, sondern auch einen kulturellen Wandel in der Verwaltung und der Gesellschaft insgesamt. Ein solcher Wandel muss durch technische Innovationen in den Gebietskörperschaften (Kommunen, Gemeinden, Landkreise) als Bottom-up-Prozess auf den Weg gebracht werden. Dafür müssen jedoch zunächst verwaltungsintern die richtigen Weichen gestellt werden. Die Etablierung einer Innovationskultur in der öffentlichen Verwaltung ist hierfür essenziell und erfordert:

- Analyse aller Verwaltungsprozesse im Hinblick auf Automatisierungspotenzial
- Bewusstsein für technische Möglichkeiten und Definition von nachhaltigen Entwicklungszielen
- Bewusstsein für das notwendige Change Management und Innovationsmanagement
- Budgetierung und Bereitstellung von Ressourcen für F&E-Aktivitäten und F&E-Dienstleistungen inkl. Akquise von Fördermitteln für F&E-Vorhaben der Kommunen
- Methodik für das Planen und Steuern von Innovationszyklen in der Verwaltung
- Aufbau einer Trustnet Community und eine aktive Rolle der Kommunen darin

Aspekte der angesprochenen Innovationskultur sind:

- Neue gesellschaftliche Sicht auf den Staat → „Wir sind der Staat" (Bsp. Skandinavien) statt gelebter Abstand zwischen Bürger und Staatsdiener
- Fehlerkultur innerhalb der Verwaltung
- Veränderungswille und Übernahme von Verantwortung
- Prozesse neu denken: wie würde ein digital affiner Abiturient so einen Prozess organisieren?
- Prozesse und agile Strukturen für Reallabore, Wissens- und Technologietransfer
- Einrichtung von Mechanismen zur Bürgerbeteiligung und Feedback-Schleifen.
- Entwicklung und Durchführung von Schulungsprogrammen zu digitalen Kompetenzen und Innovationsmanagement
- Förderung des Wissenstransfers durch Best-Practice-Beispiele und Innovationsworkshops
- Einrichtung von Innovationslaboren, in denen neue Ideen und Technologien getestet werden können, ggf. in Kooperation mit Forschungseinrichtungen für Verwaltung(sdigitalisierung)
- Durchführung von Pilotprojekten zur Erprobung neuer Ansätze und Technologien
- Einführung von Anreizsystemen und Feedback-Mechanismen zur Förderung von Mitarbeitermotivation und -beteiligung, z. B. im Hinblick auf innovative Ideen und Lösungen

Maßnahmenfeld 4: Prozessinnovationen
Produkt- und Serviceinnovationen bilden die technische Basis für Prozessinnovationen in den Gebietskörperschaften (Kommunen, Gemeinden, Landkreise). Diese Innovationen sind entscheidend, um die Effizienz und Bürgerfreundlichkeit der Verwaltung zu verbessern. Doch ihre Umsetzung erfordert mehr als nur technologische Lösungen, sie bedarf auch der richtigen organisatorischen Strukturen und Vorgehensweisen.

- *Prozesse und agile Strukturen für Change Management und Innovationsmanagement:* Zunächst müssen Prozesse und agile Strukturen für Change Management und Innovationsmanagement etabliert werden. Veränderung und Innovation müssen systematisch geplant und gesteuert werden, um Widerstände zu minimieren und die Akzeptanz innerhalb der Verwaltung zu maximieren. Nur durch Agile Strukturen wird es ermöglicht, flexibel auf neue Anforderungen und Herausforderungen zu reagieren und kontinuierliche Verbesserungen zu implementieren.
- *Realisierung der Registeranbindung:* Ein weiterer wichtiger Schritt ist die Realisierung der Registeranbindung. Um Verwaltungsprozesse zu digitalisieren und zu automatisieren, müssen verschiedene Register und Datenbanken nahtlos miteinander verbunden werden. Dies ermöglicht den einfachen und sicheren Austausch von Informationen, reduziert den Aufwand für manuelle Dateneingaben und -abgleiche erheblich und bildet überhaupt erst die Grundlage für die Ausstellung bestimmter Arten digitaler Nachweise.

- *Clusterung der OZG-Prozesse nach Automatisierungsfähigkeit:* Die Clusterung der OZG-Prozesse nach ihrer Automatisierungsfähigkeit ist essenzieller Schritt. Durch die Identifizierung und Priorisierung von Prozessen, die sich besonders gut für die Automatisierung eignen, können Ressourcen gezielt eingesetzt und schnelle Erfolge erzielt werden. Dies schafft nicht nur Vertrauen in die Digitalisierungsvorhaben, sondern liefert auch wertvolle Erkenntnisse für die Teilautomatisierung digitaler/hybrider Prozesse.
- *Methodik zur Prozessumsetzung:* Eine klare Methodik zur Prozessumsetzung ist auf Basis von Best Practice Beispielen zu identifizieren und zu beschreiben. Sie sollte bewährte Vorgehensweisen und Standards umfassen, die sicherstellen, dass Projekte der Prozessdigitalisierung effizient und zielgerichtet durchgeführt werden (siehe Kap. 22).
- *Business Cases:* Die Identifizierung und Priorisierung von Anwendungen, deren Digitalisierung und Automatisierung besonders hohen Mehrwert, Ressourceneffizienz oder Nutzen bringt, ist anhand der Beschreibung und Berechnung von Business Cases vorzunehmen. Business Cases sind wichtige Werkzeuge, um politische und wirtschaftliche Entscheidungen zugunsten von Prozessinnovationen herbeizuführen.
- *Best Practice*: Best Practice spielt eine wichtige Rolle im erforderlichen flächendeckenden Wissens- und Technologietransfer, um aus den Erfahrungen anderer Kommunen und Behörden zu lernen und erfolgreiche Ansätze zu adaptieren. Durch Identifizierung und Austausch von Best Practice Beispielen können Verwaltungseinheiten voneinander profitieren und die Umsetzung von Innovationsprojekten beschleunigen. Dies fördert nicht nur die Effizienz, sondern auch die Qualität der digitalen Verwaltungsprozesse.

6 Governance-Entwicklungsziele

Maßnahmenfeld 5: Governance und Rechtsrahmen für Trustnet-Anwendungen
Ein maßgeblicher Aspekt, der bei der technischen Entwicklung häufig außer Acht gelassen wird, ist die zugehörige Governance. In Abgrenzung zum Rechtsrahmen sollen unter Governance die Regelwerke verstanden werden, die keinen Gesetzescharakter haben, sondern durch die jeweils relevanten Interessengruppen und Governancestrukturen festgelegt werden. Die künftige Technologielandkarte des Trustnets muss dabei zwischen der Governance der Technologie, der Anwendungen und der Vertrauensinfrastruktur und folgerichtig auch zwischen dem Rechtsrahmen der Technologie, der Anwendungen und der Vertrauensinfrastruktur unterscheiden. Eine differenzierte Analyse bestehender Governance und des bestehenden Rechtsrahmens ist zunächst unerlässlich. Es ist wichtig, die rechtlichen Rahmenbedingungen genau zu verstehen und im Hinblick auf die geplanten Prozessinnovationen anzupassen, um organisatorische und rechtliche Interoperabilität zu erreichen. Um dieses Ziel zu erreichen, müssen spezifische Entwicklungsschritte unternommen werden:

- *Anpassung der Governance bestehender Anwendungen:* Anpassung der Regelwerke bestehender Anwendungen durch die bestehenden Governance-Strukturen an die Entwicklung der Prozessinnovationen, Entwicklung der Governance der neuen anwendungsspezifischen Vertrauensinfrastruktur
- *Entwicklung der Governance neuer Anwendungen:* Etablierung von Governance-Strukturen zur Überwachung und Steuerung neuer Trustnet-Anwendungen, Entwicklung neuer anwendungsspezifischen Regelwerke für Prozessinnovation und zugehörige Vertrauensinfrastruktur
- *Entwicklung der Governance des Trustnets:* Im Rahmen des Aufbaus des Trustnets müssen Governance-Strukturen des Trustnets etabliert werden, die klare Regeln und Verantwortlichkeiten für das ID-Ökosystem definieren (siehe Artikel Trustnet). Hieran sollten sich die Interessengruppen der öffentlichen Verwaltung, die perspektivisch nach dem Prinzip der Vernetzung kommunaler Vertrauensinseln ein initiales Trustnet aufbauen (siehe Kap. 17 zur RessortID), federführend beteiligen. Die Governance des Trustnets sollte sich perspektivisch in Form der Implementierung von Compliance- und Sicherheitsrichtlinien bei Kommunen und Behörden niederschlagen.
- *Identifizierung juristischer Innovationsbarrieren:* Eine Identifizierung bestehender juristischer Innovationsbarrieren auf Ebene von EU, Bund, Land, Landkreis und Kommune ist notwendig, um gezielt an deren Beseitigung arbeiten zu können. Dies erfordert die anwendungsspezifische Analyse der bestehenden gesetzlichen Rahmenbedingungen und die Identifizierung notwendiger Änderungen, um die Digitalisierung und Automatisierung von Anwendungsprozessen zu unterstützen.
- *Entwicklung neuer gesetzlicher Regelungen zur Unterstützung von Trustnet-Anwendungen:* Es ist das Erfordernis absehbar für Entwicklung und Einbringung von Gesetzesinitiativen, die die rechtlichen Grundlagen schaffen, insbesondere für ressortübergreifende automatisierte Prozesse. Es bedarf dazu der Förderung der Zusammenarbeit zwischen verschiedenen Verwaltungseinheiten zur Schaffung eines einheitlichen Rechts- und Governance-Rahmens. Es erfordert einen engen Dialog und die Zusammenarbeit der kommunalen Spitzenverbände mit regionalen und nationalen Gesetzgebern inkl. der Einrichtung von Gremien und Arbeitsgruppen zur Koordination der Maßnahmen, um die notwendigen rechtlichen Anpassungen auf den Weg zu bringen.

Maßnahmenfeld 6: Digitalisierung der Governance
Die Digitalisierung von Regeln und Regelwerken zielt darauf ab, die Einhaltung der Regeln digital überprüfbar zu machen (machine-readable Governance) und Compliance-Prüfung zu automatisieren. Smart Contracts im Kontext von Blockchainanwendungen sind technologische Vorstufen hierfür. Im Hinblick auf Verwaltungsdigitalisierung sind folgende Entwicklungsschritte erforderlich:

- *Abbildung von Rechten und Pflichten in Form von überprüfbaren Nachweisen:* Zunächst müssen Rechte und Pflichten in Form von überprüfbaren Nachweisen abgebildet werden können. Dies bedeutet, dass digitale Identitäten und Verifiable Credentials genutzt werden, um rechtliche Ansprüche und Verpflichtungen eindeutig und fälschungssicher zu dokumentieren. Dies betrifft nicht nur Rechte zur Herausgabe und Abfrage von Credentials (Issuer- und Verifiercredential siehe Artikel RessortID), sondern auch die Entwicklung von Credential-Schemata für alle anderen Arten digital überprüfbarer Rechte, wie z. B. Vertretungsrechte, Nutzungsrechte, Eigentumsrechte etc.
- *Automatisierung von Prüfprozessen:* ID-Wallets auf Seiten der Verwaltung und der Bürger müssen technologisch in die Lage versetzt werden, die Prüfung übermittelter Informationen aus und über Verifiable Credentials im Hinblick auf Authentizität, Logik und Aktualität unter Abfrage anwendungsspezifischer Vertrauensregister automatisch vorzunehmen. Damit wird auch Compliance-Prüfung im Kontext von RegTech-Aufgaben automatisierbar.
- *Privacy- und Vertragswerkzeuge zum Aushandeln von Vereinbarungen:* ID-Wallets benötigen Privacy- und Vertragswerkzeuge, mit denen Bedingungen für die digitale Herausgabe von Informationen, für den digitalen Abschluss von Rechtsgeschäften bzw. die Durchführung von Verwaltungsakten automatisiert vereinbart und/oder geprüft werden können. Dazu gehören
    - *Verifiable Presentations* zur inhaltlich reduzierten Datenfreigabe (Datenschutz)
    - *Filterwerkzeuge* für das Anfragemanagement
    - *Trust Policies*, anhand deren eine automatische Prüfung erfolgen kann, ob die Anfrage gerechtfertigt ist.
    - *vorformulierte Anfragebedingungen* auf Seiten des Fragestellers
    - *digitale Werkzeuge für Verhandlungen*
    - *digitale Werkzeuge zum Management der Einwilligungen* in der Wallet inkl. Kontakthistorie mit Freigabebedingungen
    - *RegTech Werkzeuge* für automatisierte Prüfung der Einhaltung gesetzlicher Vorschriften, z. B. für Verbraucherschutz- bzw. Fair-Use-Institution Anfragen
    - *Sonstige Werkzeuge* für Feedback, für die Datenverfolgung und für die Festlegung bzw. Erfüllung der Beweislast für Löschung von Daten
- *Transparenzportale:* Die Durchsetzung und Einhaltung von Regelwerken erfordert auch Transparenz im Hinblick auf Aktualität bzw. Änderungen und somit die Entwicklung und Einführung von Transparenzportalen zur (maschinenlesbaren) Veröffentlichung von Verwaltungsentscheidungen und -prozessen.

Eine wirklich nachhaltige Verwaltungsdigitalisierung erfordert somit eine umfassende und gut durchdachte Governance-Strategie, die sowohl technologische als auch rechtliche und organisatorische Aspekte berücksichtigt. Nur durch eine Kombination aus technischer Innovation, rechtlicher Anpassung und kulturellem Wandel kann ein effizientes, bürgerfreundliches und zukunftsorientiertes Verwaltungssystem entstehen.

7 Wer kann dabei helfen?

2024 wurde die Trustnet Initiative ins Leben gerufen, deren Ziel die Entwicklung des Trustnets ist (siehe Artikel Trustnet). Gegenstand der Aktivitäten ist die Entwicklung einer Trustnet Community. Für die Information und interaktive Integration von interessierten Verwaltungsakteuren, aber auch die Bürger der beteiligten Kommunen ist die 2024 eröffnete Trustnet Community Plattform (https://trustnet.community/) das ideale Medium. Sie dient der Vernetzung von Technologieanbietern, Prozessinhabern, Anwendern in Kommunen und Wirtschaft, Beratern, Wissenschaftlern, Politikern, Journalisten und Akteuren der Zivilgesellschaft. Sie bietet umfassende Information über aktuelle Entwicklungen, Fachbegriffe und Best Practice. **Werden Sie Teil der lebendigen Trustnet Community!** Für den wissenschaftlichen und fachlichen Austausch wurde zudem die authenticon-Konferenz (https://authenticon.io/) als jährliches Hauptevent der Trustnet Community etabliert.

Ein weiterer Gegenstand der Trustnet Initiative ist die Strategie für die Entwicklung des Trustnets. Aus den bisherigen Erkenntnissen sind folgende Empfehlungen/Hausaufgaben für die an der Verwaltung der Zukunft interessierten Interessengruppen abzuleiten.

Handlungsempfehlungen für die Politik
- Digitalpolitik:
  - Entwicklung einer Trustnet-Strategie auf Bundes- und Landesebene
  - Berücksichtigung der Trustnet-bezogenen Technologieentwicklungen in der eIDAS-Verordnung und der EUDI Wallet-Architektur
  - Bildung einer logischen Einheit von OZG-, eIDAS- und Registermodernisierung
  - Neuausrichtung von OZG und Registermodernisierung auf Prozessautomatisierung
- Wissenschaftspolitik:
  - Trustnet und Verwaltungsdigitalisierung als strategische Kernpunkte der Forschungsförderung
  - Förderprogramme zur Trustnet-Forschung für Gebietskörperschaften, Unternehmen und Wissenschaft
- Innovationspolitik
  - unbürokratische Reallabor-Prozesse
  - Programme zur Finanzierung von Reallaboren und Change Management der Gebietskörperschaften

Handlungsempfehlungen für die Kommunen/Gemeinden
Beobachtungen, was die Kommunen der Trustnet Community als Best Practice Beispiele ab 2025 in Umsetzung bringen, z. B. mit der RessortID als Identitätslösung für kommunale Akteure, dem KommPass als Basis-Credential für Einwohner und den ersten automatisierten Geschäftsprozessen der Verwaltung

Analysieren des eigenen Automatisierungspotenzial und warum es nicht gemacht wird bzw. gemacht werden kann, Teilen der Erkenntnisse in der Trustnet Community

Handlungsempfehlungen für die kommunalen Spitzenverbände

Um die gestellten Ziele zu erreichen, müssen die kommunalen Spitzenverbände als zentrale Akteure in der Verwaltungsdigitalisierung agieren. Sie stehen vor der Herausforderung, ihre bisherigen Ansätze zu überdenken und sich neuen Strategien zu öffnen. Ein erster wichtiger Schritt ist die Abkehr von der traditionellen Förderung der kommunalen Selbstverwaltung hin zu einer gemeinsamen Digitalstrategie mit Orientierung auf das Trustnet. Diese gemeinsame Digitalstrategie sollte eine einheitliche Vision und ein klares Zielbild für die digitale Transformation der Verwaltung aufzeigen. Eine zentrale Aufgabe der kommunalen Spitzenverbände ist dabei die politische Lobbyarbeit. Es gilt, Netzwerke zu schaffen und Plattformen für den Austausch von Best Practices und Erfahrungen im Bereich der Verwaltungsdigitalisierung zu etablieren. Solche Plattformen können dazu beitragen, dass Kommunen voneinander lernen und ihre digitalen Strategien kontinuierlich verbessern. Durch die Bündelung von Kräften und Ressourcen lassen sich innovative Lösungen schneller und effizienter umsetzen. Ein weiterer zentraler Punkt ist die Bildung und Schulung der kommunalen Mitarbeiter. Einheitliche Schulungsprogramme sind notwendig, um die digitalen Fähigkeiten und Kenntnisse der Mitarbeiter zu verbessern. Nur wenn die Beschäftigten über das nötige Know-how verfügen, können sie die Herausforderungen der digitalen Transformation erfolgreich bewältigen. Diese Schulungsprogramme sollten praxisorientiert sein und die neuesten Technologien und Methoden der Verwaltungsdigitalisierung vermitteln.

Zusammengefasst bedeutet dies für die kommunalen Spitzenverbände, dass sie eine Vorreiterrolle in der digitalen Transformation übernehmen müssen. Sie müssen den Wandel aktiv gestalten und unterstützen, indem sie eine klare Digitalstrategie entwickeln, politische Netzwerke knüpfen und Bildungsangebote schaffen. Nur durch eine solche integrative und koordinierte Herangehensweise kann die Verwaltungsdigitalisierung erfolgreich vorangetrieben werden.

Literatur

Bernat, R., Halsch, V., Mette, P., Linder, A., Stindt, C., Daub, L., & Schmidtke, H.-C. (2024, August 09). https://www.pwc.de/. https://www.pwc.de/de/branchen-und-markte/oeffentlicher-sektor/fachkraeftemangel-im-oeffentlichen-sektor.html. Zugegriffen am 28.09.2024.

Fuhrland, M., Anke, J., Schröder, R., Röder, A., Scholl, L., Martin, M., & Landvogt, W. (2024, August 09). https://id-ideal.de/. https://id-ideal.de/wp-content/uploads/2024/01/Anforderungen-an-EUDIW-aus-Sicht-von-ONCE-ID-Ideal.pdf. Zugegriffen am 28.09.2024.

Global Legal Entity Identifier Foundation. (2024). https://www.gleif.org/de. Zugegriffen im September 2024.

Halsbenning, S., Scholta, H., & Distel, B. (2021). *Weniger ist manchmal mehr Dienstleistungen und Anforderungen für einen No-Stop-Shop*. Nationales E-Government Kompetenzzentrum e. V. https://doi.org/10.30418/2626-6032.2021.22

Handke, S., & Rovner, M. (2023). Vom Faxgerät zu digitalen Services: Verwaltungsdigitalisierung und Nutzendenzufriedenheit. *36. Jahrestagung des Arbeitskreises Wirtschaftsinformatik (AKWI)* (S. 188–197). Technische Hochschule Wildau (THWi). https://www.th-wildau.de/hochschule/fachbereiche/fachbereich-wirtschaft-informatik-recht/36-akwi-jahrestagung-2023-an-der-th-wildau/. Zugegriffen am 28.09.2024.

Hoeppner, P., Welzel, C., & Wulff, M. (2019). *IDENTIFIZIERUNG UND AUTHENTIFIZIERUNG LEICHT GEMACHT — DIE NUTZER INS ZENTRUM STELLEN.* Nationales E-Government Kompetenzzentrum e. V. https://doi.org/10.30418/2626-6032.2019.06

Kussel, G., Pavlenka, S., & Schmidt, C. M. (2024). *Innovationssystem Deutschland: Effizienz und Agilität der öffentlichen Verwaltung erhöhen.* München: acatech STUDIE. https://doi.org/10.48669/aca_2024-10

Miķk, S. (2018). E-Health in Estland. *Gesundheits- Und Sozialpolitik, 72*(3), 25–31. https://www.jstor.org/stable/26766386

Prochazka, V., Kegelmann, J., & Schatzinger, S. (2020). *Die Öffentliche Verwaltung und ihre Kultur: Ein Manifest für mehr Offenheit und Innovationsfähigkeit.* Fraunhofer IAO. https://doi.org/10.24406/publica-fhg-300124

SächsEGovG. (2024). § 3a Abs. 2 VwVfG i.V.m. § 1 Abs. 1 SächsVwVfZG, § 19 Abs. 1 SächsEGovG, Stand 09/2024.

Schmid, M. (2021, September 20). https://www.oeffentliche-it.de/. https://www.oeffentliche-it.de/-/digitaltaugliches-recht-aus-sicht-der-legistischen-praxis. Zugegriffen am 12.08.2024.

Wegweiser Media & Conferences GmbH. (2024, August 09). https://www.vdz.org. https://www.vdz.org/it-landschaft-markt-kooperationen/cdo-thomas-boenig-stuttgart-im-interview-ueber-das-ozg. Zugegriffen am 28.09.2024.

Open Access Dieses Kapitel wird unter der Creative Commons Namensnennung 4.0 International Lizenz (http://creativecommons.org/licenses/by/4.0/deed.de) veröffentlicht, welche die Nutzung, Vervielfältigung, Bearbeitung, Verbreitung und Wiedergabe in jeglichem Medium und Format erlaubt, sofern Sie den/die ursprünglichen Autor(en) und die Quelle ordnungsgemäß nennen, einen Link zur Creative Commons Lizenz beifügen und angeben, ob Änderungen vorgenommen wurden.

Die in diesem Kapitel enthaltenen Bilder und sonstiges Drittmaterial unterliegen ebenfalls der genannten Creative Commons Lizenz, sofern sich aus der Abbildungslegende nichts anderes ergibt. Sofern das betreffende Material nicht unter der genannten Creative Commons Lizenz steht und die betreffende Handlung nicht nach gesetzlichen Vorschriften erlaubt ist, ist für die oben aufgeführten Weiterverwendungen des Materials die Einwilligung des jeweiligen Rechteinhabers einzuholen.

Das Trustnet: Die nächste Evolutionsstufe des Internets

Matthias Fuhrland und Jürgen Anke

Zusammenfassung

Um das grundlegende Vertrauensproblem im digitalen Raum lösen zu können, muss man die DNA des World Wide Web verändern. Das künftige Trustnet ermöglicht vertrauenswürdige und rechtskonforme digitale Interaktionen auch zwischen einander unbekannten Akteuren und verhindert Fake und Betrug. Vertrauen entsteht im Trustnet dadurch, dass Funktionen für sichere Übermittlung von Nachrichten um Mechanismen zur Feststellung der Vertrauenswürdigkeit der Informationen erweitert werden. Der technologische Schlüssel dafür ist die Verbindung der überprüfbaren Nachweise (Verifiable Credentials) mit dem Prinzip der selbstbestimmten Identitäten (SSI) und der maschinellen Überprüfung der regelkonformen Ausstellung und des Einsatzes dieser Nachweise. Der Beitrag erläutert die Trustnet-Vision, die Wirkungsdimensionen und die notwendigen Schritte auf dem Weg zu einer gesellschaftlichen Innovation, aber auch die zu überwindenden Innovationsbarrieren. Anhand der digitalen Vertrauenskaskade wird erläutert, warum beim Start der Implementierung der Fokus auf digitalen Identitäten und Prozessen der öffentlichen Verwaltung liegt.

M. Fuhrland (✉)
HTW Dresden, Arbeitsgruppe Digitale Dienstleistungssysteme, Dresden, Deutschland
E-Mail: matthias.fuhrland@htw-dresden.de

J. Anke
HTW Dresden, Arbeitsgruppe Digitale Dienstleistungssysteme, Dresden, Deutschland

Fakultät Informatik/Mathematik, HTW Dresden, Dresden, Deutschland
E-Mail: juergen.anke@htw-dresden.de

> **Schlüsselwörter**
>
> Trustnet · Digitales Vertrauen · Wirkungsdimensionen · Trust Framework · eIDAS · Innovationsbarrieren

1 Vertrauen in der digitalen Welt?

Fake-News, Fake-Shops, Fake-Produkte, Fake-Profile, Trojaner, Viren, Phishing Mails, unerlaubte Speicherung und Weitergabe personenbezogener Daten, Datendiebstahl, Hackerangriffe und Spionage – angesichts des riesigen Betrugspotenzials und der -schäden, die von Anonymität und Pseudonymität im Internet begünstigt werden, stellt sich die Frage: Kann man in digitale Informationen und in digitale Interaktionen überhaupt Vertrauen haben (vgl. Pohlmann, 2022, S. 5 ff.)? Trotz des bestehenden Werkzeugkastens der digitalen Vertrauensbildung kann nur mit hohem Aufwand in begrenzten Bereichen Vertrauen und Rechtssicherheit im Internet geschaffen werden. Diese Bereiche verwenden meist organisatorische Vertrauensanker der Realwelt und machen daran die digitale Vertrauenskette fest, wie z. B. beim „Know-Your-Customer"-Prozess anlässlich der Eröffnung eines Bankkontos, der persönliches Erscheinen und die Vorlage eines Personalausweises erfordert. Für die meisten digitalen Interaktionen ist das aber viel zu aufwändig. Also was fehlt?

Das World Wide Web wurde mit dem Ziel eines möglichst einfachen Informationsaustauschs entwickelt. Die verlässliche Bestimmung der Eigenschaften von den an einer Interaktion beteiligten Nutzern war nicht Bestandteil der Konzeption. Der mittlerweile berühmt gewordene Cartoon von Peter Steiner aus dem Jahr 1993 bringt das Problem auf den Punkt: „On the Internet, nobody knows you're a dog."[1] Die zunehmende Nutzung des Internets für diverse Aufgaben wie Auktionen, Shopping, Banking, E-Government und Partnersuche machten dieses Problem jedoch virulent. Es wurde deutlich, dass es in verschiedenen Situationen aus Gründen der Rechtssicherheit, Verbraucherschutz oder des Risikomanagements erforderlich ist, die behaupteten Eigenschaften von Personen, Organisationen oder beteiligten Objekten der Realwelt im Internet zu überprüfen.

In den darauffolgenden Jahren entstand ein regelrechter Wildwuchs an Verfahren, um Akteure identifizierbar und Informationen überprüfbar zu machen sowie Missbrauch digitaler Identitäten zu verhindern. Die daraus entstandene Vielzahl an Insellösungen kann das Vertrauensproblem im digitalen Raum nicht grundlegend lösen. Es ist Zeit, die DNA des World Wide Web zu verändern.

Für Vertrauen im digitalen Raum ist ein einheitlicher und skalierbarer Mechanismus für Austausch und Überprüfbarkeit relevanter Identitätsmerkmale der handelnden Akteure und betroffenen Objekte erforderlich. Was dazu bislang fehlte, sind

---

[1] https://en.wikipedia.org/wiki/On_the_Internet,_nobody_knows_you're_a_dog.

1. sichere digitale Identitäten und Nachweise für hoheitliche Akteure, juristische Personen (Organisationen), natürliche Personen und Objekte, die über das Abbilden der Basisidentitätsmerkmale hinaus auch Charakterisierungen, Berechtigungen und Beziehungen zwischen diesen Entitäten abbildbar und überprüfbar machen,
2. ein offenes, digitales ID-Ökosystem mit Vertrauensdiensten, Zertifizierungsstellen, Service- und Beratungsstellen für die unter 1.) genannten Identitätsdaten,
3. ein organisatorischer Rahmen mit Regelwerk, vertrauensbildender Dateninfrastruktur und Governance (Verwaltung) sowie Sanktionierungsmechanismen,
4. der rechtliche Rahmen, der nicht nur den Umgang mit hoheitlichen Identifizierungsmitteln regelt, sondern z. B. auch den Umgang mit digitalen Ausweisen und Nachweisen in verschiedenen Anwendungsgebieten rechtssicher macht.

An der Schaffung dieser Voraussetzungen müssen nicht nur der Staat, sondern auch Dienstanbieter, Nutzer und Stakeholder, die Vertrauen bei digitalen Interaktionen benötigen, aktiv mitwirken. Erst dann werden nachweis-basierte Vertrauensmechanismen digitalisierbar, automatisierbar und breitenwirksam einsetzbar. Gelingt dies, erreichen damit alle gemeinsam die nächste Evolutionsstufe des Internets. Wir nennen sie *Trustnet*.

2 Die Trustnet-Vision

2.1 Der Grundgedanke des Trustnets

Das heutige Internet der Informationen (WWW), in dem die meisten von uns täglich unterwegs sind, grenzt sich hinsichtlich Zugangs und Herkunft von Informationen schon heute vom sogenannten Darknet ab. Akteure im Darknet verschleiern aktiv ihre Identität, im WWW ist das Identifizieren von Akteuren mangels standardisierter Mechanismen aufwändig. Dem Bedarf der Nutzer nach vertrauenswürdigen Interaktionen im Internet wird bislang nicht hinreichend Rechnung getragen. Mit dem Trustnet soll deswegen durch Mechanismen für digitales Vertrauen ein **rechtssicherer digitaler Raum** entstehen, in dem

- Akteure aus Wirtschaft, Verwaltung und Gesellschaft im Zuge der Abwicklung von Geschäfts- und Verwaltungsprozessen eindeutig identifizierbar sind,
- Informationen verifizierbar und damit vertrauenswürdig sind und einen Wert besitzen,
- Transaktionen sicher und rechtskonform stattfinden und
- die Nutzer Hoheit über ihre eigenen Daten haben.

Die Vision des Trustnets ist die Erweiterung des bestehenden Internets der Informationen um standardisierte Mechanismen für vertrauenswürdige Interaktionen. **Vertrauen** in eine digitale Interaktion wird im Trustnet dadurch hersttellt, dass die Echtheit und Glaubwürdigkeit (Authentizität) der beteiligten Subjekte und Objekte anhand ihrer Identität, ihrer charakteristischen Eigenschaften und Berechtigungen **durch Nachweise automatisch überprüfbar** ist (vgl. Eckert, 2018, S. 8).

Sowohl Privatheit als auch Identifizierbarkeit sind je nach Anwendungsfall wichtige Forderungen im digitalen Raum und daher Designziele des Trustnets. Jeder digitale Akteur hat das Recht und auch die Verantwortung dafür, nur so viele personenbezogene Informationen im Netz bereitzustellen, wie er für erforderlich hält. Jemandem, dessen Identität nicht sicher überprüfbar ist, können Dritte jedoch nur sehr begrenzt Vertrauen entgegenbringen, denn Pseudonymität und Anonymität erschweren die Durchsetzung geltenden Rechts. Das Trustnet soll Transparenz und Überprüfbarkeit von Identitätsmerkmalen bedarfsgerecht ermöglichen. Der technologische Schlüssel dafür ist die Verbindung des Austauschs überprüfbarer digitaler Nachweise (**Verifiable Credentials**) mit dem Prinzip der selbstbestimmten Identitäten (SSI). Mit dem **SSI-Prinzip** lassen sich überprüfbare Nachweise zu beliebigen Sachverhalten digital herausgeben, vorzeigen und verifizieren (Anke & Richter, 2023). Diese Sachverhalte umfassen für vertrauenswürdige digitale Interaktionen die Identität und Charakterisierung der beteiligten Subjekte und Objekte sowie die Beziehungen und durchgeführte Vorgänge zwischen diesen (Abb. 30.1).

Der damit entstehende universelle Vertrauensmechanismus für Austausch und Überprüfung von Informationen ist der **Gamechanger** im Kontext des Trustnets. Im Unterschied zu signierten PDF-Dokumenten und gescannten Papierdokumenten sind Verifiable Credentials hinsichtlich der Authentizität von Herausgeber, Empfänger und Inhalt automatisiert überprüfbar. Ihre Inhalte können maschinell interpretiert werden, auch in Bezug auf einzelne Attribute. Die Verwendung standardisierter Protokolle erlaubt den einfachen Austausch von Verifiable Credentials zwischen beliebigen Akteuren im Internet. Jede In-

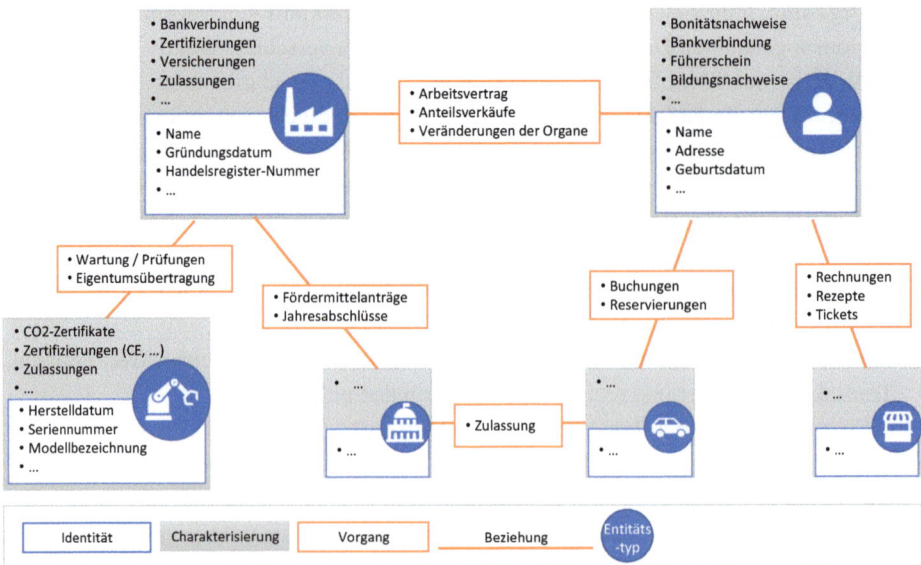

Abb. 30.1 Durch digitale Nachweise im Trustnet abbildbare Sachverhalte

formation, die nach dieser Methode digital zur Verfügung gestellt wird, kann vom Empfänger hinsichtlich verschiedener Kriterien überprüft werden, um ihre Akzeptanz automatisch zu entscheiden.

Definition *Das Trustnet besteht in einem universellen digitalen Abbild von Personen, Organisationen und Objekten der Realwelt sowie den Beziehungen und Interaktionen zwischen ihnen. Es ermöglicht vertrauenswürdige und rechtskonforme digitale Interaktionen und verhindert Fake und Betrug. Die Grundlage dafür ist ein einheitlicher, skalierbarer Vertrauensmechanismus für den Austausch und die Prüfung von digitalen Nachweisen zu beliebigen Sachverhalten. Damit wird die Organisation von und der Zugang zu offenen digitalen Ökosystemen radikal vereinfacht.*

Die Umsetzung dieser Vision erfordert die Festlegung von Rahmenbedingungen (Trust Framework) für **sichere digitale Identitäten von hoheitlichen Akteuren, Organisationen, natürlichen Personen und Objekten** und ein nutzerzentriertes ID-Ökosystem mit einer Vielzahl kompatibler ID-Dienste, die den spezifischen Bedürfnissen verschiedener Nutzergruppen gerecht werden.

2.2 Unterschiede zum bestehenden World Wide Web

Abb. 30.2 zeigt die Unterschiede in der Umsetzung von Darknet, World Wide Web und Trustnet anhand der vier Ebenen des Trustnet-Stacks (Abb. 30.5). Die Basistechnologie für die Zuordnung von Entität und Identität beinhaltet beim Trustnet kryptografische

Abb. 30.2 Künftige Erweiterung des Internets um das Trustnet

Funktionen und Speicher sowie dezentrale Identifikatoren (DIDs). Um digitale Beziehungen zwischen Akteuren über exklusive Kommunikationskanäle herzustellen, werden Wallets als Speicher verwendet, während Agents als Software für sichere Kommunikation und Nachweisaustausch zuständig sind. Diese können als Edge-Wallet und Edge-Agent auf (mobilen) Endgeräten betrieben werden oder als Service in Form von Cloud-Wallet und Cloud-Agent angeboten und genutzt werden.

Auf Ebene der Vertrauensdomänen erfolgen Identifikation, Authentifikation und Autorisierung im Trustnet künftig einheitlich durch Verifiable Credentials. Die Überprüfbarkeit der Authentizität von Herausgeberschaft, Empfänger und Inhalt der Credentials durch einen einheitlichen Mechanismus ist das **Kernelement** zur Entwicklung des Trustnets. Auf Ebene der Anwendungsökosysteme bestimmen künftig die Vertrauensdomänen der Anwender durch die von ihnen einzusetzenden Kontrollorgane selbst die Spielregeln der digitalen Interaktionen.

Ein maßgeblicher technischer Unterschied liegt im Prinzip der exklusiven Kommunikationskanäle des oben erwähnten Kommunikationssystems. Die DID als Identifikator ist dabei vergleichbar mit einer Telefonnummer. Ein Akteur kann theoretisch über beliebig viele DIDs verfügen. Exklusive Kommunikationskanäle entstehen dadurch, dass ein Akteur für jeden Interaktionspartner unter einer anderen DID erreichbar sein kann, die DID direkt adressiert werden kann und der Kanal mit Hilfe der DIDs Ende-zu-Ende-verschlüsselt ist. Im Artikel zu DIDComm (Kap. 21) wird das Prinzip im Detail erläutert. Im Gegensatz zum WWW erfolgt das Management all dieser Kommunikationskanäle nicht durch einen Browser, sondern durch Wallet und Agent auf beiden Seiten des Kanals.

3 Die Bedeutung des Trustnets

Da Vertrauen in der Realwelt allgegenwärtig und nahezu überall erforderlich ist, ist das Trustnet für jeden Bürger, jedes Unternehmen, jede Organisation und jeden Staat relevant, sowohl in politischer, wirtschaftlicher, ökologischer als auch in sozialer Wirkungsdimension.

3.1 Politische Relevanz

Die Sicherstellung von Recht und Ordnung ist eine zentrale Aufgabe des Staates. Darauf gründet sich das Vertrauen der Bürger in den Staat. Wesentliche Instrumente dabei sind das Pass- und Meldewesen, eine Vielzahl hoheitlicher Register für Unternehmen, Immobilien, Fahrzeuge, Tiere etc. sowie die zugehörigen Prozesse, die als organisatorische Vertrauensanker in der realen Welt fungieren. Die Register und ihre Prozesse dienen der hoheitlichen Bestätigung von Identitäten, Identitätsmerkmalen, Rechten sowie Rechtsverhältnissen.

Da immer mehr Interaktionen aus der realen Welt in die digitale Welt verlagert werden, sieht sich der Staat einer Vielzahl von Herausforderungen gegenüber, um Rechtssicherheit im elektronischen Geschäftsverkehr, bei E-Government, E-Business und elektronischem

Rechtsverkehr zu gewährleisten. Die o. g. Instrumente müssen in die digitale Welt übertragen werden. Die Einführung des digitalen Personalausweises (eID) und qualifizierter elektronischer Signaturen sind dafür jedoch nur die ersten Schritte, da sie nur die Basisidentität lebender natürlicher Personen über 18 Jahre adressieren.

Die erforderliche Digitalisierung der Verwaltung geht weit darüber hinaus. Jeder Registerauszug, egal ob aus dem Melderegister, Handelsregister, Grundbuch oder sonstigem amtlichen Register kann in eine definierte maschinenlesbare Form gebracht werden (Verifiable Credential). Mit der entsprechenden Standardisierung von Schemata und Prozessen zur Herausgabe und automatisierten Prüfung hoheitlicher digitaler Dokumente **überträgt der Staat organisatorische Vertrauensanker aus der realen Welt in die digitale Welt** und kann damit einen massiven Beitrag für Vertrauen und Rechtssicherheit im Internet leisten.

3.2 Wirtschaftliche Relevanz

Neben der politischen Bedeutung hat das Trustnet eine klare volks- und betriebswirtschaftliche Relevanz und zwar in unterschiedlichen Dimensionen. Die erste Dimension ist das wirtschaftliche **Einsparpotenzial der Verwaltungsdigitalisierung**. Ämter und Behörden auf Bundes-, Landes- und kommunaler Ebene sowie kommunale Unternehmen arbeiten derzeit noch mit analogen Prozessen, die viel Personal und anderen Ressourcen binden, die sinnvoller eingesetzt werden können. Die digitalen Vertrauensmechanismen des Trustnets bieten künftig die Möglichkeit, personalaufwändige bürokratische Prozesse einfach „wegzudigitalisieren", indem Identitäten handelnder Akteure sowie relevante Informationen anhand digitaler Nachweise automatisch überprüft werden können.

Exemplarisch kann hier der in Dresden entwickelte Prozess des digitalen Bürgerbegehrens genannt werden. Die Analyse des Business Cases ergab, dass fünf bis sechs Mitarbeitende der Landeshauptstadt Dresden, die derzeit die händische Prüfung der Unterschriften von Bürgerbegehren übernehmen, für andere Aufgaben der Kommune eingesetzt werden könnten. Bei der Untersuchung weiterer Aufgaben der öffentlichen Verwaltung wurde klar, dass die Verwaltungsdigitalisierung in Deutschland bisher den wirtschaftlichen Nutzen für die Verwaltung selbst nur am Rande im Blick hatte. Durch die 1:1-Übertragung analoger Dokumente und bürokratischer Vorgänge in den digitalen Raum gab es bislang so gut wie keine Prozesserleichterung, eher doppelte Arbeit für die öffentliche Verwaltung. Das ist weder nachhaltig, noch sinnvoll. Dies konstatiert auch (Röhl, 2023). Daraus leitet sich eine simple Konsequenz ab: Digitale Transformation der Verwaltung darf nicht länger als Digitalisierung von Dokumenten begriffen werden. Stattdessen müssen Prozesse unter Berücksichtigung digitaler Technologien neugestaltet und automatisiert werden.

> **Erst durch die Automatisierung von Prozessen kann die Digitalisierung ihr ökonomisches, ökologisches und gesellschaftliches Potenzial entfalten.**

Zum gleichen Ergebnis kommt eine Studie von PWC (Bernnat et al., 2022), laut der dem öffentlichen Sektor bis 2030 mindestens eine Million Fachkräfte fehlen, weswegen die Automatisierung von Verwaltungsprozessen unabhängig von Fachbereich oder Branche eine ausdrückliche Empfehlung der PWC-Studie ist. Werden künftig statt Dokumenten ganze Prozesse der öffentlichen Verwaltung digitalisiert und automatisiert, spart dies auch massiv Arbeitszeit bei Unternehmen, die mit den Behörden interagieren.

Eine zweite Dimension ist die **Sicherheit von Unternehmen und Privatkunden bei Interaktion mit internationalen Geschäftspartnern**, sei es bei der Anbahnung von Geschäftskontakten oder beim Nachweis von Lieferketten. Exemplarisch sei hier der jährliche wirtschaftliche Schaden durch Fake-Shops und Fake-Produkte genannt. Weltweit entsteht durch Produktpiraterie und Schutzrechtsverletzungen schätzungsweise jährlich 1,5 Billionen Euro Schaden (Netnames, 2017). Das In-Verkehr-Bringen von Fake-Produkten insbesondere im Online-Handel wird durch den Zoll deutlich leichter nachweisbar und nachverfolgbar, wenn die Verkäufer nur noch mit sicheren digitalen Identitäten ihre Ware verkaufen können, d. h. mit sicherer Identifizierung von Produzenten, Verkäufern, Zwischenhändlern, Importeuren sowie deren Waren.

Eine dritte Dimension ist die **Einschränkung der unautorisierten Datensammlung und Datenökonomie**. Mit entsprechenden Privacy-Werkzeugen in der Wallet kann jeder Nutzer selbst aktiv zum Schutz seiner Privatheit beitragen. Wenn die Bürger die Hoheit über ihre eigenen personenbezogenen Daten zurückgewinnen und diese nicht mehr kostenlos und leichtfertig herausgeben, dann geraten die Geschäftsmodelle unautorisierten Datensammler und -verkäufer unter Druck. Gleichzeitig steigen Qualität und Wert der autorisiert gesammelten Daten.

Eine vierte wirtschaftliche Wirkungsdimension ist die **Generierung neuer Geschäftsmodelle** (siehe Abb. 30.3). Im Zusammenhang mit dem Trustnet werden

- neue Dateninfrastrukturen, wie z. B. Widerrufs-Register oder Register für DID-Dokumente,
- Produkte, wie z. B. Wallet-Apps oder Privacy-Werkzeuge,

			Betrieb von Vertrauensregistern	Beratung	Zertifizierung und Akkreditierung	Standardisierung und Normung
Ebene 4	Anwendungs-Ökosysteme	• Transformation bestehender Anwendungen und Fachverfahren • Neuartige Customer und Citizen Relationship Management Systeme • Basisdienste für Datenökonomie, z.B. Verrechnung				
Ebene 3	Vertrauensdomänen	• Vertrauensdienste • Digitale Transformation bestehender Nachweise • Integrationswerkzeuge und -dienste				
Ebene 2	Digitale Beziehungen	• Entwicklung von Softwarekomponenten (Wallets, Agents) • Marketing und Vertrieb von Softwarekomponenten • Bereitstellung von Diensten für Hardwaresicherheit, z.B. cloudbasierte Hardware Security Modules (HSM)				
Ebene 1	Digitale Basistechnologie	• Bereitstellung von Dateninfrastruktur, z.B. Distributed Ledger, PKI, ... • Entwicklung von kryptografischen Verfahren • Entwicklung von Verfahren für dezentrale Identifikatoren				

Abb. 30.3 Beispiele für mögliche neue Geschäftsmodelle im Trustnet-Kontext

- Dienstleistungen, wie Akkreditierung, Zertifizierung, Prüfung von Zertifikaten/Nachweisen,
- sowie weitere Vertrauensservices, IT-Services und Beratungsleistungen

benötigt. Auch der o. g. Wandel in der Datenökonomie bietet Chancen für neue Geschäftsmodelle, z. B. im Bereich neuartiger CRM-Systeme (Customer Relation Management) oder CiRM-Systeme (Citizen Relation Management), deren Datenaktualität deutlich leichter als bisher sichergestellt werden kann.

Der Total Adressable Market (TAM) beinhaltet den Wert jeder Interaktion und jeglichen Services, die mit dem Trustnet im Zusammenhang stehen. Auf Basis des DigiWorld Yearbook 2020 (Digiworld Institute, 2020) kann der weltweite TAM mit jährlich ca. 350 Mrd. € abgeschätzt werden.

3.3 Ökologische Relevanz

Ein positiver Nebeneffekt der Corona-Krise war, dass plötzlich offenkundig wurde, wieviel **ökologisches Potenzial** in **der Digitalisierung** steckt. Wenn Besprechungen online abgehalten werden statt in Präsenz, werden Unmengen an Energie und CO_2 im Bereich des Verkehrswesens eingespart. Gleiches gilt für sämtliche Identifizierungsverfahren, für die heute noch persönliches Erscheinen erforderlich ist, sei es zum Vorzeigen des Ausweises bei der KfZ-Meldestelle, zum Vorzeigen der Krankenkassenkarte beim Arzt oder zum Vorzeigen des Ausweises bei einem Notar. Jeder Behördengang, der komplett digital abgewickelt werden kann, spart Kraftstoff und vermeidet Emissionen. Das ökologische Potenzial des Trustnets im Anwendungsökosystem Gesundheitswesen, insbesondere bei digitalen Überweisungen und E-Rezepten, dürfte noch deutlich höher sein. Bereits demonstrierbare Use Cases sind Echtzeit-Nachweise zu Grünstromanteilen oder CO_2-Zertifikaten (Trustnet Community, 2024).

3.4 Soziale Relevanz

Das Trustnet kann zur massiven **Verkürzung und Vereinfachung von Behördeninteraktionen** beitragen. 70 % der Befragten des eGovernment Monitors gaben an, dass sie von der Verwaltung den gleichen Komfort erwarten, wie bei der Interaktion mit Unternehmen der Privatwirtschaft (Initiative D21 & TU München, 2024). Mit den Mechanismen des Trustnets können die meisten Behördengänge ohne Medienbrüche online erledigt werden, was heute eine der größten Hürden für die erfolgreiche Verwaltungsdigitalisierung ist. Neben der komfortablen Identifizierung und Authentifizierung ist auch die Bereitstellung von weiteren Angaben über digitale Nachweise im Trustnet möglich. Das händische Ausfüllen eines Online-Formulars entfällt, wenn die gewünschten Angaben der Behörde in Form verifizierbarer Nachweise aus digitalen Wallet bereitgestellt werden können. Wie viel einfacher und nervenschonender wäre das Leben und wieviel Lebenszeit könnte man dadurch sinnvoller verwenden?

Ein zweiter Aspekt für die Bürger ist die **Möglichkeit zur Datensparsamkeit**. Heute werden oft deutlich mehr personenbezogene Daten abgefragt, als eigentlich erforderlich. Im Trustnet ist die selektive Herausgabe einzelner Identitätsmerkmale möglich (Hempel & Anke, 2023). Heute hat jeder Erwachsene mehr als 70 digitale Identitäten, jeweils mit Nutzernamen und Passwort, die jeweils von Dritten verwaltet werden. Im Trustnet hat jeder Benutzer digitale Nachweise, die er selbst verwaltet und dank überprüfbarer Herkunft bei verschiedenen Akzeptanzstellen einsetzen kann.

Ein dritter Aspekt eröffnet sich in Form einer **Datenökonomie für die Bürger**. Mit dem Trustnet gewinnen ID-Inhaber die Hoheit über ihren eigenen Daten zurück und damit das Potenzial zu deren Monetarisierung. Bei jeder Anfrage an seine Wallet kann ein Bürger perspektivisch entscheiden, unter welchen Bedingungen er die angefragten Informationen bereitstellen will. Das kann auch ein monetärer Gegenwert sein. Die Datenhoheit des Bürgers fördert letztlich **Datenschutz und Privatheit**, denn sie macht unautorisierte Datensammlung und -handel deutlich unattraktiver bzw. gar unmöglich.

4 Etablierung des Trustnets

Die Umsetzung des Trustnets erfordert die Entwicklung und Etablierung eines ID-Ökosystems mit Herausgebern, Inhabern, Akzeptanzstellen und ID-Diensten als Basis für eine Vielzahl von Anwendungsökosystemen. Dies ist ein langfristiger Prozess und eine globale, gesamtgesellschaftliche Aufgabe. Initial wird das Trustnet auf drei Pfeilern gebaut (Abb. 30.4), die nachfolgend erläutert werden.

4.1 Trust Framework

Das **Trust Framework** soll als Strukturhilfe und Regelwerk mit Standards zum sicheren Interaktionsmanagement digitaler Identitäten und digitaler Nachweise die Entstehung dieses ID-Ökosystems anregen, in dem verschiedene ID-Dienste koexistieren können. Das

Abb. 30.4 Grundpfeiler des Trustnets

Trustnet wird die bestehende Welt der zentral verwalteten Basisidentitäten inkl. eID und die neue SSI-Welt miteinander verbinden. Der Gedanke dieses Brückenschlags ist bereits in die eIDAS-Novellierung eingeflossen. Das Trust Framework soll darüberhinausgehend die technische, semantische und organisatorische Interoperabilität sicherstellen, damit Nachweise unabhängig von der Art der Wallet-App und von der jeweiligen in der Vertrauensdomäne verwendeten Basistechnologie oder Dateninfrastruktur überprüft werden können. Dieser Gedanke ist in bestehenden bzw. in Entwicklung befindlichen Trust Frameworks, wie dem kanadischen PCTF, dem US-amerikanischen NIST 800-63 oder bei den entsprechenden EU-Aktivitäten (eIDAS) noch zu gering ausgeprägt bzw. auf Vertrauensdienste beschränkt. Deswegen wird zur Entwicklung des Trustnets ein auf diesen Arbeiten aufbauender Neuentwurf erforderlich.

Folgende Anforderungen sind an technische Lösungen der Akteure innerhalb des Trustnets mindestens zu stellen:

1. *Ausweisfunktion:* Die sichere automatisierte Identifizierung eines Akteurs muss bei Bedarf auf allen Vertrauensniveaus möglich sein.
2. *Nachweisfunktion:* Die Herausgabe und automatisierte Prüfung einzelner gesicherter Attribute muss möglich sein, auch ohne dass dies eindeutige Identifizierung zulässt.
3. *Vertretungsfähigkeit:* Beziehungen zwischen natürlichen und juristischen Akteuren sowie Gegenständen müssen durch geeignete Nachweise abgebildet werden können.
4. *Datenschutz und Privatsphäre:* Die zwingend in einer Interaktion von Dritten angefragten Attribute sind auf ein Mindestmaß zu reduzieren.
5. *Interoperabilität:* Der technische Austausch von Nachweisen, ihre Bedeutung (Semantik) sowie organisatorische und rechtliche Anwendbarkeit in einem bestimmten Kontext muss unabhängig von den eingesetzten technischen Lösungen gewährleistet sein.

Bei der Nutzung von digitalen Nachweisen in Anwendungsprozessen sollen innerhalb des Trustnets mindestens folgende Anforderungen erfüllt werden:

1. *Gegenseitige Identifizierung:* Alle am Prozess beteiligten Akteure müssen hinsichtlich der für diesen Prozess relevanten Attribute geprüft werden können.
2. *Informationsverifikation:* Die innerhalb des Prozesses ausgetauschten Informationen müssen gemäß der anzuwendenden Akzeptanzregeln geprüft werden können.
3. *Governance des Anwendungsökosystems:* Alle relevanten Prozessabläufe, Rollen, Rechte, Kontrollorgane und Regularien eines Anwendungsökosystems inkl. der erforderlichen Sanktionierungsmechanismen müssen explizit beschrieben und veröffentlicht werden.
4. *Datenschutz:* Die Erhebung, Verarbeitung, Speicherung und Verwendung der ausgetauschten Daten muss zum geltenden Datenschutzrecht konform sein.
5. *Redundanz:* Bei Bedarf muss nach Freigabe durch den Benutzer die Möglichkeit bestehen, die Korrektheit bzw. die Aktualität von Informationen anhand der ursprünglichen Quelle zu überprüfen.

Die bisherige Diskussion in Fachwelt und Politik fokussierte stark auf die technischen Aspekte der Ausstellung hoheitlicher digitaler Identifizierungsmittel und anderer Nachweise in eine Wallet. Es ist aber evident, dass die o. g. Anforderungen weder allein durch die Verfügbarkeit der eID/PID, noch allein durch das Ausstellen anderer digitaler Nachweise erfüllt werden können. Der Entwurf eines ID-Ökosystems erfordert einerseits eine *strukturierte ganzheitliche Betrachtung* und andererseits eine *detaillierte Betrachtung der digitalen Anwendungsökosysteme* über den gesamten Lebenszyklus der dafür erforderlichen Nachweise. Die Basis für die ganzheitliche Betrachtung bildet der bereits erwähnte und in Abb. 30.5 dargestellt Trustnet-Stack, der maßgeblich auf dem Trust over IP-Stack der Trust over IP Foundation (2022) beruht. Der Stack soll angesichts der Komplexität der Thematik als Orientierungshilfe zur Strukturierung der Diskussion dienen.

Die Ebenen 1 und 2 des Trustnet-Stacks beschreiben Aspekte des technisch begründeten Vertrauens. Hierbei werden mittels geeigneter Technik, Protokollen und Verfahren die Schutzziele Integrität, Vertraulichkeit und Nicht-Abstreitbarkeit adressiert. Die Ebene 3 ergänzt diese Funktionalitäten um das organisatorisch begründete Vertrauen. Hier werden die Regeln der Realwelt über die Aussteller, Inhaber, Akzeptanzstellen von Nachweisen sowie ihre Inhalte und Eigenschaften beschrieben. Dies ist essenziell, um z. B. nicht nur den Herausgeber eines Nachweises zu ermitteln, sondern auch, ob dieser Herausgeber gemäß der anzuwendenden Governance überhaupt berechtigt war, diesen Nachweis auszustellen. Die Gesamtheit aller Akteure, die sich auf ein gemeinsames Verständnis von ak-

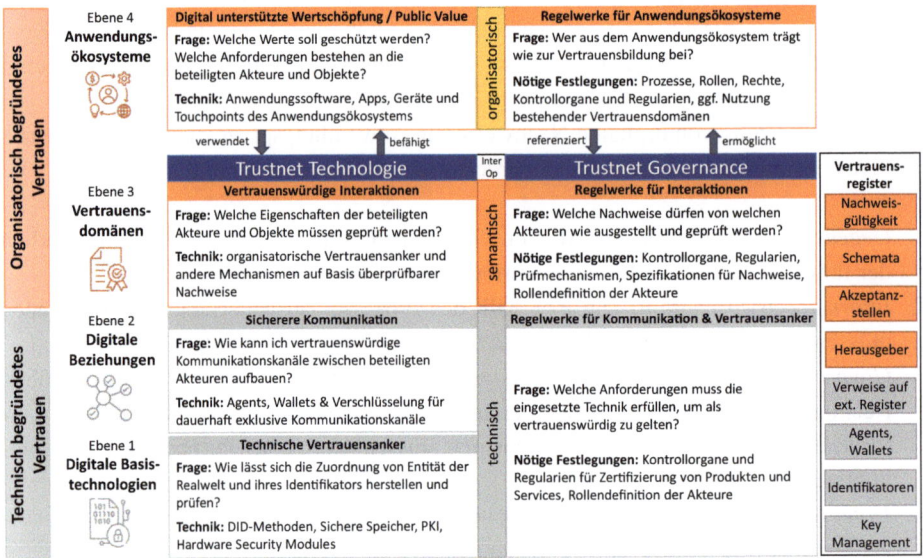

Abb. 30.5 Der Trustnet-Stack (Version 2025) systematisiert die zentralen Aspekte des digitalen Vertrauens im Internet

zeptierten Nachweisen geeinigt haben, wird als Vertrauensdomäne bezeichnet. Damit bildet das ID-Ökosystem der Ebenen 1 bis 3 die Basis für die Anwendungsökosysteme in Ebene 4. Auf dieser Ebene findet die digital unterstützte Wertschöpfung und Verwaltungstätigkeit statt, die sich der Fähigkeiten des ID-Ökosystems bedient, um vertrauenswürdige Interaktionen und automatisierte Prozesse zu realisieren. Beispiele für solche Anwendungsökosysteme sind Bildung, Gesundheitswesen oder Mobilität.

Das Trustnet entsteht durch Verschränkung und Interaktion vieler thematisch und/oder geografisch getrennter digitaler Vertrauensdomänen, die einem gemeinsamen Trust Framework folgen. Das Trust Framework soll auch die Digitalisierung der anwendungsspezifischen Governance (Regelwerke der bestehenden Vertrauensdomänen und Anwendungsökosysteme) anregen. Der Trustnet-Stack verdeutlicht, dass bei der Digitalisierung eines bestehenden oder der Schaffung eines neuen Anwendungsökosystems nicht nur die einzusetzenden *technischen Komponenten* auf allen vier dargestellten Ebenen festgelegt werden müssen. Es muss auch die *Governance* auf allen vier Ebenen des Trustnet-Stacks geregelt und organisiert werden. Hinzu kommen die Definition, Umsetzung und Pflege erforderlicher Vertrauensregister sowie die Organisation der Hoheit über das Trust Framework und dessen Weiterentwicklung. Hierfür müssen Kontrollorgane (*Governance Authorities*) festgelegt bzw. neu gegründet werden.

Auf der Ebene der Vertrauensdomänen und auf der Ebene der Anwendungsökosysteme existieren bereits Governance Authorities, die in der Realwelt die entsprechenden Regeln machen und deren Durchsetzung überwachen. Diese Akteure sind auch die logische Wahl, wenn es um die jeweilige Digitalisierung geht. Auf Ebene der Vertrauensdomäne ist in Deutschland z. B. das Bundesministerium des Innern und für Heimat (BMI) die Governance Authority für den Personalausweis und damit auch für die eID. Auf Ebene der digitalen Basistechnologien und auf Ebene der digitalen Beziehungen könnte analog zu den eIDAS-Vertrauensdiensten das Bundesamt für Sicherheit in der Informationstechnik (BSI) Regelungen bezüglich zulässiger Verfahren, Zertifizierungsregeln von Wallets und weiteren Diensten für Deutschland festlegen. In Bezug auf andere Sachverhalte, wie z. B. die Regelungen zu Ausgabe und Anerkennung von nicht-hoheitlichen digitalen Nachweisen, müssen neue Governance Authorities bestimmt werden, die von den Beteiligten im jeweiligen Anwendungsökosystem als vertrauenswürdig anerkannt werden.

Die zugrunde liegenden technischen Protokolle und Standards werden von Organisationen wie z. B. der Decentralized Identity Foundation (DIF), dem World Wide Web Consortium (W3C), der OpenID-Foundation, der Trust over IP Foundation oder der Open Wallet Foundation vorangetrieben. Ihre Vorarbeiten zu Standardisierung und Interoperabilität können und sollten die Basis für Regulierungs- und Zertifizierungsarbeit der künftigen Governance Authorities sein. Darüber hinaus braucht das ID-Ökosystem ebenso *Service-Strukturen*, d. h. es müssen sich vertrauenswürdige Akteure finden, die die erforderlichen Services (ID-Dienste, Vertrauensdienste, Zertifizierungen, Wissens- und Technologietransfer, …) entsprechend dem gemeinsamen Regelwerk übernehmen.

4.2 Digitalisierung der bestehenden Vertrauensbasis

Bei der konkreten und strukturierten Betrachtung von Anwendungen und zugehörigen Prozessen rücken weitere Aspekte in den Fokus. Wie kann das Sozialamt der Stadt München einem vom Arbeitsamt der Stadt Berlin ausgestellten digitalen ALG II-Bescheid vertrauen? Warum sollte ein potenzieller Arbeitgeber einem von der Hochschule für Technik und Wirtschaft Dresden digital ausgestellten Masterzeugnis vertrauen? Wie kann die Herausgeberschaft dieser Nachweise verifiziert werden? Die Beantwortung dieser Fragen führt zwangsläufig zum erforderlichen zweiten Pfeiler des Trustnets, der **Digitalisierung der in der Realwelt bestehenden Vertrauensbasis,** d. h. dem gezielten Aufbau einer digitalen Vertrauenskaskade (siehe Abb. 30.6).

Das beinhaltet zunächst die möglichst einheitliche Festlegung digitaler Identitäten hoheitlicher Akteure, die als vertrauenswürdige Herausgeber (Trusted Issuers) fungieren, inkl. der dazu erforderlichen Dateninfrastruktur in Form von Vertrauensregistern. Gleiches gilt für die bestehende Vertrauensbasis im Bereich der juristischen Personen. Durch sichere ID-Lösungen nicht nur für natürliche Personen, sondern auch für hoheitliche Akteure, wie Behörden und Ämter, für Unternehmen und Organisationen sowie für smarte Objekte entsteht initiales Vertrauen im Trustnet basierend auf bestehenden Vertrauensmechanismen der Realwelt. Die SSI-Mechanismen und Verifiable Credentials verbinden diese vier Stufen und formen digitale Vertrauensketten zwischen den Akteuren. Durch die Realisierung dieser digitalen Vertrauenskaskade anhand einer großen Anzahl von Use Cases kann in Summe ein initiales Trustnet entstehen, das über die Bandbreite der Anwendungsökosysteme und über Nationalisierung/Internationalisierung skaliert. Dazu gehört auch die horizontale Vernetzung hoheitlicher Entitäten und juristischer Personen unter Weitergabe organisatorischer Vertrauensanker, z. B. in Form von Root-Zertifikaten/Root Credentials, innerhalb des jeweiligen Netzwerks (siehe Kap. 17 zur RessortID).

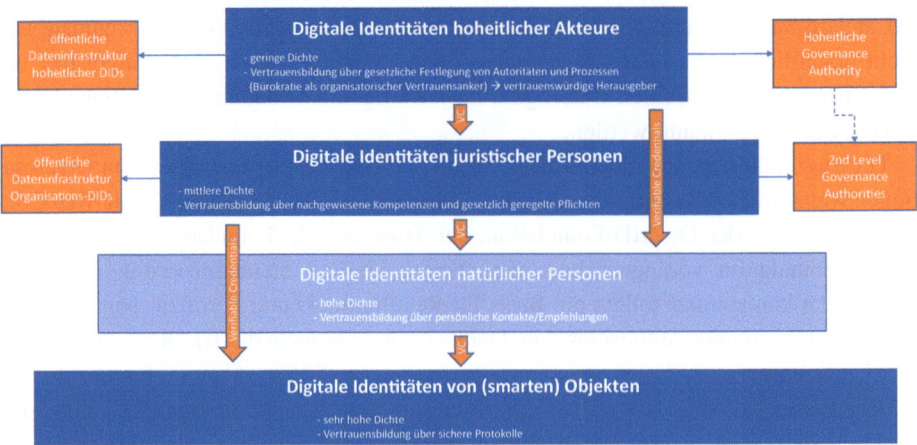

Abb. 30.6 Die digitale Vertrauenskaskade

Der zweite Teil dieser Digitalisierung betrifft die digitale Organisation bestehender Vertrauensdomänen der Realwelt. So sollten sich bestehende Interessenverbände ggf. mit der zugehörigen Aufsichtsbehörde dahingehend abstimmen, welche Nachweise künftig in welchem digitalen Format (Schema) herausgegeben und akzeptiert werden sollen und wer innerhalb bzw. außerhalb der Vertrauensdomäne welche Service-Rolle übernimmt. Vertrauenswürdige Herausgeber und Akzeptanzstellen müssen entsprechend ihre Prozesse technisch anpassen, denn das ID-Ökosystem braucht **organisatorische Vertrauensanker** in Form der Autorität und sicheren Prozesse staatlicher Akteure zur Ausstellung von digitalen Identifizierungsmitteln (eID/PID, Unternehmens-IDs, SV-Ausweis, KommPass, …) und Nachweisen (Registerauszüge, Genehmigungen, Bescheide etc.). Ebenso ist ein Netz verschiedenster Vertrauensmechanismen zwischen den damit international identifizierbaren und authentifizierbaren Akteuren nötig, die sich in vielen verschiedenen Ausprägungen sicherer Prozesse und verschiedenen technischen Implementierungen niederschlagen. Denn ohne eine Vielzahl an Akzeptanzstellen sowie die technische, organisatorische und juristische Einbindung der digitalen Ausweise und Nachweise in deren Prozesse stiftet die Herausgabe digitalen Identifizierungsmitteln und Nachweisen keinen echten Nutzen.

Die digitale Organisation bestehender Vertrauensdomänen erfordert aber ebenso *anwendungsspezifische Vertrauensregister auf Ebene 3 des Trustnet-Stacks*, in denen die o. g. Regeln und Festlegungen für alle Beteiligten einsehbar abgelegt werden. Aufgrund der unterschiedlichen regulatorischen Rahmenbedingungen für Verwaltung und Wirtschaft einerseits und in unterschiedlichen Staaten andererseits ist klar, dass sowohl Public Key Infrastrukturen (PKI) als auch DLT- und Blockchain-basierte Infrastrukturen, aber auch einfache Webserver ggf. in Kombination mit Hardware Secure Modules (HSM) im Trustnet ihre Berechtigung haben und unterschiedliche Vertrauensniveaus und/oder Vertrauensdomänen bedienen werden. Die große Herausforderung beim Aufbau des ID-Ökosystems besteht in der grenzübergreifenden technischen und regulatorischen Harmonisierung all dieser Aspekte.

4.3 Trustnet Community

Um all diese Themen voranzutreiben, ist die Organisation einer Trustnet Community erforderlich, die durch einen Kanon gemeinsamer Werte geleitet wird. Die Mission der Trustnet Community als dritten Pfeiler beinhaltet als mittelfristiges inhaltliches Ziel die Schaffung, Anwendung und Verbreitung des Trustnet Frameworks. Die Formierung dieser Community ist eine der Aufgaben der **Trustnet-Initiative**.

Die nächste Evolutionsstufe des Internets zu entwickeln, klingt nach einer extrem großen Aufgabe. Aber alles muss klein beginnen, jede große Innovation braucht Pioniere und die Trustnet Community startet nicht bei null. Ausgangspunkt der Community ist das Projekt ID-Ideal, mit rund 15 Mio. Euro gefördert vom BMWK im Schaufensterprogramm „Sichere digitale Identitäten" (SDI) (BMWK, 2020). Im Rahmen dieses Schaufensterprojektes wurde das Potenzial von Verifiable Credentials in Verbindung mit dem Prinzip der selbstbestimmten Identitäten (SSI) untersucht und in Anwendungsszenarien der Kommunalverwaltung, der Industrie, der Mobilität und im Handel demonstriert. Unter Beteiligung der Akteure von drei weiteren, zeitgleich geförderten Schaufensterprojekten und der Begleitforschung wurden die Trustnet-Vision und eine Roadmap zu deren Umsetzung entwickelt. Damit besteht die Trustnet Community nicht nur aus den 15 Partnern und 26 assoziierten Partnern des Projektes ID-Ideal (ID-Ideal, 2021). Sie verfügt auch über ein deutschlandweites Netzwerk, das die 40 direkten und 79 assoziierten Partner der drei SDI-Schaufensterprojekte IDunion (IDunion, 2021), ONCE (ONCE, 2021) und SDIKA (SDIKA, 2021) umfasst. Die bestehende **Partnerstruktur** beinhaltet

- Hochschulen und Forschungseinrichtungen
- Technologie-Partner, ID-Services und Vertrauensdienste
- IT-Abteilungen von Kommunen
- Behörden
- Anwender in Industrie und Wirtschaft, Banken und Finanzdienstleister
- Experten für die Bewertung juristischer Sachverhalte

Das technologische Alleinstellungsmerkmal der bestehenden Community ist die Vorreiterrolle bei der Entwicklung und Umsetzung von Trustnet-Anwendungen und der zugehörigen Dateninfrastruktur inkl. der zugehörigen Produkt- und Service-Innovationen. In Summe ist das SDI-Schaufensterprogramm eine der weltweit größten F&E-Communities im Themenbereich „Digitales Vertrauen". Ausgehend von dieser F&E-Community gilt es nun, eine **Innovationscommunity** zu formen und Anwendungen in großer thematischer Bandbreite „auf die Straße" zu bringen. In diese Community sind Ministerien, Ämter und Behörden, Anwender aus der Wirtschaft, Interessenverbände und Akteure der Zivilgesellschaft zu integrieren, aber auch die Bürger der beteiligten Kommunen.

Wie bei vergleichbaren Initiativen ist eine demokratische **Organisation der Community** erforderlich. Wer bei der Kanonisierung von Regelwerken und Standards mitbestimmen möchte, muss auch einen Beitrag zur Finanzierung der erforderlichen Strukturen leisten. Die Trustnet Community Plattform (Trustnet Community, 2024) befindet sich noch im Aufbau. Ergänzend sind eine Transfer-Plattform für Produkte und Services sowie eine Weiterbildungsplattform in Arbeit. Jeder, der hier mitwirken möchte, ist herzlich eingeladen.

5 Weiteres Vorgehen zur Umsetzung des Trustnet

Die Entwicklung des Trustnets verspricht eine enorme Innovationskaskade (Abb. 30.7), angefangen bei Produkten und Services bis hin zu gesellschaftlichen Innovationen. Mit der Verfügbarkeit von Wallets sowie weiteren neuen Software-Produkten und Services (siehe Abb. 30.3) lassen sich Prozessinnovationen anstoßen. Beispiele hierfür sind weitestgehend automatisierte Prozesse in der Interaktion zwischen Bürger und öffentlicher

Abb. 30.7 Trustnet Innovationskaskade

```
                    Produkt- und
                    Serviceinnovationen

              Prozessinnovationen
              (u.a. Verwaltungsdigitalisierung)

        Organisationsinnovationen
        (u.a. Governance-Strukturen)

        Gesellschaftliche Innovationen
   Umwelt-      |   Soziale      |  Juristische
   innovationen | Innovationen   | Innovationen
```

Verwaltung, die nicht nur den Online-Zugang des Bürgers ermöglichen, sondern auch die Datenverarbeitung und Prozessschritte innerhalb und zwischen Behörden automatisieren. Diese Prozessinnovationen stoßen wiederum Organisationsinnovationen an, wie neue Governance Authorities, Start-ups oder neue Struktureinheiten innerhalb bestehender Organisationen, die im Rahmen des Change Managements entstehen. Innovationen bei Anwendungsprozessen und Organisationen führen aber auch kurz- und mittelfristig Änderungen des bestehenden Rechtsrahmens an. Mittel- bis langfristig werden dadurch auch soziale und ökologische Innovationen, wie in Abschn. 3 beschrieben, Wirkung zeigen.

Auf dem Weg zum Trustnet gibt es jedoch etliche ungelöste technische Entwicklungsschritte sowie technische, wirtschaftliche und juristische Innovationsbarrieren, die es zu beseitigen gilt.

5.1 Identifizierte Innovationsbarrieren

Innovationsbarriere 1: Fehlende Interoperabilität
Derzeit fehlt eine einheitliche Basis für die **technische Interoperabilität**, mit der eine beliebige Wallet-App, bestehend aus Wallet und Agent, in die Lage versetzt wird, verschiedene DID-Methoden und zugrunde liegende Dateninfrastrukturen (Blockchains, PKIs, DLTs …) auf Ebene der Basistechnologien anzusprechen. Hier ist dank der Open Wallet Foundation bzw. auch der Entwicklung des Trust Spanning Protocols der ToIP Foundation (Trust over IP Foundation, 2024a) Licht am Ende des Tunnels. Jeder Akteur, der die Entwicklung einer Wallet-App plant, egal ob auf nationaler Ebene, auf EU-Ebene oder aus dem privatwirtschaftlichen Sektor, sollte diese technische Interoperabilität zum eigenen Entwicklungsziel erheben. Auch für die erwähnten **Vertrauensregister** gibt es bislang nur konzeptionelle Überlegungen, z. B. die Entwicklung eines Trust Registry Protocols durch die ToIP Foundation (Trust over IP Foundation, 2024b), jedoch noch keine Best Practice Beispiele. Hierfür bedarf es der Umsetzung und Evaluierung im Rahmen von Pilotprojekten.

Innovationsbarriere 2: Geringe Entwicklungsreife
Schätzungsweise 20 bis 30 Jahre wird die weltweite Umsetzung des Trustnets dauern. Das heutige Internet entstand auch über Dekaden. Die Internet-Pioniere konnten höchstens erahnen, wie sehr ihre Entwicklung die Welt verändern würde. Ähnlich sieht es heute mit dem Trustnet aus. Die Ergebnisse der Schaufensterprojekte sowie die dabei entstandene Expertise in der Community ist eine einmalige Chance, diese grundlegende Entwicklung voranzubringen.

Durch die Novellierung der eIDAS trägt die EU einen bedeutenden Teil dazu bei, nicht nur einen technischen und rechtlichen Rahmen zu schaffen, sondern auch das Potenzial digitaler Identitäten bei Unternehmen und der Bevölkerung sichtbar zu machen. Die novellierte eIDAS-Verordnung ist ein Rechtsrahmen, der ab 2025 für alle Kommunen verpflichtend wird und damit einen Teil des künftigen Trustnets juristisch verbindlich macht. Im Zuge einer kleinen Anfrage[2] der Unionsfraktion im deutschen Bundestag ist nun neben eID und EUDI-Wallet auch das Thema der digitalen Organisationsidentitäten auf die politische Tagesordnung gekommen. Doch die Regulatorik betreffend die digitalen Identitäten ist nur eins von vielen Puzzle-Teilen, die an die richtige Stelle gesetzt werden müssen. Die Entwicklungslandkarte enthält noch viele weiße Flecken, sowohl die Technologie betreffend, als auch in Bezug auf Anwendungen und die dafür erforderliche Infrastruktur, wobei jeweils die digitale Governance mit entwickelt werden muss. Es gilt, diese weißen Flecken schrittweise zu beseitigen.

Innovationsbarriere 3: Glaubwürdigkeit und Akzeptanz
Eine weitere große Barriere ist psychologischer Natur – die schiere Dimension der Aufgabe und die vielen Zweifel, die eine Vorreiter-Region ausräumen muss, nach innen und nach außen. Häufig erhalten wir bei einer Präsentation die Antwort: „Das machen doch bestimmt die großen Internet-Konzerne." Nein, das macht nur eine Trustnet Community. Genau wie die Energiewende ist auch die Entwicklung des Trustnets eine Gemeinschaftsaufgabe von Wirtschaft, Gesellschaft, Politik und Verwaltung. Und die Trustnet-Initiative als Nukleus der Trustnet Community hat genau diese Zusammensetzung.

Innovationsbarriere 4: Der aktuelle Rechtsrahmen
Unabhängig von der eIDAS-Verordnung, die die Verwendung digitaler Identitäten natürlicher Personen und perspektivisch auch von Organisationen regelt, ist der erforderliche Rechtsrahmen für viele Trustnet-Anwendungen nicht vorhanden bzw. ist der aktuelle Rechtsrahmen nicht passend. Schriftformerfordernis oder Zweckbindung von Dokumenten limitieren oder verhindern derzeit noch häufig den Einsatz von digitalen Nachweisen. Einen Teil dieser Hindernisse räumt das neue Bürokratieentlastungsgesetz zumindest in Deutschland hoffentlich aus. Es ist aufgrund der Komplexität des Rechtsrahmens zu erwarten, dass viele juristische Innovationsbarrieren für das Trustnet auf Ebene der EU, des Bundes, der Länder, der Landkreise und Kommunen diese geplante „Entrümpelung" überleben und sich erst bei der Umsetzung von Anwendungen in der Praxis offenbaren.

---

[2] Die Antwort ist in der Bundestagsdrucksache 20/12493 dokumentiert.

5.2 Geplanter Lösungsansatz der Trustnet Community

Zur Überwindung der noch geringen Entwicklungsreife ist die Pilotierung, praxistauglichen Realisierung sowie Skalierung von Anwendungen in Verwaltung, Industrie, Handel, Mobilität und anderen Bereichen digitaler Interaktion geplant. Dafür sollen gezielt Best Practice Beispiele für Technologie, Governance und Infrastruktur entwickelt werden, welche als Grundlage für den Transfer in andere Anwendungsgebiete dienen können.

Für die geografische Erweiterung der Community erfolgt der Transfer dieser Best Practice Beispiele nach einem **Frontrunner-Follower-Ansatz** (Schaefer et al., 2017). Die dafür erforderliche Glaubwürdigkeit und Akzeptanz erlangen wir durch Sichtbarkeit und Nachweis der Praxistauglichkeit breitenwirksamer, niederschwelliger Anwendungen. Im Rahmen der Vorarbeiten entstanden bereits digitale Pilotanwendungen, wie Sozialpass, ÖPNV-Tickets, digitaler Produktpass, eBon oder Grünstrom-/CO_2-Zertifikate. Weitere Use Cases erreichen den Demonstrator-Status. Technologie- und Anwendungsreife dieser Piloten sollen durch Feldtests, Erklärvideos und Hands-on-Demos in der Praxis erlebbar gemacht werden.

Die Entwicklung des Trustnets erfordert auch die Weiterentwicklung des Rechtsrahmens. Zum Zwecke der Erprobung technologisch basierter Innovationen, die mit dem aktuellen Rechtsrahmen kollidieren, gibt es das Instrument der **Reallabore**. Hier wird mit Hilfe von Experimentierklauseln und Ausnahmegenehmigungen kurzfristig die Möglichkeit geschaffen, Erkenntnisse zu gewinnen, ob und in welcher Form eine Anpassung des Rechtsrahmens sinnvoll ist. Natürlich gibt es bei der Planung eines Reallabors noch etliche weitere Aspekte zu berücksichtigen, um das politische und verwaltungsseitige Erkenntnisinteresse sowie die Interessen weiterer Stakeholder zu befriedigen. Für das erste Reallabor zum Use Case „Digitales Bürgerbegehren" wurde daher im Rahmen der Vorarbeiten ein Prozess entwickelt, der im Zuge des ersten Community Projektes der Landeshauptstadt Dresden in Anwendung kommen und Basis für weitere Reallabore sein soll. Hierzu ist ID-Ideal seit Frühjahr 2023 mit der Sächsischen Staatskanzlei und der Landeshauptstadt Dresden in Abstimmung. Zudem haben mehrere Juristen den initialen Bedarf für weitere Reallabore konkretisiert.

6 Fazit

Das Trustnet ist eine umfassende Vision für die Erweiterung des Internet um einen standardisierten Mechanismus für vertrauenswürdige sichere digitale Interaktionen. Die Vision des Trustnets weist weit über den aktuellen Status Quo von digitalen Identitäten als Benutzerkonten oder hoheitlichen Identifikations-/Authentifikationsmitteln wie eID oder ELSTER-Zertifikat hinaus. Die eIDAS-Novelle schafft bereits die Grundlagen für wichtige Verbesserungen in technischer Interoperabilität und Rechtrahmen, erschließt jedoch nicht alle Anwendungsfelder und bleibt noch hinter den heute bestehenden technischen Möglichkeiten zurück. In diesem Beitrag haben wir die Vision des Trustnet beschrieben, seine Bedeutung diskutiert und einen Ansatz zur Etablierung des Trustnets vorgestellt. Ein zentraler

Aspekt dabei ist die Trustnet Community, in der die Expertise der SDI-Schaufenster gebündelt werden und die Entwicklung des Trustnet vorangetrieben werden soll.

Unabhängig von der Bottom-up-Entwicklung der im Rahmen der Trustnet Community vorangetriebenen Aktivitäten erfordert das Thema Trustnet eine umfassende politische Unterstützung. Die aufgezeigten Umsetzungshürden und Innovationsbarrieren machen deutlich, dass sich der gesellschaftliche Nutzen des Trustnets nicht von allein erschließt. Entwicklung und Aufbau des Trustnets sind ein komplexes gesellschaftliches Innovationsprojekt, die Politik und Verwaltung unmittelbar betreffen. Dafür sind unter anderem folgende Veränderungen erforderlich:

- Ein verwaltungspolitisches Mindset für die Digitalisierung von Prozessen statt von Dokumenten
- Innovationskultur und Innovationslogik in der Digitalpolitik und in der öffentlichen Verwaltung
- Trustnet-orientierte F&E&I-Förderung inkl. Change-Management insb. für Kommunen, Start-ups und KMU
- Reallabore und Trustnet-spezifische Transferstrukturen
- Beteiligung eines breiteren Kreises von Stakeholdern an laufenden Regulierungsprozessen (eIDAS und nationale eIDAS-Umsetzung, Registermodernisierung, OZG)

Eine wesentliche Erkenntnis der SDI-Schaufensterprojekte ist, dass die Potenziale digitaler Identitäten und Nachweise für die deutsche Wirtschaft und Verwaltung nur von sehr wenigen Akteuren bislang ausreichend durchdrungen wurden. Aufgrund der weitreichenden Bedeutung ist eine Trustnet-Strategie für Deutschland dringend geboten, welche die erforderlichen Aktivitäten in Forschung, Entwicklung und Innovation koordiniert und zur Beseitigung der identifizierten Innovationshürden beiträgt. Vertrauenswürdige digitale Interaktionen sind ein essenzieller Grundbaustein für eine sichere digitale Transformation, deren Verzögerung nur denjenigen nützt, die vom aktuellen Betrugs- und Missbrauchspotenzial im digitalen Raum profitieren.

Literatur

Anke, J., & Richter, D. (2023). Digitale Identitäten. *HMD Praxis der Wirtschaftsinformatik, 60*(4), 261–282. https://doi.org/10.1365/s40702-023-00965-1

Bernnat, R., Halsch, V., Mette, P., Linder, A., Stindt, C., Daub, L., & Schmidtke, H. (2022). Fachkräftemangel im öffentlichen Sektor. *PWC-Studie*. https://www.pwc.de/de/branchen-und-markte/oeffentlicher-sektor/fachkraeftemangel-im-oeffentlichen-sektor.html. Zugegriffen am 23.11.2024.

Bundesministerium für Wirtschaft und Klimaschutz (BMWK). (2020). Schaufenster Sichere digitale Identitäten. https://www.digitale-technologien.de/DT/Navigation/DE/ProgrammeProjekte/AktuelleTechnologieprogramme/Sichere_Digitale_Identitaeten/sichere_digitale_ident.html. Zugegriffen am 23.11.2024.

Digiworld Institute. (2020). DigiWorld Yearbook 2020. https://en.idate.org/product/digiworld-yearbook-2020/. Zugegriffen am 23.11.2024.

Eckert, C. (2018). *IT-Sicherheit: Konzepte – Verfahren – Protokolle* (10. Aufl.). DeGruyter Oldenbourg.

Hempel, G., & Anke, J. (2023). Privacy Management mit Self-Sovereign Identity: Potenziale zur Erhöhung der informationellen Selbstbestimmung. In M. Friedewald, A. Roßnagel, R. Neuburger, F. Bieker, & G. Hornung (Hrsg.), *Daten-Fairness in einer globalisierten Welt* (S. 399–422). Nomos Verlagsgesellschaft mbH & Co. KG. https://doi.org/10.5771/9783748938743-399

ID-Ideal. (2021). Projektwebseite ID-Ideal. https://id-ideal.de/partner/. Zugegriffen am 23.11.2024.

IDunion. (2021). Projektwebseite IDunion. https://idunion.org/ueber-uns/. Zugegriffen am 23.11.2024.

Initiative D21 e.V. & TU München. (Hrsg.). (2024). *eGovernment MONITOR 2024: Nutzung und Akzeptanz digitaler Verwaltungsleistungen aus Sicht der Bürgerinnen. Die deutschen Bundesländer, Deutschland, Österreich und die Schweiz im Vergleich.** https://initiatived21.de/uploads/03_Studien-Publikationen/eGovernment-MONITOR/2024/egovernment_monitor_24.pdf. Zugegriffen am 23.11.2024.

Netnames. (2017). Counting the costs of counterfeiting: A Netnames report. https://www.netnames.com. Zugegriffen am 23.11.2024.

ONCE. (2021). Projektwebseite ONCE. https://once-identity.de/partner/. Zugegriffen am 23.11.2024.

Pohlmann, N. (2022). *Cyber-Sicherheit: Das Lehrbuch für Konzepte, Prinzipien, Mechanismen, Architekturen und Eigenschaften von Cyber-Sicherheitssystemen in der Digitalisierung* (2. Aufl.). Springer Vieweg.

Röhl, K. (2023). Verwaltungsdigitalisierung in Deutschland: Der Stand zum Zielzeitpunkt des Onlinezugangsgesetzes Anfang 2023. *IW-Report 2023*. https://www.iwkoeln.de/studien/klaus-heiner-roehl-der-stand-zum-zielzeitpunkt-des-onlinezugangsgesetzes-anfang-2023.html. Zugegriffen am 23.11.2024.

Schaefer, D., Bohn, U., & Crummenerl, C. (2017). Culture first! Von den Vorreitern des digitalen Wandels lernen. *Change Management Studie 2017*. https://www.capgemini.com/consulting-de/wp-content/uploads/sites/32/2017/10/change-management-studie-2017.pdf. Zugegriffen am 23.11.2024.

SDIKA. (2021). Projektwebseite SDIKA. https://www.sdika.de/. Zugegriffen am 23.11.2024.

Trust over IP Foundation. (2022). The ToIP Model. https://trustoverip.org/wp-content/toip-model/. Zugegriffen am 23.11.2024.

Trust over IP Foundation. (2024a). ToIP announces the first implementers draft of the Trust Spanning Protocol Specification. https://trustoverip.org/blog/2024/04/11/toip-announces-the-first-implementers-draft-of-the-trust-spanning-protocol-specification/. Zugegriffen am 23.11.2024.

Trust over IP Foundation. (2024b). ToIP announces the implementers draft of the Trust Registry Protocol Specification V2.0. https://trustoverip.org/blog/2024/04/03/toip-announces-the-implementers-draft-of-thetrust-registry-protocol-specification-v2-0/. Zugegriffen am 23.11.2024.

Trustnet Community. (2024). Trustnet Community Plattform. https://trustnet.community. Zugegriffen am 23.11.2024.

Open Access Dieses Kapitel wird unter der Creative Commons Namensnennung 4.0 International Lizenz (http://creativecommons.org/licenses/by/4.0/deed.de) veröffentlicht, welche die Nutzung, Vervielfältigung, Bearbeitung, Verbreitung und Wiedergabe in jeglichem Medium und Format erlaubt, sofern Sie den/die ursprünglichen Autor(en) und die Quelle ordnungsgemäß nennen, einen Link zur Creative Commons Lizenz beifügen und angeben, ob Änderungen vorgenommen wurden.

Die in diesem Kapitel enthaltenen Bilder und sonstiges Drittmaterial unterliegen ebenfalls der genannten Creative Commons Lizenz, sofern sich aus der Abbildungslegende nichts anderes ergibt. Sofern das betreffende Material nicht unter der genannten Creative Commons Lizenz steht und die betreffende Handlung nicht nach gesetzlichen Vorschriften erlaubt ist, ist für die oben aufgeführten Weiterverwendungen des Materials die Einwilligung des jeweiligen Rechteinhabers einzuholen.

Glossare

Informationssicherheit, Datenschutz und Usability

Betroffene Person: Die identifizierte oder identifizierbare natürliche Person, auf welche sich die personenbezogenen Daten beziehen. (DSGVO Art. 3).

Identifizierbar: Als identifizierbar wird eine natürliche Person angesehen, die direkt oder indirekt, insbesondere mittels Zuordnung zu einer Kennung wie einem Namen, zu einer Kennnummer, zu Standortdaten, zu einer Online-Kennung oder zu einem oder mehreren besonderen Merkmalen, die Ausdruck der physischen, physiologischen, genetischen, psychischen, wirtschaftlichen, kulturellen oder sozialen Identität dieser natürlichen Person sind, identifiziert werden kann. (DSGVO Art. 4).

Informationssicherheit: „Eigenschaft eines funktionssicheren Systems, nur solche Systemzustände anzunehmen, die zu keiner unautorisierten Informationsveränderung oder -gewinnung führen." (Eckert, C. (2018). IT-Sicherheit: Konzepte – Verfahren – Protokolle (10. Auflage). Berlin: De Gruyter).

Personenbezogene Daten: Alle Informationen, die sich auf eine identifizierte oder identifizierbare natürliche Person beziehen. (DSGVO Art. 4).

Pseudonymisierung: Verarbeitung personenbezogener Daten in einer Weise, dass die personenbezogenen Daten ohne Hinzuziehung zusätzlicher Informationen nicht mehr einer spezifischen betroffenen Person zugeordnet werden können, sofern diese zusätzlichen Informationen gesondert aufbewahrt werden und technischen und organisatorischen Maßnahmen unterliegen, die gewährleisten, dass die personenbezogenen Daten nicht einer identifizierten oder identifizierbaren natürlichen Person zugewiesen werden. (DSGVO Art. 4).

Usability: „Das Ausmaß, in dem ein System, ein Produkt oder eine Dienstleistung durch bestimmte Benutzer in einem bestimmten Nutzungskontext genutzt werden kann, um bestimmte Ziele effektiv, effizient und zufriedenstellend zu erreichen." (DIN EN ISO 9241-11).

User Experience (UX): „Wahrnehmungen und Reaktionen einer Person, die aus der tatsächlichen und/oder der erwarteten Benutzung eines Systems, eines Produkts oder einer Dienstleistung resultieren." (DIN EN ISO 9241-210).

Verantwortlicher: Die natürliche oder juristische Person, Behörde, Einrichtung oder andere Stelle, die allein oder gemeinsam mit anderen über die Zwecke und Mittel der Verarbeitung von personenbezogenen Daten entscheidet. (DSGVO Art. 4).

Verarbeitung: Jeder mit oder ohne Hilfe automatisierter Verfahren ausgeführten Vorgang oder jede solche Vorgangsreihe im Zusammenhang mit personenbezogenen Daten wie das Erheben, das Erfassen, die Organisation, das Ordnen, die Speicherung, die Anpassung oder Veränderung, das Auslesen, das Abfragen, die Verwendung, die Offenlegung durch Übermittlung, Verbreitung oder eine andere Form der Bereitstellung, den Abgleich oder die Verknüpfung, die Einschränkung, das Löschen oder die Vernichtung. (DSGVO Art. 4).

Selbstbestimmte Identitäten (SSI)

Nachfolgendes Glossar ist ein gemeinsames Ergebnis der Schaufensterprojekte im Programm „Sichere digitale Identitäten". Für jeden Begriff wird eine einfache und eine erweiterte Definition angeben. Die einfache Definition soll im Alltag genutzt werden können, während sich die erweiterte Definition an Fachleute richtet. An der Erarbeitung und Abstimmung der Begriffe waren (in alphabetischer Ordnung) folgende Autorinnen und Autoren beteiligt: Jürgen Anke, Benjamin Burde, Timo Burkhard, Tobias Ehrlich, Matthias Fuhrland, Jonas Hammer, Stefan Handke, Patrick Hille, Olivia Jürgenssen, Ralf Lippold, Andre May, Michael Meisel, Sarah Otto, Christopher Praas, Daniel Richter, Marlen Ristola, Marcus Schober, Tobias Ströher und Jan Sürmeli.

Agent
[(Business) Backend; Hintergrund Logik der Wallet]

Einfache Definition
Ein Agent im Kontext von selbst souveränen Identitäten (SSI) ist eine Software, die Zertifikate ausstellt, prüft, überträgt und präsentiert. Der Agent sorgt für einen sicheren Informationsaustausch zwischen verschiedenen Akteuren. Agenten sind in der Regel Teil einer digitalen Brieftasche (Wallet), verantwortlich für deren Hintergrundlogik und für den Benutzer nicht sichtbar. Der Agent kann mit dem Maschinenraum eines Kreuzfahrtschiffes verglichen werden: Er treibt das Schiff an, aber die Passagiere sehen ihn nie.

Erweiterte Definition
Der Agent ist die wichtigste Software-Komponente einer Wallet im Kontext von selbst souveränen Identitäten (SSI). Er ist für den Informationsaustausch zwischen den Agenten verantwortlich. Für spezielle Serverarchitekturen können Agenten mit einem Secure Storage (Secure Storage) ohne den direkten Rahmen einer Wallet verwendet werden.

Durch die direkte Adressierung einer Schnittstelle zum Secure Storage können Agenten digitale Nachweise (Verifiable Credentials, VC) sicher ausstellen, übertragen und präsentieren. Die Nachweise können auch ohne Secure Storage von Agenten überprüft werden.

Sichere Verbindungen werden durch sichere Kommunikationsprotokolle und standardisierte Kommunikationswege zwischen Akteuren und ihren Agenten aufgebaut, um Informationen auszutauschen.

Die Agenten stellen Schnittstellen bereit, die es ermöglichen, sie in verschiedenen (Geschäfts-) Programmen und Anwendungen zu verwenden.

Anwendungsökosystem

Einfache Definition

Ein Anwendungsökosystem ermöglicht einen thematisch und geografisch eingegrenzten Prozess zur gemeinsamen Wertschöpfung durch verschiedene Akteure (= Anwendung/Use case), bei dem Nachweise aus mindestens einer, oft aus mehreren Vertrauensdomänen genutzt werden. Es beinhaltet die Akteure sowie deren Strukturen und Infrastrukturen, die Bestandteil der realen und digitalen Interaktionen im Rahmen der Anwendung sind. In einer definierten Auswahl von anwendungsbezogenen Prozessen werden auch hier klare Regeln (Trust Policies) für Interaktionen und Datenaustausch sowie Autoritäten für Überwachung und Durchsetzen der Einhaltung dieser Regeln etabliert. Auf der Kenntnis der Regeln und Autoritäten sowie der Identifizierbarkeit des jeweiligen Interaktionspartners basiert das Vertrauen innerhalb eines Anwendungsökosystems.

Zum Beispiel sind alle Betreiber und Nutzer des ÖPNV in Dresden Teil eines Anwendungsökosystems, in dem es klare Regeln für die Benutzung der öffentlichen Verkehrsmittel gibt (Nutzungs- und Gebührenordnung) und Autoritäten (Fahrdienstpersonal, Kontrolleure), die die Einhaltung der Regeln überwachen. Das Credential Sozialpass wird in diesem Anwendungsökosystem zum Nachweis der Ermäßigungsberechtigung verwendet, d. h. die betreffenden Inhaber und Akzeptanzstellen (Ticket-Shops) sind Teil der Vertrauensdomäne Sozialpass. Oft ist also das Anwendungsökosystem kleiner als die Vertrauensdomäne. Die Akteure des Anwendungsökosystems sind hier aber gleichzeitig Teil einer weiteren Vertrauensdomäne, die durch Herausgabe, Nutzung und Akzeptanz der ÖPNV-Tickets definiert wird. Der Akteur, der in einer Vertrauensdomäne die Rolle des Herausgebers inne hat, ist nicht zwingend Bestandteil des Anwendungsökosystems. Das Sozialamt als Herausgeber des Sozialpasses hat z. B. mit dem Anwendungsökosystem ÖPNV nichts zu tun.

Erweiterte Definition

Ein Anwendungsökosystem ermöglicht einen thematisch und geografisch eingegrenzten Prozess zur gemeinsamen Wertschöpfung durch verschiedene Akteure (= Anwendung/Use case), bei dem Credentials aus mindestens einer, oft aus mehreren Vertrauensdomänen genutzt werden. Es beinhaltet die Akteure sowie deren Strukturen und Infrastrukturen, die Bestandteil der realen und digitalen Interaktionen im Rahmen der Anwendung sind. In einer definierten Auswahl von anwendungsbezogenen Prozessen werden auch hier klare Regeln (Trust Policies) für Interaktionen und Datenaustausch sowie Autoritäten für Überwachung und Durchsetzen der Einhaltung dieser Regeln etabliert. Auf der Kenntnis der Regeln und Autoritäten sowie der Identifizierbarkeit des jeweiligen Interaktionspartners basiert das Vertrauen innerhalb eines Anwendungsökosystems.

Zum Beispiel sind alle Betreiber und Nutzer des ÖPNV in Dresden Teil eines Anwendungsökosystems, in dem es klare Regeln für die Benutzung der öffentlichen Verkehrsmittel gibt (Nutzungs- und Gebührenordnung) und Autoritäten (Fahrdienstpersonal, Kontrolleure), die die Einhaltung der Regeln überwachen. Das Credential Sozialpass wird in diesem Anwendungsökosystem zum Nachweis der Ermäßigungsberechtigung verwendet, d. h. die betreffenden Inhaber und Akzeptanzstellen (Ticket-Shops) sind Teil der Vertrauensdomäne Sozialpass. Oft ist also das Anwendungsökosystem kleiner als die Vertrauensdomäne. Die Akteure des Anwendungsökosystems sind hier aber gleichzeitig Teil einer weiteren Vertrauensdomäne, die durch Herausgabe, Nutzung und Akzeptanz der ÖPNV-Tickets definiert wird. Der Akteur, der in einer Vertrauensdomäne die Rolle des Herausgebers inne hat, ist nicht zwingend Bestandteil des Anwendungsökosystems. Das Sozialamt als Herausgeber des Sozialpasses hat z. B. mit dem Anwendungsökosystem ÖPNV nichts zu tun.

Attribut (Identitätsmerkmal)

[Bezeichner, Eigenschaft]

Einfache Definition
Identitätsmerkmale (Attribute) sind Merkmale, die die Identität von Personen, Organisationen bzw. Objekten beschreiben und anhand derer sie identifiziert werden können. Sie sind Teile einer Gesamtaussage, die in einem Nachweis gespeichert werden. Zu einem Attribut gehört immer auch ein bestimmter Wert.

- Beispiel: Das Attribut ist „Name" und der Wert ist „Laura".

Erweiterte Definition
Identitätsmerkmale (Attribute) sind Merkmale, die die Identität von Personen, Organisationen bzw. Objekten beschreiben und anhand derer sie identifiziert werden können. Bei natürlichen Personen gehören dazu die im amtlichen Melderegister geführten Meldedaten (Basisidentität), biometrische Daten, Angaben in Nachweisen und Urkunden, aber auch Rechte/Berechtigungen und die Beziehungen gegenüber anderen natürlichen Personen, Organisationen sowie Objekten. Solche Identitätsmerkmale der realen Person können durch autorisierte Akteure in Form überprüfbarer digitaler Nachweise (Verifiable Creden-

tials) ausgegeben und bei Bedarf von einem Dritten überprüft werden. Ein Attribut, das eine digitale Identität eindeutig identifiziert bezeichnet man als Identifikator. Dies kann z. B. eine Email-Adresse, die Steuer-ID, eine Kundennummer oder auch die Wirtschaftsidentifikationsnummer eines Unternehmens sein.

In den Aussagen (Claims) eines digitalen Nachweises (VC) werden Datensatzpaare gespeichert.

Jedes Datensatz-Paar besteht aus einem Attribut (einer Eigenschaft) und einem zugehörigen Wert.

- Ein Beispiel hierfür ist ein Nachweis über ein Fahrzeug, bei dem das Attribut ‚Leistung' mit dem Wert ‚200 PS' spezifiziert wird.

Claim

[Aussage; Behauptung; Anspruch; Assertion]

Einfache Definition

In einem Nachweis werden bestimmte Aussagen oder Behauptungen (=Claims) des Herausgebers über jemanden oder über etwas gespeichert.

Die Aussagen des Herausgebers müssen nicht zwangsläufig der Wahrheit entsprechen. Ob der Aussage Glauben geschenkt wird, hängt davon ab, ob die Akzeptanzstelle dem Herausgeber vertraut, der den Nachweis für den Inhaber ausgestellt hat.

Erweiterte Definition

Ein digitaler Nachweis (VC) speichert ein oder mehrere Aussagen (Claims) über ein Subjekt (Person oder Sache). Die vom Herausgeber (Issuer) attestierten Aussagen müssen nicht zwangsläufig der Wahrheit entsprechen. Die Aussagekraft hängt vom Vertrauen der Akzeptanzstelle (Verifier) in den Herausgeber ab.

Decentralized Identifier (DID)

[Dezentraler Identifikator]

Einfache Definition

Dezentrale Identifikatoren (DIDs, decentralized identifiers) ermöglichen einen sicheren und kryptografisch verifizierbaren Informationsaustausch zwischen Personen, Dingen und Unternehmen.

Anders als bei herkömmlichen Identifizierungsmethoden wie einer Zertifizierungsstelle wird die DID nicht von einem zentralen System kontrolliert, sondern vom Ersteller selbst. Für die Verwaltung von selbst souveränen Identitäten (SSI) werden dezentrale Identifikatoren verwendet (Sporny et al., 2022).

Erweiterte Definition

DIDs sind einheitliche Ressourcenbezeichner (URIs), die ein DID-Subjekt mit einem DID-Dokument verknüpfen und vertrauenswürdige Interaktionen mit diesem Subjekt ermöglichen (Sporny et al., 2022).

Ein DID-Subjekt kann beispielsweise eine Person, Gruppe, Organisation oder ein Objekt sein.

Im DID-Dokument werden zusätzliche Informationen wie öffentliche Schlüssel abgelegt, die über die DID aufgelöst werden können.

Die verwendeten Mechanismen für die Auflösung hängen von der entsprechenden DID-Methode ab. Die Kernspezifikation für DIDs wurde vom W3C festgelegt. Es gibt zahlreiche Spezifikationen für verschiedene DID-Methoden in der Entwicklung, wie z. B. did:indy, did:ion und did:key. Die Kontrolle über die DID liegt beim DID-Controller, dem Inhaber des entsprechenden privaten Schlüssels der DID, der in der Regel auch der Ersteller ist.

Digitale Identität

Einfache Definition

Digitale Identitäten repräsentieren Personen, Organisationen und auch Objekte der Realwelt im digitalen Raum. Eine reale Person kann mehrere digitale Identitäten haben. Dies kann ein Avatar sein, ein vorgegebener Benutzername oder ein selbst gewähltes Pseudonym, wie im Darknet oder im WWW üblich. Es kann aber auch eine sogenannte sichere digitale Identität sein. Die digitale Identität ist in jedem Fall die Summe aller in einem IT-System einer Entität zuzuordnenden digitalen Identitätsmerkmale (Attribute). Bei einer sicheren digitalen Identität stimmen diese Merkmale nachweislich mit der Realität überein. Die selbst verwaltete digitale Identität ist nicht zu verwechseln mit dem üblicherweise von anderen Akteuren ausgewerteten digitalen Fußabdruck einer Person, der die Spuren beinhaltet, die diese Person im Internet hinterlässt. Solche fremdverwalteten Profile (z. B. Suchverhalten auf Amazon) repräsentieren aber nicht die Person, sondern bilden nur deren Verhalten im Internet ab.

Erweiterte Definition

Die Identität einer natürlichen Person wird durch eine Vielzahl von Identitätsmerkmalen beschrieben. Dies gilt prinzipiell auch im Digitalen, allerdings sind die technisch, philosophisch und politisch geprägten Darstellungen dazu in der Literatur teilweise sehr widersprüchlich. Für das bessere Verständnis ist eine klare begriffliche Unterscheidung wichtig. Daher versuchen wir nachfolgend eine konsistente Begriffserklärung, die auch Anwendungen außerhalb regulierter Anwendungsbereiche integriert.

Digitale Identitäten repräsentieren Personen, Organisationen und auch Objekte der Realwelt im digitalen Raum. Eine reale Person kann mehrere digitale Identitäten haben. Dies kann ein Avatar sein, ein vorgegebener Benutzername oder ein selbst gewähltes Pseudonym, wie im Darknet oder im WWW üblich. Es kann aber auch eine sogenannte sichere digitale Identität sein. Die digitale Identität ist in jedem Fall die Summe aller in einem IT-System einer Entität zuzuordnenden digitalen Identitätsmerkmale (Attribute). Bei einer sicheren digitalen Identität stimmen diese Merkmale nachweislich mit der Realität überein. Die selbst verwaltete digitale Identität ist nicht zu verwechseln mit dem üblicherweise von anderen Akteuren ausgewerteten digitalen Fußabdruck einer Person, der die Spuren beinhaltet, die diese Person im Internet hinterlässt. Solche fremdverwalteten Profile (z. B. Suchverhalten auf Amazon) repräsentieren aber nicht die Person, sondern bilden nur deren Verhalten im Internet ab.

Digitaler Nachweis

[digitaler Nachweis; überprüfbarer Nachweis; Verifiable Credential; Digital Credential]

Einfache Definition

Ein überprüfbarer digitaler Nachweis ist das digitale Gegenstück zu einem analogen Nachweis, wie einem Zeugnis oder einer Konzertkarte. Er enthält Aussagen über jemanden oder etwas in Form von Attributen und wird von einem (vertrauenswürdigen) Herausgeber ausgestellt. Die Unversehrtheit der Daten kann mit kryptografischen Mitteln, insbesondere einer digitalen Signatur, überprüft werden. Auch der Herausgeber kann dadurch ermittelt werden.

Aufbau: Ein digitaler Nachweis besteht aus einem Umschlag und dessen Inhalt. Der Umschlag sichert die Identität des Ausstellers sicher und schützt den Inhalt vor Fälschung. Durch diese Struktur ist es möglich, den Nachweis in Echtzeit und unabhängig von Ort und Zeit zu überprüfen.

Erweiterte Definition

Ein überprüfbarer digitaler Nachweis ist das digitale Gegenstück zu einem analogen Nachweis, wie einem Zeugnis oder einer Konzertkarte. Er enthält Aussagen über eine Person, eine Organisation, ein Objekt bzw. einen Sachverhalt in Form von Attributen und wird von einem (vertrauenswürdigen) Herausgeber ausgestellt. Er besteht im Kern aus einem oder mehreren gesicherten Attributen (Inhalt) und einer kryptografischen Signatur. Die Signatur, obwohl eine Abfolge von Zeichenketten, ist nicht zu vergleichen mit einer händischen Unterschrift. Sie ist fälschungssicher, unnachahmlich, unveränderlich und sowohl dem Aussteller als auch dem Dokumenteninhalt sowie optional auch dem Empfänger eindeutig zuzuordnen. Dafür bindet der Herausgeber mit Hilfe des entsprechenden digitalen Schlüsselmaterials seinen eigenen Identifikator sowie optional den Identifikator des Empfängers und einen Hash des Inhalts kryptografisch in die Signatur ein.

Der **Kernaspekt** verifizierbarer Nachweise ist, dass anhand der Signatur die Authentizität von Herausgeberschaft sowie optional von Empfänger und Inhalt der Nachweise orts- und zeitunabhängig in Echtzeit überprüft und belegt werden kann.

Verifiable Credentials sind bereits ein internationaler W3C-Standard, d. h. der überprüfbare digitale Nachweis (Verifiable Credential, VC) ist ein Dokument gemäß den Spezifikationen des etablierten Datenmodells der W3C (Sporny et al., 2022). Es enthält Aussagen (Claims) von oder über ein Individuum und/oder einen Gegenstand sowie Metadaten und einen Herkunfts- und Integritätsnachweis (Beweis).

Im Datenmodell des W3C (Sporny et al., 2022) für den digitalen Nachweis werden drei Rollen beschrieben, die in diesem Glossar näher erläutert werden:

- Herausgeber – Issuer
- Inhaber – Holder
- Akzeptanzstelle – Verifier

Neben dem Datenmodell von W3C gibt es weitere Spezifikationen, die digitale Nachweise definieren und standardisieren sollen. Beispiele hierfür sind „AnonCreds" (Curran et al., 2024) und die „Mobile Driving Licence" (mDL) (ISO, 2021).

Governance

[Verwaltung]

Einfache Definition

Governance bezeichnet die Verwaltung von Nachweisen oder Ökosystemen. Eine Verwaltungsbehörde legt ein Regelwerk fest, welches den Umgang mit Nachweisen reguliert und die Durchsetzung gewährleistet.

Erweiterte Definition

Ob es sich nun um einen einzelnen Nachweis (VC) oder ein ganzes Ökosystem handelt, es muss eine entsprechende Governance geben, also eine Verwaltung. Die Aufsichtsbehörde der Verwaltung (Credential Governing Authority) verwaltet Regeln und Vorschriften für folgende Nachweis-Themen:

- Ausstellung
- Speicherung/Aufbewahrung
- Weitergabe/Transfer
- Überprüfung
- Änderungen/Modifikationen
- Spezifikationen zur Gültigkeit
- Schema-Spezifikationen
- Format-Spezifikationen

Theoretisch kann jeder eine Aufsichtsbehörde für eigene Nachweise oder Ökosysteme sein. Es muss nicht ausdrücklich eine öffentliche Behörde sein.

Hardware Secure Module (HSM)

[Hardwaresicherheitsmodul]

Einfache Definition

Ein Hardwaresicherheitsmodul ist eine stark spezialisierte Hardware, die mathematische Probleme wie die Verschlüsselung von Daten oder das Erzeugen von Schlüsselpaaren hocheffizient und energieeffizient lösen kann.

Es kann Teil des Hauptprozessors oder eines externen Nebenprozessors sein. Es gibt verschiedene Ausführungen von Hardwaresicherheitsmodulen, die unterschiedliche Sicherheitsniveaus erreichen können.

Erweiterte Definition

Hardwaresicherheitsmodule (Hardware Secure Module, HSM) sind spezialisierte Hardwareumgebungen, die zur effektiven Lösung mathematisch komplexer Probleme wie der Schlüsselerstellung oder Verschlüsselung entwickelt wurden. Sie agieren schnell in ihrem definierten Funktionsbereich, sind jedoch träge in anderen Aufgaben. Daher werden Hardwaresicherheitsmodule nur als Zusatz verwendet.

Es gibt verschiedene Arten von Hardwaresicherheitsmodulen:

- Sicherheitselemente (Secure Elements)
- Eingebettete Sicherheitselemente (embedded Secure Elements)
- Vertrauenswürdige Plattformmodule (TPM)

Je nach Art kann Hardware entweder in den Hauptprozessor integriert sein oder als separate Prozessoren auf der Hauptplatine vorhanden sein. Folgende Hardwaresicherheitsmodul-Arten können unterschieden werden:

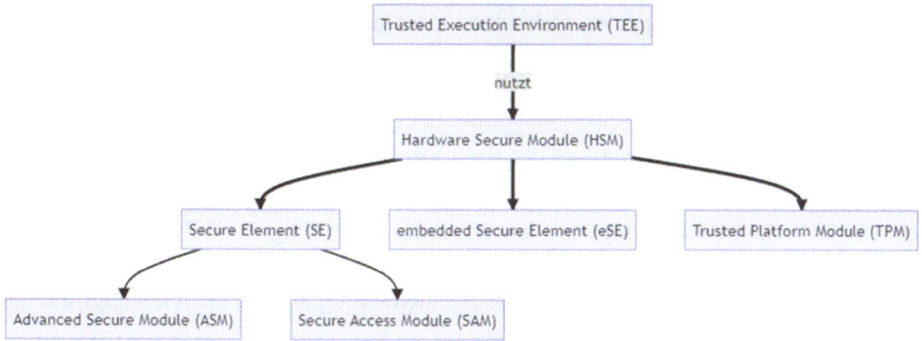

Ein **vertrauenswürdiges Plattformmodul** (Trusted Platform Module, TPM) ist ein Hardwaresicherheitsmodul nach dem Standard ISO/IEC 11889.

Holder

[Inhaber; Halter]

Einfache Definition
Der Inhaber ist eine Person, Organisation oder Maschine, die digitale Nachweise vom Herausgeber erhält und sicher in der eigenen digitalen Brieftasche speichert und verwaltet (Sporny et al., 2022). Die digitalen Nachweise des Inhabers können unabhängig vom Herausgeber anderen Parteien präsentiert werden.

Erweiterte Definition
Als Holder wird eine Partei (Person, Organisation) oder auch ein Gerät (Computer, Microcontroller) bezeichnet, die digitale Nachweise (VCs) sicher speichert und verwaltet (Sporny et al., 2022). Dies kann beispielsweise mit einer digitalen Brieftasche (Wallet) geschehen. Die vom Herausgeber (Issuer) ausgestellten Nachweise werden auf den korrespondierenden kryptografischen Schlüssel des Holders ausgestellt (Menzer, 2022).

Der Holder kann aus einem oder mehreren digitalen Nachweisen eine Präsentation (Verifiable Presentation) generieren und diese an Akzeptanzstellen (Verifier) vorzeigen. In der Präsentation kann der Holder selbst entscheiden, welche Daten enthalten sein sollen.

Host Card Emulation (HCE)

[Hostkarten-Emulation; Emulation von Hostkarten]

Einfache Definition
Eine Hostkarten-Emulation ist eine Software oder Softwarearchitektur, die elektronische Nachweise wie Kredit- und Zugangskarten digital abbildet. Die Softwarearchitektur verschlüsselt den Speicher, um zu verhindern, dass andere Programme die Daten auslesen können.

Erweiterte Definition
Eine Host Card Emulation (HCE) ist eine rein softwarebasierte Sicherheitsarchitektur, die es erlaubt, elektronische Nachweise kryptografisch verschlüsselt zu speichern und zu nutzen. Die HCE Architektur wird vor allem genutzt, um Zahlungs- und Zugangskarten auf Smartphones zu speichern.

Durch die Verschlüsselung der Daten ist es anderen Programmen nicht möglich, auf die Daten zuzugreifen und diese auszulesen.

Da HCE lediglich eine Softwarearchitektur ist, ist es jedoch angebracht, erhöhte Vorsicht walten zu lassen. Im Vergleich zu einem Secure Element (SE), das aufgrund seiner separaten Hardwareanbindung eine höhere Sicherheit bietet, kann HCE jedoch deutlich leichter und weiter verbreitet genutzt werden.

Identifizierungsmittel

Einfache Definition

Identifizierungsmittel sind Dokumente/Nachweise, die die Zuordnung i. d. R. mehrerer Identitätsmerkmale zu einer Person eindeutig belegen. In der Realwelt sind dies Ausweisdokumente mit Foto, wie Personalausweis, Betriebsausweis oder Krankenkassenkarte. Der Chip auf der Krankenkassenkarte dient der digitalen Identifikation, dem Nachweis der Echtheit und der Übermittlung der darauf gespeicherten Identitätsmerkmale bei physischem Kontakt, die Authentifizierung erfolgt anhand des Fotos auf der Karte. In der digitalen Welt sind hingegen rein elektronische Identifizierungsmittel gefragt, wie die hoheitliche eID, der KommPass oder der digitale Betriebsausweis auf dem Smartphone.

Erweiterte Definition

Identifizierungsmittel sind Dokumente/Nachweise, die die Zuordnung i. d. R. mehrerer Identitätsmerkmale zu einer Person eindeutig belegen. In der Realwelt sind dies Ausweisdokumente mit Foto, wie Personalausweis, Betriebsausweis oder Krankenkassenkarte. Der Chip auf der Krankenkassenkarte dient der digitalen Identifikation, dem Nachweis der Echtheit und der Übermittlung der darauf gespeicherten Identitätsmerkmale bei physischem Kontakt, die Authentifizierung erfolgt anhand des Fotos auf der Karte. In der digitalen Welt sind hingegen rein elektronische Identifizierungsmittel gefragt, wie die hoheitliche eID, der KommPass oder der digitale Betriebsausweis auf dem Smartphone.

Zur besseren Unterscheidbarkeit soll folgendes **Beispiel** dienen: Alle Daten, die ein Nutzer einem Internet-Versandhandel bei Einrichtung seines Accounts mitteilt, bilden für diesen Versandhandel in Summe seine *digitale Identität*. Dazu gehört ein vom Nutzer selbst gewählter Benutzername (z. B. „Rotkäppchen23"), der auf der Versandhandelsplattform als *Identifikator* dient. Bei der Account-Erstellung übergibt der Nutzer zudem eine Reihe weiterer *Identitätsmerkmale*, wie Name, Geburtsdatum, Anschrift, Lieferadresse oder ggf. auch eine Kreditkartennummer. Solange diese Identitätsmerkmale nicht überprüft wurden, kann der Versandhandel dem Nutzer nicht ohne Risiko vertrauen und muss je nach Schadenspotenzial ggf. viel Rechercheaufwand zu seiner Person betreiben, um sein Risiko zu minimieren. Zeigt der Nutzer bei der Account-Erstellung aber ein *Identifizierungsmittel* vor, das der Versandhandel als vertrauenswürdig einstuft, z. B. weil es von einem vertrauenswürdigen Dritten bestätigt wurde, der wiederum anhand seiner eigenen digitalen Signatur oder seines digitalen Siegels eindeutig identifizierbar ist, so bildet die darin enthaltene Auswahl an Identitätsmerkmalen für den Versandhandel eine *sichere di-*

gitale Identität. Alle zusätzlichen Daten, die der Versandhandel über die Aktivitäten des Nutzers sammelt (Käuferprofil), sind sein *digitaler Fußabdruck* in diesem IT-System.

Issuance

[Ausstellung; Herausgabe]

Einfache Definition
Die Ausstellung ist ein Vorgang, bei dem der Herausgeber Aussagen über jemanden oder etwas macht. Diese Aussagen werden in einem Nachweis gespeichert, signiert und danach an den Inhaber übergeben.

Erweiterte Definition
Bei der Ausstellung von Nachweisen (VCs) gibt der Herausgeber (Issuer) Aussagen (Claims) über eine Person oder eine Sache ab. Diese Aussagen werden dann mit zusätzlichen Informationen, wie beispielsweise der Gültigkeitsdauer, in ein Datenformat gebracht und signiert. Der neu entstandene Nachweis wird dann an den neuen Inhaber (Holder) übertragen. Jeder Nachweis wird nur einmal ausgestellt.

Issuer

[Herausgeber; Aussteller]

Einfache Definition
Der Herausgeber (Issuer) ist eine Person oder eine Maschine, die einen digitalen Nachweis (VC) ausstellt und dem Inhaber (Holder) übergibt (Sporny et al., 2022). Ein jeder kann (theoretisch) diese Funktion übernehmen. Gleichzeitig sorgt sich der Herausgeber dafür, dass die ausgestellten Nachweise bei Bedarf ungültig gemacht werden.

Erweiterte Definition
Als Herausgeber (Issuer) wird eine Partei (Person, Organisation) oder auch ein Gerät (Computer, Microcontroller) bezeichnet, die einen digitalen Nachweis (VC) ausstellt und einem Inhaber (Holder) übergibt (Sporny et al., 2022). Jeder digitale Akteur kann diese Rolle übernehmen. Im Ausstellungsprozess wird durch eine kryptografische Signatur sichergestellt, dass der Nachweis vom Herausgeber selbst stammt.

Der Herausgeber muss die Integrität seines kryptografischen Schlüssels gewährleisten und für die Aktualität des Gültigkeitszustandes seiner ausgestellten Nachweise sorgen (Revocation). Dies ist eine Grundvoraussetzung für das ihm entgegengebrachte Vertrauen des Verifiers (Verifier). Dadurch erhält der Nachweis Nutzungsakzeptanz.

Level of Assurance (LOA)

[Stufen der Vertrauenswürdigkeit; Grad der Vertrauenswürdigkeit; Grad des Vertrauens; Grad der Zuverlässigkeit; Vertrauensniveau; Zuverlässigkeitsstufen; Sicherheitsstufen; Zuverlässigkeitsgrade]

Einfache Definition
Die EU und die Regierung haben Stufen der Vertrauenswürdigkeit festgelegt, die anzeigen, wie vertrauenswürdig der ausgestellte Nachweis und der Herausgeber sind. Ein höheres Vertrauensniveau bedeutet strengere Regeln für den Herausgeber und den Ausstellungsprozess.

Erweiterte Definition
Herausgeber (Issuer) können Nachweise auf unzählige Arten ausstellen. Um das Vertrauen in den ausgestellten Nachweis (VC) besser einschätzen zu können, gibt es verschiedene Stufen der Vertrauenswürdigkeit. Diese wurden ursprünglich in einer EU-Verordnung (eIDAS, 2014) festgelegt und können je nach Umsetzung durch die EU-Mitgliedsstaaten variieren.

Die Stufen werden grundsätzlich durch folgende Kriterien bestimmt:

- Spezifische Prozesse rund um die Ausstellung (z. B. Wie wird die Identität vom Inhaber (Holder) durch den Herausgeber überprüft?, Wie erfolgt die Authentifizierung?...)
- den Herausgeber selbst und die dazugehörigen Verwaltungstätigkeiten (Einhaltung Datenschutz, Nutzung von standardisierten Prozessen, ...)
- technische Aspekte (Nutzung von etablierten Protokollen, Verschlüsselungen, ...)

Es gibt drei Stufen, welche sich wie folgt definieren:

Stufe	Leitgedanke	Beispiel
Normal	Selbstauskunft	Der Inhaber legt selbst einen Nachweis an und ist gleichzeitig der Herausgeber. Ein Beispiel hierfür ist das Ausfüllen eines Online-Formulars.
Substanziell	Bestätigung durch Dritte	Ein Herausgeber überprüft die Identität des Inhabers, indem er verschiedene Wege nutzt, wie zum Beispiel den Abgleich mit vorliegenden Zertifikaten. Anschließend stellt er dem Inhaber einen Nachweis aus. Ein Beispiel hierfür ist, wenn die Post erstmalig ein Paket an eine Adresse zustellt und dem Inhaber der Adresse einen Nachweis ausstellt, dass diese Adresse valide ist und Sendungen dorthin geschickt werden können.
Hoch	Bestätigung durch Dritte mittels Personalausweis	Bestätigung durch Dritte mittels Personalausweis. Ein Herausgeber, der an standardisierte Prozesse gebunden ist und diese regelmäßig überprüft, überprüft meine Identität gemäß den Vorschriften des Personalausweisgesetzes/der Personalausweisverordnung und stellt mir auf dieser Grundlage einen Nachweis aus. Zum Beispiel beim Anlegen eines neuen Bankkontos, bei dem die Identität mittels Personalausweis, z. B. VideoIdent-Verfahren, bestätigt wird.

Es gibt verschiedene Definitionen der Stufen. Die Definitionen in der folgenden Tabelle orientieren sich an der Technischen Richtlinie TR-03107-1 „Elektronische Identitäten und Vertrauensdienste im E-Government" (Bundesamt für Sicherheit in der Informationstechnik [BSI], 2019).

Schutzbedarf nach	ISO 29115	NIST SP 800-63-3	eIDAS	BSI	TR-03107-1
	2	IAL1	Niedrig	Normal	Normal
	3	IAL2	Substanziell	Hoch	Substanziell
	4	IAL3	Hoch	Sehr Hoch	Hoch

Privacy/Datenschutz

[Datenschutz; Privatsphäre; Schutz der Privatsphäre; Datenschutzerklärung]

Datenschutz in SSI/einfache Definition

In der Welt der selbstsouveränen Identitäten sind Privatsphäre und Datenschutz ein wichtiges Thema. Durch die Speicherung der eigenen Zertifikate auf den eigenen Geräten kann eine dezentrale Datenhaltung entstehen.

Wenn wichtige Daten ausschließlich in den Nachweisen auf den eigenen Geräten gespeichert werden und nicht mehr oder nur noch in stark reduziertem Umfang zentral bei Anbietern, dann sind cyberkriminelle Angriffe mit dem Ziel eines großflächigen Datendiebstahls nicht mehr so verheerend, wie es derzeit bei großen zentralen Datenspeichern der Fall ist, da wenig bis gar keine Daten über einzelne Nutzer vorhanden sind.

Durch die eigene Verwaltung der digitalen Nachweise hat man eine erweiterte Entscheidungsgewalt über die persönlichen Daten. So kann man selbst entscheiden, in welchem Umfang man persönliche Daten mit anderen teilen möchte, ohne von Dritten kontrolliert zu werden.

Der Inhaber eines Nachweises hat bei Vorlage an einer Akzeptanzstelle nur bis zur Datenübertragung die Entscheidungsgewalt. Nach der Übermittlung der Daten hat der Inhaber und Sender keinen Einfluss mehr auf die gesendeten Daten.

Durch Technologien wie dem Kenntnisfreien Beweis (Zero-Knowledge Proofs) kann die Datensicherheit erhöht und die Nutzerverfolgung minimiert werden. Durch Massenanfragen von Kenntnisfreien Beweisen kann jedoch auch vieles über den Inhaber herausgefunden werden.

Daher bleibt der Grundsatz bestehen, dass der Inhaber selbst in der Pflicht steht, nur dann Daten zu teilen, wenn es notwendig erscheint und nur die Daten an andere weitergibt, die ihm bekannt sind.

Proof/Beweis

[digitale Signatur von digitalen Nachweisen; digitaler Stempel von digitalen Nachweisen]

Einfache Definition
Der digitale Nachweis wird durch die digitale Unterschrift des Ausstellers bei Ausstellung oder des Inhabers bei der Präsentation des Nachweises bestätigt. Die digitale Unterschrift, auch Beweis (Proof) genannt, kann auch als digitaler Stempel bezeichnet werden und ist eine kryptografische Signatur. Ohne Beweis ist ein digitaler Nachweis veränderbar und kann nicht hinreichend überprüft werden.

Erweiterte Definition
Beweise sind digitale Signaturen, die als Möglichkeit zur Überprüfung von Herkunft und Integrität von digitalen Nachweisen (VC) dienen. Sie sind essenzielle Bestandteile des digitalen Nachweises und bestehen aus zwei Hauptteilen: (a) Meta-Daten stellen Informationen wie den Beweis-Typ und die Methode zur Verifikation bereit und (b) Eine kryptografische Signatur, die entweder vom Aussteller des Nachweises oder vom Inhaber im Falle einer Nachweispräsentation (VP) stammt.

Revocation

[Widerruf; Zurückziehen; ungültig machen; Entwerten]

Einfache Definition
Ein Herausgeber oder eine von ihm autorisierte Stelle kann einen Nachweis oder Teile davon als ungültig erklären. Diesen Vorgang nennt man Widerruf (Revocation). Akzeptanzstellen müssen den Widerruf einsehen können, um den Status des Nachweises im Rahmen der Überprüfung zu ermitteln.

Erweiterte Definition
Der Widerruf eines digitalen Nachweises (VC) bedeutet, dass ein Herausgeber oder eine von ihm autorisierte Stelle den ausgestellten Nachweis für ungültig erklärt. Dadurch wird bekannt gegeben, dass der zum Ausstellungszeitpunkt zugrunde liegende Sachverhalt des Nachweises nicht mehr den Tatsachen entspricht.

Diese Statusänderung wird normalerweise in einem verifizierbaren Datenregister (Verifiable Data Registry, VDR) festgehalten, damit Akzeptanzstellen (Verifier) im Prüfungsprozess der Nachweispräsentation (Verifiable Presentation, VP) den Status ermitteln können. Das verifizierbare Datenregister für den Widerruf kann auch als Nachweis-Rückzugsregister bezeichnet werden.

Schema

[Template; Vorlage]

Einfache Definition
Ein Schema beschreibt die Struktur und den Inhalt von digitalen Nachweisen und Datenmodellen. Es kann verwendet werden, um zu überprüfen, ob ein Nachweis einer bestimmten Struktur entspricht und bestimmte Informationen enthält.

In der Vertrauensdomäne TrustNet definiert ein Schema die Struktur digitaler Nachweise und Dokumente, um ihre Richtigkeit und Vollständigkeit sicherzustellen.

Erweiterte Definition
Die Definition des Begriffs „Schema" ist stark kontextabhängig. Im Kontext eines Ökosystems selbstbestimmter Identitäten sind Schemas maschinenlesbare strukturelle Datenvorgaben und Konzepte. Sie beschreiben einen Nachweis (oder andere Datenmodelle) auf syntaktischer und semantischer Ebene.

Die Nutzung von Schemas schafft ein gemeinsames Verständnis der zu verarbeitenden Daten. Die Datenintegrität wird verbessert und die Kommunikation zwischen den Beteiligten wird durch digitale Nachweise (VCs) und Dokumente erleichtert, da der Daten- und Informationsgehalt klaren und überprüfbaren Strukturen folgt.

Secure Element (SE)

[Sicherheitselement]

Einfache Definition
Ein Sicherheitselement (SE) ist ein Hardwaresicherheitsmodul, das aus einem Betriebssystem und der dazugehörigen Hardwareumgebung besteht. Beide sind physisch vom restlichen System getrennt. Alles, was auf diesem Sicherheitselement läuft, arbeitet in einer abgesicherten und kontrollierten Umgebung und ist so vor unbefugten externen Zugriffen geschützt. Ein Sicherheitselement kann sensible Daten wie private Schlüssel und Zertifikate sicher speichern.

Erweiterte Definition
Das Sicherheitselement (Secure Element) ist eine Variante des Hardwaresicherheitsmoduls. Es besteht aus einer Hardwareumgebung, auf der ein spezielles Betriebssystem läuft. Diese sichere Umgebung schützt sensible Daten effektiv.

Sicherheitselemente basieren auf den sogenannten „Globalplatform Standards" (GlobalPlatform, 2024), welche durch ISO9797, ISO7816 und ISO14443 ergänzt werden.

Ausprägungen des Secure Elements
Advanced Secure Module (ASM) & Secure Access Module (SAM)

Um eine hohe Sicherheit zu gewährleisten, kann ein erweitertes Sicherheitsmodul (**Advanced Secure Module, ASM**) in Kombination mit einem sicheren Zugangsmodul (**Secure Access Module, SAM**) eingesetzt werden.

Das ASM ist ein Sicherheitselement mit einer spezifischen Software (Applet), welche bestimmte Sicherheitsfunktionen bereitstellt, jedoch ausschließlich eine Kommunikation über ein sicheres Zugangsmodul zulässt. Das sichere Zugangsmodul ist ein Sicherheitselement, das hauptsächlich für die Steuerung und Kommunikation mit einem erweiterten Sicherheitsmodul zuständig ist.

Ein Beispiel hierfür ist das Auslesen von Informationen über eine Kreditkarte und deren Inhaber durch das Halten der Karte an das Smartphone und das Lesen des NFC-Tags. Ein Zahlungsvorgang kann nur durchgeführt werden, wenn am anderen Ende der Peer-Verbindung ein sicheres Zugangsmodul mit den erforderlichen Berechtigungen vorhanden ist. Andernfalls wird jegliche Kommunikation ignoriert.

Embedded Secure Element (eSE)

Das ASM kann auch als eingebettetes sicheres Element (Embedded Secure Element eSE) vorhanden sein. Ein eingebettetes Sicherheitselement ist fest in einem Gerät oder einer Komponente des Geräts verbaut.

Secure Storage

[sicherer Speicher]

Einfache Definition
Der sichere Speicher (Secure Storage) ist Teil der digitalen Brieftasche (Wallet) und besteht aus einem verschlüsselten Speicher für das Sichern von Nachweisen sowie einem Schlüssel-Management-System, das die Schlüssel zum Ver- und Entschlüsseln sowie Signieren bereithält (Preukschat & Reed, 2021).

Erweiterte Definition
Der Secure Storage, der Teil der Wallet ist, besteht aus zwei Teilen: einem Key-Management-System und einem verschlüsselten Speicher (Preukschat & Reed, 2021).

Im Key-Management-System werden private und öffentliche kryptografische Schlüssel verwaltet. Es befindet sich in einer sicheren Umgebung und kann nur über Schnittstellen angesprochen werden, um spezielle Funktionen auszulösen. Ein Auslesen des privaten Schlüssels ist über die Schnittstelle nicht möglich. Digitale Nachweise werden sicher im verschlüsselten Speicher abgelegt.

Mithilfe der hinterlegten kryptografischen Schlüssel können Nachweise signiert und im Key-Management-System präsentiert werden. Für den Datenaustausch wird ein Agent verwendet, der Zugriff auf die Schnittstellen des Secure Storages hat.

Durch die Einbindung eines Hardware Secure Modules (Hardware Sicherheitsmodules), das das Key-Management-System widerspiegelt, kann das Sicherheitsniveau (bzw. Schutzniveau, Level of Assurance) erhöht werden.

Selbstbestimmte Identitäten (SSI)

[Self Sovereign Identities; selbstsouveräne digitale Identitäten; sichere digitale Identitäten]

Einfache Definition

Selbstbestimmte oder selbstsouveräne digitale Identitäten (SSI) sind ein Konzept, bei dem die Verwaltung der eigenen Identitätsdaten in die Hände der Nutzer gelegt wird. Der Nutzer gewinnt damit prinzipiell die Hoheit über seine eigenen Daten, die nur für ihn zugreifbar in seiner digitalen Wallet gespeichert sind. Mit SSI geht der Begriff der digitalen Identität deutlich über das hinaus, was bislang im Kontext hoheitlicher Identitätslösungen (eID) diskutiert wurde. Das SSI-Prinzip ist ein Gegenentwurf zu den aktuell genutzten Konzepten, bei denen ein Nutzer verschiedene Identitäten bei verschiedenen Identitätsanbietern verwendet, die in der Regel die Kontrolle über die Daten haben. Mit SSI hat der Nutzer alleinigen Zugriff auf seine ID-Daten und kann entscheiden, wem er welche Teile davon zur Verfügung stellt. Mit SSI lassen sich nicht nur digitale Identitäten natürlicher Personen abbilden, sondern auch digitale Identitäten von juristischen Personen, hoheitlichen Entitäten und (smarten) Objekten. Es lassen sich auch Beziehungen einer natürlichen Person zu anderen natürlichen Personen, zu juristischen Personen und zu Objekten digital abbilden und gesichert nachweisen. Mit dem SSI-Prinzip lässt sich jede Art von überprüfbaren Nachweisen digital herausgeben, vorzeigen und verifizieren. Damit wird das SSI-Prinzip zum Gamechanger im Kontext des Trustnets.

Erweiterte Definition

Selbstbestimmte oder selbstsouveräne digitale Identitäten (SSI) sind ein Konzept, bei dem die Verwaltung der eigenen Identitätsdaten in die Hände der Nutzer gelegt wird. Der Nutzer gewinnt damit prinzipiell die Hoheit über seine eigenen Daten, die nur für ihn zugreifbar in seiner digitalen Wallet gespeichert sind. Mit SSI geht der Begriff der digitalen Identität deutlich über das hinaus, was bislang im Kontext hoheitlicher Identitätslösungen (eID) diskutiert wurde. Das SSI-Prinzip ist ein Gegenentwurf zu den aktuell genutzten Konzepten, bei denen ein Nutzer verschiedene Identitäten bei verschiedenen Identitätsanbietern besitzt, die in der Regel die Kontrolle über die Daten haben. Mit SSI hat der Nutzer alleinigen Zugriff auf seine ID-Daten und kann entscheiden, welche Teile er davon wem zur Verfügung stellt (Privatheit). ID-Dienste liefern dafür die für den Nutzer primäre Infrastruktur, z. B. in Form von sicheren Cloudspeichern oder Wallet-Apps für Computer und Smartphones. Mit SSI lassen sich nicht nur digitale Identitäten natürlicher Personen abbilden, sondern auch digitale Identitäten von juristischen Personen, hoheitlichen Entitäten und (smarten) Objekten. Es lassen sich auch Beziehungen einer natürlichen Person zu anderen natürlichen Personen, zu juristischen Personen und zu Objekten digital abbilden und gesichert nachweisen. Mit dem SSI-Prinzip lässt sich jede Art von überprüfbaren Nachweisen digital herausgeben, vorzeigen und verifizieren. Damit wird das SSI-Prinzip zum Gamechanger im Kontext des Trustnets.

Selective Disclosure

[Selektive Offenlegung; Teiloffenbarung des Nachweises]

Einfache Definition
In einer Nachweispräsentation (Verifiable Presentation) muss nicht zwingend ein kompletter Nachweis enthalten sein. Es können Teile von einem Nachweis präsentiert werden. Das heißt dann „selektive Offenlegung von Daten".

Erweiterte Definition
Bei einer digitalen Nachweispräsentation (Verifiable Presentation) können ausgewählte Behauptungen (Claims) aus einem oder mehreren digitalen Nachweisen (VCs) mithilfe von kryptografischen Algorithmen (z. B. Zero-Knowledge Proofs, ZKP) abgeleitet werden.

Durch gezieltes Ausstellen von Nachweisen mit einem einzelnen Attribut kann eine selektive Auswahl auf Ebene der Nachweise vorgenommen werden, sodass keine kryptografischen Ableitungen benötigt werden.

Durch die sorgfältige Auswahl von Nachweisen oder Attributen kann sichergestellt werden, dass die Akzeptanzstelle (Verifier) nur die für den Prozess notwendigen Daten vom Inhaber (Holder) erhält.

- Beispiel 1: Der Nachweis enthält die Behauptungen X, Y und Z. Für die Akzeptanzstelle wird eine Präsentation erstellt, die nur die Behauptungen X und Z enthält.
- Beispiel 2: Ein Inhaber hat drei separate Nachweise, von denen jeder nur ein Attribut enthält (X, Y, Z). Für die Präsentation werden nur die Nachweise X und Z verwendet, während Y geheim bleibt. Behauptung Y bleibt geheim.

Trusted Execution Environment (TEE)

[vertrauenswürdige Ausführungsumgebung]

Einfache Definition

Eine vertrauenswürdige Ausführungsumgebung (eng. Trusted Execution Environment, (TEE)) ist ein separater Bereich neben dem Hauptbetriebssystem. Hier können sicherheitskritische Programme ausgeführt werden.

Die Umgebung ist mit spezieller Sicherheits-Hardware gekoppelt, die aufgrund von stark eingeschränkten Zugriffen durch Software und durch baulich getrennte Hardware eine höhere Sicherheit bietet. Diese Hardware kann bereits auf dem Hauptprozessor zu finden sein oder als Nebenprozessor existieren.

Erweiterte Definition

Ein Trusted Execution Environment (TEE) ist ein separates Service-System, das eine Laufzeitumgebung für Software bereitstellt, die besondere Sicherheits- oder Vertrauensanforderungen hat.

Es läuft parallel zum Hauptbetriebssystem und hat Zugriff auf die gleichen Hardware-Ressourcen wie der Nutzer.

Um eine höhere Sicherheit des TEEs zu gewährleisten, werden Sicherheits-Hardware-Module (Hardware Secure Modules) eingesetzt, um beispielsweise Schlüsselmaterial und die Integritätsprüfung in das Modul auszulagern. Die möglichen Angriffsvektoren und damit verbundene Sicherheit variieren je nach Art des verwendeten Sicherheits-Hardware-Modules (siehe HSM). Es können mehrere sichere und unsichere Umgebungen parallel existieren.

Trust Framework

[Rahmenwerk für Vertrauen]

Einfache Definition

Das Rahmenwerk für Vertrauen (Trust Framework) ist ein Bezugspunkt für Regeln und Regularien, auf denen ein Ökosystem basiert. Das Grundgesetz der Bundesrepublik Deutschlands ist beispielsweise ein Rahmenwerk für Vertrauen, auf das sich die Bürger verlassen und entsprechende Rechte beziehen können.

In Bezug auf digitale Ökosysteme basieren Trust Frameworks auf rechtlichen, organisatorischen und geschäftlichen Grundlagen und sind in Regelwerken gekapselt, die in organisatorischen und technischen Systemen implementiert werden.

Erweiterte Definition

Ein Trust Framework stellt Richtlinien, Verfahren und Mechanismen auf, die für die Schaffung von Vertrauen in einem Ökosystem erforderlich sind.

In Bezug auf digitale Ökosysteme basieren Trust Frameworks auf rechtlichen, organisatorischen und geschäftlichen Grundlagen und sind in Regelwerken gekapselt, die in organisatorischen und technischen Systemen implementiert werden.

Ein wesentlicher Pfeiler des künftigen Trustnets wird die Entwicklung eines einheitlichen Trust Frameworks sein. Es soll als Strukturhilfe und Regelwerk mit Standards zum sicheren Interaktionsmanagement digitaler Identitäten und digitaler Nachweise die Entstehung eines ID-Ökosystems anregen, in dem verschiedene ID-Dienste koexistieren können. Das Trustnet wird die bestehende Welt der zentral verwalteten Basisidentitäten inkl. eID und die neue SSI-Welt miteinander verbinden. Der Gedanke dieses Brückenschlags ist zwar bereits in die eIDAS-Novellierung eingeflossen, das Trust Framework soll aber darüberhinausgehend die technische, semantische und organisatorische Interoperabilität sicherstellen, damit Credentials unabhängig von der Art der Wallet-App und von der jeweiligen in der Vertrauensdomäne verwendeten Basistechnologie oder Dateninfrastruktur überprüft werden können. Dieser Gedanke ist in bestehenden bzw. in Entwicklung befindlichen Trust Frameworks, wie dem kanadischen PCTF, dem US-amerikanischen NIST 800-63 oder bei den entsprechenden EU-Aktivitäten (eIDAS-Novellierung) noch zu gering ausgeprägt. Deswegen wird zur Entwicklung des Trustnets ein auf diesen Arbeiten aufbauender Neuentwurf erforderlich. Grundlegende Überlegungen dazu finden im Rahmen der SDI-Schaufensterprojekte statt.

Trustnet

Einfache Definition

Das **Trustnet** ist das universelle digitale Abbild von Beziehungen zwischen Personen, Organisationen und Objekten der Realwelt. Es ermöglicht vertrauenswürdige und rechtskonforme digitale Interaktionen und verhindert Fake und Betrug. Die Grundlage dafür ist ein einheitlicher, skalierbarer Vertrauensmechanismus für den Austausch und die Prüfung von digitalen Nachweisen zu beliebigen Sachverhalten. Damit wird die Organisation von und der Zugang zu offenen digitalen Ökosystemen radikal vereinfacht. Das Trustnet entsteht durch Verschränkung und Interaktion vieler thematisch und/oder geografisch getrennter Vertrauensdomänen unter einem gemeinsamen Trust Framework.

Erweiterte Definition

Dem Bedarf der Nutzer nach Vertrauen im Internet wird bislang nicht hinreichend Rechnung getragen. Mit dem **Trustnet** soll deswegen durch Mechanismen für digitales Vertrauen ein rechtssicherer digitaler Raum entstehen, in dem

- Akteure aus Wirtschaft, Verwaltung und Gesellschaft im Zuge der Abwicklung von Geschäfts- und Verwaltungsprozessen eindeutig identifizierbar sind,
- Informationen verifizierbar und damit vertrauenswürdig sind und einen Wert besitzen,
- Transaktionen sicher und rechtskonform stattfinden und
- die Nutzer Hoheit über ihre eigenen Daten haben.

All dies erfordert eine Weiterentwicklung des Internets, an dem nicht nur der Staat, sondern alle Diensteanbieter, Nutzer und Stakeholder, die Vertrauen bei digitalen Interaktionen benötigen, aktiv mitwirken müssen.

Sichere digitale Identitäten haben dann einen wirklichen Nutzen, wenn man sie als Werkzeug zur Weiterentwicklung des Internets und der Digitalisierung begreift. Der grundlegend neue Ansatz zur Generierung von Vertrauen im Trustnet ist nicht in erster Linie Informationssicherheit, sondern die **Überprüfbarkeit von Informationen**. Der dafür erforderliche grundlegende Vertrauensmechanismus ist die Kombination überprüfbarer digitaler Nachweise (Verifiable Credentials) mit dem Prinzip der selbstbestimmten Identitäten (Self Sovereign Identities).

Unternehmenswallet

[Organisationswallet/Org-Wallet; digitale Brieftasche von Unternehmen]

Einfache Definition

Die digitale Brieftasche eines Unternehmens, auch Unternehmenswallet genannt, ist eine erweiterte digitale Brieftasche (Wallet), die in das Ökosystem des Unternehmens integriert ist. Sie bietet ein spezielles Zugriffskonzept und ermöglicht es durch Delegation bestimmte Befugnisse, wie beispielsweise die Ausstellung von digitalen Nachweisen im Namen des Unternehmens, auf Mitarbeiter zu übertragen. Dadurch wird es der Organisation ermöglicht, ihre digitale Identität(en) zu verwalten.

Erweiterte Definition

Eine Unternehmenswallet (auch Organisationswallet genannt) ist eine Wallet, die in das Ökosystem eines Unternehmens integriert wurde.

Das Business Backend bietet als zentrale Funktion eine Nutzer- bzw. Rollenverwaltung, die notwendig ist, um ein sicheres Zugriffskonzept zu ermöglichen und bestimmte Funktionen der Unternehmenswallet (z. B. das Ausstellen von Nachweisen im Namen des Unternehmens) zu delegieren.

Die Verwendung mehrerer Secure Storages ermöglicht das Verwalten von physisch getrennten privaten Schlüsseln und verbessert somit das Sicherheitskonzept der Unternehmensidentitäten.

Verifiable Credential (VC)

→ Digitaler Nachweis

Verifiable Data Registry (VDR)

[verifizierbares Datenregister; Prüfbares Datenregister; nachprüfbares Datenregister]

Einfache Definition
Ein verifizierbares Datenregister (VDR) ist eine Speicherlösung, die die Verwaltung von Identifikatoren, Schlüsseln und anderen relevanten Daten über Personen, Dinge, Unternehmen oder Transaktionen ermöglicht. Es steht im Zusammenhang mit einem digitalen Nachweisaustausch (Sporny et al., 2022).

Das verifizierbare Datenregister ermöglicht eine sichere und überprüfbare Informationsbasis für den Austausch von digitalen Nachweisen zwischen den Akteuren im SSI-Ökosystem.

Erweiterte Definition
Ein Verifiable Data Registry (VDR) ist ein Register, das essenzielle Informationen speichert, um Vertrauen in der digitalen Welt zu gewährleisten. Ein VDR kann DIDs, Schlüssel und andere Identifikatoren enthalten, sowie andere relevante Informationen, die möglicherweise benötigt werden, um digitale Nachweise (VCs) zu nutzen oder zu verifizieren. Ein VDR kann eine dezentrale Datenbank, eine Blockchain (distributed ledgers) oder eine andere Form von Registern wie beispielsweise IPFS oder Git sein.

Je nach Ökosystem und verwendeter Technologie sind die abgelegten Daten öffentlich oder nach Freigabe für Dritte zugänglich. Ein VDR kann genutzt werden, um Informationen über den Herausgeber (Issuer), die Akzeptanzstelle (Verifier) oder auch über den Nachweis selbst (z. B. ob dieser gültig ist) zu erhalten.

Verifiable Presentation (VP)

[(verifizierbare) Nachweispräsentation]

Einfache Definition
Eine Nachweispräsentation besteht aus einem oder mehreren Nachweisen, die vom Inhaber an eine Akzeptanzstelle übermittelt werden.

Durch kryptografische Sicherungsprozesse bleibt die Unversehrtheit der Aussagen nachweislich bestehen.

Die Nachweispräsentation kann auch als Verpackungsmechanismus für die Nachweise des Inhabers betrachtet werden (Preukschat & Reed, 2021).

Erweiterte Definition
Eine Nachweispräsentation (Verifiable Presentation, VP) ist eine fälschungssichere Präsentation. Der Halter (Holder) erstellt sie auf Anfrage der Akzeptanzstelle (Verifier). Sie kann ein oder mehrere digitale Nachweise (VCs) oder bestimmte Teile (Selective Disclosure) von den VCs beinhalten. Die Signatur des Halters attestiert die Nachweispräsentation.

Die Präsentation wird aus den digitalen Nachweisen abgeleitet. Dadurch kann im Überprüfungsprozess kryptografisch sichergestellt werden, dass sie inhaltlich unverändert ist.

Eine Präsentation kann auch die grundlegenden Aussagen enthalten, ohne direkt die Behauptungen (Claims) von digitalen Nachweisen zu beinhalten (ZKP).

Verification

[Verifikation; Überprüfung]

Einfache Definition
Die Verifizierung ist ein Vorgang, bei dem der Inhaber der Akzeptanzstelle einen oder mehrere Nachweise vorlegt. Die Akzeptanzstelle prüft daraufhin die Gültigkeit des Nachweises.

Erweiterte Definition
Bei der Verifizierung von Nachweisen (VCs) erstellt der Inhaber eine Nachweispräsentation (VP) und übergibt diese der Akzeptanzstelle (Verifier). Die Akzeptanzstelle prüft anhand geltender Vorschriften, ob der Nachweis gültig ist. Durch die Überprüfung der Signaturen der Nachweispräsentation wird die Datenintegrität der Aussagen (Claims) sowie der zusätzlichen Informationen sichergestellt. Durch die Verifikation zusätzlicher Daten in der Präsentation kann überprüft werden, ob der Nachweis bereits widerrufen (Revocation) wurde oder ob er generell noch gültig ist.

Verifier

[Akzeptanzstelle; Überprüfender]

Einfache Definition
Die Akzeptanzstelle (Verifier) nimmt den Nachweis vom Inhaber (Holder) entgegen und überprüft ihn auf Richtigkeit (siehe Verification). Nach einem Prüfprozess gewährt die Akzeptanzstelle dem Inhaber bestimmte Rechte. Die Akzeptanzstelle vertraut dem Herausgeber aufgrund des Ausstellungsprozesses (Jürgenssen et al., 2022).

Erweiterte Definition
Als Verifier wird eine Partei bezeichnet, die einen digitalen Nachweis (VC) vom Inhaber präsentiert bekommt oder den Holder (Holder) anfragt, bestimmte Nachweise zu präsentieren (Sporny et al., 2022).

Wenn eine verifizierbare Präsentation (Verifiable Presentation) vorgelegt wird, kann der Verifier anhand digitaler Signaturen und Metadaten der Präsentation genau feststellen, ob der digitale Nachweis zeitlich gültig ist und ob er inhaltlich oder syntaktisch verändert wurde.

Nach einem erfolgreichen Prüfprozess kann der Verifier dem Holder bestimmte Rechte gewähren.

Die Prüfkriterien werden vom Verifier selbst definiert und hängen vom entgegengebrachten Vertrauen des jeweiligen Herausgebers (Issuer) ab.

Eine Ticketverkaufsstelle kann beispielsweise ein Konzertticket ausstellen. Der Sicherheitsdienst am Eingang überprüft das vorgezeigte Ticket des Besuchers auf Gültigkeit und gewährt daraufhin den Zutritt zum Konzert.

Vertrauen

[Trust]

Einfache Definition

Vertrauen ist die subjektive Überzeugung, dass Erwartungen an eine Person oder einen Gegenstand erfüllt werden. Erwartungen können Handlungen oder Eigenschaften von jemandem oder etwas sein.

Vertrauen bedeutet, dass man sich auf jemanden oder etwas verlassen kann und ein Gefühl der Sicherheit hat. Festgelegte Regeln und Kontrollen können dazu beitragen, dieses Gefühl zu stärken (wie es im Sprichwort heißt: „Vertrauen ist gut, Kontrolle ist besser").

In SSI unterscheiden wir zwischen sozialem und technologischem Vertrauen.

Soziales Vertrauen

Wenn mehrere Menschen ein Gefühl der kulturellen Übereinstimmung haben, spricht man von sozialem Vertrauen. Eine Gruppe von Menschen, die dieses Vertrauen teilt, wird als Gesellschaft bezeichnet.

Das soziale Vertrauen kann durch das Rechtssystem des Staates, Standards wie ISO-Normen, Normen und Verträge etabliert und gestärkt werden. Regelmäßige Überprüfungen, ob Standards und Normen eingehalten werden, können das soziale Vertrauen weiter stärken.

Durch indirektes und implizites Vertrauen kann auch soziales Vertrauen aufgebaut werden. Zertifikate, die von bekannten Dritten nach der Überprüfung ausgestellt wurden, können zum Beispiel Vertrauen in eine unbekannte Organisation schaffen.

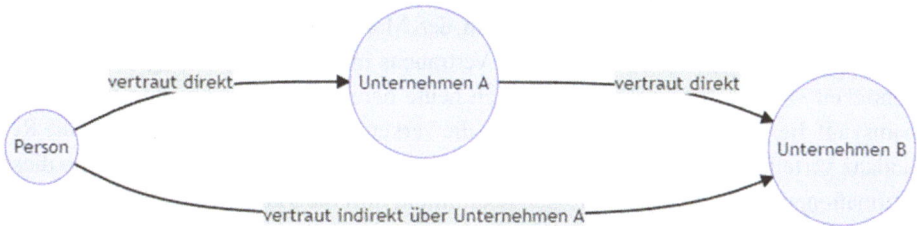

Technologisches Vertrauen

Technologisches Vertrauen bezieht sich darauf, dass eine Technologie unseren Erwartungen an ihre Eigenschaften und Funktionen entspricht und uns nicht schadet.

Es kann in Hardware und Software bestehen. In der Hardware vertrauen wir darauf, dass der Prozessor richtig rechnet. In der Software vertrauen wir darauf, dass der Verschlüsselungsalgorithmus sicher ist.

Vertrauensanker

[Trust Anchor]

Einfache Definition
Ein Vertrauensanker ist ein zentraler Punkt in einem System, dem Vertrauen entgegengebracht wird. Er kann ein Staat, ein Unternehmen, eine Person oder eine Technologie sein. Vertrauensanker können voneinander abgeleitet sein.

Erweiterte Definition
In der realen Welt vertrauen wir Autoritäten, wie zum Beispiel staatlichen Institutionen. Diese staatlichen Institutionen und ihre Prozesse wirken für die gesamte Gesellschaft als **organisatorische Vertrauensanker**. Einem Auszug aus einem staatlich geführten Register z. B. kann man prinzipiell vertrauen. Die Autorität besteht in der gesellschaftlichen Position (kraft Gesetzes oder öffentlicher Beleihung/Bestellung), in der unterstellten Kompetenz zu sicheren Prozessen und in fehlendem Eigeninteresse der Institution, gegen das Interesse der Vertrauensgeber zu handeln. Wie bei einem Schiffsanker, der sicherstellt, dass ein Schiff nicht abdriftet, können zwischen einem Vertrauensanker und der zu beantwortenden Vertrauensfrage mehrere Glieder einer **Vertrauenskette** liegen.

Digitale Beispiele für organisatorische Vertrauensanker und Vertrauensketten gibt es bereits. Die eID und der digitale Führerschein sind Beispiele staatlich ausgestellter Identifizierungsmittel, die in digitalen Verwaltungsprozessen und auch bei digitalen Prozessen der Privatwirtschaft Vertrauen erzeugen sollen. Organisatorische Vertrauensanker sind dabei die sicheren digitalen Prozesse der ausstellenden Behörden, die für eine Verifizierbarkeit der digitalen Dokumente sorgen. Ein Beispiel für digitale Vertrauensketten sind Zertifikatsketten in einer Public Key Infrastructure (PKI).

Spätestens im Zuge der Entwicklung der Blockchain-Technologie kam der Gedanke auf, dass anstelle von Autorität im digitalen Umfeld auch die Mathematik als **technischer Vertrauensanker** dienen könnte, weil man der Mathematik im Gegensatz zu Staaten immer vertrauen könne. Ein Großteil des Vertrauens in digitale Technologien und in die Richtigkeit von Informationen gründet sich heute bereits (auch unabhängig von Blockchains) auf die Sicherheit von Kryptografie, die Verkettung von Informationen und die Redundanz verteilter Systeme. Bei der Frage, ob man der Person vertrauen kann, die diese Informationen mit diesen Technologien übermittelt, hilft die Mathematik allein aber nicht wirklich weiter. Prinzipiell sollte daher zwischen technischen und organisatorischen Vertrauensankern unterschieden werden, denn im Trustnet wird beides benötigt.

Vertrauensdienst

Einfache Definition

Der Vertrauensdienst ermöglicht eine sichere digitale Kommunikation. Der Vertrauensdiensteanbieter stellt diesen Dienst der Öffentlichkeit zur Verfügung.

Ein Vertrauensdienst und Anbieter ist im Kontext der eIDAS-Verordnung (eIDAS, 2014) definiert. Durch festgelegte Qualifikationsverfahren und Standards wird eine besondere Sicherheit des Vertrauensdienstes gewährleistet.

Vertrauensdomäne

Einfache Definition

Eine **Vertrauensdomäne** ist eine in der realen und digitalen Welt identische Gruppe von Akteuren (Interessensgemeinschaft), die in einer definierten Auswahl von Prozessen klare Regeln (Trust Policies) für Interaktionen und Datenaustausch etabliert hat und Autoritäten für Überwachung und Durchsetzen der Einhaltung dieser Regeln etabliert hat. Auf der Kenntnis der Regeln und Autoritäten sowie der Identifizierbarkeit des jeweiligen Interaktionspartners basiert das Vertrauen innerhalb einer solchen Domäne. Zum Beispiel sind alle Aussteller, Inhaber und Akzeptanzstellen des Sozialpasses in einer Großstadt Teil einer Vertrauensdomäne, in der es klare Regeln für die Ausstellung, die Inhaberschaft und den Entzug des Sozialpasses gibt (z. B. Richtlinie zur Gewährung des Dresden-Passes).

Erweiterte Definition

Eine **Vertrauensdomäne** ist eine in der realen und digitalen Welt identische Gruppe von Akteuren (Interessensgemeinschaft), die in einer definierten Auswahl von Prozessen klare Regeln (Trust Policies) für Interaktionen und Datenaustausch etabliert hat und Autoritäten für Überwachung und Durchsetzen der Einhaltung dieser Regeln etabliert hat. Auf der Kenntnis der Regeln und Autoritäten sowie der Identifizierbarkeit des jeweiligen Interaktionspartners basiert das Vertrauen innerhalb einer solchen Domäne. Zum Beispiel sind alle Aussteller, Inhaber und Akzeptanzstellen des Sozialpasses in einer Großstadt Teil einer Vertrauensdomäne, in der es klare Regeln für die Ausstellung, die Inhaberschaft und den Entzug des Sozialpasses gibt (z. B. Richtlinie zur Gewährung des Dresden-Passes). Die Übertragung der Prozesse in die digitale Welt erfordert die Definition digitaler Schemata und Protokolle für Inhalte und Transfer überprüfbarer Ausweise und Nachweise. Im Beispiel betrifft dies Nachweise zu Personalien und Anspruchsgrundlagen sowie den auszustellenden Sozialpass. Der Akteur, der Inhaber eines Credentials wird, wird erst in dem Moment Mitglied der Vertrauensdomäne, wenn er das Credential erwirbt und bleibt es auch nur, solange das Credential gültig ist. Das Trustnet entsteht durch Verschränkung und Interaktion vieler thematisch und/oder geografisch getrennter Vertrauensdomänen unter einem gemeinsamen Trust Framework.

Wallet

[digital wallet; Identitäts(-sammel-)plattform; smart wallet; identitiy manager; identity assistant]

Einfache Definition

Eine Wallet ist eine digitale Brieftasche, die es ermöglicht, digitale Nachweise zu empfangen, zu speichern, zu präsentieren (via Präsentation) und zu verwalten.

Vergleichbar mit dem physischen Portemonnaie werden darin Ausweisdokumente (eID, digitaler Führerschein, Bankkarte etc.) und Nachweisdokumente (amtl. Bescheinigungen, Registerauszüge, Berechtigungsnachweise, Urkunden u. ä.) sowie werthaltige und weitere Arten von Credentials abgelegt. Um mit der digitalen Brieftasche agieren zu können, muss der Inhaber (Holder) sich bei Benutzung authentifizieren, um Missbrauch vorzubeugen.

Eine digitale Brieftasche kann beispielsweise eine Smartphone-Applikation oder eine Computersoftware sein.

Erweiterte Definition

Eine digitale Wallet ist eine komplexe Software, die den Umgang mit digitalen Nachweisen ermöglicht. Vergleichbar mit dem physischen Portemonnaie werden darin Ausweisdokumente (eID, digitaler Führerschein, Bankkarte etc.) und Nachweisdokumente (amtl. Bescheinigungen, Registerauszüge, Berechtigungsnachweise, Urkunden u. ä.) sowie werthaltige und weitere Arten von Credentials abgelegt. Sie ermöglicht die Kommunikation und den Datenaustausch mit anderen Akteuren durch die Integration eines oder mehrerer Agents.

Der Inhaber (Holder) der Wallet nutzt eine Benutzeroberfläche (z. B. Smartphone-App oder Webseite im Browser), um auf die Schnittstelle bzw. die Funktionen des Agents zuzugreifen. Nach der Authentifizierung des Inhabers kann der Agent auf den sicheren Speicher (Secure Storage) zugreifen, um Nachweise auszustellen, zu speichern oder zu präsentieren (ggf. auch mit Signierung).

Eine Wallet bietet ein umfassendes Bild von Funktionen im Zusammenhang mit digitalen Nachweisen (VCs) im Bereich der selbstsouveränen Identitäten:

- Schutz gegenüber Angreifern und Dieben durch sichere Verschlüsselungen und Authentifizierungen

- Einhalten von Vorschriften von gewissen Governance Frameworks
- Unterstützung von standardisierter UI/UX Experience

Wallet-Typen
Es gibt verschiedene Wallet-Typen, welche sich in Bedienung sowie im Funktions- und Sicherheitsumfang unterscheiden können:

- webbasierte Anwendungen (Browser z. B. Chrome, Firefox, Safari)
- Applikationen auf Endgeräten (z. B. Wallet-Apps auf Smartphones)
- In Form speziell gesicherter Hardware
    Einzelne Wallets können aktuell nur spezifische digitale Formate aufnehmen.

Zero-Knowledge Proofs (ZKP)

[Null-Wissen-Beweis; Kenntnisfreier Beweis]

Einfache Definition
Ein Kenntnisfreier Beweis (eng. Zero Knowledge Proof) ist eine Art Beweis, bei der man Nachweisen kann, dass man etwas hat/weiß ohne den Inhalt direkt Preis zu geben. Durch Frage-Antwort kann man mit dieser Art an Beweis eine hohe Privatsphäre und einen hohen Datenschutz erreichen. Durch Kryptografie wird sichergestellt, dass der Beweis gültig ist.

Beispiel
Sicherheitsdienst an der Tür zur Disco: „Sind Sie über 18 Jahre alt?" Daraufhin erstellt der Inhaber des Nachweises einen kenntnisfreien Beweis, welcher nur „Ja" beinhaltet. Dieser Beweis wird dann von Sicherheitsdienst (automatisch) validiert. Nach erfolgreicher Prüfung kann der Einlass gewährt werden.

Erweiterte Definition
Der Kenntnisfreier Beweis (ZKP), auch Zero-Knowledge Proof genannt, ist eine Form der verifizierbaren Nachweispräsentation. Es gibt zwei Arten von kenntnisfreien Beweisen: den Prädikatsbeweis (Predicate Proof) und den zusammengesetzten Beweis (Compound Proof). Beide werden mittels kryptografischer Ableitungen erstellt, um sicherzustellen, dass der Beweis mit hoher Wahrscheinlichkeit korrekt ist.

Prädikatsbeweis (Predicate Proofs)
Prädikatsbeweise sind Beweise, die nur binäre Zustände beinhalten und somit direkte Antworten auf Fragen der Akzeptanzstelle (Issuer) liefern. Der konkrete Inhalt des Nachweises (VC) wird dabei nicht preisgegeben.

Zum Beispiel fragt die Akzeptanzstelle nicht nach einem korrekten Geburtsdatum, sondern nur, ob die zu verifizierende Person über 18 Jahre alt ist. In dieser Anfrage gibt es zugleich eine kryptografische Aufgabe, die nur gelöst werden kann, wenn man im Besitz eines Nachweises ist. Der zu verifizierende Inhaber erstellt daraufhin eine Nachweispräsentation, die nur die Antwortmöglichkeiten „Ja" oder „Nein" enthält. Gleichzeitig wird die kryptografische Aufgabe gelöst und in der Nachweispräsentation verankert.

Zusammengesetzte Nachweise (Compound Proofs, Multi-Credential Proofs)
In den zusammengesetzten Nachweisen werden verschiedene Attribute aus verschiedenen digitalen Nachweisen zu einer gemeinsamen Nachweispräsentation kombiniert. Das Prinzip der selektiven Freigabe (selective disclosure) greift hierbei ebenfalls.

Die selektive Freigabe beschränkt sich darauf, nur einen Teil des Nachweises zu präsentieren, ohne den gesamten Nachweis zu teilen. Der zusammengesetzte Nachweis hingegen packt mehrere Teile von Beweisen in einen größeren, umfassenden Beweis. Durch die Verwendung von zusammengesetzten Nachweisen kann der Kommunikationsbedarf reduziert werden, da nur eine Anfrage/Antwort erstellt wird, anstelle von mehreren kleinen Fragen/Antworten.

Literatur

Bundesamt für Sicherheit in der Informationstechnik (BSI). (7. Mai 2019). *TR-03107-1 Elektronische Identitäten und Vertrauensdienste im E-Government: Teil 1: Vertrauensniveaus und Mechanismen* (Version 1.1.1). https://www.bsi.bund.de/SharedDocs/Downloads/DE/BSI/Publikationen/TechnischeRichtlinien/TR03107/TR-03107-1.html. Zugegriffen am 13.10.2024.

Curran, S., Philipp, A., Yildiz, H., Curren, S., Jurado, V. M., Bhaduri, A. & Ivanov, A. (2024). *AnonCreds Specification* [v1.0 Draft]. Hyperledger Foundation. https://hyperledger.github.io/anoncreds-spec/. Zugegriffen am 13.10.2024.

GlobalPlatform. (2024). *Technology document library*. https://globalplatform.org/specs-library/. Zugegriffen am 13.10.2024.

ISO. (2021–09). *Personal identification — ISO-compliant driving licence: Part 5: Mobile driving licence (mDL) application* (ISO/IEC 18013-5:2021). International Organization for Standardization. https://www.iso.org/standard/69084.html. Zugegriffen am 13.10.2024.

Jürgenssen, O., Richter, D., & Anke, J. (2022). Selbstbestimmte digitale Identitäten in der Smart City: Potenziale und Grenzen. In T. Köhler, E. Schoop, N. Kahnwald, & R. Sonntag (Hrsg.), *Gemeinschaften in Neuen Medien.: 25. Workshop GeNeMe '22 Gemeinschaften in Neuen Medien* (Bd. 25, S. 148–158). TUDpress – Verlag der Wissenschaften.

Menzer, C. (2022). *Interoperabilität zwischen DID-Methoden, Wallets, Agents und Verifiable-Credentials* [Master Thesis, Angewandte Computer- und Biowissenschaften]. BibTeX.

Preukschat, A., & Reed, D. (2021). *Self sovereign identity: Decentralized digital identity and verifiable credentials*. Manning Publications.

Regulation (EU) No 910/2014 of the European Parliament and of the Council of 23 July 2014 on electronic identification and trust services for electronic transactions in the internal market and repealing Directive 1999/93/EC (2014). http://data.europa.eu/eli/reg/2014/910/oj/eng. Zugegriffen am 13.10.2024.

Sporny, M., Longley, D. & Chadwick, D. W. (2022). *Verifiable Credentials Data Model v1.1: W3C Recommendation*. W3C. https://www.w3.org/TR/2022/REC-vc-data-model-20220303/. Zugegriffen am 13.10.2024.

If you have any concerns about our products,
you can contact us on
ProductSafety@springernature.com

In case Publisher is established outside the EU,
the EU authorized representative is:
Springer Nature Customer Service Center GmbH
Europaplatz 3, 69115 Heidelberg, Germany

Printed by Libri Plureos GmbH
in Hamburg, Germany